高等院校精品课程系列教材

管理学

第2版

MANAGEMENT

主编 郝云宏 向荣
参编 曲亮 程兆谦 韦影 杨燕 徐蕾 肖余春 邱毅 王永跃
　　 陈盈 梅琳 葛玲英 肖迪 葛笑春 江辛 沈青 蒋樟生
　　 胡洪力 岑杰

机械工业出版社
CHINA MACHINE PRESS

图书在版编目（CIP）数据

管理学 / 郝云宏，向荣主编 . —2 版 . —北京：机械工业出版社，2018.9（2025.8 重印）
（高等院校精品课程系列教材）

ISBN 978-7-111-60890-5

I. 管⋯ II. ①郝⋯ ②向⋯ III. 管理学 – 高等学校 – 教材 IV. C93

中国版本图书馆 CIP 数据核字（2018）第 209975 号

  本书作为初学者的管理学入门教材，在编写过程中力求以描述性的语言由浅入深、循序渐进地介绍管理的基本理论与应用，以及各项职能活动开展的原理和方法。为增强可读性和激发学生的学习兴趣，本书还设计了丰富的栏目，如管理箴言、本章要点、引例、本章小结、练习与思考题、案例讨论、管理评论和延伸阅读。

  本书配有教学视频，读者可通过扫描书中的二维码观看学习。

  本书可用作普通高等学校工商管理、市场营销、会计学、财务管理、人力资源管理、电子商务、物流工程与管理等专业的管理学教材，也可用于自学考试。

出版发行：机械工业出版社（北京市西城区百万庄大街22号 邮政编码：100037）	
责任编辑：刘新艳	责任校对：李秋荣
印　　刷：固安县铭成印刷有限公司	版　次：2025年8月第2版第15次印刷
开　　本：185mm×260mm 1/16	印　张：23.75
书　　号：ISBN 978-7-111-60890-5	定　价：59.00元

客服电话：（010）88361066　68326294

版权所有·侵权必究
封底无防伪标均为盗版

前言 PREFACE

本教材自 2010 年开始第 1 版的编写工作，2013 年根据使用情况进行了修订，丰富和完善了编写体例，每章包括管理箴言、本章要点、引例、主干内容、本章小结、练习与思考题、案例讨论和延伸阅读等。

近年来，信息技术与教育教学深度融合，教育部专门发文推进在线开放课程的建设与应用，推进以学生为中心的课程改革、教学方式与学习方式变革，实现高等教育教学质量的"变轨超车"。基于此，2017 年年初全体编写人员开始启动本教材的再次修订，除了在内容上精炼与优化外，还有四个主要变化：一是精心录制了 30 余个 15 分钟左右的知识点视频，与教材中的核心知识点匹配；二是每章都更换了新的案例，与时俱进，尤其是能较好体现党的二十大报告提出的"讲好中国故事"的案例；三是每章后增加了全新原创的"管理评论"；四是每章的练习题均可借助扫描二维码的方式，瞬时得到参考答案，方便学习者自我检阅。

2017 年 12 月 28 日，教育部学位与研究生教育发展中心公布了全国第四轮学科评估结果，浙江工商大学工商管理学科获得 B+，排名第 25 名（并列）。浙江工商大学工商管理学科是浙江省 A 类优势学科、浙江省一流学科，其工商管理专业是浙江省省级重点专业、省"十三五"优势专业。由浙江工商大学工商管理专业核心骨干教师承担的"管理学"课程是浙江省精品课程和省精品在线课程，这些扎实的基础有力地保证了本教材的高起点和高水准。

本教材的编写团队来自浙江工商大学企业管理系，由博士生导师、管理学部主任郝云宏教授领衔，向荣副教授等多位老师共同参与编著，参与编写的老师还有曲亮、程兆谦、韦影、杨燕、徐蕾、肖余春、邱毅、王永跃、陈盈、梅琳、葛玲英、肖迪、葛笑春、江辛、沈青、蒋樟生、胡洪力、岑杰等。

我们还编写了配套的《管理学学习指导》，其中包括每章的主要概念、核心知识、练习题、案例分析等。同时，我们还精心制作了配套的教学用PPT和每章的题库。尽管本教材及其配套资料经过反复检查，但仍可能存在不足之处，欢迎大家批评指正，并与我们取得联系（邮箱：mbazuoye@126.com）。

  本教材的出版得到了机械工业出版社的帮助，在此表示感谢。

本教材编写小组

2018年4月于杭州

前　言

第1章　管理基础 …………………… 1
管理箴言 …………………………………… 1
本章要点 …………………………………… 1
引例　娃哈哈"老了吗" …………………… 1
1.1 管理的作用 …………………………… 2
1.2 管理的本质 …………………………… 4
1.3 管理者的认知 ………………………… 6
1.4 管理者的职能 ………………………… 12
1.5 管理者的技能 ………………………… 15
本章小结 …………………………………… 17
练习与思考题 ……………………………… 17
案例讨论　吉利公司是如何实现价值
　　　　　提升的 ……………………… 18
管理评论　管理的新定义 ………………… 19
延伸阅读 …………………………………… 21

第2章　管理环境 …………………… 22
管理箴言 …………………………………… 22
本章要点 …………………………………… 22
引例　飞鹤：国产奶粉或迎黄金时代 …… 22

2.1 组织环境分析 ………………………… 23
2.2 组织环境的新变化及组织的应对方式 … 31
2.3 组织环境的管理 ……………………… 37
本章小结 …………………………………… 40
练习与思考题 ……………………………… 41
案例讨论　国美能与阿里相提并论吗 …… 41
管理评论　移动互联时代的诗和远方 …… 43
延伸阅读 …………………………………… 44

第3章　管理决策 …………………… 46
管理箴言 …………………………………… 46
本章要点 …………………………………… 46
引例　海康威视的智慧停车场 …………… 46
3.1 决策概述 ……………………………… 47
3.2 决策的过程及影响因素 ……………… 54
3.3 决策方法 ……………………………… 59
本章小结 …………………………………… 66
练习与思考题 ……………………………… 67
案例讨论　海尔集团的第四次
　　　　　生死转型 ……………………… 67

管理评论 "最强大脑"对战"小度"，
　　　　　人工智能能走多远 …………… 69
延伸阅读 ………………………………… 72

第4章　目标设置 ……………………… 73
管理箴言 ………………………………… 73
本章要点 ………………………………… 73
引例　吉利汽车20200战略 ……………… 73
4.1　企业的目标体系 …………………… 74
4.2　目标设置与分解 …………………… 81
4.3　目标管理 …………………………… 87
本章小结 ………………………………… 91
练习与思考题 …………………………… 91
案例讨论　A公司的目标管理 ………… 91
管理评论　也说华为的成功：奏响时代
　　　　　的命运交响曲 ……………… 92
延伸阅读 ………………………………… 94

第5章　计划工作 ……………………… 95
管理箴言 ………………………………… 95
本章要点 ………………………………… 95
引例　人类第一次登月 ………………… 95
5.1　计划工作概述 ……………………… 96
5.2　计划的编制与执行 ………………… 100
5.3　编制计划的方法 …………………… 102
5.4　战略规划 …………………………… 104
本章小结 ………………………………… 110
练习与思考题 …………………………… 111
案例讨论　双童：一根吸管的智慧 …… 111
管理评论　您会花银子为《罗辑思维》
　　　　　买单吗 ……………………… 112
延伸阅读 ………………………………… 114

第6章　组织设计 ……………………… 115
管理箴言 ………………………………… 115

本章要点 ………………………………… 115
引例　腾讯公司组织结构的调整 ……… 115
6.1　组织设计的任务与影响因素 ……… 116
6.2　组织设计的基本原则与关键要素 … 120
6.3　组织结构的设计 …………………… 123
6.4　组织设计中的权力配置 …………… 132
本章小结 ………………………………… 137
练习与思考题 …………………………… 137
案例讨论　永辉超市的"全员
　　　　　合伙"制 …………………… 138
管理评论　万科股权之争：谁该控制
　　　　　上市公司 …………………… 140
延伸阅读 ………………………………… 143

第7章　人员配备 ……………………… 144
管理箴言 ………………………………… 144
本章要点 ………………………………… 144
引例　22万"白菜价"，150万元招
　　　不到人 ……………………………… 144
7.1　招聘与甄选 ………………………… 145
7.2　培训 ………………………………… 149
7.3　绩效管理 …………………………… 152
7.4　个人与组织职业生涯管理 ………… 160
本章小结 ………………………………… 165
练习与思考题 …………………………… 166
案例讨论　航空英才的摇篮，人才成长
　　　　　的沃土 ……………………… 167
管理评论　脸，您怎么看 ……………… 168
延伸阅读 ………………………………… 169

第8章　组织变革 ……………………… 171
管理箴言 ………………………………… 171
本章要点 ………………………………… 171
引例　杭州银行20年转型发展之路 …… 171
8.1　基本概念 …………………………… 172

8.2 组织变革的影响因素 …………… 178
8.3 组织变革的策略与方法 …………… 184
本章小结 ……………………………… 190
练习与思考题 ………………………… 190
案例讨论 由"麦当劳"到"金拱门",快餐行业在变革压力下的应对之举 …………………… 191
管理评论 技术创业者的社会合法性窘境及其破解:爱迪生的启示 ………………………… 192
延伸阅读 ……………………………… 195

第 9 章 领导 …………………………… 196
管理箴言 ……………………………… 196
本章要点 ……………………………… 196
引例 华为任正非 …………………… 196
9.1 领导与领导者 …………………… 197
9.2 领导行为 ………………………… 203
9.3 领导艺术 ………………………… 207
本章小结 ……………………………… 215
练习与思考题 ………………………… 216
案例讨论 创始人的退出艺术 ……… 216
管理评论 女性领导者的特殊价值:中西合璧的观点 …………… 217
延伸阅读 ……………………………… 220

第 10 章 激励 …………………………… 221
管理箴言 ……………………………… 221
本章要点 ……………………………… 221
引例 星巴克的员工激励 …………… 221
10.1 需要、动机与行为 ……………… 222
10.2 激励理论 ………………………… 225
10.3 激励实务 ………………………… 236
本章小结 ……………………………… 241
练习与思考题 ………………………… 242

案例讨论 国航客舱服务部 90 后员工管理的困惑 …………………… 242
管理评论 霸道总裁系列一:想说爱你并不容易 …………………… 244
延伸阅读 ……………………………… 246

第 11 章 沟通 …………………………… 247
管理箴言 ……………………………… 247
本章要点 ……………………………… 247
引例 郭台铭与 90 后员工互呛 ……… 247
11.1 沟通基础 ………………………… 248
11.2 人际沟通 ………………………… 252
11.3 组织沟通 ………………………… 256
本章小结 ……………………………… 268
练习与思考题 ………………………… 269
案例讨论 支付宝圈子事件 ………… 270
管理评论 霸道总裁系列二:BOSS 虐你千百遍,你待 BOSS 如初恋 …………………… 271
延伸阅读 ……………………………… 273

第 12 章 控制基础 ……………………… 274
管理箴言 ……………………………… 274
本章要点 ……………………………… 274
引例 千年舟:变"重"为"轻"的阵痛 … 274
12.1 控制概述 ………………………… 275
12.2 控制的基本过程 ………………… 282
12.3 有效控制 ………………………… 286
本章小结 ……………………………… 290
练习与思考题 ………………………… 290
案例讨论 神户制钢事件标志日本制造或将走下神坛 …………… 291
管理评论 让"意外"不再意外:读塔勒布的《黑天鹅》 …………… 292
延伸阅读 ……………………………… 294

第 13 章　控制方法 ······ 295

管理箴言 ······ 295
本章要点 ······ 295
引例　浙江晶科能源有限公司的质量控制 ······ 295
13.1　预算控制 ······ 296
13.2　非预算控制 ······ 300
13.3　质量控制 ······ 302
13.4　管理信息系统 ······ 310
本章小结 ······ 315
练习与思考题 ······ 316
案例讨论　HIM 公司基于方针管理的预算管理模式 ······ 316
管理评论　良知的凝结：质量管理思考 ······ 317
延伸阅读 ······ 319

第 14 章　创新管理 ······ 321

管理箴言 ······ 321
本章要点 ······ 321
引例　浙江顶味食品有限公司以创新为动力促进企业转型升级 ······ 321
14.1　创新概述 ······ 322
14.2　创新的动力、过程与管理 ······ 329
14.3　企业技术创新和组织创新 ······ 334

本章小结 ······ 340
练习与思考题 ······ 340
案例讨论　浙江东南网架股份有限公司的技术创新 ······ 341
管理评论　从技术引进到自主创新，中国高铁为什么可以 ······ 342
延伸阅读 ······ 344

第 15 章　西方管理理论发展历程 ······ 346

管理箴言 ······ 346
本章要点 ······ 346
引例　汽车行业的变革与管理思想的发展 ······ 346
15.1　管理思想的萌芽 ······ 347
15.2　古典管理理论 ······ 348
15.3　现代管理理论 ······ 353
15.4　当代管理理论的新思潮 ······ 361
本章小结 ······ 364
练习与思考题 ······ 364
案例讨论　扒一扒顺丰的六大黑科技！怪不得那么"快" ······ 364
管理评论　走近管理，形成主见：我推荐的 12 本管理书 ······ 365
延伸阅读 ······ 370

参考文献 ······ 371

第1章 CHAPTER 1

管理基础

管理箴言

管理被人们称为一门综合艺术:"综合"是因为管理涉及基本原理、自我认知、智慧和领导力;"艺术"是因为管理是实践和应用。

——彼得·德鲁克

本章要点

- 管理的本质是达成使命的过程。
- 管理者的角色分为人际角色、信息角色和决策角色。
- 管理具备五大基本职能——计划、组织、领导、控制、创新。
- 管理者要具备概念技能、人际技能和技术技能。

引例

娃哈哈"老了吗"

公开数据显示,在 2012～2014 年,娃哈哈营收分别为 636 亿元、783 亿元、728 亿元。关于 2015 年的数据,外界有一定争议。2016 年浙商全国 500 强指数显示,2015 年娃哈哈的营收为 677 亿元,而在全国工商联发布的《2016 中国民营企业 500 强发布报告》中,娃哈哈 2015 年的营收为 494 亿元。结合上述数据,娃哈哈 2015 年的营收同比出现了下滑。根据相关媒体报道,在 2017 年中国企业家年会上,宗庆后表示娃哈哈在 2016 年"不算太好,算是马马虎虎,利润大概为 50 亿元,和其他企业比起来还是可以的"。

早在 2010 年,宗庆后曾对外表示要"再造一个娃哈哈",争取 3 年内实现年销售收入 1 000 亿元。不过,从目前来看,娃哈哈距离实现这一目标还有一定差距。

在新品层出不穷的饮料市场,娃哈哈已经多年没有新的明星产品,人们留有印象的仍然只是营养快线、瓶装水和八宝粥等多年前的爆品,但它们已经被越来越多的竞品赶超。"从整个饮料市场来看,当下产品要自带流量,在设计和研发上多研究消费者的需求。娃哈哈的下滑主要是因为品牌和产品老化，这对饮料市场来说是致命的。"宗庆后对这一言论并不讳言。他在接受媒体采访时表示"变老了，那就想办法'焕发青春'"，并提出要"提高产品档次，不断开发新品，在大单品（开发）上也有设计"。

事实上，娃哈哈并未停止创新的步伐。2016年7月，宗馥莉推出了高端定制化果蔬汁品牌——KellyOne，这是一款完全不同于娃哈哈风格的饮料产品，它可以由消费者根据个人喜好进行定制，将不同原料（如苹果加橘子）组合在一起，通过互联网渠道接受订单、提供销售服务以及进行社交分享，价格从28～48元不等。不过，该款产品目前仅在上海和杭州等地小范围内可见。

娃哈哈集团也在不断扩张自己的"商业帝国"。从过去的饮料，到布局童装、食品、白酒，包括筹划收购迪恩食品，娃哈哈一直都在谋求壮大。只是，从营收业绩上来看，这些多元化业务并未给娃哈哈带来很大改观。

随着互联网的兴起以及时代的变化，当下企业要研究消费者的喜好，并根据其需求进行设计和研发，最终才交给厂商生产。这同以往"厂商–经销商–消费者"的联销体系有很大不同。娃哈哈应该在产品运营管理上花费更多精力。值得注意的是，日前，在央视财经频道公布的首批"CCTV中国品牌榜"入围名单中，并未出现娃哈哈的身影。

创始人宗庆后之女宗馥莉正式收购中国糖果被市场解读为娃哈哈集团试水资本市场，这也不妨理解为未来娃哈哈"返老还童"的一种举措。

资料来源：蒋政. 娃哈哈"曲线借壳"中国糖果［N］. 中国经营报，2017-05-20.

娃哈哈是浙商的优秀代表，而伴随着外部环境的变化，它能否成为浙商中的常青树，不仅仅取决于一代创始人宗庆后的远见卓识，更可以期待宗庆后之女宗馥莉在资本市场寻求全新契机的管理举措。那么如何才能让企业基业长青，企业管理者又该具备什么特征和能力呢？

1.1 管理的作用[一]

无论是刚刚步入高校的莘莘学子，还是在职场打拼多年的"江湖人士"，回顾自己的成长历程，或多或少都会有这样的经历和困惑：我表现出色，工作或学习认真勤恳，为什么得不到上级（老师或领导）的提拔和重用？这其中当然包含很多原因，但最为重要的一点是，领导担心你只会单打独斗而不会管理。那么管理究竟有什么魔力，会成为你成长过程中的必要元素？

一些身在职场的干才，也曾经有过被晋升的经历，却依然难有大作为，这是怎么回事？原因当然有很多，但最关键的一点是：他们不懂管理。

很多刚刚被提拔为经理、主管的人，由于缺乏领导经验，不懂科学管理，很难有效利用各种管理工具，空有远大的抱负却缺乏缜密的规划，没法让自己的想法落地；空有满腔的热情，却发现不会制订切实可行的计划方案，感觉自己浑身有劲使不出来。这样的工作状态持续一段时间后，他们发现自己不知不觉已经从当初的"优秀员工"沦落为当前的"窝囊领导"。于是他们开始彷徨，开始迷惑，怀疑自己是不是当领导的"料"……在此过程中，很

［一］ 王彦彦. 我的第一本管理学入门书［M］. 北京：人民邮电出版社，2013：1.

多人被迫离开领导岗位，让人惋惜。

不仅仅是职场中，生活中此类事件也比比皆是：开始充满激情的创业团队，在内部的争权夺利和质疑中逐渐消亡；由 NBA 最优秀的球员组成的美国篮球"梦之队"，在世界大赛中很少夺冠；怀揣豪情壮志竞选成功的班长、团支书，却不能组织好一次让同学满意的春游活动，这些都是管理能力缺失的表现，由此可见，管理确实是我们学习和生活中必不可少的关键要素。

从失败的案例收回目光，我们身边也不乏领袖式的人物，他们能够有效地协调和规划自己的资源，能够有效地团结和影响身边的伙伴，能够将复杂的工作安排得井井有条，能够带领大家克服一个又一个的困难，在他们身上体现出的就是管理的作用，无论这种作用是源自与生俱来的特质，还是后天学习和培养的技巧。

由此我们可以得出一个简单而初级的结论：管理的作用能够让我们协调资源，实现目标；能够让我们富有影响力和创造力。因此掌握管理的知识和技巧是非常必要的，而这些知识与技巧的集合就是管理学。

因此，只要存在资源协调的活动，就必然能体现管理的价值与作用，无论是在学校、企业还是针对区域乃至国家，都需要这种能力。儒家经典所论及的"修身、齐家、治国、平天下"在很大程度上正是管理作用的体现。

专栏 1-1　高中文理分科与大学的学科分类

步入大学后，很多同学一直纠结于自己是文科生还是理科生，在接触"经济学""管理学"等课程时，往往认为自己是理科生，对于这种"文科"的课程并不擅长，进而心生抵触，自然难以达到良好的学习效果。事实上，这些同学往往陷入了高中文理分科与大学学科分类之间的认识误区，大学的学科分类与高中的文理分科是完全不相关的，它有着自己严格的体系和要求。

我国高等学校本科教育专业设置按"学科门类""学科大类（一级学科）""专业（二级学科）"三个层次来设置。教育部最新公布的 2011 版学科分类目录将学科分为 13 大学科门类，分别是哲学、经济学、法学、教育学、文学、历史学、理学、工学、农学、医学、军事学、管理学、艺术学。

一级学科再下设若干二级学科，如工商管理下设会计、企业管理（含财务管理、市场营销、人力资源管理）、旅游管理、技术经济管理 4 个二级学科。博士、硕士学位就授至二级学科，一般意义上的博硕士点数指的就是可以授予博士和硕士学位的二级学科的数目。

所谓获得一级学科博士学位授权，即指在这个一级学科下的所有二级学科都有博士学位授予权，也就意味着，一个学生只要选择了这个学科中的任何一个专业，进了校门就可以从本科一直念到博士。这能反映出一个大学或科研院所在这个学科的实力和水平。

从这个角度而言，高中的文科和理科仅仅代表了以往基础知识的侧重和水平差异，在大学学习中影响是很小的，大学学习是一个全新的起点和挑战，不要对自己强加束缚，合理规划学习和发展方向，将是大学生自我管理的重要内容。

资料来源：一级学科，http://baike.baidu.com/view/483533.htm。

1.2 管理的本质

从古希腊的亚里士多德到近代的马克思，人们在探究世界本源的过程中，就在有意识地进行着管理的工作，因此管理的雏形可以追溯到很久以前，而现代管理理论的根基成形于 19 世纪的工业时代。最后人们发现工业时代很快被"电气时代""信息时代"等全新的名称取代，管理理论也以"管理丛林"的姿态蓬勃发展，100 多年来层出不穷的态势丝毫没有减缓的趋势。然而丰富的理论成果并不能让这个世界趋于大同，我们仍然被国家战争、次贷危机、金融风暴所笼罩，管理究竟给这个世界带来了什么？管理的本质究竟是什么？

作者视频讲解
请扫二维码

"管理是什么"是每个初学管理的人首先需要理解和明白的问题，这个问题涉及管理的定义。管理的定义是组成管理学理论的基本内容，明晰管理的定义也是理解管理问题和研究管理学最起码的要求。

从词义上，管理通常被解释为主持或负责某项工作。人们在日常生活中对管理的理解是这样的，平常人们也是在这个意义上去应用管理这个词的。但自从管理进入人类的观念形态以来，几乎每一个从人类的共同劳动中思考管理问题的人，都会对管理现象做出一番描述和概括，并且顽固地维护这种描述和概括的正确性，甚至唯一性，人类从来就不曾取得对于管理定义的一致理解。

由于管理概念本身具有多义性，它不仅有广义和狭义的区分，而且还因时代、社会制度和专业的不同，产生不同的解释和理解。随着生产方式社会化程度的提高和人类认识领域的拓展，人们对管理现象的认识和理解的差别还会更明显。长期以来，许多中外学者从不同的研究角度出发，对管理做出了不同的解释，然而，不同学者在研究管理时出发点不同，因此，他们对管理一词所下的定义也就不同。到目前为止，管理还没有一个统一的定义。特别是 20 世纪以来，各种不同的管理学派由于理论观点的不同，对管理概念的解释更是众说纷纭。管理学者对管理的定义如下。

- 弗雷德里克·温斯洛·泰勒（Frederick Winslow Taylor）："确切知道要别人去干什么，并注意他们用最好、最经济的方法去干。"㊀
- 亨利·法约尔（Henry Fayol）："管理是所有的人类组织（不论是家庭、企业或政府）都有的一种活动，这种活动由五项要素组成——计划、组织、指挥、协调和控制。管理就是实行计划、组织、指挥、协调和控制。"㊁
- 哈罗德·孔茨（Harold Koontz）："管理就是设计和保持一种良好环境，使人在群体里高效率地完成既定目标。"㊂
- 小詹姆斯 H. 唐纳利（J.H.Donelly）："管理就是由一个或更多的人来协调他人活动，以便收到个人单独活动所不能收到的效果而进行的各种活动。"㊃
- 彼得·德鲁克（Peter Drucker）："归根到底，管理是一种实践，其本质不在于'知'而在于'行'，其验证不在于逻辑，而在于成果；其唯一权威就是成就。"㊄

㊀ 弗雷德里克·泰勒. 科学管理原理［M］. 韩放, 译. 北京：团结出版社, 1999：104.
㊁ 法约尔. 工业管理和一般管理［M］. 曹永先, 译. 北京：团结出版社, 1999：7.
㊂ 哈罗德·孔茨, 海因茨·韦里克. 管理学［M］. 北京：经济科学出版社, 1998：2.
㊃ 小詹姆斯 H 唐纳利, 詹姆斯 L 吉布森, 约翰 M 伊凡. 管理学基础职能·行为·模型［M］. 李柱流, 等译. 北京：中国人民大学出版社, 1982：18.
㊄ 彼得 F 德鲁克. 管理：任务、责任、实践（上）［M］. 北京：中国社会科学出版社, 1987：7.

对于管理定义的种种不同认识，我们还可以列举很多，以上几种具有一定的代表性，综合分析上述各种不同观点，总的来说，它们各有真知灼见，也各有不足之处，但这些定义都着重从管理的现象来描述管理本身，而未揭示出管理的本质。

1.2.1 管理的本质离不开对环境的关注和解读

在管理学发展的历史上，每一次管理学理论的变革往往都伴随着重大的历史事件或特殊的历史背景，现实的客观需求是管理理论和管理实践活动的温床。例如，以弗雷德里克·泰勒为代表的早期科学管理理论，在很大程度上就是为了应对第一次工业革命后期日益尖锐的劳资冲突：如何最大效率地提升企业的产出，提高工人的收入水平，用科学管理的方法将"蛋糕"做大无疑是一个有效手段；定量管理学派的提出也与第二次世界大战时的特殊需求紧密相连；面对美国20世纪中叶大规模的并购浪潮，战略管理思想也逐步成为管理的主流。因此，管理是一门务实的学科，现实环境的关注和解读是管理首先要解决的问题，我们称其为对"管理情境"的解读。在纷杂的管理情境中，竞争与合作是两个永恒的主题，组织众多的利益相关者都与其保持着竞争、合作或二者兼而有之的特殊关系，因此有效的管理往往能够在深入细致的环境剖析下，陈明利弊、明确得失，因而做出最优的策略选择。

1.2.2 管理的本质不等同于单纯管理工具的运用

管理学是一门包容多个学科丰硕成果的特殊学科，有丰富的管理工具和方法供广大管理者使用，并且随着组织的发展、环境的变迁，管理工具层出不穷。"乱花渐欲迷人眼"的管理工具让许多管理者困惑，他们认为使用最新的管理工具才是跟上管理节拍的有效手段，但是正如管理大师彼得·德鲁克所言，管理首先要立足于管理学而非其他学科带来的工具，也就是管理学有别于其他学科存在的特殊实践价值。

专栏 1-2
管理是不是就是管理工具的集合

伴随着管理知识水平的不断加深，管理的工具化、科学化越来越凸显，从"5S"到"六西格玛"，管理工具在给管理工作本身带来便利的同时，也让很多企业和个人走向了追求技术和工具，而忽视管理本质的"歧途"。管理大师彼得·德鲁克针对这种现象，鲜明地提出了他对管理本质的看法："管理是一门学科，这首先就意味着，管理人员付诸实践的是管理学而不是经济学，不是计量方法，不是行为科学。无论是经济学、计量方法还是行为科学都只是管理人员的工具。但是，管理人员付诸实践的并不是经济学，正好像一位医生付诸实践的并不是验血那样；管理人员付诸实践的并不是行为科学，正好像一位生物学家付诸实践的并不是显微镜那样；管理人员付诸实践的并不是计量方法，正好像一位律师付诸实践的并不是判例那样。管理人员付诸实践的是管理学。"

1.2.3 管理的本质直接表现为对组织使命的追求

管理活动是组织日常活动的重要组成部分，想知道为什么管理活动如此重要，要从了解组织开始。组织是由两个或两个以上的人为了实现共同的目标组合而成的有机整体。组织一般需要开展两类活动：业务活动和管理活动。业务活动的直接目的是实现组织的目标，而管理活动的直接目的却是协调业务活动，使组织目标能有效地实现。既然业务活动能够直接完成组织的目标，那么我们为什么需要管理活动呢？其实，之所以需要管理，根本原因是组织的资源是有限的。组织的目标又是如何确定的呢？其来源就是组织的使命。

什么是使命？使命就是组织存在的原因，组织的目的；为什么做自己所做的事情；多年以后，你希望人们把关于组织的什么铭记在心。关于使命的假设规定了组织把什么结果看作是有意义的，指明了该组织认为它对整个经济和社会应做出何种贡献。管理的目的就是使管理者利用组织中的资源来有效地实现组织的使命。

综合上述对管理本质的探讨，我们认为，管理的本质是一种追求组织使命的实践活动。立足于彼得·德鲁克对企业管理本质的深刻定义，进而推广出一般意义上的管理定义。

管理就是界定组织的使命，并激励和组织人力资源及其他资源去实现这个使命的过程。界定使命是组织领导者的任务，而激励与组织人力资源是领导力的范畴，二者的结合就是管理。

1.3 管理者的认知

1.3.1 管理者的价值

作者视频讲解
请扫二维码

管理者是指通过其职位和知识，对组织负有贡献的责任，因而能够实质性地影响该组织经营及达成成果的能力者。现代观点强调管理者必须对组织负责，而不仅仅是权力。[一]

在不同的管理情境下，对于管理者的认识也存在较大的差异，例如在中国的管理情境下，管理者是具有能动性、社会性，又追求把握性的人。不具备能动性，就不能对管理对象产生作用和影响；不具备社会性，其活动就没有价值和意义；不追求把握性，其活动就不能算是管理活动。[二]

管理者的价值在于创造出一个大于其各组成部分的总和的真正整体，创造出一个富有活力的整体，他把投入其中的各项资源转化为较各项资源的总和更多的东西。这就要求管理者在其每一个行动中同时注意到作为整体的企业的成就和成果，以及为取得综合成就而必需的各种不同的活动。对管理者的理解会引发两个思考：管理者都在做什么？如何才能成为一个管理者？

🌐 专栏 1-3

管理者而非 MBA

面对风靡全球的 MBA 学习浪潮，著名的经验管理学派的管理学家亨利·明茨伯格（Henry Mintzberg），针对 MBA 教育提出了尖锐的批评。他广为流传的一句名言是："MBA 因为错误的原因用错误的方式教育错误的人。"他毫不掩饰自己对 MBA 这个头衔的态度，他曾经说过，受过 MBA 教育的人都应该在自己的前额纹上骷髅和交叉骨头标志，下面再注明："本人不能胜任管理工作。"他的批评言论都收集在《管理者而非 MBA》（*Managers Not*

[一] 丁家云，谭艳华. 管理学：理论、方法与实践［M］. 合肥：中国科学技术大学出版社，2010：18.
[二] 张俊伟. 极简管理：中国式管理操作系统［M］. 北京：机械工业出版社，2013.

MBAs)一书中。他说:"坐在教室里学不到领导一个企业的方法。"领导力和管理是密不可分的。明茨伯格的发难得到了数个国际管理学教育巨头的响应,它们试图将管理学转化为一门科学,或者是一种职业,忽略它在情绪上不够理性的方面。

明茨伯格绝非以旁观者身份挑剔指责 MBA 教育,他身体力行地在麦吉尔大学建立了自己的管理培训项目——国际实践管理教育(International Masters in Practicing Management,IMPM),这个项目是为那些有一定世界顶级公司管理经验的人专门设计的。这个管理者的培训项目生动地诠释了管理者与 MBA 的差别,它打破了管理各专业学科之间的界限,不是按市场营销、财务、人力资源等专业来安排课程,而是按照作为一个管理者必备的五种心态(管理自我的反思心态、管理关系的合作心态、管理组织的分析心态、管理环境的练达心态、管理变革的行动心态)来设计课程;尤其强调书本概念与自身管理经验相互验证、相互支持的反躬自省,并由此创造了很多把管理教育延伸到课堂之外的方式,如反思作文、交换访问、现场研究、创业活动等。

明茨伯格石破天惊的言论给我们学习管理学提供了一个全新的思路,让我们深刻理解学习管理应该更注重过程而非简单的结果。

资料来源:亨利·明茨伯格.管理者而非 MBA[M].杨斌,译.北京:机械工业出版社,2010.

1.3.2 管理者的活动

要理解管理者的真正内涵,就需要了解管理者的基本工作。就一般意义而言,管理者的工作中有五项基本作业。这五项作业合起来就把各种资源综合成一个活生生的、成长中的有机体。

第一,制定目标。管理者决定目标应该是什么,为了实现这些目标应该做什么,这些目标在每个领域中的具体目标是什么,并把这些目标告诉与目标的实现有关的人员,以便目标得以有效地实现。

例如,制定目标是一个平衡的问题:在企业成果与一个人信奉的原则的实现之间进行平衡,在企业的当前需要与未来需要之间进行平衡,在所要达到的目标与现有条件之间进行平衡。制定目标显然需要分析和综合的能力。

第二,从事组织工作。管理者分析所需的工作中的各项活动、决定和关系,对工作进行分类,把工作划分成各项可以管理的活动,又进一步把这些活动划分成各项可以管理的作业,并选择人员来执行和完成这些作业。

组织工作也要求有分析能力,因为它要求最经济地利用稀缺资源。同时它又是同人打交道的,所以要从属于公正原则,并要求有正直的品格。

第三,从事激励和信息交流工作。管理者把担任各项职务的人组织成一个团队。他做到这一点的方法是:通过日常的工作实践,通过员工关系,通过有关报酬、安置和提升的"人事决定",通过与其下级、上级和同级之间经常的相互信息交流等。

激励和信息交流所需要的主要是社会方面的技能。它所需要的不是分析能力,而是正直和综合能力。正直的品格比分析能力重要得多。

第四,建立衡量标准。衡量标准对于整个组织的绩效和个人绩效至关重要。管理者要为每一个人确定一种衡量标准。衡量标准不但要专注于组织的绩效,还要专注于个人的工作并帮助其做好工作。他对成就进行分析、评价和解释,并把衡量的意义和结果通报给他的下级、上级和同级。

衡量要求的是分析能力，也用来促使实现自我控制，而不是用作控制他人的工具。常有人滥用衡量，因而衡量是目前管理者工作中最薄弱的领域。德鲁克提倡衡量的结果应告知当事人。衡量有时被用来作为一种内部秘密警察的工具，向上司汇报有关一个管理者工作成绩的审查和评价，却连副本也不送给该管理者本人。

第五，培养人，包括自己。用人就意味着要培养人。这种培养的方向决定着人（既作为人，又作为一种资源）是否会变得更富活力，或最终完全失去活力。这一点不仅适用于被管理的人，而且适用于管理者自身。管理者是否按正确的方向来培养其下属，是否帮助他们成长并成为更高大和更丰富的人，将直接决定着他本人是否得到发展，是成长还是萎缩，是更丰富还是更贫乏，是进步还是退步。

人们可以学会对人进行管理的某些技巧——如主持会议或进行谈话的技巧，也可以制定一些有助于培养人的方法——在管理者和下属的关系结构方面，在升迁制度方面，在组织的报酬和激励方面的培养方法。但是，即使这些都已经说了和做了，为了培养人，管理者还需要有一种基本的品质，而这是不能依靠传授技巧或强调这项任务的重要性就能创造出来的，这就是管理者正直的品格。

常有人说：要成为一名管理者，必须能爱护人，能帮助人，能与人处好关系。但具备了这些条件还是不够的。在每一个成功的组织中总有那么一位上司，他并不爱护人，并不帮助人，也不与人处好关系。他冷酷，不讨人喜欢，对人要求高，但他常常能比其他任何人培养出更多的人来。他比那些爱护人的上司赢得了更多的尊敬。他对自己和下级都要求高质量地工作。他制定了高标准，并期望人们能达到这个高标准。他在判断是非时对事不对人。他本人虽然是一个很有才华的人，但在评价别人时，从来不把才华置于品格之上。一个管理人员如果缺少这些品质，那么无论他多么爱护人，多么喜欢帮助人，多么和蔼可亲，多么能干和有才华，也只是一种威胁，只能被评价为"不适合做一个管理者和正直的人"。

1.3.3 管理者的角色

美国管理大师彼得·德鲁克在 1955 年提出了"管理者的角色"（the role of the manager）的概念。德鲁克认为，管理是一种无形的力量，这种力量是通过各级管理者体现出来的。所以管理者扮演的角色或者说责任大体上分为以下三类。

作者视频讲解
请扫二维码

（1）管理一个组织（managing a business），求得组织的生存和发展。为此管理者必须做到三点：一是确定该组织是干什么的，应该有什么目标，如何采取积极的措施实现目标；二是谋取组织的最大效益；三是"为社会服务"和"创造顾客"。

（2）管理管理者（managing manager）。组织的上、中、下三个层次中，人人都是管理者，同时人人又都是被管理者，因此管理者必须做到：确保下级的设想、意愿、努力能朝着共同的目标前进；培养集体合作精神；培训下级并建立健全的组织结构。

（3）管理工人和工作（managing workers and work）。管理者必须认识到两个假设前提：一是关于工作，其性质是不断急剧变动的，既有体力劳动又有脑力劳动，而且脑力劳动的比例会越来越大；二是关于人，要正确认识到"个体差异、完整的人、行为有因、人的尊严"对于处理各类、各级人员相互关系的重要性。

亨利·明茨伯格进一步完善和拓展了管理角色理论，他的研究认为，管理者扮演着十种角色,这十种角色又可进一步归纳为三大类:人际关系角色、信息角色和决策角色。

(1)人际关系角色:挂名首脑角色、领导者角色、联络者角色。明茨伯格认为,人际关系角色直接产生自管理者的正式权力。管理者需要扮演一些礼仪性质的角色,需要领导员工共同为企业目标而努力奋斗,也要与组织内的个人、小组一起工作,与外部利益相关者建立良好的关系。

(2)信息角色:接收者角色、传播者角色、发言人角色。明茨伯格重点研究了信息对于管理者的重要性,他认为决策的关键是对信息的把握,管理者负责确保和其一起工作的人具有足够的信息,从而能够顺利完成工作。整个组织的人依赖管理结构和管理者获取或传递必要的信息。从根本上说,管理者必须为组织的信息畅通负责。

美国管理学家切斯特·巴纳德(Chester Barnard)在其著作《经理人员的职能》中提出了正式组织的三要素:共同目标、贡献的意愿和信息沟通。与此相对应,他强调了经理人员的三个职能:建立组织的共同目标;促使组织成员为实现组织目标而做出贡献;建立和维持一个信息沟通的系统。联系前两个职能的正是第三项的信息沟通。可以说,信息沟通是整个组织得以有效运转的保障。这和明茨伯格的理论有异曲同工之妙。

(3)决策角色:企业家角色、资源分配者角色、故障排除者角色、谈判者角色。明茨伯格提到,管理者要处理信息并得出结论,管理者要通过决策让工作小组按照既定的路线行事,并分配资源以保证计划的实施。管理者要做组织运转故障的排除者、危机事件的处理者,还要作为谈判者,与各种人和组织讨价还价。

决策贯穿于管理的全过程,以赫伯特·西蒙(Herbert Simon)为代表的决策学派甚至断言,管理就是决策。决策的质量直接关系着组织的生存与发展。

在明茨伯格看来,三类角色各有侧重,密不可分而合于管理者一体。人际关系方面的角色产生于经理在组织中的正式权威和地位;而这又产生出信息方面的三个角色,使他成为某种特别的组织内部信息的重要神经中枢;而获得信息的独特地位又使经理在组织做出重大决策时处于中心地位,使其得以担任决策方面的四个角色。

因此,在看似庞杂的十种角色中,仍然可以寻到这样一种内在逻辑:管理者的权力与责任。管理者的权力和地位决定了他必须承担三类责任和角色。巴纳德强调责任先于权力,或许也可以这样认为,如果非要有人承担这三类责任的话,那么就是管理者。就这一点而言,明茨伯格或许并不会反对法约尔的思想:管理的权力和责任共存,责任是权力的自然结果和必不可少的对等物。

同时,如果想让自己胜任管理者的这些角色,明茨伯格认为需要做到以下几个方面:与下属共享信息;自觉克服工作中的表面性;在共享信息的基础上,由两三个人分担经理的职务;尽可能地利用各种职责为组织目标服务;摆脱非必要的工作,腾出时间规划未来;以适应当时具体情况的角度为重点;既要掌握具体情节,又要有全局观点;充分认识自己在组织中的影响。

专栏 1-4

唐僧在西游团队中的角色

唐僧四师徒性格迥异,却历经九九八十一难,团结一致,坚定地朝目标前进,终于求取真经,可以说唐僧团队是经典的团队组合。由不同风格成员组成的企业团队,尽管会发生矛盾，但他们之间优势互补却又目标一致，更容易取得成功。阿里巴巴前总裁马云就曾经表示很欣赏唐僧团队。简而言之，唐僧团队主要包含四种角色：德者、能者、智者、劳者；他们分工明确：德者领导团队，能者攻克难关，智者出谋划策，劳者执行有力。

唐僧无疑就是团队里面的领导人和核心，他目标明确、品德高尚，负责传达上级命令，督促下属工作，对下属的表现做出评判和考核。然而，在整个团队里，他并不是能力最出色的，决策能力也不是很强，但对于要完成的任务坚持到底。

他能力一般为什么却能掌控整个团队的管理呢？首先，凭借明确的目标和坚定的意志，他能够尽其所能贯彻上级的命令和指示，不让团队方向有所偏离。这同样适用于企业领导，制定目标和贯彻落实是最开始也是最重要的一步。其次，以权制人，权威无私。在取经路上，唐僧一直都以取经为最重要目的，毫无私心、以身作则，并且在孙悟空不听命令时，及时使用紧箍咒制服他。同样，企业领导要一切以团队利益为准，树立权威，必要时使用权力制衡员工的反抗。除了强硬的约束措施，唐僧最重要的本领还是他的高尚品德，凭其人格魅力感化徒弟，让徒弟心服口服。作为企业领导，利用规章制度、金钱利诱来约束和管理员工是短期且低效的，只有以其人格魅力、企业文化来感染员工，增强员工的归属感和忠诚度，才能从根本上让员工心甘情愿地为企业和团队服务。

由此看来，唐僧团队之所以被奉为经典，离不开他们四个角色的优势互补，可以将其总结为性格型互补：大智若愚、信念坚定的唐僧，敢作敢为、刚正不阿的悟空，油头滑脑、自私自利的八戒，实实在在、立场坚定的沙僧；优势型互补：方向明确、掌控悟空的掌门唐僧，本领高强、降妖伏魔的先锋悟空，抖假机灵、拾遗补阙的副手八戒，踏实肯干、任劳任怨的员工沙僧；技术型互补：有权威、会念咒的唐僧；会打架、有透视眼的悟空；会算计、耍聪明的八戒，肯吃苦、有力量的沙僧。除了互补性强之外，目标一致、团结融洽也是他们成功的关键。

资料来源：唐僧团队的成功秘诀，世界经理人网站，http://www.ceconline.com。

1.3.4 管理者的分类

上述五项管理作业是一般意义而言的管理者行为，事实上，管理者的行为各不相同，其原因在于管理者之间存在差异，即管理者有不同的类型。

首先，根据管理者在组织中所处的不同层次可以将管理者划分为高层、中层和基层管理者，如图1-1所示。

（1）高层管理者。他们是对整个组织的管理负有全面责任的人，主要职责是制定组织的总目标、总战略，掌握组织的大政方针并评价整个组织的绩效。

（2）中层管理者。他们的主要职责是贯彻执行高层管理者所制定的重大决策，监督和协调基层管理者的工作。与高层管理者相比，中层管理者特别注意日常的管理工作。

（3）基层管理者。他们的主要职责是给下属作业人员分派具体工作任务，直接指挥和监督现场作业活动，保证各项任务高效完成。

其次，根据管理者所负责的领域差异，可以将管理者划分为综合管理者和专业管理者。如图1-2所示。

（1）综合管理者，即负责管理整个组织或组织中某个事业部的全部活动的管理者。

（2）专业管理者，即仅仅负责管理组织中某一类活动的管理者。

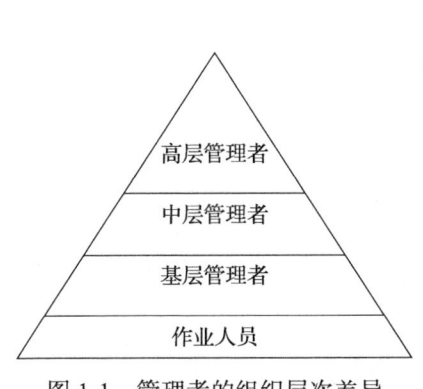
图 1-1 管理者的组织层次差异

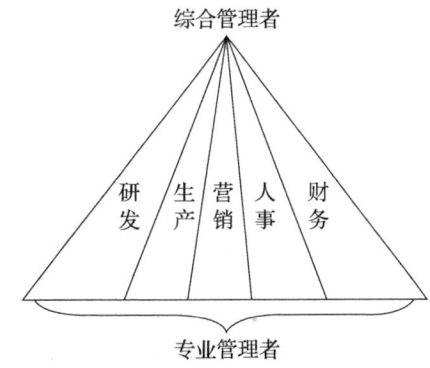
图 1-2 管理者的领域分类

最后,管理者可以按职权关系的性质划分为直线管理者和参谋管理者。

(1)直线管理者。直线管理者是指有权对下级进行直接指挥的管理者。他们与下级之间存在着领导隶属关系,是一种命令与服从的职权关系。直线管理者的主要职能是决策和指挥。直线管理者主要是指组织等级链中的各级主管,即综合管理者。例如,企业中的总经理、部门经理、班组长,他们是典型的直线管理者,主要由他们组成组织的等级链。

(2)参谋管理者。参谋管理者是指对上级提供咨询、建议,对下级进行专业指导的管理者。他们与上级的关系是一种参谋、顾问与主管领导的关系,与下级是一种非领导隶属的专业指导关系。他们的主要职能是咨询、建议和指导。对企业而言,参谋管理者通常是指各级职能管理者,如计财处长、总工程师、公关部经理等。他们既向最高领导提供咨询和建议,又对整个企业的各部门及人员进行其所负责的专业领域内的业务指导。

专栏 1-5

管理者的"六商"

谈及企业的管理者分类,美国往往用"六商"来界定他们的商业精英,他们所做的主要工作不是如何去管理,而是如何去领导。想拥有高超的领导力,就必须拥有很高的"六商"。

(1)德商(MQ),即领导者的道德水平,它包括尊重、容忍、宽容、诚实、负责、忠心、礼貌等美德。国外企业更注重企业家的"感召"作用,我国早期的一些优秀民族企业家,他们往往抱着"实业兴国"的精神创办企业,往往具有很高的德商。他们不但创办了一个个辉煌的事业,也为人们留下了宝贵的精神财富。在强调"人性"管理的今天,企业家更应该具有很高的德商,才能统领企业。

(2)智商(IQ),即领导者智力的高低。曾经有这样一句话:"给智者鞍前马后服侍,不给愚者当主人。"很难想象,没有智慧的领导者是一种什么情形。领导是一种仰仗智慧的工作,需要精细的思考,想要成为一个卓越的领导者,必须拥有智慧。

(3)情商(EQ),即领导者处理情绪和人际关系的能力。很多人为小布什成为总统愤愤不平,原因就是他大学时成绩拙劣。但是,批评者忘了,他的情商远在平常人之上。他在大学时广泛交际,结识了众多智慧超群的人。这些人纷纷走向举足轻重的工作岗位,为小布什的竞选奠定了成功的基础。

(4)志商(WQ),即领导者的志向大小和志向的坚定程度。那些功勋辉煌的领导者,无疑都是志向远大和为志向可以牺牲一切的人。作为企业的领导者，如果没有远大的志向，只想安于现状，企业最终会走向灭亡。很多企业家在赢得了暂时的利益后就裹足不前，甚至产生"大不了我把企业卖了安享晚年"的思想。在激烈的竞争中，这些人也只能安度晚年了，享受不享受是个值得商榷的问题。

（5）健商（HQ），即领导者健康水平和健康意识的高低。伴随着浙江年仅37岁的企业家王均瑶的英年早逝，所有领导者都应该注意健商。

（6）财商（FQ），即领导者对财产的态度。在中国，一些领导者想牢牢地控制着企业的大部分财产。特别是某些家族企业，领导者把亲信安插到财务主管的岗位，看好每一分钱，自己游山玩水，购买奢侈品，而在提高员工待遇、改善公司管理环境上确是典型的吝啬鬼。长此以往，企业只能一步步走向困境。

这"六商"，不是生来就有。那些希望提升领导力的领袖会找出差距，不断练习，走向卓越。

资料来源：童浏义.有六商的人有大出息［M］.北京：北京工业大学出版社，2011.

1.4 管理者的职能

通过对管理者日常五项作业的理解，我们可以发现管理者具有一些共性的工作属性，需要具备一些普遍性的技能，这就是管理职能与管理技能。

作者视频讲解
请扫二维码

管理是人们进行的一项实践活动，是人们的一项实际工作、一种行动。人们发现，不同管理者在管理工作中往往采用程序类似、内容具有某些共性的管理行为，比如计划、组织、控制等，人们对这些管理行为加以系统性归纳，逐渐形成了"管理职能"这一被普遍认同的概念。管理职能是管理过程中各项行为内容的概括，是人们对管理工作应有的一般过程和基本内容所做的理论概括。

管理职能一般根据管理过程的内在逻辑，划分为几个相对独立的部分。划分管理的职能并不意味着这些管理职能是互不相关、截然不同的。划分管理职能的意义在于：管理职能把管理过程划分为几个相对独立的部分，在理论研究上能更清楚地描述管理活动的整个过程，有助于实际的管理工作以及管理教学工作。划分管理职能有助于管理者在实践中实现管理活动的专业化，使管理人员更容易从事管理工作。在管理领域中实现专业化，如同在生产中实现专业化一样，能大大提高效率。同时，管理者可以运用职能观点去建立或改革组织机构，根据管理职能规定组织内部的职责和权力以及它们的内部结构，从而也就可以确定管理人员的人数、素质、学历、知识结构等。

确定管理职能对任何组织而言都是极其重要的，但作为合理组织活动的一般职能，究竟应该包括哪些管理职能，管理学者至今仍众说不一。

最早系统提出管理职能的是法国的亨利·法约尔。他提出管理包括计划、组织、指挥、协调、控制五个职能，其中他重点强调计划职能。他认为，组织一个企业，就是为企业的经营提供所有必要的原料、设备、资本、人员。指挥的任务要分配给企业的不同领导人，每个领导人都承担各自单位的任务和职责。协调就是指企业的一切工作都要和谐地配合，以便企业经营的顺利进行，并且有利于企业取得成功。控制就是要证实一下是否各项工作都与已定计划相符合，是否与下达的指示及已定原则相符合。

在亨利·法约尔之后，许多学者根据社会环境的新变化，对管理的职能进行了进一步的探究，有了许多新的认识。但当代管理学家对管理职能的划分，大体上没有超出法约尔的范围。

卢瑟·吉利克（Luther Gulick）和林德尔·厄威克（Lyndall Urwick）就管理职能的划分提出了著名的管理七职能。他们认为，管理的职能是计划、组织、人事、指挥、协调、报告、预算。

哈罗德·孔茨和西里尔·奥唐奈（Cyril O'Donnell）把管理的职能划分为计划、组织、人事、领导和控制。人事职能的包含意味着管理者应当重视利用人才，注重人才的发展以及协调人们的活动，这说明当时管理学家已经注意到了人的管理在管理行为中的重要性。

20世纪60年代以来，随着系统论、控制论和信息论的产生以及现代技术手段的发展，管理决策学派的形成使决策问题在管理中的作用日益突出。赫伯特·西蒙等人在解释管理职能时，突出了决策职能，他认为组织活动的中心就是决策。制订计划、选择计划方案需要决策，设计组织结构和人事管理等也需要决策，选择控制手段还需要决策。他认为，决策贯穿于管理过程的各个方面，管理的核心是决策。

美国学者米奇·希克斯（Mickey Hicks）在总结前人对管理职能分析的基础上，提出了创新职能，突出了创新可以使组织的管理不断适应时代发展的论点。

专栏 1-6

管理职能学派

管理职能学派又叫管理过程学派、经营管理学派，是当代管理理论的主要流派之一，主要致力于研究和说明"管理人员做些什么和如何做好这些工作"，侧重说明管理工作实务。管理职能学派的开山鼻祖是亨利·法约尔，当代最著名的代表人物是哈罗德·孔茨。管理过程学派吸收其他管理学派的思想和主张，不断丰富各个管理职能的内容，具有广泛的影响。

管理过程学派的主要特点是将管理理论同管理人员所执行的管理职能，也就是管理人员所从事的工作联系起来。他们认为，无论组织的性质多么不同（如经济组织、政府组织、宗教组织和军事组织等），组织所处的环境有多么不同，管理人员所从事的管理职能却是相同的，管理活动的过程就是管理的职能逐步展开和实现的过程。因此，管理过程学派把管理的职能作为研究的对象，他们先把管理的工作划分为若干职能，然后对这些职能进行研究，阐明每个职能的性质、特点和重要性，论述实现这些职能的原则和方法。管理过程学派认为，应用这种方法就可以把管理工作的主要方面加以理论概括并有助于建立起系统的管理理论，用以指导管理的实践。

管理过程学派的主要贡献在于，相对于其他学派而言，它是最为系统的学派。他们首先从确定管理人员的管理职能入手，并将此作为理论的核心结构。其次，管理过程学派确定的管理职能和管理原则为训练管理人员提供了基础，把管理的任务和非管理的任务（如财务、生产以及市场交易）加以明确区分能使管理人员集中于自己的基本工作上。管理过程学派认为，管理存在着一些普通运用的原则，这些原则是可以运用科学方法发现的。管理的原则如同灯塔一样，能使人们在管理活动中辨明方向。

管理过程学派存在一些缺陷，特别突出的是管理职能不能适用于所有的组织和管理行为，所归纳出的管理职能通用性有限，对静态的、稳定的生产环境较为适用，而对动态多变的生产环境难以应用。

资料来源：方振邦.管理思想百年脉络：影响世界管理进程的百名大师［M］.3版.北京：中国人民大学出版社，2012.

管理职能的变化和社会环境的变化有密切的关系。在亨利·法约尔时期，企业的外部环境变化不大，市场竞争并不激烈，管理者的主要工作是做好计划、组织和领导工人把产品生产出来。在行为科学出现之前，人们往往对管理活动侧重于技术因素及物的因素的管理，管理工作中强调实行严密的计划、指挥和控制。但自霍桑实验之后，一些学者在划分管理职能时，开始重视有关人的因素的管理，提出了人事、信息沟通、激励职能。这些职能的提出，体现了对管理职能的划分开始侧重于对人的行为的激励方面，人事管理被提到比较重要的地位上来。20世纪50年代以后，特别是60年代以来，由于现代科学技术的发展和诸多新兴学科的出现，管理学家又在管理职能中加入了创新和决策职能。决策理论学派的代表人物赫伯特·西蒙提出了决策职能，决策职能从计划职能中分化出来。他认为决策贯彻于管理的全过程，管理的核心是决策。管理的决策职能不仅各个层次的管理者都有，并且分布在各项管理活动中。创新职能源于70年代后世界环境的剧变，创新职能的提出也恰恰反映了这一时代的历史背景。我们可以预见，随着科学技术的不断发展和社会生产力水平的提高，管理职能的内容和重点也会有新的变化。

因此，我们结合管理学的发展历程，认为计划、组织、领导、控制、创新这五个管理职能是一切管理活动最基本的职能，如图1-3所示。

- 计划：制定目标并确定为达成这些目标所必需的行动。组织中的所有管理者都必须从事计划活动。
- 组织：根据工作的要求与人员的特点设计岗位，通过授权和分工，将适当的人员安排在适当的岗位上，用制度规定各个岗位的职责和上下左右的相互关系，形成一个有机的组织结构，使整个组织协调运转。组织目标决定着组织的具体形式和特点。
- 领导：指导人们的行为，通过沟通增强人们的相互理解，统一人们的思想和行动，激励每个成员自觉地为实现组织目标而共同努力。
- 控制：控制的实质就是使实践活动符合计划，计划是控制的标准。
- 创新：创新职能与上述各个管理职能不同，它本身并没有某种特有的表现形式，它总是在与其他管理职能的结合中表现自身的存在与价值。

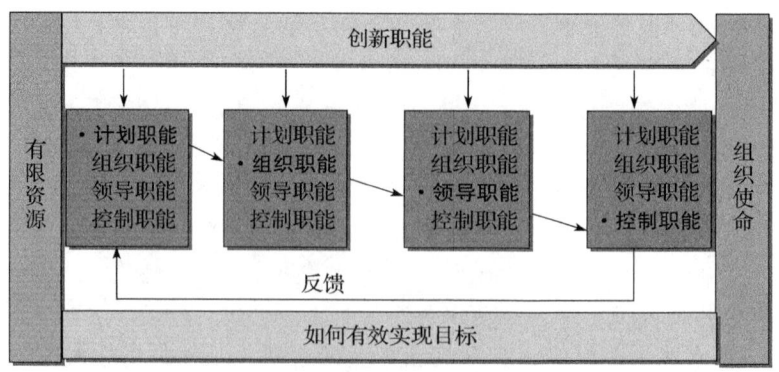

图1-3　管理职能及其相互关系

1.5 管理者的技能

如何才能成为一个管理者？如何才能有效地履行管理者的职能？这些问题的答案就在于对管理者应具备技能的认知。一般而言，管理者的技能包含三个部分：概念技能、人际技能和技术技能，而且不同层次的管理者所具备的技能也有所侧重。[一]

作者视频讲解
请扫二维码

1. 概念技能

概念技能指综观全局、把握关键、认真思考、扎实谋事的能力，也就是洞察组织与环境及其之间相互影响以及复杂性的能力，包括理解事物的相互关联性，从而找出关键性影响因素的能力；确定和协调各方面关系的能力；权衡不同方案的优劣和内在风险的能力等。

必须强调，创新是概念技能的集中体现。在社会化大生产不断发展、知识经济已见端倪的今天，管理者能否创造新的适应环境的管理模式、方式、体制、机制，是衡量其概念技能高低的重要标志。创新是现代管理者素质的核心，包括管理者的创新意识、创新精神、创新思维与创新能力。管理者要有创新理念，真正认识到创新对组织生存与发展的决定性意义，善于通过科学的创新思维来完成创新构思，并在管理实践中坚持创新；要有创新精神，在工作过程中敢于创新，勇于突破常规，求新求是；要有创新能力，在管理实践中把创新理念和创新精神变成现实。创新能力是由相关的知识、经验、技能与创造性思维综合形成的，是现代管理者最重要的素质。

2. 人际技能

人际技能指把握与处理人际关系的有关技能，即理解、动员、激励他人并与他人共事的能力。"世事洞明皆学问，人情练达即文章。"要成为一个好的管理者，离不开良好的人际关系，包括与上级、同级、下级、同行的关系等，即在管理活动中调节人际关系的艺术，其中主要是协调与上级、同级和下级的关系，以及其他方面的公共关系。

协调与上级的关系，首先，必须正确认识自己的角色地位，努力做到到位而不越位，奋争而不添乱，即不该决断的时候不擅自决断，不该表态的时候不胡乱表态，不该干的工作不执意去干，不该答复的问题不随便答复，不该突出的场合不"抢镜头"等。其次，要适当调整期望、节制欲望，学会有限度地节制。但这并不是说唯上级和领导者之命是从，关键要看政策导向和领导决策是否正确合理，如有不当或者严重失误之处，也要坚持原则。最后，要加强与上级的信息沟通和反馈，尽可能了解事情的真相，以免出现判断失误。

协调好与同级之间的关系是影响个人发展的重要方面，也是整个团队积极向上、健康发展的重要因素。首先要增进与同级的感情。感情是人际关系的"协调器"，同级之间的关系应当融洽，没有"心理防线"，大家都工作顺当，心情愉快。其次是竞争与合作共存。要处理好与同级之间的关系，需要心胸开阔，放眼未来，把握分寸，控制情绪，不做井底之蛙或自大夜郎。同级之间的竞争是磨砺自身的良好环境，正确把握同级之间既竞争又合作的关系是成功管理者的本事。

公正、民主、平等、信任地处理与下级的关系，对搞好管理工作具有重要的意义。下级是管理者行使权力的主要对象，要讲究对下级的平衡艺术、引力艺术和弹性控制艺术。① 平衡艺术。在公正、平等的基础上建立与下级的平衡、和谐关系，实现心理的可接受性和利

[一] 智库百科"管理技能"词条，http://wiki.mbalib.com/。

益的相容性，达到行为的一致性。②引力艺术。努力缩小自己与下属的距离，使之舒畅地与自己一道工作。也就是说，管理者应该是一个引力场，具有"场效应"，上下级之间在目标、情感、心理、态度、利益等方面具有一致性，这样的管理者才有能力和水平。③弹性控制艺术。管理者通过有一定弹性空间或范围的标准控制、检查组织成员的行为，既使下属感到有相应的自由，又使之遵守必要的约束。这是管理者的重要能力。

沟通是实现人际技能的重要方式及渠道，在人际交往中起着桥梁与纽带作用。良好的沟通技能是指管理者具有收集和发送信息的能力，通过书面、口头与肢体语言，明确、有效地向他人表达自己的想法、感受与态度，也能准确、快速地解读他人的信息，从而了解他人的想法、感受与态度。管理者良好的沟通技能是其优秀人际技能的前提条件。

3. 技术技能

技术技能指从事自身管理范围内的工作所需的基本技术和具体方法。例如，高校教师必须熟练掌握本专业的教学内容与教学方法；企业的部门主任就要熟悉各种设备的性能、使用方法、操作程序，各种材料的用途、加工工序，各种成品或半成品的指标要求等。技术技能对基层管理者来说尤为重要，因为他们的大部分时间都用来指导、训练、帮助下属或回答下属的有关问题，因而必须熟悉下属所做的各种工作；具备技术技能方能更好地指导下属工作，更好地培养下属，成为受下属尊重的有效管理者。人们通常所说的"懂行""一技之长""才重一技""隔行如隔山""不熟不做"都是这个意思。

一般情况下，处于较低层次的管理者主要需要的是技术技能与人际技能；处于较高层次的管理者更多地需要人际技能和概念技能；处于最高层次的管理者尤其需要较强的概念技能。

🌐 专栏 1-7

自我管理：想管好别人，必先管好自己

李嘉诚曾说："自我管理是一种重大责任，在流动和变化万千的世界中发现自己是谁、了解自己要成为什么样的人是建立尊严的基础。自我管理是一种静态管理，是培养理性力量的基本功，是把知识和经验转化为能力的催化剂。"优秀和卓越从来都不是偶然和必然的，一个善于自我管理的人，总是会对自身这块璞玉精雕细琢，这样才能真正破茧成蝶，在人生旅途中顺风顺水、扬帆起航。如果我们能够进行自我管理，那么就能够在自己的管理生涯中有效地驾驭他人，而自我管理要遵从六大原则。

第一，自我管理的首要原则就是自律。假如一个人不能很好地自律，他就无法在工作中充分实行自我管理，也就不能把工作做好。

第二，一定要为自己设定一个目标，因为目标是自我管理的动力。要想在工作中取得成就，就要为自己预先设立目标。

第三，只做自己最擅长的事，能有效促进自我管理。现代管理大师彼得·德鲁克建议，一个人的精力一定要用在自己擅长的事务上。对于自己无能为力的领域，就不必徒耗心血。

第四，寻找最适合自己的工作方法，每个人的个性特质和行为方式不同，我们必须尊重这些差异。

第五，管理好自己的时间资源，可以提高自己的自我管理能力。很多人看似忙忙碌碌，最后却不知道时间花在了哪里。

第六，善于自我减压，让身心及时得到休息。人是血肉之躯，不要把自己当成"神仙"。

当我们感受到疲劳和压力时,要学会说"不",更要学会自我减压、自我放松。

资料来源:王彦彦.我的第一本管理学入门书[M].北京:人民邮电出版社,2013.

管理技能的特点主要表现在以下几个方面。

- 管理技能主要体现在管理者的行为方面。管理者进行一些确定的活动可以产生某种结果。有效的技能是可以被观察到的。
- 管理技能是可控的。这些技能表现处在管理者的控制之下,可以被管理者自身有意识地表现、实践和改善。
- 管理技能是可发展的。管理者可以通过实践和反馈改善他们的技能表现。
- 管理技能是相互联系、相互重合的。管理技能不是简单的、重复的行为,它存在于一个复杂的系统当中。有效的管理者必须依靠多种技能有机结合达到特定的结果。○

管理层次与管理技能要求如图1-4所示。

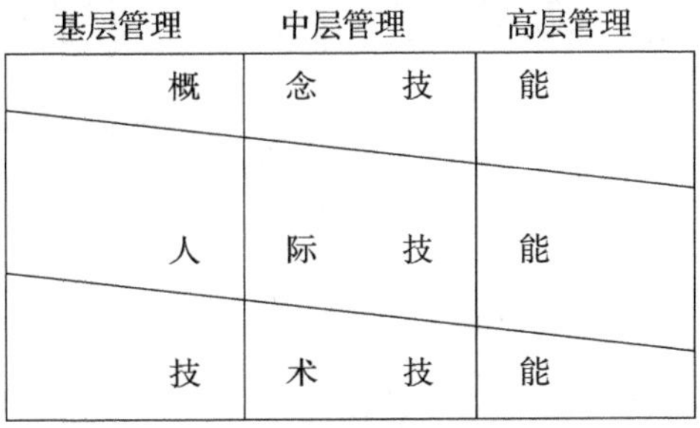

图1-4 管理层次与管理技能要求

本章小结

1. 管理的本质是一种追求组织使命的实践活动。管理就是界定组织的使命,并激励和组织人力资源及其他资源去实现这个使命的过程。界定使命是组织领导者的任务,而激励与组织人力资源是领导力的范畴,二者的结合就是管理。
2. 管理者的价值在于创造出一个大于其各组成部分总和的真正整体,创造出一个富有活力的整体,他把投入其中的各项资源转化为较各项资源的总和更多的东西。
3. 制定目标、组织工作、激励和信息交流、建立衡量标准以及培养人,是管理者的五项基本作业。
4. 管理职能的变化和社会环境的变化有密切的关系,随着科学技术的不断发展和社会生产力水平的提高,管理职能的内容和重点也会有新的变化。
5. 我们结合管理学的发展历程,认为计划、组织、领导、控制、创新这五个管理职能是一切管理活动最基本的职能。

练习与思考题

选择题和判断题,请扫二维码做题;名词解释、简答题和论述题/计算题的参考答案,具体请扫二维码。

一、选择题(题干略,请扫二维码)

二、判断题(题干略,请扫二维码)

三、名词解释

1. 管理
2. 管理职能
3. 技术技能
4. 人际技能
5. 概念技能

四、简答题

1. 简述管理的本质。
2. 管理者的基本工作包含哪些?

○ 李三支.高绩效主管五项管理技能训练[M].北京:北京大学出版社,2004.

3. 管理者根据所负责的领域差异可分为哪些?
4. 高层管理者与中层、基层管理者在执行管理职能上有何区别?
5. 管理者应具备哪些管理职能?
6. 管理者的技能主要包含哪些?

五、论述题

1. 不同层次的管理者在应具备的技能上有何侧重?请举例说明。
2. 试述计划、组织、领导、控制、创新这五个管理职能及其相互关系。
3. 德鲁克将管理者角色分为哪三类?请说明这三类角色的区别。

案例讨论

吉利公司是如何实现价值提升的
——时代浪潮中的掌舵艺术

1997年,李书福以一句"造老百姓买得起的好车"的口号进入汽车行业,吉利汽车由此诞生。在经历20年的建设和发展之后,吉利汽车稳步从一家毫无经验的民营汽车企业发展成备受瞩目的行业巨头。2016年,吉利汽车完成销售量79.9万辆,同比增长约为50%,销售量位列中国汽车品牌的第六位,成为民营汽车第一品牌,资产总额超过200亿元。

模块化:标准体系,流程造车

20世纪90年代,吉利汽车董事长李书福曾放出狂言——"汽车有啥了不起,不就是四个轮子、两部沙发加一个铁壳。"当时很多人都认为李书福是个"疯子",然而从吉利第一辆汽车下线,到今天成为行业前十,李书福造车理念的前瞻性令人赞叹。他早早就意识到,全球的汽车工业必然走向模块化。这不仅是为了资源的集约化发展,更为重要的是让每辆车的质量得到保证。

拒绝廉价:从成本优势到技术优势

在1997年进入汽车制造领域之前,吉利汽车一直作为一家以汽车零部件生产经营为核心产业的大型民营企业集团,主打低成本优势牌,但是这也给吉利贴上了廉价车的标签。2007年,吉利的企业核心竞争力从成本优势向技术优势逐渐过渡,从打造最安全的汽车到环保节能的好车,吉利不断地进行战略转型。2008年,吉利战略转型最成功的成果就是实现了产品的更新换代——新三样产品(自由舰、金刚、远景)代替了老三样产品(豪情、优利欧和美日等)。与此同时,吉利汽车2008年在研发上投入了8亿元,2009年增加到了18亿元,2010年在研发的投入上达到了19亿元,研发费用投入已经占到总销售额的8%。吉利还与沃尔沃联合推出了新品牌领克,并重点推向欧美发达国家。这些诸多的技术变革背后是吉利大量的人才挖掘与资金投入,是非常不易的,也是令人自豪的。

拥抱世界:"引进来"的国际化之路

吉利汽车一直不断吸收国际最先进的汽车制造技术与造型设计理念。目前,吉利汽车在西班牙的巴塞罗那和美国的加利福尼亚州等多地设立造型设计中心,构建了全球造型设计体系,在瑞典哥德堡设立了吉利汽车的欧洲研发中心。

吉利汽车还坚持通过国际合作提升竞争力。2006年,吉利收购英国锰铜公司23%的股权成为大股东,开创了中国汽车企业控股外国汽车产业的先河。对锰铜公司的并购,为吉利汽车拓展欧洲市场的业务奠定了良好的基础。2009年4月,吉利汽车收购了澳大利亚国际动力系统公司,弥补了吉利汽车全系列自动变速器的研发与生产能力的不足,拓宽了吉利汽车自动变速箱的产品线,改变了中国轿车行业自动变速器产业空白的局面。2010年8月,吉利汽车收购了全球著名的高端汽车品牌瑞典沃尔沃轿车公司的全部股权，上演了一次"蛇吞象"的经典成功案例。这次收购极大地提升了吉利的品牌形象，使其获得了大量的核心专利和高端人才，极大地提升了吉利汽车的核心竞争力。2016年，吉利汽车的海外销售量为2.1万辆（不含沃尔沃），占集团总销售量的2.8%。2017年5月，吉利再次出手，收购了马来西亚DRB旗下宝腾汽车49.9%的股份和豪华跑车品牌路特斯51%的股份。

未雨绸缪：智能化背景下汽车制造商的转型思考

在当前汽车电动化、智能化、共享化的浪潮中，吉利布局未来的视野更加国际化。"企业致力于在2024年实现完全解放、精致可靠的自动驾驶。而且，吉利将以全球领先水平建设与沃尔沃共用的无人驾驶试车场。"不久前，吉利汽车官方公布了这一重磅消息。随着与沃尔沃的深度融合，在研发上的联合开发、协同共享，吉利在汽车智能化方面成果初显。

"未来汽车正向电动化、智能化、网联化、共享化发展，作为汽车制造商，或者说未来的电动汽车制造商，如果不参与、不研究出行就会被淘汰。"浙江吉利控股集团有限公司副总裁刘金良在"全球未来出行高层论坛"的媒体沟通会上如是说道。近年来，从国际知名汽车品牌大众、宝马等到国内的不少汽车厂家，不仅在汽车智能化特别是自动驾驶技术方面加大投入、研发，还纷纷在移动出行领域落子。"我们希望以此为起点，结合车载人工智能，优化智能网络空间，加快推进变革，让吉利控股集团从汽车制造商向交通运输服务商、信息内容提供商转型。"吉利控股集团董事长李书福口中的起点正是吉利汽车搭建的互联网约车平台——曹操专车。这也是他关于汽车公司如何扮演自己的角色、如何实现跨界联合、跨界发展、搭建自己的平台的思考和行动。

布局后危机时代

毋庸置疑，从全球品牌价值排行以及百度品牌汽车搜索指数等来看，吉利这几年的确是快速上升，在产品不断取得突破的过程中，取得了不错的销售成绩，但吉利也清醒地认识到，与有悠久造车历史的诸多国际品牌相比，其在技术积累方面依然不够充分和扎实。为了延长企业寿命，免于被市场淘汰，吉利做出了许多重要举措。其中一个就是主动突破汽车制造商的业务边界，与出行服务深度融合。因为汽车企业的未来一定是出行解决方案而不只是卖汽车，共享经济大潮下诞生的专车是吉利绝对不可错过的。在激烈的专车业务竞争中，吉利采取垂直生态战略，从中高端移动出行细分市场切入，体现出多元化、高品质、个性化的服务特点，以汽车共享化的实践为智能化积累数据，重塑产品制造思路。吉利认识到，只有牢牢抓住用户需求进行质量提升，不断地完善自己，才能真正成就吉利品牌，为中国汽车工业添砖加瓦。

资料来源：浙商大智库微信公众号。

讨论题：

1. 请根据管理学的相关知识并结合材料谈谈，吉利汽车在转型升级过程中涉及了哪些管理职能。

2. 请结合材料谈谈吉利汽车的领导身上具备了哪些技能。

管理评论

管理的新定义

如果把一个学科看作一棵大树的话，大多数人关心的是这棵树多高、多大，被其累累果实和艳丽的花朵所吸引，而经常忽视了它的根——基本概念，认为它就在那里，一直在那里，老生常谈，没有新意。其实，任何一个学科的突破性发展都与对基本概念的审视与重新定义有关。最有名的例子莫过于爱因斯坦重新定义了时间，提出相对论。

在管理的发展过程中，新概念层出不穷，令人惊喜，也令人容易迷失，想一想组织承诺、组织公民行为、员工卷入、员工敬业度……即使是管理学术圈的人也经常分不清楚。任何新概念都不会取代基本概念，每个学科都会有几个最基本的概念，每一次的追问都是我们从中汲取力量、激发灵感的机会，或有别开一系的可能。

就管理来说，最基本的问题是：管理是什么？

在过去100年里，一些人给出了自己的定义，也因此史上留名。泰勒、法约尔、古利克、德鲁克、谢恩……定义繁多，不过大概有两个人的定义是最基础的：①管理就是通过其他人完成工作的艺术（玛丽·福列特，德鲁克称其为"管理学之母"）；②管理是通过对组织中技术、商业、财务、会计、安全等活动的协调，对组织的整体负责，实现组织的目标（亨利·法约尔）。这两个定义分别揭示了管理这项活动的杠杆式结构，以及管理之于组织的功能价值。

据此，人们进一步探索研究，并传播这样的观念：管理就是管理别人，管理的价值体现在组织目标的实现上。坦白地说，我对这样的定义不满意主要体现在两点。第一点，"管理"不等于"管理别人"。为何同一群下属，在不同领导者的管理下却有不一样的工作状态和成果？领导者的素质和能力有差距是主因，而这又要归于他们长期的自我管理能力——成就动机、自律、学习能力等。反过来，为何在同一个领导者的管理下，下属却有不同表现？这又与他们的自我管理能力直接相关，没有领导者不希望自己的下属负责任、不断检省自我和学习提升。

你可以把一对管理关系看作两个圆（代表两个人）和一条线，这条线的绝大部分都在圆外，少许进入圆内。人们往往只关注作为那条线的一个人对另一个人的管理，而忽视了两个圆——上下级各自的自我管理。缺乏这两个自我管理的支撑，常规的管理或为无源之水，或为空中楼阁。这正是很多管理失败的主要原因。效果好与差的管理，在动作上也许是一样的，但就因为两个圆的差异，却获得不一样的效果。

在人们的印象中，最先注意到"自我管理"价值的是德鲁克。他于1999年在《哈佛商业评论》上发表了"管理自我"（*Manage Oneself*）——这本杂志历史上最受欢迎的文章之一。他在文章中指出："历史上的伟人（拿破仑、达·芬奇、莫扎特）都很善于自我管理。这在很大程度上也是他们成为伟人的原因。不过，他们属于不可多得的奇才，不但有着不同于常人的天资，而且天生就会管理自己，因而才取得了不同于常人的成就……而我们当中的大多数人，甚至包括那些还算有点天赋的人，都不得不通过学习来掌握自我管理的技巧。"

德鲁克建议："知识工作者必须成为自己的首席执行官。你应该在公司中开辟自己的天地，知道何时改变发展道路，并在可能长达50年的职业生涯中不断努力、干出实绩。"

其实，早在德鲁克之前，那些旨在满足人们"成功梦想"的培训师、心灵导师就已经注意到了"自我管理"的价值，如卡耐基、史蒂芬·柯维，柯维的《高效能人士的七个工作习惯》是在1989年出版的。可是管理学界从来看不上他们，认为他们是"江湖游医"，跟自己完全不是一个档次，更不是一个圈子。当柯维被广泛地称呼为"管理学大师"时，很少有圈内人如此看待他——正如德鲁克长期的遭遇一样。

第二点不满意是，当人们说"管理就是通过……来实现组织的目标"时，这看起来更像是项目管理的定义，是"暂时性"（temporary）的，似乎完成任务、实现目标就可以了。事实上，人们的要求更高，除了实现目标，每一个有远见、有抱负的管理者都想要更持久的东西，比如一个持久的组织，一个百年老店。

此时，组织本身也是管理的目的，而不只是手段。甚至我们可以说，组织本身更重要。它不仅可以超越具体的组织目标（goal），甚至超越了组织的目的（purpose）、使命（mission）。如果形势需要，为了活下来，或者寻求更好的发展空间以活得更好，完全可以抛弃原来的目标，转换组织的使命，有何不可？富士胶卷2000年的时候一半多的收入来自胶片，但现在它只有15%的收入来自胶片等业务，而广泛涉入生命科学、再生医疗、高性能材料等领域，几乎是另一家企业了。与柯达相比，它何等的敏锐，是一个聪明的组织。

我们可以这样理解组织情境中的管理：它既是"流"（flow），以目标为导向，计划、组织、领导、控制，"攻克了一个又一个山头"，又会产生"存"（stock），组织自身变得越来越强大，体现在它的愿景、文化、制度、规范、流程、人员、团队等方面，累积并进化。大多数时候，两者互为因果，相互加强；但当形成环境逆势时，就会产生矛盾，那就是管理变革、组织重组的契机。

分析至此，我们可以提出管理的新定义：管理 = 自我管理 + 组织管理。

根据这个定义，对于管理者来说，好的管理意味着四件事：第一，管理好自己，管不好自己，如何管别人。第二，培养下属的自我管理习惯和能力。你是否听说过《别让猴子跳回背上》这本书？第三，完成管理过程，实现组织目标。第四，打造兼具团结、高效与学习能力的组织。

从组织层面来看，两者的关系大致可以这样理解：自我管理是组织管理的前提，也是组织管理的"最后一米"；组织管理是自我管理的放大。除此之外，我们也要关注，很多时候自我管理是能够取代组织管理的，不仅因为它成本低，而且这符合人类文明进步的大方向。当前一个重要的趋势是：释放自我管理活力，转变组织管理职能。海尔的"企业平台化、员工创客化、客户个性化"、芬尼克兹的"裂变式创业"、韩都衣舍的"全小组单品运营体系"等都是这一方向的探索。

延伸阅读

[1] 彼得·德鲁克. 旁观者：管理大师德鲁克回忆录 [M]. 廖月娟，译. 北京：机械工业出版社，2005.

[2] 彼得·德鲁克. 卓有成效的管理者 [M]. 许是祥，译. 北京：机械工业出版社，2009.

[3] 彼得·德鲁克. 管理：使命、责任、实务 [M]. 陈驯，译. 北京：机械工业出版社，2009.

[4] 亨利·明茨伯格. 管理者而非MBA [M]. 杨斌，译. 北京：机械工业出版社，2010.

[5] 亨利·明茨伯格. 明茨伯格管理进行时 [M]. 何峻，吴进操，译. 北京：机械工业出版社，2010.

[6] 尼尔·雷恩. 管理思想史 [M]. 孙健敏，等译. 北京：中国人民大学出版社，2009.

[7] 杰克·韦尔奇，苏茜·韦尔奇. 赢 [M]. 余江，玉书，译. 北京：中信出版集团，2005.

[8] 吉姆·柯林斯. 从优秀到卓越 [M]. 俞利军，译. 北京：中信出版集团，2009.

[9] 陈春花. 管理的常识 [M]. 北京：机械工业出版社，2010.

第2章 管理环境

管理箴言

"夫兵形象水，水之形，避高而趋下；兵之形，避实而击虚。水因地而制流，兵因敌而制胜。故兵无常势，水无常形；能因敌变化而取胜者，谓之神。"

——《孙子兵法·虚实篇》

本章要点

- 组织环境的定义和三个层次。
- 组织环境的特点及内外环境间的关系。
- 外部环境分析的四种活动。
- 企业文化的概念、类型、结构及功能。
- 组织环境的新变化及企业应对变化的方式。
- 组织环境的定位及管理。

引例

飞鹤：国产奶粉或迎黄金时代

2016年对中国婴幼儿乳业而言，是不寻常的一年。经济大环境不景气、上游养殖产能过剩、跨境电商冲击，业绩下滑甚至亏损成为行业内普遍现象。消费者对于食品安全和健康的标准逐渐提高，新食品安全法及国家婴幼儿奶粉相关政策的实施，使市场竞争愈发激烈。尽管市场环境整体低迷，但仍有不少国内乳业企业逆势增长，成为乳业"寒冬"中的一股"暖流"。根据2016年行业盘点数据，前十家国产品牌企业的行业集中度已超过6成。其中，飞鹤2016年实现8%的增长，下半年同期增长超过30%。目前，飞鹤的销售额与美素、雅培几乎持平，跃居本土品牌销量第一。

飞鹤能够跻身本土奶粉市场前列，首先在于产品质量的过硬实力。自2001年起，飞鹤便极具前瞻性地实现了全产业链生产模式,从源头牧草种植、规模化奶牛饲养到生产加工、物流仓储、渠道管控乃至售后服务各环节,全程可控可追溯。得益于农场、牧场、工厂的合理布局,飞鹤实现了从牧场挤下来的鲜奶最快2个小时便可加工成粉,最大限度保障了奶粉的新鲜营养。

如果说生产环节的严格把控是一家奶粉企业的"硬实力",那么奶粉配方的研发则决定了其"软实力"的优劣。我国奶粉市场日渐进入体系化、差异化竞争的轨道,"配方"逐渐成为乳企发展的核心竞争力。在过去的20年,部分中小企业"照抄"欧美国家的奶粉配方,而飞鹤从重视共性化产品转向关注个性化需求,根据中国女性母乳的"黄金标准"研发产品,并率先在奶粉配方中引入OPO结构脂,研制了贴合母乳、更适合中国宝宝体质的高适应奶粉配方。其旗下高端奶粉品牌"星飞帆"是国内第一个经过临床喂养实验的婴幼儿配方奶粉品牌,该系列产品多次获得中国乳业协会等的创新产品奖和品质金奖,在2015年和2016年蝉联拥有食品界"诺贝尔奖"之称的世界食品品质评鉴大会金奖。伴随全面二孩政策的放开,中国将再次迎来婴儿潮,中国婴幼儿乳粉市场也将迎来"黄金时代"。面对巨大的市场潜力,高端产品将拉动消费增长,而差异化产品也将成为奶粉消费升级的下一个风口。

资料来源:飞鹤官网,http://www.feihe.com/。

2.1 组织环境分析

2.1.1 组织环境的定义

环境的最初含义是指空间意义的范围大小。随着社会发展,环境的定义逐渐突破狭窄的空间属性,被赋予社会意义和人文意义。组织环境是指影响组织生存与发展的各种内外部因素的总和。通常,构成组织环境的因素可以分为两类:一类是组织不可控的因素,存在于组织的边界之外,构成外部环境;另一类是组织可控的因素,在组织边界之内,构成内部环境,也称内部条件。外部环境因素又因对组织作用方式和特征的不同分为宏观环境因素和产业环境因素。

组织环境是由多种因素构成的复杂系统,这些因素互相影响、互相制约。同时,组织环境是一个随时间变化的动态系统,不仅构成组织环境的单个因素在变化,而且这些构成因素之间的相互关系也在不断变化。这使组织成功与失败的原因变得错综复杂,也使组织的经营管理决策变得极为困难。

2.1.2 组织环境的构成

从组织对环境的可控程度及环境因素对组织经营活动影响的方式及程度,将组织环境分为三个层次,分别是:宏观环境/总体环境、中观环境/行业环境/产业环境及微观环境。

作者视频讲解请扫二维码

1. 宏观环境/总体环境

宏观环境/总体环境包括在广阔的社会环境中影响一个行业和行业内企业的各种因素。这些因素可以细分为五个方面:经济因素、政策/法律因素、社会文化因素、技术因素和自然因素。表2-1举例分析了这五个方面所包含的具体环境要素。

表 2-1 总体环境：细分与具体要素

经济因素	国内生产总值、通货膨胀率、利率、贸易赤字和盈余、预算赤字和盈余、个人存款率、商业存款率等
政策/法律因素	政府政策、税法、劳动法等
社会文化因素	人口数量、年龄结构、地理分布、收入分配、劳动力的多样性、工作和职业偏好、产品和服务特点偏好等
技术因素	知识应用、政府对研发的投入程度、新的沟通技术等
自然因素	能源消费、可用的水资源、开发能源的时间、可再生能源利用等

（1）经济因素。经济因素是指构成企业生存和发展的社会经济状况及国家经济政策，包括社会经济结构、经济体制、发展状况、宏观经济政策等。衡量经济环境的指标有国内生产总值、就业水平、物价水平、消费支出分配规模、国际收支状况，以及利率、通货供应量、政府支出、汇率等国家货币和财政政策等。

（2）政策/法律因素。政策/法律因素是指制约和影响企业的政策要素和法律系统及其运行状态。政策因素包括国家政治制度、权力机构、方针政策、政治团体和政治形势等。法律因素包括国家制定的法律、法规、法令及国家执法机构等。

（3）社会文化因素。社会文化因素是指企业所处的社会结构、社会风俗和习惯、信仰和价值观念、行为规范、生活方式、文化传统、人口规模与地理分布等。

（4）技术因素。技术因素是指企业所处环境中的技术及与之相关的各种社会现象，包括国家科技体制、科技政策、科技水平和科技发展趋势等。技术环境影响到企业能否及时调整战略决策，以获得新的竞争优势。

（5）自然因素。自然因素是指企业所处的自然资源与生态环境，包括土地、森林、河流、海洋、生物、矿产、能源、水源、环境保护、生态平衡等的发展变化。这些因素关系到企业确定投资方向、产品改进与革新等重大经营决策问题。

2. 中观环境/行业环境/产业环境

中观环境/行业环境/产业环境由一系列能够直接影响企业及其竞争行为和反应的因素构成，对企业的战略竞争力以及获取超出行业平均水平的利润有直接影响。产业生命周期、产业结构、产业内的战略群组等因素是中观环境分析的重要内容。

（1）产业生命周期。在一个产业中，企业的经营状况取决于其所在产业的整体发展状况以及该企业在产业中所处的竞争地位。企业只有了解了产业目前所处的生命周期阶段，才能决定其在某一产业中应采取进入、维持还是撤退的战略，才能进行正确的投资决策，提高整体盈利水平。

（2）产业结构。根据迈克尔·波特教授从产业组织理论角度提出的产业结构分析的基本框架——五种竞争力量模型，存在于产业中的竞争力量远不止现有企业间的竞争，而是包括五种竞争力量，分别是潜在进入者的威胁、供应商的议价能力、购买者的议价能力、替代品的威胁以及现有企业间的竞争。这五种竞争力量及其综合强度的较量，共同决定了一个行业的竞争强度以及盈利水平，从而也会影响企业的战略选择，并决定企业在该产业内的竞争优势和最终盈利能力。企业面临的挑战在于，需要细致地评估这五种力量，并以此为基础，分析其对于企业经营及盈利的影响，进而在行业中找到合适的定位，使企业能够影响这些因素，或者能够成功地防御这些因素带来的影响。

（3）产业内的战略群组。战略群组是指某个行业内强调相似战略维度并采用相似战略的一组企业。战略群组内部企业间的竞争比企业与群组外其他企业之间的竞争更为激烈。同一战略群组内的企业会有相似的战略要素,包括技术领先程度、产品质量标准、价格策略、分销渠道的选择以及客户服务等。战略群组分析有助于企业判断竞争状况、定位以及产业内企业的盈利情况,进而帮助企业了解自己的相对战略地位。

专栏 2-1
迈克尔·希特等谈战略群组对企业的含义

第一,同一战略群组内的企业向相似的顾客群销售相似的产品,它们之间的竞争非常激烈。竞争越激烈,每个企业的利润受到的威胁就越大。第二,行业中五种竞争力量(新进入者的威胁、供应商力量、买方力量、替代产品,以及现有竞争者之间的竞争)的强度在不同的战略群组中各不相同。第三,战略群组之间采取的战略越接近,其产生竞争的可能性就越大。

资料来源:迈克尔 A 希特,等.战略管理:竞争与全球化[M].吕巍,等译.北京:机械工业出版社,2012.

3. 微观环境

企业的微观环境是指企业内部各种影响因素的总和。它随企业产生而产生,在一定条件下可以控制和调节,包括企业资源、企业文化等,是企业内部的一种共享价值体系。内部环境是企业内部与战略有重要关联的因素,是制定战略的出发点、依据和条件,是竞争取胜的根本。企业内部环境包括物理环境、心理环境、文化环境等。

(1)物理环境。物理环境包括工作地点的空气、光线和照明、声音(噪声和杂音)和色彩等,它们对于员工的工作安全、工作心理和行为及工作效率都有影响。物理环境对组织设计提出了人本化要求,防止物理环境中的消极性和破坏性因素,创造适应员工生理和心理要求的工作环境,可以为实施有效的管理提供基本保证。

(2)心理环境。心理环境指组织内部的精神环境,它制约着组织成员的士气和合作程度的高低,影响组织成员积极性和创造性的发挥,进而影响管理效率和目标达成。心理环境包括组织内部和睦融洽的人际关系以及组织成员的责任心、归属感、合作和奉献精神等。

(3)文化环境。文化环境包括两个层面的内容:一是组织的制度文化,具体包括工艺操作规程和工作流程、规章制度、考核奖励制度及健全的组织结构等;二是组织的精神文化,包括组织的价值观念、经营管理哲学及精神风貌等。良好的文化环境是组织生存和发展的基础和动力。

2.1.3 组织环境的特点及关系

1. 组织环境的特点

组织所处的宏观、中观及微观环境与其他环境相比,具有明显的特点。正确认识这些特点是组织进行正确经营决策的前提和依据。

(1)客观性。客观性指组织环境不以个人或组织的意志为转移。组织在进行经营活动时,应该认清所处的各种环境,并去适应而不是脱离客观存在的环境。组织环境不但具有客观性,而且具有部分可塑性(即环境的可改造性)。面对组织环境的客观性,组织并非只能消极地适应环境而不能有所作为。除了遵从环境发展的客观规律，组织还应该充分发挥主观能动性，掌握、运用乃至驾驭规律，做到主动适应而不是一味地被动适应。

（2）动态性。组织环境因素不断变化，且在不断地重新组合。组织系统既要从环境中输入物质、能量和信息，也要向环境输出各种产品和服务。环境的发展变化使组织内部要素与各种环境因素的平衡被打破，并形成组织结构的变化。组织必须及时修订经营方案，以适应不断变化的环境，通过调整系统输入与输出，促使环境朝着有利于自身生存和发展的方向改变。

（3）变异性。组织环境由多方面具体环境构成，某一环境因素的变化常常引起其他一系列环境因素变化，即连锁反应。环境构成因素自身的矛盾是造成环境动态变化的主要原因。组织应该不断提高对环境的敏感性，加强对环境的跟踪、检测、分析和判断。

（4）系统性。组织环境是由与组织相关的各种外部事物和条件相互有机联系组成的整体系统。组成这个系统的各种要素（如自然条件、社会条件）相互关联，形成一定的结构，表现出整体性。社会是一个大系统，组织的外部环境和内部环境构成不同层次的子系统。任何子系统都要遵循它所处的更大系统的运动规律，并不断进行协调和运转。

2. 组织内外环境间的关系

（1）外部环境对内部环境产生压力。外部环境往往是一个企业图谋变革的原动力。市场竞争的加剧、政府的倡导与管制、外来领导观念的冲击等都是影响企业内部环境变化的重要因素。能否有效地应对外部环境变化所带来的压力，是衡量企业健康程度的一个重要指标。

（2）内部环境对外部环境的抵制和适应。内部环境对外部环境存在抵制和适应的双重性。由于各种因素的影响，内部环境与外部环境并不总是协调一致。内部环境对外部环境有适应的一面，这是企业能够有效应对外部环境压力的结果；同时，内部环境对外部环境也有抵制的一面，企业为了使既得利益不受损失，会将外部环境的影响抵挡在企业边界之外，以避免引发与企业意图相违背的变化。

2.1.4 外部环境分析

组织面临着动荡、复杂、全球化的外部环境，为了处理模糊且不完全的环境信息，组织需要进行外部环境分析。这种分析是连续的过程，包括扫描、监测、预测和评估四种活动（见表2-2）。

表2-2 外部环境分析的构成

扫描	确认环境变化和趋势的早期信号
监测	持续观察环境变化和趋势，探索其中的含义
预测	根据所跟踪的变化和趋势，形成结果预期
评估	依据环境变化或趋势的时间和重要程度，决定组织的战略和管理

研究外部环境的一个重要目的在于明确组织的机会和威胁。机会（opportunity）是指存在于外部环境中的情形和条件，组织通过开发这些机会可以获得竞争优势；威胁（threat）是指存在于外部环境中可能妨碍组织获得竞争优势的情形和条件。

1. 扫描

扫描（scanning）包含对宏观总体环境各方面的研究。通过扫描，企业可以辨别出环境中潜在变化的早期信号，探测到正在发生的变化。扫描通常能够揭示模糊的、不完整的以及无关联的数据和信息。因此，环境扫描对于在高度不稳定的环境中竞争的企业极具挑战性，同时也至关重要。许多组织利用专门设计的软件来帮助其识别环境中正在发生的以及公开宣布的事件，互联网也为扫描提供了大量机会。比如，亚马逊网站记录了大量访问其网站的用户信息，当这些用户再次访问时，亚马逊可以把与其以前购买的产品类似的新产品的相关信息发送给他们。

2. 监测

监测（monitoring）指通过观察环境变化，从环境扫描的成果中找到重要趋势。成功监测的关键在于探查不同环境事件和趋势的含义。有效的监测要求企业能够识别重要的利益相关者。在企业生命周期中，不同利益相关者的重要性不断变化，因此在整个过程中企业都应密切关注其需求和利益相关者团体。对于处在高科技的不稳定竞争环境中的企业而言，扫描和监测尤为重要。扫描和监测为企业提供信息，这些信息帮助企业了解市场以及如何将其开发的新技术成功进行商业化。

3. 预测

预测（forecasting）指根据扫描和监测探知的变化和趋势，对将来可能发生的事情及其形成的速度进行可行性推断。例如，预测一种新技术市场化所需的时间、企业培训应对劳动力市场的变化所需的时间、政府税收政策对消费者购买模式的影响等。

4. 评估

评估（assessing）指判断环境变化和趋势对组织管理影响的时间和显著程度，目的在于明确指出其对企业的意义。对信息进行适当的解读比准确了解环境状况更为重要。收集信息后，企业应该评估环境中的某种趋势究竟是代表对企业的机会还是威胁。

2.1.5 企业文化

1. 企业文化的概念及分析维度

企业文化又称组织文化，形成于 20 世纪 80 年代，是组织内部环境的重要组成内容。从 20 世纪五六十年代起，日本企业的迅速发展和美国企业经营业绩的相对滞缓，引起了美国企业管理人士的关注。他们在系统地比较日本与美国企业管理上的差异和总结日本一些成功企业的经验之后，认识到企业文化在企业发展中的重要作用，进而提出企业文化的概念，论述企业文化的内容和作用，逐渐构建起企业文化的理论体系。

广义而言，企业文化是人类文化、社会文化和经济文化的子属，是组织中物质文化和精神文化的总和。物质文化指组织的物质状态、技术水平和效益水平等，其主体是物；精神文化指在组织发展过程中形成的能反映其经营特色的思想、意识、观念等意识形态和行为模式，以及与之相适应的组织结构和组织制度，其主体是人。

从狭义上讲，企业文化指在企业长期经营发展过程中逐步形成的精神财富，包括企业精神、价值观、传统、群体意识、行为规范、企业形象和企业产品等。价值观是企业文化的核心，它产生于企业自身，得到全体管理者和员工的认同与维护，并随着企业的发展而日益强化。企业文化使一个企业独具特色，并为企业的多数成员所共同认可。

美国麻省理工学院斯隆管理学院教授埃德加·施恩（Edgar Schein）根据组织文化理论，提出了分析组织文化的 7 个维度：①组织与环境的关系；②人类活动的本质；③现实和真理的本质；④时间的本质；⑤人类本性的本质；⑥人际关系的本质；⑦同质化与多样化。每个维度均有相关的问题，通过对一定问题的分析，以解释组织文化如何影响员工行为，如表 2-3 所示。

表 2-3 埃德加·施恩分析组织文化的 7 个维度

维　度	需要回答的问题
1. 组织与环境的关系	● 组织对于自身的看法是主导的还是服从的 ● 组织与环境之间的关系是和谐相处的还是处于适当位置的
2. 人类活动的本质	● 人类正确的行为方式是主宰的、积极的、和谐的，还是被动的、宿命的
3. 现实和真理的本质	● 如何界定什么是真实的，什么是不真实的 ● 在物质世界和社会世界里，真理是如何确定的
4. 时间的本质	● 关于过去、现在和将来的基本定位是什么 ● 处理日常事务最适宜的时间单位是什么
5. 人类本性的本质	● 人的本性是善良的、中性的还是邪恶的 ● 人的本性是可以改变的还是难以改变的
6. 人际关系的本质	● 人与人之间进行交往、分配权力和情感的正确方式是什么 ● 生活是竞争的还是合作的 ● 组织社会的最佳方式是以个人主义为基础还是以集体主义为基础 ● 最佳的权力系统应该是独裁、家长制的，还是社团、参与式的
7. 同质化与多样化	● 是同质化的群体处于有利地位，还是多样化的群体处于有利地位 ● 应该鼓励群体中的个人革新还是遵守规则

2. 企业文化的类型

从企业文化与企业长期经营业绩的关系角度，美国学者约翰·科特（John Kotter）和詹姆斯·赫斯克特（James Heskett）在《企业文化与经营业绩》一书中概括出三种企业文化。

（1）强力型企业文化。这种文化在企业中占据主导地位，深入人心，其倡导的价值观和行为规范为管理层和全体员工普遍认同。但是这种文化既可能把企业领向巨大的成功，也可能将企业引入歧途。

（2）战略整合型企业文化。企业内不存在放之四海而皆准的真理，企业文化必须与企业的环境、经营战略相适应。这种文化的弱点在于，当企业所处行业发生急剧变化时，文化变化的迟缓必然导致企业经营业绩的大幅下滑。

（3）灵活适应型企业文化。持有这类文化的企业将战略焦点集中于外部环境，能够通过提高灵活性和实施企业变革来满足顾客需要，从而适应市场经营环境的变化。而且，持有这类文化的企业不仅能够对环境变化做出快速反应，还能够积极创造变化，鼓励革新、创造等风险性行为。

无论何种类型的文化，都有其优势和不足。好的企业文化必须能够在一定的阶段和环境中发挥其优势，同时避免其不足。另外，一个企业的文化通常不可能只属于一种类型，而是兼具几种文化的特质。总之，拥有合适的企业文化能增强企业的核心竞争力，使企业在日益复杂的竞争环境中更具优势。

专栏 2-2

美捷步鼓励适应性文化

有多少公司付薪水给员工是为了让他们辞职呢？美捷步（Zappos.com）就这么做，其

CEO 谢家华（Tony Hsieh）坚信花 2 000 美元让某些员工辞职是很划算的，因为这样可以摆脱一些不适合的员工，还可以避免这些员工破坏公司的文化。

美捷步鼓励开放性思想、团队合作以及略显怪异的适应性文化，这帮助它成为一家极其成功的网络零售商。在美捷步，所有新员工都要参加历时四周的培训课程并把公司的核心价值观背下来。培训结束后，如果他们认为自己不适合公司的文化，那么公司将支付他们 2 000 美元让他们离职。美捷步每年都会出版一本文化小册子，上面是一些员工分享的亲历故事，主要是关于美捷步公司的文化到底对自己意味着什么。公司的核心价值观需要组织结构、流程以及运作系统的支持，使其能够真正落地，使员工时刻保持警醒，员工的绩效评价也部分基于其对文化的参与度。

资料来源：理查德·达夫特. 组织理论与设计 [M]. 王凤彬，等译. 北京：清华大学出版社，2014.

3. 企业文化的结构

企业文化的结构指企业文化的各种内容和形式之间的层次关系。如果把企业文化体系看成一个由核心向外延伸的球形体，那么完整系统的企业文化包括核心的精神层、中间的行为层和外在的形象层。

（1）精神层。精神层文化是一种深层文化，是企业在经营过程中受到社会文化背景、意识形态和社会制度影响，经历长期实践而形成的一种精神成果和文化理念，包括使命、目标、核心价值观和行为准则等一系列价值理念，处于企业文化体系的核心部位。

价值观常常被认为是虚幻的，不易被理解，企业可利用故事或传说来宣扬自己的核心价值观。故事是一个基于真实的叙述，在企业员工中长久流传。人们会向新员工介绍它，以使企业的基本价值观永存。许多故事都涉及企业的英雄，他们是体现企业准则及价值观的样板或模范。讲故事已成为企业传播价值观的重要方法之一，它是传递信息的一个强大办法，因为故事会激发视觉想象及感情，从而帮助员工记住该信息及关键的价值观。

专门的语言也可用来塑造和影响企业的价值观和信念。企业有时会用特别的口号或格言来表达自己关键的价值观（如海尔公司的格言"真诚到永远"），还可以通过书面的公开宣示、企业宗旨及其他正式宣示来表达并强化企业的文化价值观。

（2）行为层。与行为层相对应的是行为识别系统，是企业为实现其目标而给员工的行为规定一定的方向和方式，包括企业制度及员工行为规范等一系列内容，它在精神层的指导下进行活动，属于企业行为文化。

行为层文化是一种制度文化，以固定或不固定的方式为企业所有员工在工作中所遵守，表现为企业行为和企业产品（产品是企业行为和企业生产的物化形态）。这些现象可以被观察到，但不易解释清楚。被称为"符号学"的文化分析方法，通过搜集足够的有关人们怎样进行交流的信息，使别人了解公开行为所包含的文化意义。

（3）形象层。与形象层对应的是视觉识别系统。形象层文化包括企业家、员工、环境、标志、产品广告及包装等一系列形象设计。它处于表层部位，属于企业形象文化。企业表层的物质文化是企业和员工的理想、价值观、精神面貌的具体反映，集中体现了企业的外在形象。企业环境和企业容貌是企业物质文化的重要组成部分，企业环境是与企业生产相关的各种物质设施、厂房建筑以及员工的生活娱乐设施；企业容貌是体现企业个性化的标志，包括企业名称、企业象征物和企业布局等。

现代企业注重通过宣传、推广企业的名称来树立企业形象，开拓市场。企业名称一般由专用名称和通用名称两部分构成。前者用来区别同类企业，后者说明企业的行业或产品归属。企业可以用国别、地名、人名、品名、产品功效等来命名。名称不仅是一个称呼、一个符号，还体现企业在公众中的形象。企业的命名还应考虑艺术性，尽可能运用寓意、象征等艺术手法。

企业象征物是反映企业文化的人工制作物，可以制成动物、植物或其他造型。一般放置在企业最醒目的地方，如厂门、礼堂，或宾馆大堂、商店进门处。

企业布局指企业内外空间设计，包括厂容厂貌、商店橱窗和内部装饰。一个企业的厂容厂貌、绿化、厂房造型、各车间的布局、各种交通布局都应给人一种花园式工厂的感觉。商店橱窗应以商品为主体，以布景、刀具、装饰面的背景为衬托，并配合灯光、色彩和文字说明；在进行商品介绍时，应注意艺术性和实用性的统一。商店橱窗是企业形象的重要组成部分，不仅是一种广告手段，还是企业精神面貌的折射，用来缩短商品与顾客、商店与顾客的距离。

4. 企业文化的积极功能

企业文化在一个企业中发挥着重要的作用，主要体现在以下六个方面。

（1）导向功能。员工的共同价值观念一旦形成，会产生一种思维定式，对员工具有强烈的感召力，将员工逐步引导到企业的目标。这种功能往往在企业文化形成的初期就已经存在，并将长期引导员工始终不渝地为实现企业目标而努力。当企业文化在整个企业内部成为一种强文化，其对员工的影响力也就越大，员工的行为转向也就越发自然。

（2）激励功能。激励是通过适当的外部刺激，使个体产生工作积极性的行为。在"人人受到重视，个个受到尊重"价值观念的指引下，企业的每一个员工所做出的工作努力，都会得到管理者的赞赏和奖励，在企业中形成积极向上的组织氛围。

（3）凝聚功能。企业文化以微妙的方式来沟通企业内部员工的思想，使员工产生对企业目标、行为准则、经营观念等的"认同感"和作为企业成员的"使命感"。同时，企业氛围使企业成员通过自身的感受，产生对本职工作的"自豪感"和对企业的"归属感"。

（4）规范功能。企业文化的规范功能是通过员工自身感受而产生的认同心理过程来实现的，它不同于外部的强制机制，是通过员工的内省产生一种自律意识，从而自我遵守企业管理的各种规定，例如厂规、厂纪等。

（5）创新功能。优秀的企业文化是以人为本的文化，它强调富有创造性的人是企业发展的关键。优秀的企业文化使工作本身具有内在意义和更多的挑战，给员工一种自我实现感，并创造和提供一切机会让员工参与管理，进而调动其积极性和创造性。

（6）辐射功能。企业文化综合反映了一个企业的性质、内容和形象，它的展示和传播形式多样、方便快捷、媒介众多。企业文化随着企业的产品、服务、广告、宣传、对外交往活动等向企业外部传播，对外部企业、顾客、社会、公众、本地区甚至国内外产生一定的影响，具有强大的辐射作用。企业文化在提高本企业知名度的同时，向外界展示本企业的形象、特点和内涵，激发成员对企业的责任感、自豪感、荣誉感。

5. 企业文化的消极功能

企业文化在一定条件下存在消极功能，主要表现在以下三个方面。

（1）阻碍组织变革。当组织的某些共同价值观与进一步提高组织效率的要求不相符合时，文化就成了一种束缚。在迅速动态变化的环境下，这种情况最可能出现。对于许多拥有强势文化的组织，其文化促成了今天的成功，但当环境发生变化，组织需要变革时，既有文化就可能产生观念的惰性，阻碍变革的实施。

（2）阻碍文化多样化。在一个具有多元文化背景的企业中，员工具有不同的种族、性别、价值观，不同的员工群会产生不同的文化。然而，企业文化通常代表企业中的强文化，强调观念、行为规范等的一致性，这在一定程度上束缚了文化的多样化。

（3）阻碍兼并和收购。企业在做兼并或收购决策时，除了考虑融资优势或产品协同性，企业文化的相容性也是必须考虑的因素之一。企业兼并或收购失败的部分原因往往在于员工对企业之间巨大文化差异的抵触。

2.2 组织环境的新变化及组织的应对方式

2.2.1 组织环境的新变化

如前所述，企业环境随时间在不断发生变化。企业对内外环境变化的应对方式及其有效性是检验企业健康的重要标志，也是影响企业生死存亡的重要因素。进入 21 世纪，全球经济一体化趋势越来越明显，知识经济时代和信息时代来临，以云计算、大数据、人工智能、物联网、移动互联网为代表的新一代网络信息技术，正加速与经济社会的各个领域深入渗透融合。这些变化是企业不可忽视的重要因素，也对企业的发展提出了更高的要求。

1. 全球经济一体化

"全球化"一词的由来，可以追溯到 1943 年。温德尔·威尔基（Wendell Willkie）在其所著的《一个世界》（One World）一书中，首次提及全球化的概念。全球化分为狭义和广义两个层次。狭义全球化是指经济全球化，生产、贸易、投资、金融等经济行为超越一国的领土界限，从孤立封闭走向国际社会的进程，是生产要素的全球配置与重组，是世界各国经济高度相互依赖和融合的表现。广义全球化是指在全球经济、文化、政治交流日益发展的情况下，世界各国之间的影响、合作、互动日益加强，使具有共性的文化与制度逐渐普及推广，成为全球通行标准的状态或趋势。

本书关注狭义全球化，即全球经济一体化对企业带来的影响。根据发展的水平及目标的不同，全球经济一体化主要表现为以下形式：特惠关税区、自由贸易区、关税同盟、共同市场、经济同盟以及完全经济一体化（政治同盟）。

全球经济一体化的浪潮体现在贸易、直接投资、电信、媒体、商业、金融市场等方面。世界各国的货物、服务和生产要素跨国界自由流动，生产、交换、分配、消费等环节相互渗透、相互依存。企业的竞争对手不再局限于国内，而是在全球市场面临竞争；企业之间的竞争遵守统一的国际准则；国际分工从传统的以自然资源为基础的分工逐步发展为以现代工艺、技术为基础的分工；从沿着产品界限进行的分工发展到沿着生产要素界限进行的分工；从产业部门间的分工发展到各个产业部门内部的分工和以产品专业化为基础的分工；从生产领域分工向服务部门分工发展。

全球经济一体化意味着竞争的激烈、消费者不断增长的需求。如何在这种环境中创造和保持竞争优势，是所有企业管理者都不能回避的挑战。

（1）树立全球化经营理念。中国企业将有更多的机会走出国门，进入国际市场。企业的生产管理活动范围将由国内拓展到全球，不能仅利用国内资源来谋求发展，而是必须广泛利用世界各国的资金、技术、劳动力等生产要素发展自己,以求实现资源的最佳配置;生产协作关系也不再局限于国内,而要在全球范围内寻求合作伙伴;企业发展不仅受国内经济形势、资源、环境等因素的影响,也受到国际经济形势、资源、环境等因素的制约。

(2)构建扁平化、柔性化的组织结构模式。在全球化背景下,企业必须建立高效、便捷、可靠的全球化要素传输流动网络,否则无法在国际竞争中取胜。这对组织结构设计提出了新的要求:改变以往占主流地位的"金字塔"式的层级组织结构形态,减少或者取消中间管理层,构建扁平化、柔性化组织。扁平化组织结构模式将直接带来管理费用的下降和管理效率的提高,极大地提高员工的自主性与积极性。组织结构的柔性化是指不设置固定的和正式的组织结构,而代之以临时性的、以任务为导向的团队式组织。借助组织结构的柔性化,企业可以实现组织集团化和分权化的统一,以及稳定性和变革性的统一。

(3)建立战略联盟,在竞争与合作中谋求共赢。战略联盟是指两个或两个以上的经济实体,为特定的战略目标而采取的以股权或非股权形式共担风险、共享利益的联合行动。通过合作,战略伙伴实现优势互补或加强,并弥补劣势以创造竞争优势。在经济全球化背景下,战略联盟已成为企业间合作竞争的新形式。作为一种新的竞争方式,"共赢"型的战略联盟是中国企业未来的发展之路。随着信息化的不断深入,战略联盟的形式也在深化和发展,越来越多的跨国公司将它们的伙伴关系发展成"超级联盟"。

2. 知识经济

知识经济的缘起与新经济增长理论有关。在世界经济增长日益依赖于知识生产、知识扩散和知识应用的背景下,美国经济学家保罗·罗默(Paul Romer)和罗伯特·卢卡斯(Robert Lucas)提出了新经济增长理论。罗默把知识积累看作经济增长的内生独立因素,认为知识可以提高投资效益,知识积累是现代经济增长的源泉。卢卡斯则将技术进步和知识积累重点投射到人力资本上,他认为,特殊的、专业化的、表现为劳动者技能的人力资本是经济增长的真正源泉。

一般认为,知识经济是以知识为基础的经济,是与农业经济、工业经济相对应的概念,是新型的富有生命力的经济形态;创新是知识经济发展的动力,教育、文化和研究开发是知识经济的先导产业,知识和高素质的人力资源是最重要的资源。

知识经济的兴起将对投资模式、产业结构、增长方式和教育的职能与形式产生深刻的影响。①在投资模式方面,信息、教育、通信等知识密集型高科技产业的巨大产出和展现出的骤然增长的就业前景,将导致对无形资产的大规模投资。②在产业结构方面,首先,电子贸易、网络经济、在线经济等新型产业将大规模兴起;其次,农业等传统产业将越来越知识化;最后,产业结构的变化和调整将以知识的学习积累和创新为前提,在变化的速度和跨度上将显现出跳跃式发展的特征。③在增长方式方面,知识可以低成本地不断复制并实现报酬递增,可能使经济增长方式走出依赖资源的模式。这不仅使长期经济增长成为可能,还使经济活动都伴随着学习。④教育融于经济活动的所有环节;同时,知识更新的加快使终生学习成为必要,受教育和学习成为人一生中最重要的活动之一。

具体来说,知识经济时代对企业管理的要求体现在以下几个方面。

(1)知识经济使管理基础向知识资本转变。管理经历了以经验管理为特征的第一代管理,以科学管理为特征的第二代管理,以行为管理为特征的第三代管理,以现代管理为特征的第四代管理和以知识管理为特征的第五代管理。知识经济是以不断创新的知识为基础的,知识在增加产品附加值方面所起的作用正在成为决定组织生存与持续发展的重要资源,知识管理上升为组织管理新的重心。

（2）知识经济使人力资源管理日益重要。企业经营所需的土地、资金、设备等传统资源作为基础性资源对企业的贡献力在不断下降,而人才、技术、信息、时间等软资源却成为稀缺性资源,对企业的贡献力正在不断加大。这些软资源变化迅速、不易衡量,导致管理难度更大,这就要求管理思想的重心要向稀缺性资源的方向转移。知识经济发展的主导要素是人才,如何把人当作始终充满生机和活力的特殊资源来最大限度地发掘、科学地管理,已成为现代组织在激烈的竞争中生存、发展的重大使命。以人为本、个人与组织共同发展是管理的新理念。

（3）知识经济使管理战略发生变化。首先,在投资战略上,要由投资于有形资产转到人才培训、激励创新方面,生产和分配向知识产品倾斜；其次,在竞争战略上,以保护知识产权为切入点,把蕴含在产品中的知识作为竞争取胜的关键；最后,在成长战略上,由过去依靠规模经济谋求发展调整到依靠无形资产的创造和增值来实现企业发展,即依靠智力扩张、知名度的提高、信誉的增强、形象的完善和最佳经济效益使企业经久不衰。

随着知识经济时代的来临,对企业的经营者而言,更加需要重视学习及创新,重视高素质的人力资源在企业发展中的作用,改变先前的增长方式,从而顺应时代变化的要求,获得持续竞争优势。

3. 企业社会责任

企业社会责任这一概念的提出是基于商业运作必须符合可持续发展的理念,是指企业在商业运作中对其利益相关者应负的责任。企业除了考虑自身的经营状况,还要考虑对社会和自然环境所造成的影响。近年来,这一思想广为流行,《财富》和《福布斯》商业杂志在企业排名评比时都加上了"社会责任"标准。

企业社会责任的提出源于全球经济一体化的脆弱性,以及国家之间越来越大的差距。鉴于国家内部的差距也在拉大,以及财富分配的不公和不平等,特别是某些企业不合理的发展对世界安全和生态环境带来巨大的威胁,企业社会责任理念开始流行。企业社会责任改变了传统的以经济效益作为衡量企业优劣的唯一标准的现象,对企业经营提出了更高的要求。

目前,企业社会责任的缺失主要表现在以下几个方面。

- 无视企业在社会保障方面应起的作用,逃税等现象频出。
- 较少考虑环境保护,将利润建立在破坏和污染环境的基础之上。
- 为社会提供不合格的产品或服务。
- 降低企业员工的收入和福利来为股东谋取利益。
- 缺乏公平竞争意识。
- 普遍缺少诚信。

企业社会责任的提出,主要是为了解决资本的效用最大化特性与社会满意度之间的矛盾,解决企业发展与社会共同进步的矛盾。企业如何更好地履行应承担的社会责任,不仅需要法律保障,更需要一定的思想道德境界。

（1）转变企业的管理理念。企业社会责任具有深厚的理论基础,这种理论基础在企业社会责任的实施中上升为理念支持,与正式的制度安排共同构成完整的机制体系。几乎所有的国际知名跨国公司都有相应的理念来指导各自的企业社会责任行动，而我国企业社会责任制度发展滞后，根本原因在于企业缺乏对社会责任的正确认识。

（2）企业社会责任必须建立在法律调整的基础上。在全球化经营过程中，跨国公司积极承担社会责任，短期内通常会由于其滞后效应而很难看到付出社会责任成本后所带来的直接收益。因此，一些公司面对实际的成本压力，仍然会做出诸如雇用童工，采用非环保生产设备和方式，甚至偷逃税等严重违背企业社会责任的经营行为。

从外部环境看，企业背离社会责任，沦为单纯的自利追求者，主要是由政府政策法规存在缺陷、监管机制不健全等因素造成。因此，在推动企业社会责任的过程中，政府必须建立强有力的外部环境来约束企业的自利性，完善企业人权责任、环境责任、劳工标准和消费者保护等方面的法律法规，借鉴有关企业社会责任的国际规则，通过强有力的法律工具帮助企业履行社会责任。

（3）政府调整与企业自律。企业社会责任的实施，需要协调好政府调整与企业自律两个方面。首先，政府积极参与企业社会责任国际规则的制定，争取在多边谈判中的发言权与主动权，制定有利于中国企业的标准与实施方式；对于非政府组织，积极回应，加强与采购商、标准化组织、认证组织等合作。其次，政府还应加强与各国有关企业社会责任组织的交流与合作，加强与国际投资母国之间的合作交流，从而更好地监督跨国公司的企业社会责任问题。最后，在政策调整过程中，注意区别对待不同企业。从影响力和决策力看，大型企业是履行企业社会责任的领头羊，中小企业在其要求或外界推动下参与进行。

4. 信息技术浪潮

20世纪80年代以来，信息技术和社会经济之间全面深入互动，营造了企业运行的信息化环境。21世纪以来，以云计算、大数据、人工智能、物联网、移动互联网为代表的新一代网络信息技术，正加速与经济社会各领域深入渗透融合，世界主要国家都把互联网作为谋求竞争新优势的战略方向，"互联网+"逐渐成为经济社会发展的新形态。"互联网+"把互联网的创新成果与经济社会各领域深度融合，推动技术进步、效率提升和组织变革，提升实体经济的创新力和生产力，形成更广泛的以互联网为基础设施和创新要素的经济社会发展新形态。在全球新一轮的科技革命和产业变革中，互联网与各领域的融合发展具有广阔前景和无限潜力，已成为不可阻挡的时代潮流，正对各国经济和社会发展产生战略性和全局性的影响。

信息化环境与企业系统之间交互作用，使企业管理在适应环境的过程中发生着革命性变化。各国企业在技术创新、组织变革、构建知识网络管理模式、培育企业核心竞争力等诸多方面逐渐趋于一致。信息技术的迅猛发展，既为我国企业带来发展契机，又使企业面临严峻挑战。在信息时代，企业竞争力不再依赖于规模经济所带来的效益，而是取决于企业是否能够快速响应市场，是否具有应变能力和持续创新能力。因此，企业必须加快信息化建设，进而推动管理变革与创新，最终提高竞争力，赢得竞争优势。信息革命既是技术革命，又是产业革命，将引发管理产生以下四个方面的根本性变化。

（1）转变管理理念。新兴的信息革命使管理思想从"物本主义"向"人本主义"演变，从"以科学管理为主"向"以人文价值为主"提升，从以内部管理为主向内部管理与外部管理相结合而以外部管理为主的方向发展。强调利用团队的知识、经验、技巧、能力、才干和抱负，发挥人的主动性和首创性，在协作中共同创造未来；强调用新的"工作观"和"时间观"来改变工业文明的管理理念，废弃过时的等级制管理，通过建立虚拟组织、动态团队和知识联网来共同创造财富。在"中国制造2025"战略背景下，对于制造型企业，可以基于互联网开展故障预警、远程维护、质量诊断、远程过程优化等在线增值服务，拓展产品价值空间，实现从"制造"向"制造+服务"的转型升级。

（2）增强管理职能。互联网彻底改变了知识和信息的创建、加工、传播等方式，以其所具有的强大、及时的战略资源成为管理本身不可分割的重要组成部分。组织不仅需要有强大的信息网络和信息收集能力，更要有出色的信息分析、传递和利用的能力。在大数据时代，参透数据本质的企业才可能破局称王，真正开发数据的价值，提升企业的竞争力。"数据科学家"的发明者帕蒂尔（D. J. Patil）和杰夫·哈默巴赫（Jeff Hammerbacher）认为，企业应该以产品为中心，从数据获取、数据清洗、搭建和管理数据设施、原型开发、产品设计等方面实践数据的价值。这些都对企业的信息管理及其他职能管理提出了挑战。

（3）创新管理组织。信息革命通过纵横交错的信息网络使信息传递方式由阶层型变为水平型，组织结构也从狭长的"金字塔"形变成扁平的矩形网络。在内外环境频繁、剧烈变化的条件下，柔性的、灵活的虚拟组织应运而生。虚拟组织突破了组织结构的有形界限，有利于借用外力和整合外部资源，将成为21世纪组织管理的重要形式。在"互联网+"的社会发展形态下，企业应充分利用互联网，加强与外部组织/个体的创新资源共享与合作，构建开放式的创新体系和组织管理体系。在研发组织模式上，企业可以考虑引入众包、用户参与设计、云设计等新模式，也可以利用互联网采集并对接用户的个性化需求，挖掘细分市场的需求与发展趋势，推进设计研发、生产制造和供应链管理等关键环节的柔性化改造和组织管理，基于个性化产品和大规模定制服务去创新企业的组织管理形式。

（4）完善管理方法。管理方法是管理主体根据管理目标作用于管理客体以实现管理的原则、方式、工具和手段。信息技术的发展使管理信息系统（MIS）有了崭新的发展和变化，而且创造了全新的管理方法，如人工智能方法、虚拟技术等。企业利用移动互联、大数据等技术，既能够促进创新资源、生产能力、市场需求的集聚与对接，提高内外部资源的整合管理能力和网络化协同制造水平，也可以整合产品全生命周期数据，形成面向生产组织全过程的决策服务信息，为产品优化升级提供数据支撑，同时实现管理决策过程的创新和完善。

2.2.2 组织应对环境变化的方式

1. 学习型组织

学习型组织是美国学者彼得·圣吉（Peter Senge）在《第五项修炼》中提出的一种管理观念。圣吉认为，未来的企业都应建立学习型组织，为了应对内外部环境的剧烈变化，组织应力求精简、扁平化，树立终身学习的理念，不断进行自我组织再造，从而维持和增强企业的竞争能力。

学习型组织不存在单一的模型，它是关于组织的概念和员工作用的一种态度或理念，是用一种新的思维方式对组织的思考。在学习型组织中，每个人都要参与识别和解决问题，使组织能够不断进行尝试，从而改善和提高组织的能力。学习型组织常常通过新的观念和信息而非物质产品来实现价值的提高。

建立学习型组织是企业为了应对环境变化所采取的举措，那么学习型组织应包括哪些要素？圣吉认为，企业要建立学习型组织，必须进行如下五项修炼。

（1）建立共同愿景。愿景可以凝聚企业上下的意志力，通过企业共识，大家努力的方向一致，个人也乐于奉献，为企业目标奋斗。

（2）团队学习。团队智慧大于个人智慧的平均值，通过集体思考和分析，找出个人的弱点，强化团队的向心力。

（3）改变心智模式。组织的障碍大多来自个人的旧思维，例如固执己见、本位主义，唯有通过团队学习以及标杆学习，才能改变心智模式，有所创新。

（4）自我超越。自我超越是指突破极限的自我实现，或技巧的精熟。它是一个过程、一种终身的修炼。高度自我超越的人会敏锐地警觉自己的无知、力量不足和成长极限，永不停止学习。个人与愿景之间的"创造性张力"是自我超越的来源。

（5）系统思考。通过资讯搜集掌握事件的全貌，避免"见树不见林"，培养综观全局的思考能力，看清问题的本质，有助于清楚了解因果关系。

2. 柔性组织

柔性组织是指与动态竞争条件相适应，具有不断适应环境和自我调整能力的组织。无论在管理体制上，还是在机构设置上，柔性组织都具有较大的灵活性。市场环境瞬息万变，要求企业必须变革传统的刚性组织管理，实现柔性组织管理。

相比传统的企业组织形式，柔性组织具有如下特征。

（1）弹性领导关系。柔性组织虽也有正式的组织结构，但为适应市场竞争的需要，灵活性的临时组织增多，使领导关系常有变动和调整，弹性增强。

（2）决策权分散。权力下放到基层，让每个员工或每个团队获得独立处理问题的能力和独立履行职责的权力，以应付各种突变情况和适应各种变化的条件。

（3）增加横向沟通。各部门间和岗位间的任务、职责分工比较笼统，常常需要通过横向协调而加以明确和调整。

（4）结构网络化。柔性组织主要依托于网络进行各种信息交流活动。在网络中，每个人都是一个相对独立的单元，柔性组织是一个网络共同体。

（5）对外开放。柔性组织成立的出发点是适应环境的变化，这要求构成组织的各要素及其组成方式在不同程度上与环境的变化同步。

柔性组织的表现形式包括下面几种。

（1）虚拟组织。虚拟组织是企业间动态联盟组织形式，即一些独立的厂商或者竞争对手，以项目、产品或服务为中心，利用互联网为核心的信息技术，以业务外包、企业共生、合作协议、战略联盟、虚拟销售网络甚至合资企业的方式所构建的以盈利为目的的动态、网络型经济组织。

（2）项目小组。项目小组即为完成某项工作任务而组成的一个工作团队。它由项目经理组阁，包括市场经理、财务经理、设计师、工艺师等。项目小组有两种类型：一类是流动小组，为某个短期和具体问题而组建的工作团队，问题解决后小组就自行解散；另一类是稳定小组，组织结构稳定，只是部分成员流动，项目的完成并不意味着小组的解散。

（3）网络组织。将企业内各项工作（包括生产、销售、会计等）通过承包合约交予不同的专门企业去承担，而总公司只保留为数有限的雇员，其主要工作在于制定政策及协调与各承包公司的关系。这种组织架构减轻了行政成本，应变力也很强。

（4）无边界组织。一是组织职权无边界，上下级之间的界限模糊，员工的绩效考核由上级、同事、下属和客户来执行，鼓励员工轮岗，打破门户之见；二是组织无边界，即组织所在地域范围广大，可能总部在一个国家（地区），研发部门在一个国家（地区），销售市场在另一个国家（地区）。

（5）自我管理小组。自我管理小组是常见于生产车间的一种新型组织形式，由 3～10 人组成，没有直属主管，成员先接受训练，以便承担工作挑战。赋予小组需要的资讯与使命，由他们决定每日的工作内容，并设定目标。每一名小组成员了解职权范围内的所有工作内容，成员对产品质量、采购、出勤等行为负责。在自我管理小组开展活动之前，领导者必须先把内容、规则、场地和界限定义清楚，然后放手让经过精挑细选及适当训练的小组以自己的方式行动。

此外，还有多极组织、女性化组织等都属于柔性组织。总之，柔性组织是一种具有适应性、创新性、学习性及敏锐性的新型组织形态，是动态竞争条件下企业的必然选择。

2.3 组织环境的管理

2.3.1 环境与组织的关系

环境对组织的形成、发展和灭亡有着重大影响。组织环境对某些组织的建立起到促进作用，例如蒸汽机技术的出现导致了现代工厂的诞生；相反，某些组织由于未能适应环境的变化，已不复存在。组织的目标、结构及其管理只有变得更加灵活，才能适应多变的环境。

组织与环境的关系表现在组织不仅可以对环境做出适应性反应，也可以对环境有积极的反作用，主要表现为：①组织主动地了解环境状况，获得及时、准确的环境信息；②通过调整目标，避开对自己不利的环境，选择适合自己发展的环境；③通过自身力量控制环境状况和变化，使之适应本企业的活动和发展，而无须改变自身的目标和结构；④通过积极活动创造和开拓新的环境，并主动改造自身，建立组织与环境的新关系。

2.3.2 组织环境的定位

环境分类的目的在于帮助组织认识环境的不确定性，以及面临的经营风险。著名组织理论家詹姆斯·汤姆逊（James Thompson）提出可以用环境的变化程度和复杂程度来衡量组织环境。

根据环境的变化程度，可将组织环境分为动态环境和稳定环境两类：形成环境的各种因素变化大，为动态环境；变化小则为稳定环境。稳定环境可能是一个没有新的竞争者，现有竞争者也没有技术上的创新，没有什么公众对组织施加压力的环境。在稳定环境中，管理人员可以比较准确地进行计划和预测。管理人员更关注的是动态环境，是不可预测的环境变化大小。

环境的复杂程度与组成因素及组织对其的了解程度有关。组织环境可分为复杂环境和简单环境。一个组织需要接触的顾客、供应商、竞争对手、政府机构越少，其环境越简单；当一个企业只订出 10% 的合同时，其环境复杂性增加，因为它还要与众多的用户接触以订出剩余的合同。

根据环境的变化程度和复杂程度，可以形成一个帮助企业对所处环境进行定位的分析框架，如表 2-4 所示。

表 2-4 组织环境的定位

环境的复杂程度 \ 环境的变化程度	稳　定	动　态
简单	状态1：稳定、简单的环境 ● 环境影响因素较少 ● 因素保持不变或变化缓慢	状态2：动荡、简单的环境 ● 环境影响因素较少 ● 因素变化频繁且难以预见
复杂	状态3：稳定、复杂的环境 ● 环境影响因素较多 ● 因素保持不变或变化缓慢	状态4：动荡、复杂的环境 ● 环境影响因素较多 ● 因素变化频繁且难以预见

状态1：稳定、简单的环境。环境影响因素较少且变化不大。在这种环境中，企业仅需要应对少量外部因素，而且这几个因素都是趋于稳定的，如软饮料经销商就处于这种环境中。管理者可在企业内部采用强有力的组织结构形式，通过计划、纪律、规章制度及标准化等来管理。

状态2：动荡、简单的环境。环境影响因素较少，但在不断变化中。这些影响因素不仅难以预见，而且会对组织的行为产生意料之外的作用，如玩具制造商和服装制造商就处于这种环境中。企业一般采用调整内部组织管理的方法来适应。纪律和规章制度仍占主要地位，但也可能在其他方面（如市场销售）需要采取强有力的措施，以应对快速变化的市场形势。

状态3：稳定、复杂的环境。环境影响因素多，但这些因素并不发生迅速的或不可预见的变化，如小家电制造商、保险公司等即处于该种环境中。为了适应复杂的环境，组织往往采用分权的形式，强调根据不同的资源条件来组织各自的活动，调查和分析大量的环境要素（比如供应商、顾客、政府法规、行业变革、经济状况等），面对众多的竞争对手、资源供应者、政府部门和特殊利益组织，做出反应。

状态4：动荡、复杂的环境。环境影响因素多，且处于不断变化中，掌握环境因素困难。有大量的外部因素冲击着组织，而且这些因素频繁地变化，并对组织的行为产生强烈的作用。一般环境和任务环境因素的相互作用有时会形成极度动荡而复杂的环境，如电信行业和航空行业就面临着此种环境。面对这样的环境，管理者应该强调组织内部及时而有效的联络，并采用分散权力和各自相对独立决策的经营方式。

2.3.3 组织如何管理环境

大多数组织对于改变外部环境影响甚微，因而常常是环境主宰着组织，但这并不意味着管理者对环境的影响无能为力。管理者对组织环境进行管理是困难的，但也是可能的。管理者应该学习管理组织环境。

（1）树立正确的环境管理观念。管理者对环境要保持高度的重视与灵敏的反应。对于已经形成的环境，管理者要认识、了解和掌握它，并努力使组织适应环境的限制与变化，在特定的环境下追求生存与发展；同时，积极寻找突破口，通过正确的决策和行为作用于环境，使之朝着有利于组织的方向发展。

（2）选择合适的环境管理分析方法。企业内外部环境分析的方法多种多样，包括经营条件分析、企业能力分析、企业业绩分析、企业资源分析、竞争地位分析、核心竞争力分析、利益相关者分析、内部要素矩阵、外部要素矩阵、柔性分析、生命周期矩阵分析、SWOT分析及价值链分析等。以上分析方法都有其优点和缺点，在进行环境分析与管理时，应选取恰当的方法。

（3）遵循科学的环境管理程序。首先，管理者要了解环境变化。由于环境的客观性、多变性、复杂性，管理者要随时随地利用各种渠道和方法，认识、了解、掌握环境，认真研究其变化规律，预测环境变化趋势及可能对组织产生的影响。其次，在了解和掌握各种环境因素的基础上，对其进行分析，确定各种环境因素对组织的影响。最后，管理者要对各种环境因素做出相应的反应：充分利用环境对组织有利的方面；对于环境中不利于组织发展的因素，一方面通过组织内部改革使组织与环境相适应，另一方面通过组织行为影响环境，使其朝着有利于组织的方向转变。

（4）对不同的环境采用不同的管理方法。对于不能改变的外部宏观环境，组织应该积极主动地适应。如政治法律环境具有直接性、难预测性、不可逆转性和强制约束性等特点，企业要主动适应；技术是一种创造性或破坏性的力量，技术进步会带来社会对商品和服务的需求及管理方式的重大变化，企业必须预测技术发展及更新趋势，及时进行产品结构、市场结构及管理方式的调整。

对于行业环境和内部环境，组织应该努力加以管理和主动改变。例如，可以通过对竞争对手的分析，了解每个竞争对手可能采取的战略行动及市场竞争状况，然后通过技术革新、改变产品策略、增加广告宣传等活动，来改善自身的竞争环境。

2.3.4 管理组织环境的方法

一般来讲，企业通常采用以下方法来管理环境。

（1）广告。广告是潜在的和实际存在的促进经济增长的力量，对塑造企业形象、促进产品销售起着重要作用。广告有助于建立品牌忠诚度，减少因服务对象变动、竞争对手推出新商品或新服务而带来的影响。

（2）舆论。当组织受到其他组织的威胁或危害时，管理人员常采用舆论力量来对抗。例如，当有关部门对企业乱摊派，主管部门随意撤换企业领导或强行改变企业性质时，管理者常借助舆论的力量来改变其不利地位。

（3）联合或联盟。当面临很强的竞争对手时，组织常常采用联合或联盟战略，与其他组织联合起来应对竞争。组织也常常采用联合的方法对主要供应商施加影响，以确保生产所需资源的稳定供给。

（4）制定战略。在稳定环境中，组织可以根据对环境变化的分析和预测，提前做好应变准备；在动态环境中，组织可以通过保持策略的灵活性来应对复杂多变的环境。例如，通过实施多元化经营策略，减少市场风险；通过储备风险基金，应对资金的暂时短缺等。

2.3.5 组织环境信息的搜集、加工和管理

组织环境研究是搜集、加工和管理信息的过程。有效的信息能够减少环境变化给组织带来的不确定性，使组织准确估计未来环境变化，提高决策的正确性。对信息的掌握程度反映组织对环境结构认识的程度。认识和解决信息问题，首先要明确信息来源和获取途径；其次要完善组织的信息加工和管理系统；最后对所获信息进行有效管理。

（1）组织环境信息的来源和获取途径是多方面的，组织应该结合行业和自身的特点，明确基本信息来源和获取途径。例如，为了制定和实施战略，企业必须关注经济环境变化，经常搜集国家、地方、行业等的相关经济指标、统计数据和评述经济形势的文章，或与经济

研究部门保持密切联系以得到有关数据。

（2）我国企业的信息管理系统大多数是面向企业内部的，主要处理企业内部已经发生和正在发生的信息，缺少对外部环境信息的系统搜集、处理和监督功能。企业有必要对信息管理系统加以完善，将对企业外部环境信息的分析正式纳入企业的日常工作，从人员、组织、制度和手段上保证企业能够连续、系统地进行环境研究工作。

（3）组织环境信息的管理是指对加工后的信息进行科学储存，以便在使用时检索、查找和传递，包括以下几个方面。

- 信息资料的分组登记和编码，原理与图书、档案的管理相似。
- 信息资料的存放和排列，方法有登记号存放排列法、资料来源部门或地区存放排列法、资料内容存放排列法和资料载体存放排列法等。
- 信息资料检索工具的编制，检索工具主要有目录、文摘、索引和信息资料指南等。

企业环境信息的管理还应建立健全的信息管理系统，如建立信息网络、建立信息机构并采用电子计算机为核心的现代信息管理手段。

专栏 2-3

企业收集环境信息的伦理思考

在收集竞争对手的情报时，企业应该遵守相关的法律法规和普遍接受的伦理准则。这些准则不仅要合法，而且需要符合伦理，包括获取公开的可获得信息（法庭记录、竞争对手的招聘广告、年报、公众持股公司的财务报告、统一商业编码文件等），以及通过参加贸易洽谈会和展会得到竞争对手的宣传册，参观其展台，聆听关于其产品的讨论。一些活动（如勒索、非法侵入、窃听，以及偷取图样、样品和文件）被广泛地认为是不符合伦理的，而且往往是违法的。公司在决定如何收集竞争对手情报的同时，也要注意阻止竞争对手从自己这里获取过多信息。

资料来源：迈克尔·希特，等.战略管理：竞争与全球化［M］.吕巍，等译.北京：机械工业出版社，2012.

本章小结

1. 组织环境是指影响组织生存与发展的各种内外部因素的总和。外部环境充满挑战且错综复杂，客观性、动态性、系统性及变异性是其主要特点。
2. 从组织对环境的可控程度及环境因素对组织经营活动影响的方式及程度，组织环境可分为三个层次：宏观环境、中观环境及微观环境。宏观环境指组织所在地区的政治、经济、技术及社会文化等因素；中观环境指对组织产生直接影响的产业环境；微观环境指组织可控的自身的各种内部条件。
3. 有效的外部环境分析过程应包括四个步骤：扫描、监测、预测和评估。通过外部环境分析，企业可以识别机会和威胁。
4. 企业文化是企业内部环境的一种重要表现形式。完整系统的企业文化包括核心的精神层、中间的行为层和外在的形象层三方面的内容。它对企业的发展有促进的积极功能和阻碍的消极功能两方面影响。
5. 全球一体化、信息技术的发展、知识经济及企业社会责任的兴起是组织环境变化的主要动力。企业通过建立学习型组织、柔性组织等方式应对环境的新变化。

6. 组织环境可分为四种典型状态：稳定-简单、动荡-简单、稳定-复杂及动荡-复杂。企业可采用不同的方式如广告、舆论、联盟和制定战略等对环境进行管理。

练习与思考题

选择题和判断题，请扫二维码做题；名词解释、简答题和论述题/计算题的参考答案，具体请扫二维码。

一、选择题（题干略，请扫二维码）

二、判断题（题干略，请扫二维码）

三、名词解释
1. 组织环境
2. 企业文化
3. 柔性组织
4. 知识经济
5. 企业社会责任

四、简答题
1. 为什么企业研究和了解外部环境很重要？
2. 简述组织环境的构成。
3. 组织内部环境和外部环境之间存在怎样的关系？
4. 简述波特提出的五力分析模型。
5. 简述企业文化的结构。

五、论述题
1. 试述外部环境分析的过程。
2. 试述企业管理环境的理念和一般方法。
3. 试结合具体企业，论述企业文化的积极功能和消极功能。

案例讨论

国美能与阿里相提并论吗

黄光裕入狱之后，杜鹃勤奋而谨慎地行使丈夫赋予的代理权。保持盈利是杜鹃治理国美的核心，在她的主持下，国美未曾像老对手苏宁那样向互联网转型，从而避免了大规模投资于互联网，连续15个季度盈利，因此受到外界"保守"的质疑。2016年12月19日，杜鹃以女主人的身份组织了国美创立30周年盛大庆典，并公布了这家中国家电零售巨头雄心勃勃的新战略。在错过电商风口之后，国美推出新零售战略，决定追赶新一波风口。代夫执政的杜鹃能带领国美实现蜕变吗？

国美的"新零售"概念

对于"新零售"概念，杜鹃是这样阐述的："以'6+1'为价值创造触点，以供应链为核心竞争力的集互联网、物联网、务联网（专注于服务的三个网络）于一体的新零售生态体。其中，'6'是指用户为王、产品为王、平台为王、服务为王、分享为王、体验为王，这6张王牌在逻辑上是层层递进的关系，最后形成完整的生态闭环；'1'是指线上线下融合，为用户提供首屈一指的服务。"

抛开令人眼花缭乱的概念包装，国美围绕打造新零售做了以下三件事。

第一，组织架构调整。国美控股集团目前已有的线下零售、互联网生态、智能家居、智能手机、金融投资、房地产六大产业板块首次对外正式亮相。其中互联网生态引人注目。国美集团将旗下的国美在线、国美海外购、国美管家等公司进行了整合，成立了国美互联网生态（分享）科技公司。整合的目的在于将国美原有的各自分散的业务整合在一起，形成一个"强链接"体系，最终打造一个"社交+商务+分享"的生态圈。

第二，推出了"国美Plus"。这是一款类似于微店的App，"社交+商务+分享"的生态圈梦想就靠这款App来承载。除了可以直接开店外，这个App增加了圈子、

IM 群聊等社交功能。按照国美的设想，希望通过社交的方式形成以"国美 Plus"为主流的线上入口端，以门店作为线下入口，实现线上线下全渠道闭环。

第三，推出国美手机产品。国美智能手机总裁沙翔透露，国美将在 2017 年第一季度发布自有品牌手机，主打信息安全，配备指纹、虹膜双识别，在软件上将采用 Android 与自有 TEE 双系统。"国美手机目前已与国内最大的自主芯片提供商紫光集团达成战略合作，在互联网、智能家居、移动支付方面都有全方位的合作。"

国美重塑供应链

国美重塑供应链始于六年前，专门邀请全球知名咨询公司深度梳理了沃尔玛的供应链。通过供应链改造，国美不同毛利率产品的分配结构大大优化，库存周转速度比竞争对手快了 3～5 天。同时，国美改变了与供应商的合作模式，完全转化为直营方式，此前部分由供应商主导的价格，逐渐改变成国美全面主导价格的运行模式，差异化商品占比迅速提升。2009 年年底，国美的差异化商品只占 5%，到 2016 年年底，已经达到 47%。独家和高品质的商品让国美既能够做到低价，又能获得高毛利。在 2012～2014 年，国美的毛利率均超过了 18%，2015 年为 17.8%，2016 年前三季度为 16%。老对手苏宁的毛利率同期则一路下滑，2015 年跌到 14.61%。

从 2013 年开始，国美开始推进全渠道战略，打通线上线下，统一采购、物流、售后、客服，同时支持线上线下。以前是线上有一个班底，线下有一个班底，采购、物流都是分体的，后来就开始变成后台统一。前台变成双界面，但是后台的商品是一样的。从 2014 年开始，国美将全渠道战略延伸为全零售战略，在整合后台的基础上，致力于界面端平台的场景交互。2015 年，随着电器卖场的需求下降，国美的战略升级为"全渠道、新场景、强链接"，把网咖、电竞、影院引入国美卖场，起到引流作用，经过场景化改造的门店，同店增长达到 10%。

国美的大数据

国美未来要转型为数据型公司，这是长期探索后的总结判断。国美品牌创新中洞察消费者个性化需求的大数据工厂，就是基于国美不断升级的 IT 系统对海量消费数据的分析。下面有两个例子。

（1）苹果 iPhone 6 上市前，国美把此前在国美全渠道购买过 iPhone 5 和 iPhone 4 的客户全部找出来，iPhone 6 上市第一天国美通过定向信息收到了 8 万个订单。

（2）2015 年 3 月，国美在推广夏普 60 寸大屏幕电视时，把在国美全渠道购买过 500 升冰箱的客户全部筛选出来，因为这些人的住房面积大概都在 130 平方米以上，他们同样有大屏幕电视的消费需求。根据对消费人群的精准分析，把商品的推广信息进行定向发送，一天就售出几万台 60 寸夏普电视。

这只是大数据的一些基础应用，国美现在还是一个供应链驱动的零售企业，转变成科技驱动的企业是未来的方向。国美像是睡美人，一觉沉睡了四五年，错过了移动互联网的红利期，醒来之后抛出的基本是一些包装在时髦概念中的过时创意，比如"国美 Plus"这个将社交、电商和直销捆绑在一起的超级 App，阿里巴巴做不好社交，腾讯做不好电商，国美凭什么认定自己能通吃呢？

是不是互联网转型的最佳时机

杜鹃表示，国美的人才储备、组织系统都已经准备好，国美互联网公司的员工人数已达到 3 000 多人，企业盈利也能支撑公司转型。国美 2016 年前三季度的财报显示，国美同期增长 15%。从 2013 年开始，国美电器连续 15 个季度保持业绩盈利且增长。

不过，现实并非杜鹃所说的那样美妙。对于国美的宏伟计划，外界似乎并不感兴趣，这家曾经造就了中国首富的企业，如今市值只有 200 亿港元左右，股价长期在

0.9～1港元徘徊。30周年庆当天，国美的股价非但没有上涨，反而下跌超过2%。兼任国美CFO的方巍表示，国美的市值显然是被低估了，"海外投资人既看战略又看模型，我觉得他们对国美的利润模型没有算过来"。而国美引以为豪的盈利能力，据2016年第三季度财报显示，出现了断崖式下跌，同比减少了70%。方巍的解释是，很多店在进行闭店改造，这对国美的利润影响很大，"北上广深这些主力店，基本上占到整个大盘子的30%～40%，这些主力店闭店3个月，影响是很大的"。

线下国美几乎已经做到了极致，成长空间难以拓展。苏宁2016年前三季度的毛利率为14.49%，国美为16%，相差并不大。2016年前三季度财报显示，国美同店营收下降了8%～9%。"新零售6+1战略"的推出，既是公司既定战略的延伸升级，在一定程度上，也可以说是应对市场压力的产物。

万物有得必有失，"国美确实错过了电商时代，"方巍说，"但是，新零售的线上线下融合时代来了，后互联网时代来了，这个国美赶上了。"

会赶上吗？

资料来源：杜鹃将国美与阿里相提并论，http://finance.sina.com.cn/chanjing/gsnews/2017-01-16/doc-ifxzqnva3683691.shtml；国美30周年发布战略：深度融合打造社交新零售，http://tech.sina.com.cn/e/2016-12-19/doc-ifxytqax6633337.shtml。

讨论题：

1. 国美2016年面临的宏观环境和行业环境分别是怎样的？
2. 结合国美的发展历程，试分析国美实施"新零售"战略面临的外部机遇与威胁。
3. 以国美的大数据工厂和互联网转型为例，分析企业行为与环境之间的关系。

管理评论

移动互联时代的诗和远方

一觉醒来，移动互联时代到了。扑面而来的全是社交媒体、数字化生存、云计算、可穿戴设备、虚拟现实……CNNIC编制《第37次中国互联网络发展状况统计报告》（2016年1月）、国际电信联盟（ITU）及世界卫生组织发布的数据显示，全球网民已突破32亿，智能手机用户超过20亿；中国网民多达6.88亿，手机网民已近6.2亿。

昨天明明还是"互联网+"，今天就竟然说要"互联网X"了！昨天明明还是Web 2.0，今天就竟然说要Web 3.0了！转眼间，我们的智能手机换了一茬又一茬；转眼间，我们QQ了，我们淘宝了，我们微博了；转眼间，我们微信了，我们朋友圈了，我们公众号了，我们自媒体了……可是，说好的诗和远方呢？

"爱上一匹野马，可我的家里没有草原。"移动互联就是这样一匹脱缰的野马！在移动互联时代，信息传播方式将发生"惊天地泣鬼神"的巨大变革。智能移动终端和搜索工具的普及，实现了显性知识的唾手可得，"有事问度娘"，个体之间的知识差距迅速缩小。我们正从"阅时代"走向"读时代"，信息的传播载体开始从声音、文字向图片、视频变迁，后者省略了信息的编码、传递、解码等一系列复杂过程（中间还有失真和噪声），因而更为高频高效。大数据的席卷，使每个个体都成为数据的形成、发布和接收中心。程序化广告和程序化购买随之出现，品牌传播从"大众时代"走向"点众和个众时代"。

移动互联正在颠覆生活的每一个细节。即时沟通已成新常态，微信覆盖了90%以上的智能手机，月活跃用户5.49亿，用户覆盖200多个国家、20多种语言。购物方式发生了巨大变化，2016年3月21日14时58分37秒，阿里巴巴集团2016财年电商交易额（GMV）突破 3 万亿元。出行、理财、阅读等生活方式也正在巨变，随时随地，我们像皇帝一样对着手机批阅奏章，时而点"赞"，时而"朕知道了"，浑然忘却了自己身在何处。有两个数据特别恐怖，移动网民每天点亮屏幕多达 112 次，46.8% 的用户每天使用移动终端超过 3 个小时。

与此同时，人工智能也在一路狂奔。AlphaGo 战胜了李世石，这对围棋及相关产业很可能是一个毁灭性的打击。雷·库兹韦尔（Ray Kurzweil）提出的奇点理论认为，2045 年计算机智能将超越人类智慧。如果到了那个时候，连纯粹的人类文明都真的终结了，哪里还会有什么诗和远方。还有两个极其疯狂的猜想，一是不久的将来，每个婴儿一出生就会被植入芯片，从而直接拥有了所有的人类知识，不必再经历近 20 年的学习生涯（即人类的人工智能化）；二是超超超级计算机出现后，通过对 5 000 多个常用汉字的排列组合，可以穷举出所有的中文诗词，包括过去、现在和未来的。这下诗可真的完了。

在这个被移动互联裹挟的时代，到底还有没有诗和远方？我的回答是：有！任何时代都有！"你移动还是不移动、互联还是不互联，诗和远方就在那里，不离不弃。"那是人类作为地球唯一的智慧生物，其生命的意义和价值所在。

我今天重点谈市场营销的诗和远方。移动互联在给人们的生活带来极大便利的同时，也产生了诸多挥之不去的阴影和眼前的苟且。在市场营销领域，就有过度娱乐化、隐私保护、营销伦理和社交倦怠等问题。使命已经开始召唤！我们的营销英雄必须跨上移动互联这匹彪悍的野马，紧紧抓住时代的缰绳，奔向新的诗和远方。

向科学和艺术两极同步迈进。一方面，充分运用人类的科学成就和多学科协同，实现科技驱动的数字营销，数据科学和营销工程将走向前台，在顾客需求分析、价值管理和市场决策等方面发挥基础性作用；另一方面，人工智能永远无法取代人类，文明进化对文化、艺术和情怀提出了更高要求，品牌推广和产品销售即将分离，内容营销成为重头戏，市场营销必须直指人心！

价值共创成为时代主流。移动互联和人工智能技术将使企业与顾客共创价值成为可能，使"大众创新、万众创业"成为现实。通过虚拟品牌社区、创新社区、社交媒体等互联网平台，企业与顾客可以进行高效、高频的实时互动。通过众筹、众包等方式，顾客将成为企业的"兼职"员工，企业将成为顾客激发创造力、实现梦想的舞台。

新 4C 营销组合横空出世。市场营销已呈现出万物皆媒介、跨屏互动、内容为王等趋势。因此，在传统的 4C 营销组合［消费者（consumer）、成本（cost）、便利（convenience）和沟通（communication）］的基础上，新的 4C 营销组合［场景（context）、社群（community）、内容（content）和连接（connection）］横空出世，即在合适的场景下，对特定的社群，通过有传播力的内容，实现人与人的连接。

技术营销官（CMT）应运而生。移动互联时代对市场营销人才提出了更为苛刻的要求，技术营销官岗位已开始在互联网企业等新兴企业出现。一名合格的技术营销官应该知识全面、思维敏捷、心灵自主、感受细腻、行动迅疾，既能充分理解业务、技术和运营，又能看清整个营销闭环，把握关键环节，及时发现并解决问题。

"你问我要去向何方，我指着大海的方向……"

资料来源：浙商大智库微信公众号。

延伸阅读

［1］ 陈春花. 激活组织：从个体价值到集合智慧［M］. 北京：机械工业出版社，2017.

［2］ 肖龙. 管人不如管环境Ⅱ——组织环境再造［M］. 北京：北京大学出版社，2011.
［3］ 李兰. 这个冬天有多长：2009·中国企业外部环境［M］. 北京：机械工业出版社，2009.
［4］ 郎咸平. 郎咸平说：谁在谋杀中国经济：附身中国人和中国企业的文化魔咒［M］. 北京：东方出版社，2009.
［5］ 彼得·圣吉. 第五项修炼：学习型组织的艺术与实践［M］. 张成林，译. 北京：中信出版社，2009.
［6］ 康克林. 企业环境案例［M］. 吕巍，译. 上海：上海人民出版社，2008.
［7］ 丁贵明，张力军. 战略制胜：企业环境、企业和企业家［M］. 北京：中国发展出版社，2008.
［8］ 王茁，顾洁. 美国故事中国启示：新环境下的企业竞争力［M］. 北京：清华大学出版社，2007.

管理决策

管理箴言

从某种意义上说,管理就是决策。

——诺贝尔经济学奖得主,赫伯特 A. 西蒙

本章要点

- 决策的含义。
- 决策的特征与类型。
- 决策的风险与不确定性。
- 决策的过程及影响因素。
- 定性决策法和定量决策法。

引例

海康威视的智慧停车场

随着我国经济发展水平的迅速提升,以满足人们各方面物质、文化需求为目的而建的大型综合体、大型行政服务中心、大型医院等楼宇建筑也在飞速布局城市的每一个角落,而随之而来的地下车库停车难题却越来越困扰着每一位车主。"去哪儿停"和"停哪儿了"几乎成了车主每次停车和寻车时不得不"扪心自问"的两个问题。据国家发改委 2016 年的数据显示,目前我国停车位缺口已经超过了 5 000 万个。如今市面上新崛起的海康威视变焦摄像头等产品将有望解决这一行业的痛点。

海康威视凭借其在视频领域的技术优势,果断做出了进军智慧停车行业的战略决策。杭州海康威视数字技术股份有限公司(以下简称"海康威视")是以视频为核心的物联网解决方案和数据运营服务提供商,面向全球提供安防、可视化管理与大数据服务,总部设在杭州。海康威视连续六年(2011~2016 年)蝉联 IHS 全球视频监控市场占有率第 1 位。2016 年,《A&S:安全&自动化》公布的"全球安防 50 强"榜单中,海康威视位列全球第一位。

2017年1月21日，海康机器人和西子石川岛正式达成战略合作，这一战略决策将促进双方围绕"智慧停车系统"充分发挥各自优势，强强联手，共展智慧停车新蓝图。杭州海康机器人技术有限公司是海康威视的子公司，依托海康威视在视音频、成像采集与核心算法等领域的技术积累，主要开拓机器视觉、行业级无人机、移动机器人三大业务。移动机器人包括智能仓储机器人、智能搬运机器人、智能分拣机器人与智能泊车机器人，产品完全自主研发。杭州西子石川岛停车设备有限公司是杭州西子联合集团旗下的专业机械式立体停车设备企业。

海康威视致力于智慧停车场的缔造，以车主和运营方需求为出发点进行功能设计，提供以下四大功能：引导车主寻找空位停车、帮助车主实现反向寻车、实现车位视频录像、精准的计时收费。2016年11月第三届世界互联网大会期间，作为全球第一例智能机器人泊车落地项目，海康威视智能泊车机器人在乌镇初次亮相，迅速吸引了社会各界的广泛关注。

资料来源：海康机器人与西子石川岛战略合作，共展智慧停车新蓝图，http://www.hikvision.com/cn/news_detail_63_i2348.html；智慧停车百家争鸣、群雄逐鹿，谁才是行业大佬，http://www.yuncaijing.com/news/id_8285041.html；海康威视智慧停车场解决方案，http://www.chinarfid.cn/tingchechangzixun/1094.html；海康威视官网，http://www.hikvision.com/cn/about_8.html。

海康威视原来的主营业务在视频监控行业。从上述案例来看，海康威视基于视频技术，将业务延伸至智能停车行业，这对其拓展持续发展的新空间是一个重要的决策。为更好地缔造智慧停车场，海康威视自主研发智能泊车机器人，并与西子石川岛达成战略合作，这又是一个重要的决策。

现代社会中，无论是个人、组织还是国家，都经常需要做出各种各样的决策，可能是短期的也可能是长期的，可能是战术性的也可能是战略性的。决策是管理工作的基本环节之一，它贯穿于管理的全过程，诺贝尔经济学奖得主西蒙认为，"从某种意义上说，管理就是决策"。决策如此深入地影响着人们的生活以及组织与国家的运行，管理者毫无疑问应该高度重视决策工作。

专栏 3-1
管理决策理论的奠基人：西蒙

赫伯特·西蒙（1916—2001），美国管理学家和社会科学家。他倡导的决策理论是以社会系统理论为基础，吸收古典管理理论、行为科学和计算机科学等的内容而发展起来的一门学科。他凭借在决策理论研究方面的突出贡献，获得1978年度诺贝尔经济学奖。

西蒙在管理学上的第一个贡献是提出了管理的决策职能。在西蒙之前，法约尔最早对管理的职能做了理论化的划分。20世纪40年代，在西蒙提出了决策为管理的首要职能这一论点之后，决策才为管理学家所重视。西蒙对管理学的第二个贡献是建立了系统的决策理论，并提出了人有限度理性行为的命题和"令人满意的决策"的准则。

西蒙的主要著作有：《管理行为》《管理决策的新科学》等。

资料来源：张所地，吉迎东，胡琳娜.管理决策：理论、技术与方法[M].北京：清华大学出版社，2013：20-21.

3.1 决策概述

决策活动是管理活动的重要组成部分。联想收购IBM的PC部门、吉利收购沃尔沃轿车，或者是一家企业发展一项新业务，这些都是决策。上至组织最高领导层，下至基层管理人员，他们最重要的职能就是进行准确的分析、判断和决策，甚至一线的操作员工也要在其职责范围内进行各种决策。为了厘清这些决策之间的差别，我们首先需要了解决策的含义、特征、类型和过程等相关的知识。

3.1.1 决策的含义、要素及评价

1. 决策的含义

作为管理学的一个特定术语，决策这一概念的含义并不统一，有狭义和广义之分。狭义的决策是指对可行方案的选择或做出行动的决定，即人们常说的"拍板"。其实"拍板"仅仅是决策过程的一个环节，如果没有之前的许多环节，"拍板"会成为主观武断的行为。广义的决策是指为了实现某一目的而从若干个可行方案中选择一个相对满意方案的分析判断过程。具体而言，决策是为了实现组织的目标，组织整体或组织中的某个部门做出对组织未来一定时期内有关活动的方向、内容及方式的选择过程。显然，要准确把握决策的概念应从广义上去理解。同时，准确把握决策的含义应注意以下几点。

作者视频讲解
请扫二维码

- 决策是为了达到特定的目标。没有目标就没有方向，也无法决策。
- 决策是为了后续行动的准确性。不准备实践，也用不着决策。
- 决策是从多种方案中选择一个方案。没有比较，没有选择，就没有决策。
- 现实的决策往往只能选择相对满意的方案，由于各种条件的限制得不到最优方案。
- 决策是面向未来的。要想做出正确的决策，就要进行科学的预测。

西蒙提出用满意型决策代替最优型决策。所谓满意，是指决策只需要满足两个条件即可：一是有相应的最低满意标准，二是方案选择能够超过最低满意标准。在这里，如果把决策比作大海捞针，最优型决策就是要求捞出海底所有的针中最尖、最好的那枚，而满意型决策则只要求在有限的几枚针中捞出尖得足以缝衣服的那枚针即可，即使还有更好的针，但对决策者来说已经毫无意义了。

2. 决策的要素

决策要素是从事决策活动的必备条件，包括以下几项。

（1）决策者。决策者可以是单独的个人，也可以是组成群体的机构。决策者在决策活动中起着关键作用，是各要素中最核心和最积极、最能动的要素，决策者水平的高低事关决策的优劣。

（2）决策目标。决策目标指决策行动所期望达到的成果和价值。决策目标往往存在多种情况，有些决策目标可以用数量表示，有些只能通过抽象的表述来说明，而无法做到具体明确。决策目标可以是单一的，也可能同时涉及多个。

（3）决策环境。决策环境又称自然状态，是指各种备选方案可能面临的自然状态或情境，即不以决策者主观意志为转移的客观条件，如市场需求、政策影响、天气状况等。

（4）备选方案。备选方案指可供选择的各种可行方案。决策中的行动方案应该是一个由若干可相互替代的可行方案组成的集合。决策上有一句格言，"如果看似只有一条路可走，那么这条路很可能是走不通的"，这提醒人们不要做单方案选择的决策。

（5）决策后果。决策后果指决策行动所引起的变化或结果。在做出最终决策之前，对

每一个备选方案的实施后果进行客观、公正的预先评估和评价，这既是保证决策科学性的重要前提，也是方案择优最根本的依据之一。

（6）决策准则。决策准则指决策者在决策过程中所依据的原则和对待风险的态度。其中，决策原则包括决策的思维方式、决策组织、拟订备选方案等方面的原则要求。

专栏 3-2
德鲁克：有效决策的五个要素

（1）要确实了解问题的性质，如果问题是经常性的，那就只能通过一项建立规则或原则的决策解决。

（2）要确实找出解决问题时必须满足的界限，换言之，应找出问题的"边界条件"。

（3）仔细思考解决问题的正确方案是什么，以及这些方案必须满足哪些条件，然后考虑必要的妥协、适应及让步事项，以期该决策能被接受。

（4）决策方案要同时兼顾执行措施，让决策变成可以得到贯彻的行动。

（5）在执行过程中重视反馈，以印证决策的正确性及有效性。

资料来源：彼得·德鲁克.卓有成效的管理者［M］.许是祥，译.北京：机械工业出版社，2005：124.

3. 评价决策有效性的标准

- 决策的质量或合理性，即所做出的决策在何种程度上有益于实现组织的目标。
- 决策的可接受性，即所做出的决策在何种程度上是下属乐于接受并实施的。
- 决策的时效性，即做出及执行决策所需要的时间和周期长短。
- 决策的经济性，即做出及执行决策所需要的投入是否在经济上是合理的。

以上四个方面的要求必须在决策效果评价中得到综合考虑。决策的质量高低往往决定了决策的有效性程度，决定着管理工作的成败。决策的正确与否可能需要很长时间才能做出准确的判断。

2010年8月2日，浙江吉利控股集团有限公司宣布完成对福特汽车公司旗下沃尔沃轿车公司的全部股权收购。当时这一决策引来众多评论，肯定与否定的评价都有。吉利与沃尔沃牵手六年后，二者之间"1+1>2"的联合效应正逐渐获得国际市场的一致认可。《日本经济新闻》在2016年3月7日发布的一篇报道称："2010年被中国吉利收购之后的沃尔沃正在东山再起。2015财年沃尔沃全球销量首次达到50万辆，营业利润扩大至上财年的3倍以上。沃尔沃正在计划到2018年改进全部车型，似乎已借助中国资金进入了良性循环。"在"输血"盘活沃尔沃的同时，吉利也在不断从这个有超过80年历史的北欧品牌身上汲取"养料"进行反哺，在技术实力和品牌形象上有了新的突破和提升。吉利此次收购沃尔沃，已成为车企并购案例的典范。

继成功收购沃尔沃之后，浙江吉利控股集团于2017年6月23日与马来西亚DRB-HICOM集团签署最终协议，收购DRB旗下宝腾汽车49.9%的股份以及豪华跑车品牌路特斯51%的股份。宝腾是马来西亚最大的汽车公司，拥有30多年的历史，是目前东南亚地区唯一成熟的整车制造商，业务范围覆盖英国、中东、东南亚及澳大利亚。豪华跑车品牌路特斯和路特斯工程是汽车界的实力派，技术底蕴深厚，品牌魅力享誉世界。吉利收购宝腾和路特斯，还能复制沃尔沃的成功吗？也许我们需要很长的时间才能得到最终的答案。

3.1.2 决策的特征

为了准确把握决策的含义，明确决策的以下特征非常重要。

（1）决策要有明确目标（目的），没有目标就不存在决策。目标是组织在未来特定时限内的具体追求，是拟订行动方案、评价和比较这些方案的出发点，是检验未来活动效果的依据。相对于个人决策而言，组织决策更趋理性，具有更加明确的目标性。

（2）决策方案要考虑可行性。决策方案的拟订和选择，不仅要考察采取某种行动的必要性，而且要注意实施条件的限制。组织决策应该在外部环境与内部条件结合研究和寻求动态平衡的基础上来制定。

（3）决策的关键和实质是选择。要有若干备选方案，如果只有唯一的方案，决策也就无从谈起。根据事先拟定的选择标准，依据一定程序和规则，从多个备选方案中选择最符合组织的决策方案。

（4）决策结果只能是选择一个相对满意的方案，不应该以追求最佳结果为决策的目标。决策是一个非常复杂的分析判断过程，决策过程会受到组织内外部多种因素的影响和干扰，同时决策过程也是人们认识客观事物运行的一个不断深化的过程。由于决策者不可能掌握与决策相关的全部信息，并且组织所处的外部环境也在不断发生变化，因此决策不应该也不可能以最满意方案为目标，相对满意方案是一个现实和可行的选择。也就是说，组织决策通常只是有限理性的决策。

（5）决策是一个动态循环过程。决策是一个不断循环的过程，没有真正的起点，也没有真正的终点。由于外部环境是不断变化的，因此决策者在监视并追随这些变化的过程中，为本组织寻找机会，并做出必要的决策，进而实现组织与环境的动态平衡。

专栏 3-3
西蒙：决策的有限理性

西蒙认为，有关决策的合理性理论必须考虑人的基本生理限制以及由此而引起的认知限制、动机限制及其相互影响的限制。决策中应当是有限的理性，而不是全知全能的理性；应当是过程合理性，而不是本质合理性；所考虑的人类选择机制应当是有限理性的适应机制，而不是完全理性的最优机制。

决策者在决策之前没有全部备选方案和全部信息，而必须进行方案搜索和信息收集；决策者没有一个能量的效用函数，从而也不是对效用函数求极大化，而只有一个可调节的欲望水平，这个欲望水平受决策者的理论和经验知识、搜索方案的难易、决策者的个性特征（如固执性）等因素调节，以此来决定方案的选定和搜索过程的结束，从而获得问题的满意解决。

资料来源：张义桢.西蒙的"有限理性"理论[J].中共福建省委党校学报，2000，(8)：27-30.

3.1.3 决策的风险与不确定性

决策风险是指在决策活动中，由于主、客体等多种不确定因素的存在，而导致决策活动不能达到预期目的的可能性及其后果。决策的风险总是与决策如影相随。降低决策风险，减少决策失误，一直以来都是人们所关注和探讨的问题。任何一种决策，都是在一定环境下，按照一定程序（流程），由个人或群体做出的。决策不仅仅是一个客观过程，还涉及大量的个人情感以及价值判断等主观因素。因此，导致决策风险的因素有客观方面的因素，也有主观方面的因素。客观因素如信息不充分、不可预知的因素发生、决策机制不健全等，主观因素如决策者的能力不足、受情绪和成见影响导致判断失误。随着决策机制的不断发展与完善，客观因素在决策风险中所占的比重将越来越小，而主观因素将越来越重要。

当不确定性存在时，可能出现结果的概率是不能确定的，未来是什么结果也是未知的，即管理者只能摸索着进行工作，对假定结果出现的概率一无所知，且没有信息来支持决策的做出。2017 年 7 月 6 日，乐视网董事长贾跃亭辞职，退出董事会，辞职后将不在乐视网担任任何职务，正式出任乐视汽车全球董事长。贾跃亭曾对自己设计的生态模式充满自信，以至于花起钱来毫不吝啬，这似乎成为当下乐视所有危机的根源所在。贾跃亭不得不坦白，"非上市体系的资金问题远比我们想象的要严重"。同时，他对外公布，"汽车业务是资金问题的首要因素，手机业务是第二因素"。事实上，不确定性困扰着绝大多数管理决策的做出。

人们通常认为，决策风险与决策收益成正比，所以，为了获得高决策收益，决策者不得不冒高决策风险。尽管决策风险与不确定性总是存在的，但决策者可以采取以下措施来防范风险或者减少风险导致的损失。首先，决策者必须对风险有足够的认识，重视风险因素。其次，决策者应事先对可能的风险进行分析和估计，进而提出预防对策。最后，决策者要不断总结经验、教训，努力提高决策水平，减少决策的失误，降低决策的风险及其带来的损失。

3.1.4 决策的类型

按照不同分类标准，决策可分为不同类型。

1. 程序化决策和非程序化决策

决策按照重复程度和有无既定处理程序，可以分为程序化决策和非程序化决策。

组织运转中的常见问题一般包括两类：一类是例行问题，另一类是非例行问题。例行问题是指那些重复出现的日常管理问题。非例行问题是指那些偶然发生的、新颖的、性质和结构不明的、具有重大影响的问题。程序化决策是针对例行问题的决策；非程序化决策是针对非例行问题的决策。二者之间的比较如表 3-1 所示。

表 3-1 程序化决策和非程序化决策比较表

	概　念	针对对象	处理方式	举　例
程序化决策	例行的、按照一定的频率或间隔重复进行的决策	主要是例行、重复性的问题	处理这类问题要预先建立相应的制度、规则、程序等，当问题再次发生时，只需要根据已有的规定加以处理即可	资金短缺、设备故障、产品质量，这部分决策约占组织决策的 80%
非程序化决策	非例行的、很少重复出现的决策	主要是非例行的问题	这类决策往往缺乏信息资料，无先例可循，无固定模式，常常需要管理人员的创造性思维	战略制定、新市场的开拓和新产品的开发、重大投资等

在大多数情况下，程序化决策所需要的信息通常可以通过计量和统计调查得到，它的约束条件也是明确具体且能够量化的。对于这类决策，采用定量的决策方法可以取得较好的

决策效果。非程序化决策通常是有关重大战略问题的决策，这类决策需要决策者针对具体问题进行探索研究，考虑组织内外部条件变化及其他不可量化的因素，运用决策者个人的经验、知识、洞察力和直觉、价值观等创新性地提出解决方案。

2. 战略决策和战术决策

决策依据重要程度和所涉及的时限，可分为战略决策和战术决策。二者间的差别如表 3-2 所示。

表 3-2 战略决策和战术决策比较表

	战略决策	战术决策
决策对象	战略决策调整组织的活动方向和内容，解决的是"做什么"的问题，是根本性决策	战术决策调整在既定方向和内容下的活动方式，解决的是"如何做"的问题
涉及的时限	战略决策面对的是组织整体在未来较长一段时间内的活动，是战术决策的基础	战术决策要解决组织的某个或某些具体部门在未来各个较短时间内的行动方案，是战略决策的落实
作用和影响	战略决策的实施是组织活动能力的形成与创造过程，其实施效果影响组织的效益与发展	战术决策的实施是对已形成能力的应用，其实施效果主要影响组织的效率与生存

企业通常将战术决策交给中基层管理者去完成，以便高层管理者有时间和精力进行战略决策。本章前面提到的海康威视进军智慧停车行业、联想收购 IBM 的 PC 部门、吉利收购沃尔沃轿车、吉利收购宝腾和路特斯的股份等例子，都属于战略决策。海康威视谋划进入智慧停车行业时，决定自主研发智能泊车机器人则属于战术决策。从决策有无既定处理程序来看，海康威视的以上两个决策都属于非程序化决策。

3. 个人决策和群体决策

根据决策的主体构成，可将决策分为个人决策和群体决策。个人决策是指由个人做出的决策。个人决策的优点是决策迅速和果断，缺点是可能比较武断，并可能因个人因素导致决策失误。群体决策是由若干人组成的集体共同做出的决策。群体决策具有以下两个优点。

第一，决策质量更高。群体决策基于更完整的信息和更多的备选方案，并从更广泛的角度对方案进行评价和论证，从而做出更准确、更富有创造性的决策。

第二，决策方案的可接受性更强。决策过程中的参与者比较多，决策中考虑更多人的意见和建议，使决策结果更加客观和可行，可接受性更强。

1981 年，杰克·韦尔奇接任美国通用电气公司总裁后，认为公司管理太多，而领导太少，"工人们对自己的工作比老板清楚得多，经理们最好不要横加干涉"。为此，他实行了"全员决策"制度，使那些平时没有机会互相交流的员工、中层管理人员都能出席决策讨论会。"全员决策"的开展，克服了公司中官僚主义的弊端，减少了烦琐的程序。通过实行"全员决策"等举措，通用电气公司在经济不景气的情况下仍取得快速发展。杰克·韦尔奇本人被誉为全美最优秀的企业家之一。这里的"全员决策"属于群体决策，杰克·韦尔奇在通用电气公司充分发挥了群体决策的优点。

群体决策也可能存在以下缺点。

第一，决策过程有可能被某一个人控制，名为群体决策，实为"一个声音在说话"，这样会影响决策的质量。

第二，达成共识的协调成本高，决策效率低下。参与制定决策的人员越多，群体就需要花越多的时间来协调，从而达成相对一致的意见。

4. 确定型决策、风险型决策和不确定型决策

根据决策环境的控制程度，决策可划分为确定型决策、风险型决策和不确定型决策。

确定型决策是指在稳定（可控）条件下进行的决策，每个方案的结果是已知的，管理者能做出精确的决策。确定型决策一般可以利用数学模型，如利用量本利分析法来确定企业的保本销售量等。

风险型决策也称随机决策，是指决策者不能预先确知环境条件，存在几种可选方案，每一种发生的概率是不确定的，但可以估计每种方案发生的可能性。

不确定型决策是指在不稳定条件下进行的决策。在不确定型决策中，决策者不知道有多少种自然状态，也不知道每种自然状态发生的概率，只能根据直觉、经验和判断能力来决策。

5. 单项决策与序贯决策

按所要求获得答案的数目及其相互关系的情况来划分，决策可以分为单项决策与序贯决策。

单项决策也称静态决策，它所处理的问题是确定某个时点的状态或某个时期的结果，它所要求的行动方案只有一个（虽然这个方案中可包含几个目标和许多决策变量）。例如，我们要决定今年各种产品的产量，决策结果的回答只有一个，即各产品的产量计划应达到多少。

序贯决策则不同，它要做出一系列相互关联的决策，它有三个特点：第一，做出的决策不是一个而是一串；第二，这一串决策彼此相互关联，前一项决策直接影响后一项决策；第三，决策者关心的是这一整串决策的总结果。例如，某企业决定投入一笔资金开发生产一种新产品，它就需要合理安排各年的投资重点，确定连续几年的产值和利润计划，这种决策就是序贯决策。序贯决策可以一次全部决定下来，也可以先决定第一步怎样做，然后为下一步确定几个可行的行动方案，视第一步行动的结果来选用相应的下一步方案或者再制订新的方案。

6. 经验决策与科学决策

经验决策是主要凭阅历、知识、经验进行的决策，决策判断依赖于重复性，它有很大的局限性，对新问题往往无能为力，往往是定性的决策。这是管理者常用的决策类型，也是最传统、最常见的决策类型。经验决策是历史的产物，并且随着历史的发展和人类的进步而逐渐丰富完善，对现代科学决策有着重要的借鉴作用。

随着社会发展的复杂化，经验决策的弊端日益明显，已不足以应付复杂多变的社会生活。同时现代科学技术的发展也为科学决策提供了可能性。科学决策是借助一定的科学理论，运用科学的决策技术和思维方法，对多种准备行动的方案进行选择，以期达到优化目标的一种新兴的先进抉择方法，是应用近现代的多种学科理论和多种技术方法而发展起来的。企业决策科学化是企业管理现代化建设的需要，科学决策作为企业现代化管理的主要标志，已经越来越为人们所重视。

经验决策与科学决策的本质区别在于方式方法的不同。经验决策的主体一般表现为个体，而科学决策是集体智慧的产物；经验决策主要凭借决策者的主体素质，科学决策则尽可能采用先进的技术和方法；经验决策带有主观性，而科学决策不排斥经验，但注重在理论的

指导下处理决策问题。因此,应该把经验决策与科学决策结合起来,实现决策的科学化。

3.2 决策的过程及影响因素

3.2.1 决策的过程

管理者要提高决策的质量,必须遵循科学的决策过程。决策的一般程序包括下面八个步骤(见图3-1):①调查研究,提出问题;②系统分析,确定目标;③收集信息,科学预测;④拟订方案,采取对策;⑤全面比较,方案评价;⑥总体权衡,选定方案;⑦进行试点,检验决策;⑧实施决策,控制反馈。

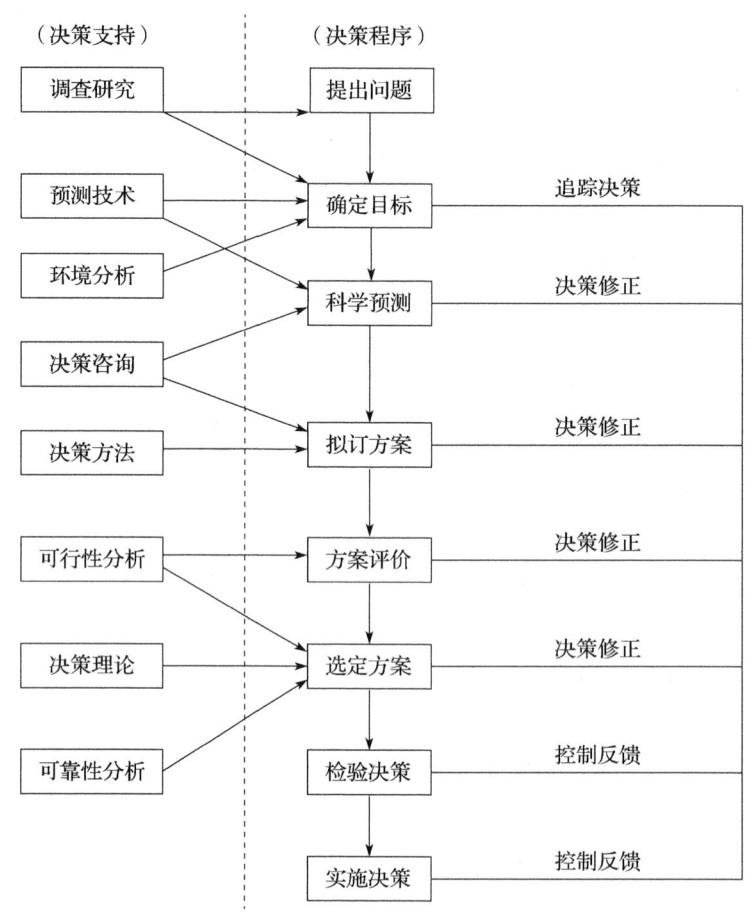

图 3-1 决策的程序

1. 提出问题

决策是为了达到一定的目标或者解决一定的问题而制定的,决策者首先要研究组织的现状,参考预期的目标,发现存在的问题。分析目前状况与预期目标之间的差距,发现组织中存在的问题,确定偏差的性质,并以纠正偏差作为决策的起点。但决策者必须清楚,并非所有的问题都属于决策问题,而是有条件的。首先,问题是客观存在的,是能被发现、认识、理解和清楚表达的;其次,目前现状与预期目标存在差距。分析问题不仅要求决策者正确界定问题，以适当的形式表达，还要求决策者找到产生问题的真正原因。

为便于理解，我们以个人购买手机的决策为例分步骤来说明决策过程的具体内容。一位消费者需要购买一个新手机，可能是因为他的手机速度太慢；或者是老出问题，修不好；或者是手机不够时尚；或者是市场上出现了很多新款手机，等等。

2. 确定目标

明确决策目标不仅为方案的制订和选择提供了依据，而且为决策的实施和控制、为组织资源的分配和各种力量的协调提供了标准。

明确决策目标要注意以下几方面要求。

第一，决策目标要明确具体。一般来说，越是近期目标，就越要求明确具体，远期目标则允许有一定的模糊性。

第二，目标要切合实际。这就是说，要防止目标偏高或偏低。目标偏高，即按现有条件很难达成目标的要求；目标偏低，按现有条件即使不经过努力也可以达到目标。这两种情况都不利于充分发挥组织的潜能。

第三，多目标应有主次之分。在多目标决策的情况下，应尽可能剔除那些从属性的或不太重要的目标，使决策目标的数量减少，从而更有效地把握主要目标。

在个人购买手机决策的例子中，不同人的目标会差别很大，可能是模糊的，例如"买一个价格不超过 2 000 元的价廉物美的手机"，或者"买一个性价比最好的手机"。购买手机的目标也可能是相对明确的，例如"买 iPhone 的最新款"，或者"支持国货，买华为或小米的手机"。

3. 科学预测

在决策之前，必须对决策对象及其所处的外部条件可能发生的变化进行预测。在此基础上，才能根据决策的目标和现实条件及未来可能发生的变化，合理地制订决策方案。搜集到全面、准确的信息资料并对其进行科学的分析是科学预测的基础，也是正确决策的前提。为确保决策质量，搜集资料时应满足以下要求：资料必须客观；资料必须全面、系统；资料必须精准；资料需要动态更新；掌握搜集资料的正确途径和方法。

在个人购买手机决策的例子中，一方面，年轻的消费者会关注各大手机品牌手机更新换代的态势，留意新一代手机计划上市的时间；另一方面，他们会上网查看资料，广泛了解可能选择的手机的外观、功能和性能参数等信息。

4. 拟订方案

在决策过程中，拟订多个备选方案是一个非常重要的阶段，它直接决定了决策的质量。这些不同的备选方案必须是能够相互替代、相互排斥的，而不能是相互包容的。

备选或替代方案产生的过程可大致分为以下步骤。

首先，在研究环境和发现不平衡的基础上，根据组织的宗旨、使命和任务以及消除不平衡目标，进而提出改进的初步设想。

其次，对各种改进设想进行集中、整理和归类，汇总内容较为具体的各种备选方案。

最后，对可进一步考虑的备选方案进行筛选、修改、补充，分别预计可能的结果，制订可替代的决策方案。拟订决策方案时，要广泛运用各种决策方法，如头脑风暴法、德尔菲法等，这有助于提出富有创造性的方案。

在个人购买手机决策的例子中,消费者通过广泛了解可能选择的手机的相关信息,从苹果、华为、小米、vivo、OPPO这五个品牌中各选了一款手机作为备选方案。

5. 方案评价

方案评价基于科学的态度,依据科学的标准来进行,要研究各个方案的限制因素,综合评价各个方案。评价的主要内容有以下几项。

- 方案实施所需的条件是否已经具备,建立和利用这些条件需要组织承担何种成本。
- 方案实施能给组织带来什么长期和短期的利益。
- 方案实施中可能遇到的风险及活动失败的可能性。
- 要统筹兼顾。不仅要注意决策方案中各项活动之间的协调,而且要尽可能保持组织与外部结合方式的连续性,要充分利用组织现有的结构和人员条件,为实现新的目标服务。
- 要注意反对意见。因为反对意见不仅可以帮助人们从更广阔的角度去考虑问题,使所制订的方案更加完善,而且可以提醒大家去防范一些可能会出现的问题。
- 要有决断的魄力。任何方案都有其支持者和反对者,在众说纷纭的情况下,决策者要在充分听取各种意见的基础上,根据自己对组织任务的理解和对形势的判断来做出果敢的决断。

在个人购买手机决策的例子中,消费者会根据自己的偏好,列出"品牌知名度、外观、价格、屏幕尺寸、性能、可靠性"等评价指标。理论上,消费者可对五款备选手机按六个评价指标分别评分,甚至为每个评价指标赋予权重加权计算每个方案的评分。实际上,消费者在购买手机决策中一般会嫌麻烦而不会死板地这么做,他可能会在脑海中大致完成这个评价过程。

6. 选定方案

选择方案是决策工作最关键的一步,也是抉择的实质性阶段。在做出抉择时,应当将可行性、满意度和可能效益三方面结合考虑,选择最好的方案。以下方面值得我们注意:追求相对满意而不是绝对满意;选定方案不是简单地挑选一个,而弃掉其他方案;最终的方案也许是综合几个方案的结果;要综合考虑各种指标,防止片面注重经济效益指标。

在个人购买手机决策的例子中,消费者根据上一步的评价结果,得出购买某款手机的具体方案。大部分消费者通过网络购买该款手机,到此步为止完成了决策的全过程。

7. 检验决策

决策方案选定之后,应在对全局具有典型意义的地方,严格按照选定的决策方案进行试点。如果试点成功,即决策方案被试验证实,选定的决策方案就可以进行普遍实施;如果试点失败,则应及时反馈,进行跟踪检查和决策修正。

在个人购买手机决策的例子中,一部分消费者可能去手机售卖实体店或移动运营商的营业厅去看看上一步所选定的某款手机。在加强体验之后,再通过网络购买或者根据移动运营商营业厅的一些优惠套餐购买该款手机,从而完成决策全过程。有时,通过深入了解移动运营商营业厅的优惠套餐,结合之前所拟订的备选方案,重新选定方案并现场购买。

8. 实施决策

选定、检验决策的完成，并不意味着决策过程的结束，只有把它们和实施、执行决策结合起来，才能构成科学决策的完整过程。在个人购买手机决策的例子中，完成手机的购买，即手机购买决策过程的结束。

以上步骤表明，决策是一个有一定顺序的、条理化的过程，而不是在瞬间选定某一方案的单纯决断。虽然决策过程分成不同的阶段，但在实际工作中，决策过程的各步骤往往是相互联系、交错重叠的，不能将决策的各步骤分割开来。

专栏 3-4

马奇：垃圾桶决策模型

垃圾桶决策模型是组织内部的一种决策制定模式。这一模型最早是由美国管理学教授詹姆斯 G. 马奇（James G. March）、迈克尔 D. 科恩（Michael D. Cohen）、约翰 G. 奥尔森（Johan G.Olsen）等人于1972年提出。马奇被公认为组织决策研究领域最有贡献的学者之一，他曾与西蒙合作，对决策管理理论的形成和发展做出了很大贡献。

马奇认为，时间分类法是人们处理问题时最常用的方法。从很多方面来看，决策过程都建立在时间类别之上，根据发生的同步性把人、问题和解决方法结合起来。在垃圾桶决策过程中，假定存在一些外生的、依赖于时间的选择机会、问题、解决方法和决策者。问题和解决方法与选择相关，问题和解决方法之间也彼此相关，但不是因为它们之间存在手段和结果的关系，而是因为它们在时间上比较接近。由于这个限制，几乎任何一个解决方法都可以和任何一个问题相关，只要它们在同一时间内出现。

垃圾桶决策模型的基础是马奇教授等学者对组织行为的观察，他们发现在企业中工作的人们容易对某些行为模式产生偏好，这些模式成为他们个人选择问题的解决方法时宠爱有加的"宝贝儿"。作为结论，模型指出：不管问题发生在何时何地，人们都会以此为机会，来实施他们早已选定的解决方法。简单地说，该模型认为，企业员工面对一项决策时，会不断提出问题并给出相应的解决方案。这些方案实际上都被扔进了垃圾桶，只有极少数能够成为最终决策的组成部分。这会影响到决策的制定过程和最终结果。

资料来源：詹姆斯 G 马奇. 决策是如何产生的［M］. 王元歌，章爱民，译. 北京：机械工业出版社，2013：154-155.

3.2.2 决策的影响因素

决策的全过程都会受到多种因素的影响，包括所处的环境、决策者的个人因素、组织文化、以往决策、决策的时间紧迫性等。

1. 环境

环境对组织决策的影响表现在两个方面：第一，环境的变化使组织面临新的问题，从而需要新的决策；第二，决策主体在进行决策时又受到所处环境的影响和制约。科学的决策需要充分考虑和评估内外部环境的现状及其变化趋势。

2. 决策者的个人因素

决策者的个人因素对决策的影响表现在两个方面：一是决策者个人的基本素质，包括价值观、知识水平、领导能力等。一般而言，基本素质较高的决策者其决策质量也比较高。二是决策者对风险的态度对最终决策的影响也非常大。未来条件并不总能事先预料，现实生活中许多管理决策是在风险条件下做出的。风险伴随行动结果的不确定性而产生，决策者对于风险的态度在很大程度上影响着决策。根据决策者对待风险的态度可以将其分为三种，即风险偏好型、风险中性与风险厌恶型。不同决策者对待风险的态度，决定了其决策的方式。风险偏好型决策者敢于冒风险，敢于承担责任，因此有可能抓住机会，但也可能遭受一些损失。风险厌恶型决策者不愿冒风险，不敢承担责任，虽然可以避免一些无谓的损失，但也有可能丧失机会。风险中性的决策者对风险采取理性的态度，既不偏好也不规避。由此可见，决策者对待风险的态度会影响决策活动。

3. 组织文化

组织文化是处于一定经济文化背景下的组织在长期发展过程中逐步生成和发展起来的独特的价值观，以及以此为核心而形成的日趋稳定的行为规范、道德准则、群体意识和风俗习惯等。它对决策的选定和实施都将产生重大影响。组织文化影响包括决策者在内的全体组织成员的思想和行为，通过影响人们对变化、变革的态度而对决策起到影响和限制作用。一个新决策要求组织文化的配合与协调，这样才能为组织决策的实施获得成功提供保证。一方面，组织文化具有滞后性，难以快速对新的决策做出反应，因此组织文化可能成为实施组织决策的阻力；另一方面，创新的组织文化也可能成为实施组织决策的动力。决策时要考虑所做出的决策尽量与组织文化相适应，不要破坏企业已有的组织文化。但是，当企业环境发生重大变化，企业的组织文化也需要做出相应的重大变化时，企业应考虑到自身长远利益，不能为了迎合企业现有的组织文化，而将新的决策制定得与现行组织文化相一致，这将不利于企业的长远发展。

4. 以往决策

组织的决策都或多或少要受到以往决策的影响。组织中"非零起点"的目前决策都不可能不受到以往决策的影响。过去决策所带来的良好效果和记忆必然为未来的决策提供有益的借鉴，过去失败的决策必然给未来的决策带来消极影响。过去的决策对目前决策的制约程度主要受到它们与现任决策者关系的影响。如果过去的决策是由现任决策者制定的，则决策者通常要对自己的选择及其后果负管理上的责任。因此，决策者一般不愿对组织活动进行重大调整，而倾向于把大部分资源投入到过去方案的执行中去，以证明自身决策的正确和避免对自身形象不必要的损害。相反，如果现任决策者与组织过去的主要决策没有很强的关系，则愿意接受改变。因此，一般认为企业高层领导人的更替是组织推行重大战略变革的前奏。

5. 决策的时间紧迫性

决策受时间的制约。决策是在特定的情况下，把组织的当前情况与组织未来可能的行动联系起来，并旨在解决问题或把握机会的管理活动。这就决定了决策必然受时间的制约，一旦超出了时间的限制，情况发生了变化，再好的决策也不可能达到预期目标。时间敏感型决策对速度的要求更甚于决策质量，而知识敏感型决策对时间的要求则不是非常严格。中国百货商业协会自助售货行业分会的内部分析材料显示，2017年中国无人店行业将迎来一个起始年。2017年6月25日，饮品界老大娃哈哈和研发无人零售店铺技术的深蓝科技签订一份"3年10万台，10年百万台"Take Go无人店协议。2017年7月8日，阿里巴巴在第二届淘宝造物节上推出阿里无人超市——淘咖啡。互联网巨头历来是风向标,从亚马逊的 Amazon Go 到阿里的淘咖啡,无人便利店似乎已成风口。因此,做出进军无人店行业的战略决策,受时间的制约比较明显。

专栏 3-5
西蒙：决策过程中组织的作用

西蒙指出,在决策时,组织具有一种独一无二的作用,那就是克服群体行为的不稳定性。决策常常不是孤立的,大多数的决策必须同时考虑其他人的反应。在西蒙看来,组织本质上就是一个合作行为系统,它具备克服群体行为不稳定性的优点。组织向每位成员提供其他成员行为的信息,作为该成员个人制定决策的依据,而实现组织目标的内在要求使组织成员必然偏好于同样的期望。这样,每个人都能在比较准确地预测其他人行为的基础上,自觉地为这种共同偏好采取一致行动,以求获得期望的结果。所以,组织中的价值选择和认同对决策具有重要影响。

对于这种组织中的价值选择和认同,西蒙做了一个很有意思的假设。假设某个公司的四位经理人员(一位营销经理、一位生产计划主管、一位生产部门主管、一位产品设计师)正在讨论公司产品设计、生产和销售过程中的共同问题,营销经理最关心的是来自消费者的价廉物美、交货迅速的要求,生产计划主管则希望能准确预测产品销售量以便自己安排工作,生产部门主管却主张引导消费者少做轻率的变更以保持生产的稳定性,产品设计师则抱怨工厂在产品更新方面落在其他企业后面,如此等等。如果没有组织,这四个人的争吵就没有终结。实际上,上面这四个人的争吵只有通过组织才能达到协调,这种协调的本质就是提高这四个人的理性水平。组织恰恰能够提高人类行为的理性程度。

资料来源：席酉民,刘文瑞.组织与决策[M].北京：中国人民大学出版社,2009：50-51.

3.3 决策方法

3.3.1 定性决策法

定性决策法是建立在心理学、社会学和行为科学等基础上的"专家法",是在决策过程中利用已知的、现有的资料,充分发挥决策者或专家集体的智慧、能力和经验,在系统调查研究分析的基础上进行决策的方法。定性决策的问题一般难以用数学方法来解决,或者虽然理论上可以用数学方法解决,但因为在实际工作中不能获得必要的数据而不得不放弃。定性决策的目标只能做出抽象的描述和表达,主要依赖于决策者的分析判断,是人们常用的决策方法。这种方法特别适用于解决受社会紧急因素影响较大的、因素错综复杂以及社会心理因素较多的综合性的战略问题。定性决策法主要有头脑风暴法、德尔菲法、名义小组法、直觉决策法等。

1. 头脑风暴法

头脑风暴法是比较常用的群体决策方法。在群体决策中,参与者由于受到群体成员心理相互作用的影响,易屈服于权威或大多数人意见,形成所谓的群体思维。群体思维削弱了群体的批判精神和创造力,损害了决策的质量。为了保证群体决策的创造性,提高决策质量，管理上发展了一系列改善群体决策的方法，头脑风暴法是较为典型的一个。

采用头脑风暴法组织群体决策时，相关人员集中在一起，由主持人阐明问题，所有人围绕问题自由发言、畅所欲言。头脑风暴法的创始人奥斯本为该决策方法的实施提出了四项原则：对别人的意见不做任何评价，将相互讨论限制在最低限度之内；建议越多越好，在这个阶段，参与者不要考虑自己建议的质量，想到什么就说出来；鼓励每个人独立思考，打开思路，想法越新颖和奇异越好；可以补充和完善已有的建议，使某种意见更具说服力。

头脑风暴法的目的在于创造一种畅所欲言、自由思考的环境，诱发创造性思维的共振和连锁反应，产生更多的创造性思维。这种方法的时间安排1～2小时，参与者5～6人为宜。头脑风暴法实施的成本（时间、费用等）是很高的，要求参与者有较好的素质。这些因素是否满足会影响头脑风暴法实施的效果。

2. 德尔菲法

德尔菲法是对方案进行评估和选择的方法，通过综合专家意见来对方案做出评估和选择，也称专家调查法。其基本原则是必须避免专家面对面的集体讨论，保证每个专家把自己真实的观点充分表达出来。德尔菲法是由中间人把在第一轮调查过程中专家各自单独提出的意见集中起来并加以归纳后再反馈给他们，然后重复这一循环，使专家有机会修改他们的观点并说明修改的原因。一般重复3～5次之后，专家的意见将趋于一致。

德尔菲法的典型特征主要有：邀请专家参与预测，充分利用专家的经验和学识；采用匿名或背靠背的方式，能使每一位专家独立自由地做出自己的判断；经过几轮反馈使专家的意见逐渐趋同。德尔菲法的这些特点使它成为一种最为有效的判断预测法，广泛应用于军事、人口、医疗保健、企业经营和需求等多个领域的预测，也用来进行决策、管理沟通等工作。

在德尔菲法实施过程中，应基于对企业内外部情况的了解程度来挑选专家。专家可以是第一线的管理人员，也可以是企业高层管理人员和外请专家。例如，在估计未来企业对劳动力的需求时，企业可以挑选人事、计划、市场、生产及销售部门的经理作为专家。德尔菲法的主要缺点是过程比较复杂，花费时间较长。

3. 名义小组法

在群体决策中，如对问题的性质不完全了解且意见分歧严重，则可采用名义小组法。在这种方法中，小组成员互不通气，也不在一起讨论、协商，小组只是名义上的。这种名义上的小组可以有效地激发个人的创造力和想象力。在计算机被广泛应用的时代，名义小组法等管理决策中的定性分析方法仍然被使用的理由如下：第一，人们面对信息不完全的决策问题时，比如面对新环境里出现的新问题，难以使用对数据依赖程度很高的定量决策方法；第二，当决策问题与人们的主观意愿关系密切时，特别是当多个决策者意见有分歧时，需要采用定性分析或以定性分析为主的决策方法；第三，当决策问题十分复杂，现有的定量分析方法和计算工具难以胜任时，人们不得不进行粗略的估计和采用定性分析方法。

在运用名义小组法进行决策时，管理者先选择一些对要解决的问题有研究或者有经验的人作为小组成员，并向他们提供与决策问题相关的信息。小组成员各自先不通气，请他们独立思考，要求每个人尽可能把自己的备选方案和意见写下来。然后让他们按顺序一个接一个地陈述自己的方案和意见。在此基础上，由小组成员对提出的全部备选方案进行投票，根据投票结果，赞成人数最多的备选方案即为所选定的方案，当然，管理者最后仍有权决定是否接受这一方案。

4. 直觉决策法

直觉决策法是一种定性决策方法。直觉是客观事物在人们头脑中迅速留下的第一印象，是人们在极短的时间内，对突如其来的情况超越逻辑的顿悟和理解。直觉过程是人脑高速分析、反馈、判别、决断的过程，体现为敏锐的洞察力。在组织中的职位越高，越需要敏锐的直觉。实践中许多高层管理者平时做重大决策时，利用的就是"直觉""本能"或"预感"，而并不依赖任何理性的逻辑分析。

曾任新泽西贝尔电话公司总经理的管理学家切斯特·巴纳德就曾以自身的体会惊呼："经理人员在制定决策时，往往无法以有条不紊的理性分析为依据，而是在很大程度上依靠他们对决策需求情境的直觉或判断反应。请不要忽略非逻辑性或直觉！"西蒙认为，直觉也是一种分析，只不过已被固化成习惯而已，直觉的作用是帮助人们识别熟悉或类似的情境类型。

必须注意的是，直觉是以经验和知识为基础的识别能力和反应能力的具体体现。快而准的直觉反应能力，其实是知识积累以及运用知识识别问题过程的升华，必须经过多年的经验和训练来培养直觉，才可能具有这种能力。错误冲动地拍脑袋，看起来与直觉决策的表现形式很相似，但其实质截然不同。前者是原始冲动和感情支配的直接反应，经常不合时宜；后者是学习所得和经验积累，具有环境适应性。

3.3.2 定量决策法

定量决策法主要应用数学模型，或借助电子计算机进行决策，核心是把与决策有关的变量与变量、变量与目标之间的关系，用数学模型表示，然后通过计算求出答案，供决策参考使用。定量决策法按问题所处的条件不同，可以分为确定型决策法、风险型决策法和不确定型决策法。定量决策法主要有盈亏平衡分析、决策树法和不确定型决策法，其中，盈亏平衡分析属于确定型决策法，决策树法属于风险型决策法。

作者视频讲解
请扫二维码

专栏 3-6

西蒙和人工智能

西蒙是组织决策管理大师，同时也是人工智能和数学定理计算机证明的奠基者之一。他和艾伦·纽厄尔（Allen Newell）合作的一系列开创性的研究成果，改变了我们对人脑和计算机关系的理解。作为科学家，他涉足的领域之多、成果之丰、影响之深远，令人叹为观止。1975 年，西蒙和纽厄尔两人共同获得计算机领域的最高奖图灵奖，就是对他们在这一领域成就的最好说明。

20 世纪 50 年代以后，西蒙的研究方向发生了重大转移，逐渐转向了认知心理学和人工智能领域。西蒙认为，社会科学缺乏像自然科学一样的科学性，社会科学需要借鉴自然科学严格和精确的研究方法，才能成为真正意义上的科学。同时，在西蒙看来，经济学、管理学、心理学等学科所研究的课题，实际上都是"人的决策过程和问题求解过程"。要想真正理解组织内的决策过程，就必须对人及其思维过程有更深刻的了解。因此，借助于计算机技术的发展,西蒙与同事纽厄尔等人一起开始尝试用计算机来模拟人的行为,从而创建了认知心理学和人工智能研究新领域。

西蒙认为,人的思维过程和计算机运行过程存在着一致性,都是对符号的系列加工,因此,可以用计算机来模拟人脑的工作。他甚至大胆地预言,人脑能做的事,计算机同样也可以完成。"初级知觉和记忆程序"(EPAM)和"通用问题求解系统"(GPS)等人工智能软件的问世,部分证实了西蒙的预言。

资料来源:佚名.西蒙和人工智能[J].当代经理人,2008(3):110.

1. 盈亏平衡分析

盈亏平衡分析也叫量本利分析(销售量、成本、利润)分析。

企业的生产成本包括两个组成部分,即固定成本和变动成本。固定成本包括管理费用、工人基本工资、设备的折旧费用等,这部分费用基本上是恒定的,不随着产品产量的变化而变化。变动成本包括原材料费用、能源费用等,这部分费用与产量成正比例关系。盈亏平衡分析如图3-2所示。

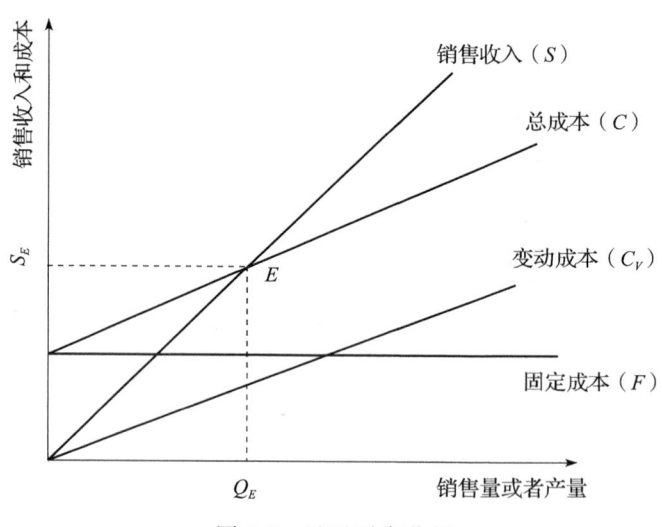

图3-2 盈亏平衡分析

已知,

$$销售收入 = 产量 \times 单价$$
$$生产成本 = 固定成本 + 变动成本$$
$$= 固定成本 + 产量 \times 单位产品变动成本$$

因此,当企业刚好盈亏平衡时,即有

$$Q_E \times P = F + Q_E \times C_V$$

进一步有

$$Q_E = \frac{F}{P - C_V}$$

$$S_E = Q_E \times P = \frac{F \times P}{P - C_V} = F/(1 - C_V/P)$$

以上各式中,Q_E叫作保本产量或临界产量,$P - C_V$表示单位产品实现的销售收入在扣除变动费用后的剩余，叫作边际贡献。$(1 - C_V/P)$ 表示单位销售收入可以帮助企业吸收固定费用或实现利润的系数，叫作边际贡献率。如果边际贡献或边际贡献率大于零，则表示企业生产这种产品除了可收回变动成本外，还可有一部分收入用以补偿已经支付的固定成本。有些企业尽管产品的单价低于成本但还坚持生产，这是一个重要的原因（当然，单价不能低于变动成本，否则从财务角度看就没有意义了）。

盈亏平衡分析告诉我们，企业至少要生产销售到保本产量，才能不盈不亏。所以，如果预测一个投资项目完成后将来产销量达不到盈亏平衡点，则应该放弃该投资项目。如果预测完成后将来产销量超过盈亏平衡点，是否就一定能投资该项目呢？考虑到未来实际的价格和成本数据与现在估计的数据可能会有差异，保险起见，实际的产销量超过保本产量才好。产品实际的产销量 Q 超过盈亏平衡点 Q_E 的比率称为经营安全率 η，即：

$$\eta = \frac{Q - Q_E}{Q}$$

经营安全率可以用来判断企业的经营状态。经营安全率越大则说明企业的经营状态越好，具体来说：经营安全率 >30%，则经营状态为好；经营安全率处于 25%～30%，则经营状态为较好；经营安全率处于 15%～25%，则经营状态为不太好；经营安全率处于 10%～15%，则经营状态需引起警惕；经营安全率 <10%，则经营状态危险。

如果目标利润为 E^*，则要实现目标利润，企业的生产量 Q^* 的计算公式应该为：

$$Q^* = \frac{F + E^*}{P - C_V}$$

例题 1

某企业如果投资生产一种产品，产品的单位变动成本为 60 元，售价为 100 元，每年固定成本为 100 万元，请问此企业盈亏平衡点的产量为多少？如果企业现有的生产能力为 4 万件，请问如果满负荷生产，经营安全率是多少？如果未来市场供不应求，为满足市场对产品的需要，扩大生产，拟扩建一条自动生产线，每年要增加固定成本 20 万元，但可节约变动成本 10 元/件，与此同时，为了扩大产品销售，企业拟降低售价 10%，请问此方案是否可行？

解： 已知 $F = 1\,000\,000$ 元，$P = 100$ 元/件，$C_V = 60$ 元/件。

（1）求盈亏平衡点的产量为：

$$Q_E = \frac{F}{P - C_V} = \frac{1\,000\,000}{100 - 60} = 25\,000 \text{（件）}$$

（2）企业现有的生产能力为 4 万件，则经营安全率为：

$$\eta = \frac{Q - Q_E}{Q} = \frac{40\,000 - 25\,000}{40\,000} \times 100\% = 37.5\%$$

经营安全率为 37.5%，大于 30%，所以企业的经营状态处于"好"的区间。

（3）扩建自动生产线方案的可行性。扩建自动生产线后固定成本变为 120 万元，单位变动成本为 50 元，价格为 90 元，则变化后的盈亏平衡点为：

$$Q_E = \frac{F}{P - C_V} = \frac{1\,200\,000}{90 - 50} = 30\,000 \text{（件）}$$

如果不扩建自动生产线，产量 4 万件，每年可获利 E_1 为：

$$E_1 = PQ - (F + C_V Q) = 100 \times 40\,000 - (1\,000\,000 + 60 \times 40\,000) = 600\,000 \text{（元）}$$

如果扩建自动生产线，维持原有的产量 4 万件，每年可获利 E_2 为：

$$E_2 = PQ - (F + C_V Q) = 90 \times 40\,000 - (1\,200\,000 + 50 \times 40\,000) = 400\,000 \text{（元）}$$

新方案实施后利润下降了 20 万元，所以产销量必须增加才行。

如果扩建自动生产线，若目标利润保持为 60 万元，生产量 Q^* 为：

$$Q^* = \frac{F + E^*}{P - C_V} = \frac{1\,200\,000 + 600\,000}{90 - 50} = 45\,000 \text{（件）}$$

因此，只有当产品的产销量超过 45 000 件时，新方案才是可行的。

2. 决策树法

决策树是图形化的期望值法，期望值法是一种常用的风险决策法。决策树法是根据逻辑关系将决策问题绘制成一个树形图，按照从树梢到树根的顺序，逐步计算各节点的期望值，然后根据期望值准则进行决策的方法。决策树由基点、方案枝、自然状态点、概率分枝和结果节点组成。

如图 3-3 所示，决策树是从一个基点出发，将各种可能全部标注在一个树状的图中，从而对在决策过程中由于主观或客观条件所造成的各种可能性进行分析，在此基础上再对最终的决策方案做出选择。

如图 3-3 所示，A 点是决策树的基点，从其引出的各条支线称为方案枝。从 A 点可以引出两条方案枝，或者说有两种可能，这两条方

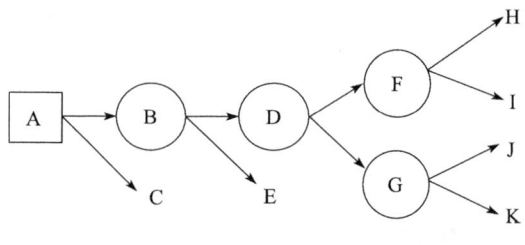

图 3-3　决策树

案枝分别可以到达 B 点和 C 点。如果通过分析认定 C 点所代表的情况不可能出现，则可以不再继续分析下去，而专门考虑从 B 点再往下一步发展的情况。从 B 点引出的两个方案枝分别到达 D 点和 E 点，同样排除 E 点后，再继续分析从 D 点引出的方案枝，这时，两个方案枝分别指向了 F 点和 G 点，从这两点又分别引出两条方案枝。于是，从基点 A 我们共得到了 4 种可能出现的决策方案：H、I、J、K。分别对各种方案进行比较权衡后，就可以从中选取一个最后的决策方案。

为了对某一决策做出判断，必须对其决策树进行全面的分析，其中包括分析决策过程中可能出现的各种情况，并判断在可能出现的不同状态下，各种不同决策方案的收益大小和为此所要承担的风险。在对这些情况进行综合比较的基础上，就可以进行决策。

例题 2

王先生想在某城市的一条街道上开餐馆，实地考察后有甲和乙两个店面可供租用。甲店面积为 200 平方米，预计需要投入 120 万元装修；乙店面积为 100 平方米，预计需要投入 65 万元装修。租甲店，如果生意好，在扣除租金和各种运营费用后每年可盈利 50 万元；如果生意不好，每年盈利只有 6 万元。租乙店，生意好和生意不好的年盈利分别是 30 万元和 10 万元。考察近几年该街道周围餐馆的经营情况后，王先生估计生意好和生意不好的可能

性分别是 60% 和 40%，如果租期都是 5 年，王先生该如何选择呢？

解：（1）先绘制决策树，如图 3-4 所示。

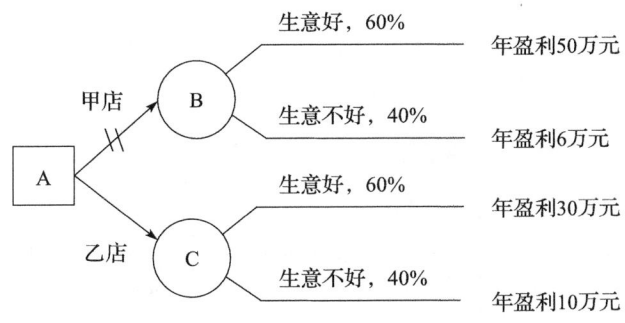

图 3-4　租用店面开餐馆的决策树

（2）计算每个节点 5 年总的净期望利润值。

节点 B 5 年总的净期望利润值 = $(50 \times 0.6 + 6 \times 0.4) \times 5 - 120 = 42$（万元）

节点 C 5 年总的净期望利润值 = $(30 \times 0.6 + 10 \times 0.4) \times 5 - 65 = 45$（万元）

（3）决策：节点 C 5 年总的净期望利润值更大，对应的方案枝是租用乙店，所以最终决策是租用乙店。在决策树中用记号表示剪断甲店的方案枝。

3. 不确定型决策法

不确定型决策是指方案实施可能会出现的自然状态或者所带来的后果不能做出预计的决策。相对于风险型决策问题，不确定型决策问题由于缺乏资料或经验，无法估计每种自然状态发生的概率，这时决策者通常按照个人的风险偏好进行分析判断与决策，主要有三种决策原则：乐观原则、悲观原则和"最大后悔值"最小化原则。

（1）乐观原则。乐观原则也称"大中取大"法，或者极大 – 极大损益值原则。如果决策者对待风险是一种乐观的态度，他认为未来总会出现最好的自然状态，则他对方案的比较和选择就会倾向于那个在最好状态下能带来最好效果的方案。

（2）悲观原则。悲观原则又称极大 – 极小损益值原则。如果决策者对待风险是一种保守的态度，他认为未来会出现最差的自然状态，为避免风险起见，则在决策时以各方案的最小收益值进行比较，从中选取相对收益最大的方案。

（3）"最大后悔值"最小化原则。如果决策者总爱后悔，像保守者一样，那么他会从最坏的角度来考虑问题并争取最好的结果，不同的是人们对待后悔值和收益值的态度是相反的。这一原则是考虑到决策者在选定某一方案并组织实施后，如果在未来实际遇到的自然状态并不与决策时的判断相吻合，这就意味着当初如果选取其他方案反而会使企业得到更好的收益，这无形中表明这次决策存在一种机会损失，它构成了决策的"遗憾值"，或称"后悔值"。

决策时应先计算出各方案在各种自然状态下的后悔值，即用某自然状态下各方案中的最大收益值减去该自然状态下各方案的收益值，所得的差值表示如果实际出现该种状态将会造成多少遗憾，然后从每个方案在各状态下的后悔值中找出最大的后悔值，据此对不同方案进行比较，选择最大后悔值最小的方案作为拟付诸实施的最满意决策方案。

例题 3

某企业的新产品拟投放市场，生产成本为 4 元，有 3 种定价方案：5 元、6 元、7 元（见表 3-3）。价格不同，销量和利润也将不同，请决策。

表 3-3　某企业新产品上市不同定价下的销量（利润）　　　　　　　　（单位：元）

方案＼状态	不同状态下的销量（利润）		
	畅销	一般	滞销
低价（5 元）	100（100）	60（60）	46（46）
平价（6 元）	48（96）	36（72）	28（56）
高价（7 元）	30（90）	25（75）	20（60）

解：分别计算高价、平价和低价三种定价方案在畅销、一般和滞销三种状态下的损益值和后悔值。损益值的计算结果见表 3-3 括号中的内容，后悔值的计算结果见表 3-4。

选择哪一种方案，取决于决策者的风险价值观：

保守型，用悲观原则进行决策，遵循极大－极小损益值原则：60 万元→高价；

进取型，用乐观原则进行决策，遵循极大－极大损益值原则：100 万元→低价；

稳妥型，用"最大后悔值"最小化原则进行决策：4 万元→平价。

表 3-4　损益值与后悔值计算结果　　　　　　　　（单位：元）

方案＼状态	高价		平价		低价	
	损益值	后悔值	损益值	后悔值	损益值	后悔值
畅销	90	100 − 90 = 10	96	100 − 96 = 4	100	0
一般	75	75 − 75 = 0	72	75 − 72 = 3	60	75 − 60 = 15
滞销	60	60 − 60 = 0	56	60 − 56 = 4	46	60 − 46 = 14
最小损益值	60		56		46	
最大损益值	90		96		100	
最大后悔值		10		4		15

本章小结

1. 决策是管理工作的基本环节之一，它贯穿于管理的全过程。决策是为了实现某一目的而从若干个可行方案中选择一个满意方案的分析判断过程。

2. 决策具有下列五个特征：①决策要有明确目标（目的），没有目标就不存在决策；②决策方案要考虑可行性；③决策的关键和实质是选择；④决策结果只能是选择一个相对满意的方案，不应该以追求最佳结果为决策的目标；⑤决策是一个动态循环过程。

3. 依据分类方法不同，决策有多种类型：程序化决策和非程序化决策；战略决策和战术决策；个人决策和群体决策；确定型决策、风险型决策和不确定型决策；单项决策与序贯决策；经验决策与科学决策。

4. 决策的一般程序包括下面八个步骤：①调查研究，提出问题；②系统分析，确定目标；③收集信息，科学预测；④拟订方案，采取对策；⑤全面比较，方案评价；⑥总体权衡，选定方案；⑦进行试点，检验决策；⑧实施决策，控制反馈。

5. 常见的定性决策方法有：①头脑风暴法；②德尔菲法；③名义小组法；④直觉决策法。常见的定量决策方法有：①盈亏平衡分析（量本利分析）；②决策树法；③不确定型决策法。

练习与思考题

选择题和判断题，请扫二维码做题；名词解释、简答题和论述题/计算题的参考答案，具体请扫二维码。

一、选择题（题干略，请扫二维码）

二、判断题（题干略，请扫二维码）

三、名词解释
1. 决策
2. 程序化决策
3. 非程序化决策
4. 不确定型决策
5. 德尔菲法

四、简答题
1. 决策的特征有哪些？
2. 群体决策有何优缺点？
3. 简述头脑风暴法及其四项原则。
4. 群体决策时常用的决策方法有哪些？分别简述各种方法。
5. 结合个人决策的具体实例，试述决策的一般程序。

五、计算题
1. 某公司年销售A产品1.2万件，每件售价为150元，该产品单位变动成本为100元，年固定成本总额为70万元。请问：①该公司目前是盈还是亏？盈利或亏损额是多少？②若公司欲实现15万元的目标利润，年销售量应达到多少？
2. 为生产某新产品，可选择两个方案：方案一是新建生产线，需要投资800万元，建成后如果销路好，每年可获利300万元，如果销路差，每年会亏损50万元；方案二是与其他企业合作生产，需要投资300万元，如果销路好，每年可获利70万元，如果销路差，每年可获利10万元。方案的使用期限均为8年，根据市场预测，产品销路好的概率为0.7，销路差的概率为0.3。用决策树法选择最佳的投资方案。
3. 某企业试制一种新产品投放市场，估计投放市场后有销路好、销路一般、销路差三种状态，但其概率值难以估计。大批量、中批量、小批量的生产安排在三种状态下的损益情况如表3-5所示。试用悲观原则、乐观原则、"最大后悔值"最小化原则决策。

表 3-5 （单位：万元）

方案 状态	大批量	中批量	小批量
销路好	200	160	50
销路一般	80	90	40
销路差	-20	5	30

案例讨论

海尔集团的第四次生死转型

海尔的张瑞敏目前正在启动第四次转型——这次是关于互联网的。在海尔，这被称为"网络化战略"。2016年，海尔的战略方向是以诚信为核心竞争力，以社群为基本单元，建立后电商时代的共创共赢新平台。海尔将重点聚焦在把"一薪一表一架构"融入转型的六个要素中。"一薪"即用户付薪，是互联网转型的驱动力；"一表"为共赢增值表，目的是促进边际效应递增；"一架构"是小微对赌契约，它可以引领目标的自演进。三者相互关联，形成闭合链条，共同推进互联网转型。

海尔现在是全世界增长速度最快的电器提供商。从2011年起，海尔在全世界的白电市场中占有着最大的市场份额。随着海尔在中国树立高端品牌卡萨帝，并在美国、欧洲和日本增强影响力，这家企业已经走出了超值型价格和利基电器领域，正在与创立更久的企业的顶尖电器产品直接竞争。

事实上，海尔在历史上曾经至少重生了四次。第一次在20世纪80年代，决定以产品质量为基础，进行公司差异化变革。第二次在20世纪90年代，从消费者的特殊需求出发（但不限于此），采取积极创新、响应消费者需求的策略。第三次发生在21世纪初，自下而上地开展组织架构重组，让自主管理的团队来领导决策过程。第四次，也是目前正在进行的，旨在将海尔重新定义为一家真正基于互联网的公司，以一种其他公司鲜有尝试、更遑论实现过的方式，向全世界开放。

张瑞敏并非全靠自己发展出这一管理策略。从一开始，他就显示出对于管理和高效能的热切求知欲。他研究了一流学者和观察家的著作，尤其是著名的管理学家彼得·德鲁克的著作。他借鉴了德鲁克的理念，例如"企业的目的不在于赚钱本身，而在于吸引顾客并满足他们的需求"。如果一位顾客因为获得了更好的产品或服务而取胜，那么所有其他人也应该能取胜，包括组织的股东通过利润增长而取胜，以及员工通过收入增长而取胜。到青岛访问张瑞敏和他的同事，采取的形式可以是一场管理学研讨会，访客会被不断问及与海尔有关的管理创新问题。张瑞敏常常会自己做笔记，而且他常常会将概念运用于海尔——首先是小规模实验，然后推广至整个公司。

每一个大型组织都必须学会如何保持自己的身份、产品和服务的质量、与顾客的关系，并准备好放弃其他一切东西。在这个新世界里，海尔的角色是一个探路者。在前三次转型后，海尔已不再是一个传统的复杂现代组织了。它的文化（拥抱而非抵抗变化，同时坚持两个核心原则）是它今天最重要的资本。

但是近年来，对于即便达到了这种程度的创新，能否真正取得成功，张瑞敏也提出了质疑。在互联网公司最新的成功浪潮激励下，张瑞敏目前正在启动第四次转型。每一个自主经营体都被视为一个节点，有能力自主地联系公司内外的资源。为了实现这一点，张瑞敏想要去除目前的二级自主经营体，也就是海尔的中层管理者之所在，使公司成为一系列平台，每一个平台都能感知消费市场中的变化，通过支持与协作，灵巧地做出调整，满足新兴的需求，适应消费市场中的变化。

海尔的这一新策略要求将公司对外开放（不仅是与顾客，还要与全世界的创新者，包括竞争对手），开展深入的协作。"平台帮助我们吸引一流资源，"海尔的空调平台PAC的研发主任雷永锋说道，"这可能是大学或科技公司的研发资源。在过去，我们与三菱这样的供应商的关系可能就是我们过去找他们，给他们新的空调压缩机的规格。现在，他们可以自己看到我们的顾客想要什么。因为他们能直接看到，所以他们的响应度提高，这又有助于我们的创新工作。"

净水是海尔扩大协作范围的另一个例子。海尔与以色列科技公司施特劳斯集团合作，施特劳斯提供技术，而海尔专注于市场营销、分销和服务。然后，海尔又拓宽了平台，纳入了许多其他研发合作伙伴。海尔与陶氏化学共同拥有20多个净水专利。

这样做的结果就是超越了海尔之前所取得的一切成果，达到了全新的能力高度。例如，海尔如今利用互联网，对其在中国生产的每一个产品进行定制——不论是在线上还是在店里购买的。顾客选择颜色组合、功能（如冰箱里的架子数量和格局），以及辅助设计元素（如高端电器上的闪亮图案）。工厂每天按需定制。这个过程类似于为新车选择配件，但在这里可以选择的东西更多。

这使一些消费者更有可能购买一台净水机——这是只有在经过咨询后才出售的。海尔的客服代表经过培训，能够查询关于中国的水质问题（每个小区的问题都不一样）的复杂数据，然后根据小区供水中的化学物质和污染物情况，安装对应的过滤器。在网站上，消费者之间的对话正在活跃地进行，而公司张贴出了中国22万个社区的水质信息。"我们想让人们在海尔能够找到所有关于水的问题的答案。"海尔水处理公司总经理曲桂楠说。以目前取得的成功为基础，海尔正在探索与当地社区合作，在全社区范围内管理净水工作。

互联网还让海尔进一步深化了服务方面的努力。海尔将深度安装作为销售的一个组成部分（这在中国是少有的），根据对电器信号的监测，在设备不运转时，对顾客做跟踪电话随访。海尔还与顾客保持个人联系，以防监测时遗漏了一些不满意因素。与顾客建立的联系，使海尔得以让许多人从中端价值产品系列（原本的海尔）转向更高端的卡萨帝品牌。

"信息比产品更有价值。"这句话在整个海尔已经成了一句口号。

"我们向中国家庭提供信息，"社交水净化平台主任姜汉科说，"但我们也从这些交互中获益。交互让我们更好地理解用户的需求。用户可以看到所在社区的水质情况，并用这个信息选择最适合自己的过滤产品。虽然我们设置线上资源的直接目标并不是销售，但已经达到了这个效果。在这个还算是新生的业务中，自从我们推出了线上资源，销售量上升了4倍。"

张瑞敏认识到，如此大规模的变革有着很高的风险，"如果没有处理好，就会发生'地震'"，但他同样相信，只有通过这条道路，才能让海尔这样的大企业在如今这个时代取得成功，因为新的胜利之后又会产生新的问题。他说，大企业的目标就是"一步一步地放松管控"。换言之，张瑞敏认为海尔并非独一无二。在这个新世界里，海尔的角色是一个探路者：它是来自中国的第一个全球领先的消费制造企业。很快，如果张瑞敏再次证明了自己的正确，海尔就会是第一个有着独特管理创新形式的公司。

资料来源：海尔集团的第四次生死转型：网络化战略，http://www.sohu.com/a/31246827_117937。

讨论题：

1. 请根据管理学的相关知识并结合材料，谈谈海尔集团的第四次转型属于哪种类型的决策？为什么？

2. 请结合材料分析海尔集团的第四次转型中不同层次的决策。

3. 请结合材料分析海尔集团的第四次转型决策的影响因素。

管理评论

"最强大脑"对战"小度"，人工智能能走多远

2016年AlphaGo对战李世石，一时间把"人工智能"推到了风口浪尖，日前，在网络围棋的快棋赛中，AlphaGo的升级版Master获得了60场胜利，击败了围棋界差不多所有顶尖高手，大规模的集体失败证明了在围棋领域AlphaGo基本已经不可战胜。最近，随着《最强大脑》第四季的播出，又一次引燃了人们对人工智能的热切关注和暴风讨论。在第一期中，世界记忆大师王峰和搭载百度大脑的智能机器人"小度"展开了人脸识别大战，"小度"以3∶2战胜王峰；在第二期中，辨音神童孙亦廷以1∶1打平智能机器人"小度"。在围棋界被人工智能全面攻破之后，图像识别和语音识别领域亦

呈现兵临城下岌岌可危之势。虽然综艺节目具有一定的娱乐属性和导向，但是有关人工智能的一系列相关问题让生活在现代社会的每个人都不禁陷入了思考：人类脑力和人工智能，究竟孰强孰弱？人工智能究竟有无上限？

人工智能到底是什么呢？有人认为人工智能是 Siri，可以随时交流和指挥；有人认为人工智能是电影中塑造的邪恶角色，如科幻电影的里程碑作品《2001太空漫游》中的智能系统"哈儿"等；获得86届奥斯卡最佳原创剧本奖的电影《她》又一次突破了人类的想象空间，斯嘉丽配音的人工智能"萨曼莎"居然和孤独的男主角谈起了恋爱。人工智能到底是什么呢？在人们只知"人工智能"其然却不知其所以然的情况下，《最强大脑》算是给人工智能进行了一次全民科普教育。

1. 什么是人工智能

定义：人工智能（artificial intelligence，AI）是研究、开发用于模拟、延伸和扩展人的智能的理论、方法、技术及应用系统的一门科学技术。

关键技术包括哪些？机器学习/深度学习、自然语言处理、模式识别、人机交互。机器学习是人工智能的核心，是使计算机具有智能的根本途径，其应用遍及人工智能的各个领域，深度学习是机器学习的新领域，其目的在于建立、模拟人脑进行分析学习的神经网络，模仿人脑的机制来解释数据，处理对象包括图像、语音和文本等。

人工智能包括哪三个阶段？计算智能（计算）、感知智能（看、听、说）和认知智能（思考）。计算智能阶段包括数据的存储、传输和运算等；感知智能及认知智能两个阶段主要是基于存储和计算能力通过机器学习进行建模，开发出各种人工智能应用技术。

人工智能可以用在哪里？人工智能在图像识别、语音识别、智能搜索、自然语言处理、人机交互、机器视觉以及自动驾驶等方面都已经成功应用。图像识别、语音识别、智能搜索是人工智能发展最快的几个领域，已经从试验论证阶段进入到成熟的应用阶段。

人工智能与大数据和云计算是什么关系？海量、精准、高质量的数据为训练人工智能提供了原材料，人工智能的四种关键技术都需要专有类型的数据做支撑。李彦宏认为人工智能是一个非常广泛的技术，大数据、云计算和人工智能呈现出'三位一体'的关系，三者之间的界限越发模糊。

对战"最强大脑"的"小度"是什么？"小度"是百度生产的智能实体机器人，搭载着代表全球人工智能顶尖水平的百度大脑，百度大脑拥有万亿参数、千亿样本和亿级的特征训练，可以模仿人脑的工作机制，同时百度大脑背后还有数十万台服务器和巨大的数据基础，具有超强的运算能力和信息储备与处理能力。在人脸识别技术两个最权威的国际评测 FDDB 与 LFW 中，百度人工智能都获得过第一名的成绩，"小度"代表了中国人工智能的最高技术水平。

2. 人工智能发展现状

至今，人工智能经历了大约60年的发展历程。2016年年底，斯坦福大学人工智能实验室主任李飞飞教授正式加入谷歌任谷歌云机器学习负责人。李飞飞认为，过去60年的人工智能是 in vitro AI，即实验室里的 AI，接下来十年是人工智能的重要历史转折点，从 in vitro AI 走向了 in vivo AI，成为走进人们生活、走进社会的人工智能。从科学到科技再到产品，如同一个 4×100 的接力赛，学术界是接力赛的第一棒，工业界和实验室是第二棒，投资和产业化是第三和第四棒。现阶段人工智能的发展已经基本完成了学术界的第一棒。

接下来十年，随着人工智能与传统行业的不断结合，人工智能产业链将迎来爆发式增长。据 Venture Scanner 统计，2016年年底，全球人工智能公司已突破1 000家，融资金额超过50亿美元，横跨4大核心技术，涵盖13个细分领域。其中，研究机器学习的人工智能公司数目最多，约占整个行业的30%。从区域分布来看，美国以499家人工智能公司占据绝对主导地位；中国在人工智能领域处于起步阶段，主要为传统的互联网巨头公司，如百度、阿里巴巴等。

Gartner 新兴技术成熟度曲线显示，现阶段人工智能领域中大量技术的运用已经进入加深期，预计在未来 5~10 年各项技术都会陆续成熟。其中，无人驾驶和虚拟现实技术已经处于期望回升阶段，机器学习、无人驾驶和混合云计算等技术的预期实现时间只需 2~3 年。根据 Tractica 的预测，机器学习领域将以增长率超过60%的速度飞速发展，2024 年市场规模预计会突破100亿美元。BBC 预测，2020年全球人工智能市场的规模约为1 190亿元，中国市场的规模将达91亿元。整体来看，接下来十年是人工智能技术应用的成熟期，资金涌入与产业化生产将成为常态，人工智能将逐渐走进社会，走进日常生活，成为我们不可缺少的一部分。

3. 人工智能的运用

在人工智能运用方面，相对成熟且适用范围较为广泛的包括图像识别、无人驾驶、VR/AR/MR 等技术。

"小度"在人脸识别比赛中大胜人类选手，人工智能的图像识别能力已经展现了它的过人之处。2016年11月，乌镇宣布正式启用人脸识别系统，使用"刷脸"技术作为入住酒店登记、进入景点的通行证，在12月举办的第三届世界互联网大会中，各位互联网大佬在乌镇集聚一堂，体验了真正的"刷脸时代"。之前有媒体报道称"我国每年约有20万儿童失踪，找回的概率仅为0.1%"，如果将人工智能的视觉识别能力运用在寻找走失儿童上，其社会价值将是极其巨大的。此外，在"刷脸"的基础上图像识别技术还发展出了更为安全可靠的"刷眼"技术。

第三届世界互联网大会期间百度无人车在乌镇亮相，自动驾驶部总经理透露，无人车有望实现三年后小规模商用，五年后大规模量产。大会期间，百度无人车邀请市民在路面上进行实地体验，几百位普通市民试驾了无人车。据百度数据统计，过去一年无人车运行状况良好，红绿灯识别精度超过99.9%，行人判断准确率达95%，摄像头判断物体准确率达到90.13%。据国外媒体报道，谷歌拥有许多已经上路测试过的无人驾驶汽车，只是这些车都还未曾投入商业使用。自动驾驶技术是人工智能技术的集大成者，需要建立感知能力、决策能力以及不断学习的能力。

2016年被称为 VR 元年，根据 TrendForce 的数据，2016年全球 VR 设备出货量为1 700万部，2021年全球 VR 设备出货量将达到1.3亿部。2016年"双12"期间，淘宝上线了"buy+"，让中国网民好好体验了 VR 购物。2016年11月，Google Earth 开始提供虚拟现实支持，Google Earth VR 收录了地球5亿平方公里的真实地貌和街景，用户可以戴上 VR 设备足不出户游览亚马孙河、曼哈顿中心、罗马古迹等任何一个角落。此外，第一部 Google Tango 手机开卖，增强现实开始进入现实。随着 VR/AR/MR 技术和设备的不断成熟与完善，不难想象将来我们的购物、娱乐和生活都将发生巨大的变化。

4. 人与人工智能

从 AlphaGo 的人机世纪大战到 Master 连胜60场，人工智能在围棋界几乎占据不败之地，"小度"对战"最强大脑"在人脸识别中取得胜利，人工智能技术的迅速发展给我们带来惊喜的同时也伴随着忧虑，人类对人工智能的态度是复杂的。一方面是好奇，人工智能能走多远？人工智能究竟有无上限？另一方面是恐惧，人类脑力和人工智能究竟孰强孰弱？如果人工智能远超人类，我们又该如何自处？

首先，人工智能之所以能在围棋领域所向披靡是因为极强的机器学习能力和工作强度，人类的脑力和体力无法支持这样的强度；其次，图像识别和语音识别本就是人工智能的优势领域，依靠的是大量的记忆和计算能力，人工智能同样可以依靠极强的机器学习能力和工作强度来达到较好的效果。但是，推理和识别都是静态的事物，一旦进入动态的环境，就不仅需要计算能力了，联想能力将发挥重要的作用，而这些恰恰是人工智能很难突破的部分。除了联想能力之外，人类的想象能力和创新能力也是人工智能很难学习的部分，如果把比赛的内涵扩展到更为动态和复杂的领域或是需要运用想象和创新能力的环境，人工智能将很难与人类匹敌。

人类凭借智慧创造了人工智能，将其用于模拟、延伸和扩展人的智能，却不曾料想到有被人工智能击败的一天，但无论如何，人工智能的发展是人类智慧发展的必然，寻找更优的生存方式是人类永恒的命题，将来人工智能的发展仍会一次次突破人类的已有认知。如何最大限度地利用人工智能为人类服务，如何与人工智能和谐共处，如何扮演好发明者和控制者的角色是我们需要深入思考的命题。

5. 展望

回顾人类发展历史，1800 年前后开始的工业革命具有重大意义，其他历史细节很多，但都不关键。而人工智能或许将引领下一轮产业变革，人工智能引领的这场革命是否能刮起产业的飓风而最终改变人类的历史进程呢？

在国家战略层面，各国的资金和政策都倾力支持人工智能的研究与发展，在我国，"十三五"规划首年已经将人工智能纳入到国家战略发展计划中；在企业战略层面，全球的互联网技术公司都在热切关注人工智能，积极参与人工智能带来的智能化变革，马化腾认为未来互联网行业就是利用人工智能在云端处理大数据；在个人层面，人工智能技术将逐渐渗透和改变普通人的生活、娱乐和学习的各个方面。打开所有想象空间，人工智能或许是一把神奇的钥匙，将改变人类历史发展进程，变更各国竞争力排序，创造新行业，重构传统行业，打乱我们已有的认知、结构、秩序、体系、规则……然后，呈现在我们面前的将会是怎样的一个世界呢？

资料来源：刘璇. "最强大脑" PK "小度"，人工智能走多远. 浙商大智库微信公众号，2017(1).

延伸阅读

[1] 席酉民，刘文瑞. 组织与决策 [M]. 北京：中国人民大学出版社，2009.

[2] 詹姆斯 G 马奇. 决策是如何产生的 [M]. 王元歌，章爱民，译. 北京：机械工业出版社，2013.

[3] 张所地，吉迎东，胡琳娜. 管理决策理论、技术与方法 [M]. 北京：清华大学出版社，2013.

[4] 程国平. 管理学原理 [M]. 3 版. 武汉：武汉理工大学出版社，2015.

[5] 宋锦洲. 决策管理：概念、模式与实例 [M]. 上海：东华大学出版社，2014.

[6] 加里·克莱因. 如何作出正确决策 [M]. 黄蔚，译. 北京：中国青年出版社，2016.

第4章

目标设置

管理箴言

一个崇高的目标,只要不渝地追求,就会成为壮举。

——威廉·华兹华斯(英国桂冠诗人)

本章要点

- 目标的四大功能。
- 宗旨、使命和愿景。
- 经营层面的目标。
- 目标设置的原则。
- 目标的分解。
- 目标管理。

引例

吉利汽车 20200 战略

2016年11月5日,在吉利控股集团创业30周年庆典晚会上,吉利汽车集团正式发布了"吉利汽车20200战略":吉利汽车集团到2020年实现年产销200万辆的目标,进入全球汽车企业前十强,同时成为最具竞争力和受人尊敬的中国汽车品牌。尤其值得一提的是,20200战略的重中之重是新能源汽车的发展目标。

在很多人看来,这是一个近乎疯狂的目标。其实早在2007年吉利就曾提出产销达到200万辆的目标,实现期限是2015年,但2015年的销量仅为51万辆,差距巨大。而且,2014年吉利还遭遇了史上第一次"滑铁卢",当年销量为42.58万辆,较2013年同比下滑22.5%。不过吉利对此的解释是,因为实施"回归一个品牌"的新战略所致。

在吉利看来,实现200万辆产销目标是有可靠的实现条件的。据吉利控股集团总裁安聪慧介绍,未来四年吉利将推出超30款全新产品,覆盖轿车、跨界车、SUV、MPV各品类，以及从 A0 级到 B 级的各细分市场；引入 LYNK & Co 品牌，作为欧洲研发、欧洲设计、全球制造、全球销售的中高端品牌；目前吉利的研发人员超过两万名，四大研发中心、四大设计中心遍布全球，每年的研发投入远超行业平均水平。此外，吉利还计划在 2020 年拥有 1 750 家经销商，相较于 2016 年年底的 800 家，增幅超过 120%。

2017 年以来，吉利的确表现出爆发式的增长势头，前 6 个月累计总销量为 530 627 辆，较去年同期增长约 89%。基于这样的优异表现，吉利汽车宣布上调 2017 年全年目标，由此前制定的 100 万辆上调 10%，增至 110 万辆。看起来，吉利有很大的可能实现它的目标。

4.1 企业的目标体系

4.1.1 目标的定义与功能

计划是管理过程的起点，而目标设置则是计划的第一步，由此可知目标对管理的重要性。目标的重要性在于为计划工作乃至整个管理过程设定了一个努力的方向和最终要达到的状态。因此，目标是面向未来的，是未来期望达到的一种状态。它是一个组织存在或一项活动开展的前提。学校的存在是为了教育孩子，使其掌握知识，并具备能力以及社会认同的品格；医院的存在是为了治病救人；军队的存在是为了保家卫国，或者实现某种政治目的；企业存在的目的主要是通过为社会提供所需产品、服务而获得经济利益。

目标本身就具有独立的力量。恰当的目标能够呼应人们内心的需要，将其转换为动机，使人们的行为朝着一定的方向努力，并将自己的行为结果与既定的目标相对照，及时进行调整和修正，从而实现目标。这正是美国马里兰大学管理学兼心理学教授爱德温·洛克（Edwin Locke）在 1967 年提出的目标设定理论（Goal Setting Theory）的核心观点。后来的研究表明，关于"目标本身就具有独立的力量"这一观点适用于不同的人和不同的文化。

对于一个组织及其成员而言，目标的功能表现为以下四个方面。

（1）导向功能。目标作为一种未来要达到的状态，为组织成员及其活动提供了明确的方向。根据吉利汽车集团的 20200 战略规划，到 2020 年，其新能源汽车销量将占整体销量的 90% 以上，其中插电式混动与油电混动汽车销量占比达到 65%，纯电动汽车销量占比达到 35%。在管理者的指挥协调下，组织的各个部门将会围绕着目标来规划和展开自己的活动。

（2）激励功能。目标设置理论认为，如果设置一个困难但在能力范围内同时又是很明确的目标，有利于激发人们的潜能，实现更高的绩效。它符合人们日常的经验，在完成一个挑战性目标之后，人们的成就感会非常强烈，渴望去完成下一个目标。换言之，目标的激励功能主要基于目标实现带来的成就感。

20 世纪著名的探险家、英国皇家地理学会会员和纽约探险家俱乐部成员约翰·戈达德（John Goddard），在 15 岁时写下人生的 127 项梦想：到尼罗河、亚马孙河和刚果河的探险；登上珠穆朗玛峰、乞力马扎罗山和麦金利峰；探访马可·波罗和亚历山大一世走过的道路；主演一部电影；驾驶飞行器起飞降落；写一本书；拥有一项发明专利；给非洲的孩子筹集 100 万美元捐款……52 岁时，约翰·戈达德经历了 18 次死里逃生，克服了难以想象的困难，实现了其中的 106 个愿望。当有人问他为何能将那么多不可能都实现时，他微笑着回答："我只是让心灵先到那个地方，随后浑身就有了一股神奇的力量，接下来就只需沿着心灵的召唤前进罢了，很简单。"他心灵到达的地方就是他所设定的一个个对其本人极富吸引力的挑战性目标。

（3）考核功能。预设的目标为组织提供了一个评判其成员工作能力、工作方法、工作绩效的最终标准。组织可以根据成员对组织目标实现的贡献来给予其回报（包括物质报酬、晋升机会、上司赏识、精神鼓励等）。在很大程度上，目标导向和激励功能的发挥依赖于组织在多大程度上将目标转换为考核的依据。通常来说，目标与考核指标的联系越紧密，目标的激励性和导向性越强。

（4）凝聚功能。凝聚是离散的个体相互结合成为一个具有内在力量的集体。目标发挥凝聚功能有两种途径。首先是正式的、结构化的方式，主要借助于将组织层次的目标分解下来，形成各个层级、各个部门的目标，这样可以将局部的工作联结起来，形成一个整体的合力，实现组织的目标。尤其当组织规模渐大并通过分工形成诸多层级、部门的时候，很容易各自为政，自成一体，或者消极无为。明确的组织目标及其分解到位可以对抗这种不利的倾向。

其次，目标的凝聚功能依赖于组织成员在情感、信念和对人生、事业的理想方面的相似性，以及这些理想与组织目标的一致性。当相似性与一致性较高时，人们会对组织有很强的认同感和归属感，自愿地将自己的聪明才智、精力、体力投入到组织目标的实现上。

通过上述分析，我们更加系统地理解了目标的作用。就其总体而言，目标的作用就是通过激发个体动机，促进群体合作，从而使一个组织朝着特定的方向努力。我们不妨把企业看作一支飞行的箭，目标就是箭头，它指引着箭飞行的方向，并通过它的力量带动整支箭克服地心引力和空气阻力。图4-1描述了目标作用的形态。

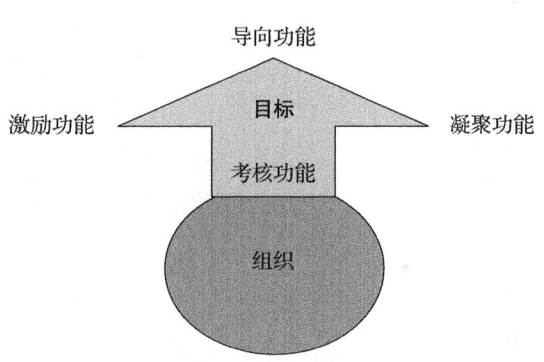

图 4-1　目标的四个基本功能及其关系

4.1.2 目标体系与分类

每个企业都应该建立一个健全的目标体系。它包含各种类型的目标（如图4-2所示）：这个目标体系不仅告诉人们现在实现什么目标，还要告诉人们努力的长期方向，即短期目标和长期目标；不仅告诉人们整个组织实现什么目标，还要落实到每个部门、科室、班组要实现什么目标，即整体目标和局部目标；不仅告诉人们实现什么目标，还要明确地区分出哪些是主要目标，哪些是次要目标；不仅有定量目标——这是科学管理的要求，还有定性目标——这往往涉及企业人本管理的实现以及"软实力"的培养和发挥。

在这个目标体系中，最基本的架构是由终极目标、中长期目标和短期目标构成的目标金字塔（如图4-3所示）。从时间上看，低一级目标是高一级目标实现过程中的阶段性目标。假定一个公司的终极目标中包括为员工发展创造机会，那么就应该对应地设立一个中长期人力资源发展目标，并以此为依据编制当年的人力资源管理目标。从内容上看，低一级目标的内容经常来自实现高一级目标的途径和措施，即遵循"高一级目标→途径→低一级目标"的逻辑关系。假定某公司努力把自己建设成员工成长的"大舞台"或"共同体"，它的中长期人力资源发展战略就必须考虑要从哪些地方入手，才能实现这一目标，由此就产生了更加细分、具体的战略目标，员工满意度、员工培训、员工结构优化等。

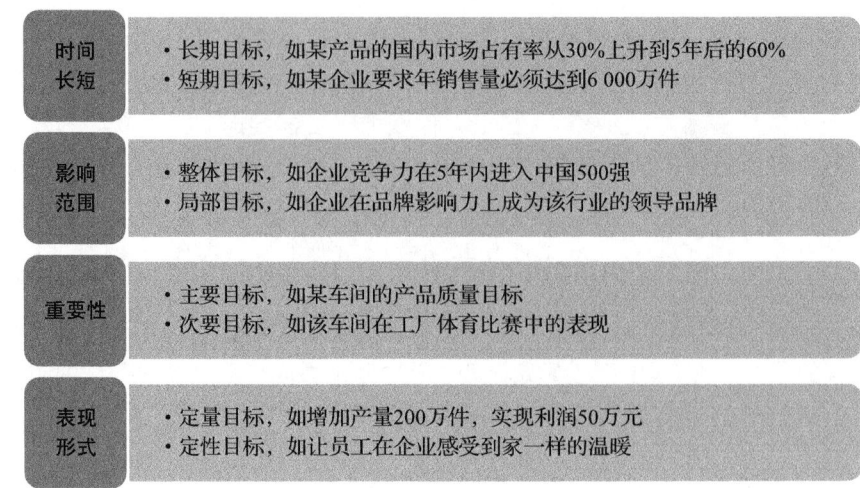

图 4-2　目标的主要分类

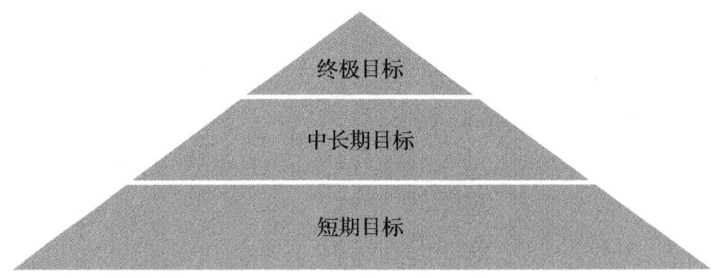

图 4-3　组织的目标体系

（1）终极目标。它是指假定企业存在的时间很长，企业最终想要达到的状态。它要回答的问题是：我们要到哪里去和我们为什么要到那里去？吉姆·柯林斯和他的合作伙伴在《基业长青》中对国外 100 年来最优秀企业的研究表明，基于创始人内心信念建立的并转化为持续行动的终极性目标，即企业的宗旨、使命和愿景或称之为核心理念，是这些企业能够基业长青的重要因素之一。他们将企业分为两类：一类是拥有明确的愿景，并将愿景扎根于员工之中；还有一类是仅仅在意是否实现了销售目标、利润目标，没有明确的愿景，或者愿景没有被传播和广为接受。前一类企业具有成长为一家卓越企业的基因，后者则没有可能。

（2）中长期目标，即战略性目标。它要回答的问题是：经过三年、五年甚至十年的努力，我们会变成什么样子？好的战略应该可以用一个非常生动形象的说法来表述出来。杰克·韦尔奇在 1981 年成为通用电气公司的董事长兼 CEO 之后拜访了彼得·德鲁克，向其讨教经营管理之道，之后提出了"数一数二"的经营战略，即通用电气下属业务的规模必须要达到所在市场的第一名或第二名，否则将被重组甚至出售。在这一战略的指导下，通用电气进行了大规模的并购重组。1981 年它只在照明、发动机和电力三个市场上占据领先地位，到了 1998 年，拥有市场领先地位的业务已经达到了 12 项。

以"民营企业常青树"著称的万向集团领导人鲁冠球对企业十年发展目标有个有趣的说法，叫"奋斗十年添个零"。万向集团在 20 世纪 70 年代实现了日创利润 1 万元、员工最高年收入突破1万元，80年代实现了日创利润10万元、员工最高年收入突破10万元，90年代实现了日创利润100万元、员工最高年收入突破100万元，在2001年万向提出，21世纪的前10年的战略目标是"奋斗十年再添一个零"。万向集团通过形象的说法列出了组织和个人两方面的中长期目标。

（3）短期目标。短期目标通常是指企业在不超过一年的时间里所要实现的目标，比如月度目标、季度目标、半年度目标和年度目标。企业的员工往往首先是围绕着短期目标而调整自己的行为，相对来说，所谓的中长期和终极目标的影响要虚无得多。因此，要使一个企业的战略目标或愿景最终能够实现，它要解决的一个关键问题就是如何将短期目标与中长期目标、终极目标协调起来。

4.1.3 宗旨、使命与愿景

一个企业应该追求什么目标？哪些目标是值得追求的？大多企业的经营者不会花费特别多的时间来考虑这些问题，在他们看来，办企业就是为了赚钱，越多越好。少数具有战略眼光的企业会考虑长时间范围的目标，比如三年、五年战略目标，更少的企业家会真诚地考虑企业的根本性目标是什么以及企业存在的意义和价值，这就涉及了组织的宗旨、愿景与使命。

所谓宗旨（principal），其中的"宗"在《新华字典》中有两个意思，一是指家族的上辈、祖先，二是指家族；"旨"同"指"。由此，宗旨可以理解为根源性的、最高的目标，其他目标均是宗旨衍生出来的。没有宗旨就不会有其他目标，换言之，宗旨是目标体系的基础。

通常情况下我们对组织的分类是建立在其宗旨基础之上的。根据现代大学奠基人、德国著名教育家洪堡的观点，大学的宗旨主要包括培养人才、创造知识、服务社会三个内容；医院的宗旨是救死扶伤；国家军队的宗旨是保卫国家等。它们是评价一个组织业绩好坏的根本依据。对某一组织最致命的批评，就是认为它背离了传统的、公认的宗旨，走到"邪路"上去了。组织的根本变革往往要建立在对企业宗旨的重新阐释上才可被人们所接受。

对于企业的宗旨，传统经济学的观点很明确，就是利润最大化、股东利益最大化，然而对于这一定义，一直有批评。德鲁克显然是不赞成的。他说："如果我们想知道企业是什么，我们必须首先了解企业的目的，而企业的目的必然存在于企业之外。事实上，由于企业是社会的一个器官，因此企业的目的必然存在于社会之中。关于企业的目的，只有一个正确而有效的定义，那就是'创造顾客'。"这一思想在管理学界的影响极为深远。有些学者走得更远，他们认为企业必须将除股东之外的其他利益相关者（stakeholder）的利益也考虑进来，包括客户、员工、供应商、政府，乃至所在社区、公益组织的利益要求等。

尽管传统力量还很强大，无论是经济学家还是企业家都还有很多人依然坚持认为，企业存在的唯一目的就是赚取利润，但大趋势非常明显，而且不可阻挡，即企业必须承担越来越多的社会责任。少数能够高瞻远瞩的企业家自愿承担起这些责任，因为他们看到了企业与社会间互利共生的关系本质。他们把这种责任承担视为企业存在的根本理由。这样的企业家是有使命感的企业家，他们对自己创立或经营的企业存在根本目的的阐释就是企业的使命（mission）。因企业家个性、追求的不同，企业的使命也呈现出多元多姿的形态。

企业皆有宗旨，然而使命只有少数企业才有。使命要回答的问题是："我们"这个企业为何存在？使命强调企业的责任、付出，企业应该为社会做出什么贡献。企业因其付出而获得存在的基础和价值。一个有着明确使命的企业是值得社会尊重的，而且，强大的使命感更能激发人们内心的力量、凝聚更多人的努力，所以更有可能使企业获得成功。

愿景（vision）又称远景，是未来期望达成的前景、意象。对于一个组织来说，它的愿景要回答的问题是：组织将来成为什么样的组织？如果说使命是强调付出的话，愿景则是强调回报、成绩；使命较为具体，而愿景更加宽泛；使命是愿景实现的路径，而非相反。兴业银行对使命和愿景的陈述提供了一个范例。兴业银行的使命是"真诚服务，共同兴业"，明确突出银行的服务业性质，并表达了与客户共同成长的愿望，而愿景是"一流银行，百年兴业"，这是兴业银行对自己未来的良好期望。如果我们将内容对换一下，显然就不合适了。

与宗旨、使命相比，愿景的另一大特点是特别强调陈述的形象化。在20世纪90年代兴起愿景陈述之后，愿景陈述就成为一个企业建设企业文化时的重要工作。人们寄希望于一个形象描述的企业愿景能够为企业成员带来更加明确的方向感和更强的凝聚力。例如，20世纪70年代出生的中国人都对"建设四个现代化"这个目标有一个深刻的图景记忆，它被描述为"楼上楼下、电灯电话"。

专栏 4-1

著名企业的宗旨、使命、愿景

中国移动的使命是"创无限通信世界，做信息社会栋梁"，愿景是"成为卓越品质的创造者"。

阿里巴巴的使命是"让天下没有难做的生意"。

万科的宗旨是"建筑无限生活"，愿景是"成为中国房地产行业持续领跑者"。

TCL集团的使命是"为顾客创造价值，为员工创造机会，为股东创造效益，为社会承担责任"，愿景是"成为受人尊敬和最具创新能力的全球领先企业"。

兴业银行的使命是"真诚服务，共同兴业"，愿景是"一流银行，百年兴业"。

迪士尼的宗旨是"用我们的想象力，带给千百万人快乐，并且歌颂、培育、传播'健全的美国价值观'"。

通用电气公司的使命是"以科技及创新改善生活品质"。

利乐公司的愿景是"我们致力于确保安全的食品在任何地方皆举手可得"。

4.1.4 经营层面的目标

宗旨、使命或愿景是企业的终极目标，要使其实现，企业需要在战略目标、年度目标上设定相匹配的目标，即经营层面的目标。在前文，我们提到大多数企业认为企业的宗旨就是利润最大化，这个判断的一个重要根据就是，在大多数企业的经营目标中，我们只看到了销售额、利润、资产收益率等财务指标，而没有其他指标。对于有理想、有抱负的企业来说，仅仅追求财务指标不可能实现诸如"以科技及创新改善生活品质"（通用电气）、"让天下没有难做的生意"（阿里巴巴）这样的愿景，因为财务目标无法创造企业个性，因此企业应该在更广泛、与企业业务运营结合更加紧密的目标领域中确定自己的目标。

被称为"大师中的大师"的彼得·德鲁克对企业应追求的目标领域提出了自己的建议。

他认为，企业应该在市场地位、创新、生产率、实物资源和金融资源、利润率、管理人员的表现和培养、员工的表现和态度、企业社会责任这八个领域设立目标。

（1）市场地位。相当多的企业非常重视销售额，将其定义为成功的标志，然而销售额并不可靠。一个企业的销售额虽然在增长，但实际上它可能在走向衰退甚至破产的边缘，因为整个行业在转向新一代的产品，它的增长只是因为其他企业逐渐退出原来产品的生产。简而言之，销售额只是企业自己的表现，衡量企业真正的业绩必须考虑企业在整个行业的市场占有率。企业必须具备一定水平以上的市场份额，否则就是一个处境危险的边缘供应商，经济稍有波动，就将成为渠道商或顾客抛弃的对象；市场份额又不能太高，会产生惰性和对变革的阻力。典型的市场地位指标是市场份额、新产品市场份额等。

（2）创新。创新的范围很广泛，不仅有产品或服务的创新，还有工艺、流程、组织、管理等方面的创新。创新为企业带来竞争中的特色与优势。设立创新目标对于引导创新非常重要，然而设立具体的目标又很困难，因为它涉及很多不确定性。一般来说，企业的创新是基于企业经理对两方面的评估：一是当前顾客需求在哪些方面还没有得到充分满足，以及市场上出现的新技术、新工艺、新组织结构等，然后设定创新目标；二是对未来的评估，这种创新是否是前瞻性的、储备性的创新。典型的创新指标是新产品开发、新服务开发。

（3）生产率。生产率是唯一能够确切地对不同企业、不同部门的管理能力进行比较的一种评价标准。生产率用于衡量资源的利用效率，即投入产出比。德鲁克所推崇的方法是美国一家叫斯滕斯特的咨询公司开发的经济附加值（EVA）方法，与传统财务方法相比，它考虑了全部资本成本，计算公式是税后净营业利润与全部资本成本之间的差额，从而能够对企业的经营效率做出一个客观的判断。

另一种评估生产率的方法是施乐公司在1979年率先采用的一种被称为标杆管理（benchmarking）的方法。这种方法首先明确要考察的生产率指标，然后将这些指标与同行或其他行业的优秀企业进行对比，发现差距，有针对性地学习、改进。通过这种方法，施乐最终夺回了在复印机行业的优势地位。施乐公司的标杆比较对象非常广泛，在研究开发流程上是AT&T和惠普，在供应商认证流程上是陶氏化学公司，在工厂布置上是福特汽车和康明斯发动机公司，在顾客调查技术上是马里奥特，在营销上是宝洁公司。简而言之，标杆管理提供了一套提高生产率的管理方法。

（4）实物资源和金融资源。企业应确保其拥有或获得的资源尽可能充分，因此，石油公司不断地勘探石油，大的钢铁公司不断地寻找和购买新的铁矿，家具公司可能会购买一大片森林。实物资源影响的是物料供应、生产成本、物流成本、顾客响应时间，而金融资源影响的则是企业的现金流、财务成本、破产风险。现金流的中断会使一些在未来有前途的项目停滞，甚至会危及企业的生存。企业不应按照"应急之策"的方式来处理资源的获取，而需要对其进行长期规划，从而为企业的发展建立一个可持续的资源基础。

（5）利润率。很少有人像德鲁克那样深刻理解利润的价值。利润的价值有三个：一是可以作为衡量企业所有努力的效果和效率的最终标准；二是作为支付经营所必然面临的市场风险、不确定性等的"风险保险金"，没有足够的利润积累，企业很有可能无法承受未来的失败或风险，换言之，利润是企业长期生存的保障；三是作为企业自我筹资的来源，或者为从外部融资提供足够的诱因。利润率目标的确定，往高的方向没有极限，但是必须有个下限，这个下限与利润的第三个价值有关，它至少要高过从外部融资所必需的投资回报率，低于这个标准，一方面会使企业丧失外部融资的能力，另一方面会显示出企业管理层的无能。

当然，这是一般的情况，并不是所有情况。在一个新业务开始时，无论其未来的成绩将会多辉煌，但在开始几年几乎必然是亏损的。

（6）管理人员的表现和培养。有些企业因其向其他企业输送了大批高质量的经理人而被称为"黄埔军校"或"西点军校"。全球范围内被公认为是职业经理人"黄埔军校"的有宝洁和通用电气两家公司，目前在全球有超过 100 个大公司的 CEO 出自宝洁，通用电气培养的精英也遍布于世界 500 强企业。这些经理人是企业内高水平经理人培养体系的"产品"，这个体系的最大功用是为企业快速成长提供世界上最稀缺的资源——优秀的管理者，不仅支撑企业的快速成长，而且使快速成长可持续。因此，志在长远的企业必须将管理人员的表现和培养放在非常重要的地位上，投入充足的资源和精力来关注他们。

（7）员工的表现和态度。所有的管理决策最终都要由一线员工来实现。他们对待企业、工作、顾客的态度和处理相关问题的能力是企业财务目标、市场目标得以实现的最直接影响因素。这个特点在服务性行业中表现得格外突出。哈佛商学院教授詹姆斯·赫斯克特（James Heskett）领导的一个课题组提出了服务利润链模型（如图 4-4 所示）。这个模型是历时 20 多年，追踪考察了上千家服务企业，试图从理论上揭示服务企业的利润由什么决定的研究成果。服务利润链模型告诉我们，服务企业的利润由顾客的忠诚度决定，顾客的忠诚度因顾客满意而来，顾客的满意是企业服务价值的结果，而员工的满意度和忠诚度决定了企业的服务价值。简而言之，员工满意决定了顾客满意，并最终决定企业利润。因此，度量工人的表现，尤其是工作的态度不仅必要，而且非常重要。

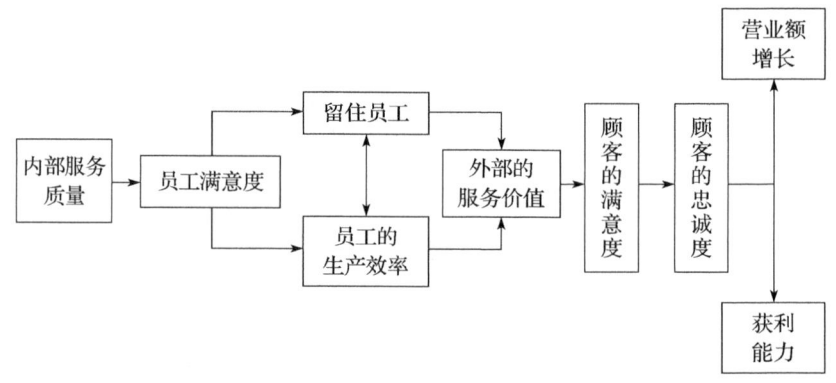

图 4-4　服务利润链模型

（8）企业社会责任。企业社会责任（corporate social responsibility，CSR）是指企业对其利益相关者所应承担的责任。它要求企业超越对股东利益的狭隘追求，考虑员工、消费者、社会、环境的利益。近些年，要求企业承担社会责任的呼声和压力越来越大，绝大多数企业还完全没有做好准备。在 2008 年，一向形象良好的万科和王石遭遇"捐款门"，使人们看到了我国的企业在面对社会责任时还缺乏真切的理解和准确的把握。过去企业只要捐款就可以了，现在人们会对不同的企业有更加明确的期望。万科随后的修正行动（投入 1 亿元参与汶川重建以及接手上海倒塌楼盘）表明它学习速度很快。但是，大多数企业对此仍持消极态度，将其看作一种负担。一些学者从中看到了构建新竞争优势的机会，专栏 4-2 中介绍了著名的战略学教授波特和营销学权威科特勒如何"与时俱进"，对企业承担社会责任的意义与方法做出了精辟且发人深思的分析。

专栏 4-2
从主动承担社会责任中获利

哈佛商学院的战略大师迈克尔·波特和他的合作者马克·克雷默（Mark Kramer）2002年在《哈佛商业评论》上发表的一篇文章指出，"每当谈及公益慈善的时候，公司管理层总是进退两难，因为他们既面临着批评者对企业社会责任所提出的越来越高的要求，也面临着投资者要求短期利润最大化的压力。因此，越来越多的企业将公益慈善作为一种公关行为，或者是广告行为，以通过高额捐助提高公司的形象"。

波特和克雷默认为，企业的慈善行为应该与战略结合起来，把对慈善事业的投入锁定到特定的方向，这既能够帮助企业改善所在的竞争环境，又使社会和企业同时受益。举个简单的例子，梦工厂（DreamWorks）在洛杉矶创造了一套针对低收入家庭学生的训练课程，帮助他们学习进入娱乐产业工作所需的技术。公司的六个部门和当地的社区大学、公众、社会教育部门共同设计课程大纲，其中包含课堂讲授，以及实习和师徒经验。这一举措，对社会来说，改善了教育体系，也给低收入家庭的学生提供了工作的机会；对经济的效益，则是培养了更多相关的人才。虽然只有很少人能进入梦工厂工作，但是它增强了整个产业群落的能力。

现代营销学之父菲利普·科特勒及其合作者在《企业的社会责任：通过公益事业拓展更多的商业机会》（2005年）一书中，对于企业可以采取的与承担社会责任有关的六种社会活动给出了详细阐述。这六种活动是企业慈善行为、社区志愿者活动、公益事业宣传、公益事业关联营销、社会营销以及对社会负责的商业实践，企业可灵活运用，更可创新出自己独特的公益与营销的结合方式。

德鲁克所建议的目标领域非常广泛，几乎涵盖了通常情况下影响企业竞争与发展的所有关键因素，为企业的决策者实现愿景和使命，有效把握管理重点提供了一个很好的参考框架。企业可以根据自己所在行业的特点、自身特征有选择性地确立自己追求的目标。举例来说，在服务性的行业中，员工的表现和态度相比制造业来说要重要得多，因此，如果一个餐馆或酒店企业能够采用提升员工满意度的独特的管理模式，那么它在服务业的发展会有很大的胜算。

再举一例。华为公司在其公司发展根本大法《华为基本法》中设定了企业追求的基本目标，主要集中在质量、人力资本、核心技术和利润四个方面。对于质量，华为的目标是"以优异的产品、可靠的质量、优越的终生效能费用比和有效的服务，满足顾客日益增长的需要"，并生动地强调"质量是我们的自尊心"；对于人力资本，华为声称"我们强调人力资本不断增值的目标优先于财务资本增值的目标"；对于核心技术，华为有雄心壮志，"我们的目标是发展拥有自主知识产权的世界领先的电子和信息技术支撑体系"；对于利润，华为非常清醒，"我们将按照事业可持续成长的要求，设立每个时期的合理利润率和利润目标，而不单纯追求利润的最大化"。值得注意的一点是，华为将利润目标放在了最后一位，而把其他目标放在了更优先的地位上。

4.2 目标设置与分解

4.2.1 目标设置的原则

管理学是一门科学，也是艺术，这种性质也体现在目标设置中。没有一种数学模型或计算公式可以帮助企业方便地设定出未来的目标。在其制定过程中，既有系统的数据搜集、严谨的理论分析，又包含挑战的意志和理想的追求。在总体上，目标的设置应该符合三个主要的原则：合理性、挑战性与平衡性。当然，原则主要是作为一个思考框架来发挥指导的作用。

1. 合理性

目标的合理与否可从不同角度评价，最主要的是三个方面：外部环境的适应性——与环境的现状和趋势是否一致？内部资源和能力的匹配性——是否具有足够的资源和能力来实现它？组织使命的一致性——是否与组织所要追求的终极目标相一致？

重视目标对外部环境的适应性，是尊重环境的影响力，大的环境是指政治、经济、社会和技术环境（PEST），中观的环境主要是指行业和地域。对于企业来说，环境是水土气候，企业是在其间生存、生长的动植物，依赖于环境所提供的阳光、水分和养料等。环境的影响体现在目标内容和目标水平的设置上。中国在20世纪90年代初期基本实现了从卖方经济到买方经济的转换，市场权力转移到了顾客手里，这种转变反映在组织目标以产量为中心转向以销量、市场占有率为中心，今天更加发展为将顾客满意度、顾客忠诚度置于组织目标体系的重要地位。在特定行业中，有些目标显得格外重要，比如在零售连锁企业，每平方米销售额（坪效）是一个非常重要的目标。目标的水平受经济周期、行业周期波动的影响非常明显，例如，浙江、江苏、广东等地的外贸企业在2008年的金融危机中受到了很大打击，再保持以往的出口规模和增长速度就很困难了。

保持环境与内部资源、能力的匹配性，是为了提高目标实现的可能性。归结起来，影响目标实现的因素无非内因、外因。外因指环境变化，内因主要是企业的资源和能力水平。这里的困难是企业领导经常不愿意客观地评估自己的资源和能力，尤其不愿意看到不足、劣势，而更愿意享受一种朦胧的美感，也因此容易产生一种偏见——对自己的能力评价过高，从而制定过高的目标。在中国企业发展史上非常著名的济南三株公司，成立于1993年，当年的注册资金仅为30万元，此后几年发展狂飙突进，速度极快，到了1997年的时候就达到了70亿元的规模。在1996年接受新华社记者采访时，三株创始人吴炳新豪迈地指出，按照目前的发展态势，几年之后三株就进入世界五百强了。然而仅仅一两年之后，这家企业就像一头被绊倒的大象一样砰然倒地，令人咂舌。

对于很多没有明确组织使命的企业来说，它们关注的只是财务结果，那么就仅仅考虑前两个方面即可。对于那些有或宣称有着明确组织使命的企业来说，目标设置是其真正显示其对组织使命具有很高承诺的第一步。除非在设置目标时考虑它是否有利于组织使命的实现，否则组织使命只是"水中花，镜中月"而已。典型例子就是，当房地产或股票成为投资热点时，很多其他行业的企业也热衷于此。

在理想情况下，目标设置应该是在图 4-5 中三个圆圈的最中间。然而，企业领导的个性却使企业未必会选择这种情形，而是在其周边的若干区间进行选择。比如，富有战略冒险精神的，可能会暂时地忽略资源和能力的局限性，而只考虑是否有利于组织使命和符合环境需求，如1992年的华为；还有一些企业，尤其是传统的家族企业，或对自己的资源和能力以及组织定位非常明晰的企业，更多地埋头做自己一直做的事，而对环境的变化比较沉得住气。总的来看，越是靠

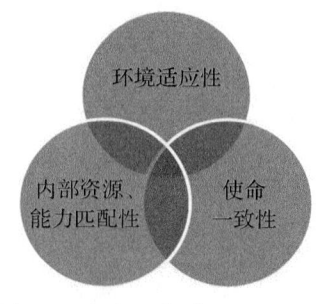

图 4-5 组织目标合理性的评估

近核心区域，目标的合理性越高，实现的可能性越大，价值越高，反之则越小。

2. 挑战性

无论是与环境变化的一致，还是与资源、能力的匹配性，都是相对的，否则企业的进取精神、挑战意识就很难体现出来，也往往无法做出重大的创新。心理学的研究表明，适度的紧张和压力能够激发人们内心的能量，表现出更强的创造性、更高的努力程度。一些非常成功的人和企业善于利用不断设置挑战性的目标来提升自己的绩效。前文提到的著名探险家约翰·戈达德就是通过设置、实现挑战性的目标而使自己的潜力得到了极大发挥。《易经》上说"取法乎上，仅得其中；取法乎中，仅得其下"，这句话用到目标上可以理解为两层意思，一层意思是要想实现一个很高的目标很难，另一层意思是如果要达到一个很高的水平，就必须制定更高的目标。

3. 平衡性

企业经常被比拟为生物有机体，健康的有机体必须在各个关键的生理指标上都表现良好，否则可能引起某方面的疾病，对身体造成伤害。在2003年6月的一场由国际足联举办的"联合会杯"半决赛上，喀麦隆中场球员马克·维维安·福（Marc Vivien Foe）在身边无人的情况下，突然倒地，不治身亡。福是一名非常优秀的球员，职业生涯在法甲、英超度过。他的身体非常强壮，然而却在没有拼抢的情况下死亡，原因是心脏病突发。

传统上企业目标的设置是不太重视平衡性的，有两个倾向：一是普遍重视财务指标，甚至把它作为唯一的指标；二是重视规模，期望迅速做大，于是追求生产规模、销售规模、市场份额，而不考虑其他目标。无论哪一种做法，企业都容易进入不健康或亚健康的经营状态。在前一种情况下，企业忽略了能力建设，也损害了企业的可持续发展；在后一种情况下，企业容易出现现金流危机，甚至猝死。

一个典型例子就是曾经是我国最大印染企业的江龙控股。它的创办人是陶寿龙及其妻子严琪，他们从事纺织服装行业数年，业务能力非常强，使得江龙在2004年8月一投产就实现了当年出口2 000万美元的业绩，2005年的销售额冲破6亿元，净利润达7 000万元。2006年江龙控股以"中国印染"的名义在新加坡主板上市。上市之后，陶寿龙的资产迅速增大数倍，也因此对资本运作的兴趣开始大于做实业，雄心勃勃地提出战略目标——"大印染、大贸易、大收益"。江龙控股迅速从一家企业扩张为8家企业，涉及印染、纺织、贸易以及房地产，并在2007年达到了事业的顶点——公司总资产达22亿元，销售额为20亿元。然而，2007年年底由于银根紧缩，银行收回了该集团一亿多元的贷款，并且缩减了新的贷款额度，使因扩张过快而资金紧张的江龙控股很快陷入困境，最终企业不得不破产重整。

设置平衡的目标可以参考4.1节中德鲁克对目标领域的建议，更可以采用最近在企业界和理论界非常有影响力的平衡计分卡（Balanced Scorecard，BSC）——它比德鲁克的建议更具结构性和内在逻辑性。平衡计分卡自罗伯特·卡普兰（Robert Kaplan）和戴维·诺顿（David Norton）于20世纪90年代初提出后，在美国和欧洲很快引起了理论界和客户界的浓厚兴趣与强烈反响，后来扩展到全世界，被《哈佛商业评论》评为75年来最具影响力的管理工具之一。

平衡计分卡的基本功能是提供一个均衡的目标体系和绩效考评体系，由四个层面构成，如图4-6所示。每个层面的具体内容可由企业的管理层根据行业和企业的特定情况来确定。

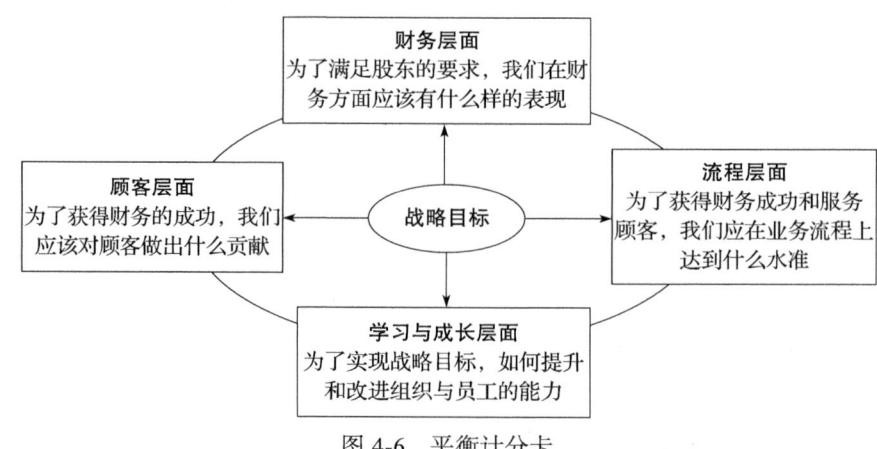

图 4-6 平衡计分卡

（1）财务层面。它是站在股东角度来评价企业业绩。对于股东来说，企业的财务表现是他们最关注的。常见的指标包括销售额、利润、每股收益等。

（2）顾客层面。从企业生存和发展角度看，顾客如何评价是最具决定性的。顾客关注的内容往往涉及价格、质量水平、送货周期、售后服务等。通常可以通过市场占有率、顾客满意度、顾客忠诚度、产品退货率、合约取消率等指标来反映顾客对企业的评价。

（3）业务层面。为了使顾客青睐我们，我们应该在哪些方面表现出色？是低价格、优质服务、融资支持还是质量水平？这是企业要回答的一个重要问题。企业必须把握关键的业务领域，提出关键绩效指标作为企业努力的方向。通常的指标包括库存周期、生产周期、优等品率、新产品开发速度等。

（4）学习与成长层面。这是从员工角度来评价组织。"管理以人为本""员工第一"的说法很普遍，但只有落实到具体目标上才可能真正落到实处。企业可以通过设置员工士气、员工满意度、员工培训时间、关键员工流失率等指标来评估和引导这方面的工作。

这四个模块相互匹配，共同构成了一个全面、综合、平衡的目标管理体系：既有代表历史业绩表现的财务目标，又有预示未来业绩的非财务目标；既反映了对股东利益的尊重和满足程度，又包含了对满足股东之外的员工、客户等关键利益相关者需求的关注；既有描述结果的目标，又包括工作流程的目标，从而实现了长期目标与短期目标之间的平衡、外部和内部的平衡，又有结果和过程平衡。简而言之，平衡计分卡的特点就是"平衡"，运用它引导企业各方面的工作，有助于企业获得健康的、可持续的发展。

4.2.2 组织目标的设置

我们需要从两个维度来理解组织中各级目标的设置：空间维度和时间维度。在时间维度上，对于一个规范的企业而言，它应该首先清晰地陈述组织的使命和愿景，然后将使命和愿景转换为可行的战略目标，并最终转换为组织层面的企业经营指标，通常是年度经营目标。在空间维度上，空间维度的分解过程通常是自上而下与自下而上两个方向相结合，最终形成了组织、部门、个人三个大层次的目标体系。

作者视频讲解
请扫二维码

1. 组织使命与愿景的陈述

组织的使命主要来自组织的创始人，或者是对组织发展发挥了极其重要作用的领导者。

基本上，组织使命是他们的个人理想在组织"屏幕"上放大的结果。当然，在创业之初，当企业家还在挣扎生存时，未必考虑到百年之后企业应到哪里去。但是，一旦企业渡过生存期，进入到快速发展轨道时，因其个性使然再加上某些事件的冲击，组织的使命就可能很快进入企业家优先思考的范围，在经过思考、碰撞、觉悟之后，最终形成了明确的组织宗旨、使命和愿景。

当诸如《基业长青》《从优秀到卓越》等管理畅销书发现表现卓越的企业通常具有一个非常吸引人的组织使命、愿景时，原本自发的组织使命或愿景陈述就演变成了在当今管理界受推崇的管理工具之一。一些研究者在搜集和分析了优秀企业使命陈述的案例之后，为企业的经理们提供了一些实用的方法，可以帮助他们提出一个自己的使命宣言。

值得郑重介绍的是由 Ashridge 战略管理研究中心（伦敦）开发出的 Ashridge 使命模型。这是一个基于对 53 家大型公司的研究而开发出的使命宣言创作分析模型。Ashridge 使命模型整合了两种对使命功能和价值的观点：在战略学者看来，使命从根本上被视作战略制定过程的出发点，它定义了企业的目标市场；在组织文化学者看来，使命从根本上被视作为确保员工精诚协作的声明，它是一种文化黏合剂，使组织运作如统一整体。

图 4-7 描述了 Ashridge 使命模型，它包括四个组成部分，它们紧密联系，互为支持，产生共鸣，从而创造出一份强有力的使命宣言。这四个组成部分是：企业要追求的根本目的（是为股东？为利益相关者？还是超出所有利益相关者）、战略定位（实现目的的路径、方式，是理性的、左脑思考的产物）、价值观（蕴藏于组织文化核心的信仰、道德准则，是伦理的、右脑思考的产物）以及行为标准（组织成员的日常工作指南）。

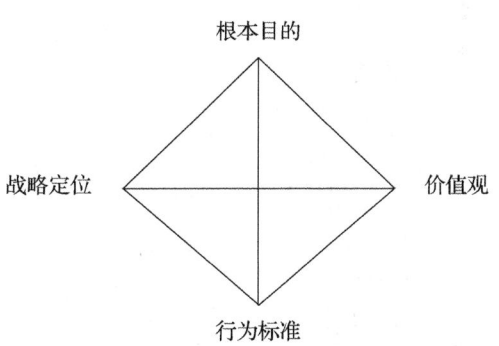

图 4-7 Ashridge 使命模型

人们在使用 Ashridege 使命模型来开发自己的使命的过程中，应该问自己一些问题，或者对一个已经成型的使命进行如下几方面的评估。

- 根本目的。使命是否阐述了一个鼓舞人心的组织目的，避免了仅为某些利益相关者（股东、员工、客户、供应商）逐利的自私之嫌？使命是否阐明了组织对利益相关者的责任？
- 战略定位。使命是否界定了组织运作的商业领域，并解释了该领域的吸引力？使命是否描述了组织的战略定位，进而找出其竞争优势？
- 价值观。使命是否紧紧围绕组织的目的、信仰，阐述了一种能够让员工引以为豪的价值观念？此价值是否与组织战略产生共鸣，并能起到强化战略的作用？
- 行为标准。使命是否描述了重要的组织行为标准，并以此作为组织战略与价值的指路明灯？行为标准是否易于衡量，员工是否能够以此判别自己行为的对错？

2. 战略目标

对企业来说，组织使命是最高的目标，就像唐僧取经，他的最终目的是"到达西天，取得真经"，然而西天遥遥，路途艰难，经历"九九八十一难"是必然的。为了使企业遭逢磨难而不倒，不迷失方向，并能享受达到阶段性目标的快乐和成就感以积蓄继续前行的激情和动力，企业必须设立能够指导未来 3～5 年甚至十年的战略目标。

战略目标包括两个方面：一是目标领域，二是目标水平。目标水平是在目标领域确定之后，利用历史比较、同行标杆或者更高标准来设立。关键是设定合适的目标领域，因为它引导着企业资源投放、努力工作的优先方向，也是评估企业管理能力的依据。设立一个企业的目标领域，通常要回答两个方面非常基本的问题：一方面是关于顾客的，即我们要服务的顾客是谁？他们在哪里？他们所珍视的价值是什么？另一方面是关于企业的，即我们需要做什么、怎么做，发展什么核心能力（core competence），才能为顾客提供他们所期望或超出其期望的价值？这正是德鲁克的事业理论（The Theory of Business）以及现代市场营销理论、战略管理理论对于企业战略目标设定的观点。

具体来看，设立战略目标要进行以下三个方面的分析。

（1）外部环境分析。外部环境分析包括宏观环境的 PEST 分析、行业环境的五力模型分析、行业生命周期分析、市场分析、竞争分析等，要点是清楚地了解环境所带来的机会（opportunity）和威胁（threaten）。所谓机会，主要是市场的规模扩大、客户未被满足的需求；所谓威胁，主要来自竞争对手的强烈竞争。

（2）资源与能力分析。资源与能力分析包括对企业所拥有的资源（财务资源、人力资源、知识资源）、从事各职能活动的能力（如销售推广能力、订单反应速度、产品质量控制、人力资源管理、研发设计能力等）以及与组织氛围、组织文化相关的"软实力"等各方面的评估，要点是发现自己的优势（strength）和劣势（weakness），比较的标杆通常来自行业标杆（平均水平或行业最佳水平）。它代表了企业抓住机会、对抗威胁的潜力。

（3）SWOT 分析。这是在前两步工作的基础上，通过将内部的资源和能力与外部的机会和威胁联系起来分析，从而明确企业未来的战略方向，比如主要针对哪个市场，加强什么能力以在竞争中获得优胜。企业应努力在这所有的行动中进行选择、匹配，从而形成一个具有内在一致性的战略模式，自然，在其中也就形成了企业的战略目标。

4.2.3 目标分解：从战略目标开始

战略目标明确之后，一个必要的程序就是将其分解。目标的分解可以按照两个方向：一是按照时间，从长期目标慢慢分解为中期、短期目标；二是按照组织结构的层次，即将企业的总目标分解为不同层次、部门、细小单位和个人的分目标，包括纵向分解和横向的目标联系。纵向分解时，低一级的目标通常是高一级目标的实现手段、途径，如图 4-8 所示。通常情况下，目标分解是指后一种情况。这些目标彼此支持，相互联系，形成企业的目标体系或目标网络。因此目标分解既是目标的落实过程，同时也是目标体系建设的过程。目标分解的方法主要有两种：指令式分解和协商式分解。

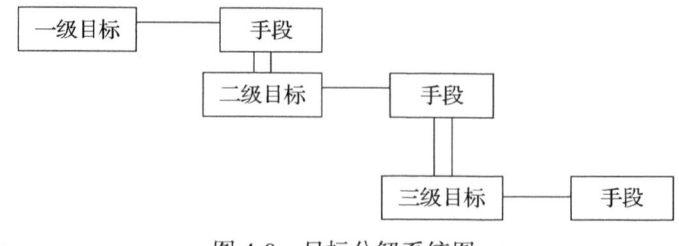

图 4-8　目标分解系统图

1. 指令式分解

指令式分解是分解前不与下级商量，由领导者确定分解方案，以指令或指示、计划的形式下达。这种分解方法虽然容易使目标构成一个完整的体系，但由于未与下级协商，对下级承担目标的困难、意见不了解，容易造成某些目标难以落实，更由于下级感到这项目标是上级制定的，很难形成对目标内在的认同和承诺，因而不利于积极性的调动和能力的发挥。因此，通常的建议是采用以协商式分解为主，指令式分解为辅的办法。

2. 协商式分解

协商式分解是上下级对总体目标的分解和层次目标的落实进行充分的商谈或讨论，取得一致意见。这种协商容易使目标落到实处，有利于下级积极性的调动和能力的发挥。目标协商应遵循：

- 平等协商原则，即组织所有成员在目标协商过程中的地位是平等的，强调实事求是，互相信任。
- 主动协商原则，即在协商中上级主动征询下级的意见，上级通过一定的方法调动群众积极主动参与目标协商。
- 协调一致原则，它要求对在目标确定或分解过程中出现的矛盾以总目标和大局为重，经过协调解决，使个人目标、分目标与总目标相一致。
- 协商准备原则，即在目标协商之前，上下级要有充分准备，包括协商的时间、内容、问题、要求等。

4.3 目标管理

4.3.1 目标管理的含义

"目标管理"（management by object, MBO）这个概念是德鲁克于1954年在《管理的实践》一书中首次提出的，被认为是他最重要、传播最广的理论。究其历史渊源，目标管理是对当时盛行的科学管理和行为管理理论两种管理思想批判性地继承、创造性地整合。

继泰勒等人的科学管理理论之后，出现了行为管理理论，这两种管理理论对当时的企业管理起到了积极作用，但也都有一定的片面性。科学管理理论强调以工作为中心，行为管理理论则强调以人为中心。德鲁克认为，目标管理综合了以工作为中心和以人为中心的管理技能和管理制度，能使员工发现工作的兴趣和价值，从工作中满足其自我实现的需要，同时企业的目标也可以得以实现，把工作与人的需要很好地统一起来。

对于目标管理的内涵，很多学者做出了自己的解读。哈罗德·孔茨强调："目标管理是用系统化方式把许多关键的管理活动集合起来，有意识地引导它们有效并高效地实现组织和个人的目标。"日本管理学者认为，目标管理就是把预期的工作成果设定为基础，为每个成员确定预期实现的目标，每个人盯着这一目标自觉地工作，管理人员为实现自己和下级人员的目标而进行管理。

尽管他们对目标管理概念的表述不完全相同，但许多管理学者对目标管理有一个基本一致的认识，即目标管理是一种管理方法和管理制度，事先确定组织目标和个人工作成果目标，并使组织成员人人理解，以自我控制为主，达到工作目标。因此，我们可以这样描述目标管理：目标管理是使组织成员自我控制并达到工作成果目标的一种管理方法。这种管理方法的特点是以目标为中心进行全面考核，形成一个目标体系，强调自主管理和自我控制。

（1）以目标为中心。管理中要解决的一个重大问题是如何制定评价考核员工工作成果的准则。实行了目标管理就可以用目标来衡量工作绩效。目标管理把组织的目标同全体员工各自的工作目标联系在一起，组织中任何计划都必须用目标来衡量。目标既是计划执行的依据又是考核成果大小的工具。

（2）形成一个目标体系。强调个人目标同组织目标融合为一个整体性、综合性的目标，又通过目标管理把组织的总目标逐级分解，要求组织内各个部门、每个员工都提出自己的具体目标。各自的目标都必须以总目标为依据，是总目标连锁体系的有机组成部分。只有全体员工共同努力、相互协调，才能完成组织整个系统的总目标。

（3）自主管理和自我控制。目标本身具有激励、导向、鞭策的作用。目标管理中目标是上下协商制定的，是上下参与管理的结晶。目标的制定者同时又是目标的执行者，因而目标管理能激发广大员工的主人翁精神，充分调动员工的工作积极性进行"自主管理""自我控制"，提高了管理的水平。

4.3.2 目标管理的基本内容

德鲁克指出目标管理有三个要点：首先，必须明确确定组织的整体目标；其次，每位主管要根据整体的目标，各自设定本身的目标，以实施自我控制的管理方式，因此组织的经营活动尽可能托付给最低管理阶层；最后，基于前两点推行分权及绩效考核，这就强调了推行目标管理这一过程。

推行目标管理可分为制定和展开目标、实施目标、成果评价三个步骤，如图 4-9 所示。制定和展开目标是整个目标管理的关键。只有合理又切实可行的目标才能团结全体职工并调动其生产积极性。实施目标是进行目标管理的重要环节，只有积极发动执行者自主管理，才能完成目标。成果评价即检查执行中的问题、总结经验、考核工作成效，为今后制定更符合实际的目标提供经验。整个目标管理过程就是不断制定实施目标、总结管理经验的循环往复的过程。

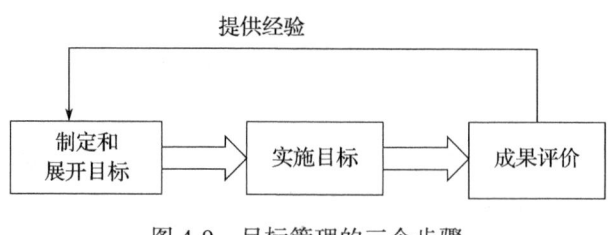

图 4-9 目标管理的三个步骤

1. 目标的制定

目标管理的第一阶段是制定目标。企业要制定一年或一个时期的整体战略目标，各级管理部门制定本部门要实现的策略目标，每个员工制定个人目标，形成了一个目标体系。在制定目标时，应遵循 SMART 原则，所谓的 SMART 是五个英文单词首字母的组合。S 是 specific，要求目标必须是明确的，而不是含糊的；M 是 measurable，指目标必须是可以衡量的，用数字或者百分比等；A 是 attainable，指目标应该是可以实现的，而不应是海市蜃楼式的目标；R 是 relevant，指目标之间是相关的、一致的，有系统的联系，而不是零零散散，甚至南辕北辙；T 是 time-bounded，即要求目标具有明确的截止期限。

2. 目标的展开

目标展开的过程就是组织的目标从上到下层层分解、落实的过程。目标展开其实是目标制定过程的继续，它是目标更接近于实现的一个重要步骤。目标展开的结果表现为下级目标支持上级目标，分目标支持总目标，每个组织成员的岗位目标支持所在部门的目标，个人目标与其组织成员的个人目标以及每个部门之间的目标协调一致。目标展开的原则应包括以下几个方面。

- 总目标的确定要突出重点，一般不宜超过五个，要明确，尽可能数量化，以便考核和衡量。
- 各级分目标应同总目标直接或间接地发生联系，分目标之间要注意平行，避免相互牵制，要形成统一的目标指挥协调体系。
- 各级目标要能激励员工的工作欲望和充分发挥他们的工作能力，确定目标时要研究员工的心理状态。
- 目标的展开不仅是指目标分解，还应包括工作要求和保证措施。展开时要有科学性、现实性和预见性。
- 目标完成期限要长短适中，制定短期目标要有长期观点，制定长期目标要分阶段完成。

进行目标展开时，上级向下级提出明确的要求，共同商定设立目标。下级制定的目标必须是上级目标实现的必要条件并经过上级的协调才予以确立。

3. 实施目标

目标管理的实施阶段是决定性的环节。实施中上级应积极为下级创造条件，宜采取商议形式协助下级解决问题，既要给执行者必要的权限，让执行者自主管理执行，又要以目标为依据对照检查工作，随时纠正偏差。执行者要发挥主动性、创造性积极完成目标，所以实施过程也是智力开发的过程。对实施中的重大难题也可召集有关人员进行"会诊"。

4. 成果评价

目标管理特别强调重视成果评价。因此，在执行过程中，必须按季对执行结果进行评价，目的是鼓舞士气以便更好地完成下期目标。进行成果评价的主要程序是：自我评价—民主讨论—上级指导—成果评定。上级指导主要指上级在评价成果的同时，与执行者共同分析造成失败和产生损失的原因，定出改进措施以使今后取得更好的成绩。

严格的考核是贯彻目标管理的保证。没有严格的考核，目标管理制度再完善也不能发挥作用。例如，目前在我国的企业组织中，各级在考核中一定要克服本位主义、好人主义和平均主义等不良作风，把目标管理和贯彻各级经营责任制紧密结合起来，并按照经营责任制的工作标准，逐项把考核的结果作为衡量贡献大小和按劳分配的尺度。

4.3.3 目标管理的优点和缺点

在美国，有相当多的企业公司，如杜邦和通用汽车公司等都采用了目标管理。根据美国

《财富》杂志最近的调查,美国最大的 500 家工业公司中有 40 多家采用了目标管理,而日本企业运用目标管理的比例要远远大于美国。当然,目标管理有许多优点但也有不少的缺点。

1. 目标管理的优点

(1)调动积极性。采用目标管理最突出的优点是能调动广大管理人员和员工的积极性。由于在目标管理的整个过程中能较好地听取大家的意见,并吸收员工参加管理,大家对自己的职责都比较明确,又有一个较好的报酬奖励制度,这就形成了一个调动大家积极性的良好环境。

(2)促进组织沟通。在目标制定和实施过程中都注意了相互的联系和沟通,对每个人的工作表现的评价也更为具体、更为合理,有利于管理人员充分发挥自己的管理才能,也有利于每个人发挥自己的创造积极性,形成了一个完整的组织管理系统,同时使这个系统能有效地运转。

(3)降低管理成本。目标管理有利于各级领导对下属进行管理。在目标的实施过程中,大家都能进行自我管理、自我控制,又有定期性的检查,能及时发现问题,进行调节,这样就有利于整个组织向着组织长期目标的实现迈进。

2. 目标管理的缺点

(1)领导作用弱化。不少人对目标管理存在的缺点进行了批评,目标管理的主要缺点是缺乏组织领导人的参与,总目标、总战略虽然由最高管理层做出,但是他们常常把任务交给较低级的管理人员去负责执行,这样一些高层领导人实际上没有承担起自己的真正责任,其积极性自然也就没有得到发展,这就必然会影响目标管理的效果。

(2)容易形式化。有些采用目标管理的公司过分强调了数量目标,要求的报表和总结过多。有些管理人员忙于写总结、报告,对下级只是分派任务或提供建议,很少坐下来与下级共同研究问题,结果就造成个别人缺乏责任心。美国心理学家哈里·莱文森(Harry Levinson)在《哈佛商业评论》上发表了题为"目标管理:从谁的目标着手"的文章。他认为,目标管理过分强调客观性和量化指标,而忽视了人性因素的作用,所设定的目标本身很难对个人产生强大的激励作用。⊖

(3)短期导向。与组织的宗旨和使命相比,目标一般是短期的,几乎在所有实行目标管理的组织中,所确定的目标都是比较短期的目标,这是由目标管理自身的特点所决定的。因为,越是短期的目标,越便于实施和考核,长期目标是无法体现出目标管理的优越性的。这样就可能导致目标管理只注重短期效应。

(4)面临的不确定性大。目标管理要取得成效,就必须保持目标的明确性和稳定性,如果目标经常改变,就会使目标管理失去意义。但是,目标毕竟是一种尚未实现的未来,而未来是存在着许多不确定因素的。这就要求在管理中必须不断地根据新的认识和发现对目标进行修正。所以,在目标管理中,要注意把握目标的明确性、稳定性和灵活性之间的度,要使目标既有明确性、稳定性,又具有一定的灵活性。

(5)任务过程被忽略。被誉为美国企业"质量革命"之父的质量管理专家爱德华·戴明(Edwards Deming)博士对目标管理怀有很深的敌意。戴明指出,目标管理以目标为导向,而不是以过程为导向,与他倡导的质量管理观念有很多冲突的地方。戴明把德鲁克的目标称为"定额"(quotas)。他批评说:"定额是改进质量与提升生产力的一大障碍。我还没有见过任何一家公司在确定定额时,会同时建立一套帮助员工改善工作方法的系统。"⊖

⊖ 许一. 目标管理理论述评[J]. 外国经济与管理,2006(9).

总而言之，目标管理是管理体系中一种极为有用的方法，运用目标管理是当前管理活动中的一种新趋势，它有助于阐明组织内各个单位和个人的职责，有利于调动积极性，更有利于进行总结和批评。然而，要使目标管理获得更佳的效果，管理者必须注意克服上面提到的一些缺点。管理者应当明白，目标管理虽然是一种较新的管理制度和方法，但并非完美。管理者可将目标管理这一方法与其他管理方法结合起来运用。

本章小结

1. 目标是面向未来的，是未来期望达到的一种状态。它是一个组织存在或一项活动开展的前提。
2. 目标具有内在的力量，它表现为四个功能：导向功能、激励功能、考核功能和凝聚功能。这四个功能协同努力，引领和带动组织向前发展。
3. 企业都有宗旨，但未必有使命。使命是以博大的社会责任感为核心的，将组织的存在与社会的需要联系在一起。愿景是对组织宗旨和使命的一种图景式构想与描述。
4. 企业在经营层面的目标可以参考德鲁克提出的八个目标领域以及更加结构化的平衡计分卡来设定。
5. 设置目标的三个原则：合理性、挑战性和平衡性。
6. 目标的分解方式有两种：指令式和协商式。从近几十年的发展来看，协商式占据的比重越来越大。
7. 目标管理实际上就是一种协商式的目标设定和分解方式，它的核心在于让员工参与进来，共同制定目标，使其对目标产生承诺，从而自主管理和自我控制。这种方式是一种结合了完成任务和员工发展两方面需求的革命性管理方法。

练习与思考题

选择题和判断题，请扫二维码做题；名词解释、简答题和论述题/计算题的参考答案，具体请扫二维码。

一、选择题（题干略，请扫二维码）

二、判断题（题干略，请扫二维码）

三、名词解释
1. 愿景
2. 使命
3. 战略目标
4. 目标的凝聚功能
5. 目标的考核功能

四、简答题
1. 请简述目标管理的内容。
2. 请简述平衡计分卡的内容。
3. 请分析企业目标体系的内部关系。

五、论述题
1. 简述目标设置的原则与过程。
2. 企业是否必须要有自己的使命和愿景？
3. 目标管理的优缺点是什么？如果应用的话，如何保证它产生效果？

案例讨论

A公司的目标管理

A公司从2002年7月开始实行目标管理，当时属于试行阶段，后来由于人力资源部人员的不断变动，这种试行也就成了不成文的规定执行至今，到现在运行了将近一年的时间了。应该说执行的过程并不是很顺利,每个月目标管理卡的填写或制作似乎成了各个部门经理的任务或者说是累赘,他们总感觉这项工作占了他们大部分的时间或者说是浪费了他们的许多时间。每个月都是由办公室督促大家写目标管理卡。除此之外就是一些部门,例如财务部门的工作每个月的常规项目占据所有工作的90%,目标管理卡的内容重复性特别大;另外一些行政部门的工作临时性的特别多,每个月之前很难确定他们的目标管理卡。

A公司目标管理的程序如下。

一、目标的制定

(1)总目标的确定。上一年年末公司总经理在员工大会上做总结报告,向全体员工讲明了下一年度大体的工作目标。然后,在年初的部门经理会议上,总经理和副总经理、各部门经理讨论协商确定该财年的目标。

(2)部门目标的制定。每个部门在前一个月的25日之前确定下一个月的工作目标,并以目标管理卡的形式报告给总经理,总经理办公室留存一份,本部门留存一份。目标为各项工作的权重以及完成的质量与效率。最后由总经理审批,经批阅后方可作为部门工作的最后得分。

(3)目标的分解。各个部门的目标确定以后,由部门经理根据部门内部的具体岗位职责以及内部分工协作情况进行分配。

二、目标的实施

目标的实施过程主要采用监督、督促并协调的方式,每个月月中由总经理办公室主任与人力资源部绩效主管共同或是分别到各个部门询问或了解目标的完成情况,直接与各部门的负责人沟通,在这个过程中了解哪些项目进行到什么地步,哪些项目没有按规定的时间、质量完成,为什么没有完成,并督促其完成项目。

三、目标结果的评定与运用

(1)目标管理卡首先由各部门的负责人自评,自评过程受人力资源部与办公室的监督,然后报总经理审批,总经理根据每个月各部门的工作情况,对目标管理卡进行相应的调整以及自评的调整。

(2)目标管理卡最后以考评得分的形式作为部门负责人的月考评分数,部门员工的月考评分数一部分源于部门目标管理卡。这些考评分数作为月工资发放的主要依据之一。

最近大多数部门领导人反应不愿意每个月填写目标管理卡,认为这没有必要,但是明显地在执行过程中,部门员工能够了解到本月自己应该完成的项目,以及每个项目到什么样的程度是最完美的。还有,有的部门员工对本部门的目标管理卡不是很明确,其中的原因主要是部门的办公环境不允许把目标管理卡张贴出来(个别部门),如果领导每个月不向本部门员工解释明白,他们根本就不知道他们的工作目标是什么,只是领导让干什么就干什么,显得很被动……可是部门领导如今不愿意做目标管理这一块,而且有一定数目的员工也不明白目标管理分解到他们那里的应该是什么。

目前人力资源部的人数有限,而且各司其职。面对以上存在的问题,人力资源部应该怎样处理?

资料来源:何国玉.人力资源管理案例集[M].北京:中国人民大学出版社,2004.

讨论题:

1.A公司的目标管理总体上存在哪些问题?

2.为什么会出现"员工不知道他们的工作目标是什么,领导让干什么就干什么"的情况,这个问题如何解决?

管理评论

也说华为的成功:奏响时代的命运交响曲

华为的崛起已经成为必然。在2016年2月底的巴塞罗那世界通信展览大会上,华为推出了自己的笔记本,注定要在终端闪耀。华为又火了一把。任正非也做了重要的发言，其中4个小插曲让我记忆犹新。

第一个，别人问任正非：你主要在干什么。任正非讲了一个故事，任正非跟一个朋友在谈话，徐直军（华为高管）说，老板懂什么管理，我们的变革IPD，他就知道那三个英文字母，举座震惊。任正非说，本来就是这样，那也不是我要做的事情啊，我主要关注方向要正确。对于这个小插曲，我说老板真牛。

第二个，谈到欧洲市场的发展。任正非说，我们在欧洲的份额也不能太高，我们也要给竞争对手留有生存的余地。所以有时别人说我们定价高，我们定价不得不高，我们如果定价低就把别人都整死了。把别人整死不是我们的目的，那么钱多了我们怎么办，我们就加强对未来的科学研究投入，去年我们在全世界有700多个科学家，要增加到1 400多个。这就是一杯咖啡吸收宇宙能量。对于这个小插曲，我说华为嚣张。

第三个，说到欧洲之外的其他市场。任正非说，日本市场更好，你只要没听到哪个市场的声音，哪个市场就是好得不出声音了。全世界的名牌汽车都装了我们的电子系统，你看我们什么时候讲过汽车了。对于这个小插曲，我默默无言。

第四个，提到华为的战略，任正非说，奋斗的目标朝着的方向就是为管道提供服务，终端就是要把管道撑大。唯有管道这块，我们28年来几十人往这个城墙口冲锋、几百人冲锋、几千人冲锋、几万人冲锋、十几万人冲锋，不怕流血牺牲，英勇奋斗，还是对准这个城墙口。而且现在我们轰炸这个城墙口的炮弹，每年是200亿美元（研发500亿～600亿人民币，市场与服务500亿～600亿人民币），轰炸同一个城墙口28年之久，所以我们就在大数据的传送上领先了世界。对于这个小插曲，我泪流满面。

已经有很多人在解读华为的成功。包政老师、陈春华老师都在解读，我也想解读一下。我将这四个小插曲作为引子来说一说华为成功的关键。第一个，自然是顾客导向。所有人都提到华为的成功在于顾客导向，在各种有关华为的书籍中，也都提到这一点，华为做到了顾客导向。这里我不再多说。第二个，自然是高效的流程化组织。围绕顾客的流程化，包括设计、研发、生产等环节的环环相扣。这就是包政老师所强调的基于IPD的流程改革，通过这一改革，让高科技公司的知识工作者管理真正落到实处。第三个，以奋斗者为本。真正让那些为了顾客满意而努力的奋斗者获得资源、权力和奖励，从而真正激活这些奋斗者。例如任正非所提出的，把炮火的指挥权向前线转移就是一个典型作为。

事实上，这三点仅仅是华为表现出来的强大外在特质。在当今世界上，任何一个强大的公司都具有这三大特质，这也是企业获得竞争优势的三大通用特质。例如苹果，以极致的顾客体验为目标，以强大的天才团队为基础，以高效的运营为通道，实现了苹果伟业。例如阿里巴巴，其价值观的核心就是"顾客第一、员工第二、股东第三"，以此实现"让天下没有难做的生意"。例如谷歌，强调不断以高品质产品征服顾客，以创意型员工为载体推动伟大产品的产生，以充分扁平的组织设计发挥每个创意型员工的能量。华为也正是做到了这三点，所以才能够成为世界一流企业。其他公司如果不能全部做到这三点，自然就不是一流公司，而是二流公司，或者二流不如。

更重要的问题是，华为为什么能够获得这三大特质？这就是华为的核心能力，或者说独特能力。我想在于两个方面：一是内部双激活的战略原则＋行业特色。只有激活顾客并让顾客收获价值，激活员工并让员工获得成就，并且也只有激活的顾客与激活的员工结合在一起，企业才能收获以上三大特质。这就要求公司双激活的战略原则，并辅以行业特色。这主要体现在任正非的狼文化建设上。狼文化大家都知道，我就不再多说。二是外部中国庞大而又相对廉价的工程师群体。在上马 IPD 之前，华为的研发效率远远低于 IBM 等一流公司，上马 IPD 之后，研发效率大幅提升，但是依然落后。这个时候，庞大而又廉价的工程师群体成为关键，因为它可以暂时弥补研发效率低下。再之后，随着华为研发的国际化，这一国家优势就成了研发高效率的重要来源。

这两点的结合才真正推动了华为竞争力的强大：没有内部体现双激活原则的文化特质，就不能有效利用外部庞大而又相对廉价的工程师群体；而没有外部庞大而又相对廉价的工程师群体，内部再激活也难以维持其竞争力。这是这个时代，这个中国的特有机会！华为则以自己特有的气质演奏出了一曲强劲的命运交响曲：自己的能量与时代的能量结合在企业。

这就验证了企业家中的哲学家张瑞敏的一句话：没有成功的企业，只有时代的企业。事实上，日本的崛起是如此，中国的崛起也当如此。

资料来源：浙商大智库微信公众号。

延伸阅读

[1] 彼得·德鲁克. 有效的管理者 [M]. 杨万春，冷守一，译. 北京：中国财政经济出版社，1988.
[2] 彼得·德鲁克. 现代管理宗师德鲁克文选 [M]. 北京：机械工业出版社，1998.
[3] 杰勒德 J 特列斯，彼得·戈尔德. 野心与愿景 [M]. 康志华，译. 北京：中信出版社，2004.
[4] 吉姆·柯林斯，杰里·波勒斯. 基业长青 [M]. 真如，译. 北京：中信出版社，2004.

计划工作

管理箴言

凡事预则立,不预则废。

——《礼记·中庸》

本章要点

- 计划的含义、特征、类型和作用。
- 编制计划的步骤和常用的方法。
- 战略管理的含义和特征。
- 企业的战略类型和适用条件。
- 战略管理的过程和内容。

引例

人类第一次登月

"休斯敦,川奎特基地,'鹰号'已经着陆了。"这句话永远铭刻在全世界所有在1969年7月20日观看第一次人类登月的人们的记忆里。这一成功盛举背后的场面是令人难以置信的,因为看起来十分理想的顺利飞行,实际上,按照计划几乎面临着一场巨大的灾难。把三个宇航员送入太空,其中两个驾驶太空飞船,然后着陆在月球上,这需要非常详细而周密的计划。从能量巨大的Saturn V火箭倒计时和起飞,到太空飞船的精密操作,每个细节都做了周密计划,技术专家和飞行控制人员都是这样考虑的。当尼尔·阿姆斯特朗和巴兹·奥尔德林开始驾驶小型极易损坏的"鹰号"太空飞船向月球表面降落的时候出了差错,突然警报响了——一个"1202"报警声音。在指挥中心从地球上监控"鹰号"下降的一个人回忆说:"我不太清楚'1202'到底是什么。"在离月球表面着陆只剩下8分钟的时候,除了史蒂夫·比尔斯,一个26岁的技术专家,指挥中心没有一个人知道"1202"意味着什么。整个太空项目组只能等待,看比尔斯是否放弃月球着陆。比尔斯最后决定,问题是因飞船上的计算机信息太多不能处理而引起的，只要计算机不完全关闭，他们就能成功地在月球上着陆。尽管响了警报，指挥中心还是按计划向"鹰号"发出了继续着陆的信号。

当"鹰号"离月球表面只有5 000英尺[⊖]，且以100英尺/秒的速度飞向月球时，另一个问题发生了。指挥中心的计算机引导飞船进入着陆区，但是当尼尔·阿姆斯特朗从飞船窗口看月球表面的时候，他没有看到任何事先研究月球表面时所能认出的东西。计算机制导系统正引导他们进入一个岩石地带——与事先计划的完全不同。着陆在像大众汽车那么大的岩石上，精密的月球着陆器将会粉身碎骨。在离月球表面350英尺时，尼尔·阿姆斯特朗没有与休斯敦指挥部说一句话，就直接手动操作飞船寻找着陆地点。指挥中心的工程师和技术人员只是坐着而不能给予任何帮助。当阿姆斯特朗离月球越来越近，他能看到的还是岩石。同时，在休斯敦，计算机显示"鹰号"着陆油箱里的燃料已经很少了。

那天指挥中心的一个成员回忆说："从那时起，我们什么忙也帮不上。我们能做的只是告诉他们还剩下多少燃料。"指挥中心的决定是如果"鹰号"不能在60秒之内着陆，登月行动即告失败。25秒，20秒，阿姆斯特朗离月球表面只有100英尺了，这时他找到了一个着陆地点，如果他能及时降落到那里的话似乎是安全的。那时，指挥中心异常的寂静，什么声音都听不到。紧接着，通信系统中传来尼尔·阿姆斯特朗平静、镇定、冷静的声音："休斯敦，川奎特基地，'鹰号'已经着陆了。"

资料来源：佚名. 人类第一次登月[J]. 太空探索，2009（8）：36-37.

5.1 计划工作概述

计划是管理的首要职能。无论是国家、组织还是个人，都会经常遇到"计划"的问题。国家政府为了确保未来的经济发展，要制订长期计划；一个企业要开拓新市场，就要研究目标市场并制订开发计划；个人和家庭为了收支平衡，要根据家庭情况制订收支计划。计划渗透到我们工作和生活的方方面面。

5.1.1 计划的含义和特征

1. 计划的含义

计划既可以是动词，也可以是名词。

动词意义的计划指的是计划工作，是对组织在未来一段时间内的目标和实现目标途径的策划与安排。计划既涉及目标（做什么），也涉及达到目标的方法（怎么做）。计划的基本目的在于经济地使用现有的资源，达到尽可能高的投入产出比。

名词意义的计划是计划工作的结果，它是对未来行动方案的一种说明，是用文字和指标等形式表达的，在制订计划工作中所形成的各种管理性文件。它告诉管理者和执行者未来的目标是什么，要采取什么样的活动来达成目标，要在什么时间范围内、按什么进度达成目标，以及由谁来进行这种活动。

2. 计划的特征

计划工作的基本特征可以概括为以下五个方面。

（1）计划工作在管理工作中处于首要地位。只有计划确定后才知道具体的行动方向，

⊖ 1英尺＝0.304 8米。

才能实施其他管理职能。只有目标和具体的实施途径确定后,才能建立具体的组织机构、确定战略,进行人员配备,实施激励措施等。如果没有确定计划,上述工作就无法展开。因此,计划在全部管理工作中处于首要地位。

(2)计划工作具有普遍性。首先,计划工作涉及组织管理的每个层次。虽然计划工作的特点和范围随着各级主管人员的层次、职权不同而不同,但计划工作是每位管理者无法回避的职能工作,只不过不同层次的管理者所从事的计划工作的侧重点和内容有所不同:高层管理者往往侧重于制订战略计划,而具体的计划由下级完成;较低层次的管理者偏重于作业计划。其次,现代组织的管理工作纷繁复杂,即使最聪明、最能干的领导人也不可能包揽全部的计划工作。最后,授权下级制订某些计划,有助于调动下级参与组织管理的积极性,进一步挖掘下级的潜力。因此,计划工作是各级管理人员的一个基本职能,具有普遍性。

(3)计划工作具有明确的目的。组织或个人制订计划是为了有效地达到某种目标,所有的工作安排都是围绕目标进行的。目标是计划工作的核心,实现目标是计划的出发点和归宿,没有目标就不称其为计划。

(4)计划工作具有前瞻性。计划工作需要管理者针对组织所面临的新环境来发现和解决新问题。面对出现的新变化和新机会,管理人员要敢于打破旧观念的束缚,及时提出适应本企业特点的一些新思路、新观点和新方法,使计划更加符合客观实际。所以说计划工作是一项创造性的管理工作。

(5)计划工作追求尽可能高的投入产出效应。任何计划都要符合经济性,力争以最少的耗费实现预定的目标,从众多的方案中选择最优的资源配置方案,以求得合理利用资源和提高效率,也就是说计划工作要讲究效率。计划效率是通过制订计划与执行计划时所有的产出与所有的投入之比来衡量的。需要指出的是,这里所指的投入与产出,不仅包括经济方面的,还包括非经济方面的。

5.1.2 计划的作用

计划是对未来的提前思考,它为组织的发展提供了方向。在复杂多变和充满不确定性的组织环境中,一个科学、准确的计划,会减少各种变化所带来的影响,为管理者实现既定的管理目标起到事半功倍的作用。

1. 指引方向,指导工作

计划为组织确立了明确而具体的目标,计划能使组织置身于复杂多变和充满不确定性因素的环境中而始终把其注意力集中在一定的目标上,使组织所有的行动保持同一方向,管理者可以根据计划来组织人员、分派任务,专注于计划目标的修改和完善,使组织的各项工作得到落实,从而保证组织目标的实现。

2. 降低风险,掌握主动

计划的前瞻性使组织充分分析并了解未来环境的变化规律和变化趋势,预测未来组织可能遇到的机会和面临的挑战,从而将不确定性降到最低限度,使组织能够早做准备,掌握主动,把风险降低到最低。

3. 减少浪费,提高效益

计划能从多条实现目标的途径中,通过技术经济论证和可行性分析,选择最适当、最有效的方案,从而减少浪费,以最低的费用或最高的效率实现既定的目标。计划能使组织未来的各项活动均衡发展,使组织中各成员的努力合成一种组织效应,从而大大提高工作效率并带来经济效益。

4. 提供控制标准,计划工作建立的目标和指标是控制的依据和尺度

计划与控制密不可分,计划是控制的必要前提。控制需要建立明确的标准,计划的编制为及时地对照标准检查实际活动情况提供了客观的依据,使控制有据可依,当出现越界行为时,可以及时发现并采取有效措施加以纠正。

专栏 5-1

计划与绩效的关系

现有的许多研究试图检验计划与绩效的关系,综合文献得出下列结论:首先,正式计划通常与企业的未来发展联系在一起。其次,实证证明计划与组织柔性对绩效有正向影响,并且通过操作灵活性、财务灵活性、结构弹性和技术柔性对绩效产生影响。最后,组织管理者必须能够预见到战略计划期间的环境动荡,并能够监测这一时期的变化。

资料来源:Rudd J M, Greenley G E, Beatson A T, et al. Strategic planning and performance: Extending the debate [J]. *Journal of Business Research*, 2008, 61 (2): 99-108.

5.1.3 计划的类型

由于组织经营活动的复杂多样,组织的计划种类也很多,常见的分类主要有以下几种。

1. 正式计划和非正式计划

按照计划的正式程度分,计划可分为正式计划与非正式计划。它们之间的差异如表 5-1 所示。

表 5-1 正式计划与非正式计划差异比较表

正式计划	非正式计划
正式计划往往要组织形成一套完整的计划书。计划书要详细、明确,并明文规定组织的目标是什么,实现这些目标需要什么样的全局战略	非正式计划没有书面文件的表述,但这并不意味着当事人就一定没有制定出行动的目标和方案。没有正式计划并不简单等同于无计划。许多小企业中就存在大量非正式计划,只是确定和了解这种计划的人可能不多,但企业中至少会有那么一个所有者兼管理者的人或几个人认真地思考过企业想要达到什么目标,以及怎么实现目标
正式计划的制订是一个包括了环境分析、目标确定、方案选择以及计划文件编制这一系列工作步骤的完整的过程	非正式计划内容比较粗略且缺乏连续性。非正式计划不容易在组织中进行交流和扩散,因此,在规模比较大、管理工作较复杂的组织中,编制正式的计划就显得非常重要
正式计划是在计划书的基础上,开发出一个全面的分阶段和分层次的计划体系,综合和协调不同时期和不同部门的活动	非正式计划的确定欠周密也很不正规,通常是对某一问题做出了决定就算有了计划。非正式计划仅限于决策阶段对组织的目标和实现目标的途径做出总括性的策划

2. 长期计划、中期计划和短期计划

计划按跨越的时间间隔长短,可以分为长期计划、中期计划和短期计划。一般把 1 年或 1 年以内的计划称为短期计划;1 年以上 5 年以下的计划称为中期计划;5 年以上的计划称为长期计划。但这种划分也不是绝对的。例如,一个航天发展项目的短期计划可能需要 5

年,而一家小服装厂由于市场变化较快,其短期计划可能只适用几个月。

3. 战略计划和战术计划

计划按层次可以分为战略计划和战术计划(也称为作业计划)。战略计划是关于企业活动总体目标和战略方案的计划。它又可分为企业整体层次战略(公司战略)、事业部层次战略(经营战略、竞争战略)和职能层战略。战术计划是有关组织活动具体如何运作的计划,对企业来说,就是指各项业务活动开展的作业计划。战术计划主要用来规定企业经营目标如何实现的具体实施方案和细节。

战略计划的目的是确保企业"做正确的事",而战术计划则旨在追求"正确地做事"。战略计划与战术计划的对比如表 5-2 所示。

表 5-2　战略计划与战术计划比较表

对比变量	战略计划	战术计划
时间跨度	时间跨度长,涉及范围广	时间跨度短,涉及范围窄
内容	内容抽象、概括、可操作性弱	内容具体、明确,可操作性强
目标	无既定目标	根据企业总体目标分解而提出的具体行动目标
有效期限	多一次性使用,较少重复性使用	环境因素相同的条件下,可再次使用
确定性	前提不确定性高,结果具有高不确定性、高风险	风险程度远低于战略计划

4. 指令性计划和指导性计划

从计划内容的详尽程度来划分,计划可以分为指令性计划和指导性计划。指导性计划只规定一些重大方针和工作原则,指出工作重点但不把管理者限定在具体的目标上,或特定的行动方案上。指令性计划规定明确而具体的工作目标,并提供了一整套明确的行动步骤和方案。

5. 综合计划和专业性计划

从空间角度而言,计划按覆盖的对象可分为综合计划和专业性计划。综合计划指对组织活动全过程各方面做出全面规划和安排,一般具有多个目标和多方面内容的计划,如企业的年度生产经营计划。它涉及整个组织或组织中的许多方面,这些方面各有其内容,又互相联系、互相影响、互相制约,从而形成一个有机的整体。

专业性计划则是对某一专业领域职能工作所做的计划,它通常是对综合计划某一方面内容的分解和落实,如企业的年度销售计划、技术改造计划、设备维修计划等。由于这些计划都只涉及企业活动的某一方面,它们与综合计划便构成一种局部与整体的关系。专业性计划可以是长期的,也可以是短期的。

显然,从不同角度划分的各种计划形式并不是孤立存在的,而是彼此交叉和相互关联在一起的。

5.1.4　影响计划有效性的因素

计划的有效性主要受到三个因素的影响,分别是组织环境的因素、组织自身的因素和组织产品的因素。

(1)组织所处环境的不确定性。组织所处环境的不确定性高,为了更加灵活地适应环境的复杂多变,组织计划应当是指导性计划,而不是具体的指令性计划。

(2）组织自身的规模和制订计划者本身所处的管理层次。组织规模越大，管理层次越多。越是基层的管理者，制订的计划越趋向于具体的作业计划，越是高层的管理者，制订的计划越是趋向于指导性的战略计划。

(3）组织的产品所处的具体生命周期阶段不同，不同类型计划的有效性不同。在投入期，市场不成熟，产品技术和产品标准也可能不成熟，组织面临较大的不确定性，这时候组织管理者应当更多地使用指导性计划，以保证组织自身的灵活性；在成长期，市场逐渐成熟，技术门槛降低，顾客忠诚度逐步形成，组织环境的不确定性降低，这时候，组织计划应该逐步明确和具体；在成熟期，组织面临的环境基本稳定，可以制订长期的具体计划；在衰退期，组织又重新面临不确定性，市场萎缩，顾客流失，这时候具体计划不能适应组织面临的环境，需要转向指导性计划以保持组织自身的灵活性，适应外部的不确定性环境。

5.2 计划的编制与执行

一项完整的计划一般需要六个步骤才能完成，即确定计划的基本前提条件、确定目标、发掘并确定备选方案、评估并确定方案、拟订具体计划以及通过编制预算使计划数字化。这六个步骤并不一定全部进行，也不一定非按此顺序制订计划。在实际工作中，应根据具体情况确定哪些步骤需要，哪些步骤可以省略，哪些步骤可以平行进行。

专栏 5-2

隆 中 对

"自董卓以来，豪杰并起，跨州连郡者不可胜数。曹操比于袁绍，则名微而众寡。然操遂能克绍，以弱为强者，非惟天时，抑亦人谋也。今操已拥百万之众，挟天子而令诸侯，此诚不可与争锋。孙权据有江东，已历三世，国险而民附，贤能为之用，此可以为援而不可图也。荆州北据汉、沔，利尽南海，东连吴会，西通巴、蜀，此用武之国，而其主不能守，此殆天所以资将军，将军岂有意乎？益州险塞，沃野千里，天府之土，高祖因之以成帝业。刘璋暗弱，张鲁在北，民殷国富而不知存恤，智能之士思得明君。将军既帝室之胄，信义著于四海，总揽英雄，思贤如渴，若跨有荆、益，保其岩阻，西和诸戎，南抚夷越，外结好孙权，内修政理；天下有变，则命一上将将荆州之军以向宛、洛，将军身率益州之众出于秦川，百姓孰敢不箪食壶浆以迎将军者乎？诚如是，则霸业可成，汉室可兴矣。"

诸葛亮对于刘备的策略首先分析了外部环境，对敌、我、友、天时、地利和人和做出透彻的分析。其次，确定目标：图中原，兴汉室，成就霸业。再次，为实现目标制订实施方案，确定阶段计划：第一步是占据荆州作为大本营，形成三分天下之势；第二步是取得益州作为资源地，壮大实力。最后，倡导"兴复汉室"的大义，广纳贤才，兼顾外交与内政，获得民众的支持，则霸业可成，汉室可兴矣。

资料来源：根据《三国志·蜀志·诸葛亮传》改写。

1. 确定计划的基本前提条件

计划是决策的制定及具体落实的过程。为了尽可能提高计划的可行性，需要对未来执行计划所面临的外部环境特点及组织内部所需具备的资源和能力条件进行评估,这些就构成了计划工作的前提条件。

确定计划的前提条件需要从不同角度分类进行考虑。

(1)外部和内部的前提条件。企业外部的前提条件既可以指企业所面临的一般环境,也可以指具体环境条件,尤其是产品市场条件和要素市场条件。企业内部的前提条件包括企业经营的方针和政策、企业内部的人财物现状以及当前的组织机构形式等。

(2)定量和定性的前提条件。定量的前提条件是指可用数字表示的对计划工作具有影响的因素,定性的前提条件则是指那些难以用数字来表示的因素。

(3)可控和不可控的前提条件。对于可控的前提条件,企业应当在将来的计划中制定出具体的影响、控制和改变的措施与策略,而对于不可控的前提条件,则需要在计划中制定适应或应变的办法。组织面临的各种因素中,有的是可以控制的,例如组织内部人财物的调配、内部管理制度的变化等;但有的因素是组织不能控制而只能适应的,例如国家法律法规政策、总人口的变化、家庭结构的变化等。

仔细分析了上述计划的前提条件后,有效地确定计划工作的前提条件,需要注意以下三点:①合理选择关键性的前提条件。管理者需要把精力集中在研究那些具有战略意义的关键性前提条件上。②提供多套备选的计划前提条件。为应对未来突发的偶然事件,事先准备好若干套前提条件,并根据这些设定的多套前提条件拟定相应的计划。③保证计划前提条件的协调一致。为使各部分计划能按照统一的前提条件来制订,企业必须在每套计划方案的制订中贯彻一致的前提条件。这就要求在公司总部的组织下,对各分公司或各部门、各单位的前提条件应保证彼此协调一致,确保全公司的计划都按照同样的基调来制订。

2. 确定目标

目标是组织行动的出发点和归宿,确定目标是计划首要的、核心的内容。在确定目标的过程中,要说明基本方针和达到的目标是什么,包括目标的具体内容、目标的衡量方式、目标的完成时间和安排等内容。

具体而言,确定目标阶段要考虑以下三个问题。

(1)确定目标的内容和顺序。目标的内容和顺序决定了组织要采取的政策和行动,决定了资源分配的顺序。因此,大至国家,小至个人,正确地确定目标的内容和顺序都是至关重要的。组织目标内容和顺序的确定主要和社会制度、组织的性质、对组织内外环境的分析(由此找出组织面临的主要问题)以及管理者个人,特别是高层管理者的价值观念等因素有关。这里,正确处理国家、集体、个人三者的关系,是指导组织和个人正确确定目标的内容和顺序的基本原则。

(2)确定适当的目标时间。根据前面已经完成的对计划实施前提条件的分析,结合对组织现状的分析和未来发展的预期,确定合适的目标时间安排。

(3)科学合理地表述目标。目标不能含糊其辞,应尽可能数量化,以便度量和控制。简单而言,即目标的设置尽量符合"smart"原则,即具体性(specific)、可衡量性(measurable)、可实现性(achievable)、强调结果(result)、时限性(time)。

3. 发掘并确定备选方案

发掘各种可行的方案,从众多可行方案中进行筛选,选出符合企业实际的若干方案作为备选方案。

4. 评估并确定方案

评估备选方案时的注意事项：①充分考虑每一个方案的制约因素或隐患。所谓制约因素，是指那些妨碍达成目标的因素。在评估备选方案时，对制约因素认识得越深刻，选择方案时的效率就越高。②在评估时，既要考虑有形的可以量化的因素，也要考虑无形的不能量化的因素（即模糊性因素）。③要用总体效益观念来评价方案。要知道，对某一部门有利不一定就对全局有利，对某项目标有利不一定就对总体目标有利。

选择方案是计划工作中关键性的一步，也是抉择的实质性阶段。在做出抉择时，应当考虑在可行性、满意度和可能效益三方面结合得最好的方案。有时我们在评选中会发现一个最佳方案，但更多的时候可能有两个或多个的方案是合适的，在这种情况下，管理者应决定首先采用哪个方案，而将其余的方案也进行细化和完善，作为后备方案。

5. 拟订具体计划

方案确定后，就要拟订下一步将要实施的具体计划，如生产计划、销售计划、财务计划等。拟订具体计划的作用是支持主要计划的贯彻落实，实现前期制定的具体目标。

在拟订具体计划阶段，要注意协调不同部门的具体计划，使其保持一致，支持总计划、总目标的完成。

6. 编制预算使计划数字化

预算既是计划职能的一部分，也是控制职能的一部分。预算在管理中非常重要，企业各部门的活动几乎无一不直接或间接地和预算相关联。正因如此，编制预算是计划的一个不可缺少的重要环节。

由于实际情况总是在变化，所以预算在必要时也应有所变化，以便能更好地指导实际工作。变动预算的方法有两种：一种是将预算和产量相联系，使预算随产量的变化而变动；另一种是滚动预算，即每隔一定时间就修正预算，使其符合新情况。

5.3 编制计划的方法

编制计划的方法很多，本节主要介绍三种常见的编制方法，即网络计划技术、投入产出法和甘特图。

1. 网络计划技术

网络计划技术于 20 世纪 50 年代在美国产生和发展起来，包括关键路径法（CPM）与计划评审法（PERT）等技术。1956 年，美国杜邦公司在制定企业不同业务部门的系统规划时，制订了第一套网络计划。

网络计划技术的基本原理是把一项大型工作任务分解为许多步骤和具体任务，并依据这些具体工作和任务的先后顺序以及各项工作的相互关系，对其进行排序，并借助于网络表示各项工作与所需要的时间，形成网络图。例如，通过网络分析研究工程费用与工期的相互关系，不断改善网络计划，求得工期、资源与费用的优化方案，找出在编制计划及计划执行过程中的关键路线，最终保证达到预定的计划目标。

网络计划技术的应用主要遵循以下几个步骤。

（1）确定目标。确定目标是指决定将网络计划技术应用于哪一个工程项目，充分考虑该项目的时间要求、费用要求等技术经济指标的具体要求，再联系组织现有的管理基础，提出合理的目标。

（2）项目分解，列出作业明细。进行项目分解是网络计划技术最重要的基础工作。依据工作目标和各经济技术指标把工作分解成各项作业。在进行作业分析时要明确先行作业（紧前作业）、平行作业和后续作业（紧后作业）等相互关系，也就是要充分考虑哪些作业必须先期完成，哪些作业可以同时平行地进行，哪些作业必须后期完成，或者在该作业进行的过程中，哪些作业可以与之平行交叉地进行。划分作业项目后就可以计算和确定作业时间，并形成作业明细表。

（3）绘网络图，进行节点编号。根据作业时间明细表，就可以绘制网络图。网络图的绘制方法有顺推法和逆推法。

- 顺推法：从始点事件开始根据每项作业的直接紧后作业，按顺序依次绘出各项作业的箭线，直至终点事件为止。
- 逆推法：从终点事件开始，根据每项作业的紧前作业逆箭头前进方向逐一绘出各项作业的箭线，直至始点事件为止。

按照各项作业之间的关系绘制网络图后，要进行节点的编号（见图5-1）。

（4）计算网络时间，确定关键路线。根据网络图和各项活动的作业时间，就可以计算出全部网络时间和时差，并找出其中的关键路线。

（5）网络计划方案的优化。找出关键路线后，还要考虑是否符合其他各类经济技术指标，例如是否与计划期的人财物供应、成本费用等指标相匹配，据此进一步综合平衡，对方案进行优化。

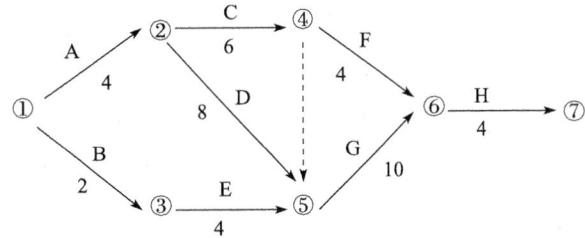

图 5-1　网络计划技术图示例

最后正式绘制网络图，编制各种进度表，以及工程预算等各种计划文件。

（6）网络计划的贯彻执行。编制网络计划是优秀计划工作的开始，接下来就是组织计划的实施。在实施过程中通过良好的信息反馈对整个实施过程进行监督和反馈，保证预定目标的实现。

2. 投入产出法

投入产出法是20世纪40年代由美国的华西里·列昂惕夫（Wassily Leontief）教授创立的。它的主要步骤是把各部门在一定时期内的投入（购买）来源与产出（销售）去向排成一张纵横交叉的投入产出表，根据此表建立数学模型，计算消耗系数，并以此进行经济分析和预测的方法。

投入产出法是一种综合的计划方法，首先根据某一年份的实际统计资料求出各部门之间的一定比例，编制投入产出表；然后计算各部门之间的直接消耗系数和间接消耗系数；最后根据某些部门对最终产品的要求，算出各部门应达到的状况，据此编制综合计划。

通过编制投入产出表和模型，能够清晰地揭示国民经济各部门、产业结构之间的内在联系，特别是能够反映国民经济中各部门、各产业之间在生产过程中的直接与间接联系，以及各部门和各产业生产与分配使用、生产与消耗之间的平衡（均衡）关系。正因为如此，投入产出法又称为部门联系平衡法。此外，投入产出法还可以推广应用于各地区、国民经济各部门和各企业等类似问题的分析。当它用于地区问题时，它反映的是地区内部的内在联系；当它用于某一部门时，它反映的是该部门各类产品之间的内在联系；当它用于公司或企业时，它反映的是其内部各工序之间的内在联系。

3. 甘特图

甘特图（Gantt chart）是亨利·甘特（Henry Gantt）在第一次世界大战时期发明的。甘特图内在的思想简单，即以图示的方式通过活动列表和时间刻度形象地表示出任何特定项目的活动顺序与持续时间。在图中，横轴表示时间，纵轴表示活动（项目），并列出机器设备名称、操作人员和编号线条，图中以线条、数字、文字代号等来表示计划（实际）所需时间、计划（实际）产量、计划（实际）开工或完工时间。它直观地表明任务计划在什么时候进行，及实际进展与计划要求的对比。管理者由此可便利地弄清一项任务（项目）还剩下哪些工作要做，并可评估工作进度。

5.4　战略规划

5.4.1　战略的含义与特征

战略源于军事，其本意是指对战争全局的谋划和指导。著名战略理论家克劳塞维茨（Clausewitz）认为战略就是为了达到战争的目的而对战斗的运用。我国的一位军事家曾经说过，战略问题是研究战争全局的规律性的东西。

企业经营战略是指企业根据内外部环境的变化合理配置资源，寻求和维持持久的竞争优势，从而实现各方利益相关者的期望。企业经营战略具有如下特征。

- 全局性。企业经营战略立足于企业全局确定企业的总体目标，谋划企业的总体行动，追求企业的总体效果。
- 长期性。长期性指企业战略的着眼点是企业的未来而不是现在，是为了谋求企业的长远利益而不是眼前利益。
- 纲领性和相对稳定性。战略目标和发展方向是对企业未来的一种粗线条设计，是对企业未来成败的总体谋划，战略一经确定，不会随意改变。战略的实质是获得和维持相对竞争优势。战略实施的最终目的是为了获得和维持相对于同行其他竞争对手的相对优势，并最终实现企业的战略目标。
- 风险性。未来具有不确定性，因而战略必然具有风险性。

5.4.2　战略管理的基本过程

1. 战略管理的含义

战略管理是对确定战略和实现战略目标过程的管理。具体而言，是指企业依据其宗旨和使命，根据企业的外部环境和内部条件确立企业的战略目标，为保证目标实现进行谋划，并依靠企业内部的能力将谋划和决策付诸实施，以及在实施过程中进行控制的一个动态过程。战略管理是为获得竞争优势而进行的一个系统管理过程。

作者视频讲解
请扫二维码

2. 战略管理的过程

将战略管理视为一个完整的系统活动过程，有助于理解战略管理的全面性和指导性特征，也有助于将战略的制定和实施恰当地联系起来，以战略为纽带，将企业的各项活动有机地联系为一个整体。战略管理的过程大体上可以分为战略分析、战略选择与战略实施三个阶段。图 5-2 是战略管理过程的总体示意图。

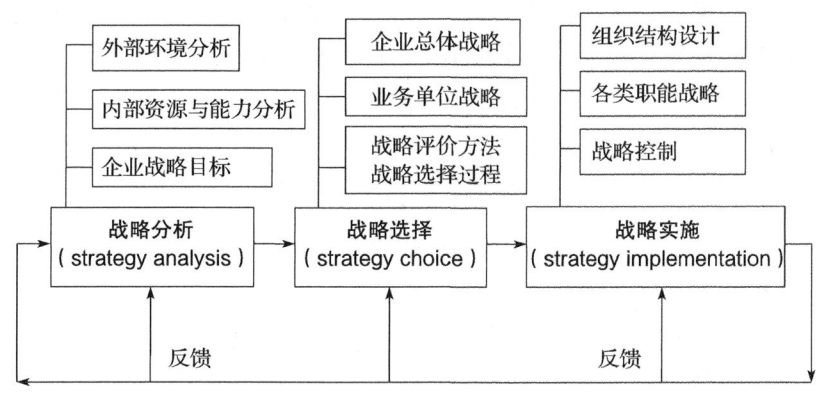

图 5-2　战略管理过程示意图

（1）战略分析。战略分析阶段的任务是根据企业的宗旨和使命，及内外部环境，确定企业的具体战略目标。具体工作内容包括：

1）确定或重审企业的使命，决定企业的发展愿景。

2）分析企业所处外部环境的特征和变化趋势。准确界定外部环境为企业生存和发展提供的有利机会，以及对企业生存和发展造成的威胁，对企业所处外部环境进行客观的评价。

3）评价企业的内部能力，根据企业的资源禀赋和具备的核心专长（那些能形成企业区别于竞争对手，并被市场认可是有价值的，因而能成为企业核心竞争力来源的有关职能活动方面），决定企业相对于关键竞争对手的竞争优势和劣势，从而找出企业的核心竞争力。

4）综合考虑第 2）、3）项对于企业所处内外部环境的准确定位，提出企业的战略目标。

（2）战略选择。战略选择阶段的任务是为企业长期目标确定恰当的总体战略和竞争战略目标及实现途径。主要工作包括：

1）根据战略分析阶段确定的战略目标，在充分考虑企业内外部环境因素的基础上，提出若干备选的战略方案。

2）根据预先确定的评价标准和评价方法，对各战略方案进行分析评价，找出各方案的优缺点，预计实施过程中需要的资源配置，并从中做出选择。

3）根据选定的战略，制订具体的实施方案和计划，将战略目标进行层层分解，制定相应的具体目标和实现目标的方法。

（3）战略实施。战略实施阶段的任务是为战略的具体实施安排组织条件，并对战略实施过程进行领导、指挥和控制，以保证战略目标实现，或是根据战略平衡状态的变化及时调整战略目标。主要有以下工作内容：

1）根据战略的要求调整组织结构。著名的企业管理学家小阿尔弗雷德 D. 钱德勒（Alfred D. Chandler Jr.）就战略和结构之间的关系，经过有关分析研究后得到如下结论：战略决定结构，结构影响战略。新战略的实施必然会对企业的组织结构产生影响，如可能导致企业业务重心的转移，或者业务范围的改变，这就要求企业的组织结构类型进行相应的改变，以适应新的企业战略。

2）调整或者改变企业的各项职能管理系统，包括人力资源管理体系、营销管理体系、财务管理体系、生产运营管理体系等。

上述各种职能管理系统是企业战略实施的具体体现，是企业战略实施的载体，通过这些具体的职能战略，企业确定的新战略得到实施和贯彻。同时，在具体的实施过程中，需要对这些职能战略进行动态控制，如果发现有不合理的地方或者外部的具体环境和实施条件已经发生了变化，则可能要对相应的战略举措甚至战略定位进行修订。

专栏 5-3　柳传志的管理三要素

柳传志认为，联想集团之所以成功，凭借的是管理。这个管理是个大管理的概念，即"建班子""定战略"和"带队伍"。

"建班子"包括三件事：一是群策群力，不依靠企业领导人一个人的智慧；二是提高管理者的威信；三就是对企业最高领导人做出一定的制约。

"定战略"的主要内容是：如何有指导思想地建立远、中、近期的战略目标，并制定可操作的战术步骤，分步执行。柳传志把制定战略分为以下几个步骤：①确定长远目标；②决定大致分几个阶段；③当前最近的目标是什么；④选什么道路去到达。

"带队伍"要做好三件事：一是充分调动员工的积极性；二是提高员工的能力；三是使员工队伍有序、协调、效率高。这些就是组织、架构和规章制度要解决的事。

资料来源：张涛.柳问：柳传志的管理三要素［M］.杭州：浙江人民出版社，2015.

5.4.3　企业战略的类型

从企业战略的层次划分，战略可以分为公司层战略、业务层战略和职能层战略三大类，如图 5-3 所示。

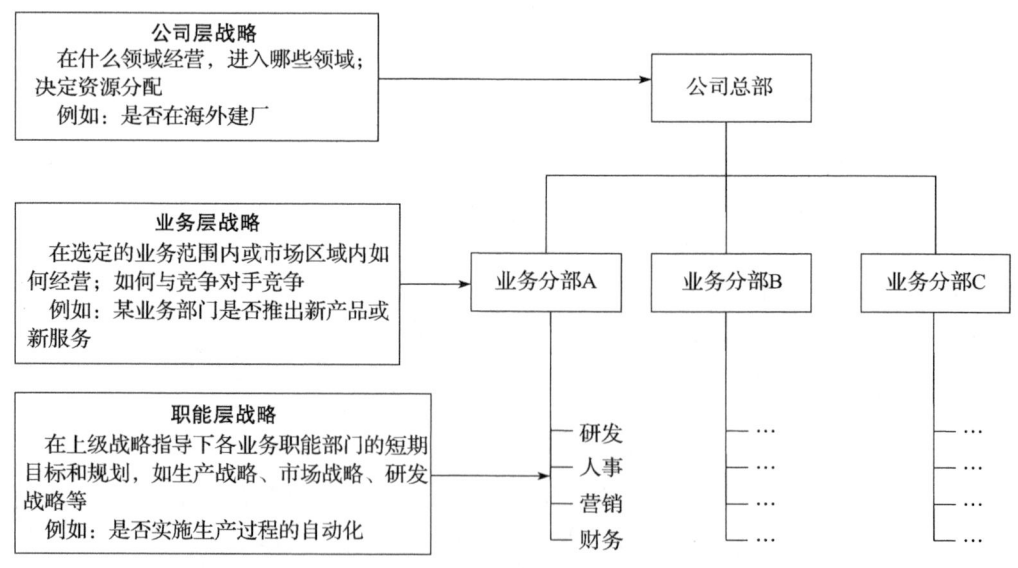

图 5-3　企业的战略层次

1. 公司层战略

公司层战略又称总体战略，是整个企业高层确定的长期发展目标和发展方向。公司层战略的主要任务是确定在什么领域经营，进入哪些领域及企业的业务组合，即决定企业活动所涉及的业务范围种类；合理安排各类业务活动在企业业务总量中的比重和作用等。

公司层战略主要包括成长型战略和防御型战略两类。其中，成长型战略主要有集约型成长战略（intensive strategy）、一体化成长战略（integration strategy）、多元化成长战略（diversification strategy）三大类。防御型战略主要有收缩战略（retrenchment strategy）、剥离战略（divestiture strategy）、清算战略（liquidation strategy）三种（见表5-3）。

表5-3 常见战略类型

战略类型		基本含义
集约型成长战略	市场渗透	通过更大的营销努力，提高现有产品或服务在现有市场上的市场份额
	市场开发	进入新的细分市场；将现有产品或服务打入新的地区（市场）
	产品开发	改进和改变老产品（服务）；开发新产品
一体化成长战略	前向一体化	沿着与企业当前业务的输出端（价值系统中的下端）有关的活动向下延伸；获得经销商（零售商）的所有权或加强对它们的控制
	后向一体化	沿着与企业当前业务的输入端（价值系统中的前端）有关的活动向上延伸；获得供货方公司的所有权或加强对其的控制
	横向一体化	获得本公司竞争对手的所有权或加强对其的控制
多元化成长战略	集中多元化	增加新的但与原有业务相关的产品与服务
	混合多元化	增加新的与原有业务不相关的产品与服务
	横向多元化	向现有用户提供新的与原有业务不相关的产品或服务
防御型战略	收缩	企业通过减少成本与资产而重组企业，以扭转销售和盈利的下降
	剥离	出售企业的分部、分公司或任何一部分
	清算	为实现公司有形资产价值而将公司全部资产分块出售

2. 业务层战略

业务层战略又称为事业层战略、竞争战略，即各业务管理中心（一般为战略业务单位，SBU）根据公司层战略决定的各具体业务部门的发展方向和发展战略，规划业务的具体竞争方式和资源使用重点。

3. 职能层战略

职能层战略又称为职能支持战略，是在上级战略指导下各业务职能部门制定的短期目标和具体实施计划与方案，如生产战略、市场战略、研发战略等。相对于公司层战略和业务层战略而言，职能层战略的内容要详细、具体得多，其作用在于使业务层战略或公司层战略的内容得以通过各职能活动具体落实。

以上三层战略是相互包容和相互补充的，通过三层战略的实施，各级战略之间实现了相互补充和完整：职能层战略支持业务层战略，业务层战略支持公司层战略。

重要的职能层战略包括人力资源战略、营销战略、生产战略、采购战略、财务战略等。

（1）人力资源战略。在知识经济时代，人力资源是企业最宝贵和最重要的资源。人力资源战略关系到企业最根本的、长远的竞争能力。人力资源战略的分析内容包括薪酬体系、不同工种和职务的报酬水平流行方式及其发展趋势、有关人力资源方面的法律法规等因素。

根据上述领域企业外部的情况和企业内部的具体配置，企业需要制定有关人力的选择、提拔、考核、奖惩、薪酬、员工职业生涯规划等方面的规章制度。

（2）营销战略。营销环节是企业竞争力得以最终表现和实现的关键途径。营销战略的内容包括企业新产品的推出、主要的营销手段和途径、市场细分的变化、定价政策、新出现的分销渠道及发展预期、产品的流动情况和改善服务的方式等。营销战略可进一步细分为：产品战略、新产品开发和推出战略、分销战略、价格战略、促销和广告战略，以及对营销组织的管理等具体的战略。

对营销战略效果的评价可以采用销售额增长率、市场占有率、产品线宽度、用户满意率等指标，还可以通过行业对比和对手对比进行评价。

（3）生产战略。生产战略涉及产品制造的整个过程，生产战略的内容包括以下内容：工艺技术方面的决策、生产环境分析、有关产品线决策、有关产品质量决策等。

（4）采购战略。采购战略涉及与供应商的客户关系维护、采购成本预算、库存成本、采购周期等。

（5）财务战略。财务战略涉及企业资本预算、并购计划、筹资计划、风险控制等。

5.4.4 企业战略的评价与选择

1. 战略评价的常用方法

英国战略学家理查德·鲁梅尔特（Richard Rumelt）提出了战略评价的四条标准，即一致（consistency）、协调（consonance）、优越（advantage）和可行（feasibility）。协调与优越主要用于对公司的外部评估，一致与可行主要用于内部评估。

- 一致。一个战略方案中不应出现不一致的目标和政策。鲁梅尔特提出了如下帮助确定组织内部问题是否由战略间的不一致所引起的三条准则：①尽管更换了人员，管理问题仍持续不断，可能存在战略的不一致；②一个组织部门的成功可能意味着或被理解为另一个部门的失败，那么战略间可能存在不一致；③如果政策问题被不断地提交到最高领导层来解决，可能存在战略上的不一致。
- 协调。协调指在评价时既要考察单个趋势，又要考察组合趋势。
- 可行。依据企业所处外部环境及企业自身资源，考察战略是否可行。
- 优越。良好的企业经营战略应该能够为企业带来持续的竞争优势，这种竞争优势能够保证企业适应外部环境，并最大限度地利用企业自身的资源和独特能力。

2. 战略选择的影响因素

企业战略的选择是一个非常复杂的过程，会受到众多因素的影响，主要因素如下。

（1）企业过去的战略。过去的战略是企业选择新战略的起点，尤其是如果过去的战略比较成功的话，一个常见的决策是继续沿用过去的战略或者只做小幅改动。一般而言，如果最高决策层组成人员没有大幅度变动，在进行新战略决策时受到以往战略的影响比较大。

（2）战略决策层对风险的态度。企业战略决策层对风险的态度影响着战略类型的选择：风险承担者一般采取进攻性的战略；风险回避者一般采取防御性战略。风险回避者更注重过去的战略，而风险承担者则可能选择新的进攻性战略。

(3) 企业利益相关者的影响。企业的众多内外部利益相关者如股东、竞争者、客户、政府、行业协会、所在社区甚至社会都会对企业的战略决策产生程度不同的各类影响。在不同时期，或者企业处于不同的运营阶段，不同利益相关者对企业的影响程度是不一样的，从而战略决策受到的影响也就不一样。

(4) 企业文化。企业进行战略决策时不可避免会受到企业文化的影响。企业文化有强弱之分，在强势的企业文化中，企业的战略决策和选择受到原有战略的影响比较大，而在弱企业文化中，企业的战略决策和选择受到原有战略的影响比较小。

(5) 竞争者的反应。为准确地进行战略选择，企业还必须分析和预计竞争对手对本企业不同战略方案的反应，并充分估计这种反应对企业后续经营带来的影响。

3. 常见战略选择误区

由于受到多种因素的影响，如战略决策者的有限理性、外部环境的多边性等，实际中的战略选择不可能是十全十美的。常见的战略选择误区有以下几种。

(1) 盲从。在没有仔细分析企业特有的内外环境条件和自身资源的情况下，盲目地追随行业内成功企业的战略选择或者目前流行的战略态势，忽视对企业自身特殊情况的充分考虑，从而造成战略失误。

盲从现象主要发生在两种情况下：一是企业所在行业正处于上升势头，盲目追随业内其他企业的战略，并且大部分企业会采取发展型战略，这种盲从现象极易导致行业内供大于求的情况出现；二是企业正处于发展上升阶段，企业对自己的估计过于乐观，往往采取多元化的战略，四处扩张，一旦市场环境发生变动，容易导致经营失败。

(2) 墨守成规。企业容易受到已经成功的战略的影响，而忽视外部环境和企业相对竞争优势的变化，缺乏创新和变革，墨守成规。

(3) 战略规划与执行的非系统性。这里是指战略规划在时间上的连续性，与未来环境的适应性方面不够系统，例如，战略制定出来实施的时间不长，就遇上主要管理人员的调整，由此造成战略态势的重新选择，使企业战略没有连续执行的效率，变得失去长期的总体效益。

5.4.5 战略的实施与控制

1. 战略控制的概念与作用

战略控制主要是指在企业经营战略的实施过程中，依据一定的控制标准，检查各项战略举措的进展情况，与既定的战略目标与绩效标准进行比较，分析产生偏差的原因并纠正偏差，使企业战略的实施更好地与企业当前所处的内外环境、企业目标协调一致，使企业战略得以实现。

战略控制对于保证企业战略的有效实施具有重要作用。战略控制贯穿企业战略实施的全部过程，在实施的每一个环节通过相应的控制标准和控制手段，纠正战略决策和实施的偏差，为战略决策提供重要的反馈，保证战略目标的实现。

2. 战略控制的方式

从控制时间来看，企业的战略控制可以分为如下三类。

(1) 事前控制。在战略实施之前，依据企业内外部情况，设计有效的战略计划，并在企业内部经过充分沟通后得到最大限度的认同，计划中的有关内容就成为日后战略考核的标准。这种控制多用于重大问题的控制，如任命重要的人员、重大合同的签订、购置重大设备等。

（2）事后控制。在企业的经营活动结束之后，就战略结果与事先拟定的控制标准相比较，这是一种事后的补救措施，意在警示今后尽量再犯类似错误。

（3）过程控制。在战略实施过程中随时采取控制措施，纠正实施中产生的偏差，引导企业沿着战略的方向进行经营，这种控制方式主要是对关键性的战略措施进行随时控制。

以上三种控制方式所起的作用不同，因此在企业经营当中它们是被随时采用的。

依据控制的具体领域不同，企业的战略控制可以分为相应的不同种类：①财务控制。这是使用范围极广且非常重要的一种控制方式，包括预算控制和比率控制。②生产控制。对企业产品品种、数量、质量、成本、交货期及服务等方面的控制。③质量控制。质量控制的范围包括生产过程和非生产过程的控制。④成本控制。除了各种有效和严格的成本控制手段与方式之外，在企业中建立成本控制意识才是最重要的，也是最根本的方法。

3. 战略控制有效的条件

建立有效的战略控制系统，需要一定的条件。

（1）有经营战略规划。企业经营战略控制是以企业的经营战略规划为依据的，战略规划越明确、完整和全面，其控制的效果就有可能越好。

（2）健全的组织机构。组织机构是战略实施的载体，它具有能够具体地执行战略、衡量绩效、评估及纠正偏差、监测外部环境的变化等职能，因此组织结构越合理、明确、全面、完整，控制的效果就有可能越好。

（3）得力的领导者。高层管理者是执行战略控制的主体，又是战略控制的对象，因此要选择和培训能够胜任新战略实施的得力的企业领导者。

（4）优良的企业文化。企业文化的影响根深蒂固，如果有优良的企业文化能够加以利用和诱导，这对于战略实施的控制是最为理想的，当然这也是战略控制的一个难点。

本章小结

1. 计划工作是对组织在未来一段时间内的目标和实现目标途径的策划与安排。
2. 计划工作的基本特征可以概括为以下五个方面：计划工作在管理工作中处于首要地位；计划工作具有普遍性；计划工作具有明确的目的；计划工作具有前瞻性；计划工作追求尽可能高的投入产出效应。
3. 在复杂多变和充满不确定性的组织环境中，一个科学、准确的计划，会减少各种变化所带来的影响，为管理者实现既定的管理目标起到事半功倍的作用。
4. 一项完整的计划一般需要六个步骤才能完成，即确定计划的基本前提条件、确定目标、认清前提、发掘并确定备选方案、评估并确定方案、拟订具体计划以及编制预算使计划数字化。
5. 战略管理是对确定战略和实现战略目标过程的管理。具体而言，是指企业依据其宗旨和使命，根据企业的外部环境和内部条件确立企业的战略目标，为保证目标实现进行谋划，并依靠企业内部的能力将谋划和决策付诸实施，以及在实施过程中进行控制的一个动态过程。战略管理是为获得竞争优势而进行的一个系统管理过程。

6. 战略管理的过程大体上可以分为战略分析、战略选择与战略实施三个阶段。

7. 从企业战略的层次划分，战略可以分为公司层战略、业务层战略和职能层战略三大类。

练习与思考题

选择题和判断题，请扫二维码做题；名词解释、简答题和论述题/计算题的参考答案，具体请扫二维码。

一、选择题（题干略，请扫二维码）

二、判断题（题干略，请扫二维码）

三、名词解释

1. 计划工作
2. 战略计划
3. 战术计划

四、简答题

1. 什么是计划？计划的类型是如何划分的？
2. 简述一项完整计划的六个步骤。
3. 什么是战略？简述战略的基本特征与内容。战略管理的过程又是什么？

五、论述题

计划作为管理的一项职能，主要负责对企业的经营管理活动进行筹划和安排，请举例说明它与其他管理职能之间的关系。

案例讨论

双童：一根吸管的智慧

"一根小小的吸管，能有多大花头？"这是许多人初次接触楼仲平时，冒出的第一想法。也不奇怪，这个产品门槛低、技术低、起点低、利润低，算得上是上百万个义乌小商品当中最难做，也最不值得去做的产品。"很多发达国家都有这么一群商人，他们的家族企业几百年只生产一种商品，却能把这种商品做成艺术品、奢侈品，"义乌市双童日用品有限公司董事长楼仲平说，"我就是想要成为这样的人，做这样的事。"2016年7月，瑞士日内瓦ISO国际标准化组织正式向全球162个成员发布了《聚丙烯饮用吸管规范》ISO国际标准，这一标准正是由双童主导制定的，双童成为名副其实的国际行业游戏规则的制订者。在22年的时间里，楼仲平把一根微不足道的吸管做精做深，获得了全球塑料吸管行业2/3的专利，将双童品牌做成了全球吸管行业的第一品牌，把每根只赚几厘钱的吸管做成了年产值上亿元的隐形冠军。但楼仲平始终说自己就是一个在义乌土生土长的"匠人"，在他看来，工匠精神不仅是精益求精，更是一种追求、一种负责任的态度，是耐得住寂寞的承诺。

一根吸管有"匠心"情缘

义乌商人多经历过"鸡毛换糖"，楼仲平也不例外。14岁从"鸡毛换糖"开始，收过废品，卖过牙刷，放过氢气球，搞过有奖销售，摆过地摊，做过铁匠，搞过养殖……在经历了20多个行业的摸、爬、滚、打后，1994年，一个偶然的机会，楼仲平选择了"一根小吸管"作为重新创业的起步。在做吸管最初的几年，楼仲平也无数次为选择这个行当而懊恼，因为这个产品低、小、散，难以为人关注，在餐桌上都是白送他人使用的，很难挣到钱，根本不值得投入太多的精力去经营。但2000年的一次日本之行，彻底改变了楼仲平对吸管的认知，也促使他转变发展思路，让双童走上了一条与众不同的发展道路。

楼仲平回忆说，他第一次跟随客户桑原道昭先生到日本考察业务时，去了奈良的一家一次性筷子工厂参观，这个小工厂只有十来台不算太先进的生产设备和一二十个员工，但生产出来的一次性筷子让他十分震惊：虽说是一次性筷子，却做得像工艺品般考究，包装更是极为精致。当然，售价也吓了他一跳：五双包装的一盒筷子，出厂价格竟然高达400多日元，相当于人民币六元多一双，是国内同类一次性筷子批发价格的100多倍！为什么日本的企业一根筷子可以做50年？为什么一个小小的日本企业能做出中国同等规模企业的百倍产出？这次参观让楼仲平很受触动，在之后的十几年里，这家筷子工厂的"工匠思维"深深地影响了他对企业和产品的经营思维，让他跳出传统制造业的思维模式，深刻地认识到通过坚持和创新完全可以改变企业的真理，从而影响了双童在后续发展过程中始终坚守在"一根吸管"上，并通过专注不辍、精进创新、用心经营而形成了独具特色的"双童工匠思维"，使双童逐渐摆脱了薄利多销的粗放经营，逐步形成了精细化管理、生态环保、与员工共成长的可持续发展道路，从而彻底改变了世人对吸管行业低、小、散、弱的传统认知。

小小吸管也能"高大上"

动物造型的卡通吸管、内嵌风轮会不停旋转的风车吸管、生肖吸管、帮助老人和病人吸饮不会回流的省力吸管、小鸟吸管、party吸管……在公司二楼的展厅里，五彩缤纷、琳琅满目的吸管样品，让人眼花缭乱。如果不是亲眼所见，很难想象一根吸管也可以玩出这么多花样。"一个小小的水流止回阀，我们就拥有四项自主知识产权，有效解决了液体回流问题，还避免交叉感染。"楼仲平告诉记者，因为吸管生产是很偏很窄的行业，要想产品有创新、有市场，双童只能靠自己研发，除了产品的外观、功能外，就连生产设备也要自己研制，他的很多创新都是"困而知之"的产物。为了鼓励员工参与创新，楼仲平每年都会举办产品创新大赛，让员工的创新潜力得到最大程度的激发。现在热销的不少新款吸管产品，就是来自创新大赛的获奖作品。2015年，双童的新产品占比超过56%。

双童追求创新，让一根毫不起眼的吸管从低、小、散、弱变成了"高大上"，在工业用地、厂房、设备保持不变的情况下，实现了资源产出的最大化。10年里，双童的产值始终保持着每年两位数增长，产值增长了六倍，人均产出增长了八倍。

吸管巨鳄立国际标准

精细化管理也渗透在双童的各个环节。楼仲平格外注重企业文化对员工素养的提升。在双童，每周雷打不动都有两期全员学习大会，各部门还有自己的小课，即使是保洁和门卫，每周都要求学满10小时。此外，双童还拥有完整的制度流程，已经积累形成了2 000多页标准化制度文件，其中管理卫生的文件就涉及260多页。正是这种严谨、认真的"工匠"态度，双童先后承担了《聚乳酸冷饮吸管》中国轻工业标准、《聚丙烯饮用吸管》中国国家标准和《聚丙烯饮用吸管规范》ISO国际标准的起草编制，把规则制定和国际话语权牢牢握在自己手中，成为浙江省唯一一家单一企业编制"行业标准、国家标准和ISO国际标准"的中小企业，也成为第一个使"义乌标准"走上国际舞台的企业。

资料来源：白丽媛，杨晨，陈华栋，等.义乌"双童"：产值上亿的隐形冠军，小吸管背后的大匠心［N］.浙江日报，2016-11-02.

讨论题：

1. 总结义乌双童公司的成功之道。

2. 从战略视角分析，义乌双童立足品牌与创新的可能性和可行性。

管理评论

您会花银子为《罗辑思维》买单吗

2012年年底笔者偶遇罗振宇做的《罗辑思维》自媒体节目，还记得当期的主题是

"法治国什么样",立刻惊为天人,之后便一直追踪着这个胖乎乎的"知识说书人"的节目,几年来《罗辑思维》确实带给我很多快乐。但2017年后,《罗辑思维》一直没有更新,直到最近,罗胖(指罗振宇)突然宣布《罗辑思维》不再做免费视频了,音频节目将在"得到"App里播出,时间缩短为一期8分钟左右,且只提供给付费的用户。我还依稀记得罗胖曾经笑容可掬地说他将是我们身边的说书人,会陪我们20年,结果才四年就要挪地方了,真是有点始乱终弃的感觉。

其实在看《罗辑思维》第一期节目的时候笔者就曾想过,这么优质的节目内容,又不依靠广告来收费,到底如何生存下去?罗胖不会真是慈善家吧?看来罗胖酝酿多时,终于走出了内容付费这一步。只是,有多少消费者会为《罗辑思维》花银子呢?

媒体怎样盈利

一直以来媒体的主要盈利模式无非就是广告和卖东西。前者的典型代表是最近很火的两档网络综艺节目《奇葩说》和《吐槽大会》。这两档节目通过制作精良的节目效果吸引了大量关注,众多广告金主自然很大方地投钱,据说最新一季的《奇葩说》收到了4亿元的广告费。后者的代表是《吴晓波频道》这档自媒体节目,吴晓波同志在节目中"指点江山",通过精彩的财经内容吸引了大量粉丝,然后在节目上卖吴酒,赚得盆满钵满,《罗辑思维》也曾卖过书甚至月饼。长久以来消费者都已经习惯了这样的媒体盈利模式。只要内容免费,消费者忍受一点广告没问题,心情好了从你那里买点东西也可以,毕竟听了这么多优质节目不出点血也不好意思。

但是,你突然告诉我节目本身要收费了,我的小心脏还真接受不了,有时真的并非心疼那点钱,而是内容免费的观念已经根深蒂固,无论你罗胖如何舌灿莲花,但这内心深处的底层代码不好改啊。虽然罗胖说自己的知识金贵,但笔者认为《罗辑思维》和很早之前的《李敖有话说》,以及近年来的《财经郎眼》《开讲啦》《朗读者》等节目并没有本质上的差异,它们也都是满满的知识含量,这些节目都没有收费,罗胖你就好意思收费?

换个角度看,内容付费就是理所当然的?

按照罗胖的解释,虽然从媒体的角度来看,内容付费似乎是从免费到付费的转折,但从教育、出版这两个行业来理解内容付费这件事情,根本就不存在转折,知识从来都是要付费的。但事情真的这么简单吗?首先来看教育,人们接受教育的目的难道只是为了获取知识?非也,在学校接受教育不但能够获取知识,还能收获校友,获得社交能力的提升,并且能够拿到一纸文凭,而这些是学生走出校园安身立命之本,这是人们接受教育的目的。同样,社会上盈利的教育机构如火爆的奥数培训、各种考证的培训、英语培训等,也都有其明确的商业目的,背后要么是父母的殷切希望,要么是升职加薪、出国的诱惑。那么,《罗辑思维》能给我们什么?罗胖说爱智求真!也许有些人真的是奔着爱智求真来的,但这个需求并不急需,并且不必非得从你这里求。对于大多数人,看《罗辑思维》和看《快乐大本营》等综艺节目并没有本质的区别,就是为放松一下心情,顺便增加点茶余饭后的谈资。至于出版业,书籍是有形的,人们已经习惯了为有形的产品付费,这种心理机制难以改变。出版业已经推了多年电子杂志,但现在有多少人会为电子杂志付费?此外,书籍给出的知识往往更加系统。以我个人的体验,《罗辑思维》虽然精彩,但只能给我片段化的知识,只能当零食,不能当正餐,要系统地学习知识我还是会去读大部头的书。

真的没人付费吗

现在《罗辑思维》的新载体"得到"App的运营情况也并不差,据说卖得最好的李笑来老师的《通往财富自由之路》已卖了13万份,说明还是有人愿意付费的。的确,罗胖经过这些年的辛苦经营，已经积攒了相当数量的粉丝，其中不缺乏铁粉，这些人中有很多人经济实力是不错的，只要内容的品质不错，他们并不在乎支付一点小钱。何况，假如真的能够通往财富自由之路，岂不是赚大了？

笔者认为，"得到"App 运营主播这种"魅力人格体"的能力也是影响其未来盈利能力的重要因素。优质的"魅力人格体"能够让顾客心甘情愿地掏钱出来，就像罗胖自己的铁杆粉丝一样。罗胖把自己变成了网红，他如果能找到并培养出更多知识传播领域的网红，就有可能成为知识传播界的"华谊兄弟"，未来无可限量！因此，笔者认为，如果"得到"App 的产品能够确保品质足够好，并且主播是足够强的"魅力人格体"，应该能够吸引到一些多金顾客，只是目前这个群体不会太大，需要慢慢地培养。

《罗辑思维》的改版引发了诸多口诛笔伐，以前的粉丝是否能够接受付费，以及时长从 45 分钟到 8 分钟的转变？这些可能会导致粉丝用脚投票，进而会影响"得到"App 里内容产品的销售。

内容付费的春天似乎并没有到来，但作为知识付费领域的拓荒者，罗胖无疑是一位勇士。路漫漫其修远兮，希望罗胖一路走好，身后的喜马拉雅、分答、知乎等一众"兄弟"都在看着你呢！站直了，别趴下！

资料来源：肖迪. 您会花银子为《罗辑思维》买单吗[J]. 浙商管理评论，2017.

延伸阅读

[1] W H Lambright. 重大科学计划实施的关键：管理与协调[M]. 王小宁，译. 北京：科学出版社，2009.

[2] 约翰 W 马林斯. 创业测试：企业家及经理人在制定商业计划前应该做些什么[M]. 石建峰，译. 北京：中国人民大学出版社，2004.

[3] 唐东方. 战略规划三部曲：方法·实务·案例[M]. 北京：中国经济出版社，2009.

[4] 杨永平. 思想的跨越：一个企业实践者的思考与感悟[M]. 北京：中国社会科学出版社，2007.

组织设计

管理箴言

科层制组织所追求的是通过稳定的、有秩序的、分工合作且运作协调的组织体制来谋求效率。

——马克斯·韦伯

本章要点

- 组织设计的任务、影响组织设计的主要因素。
- 组织设计的基本原则、关键要素。
- 常见的组织结构、现代组织设计的方法。
- 职权的概念、分类。
- 授权的概念、原则。

引例

腾讯公司组织结构的调整

2014年5月6日,腾讯公司宣布成立微信事业群,张小龙出任微信事业群总裁。2011年1月21日推出的微信已经成为许多人的一种生活方式,微信业务在腾讯公司的重要性早已不言而喻,因此,这一组织结构调整丝毫不令人意外。据悉,微信事业群将负责微信基础平台、微信开放平台,以及微信支付拓展、O2O等微信延伸业务的发展,并包括邮箱、通讯录等产品的开发和运营,致力于打造微信大平台,为用户和合作伙伴创造更多价值。

成立于1998年的腾讯公司曾经历了多次组织结构的调整。马化腾在参加第二届世界互联网大会时表示,一个企业如果只靠创始人的精神支撑,那么它的可持续性是值得怀疑的,所以腾讯也在思考一个机构、一个企业怎样能从组织上的创新保持活力。因此，腾讯在不断调整组织架构，差不多每隔七年就会做大的调整，这也是根据行业内部的管制以及创新的压力需求来发展的。

在公司成立最初，腾讯采用了直线职能制的组织结构，"创业五虎"各司其职，其中，马化腾担任 CEO，技术人才张志东分管研发部门，开朗善辩的曾李青分管市场、运营部门，严谨稳重的陈一丹分管行政、人力资源部门，为人随和的许晨晔则分管信息、公共关系部门。

到了 2005 年，腾讯公司提出了"二次创业"，并对组织结构进行了重大调整，从直线职能制的组织结构向以产品为导向的事业部制结构转变。在总经理办公室下设 B0 企业发展系统负责战略投资、国际业务拓展等，以及 S 职能系统（包含集团总部的各职能部门）；设立了对全局经营有着重要支持作用的两大系统，分别是 R 平台研发系统和 O 运营平台系统；更为重要的是设立了四个业务单元（也是公司营收的来源部门），分别是 B1 无线业务系统、B2 互联网业务系统、B3 互动娱乐业务系统和 B4 网络媒体业务系统。腾讯公司希望通过这样的组织结构调整，能使组织尽量扁平化，提升决策效率，快速响应环境变化。

到了 2012 年，随着各种新技术、新需求和新商业模式的层出不穷，腾讯公司再次对组织架构进行了调整，将以产品为导向的事业部制升级为事业群制，并借此机会重新梳理原有业务。在集团公司下，除了职能系统外，分别设立了企业发展事业群、技术工程事业群、互动娱乐事业群、社交网络事业群、网络媒体事业群、移动互联网事业群和腾讯电商控股公司。此次调整使组织单元边界划分更加清晰，减少了因业务重叠而产生的部门矛盾；前五大业务型事业群在后两大技术型事业群的支持下，将更好地协同发展，充分发挥"一个腾讯"大平台的整合优势。

资料来源：编者基于腾讯公司网站（www.tencent.com）介绍的资料整理、编写。

1998 年 11 月，马化腾和他的大学同学张志东注册成立了"深圳市腾讯计算机系统有限公司"。在腾讯公司由小到大的成长过程中，随着企业的发展目标、战略重点的不断调整，企业内的组织架构也一直在相应地进行调整，从而确保企业能更有效地利用各类资源，更快更好地向组织的既定目标前进。哈罗德·孔茨曾说："为了使人们能为实现目标而有效地工作，就必须设计和维持一种职务结构，这就是组织管理职能的目的。"

6.1　组织设计的任务与影响因素

所谓组织设计，是指对组织内的人员进行横向或纵向的专业化分工，其目的是将组织内的任务、权力和责任进行有效协调，其基本功能是协调组织中人员与任务之间的关系，使组织能保持较好的灵活性和适应性，从而有助于实现组织的既定目标。

作者视频讲解
请扫二维码

6.1.1　组织设计的主要任务

一个健全的组织必然要求动态的组织设计。组织设计的着眼点和基本问题是确定人员在组织中的位置，即机构设置和人员配置。具体而言，组织设计的任务即设计组织结构图、撰写部门职能说明书，以及设计岗位结构图、撰写岗位职责说明书。

1. 组织结构图和部门职能说明书

为了使组织流程良好运行，组织需要确立一定的组织结构，并围绕组织结构设置工作职位，制定管理制度。由此，组织中的每个成员都能明确自己的责任范围和相应的职权，掌握自己的工作职责和他人工作职责的关系，以及自己的工作职权和他人工作职权的关系。

组织结构是对组织各部门进行整合，实现组织成员责、权、利相互关系协调的一种制度安排。组织结构一般用组织结构图表示，该图可以清晰地显示出一个组织内部各个部门的职权、职责以及相互的工作关系。

与组织结构图相匹配的是部门职能说明书。部门职能说明书反映了该部门在组织分工中的位置，一般包含部门名称、部门职能的具体内容、岗位安排、部门权力、部门责任、上下级隶属关系、协作部门等内容。

2. 岗位结构图和岗位职责说明书

一家企业在确定了组织结构之后，在实际运营的过程中还需要将组织内各部门的各项工作安排到具体的岗位，从而便于将各项工作落实到具体的管理者、员工。岗位结构图中需要清晰标明组织中各个岗位之间的相互关系，主要包括纵向关系和横向关系，如图 6-1 所示。

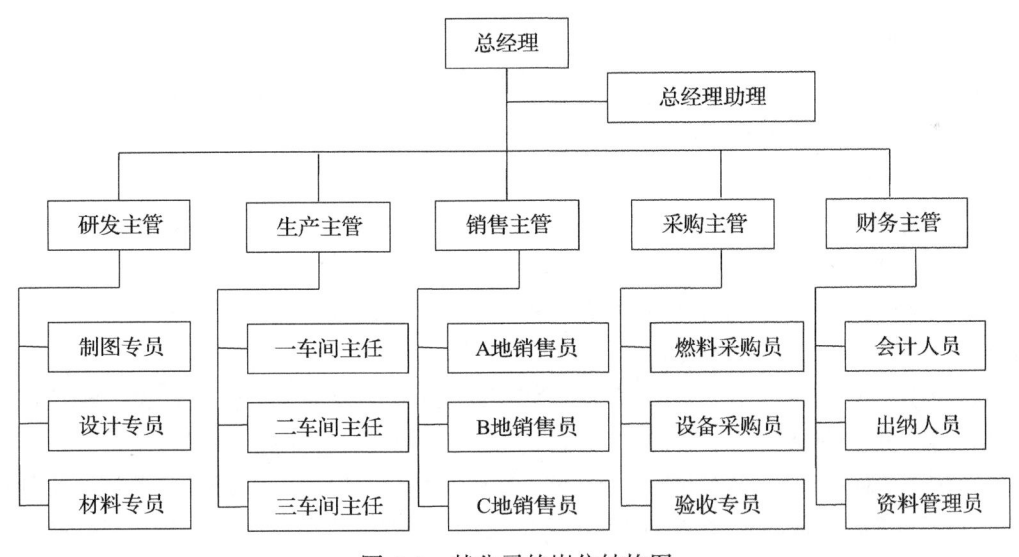

图 6-1　某公司的岗位结构图

组织作为一个系统，是由各个岗位的员工通力合作而有效运转的。其中每一个岗位都有其侧重点，对具体工作人员的要求也有较大差异，因此需要通过岗位职责说明书规范每个岗位在组织运作中的位置、作用，以及对该岗位员工的能力、素质等方面的要求。岗位职责说明书一般包含岗位名称、岗位的上下级、岗位的主要工作、岗位的责任、岗位的权力、岗位的能力要求等内容，如表 6-1 所示。

表 6-1　某个岗位职责说明书的内容

岗位编号	为便于归类、查阅，给各岗位按一定标准编号
职系	所属系列（如技术系列、管理系列等）
职级	通过岗位评估可以给每个岗位确定相应的职级，岗位职责说明书上标明的岗位职级将与薪金标准相对应
薪金标准	
直接上级	对岗位进行定位，明确各个岗位在组织和部门中所处的位置，以及岗位之间的汇报关系
直接下级	
晋升岗位	反映该岗位未来的发展空间
岗位概要	用一句话概括该岗位主要的工作
工作描述	分为重点工作、一般工作
主要责任	该岗位所承担的责任
岗位权力	为完成岗位职责而应当具备的权力
任职资格	从资历、技能、素质等方面描述该岗位应具备的最低条件

6.1.2 影响组织设计的主要因素

组织结构设计受多方面因素影响，需要综合考虑才能为一个企业设计出适合的组织结构，这种综合有利于我们从总体上把握组织结构的全貌。哪些因素导致不同行业、不同企业在组织结构方面的差别呢？主要包括以下一些重要的情景因素：企业战略、外部环境、科技条件、组织规模及企业文化等。

1. 企业战略

为了从竞争中取胜，不同企业采用不同的战略，争取本身独特的优势。相应地，企业战略必然需要企业在组织结构上与之匹配，才能使战略更有效地执行。

迈克尔·波特指出，竞争战略大致可分为三种。

（1）成本领先战略。凭着高效率营运、低劳动力成本、经济规模、技术专长等，加上生产过程紧密控制，产生比竞争对手成本低的优势。

（2）差异战略。主要通过优质产品、上佳服务、创意设计或崭新科技，并刻意将商品或服务的独特性呈现于消费者眼前。

（3）聚焦战略。将企业焦点放在一个较狭窄而独立的市场（或顾客对象），再从不同方面去满足这个市场内顾客的需要。

当企业实施成本领先战略时，要从经营的各个方面去控制成本。一般而言，此时企业需要一个较为复杂（即高度分化、制度化程度高且中央集权）的结构去配合，以更精确地控制各个方面的成本；当企业采用差异战略时，一般而言，它就需要提高弹性及应变能力，因此结构方面具有较多的复杂性，降低形式化程度及权力集中程度。

2. 外部环境

组织结构被认为是组织的外部环境与其内部各子系统之间的纽带。汤姆·伯恩斯（Tom Burns）和 G. M. 斯托克（G. M. Stalker）认为，组织结构的设计与所处环境的不确定程度密切相关。环境较为确定的组织与部门，可采取较为稳定的机械结构；而环境较不确定的组织与部门,则应采取有弹性的有机结构,如表 6-2 所示。

表 6-2 机械结构与有机结构的比较

因素	封闭式/稳定性:机械结构	开放式/适应性:有机结构
外部环境系统		
一般特性	稳定的	动态的
可预测性	高度的确定性	高度的不确定性
环境对组织的影响程度	低	高
系统结构		
结构类型	正规化结构	弹性结构
规章和程序	甚多,常为正规的书面形态	甚少,常为非正规的书面形态
组织的层级	多	少
权威的来源	来自组织中的地位和权力	来自当事人的知识与能力
责任	与地位有关	由个人自行担当

资料来源:Tom Burns, G M Stalker. *The Management of Innovation*[M]. Oxford: Oxford University Press, 1994.

3. 科技条件

科技条件是指在生产过程(包括生产商品或提供服务)中所使用的机械工具、技术知识及操作程序。科技水平的高(复杂)与低(简单)对组织结构有一定影响。

我们可以从两方面去探讨作业所采用的科技的性质。其一是工作多元性,即生产过程是否出现很多不可预料而奇特的情况;其二是工作活动的可分析性,即工作能否按部就班,依循固有规则即可完成。当一个企业的营运情况简单而重复,鲜有不可预测的处境,并且生产过程是根据既定程序进行时,则该企业采用常规科技,如家用电器、纺织及制衣工厂便是明显的例子。与常规科技配合的结构特点包括:高度的形式化及标准化、中央集权及低专业化程度。与此相反,当一个企业的营运过程既有较高的多元化,难以预测,又有较低的分析性,工作活动变化万千,无章可循,则企业应采用非常规科技,例如商业研究、公关及市场策划工作。在该种科技情况下,企业应采用一个具有弹性的组织结构,下放权力,提高专业化程度,降低形式化程度,使企业变得更为灵活。

4. 组织规模

一般来说,组织规模是以雇员人数多寡来显示的。一个大企业,人数众多,内部分工也较细,为了方便对员工的监管,会多设层级和部门,也会较多采用规章条文去影响员工行为及工作进度。此外,在大规模的企业内,决策众多,高层管理人员不能处理全部决策,因此有下放权力的趋势。

5. 企业文化

企业文化是指企业内各成员所共同分享及认同的价值观、规范与信念,用以维系及凝聚众人。如前所述各情景因素,企业文化需要组织结构的配合,方可发挥其效用。例如,企业强调对外应变的"适应文化",便需要一个宽松且有弹性的结构,降低形式化、标准化和集权程度。相反,若企业采用一个重视内部稳定的"贯彻文化",则组织结构倾向于紧密,以较高的形式化、标准化及中央集权去加强内部控制,保持内部稳定状态。

专栏 6-1
理查德·达夫特关于环境影响组织结构的框架

外部环境特点	组织结构特点
低不确定性	机械结构、正规、集权；较少的部门；没有整合角色；着眼于眼前
低中不确定性	机械结构、正规、集权；部门多，有些跨边界；较少整合角色；有一些计划
高中不确定性	有机结构、团队工作、参与、分权；较少的部门、较多的跨边界；较少的整合角色；计划型的
高不确定性	有机结构、团队、参与、分权；许多部门、差异化、广泛地跨边界；许多整合角色；广泛的计划、预测

资料来源：罗哲. 管理学 [M]. 北京：电子工业出版社，2010.

6.2 组织设计的基本原则与关键要素

6.2.1 组织设计的基本原则

作者视频讲解
请扫二维码

1. 遵循环境要求原则

企业组织结构设计的前提是遵循环境要求原则。企业的外部环境为存在于企业边界之外并对企业有影响的所有因素。任何企业都是在一个特定的外部环境中运营的，它必然要受到外部环境的影响和约束。为了使组织更有效率，组织结构和外部环境及内部资源必须处于"最佳适应状态"。

2. 顾客满意原则

企业组织结构设计的核心原则是顾客满意原则。企业的组织结构决定了其业务流程，而企业的业务流程必然是以提高经营效率，提升产品和服务质量，从而更好地满足顾客需要为中心的。因此，组织结构作为业务流程运行质量的支撑，其设计的核心原则同样是以顾客满意为中心，始于顾客需求，终于顾客满意。

3. 资源约束原则

组织结构受组织外部环境和内部资源的约束。为了使组织更有效率，组织结构和外部环境及内部资源必须是"最佳适应状态"。企业的资源主要是组织资源和技术资源。组织资源包括人（决策者、员工）、顾客、渠道（供应商、销售商）、知识、制度和文化等。技术资源包括信息技术、设计技术、生产技术、仪器设备等。企业的组织结构必然要受到企业组织资源和技术资源的约束，最后形成切合实际的企业组织结构。产品或服务相同的企业，资源不同，组织结构就会不同。

4. 权力分配原则

权力是组织生存发展的决策权，是组织运行的指挥棒，是组织收益分配的基本尺度。企业有两种基本的权力分配模式：集权制和分权制。为使组织结构有效运转，企业必须设计组织权力的分配模式，把握集权与分权的制衡。

在设计组织结构时，集权和分权的原则如哪些权力应集中，哪些权力要分散，必须根据组织的实际状况决定。组织的集权和分权一定要控制在合适的基准之上，既不能影响组织工作效率，又不影响干部和员工的积极性。

5. 管理跨度原则

管理跨度为单位主管直接有效地指挥、监督其直接下级的能力限度。当管理跨度超过这个限度时，单位主管的管理效率就会下降。为了避免管理效率下降，在管理跨度超过限度时，必须增加管理层次。管理层次与管理跨度的关系是：管理跨度大，则管理层次少；管理跨度小，则管理层次多。

从组织管理层次多少和管理跨度大小的角度来细分，组织结构可分为扁平式结构和直线式结构。扁平式结构是管理层次少而管理跨度大的组织结构，直线式结构是管理层次多而管理跨度小的组织结构。

（1）扁平式结构。扁平式结构的优势是：由于管理层次少，上下级沟通距离短，易于密切上下级关系，上下沟通快，信息纵向流通快，组织效率高，并且管理费用低；由于管理跨度大，被管理的员工自主性较高，易于提高积极性，获得满足感。扁平式结构的缺陷是：由于管理跨度大，增加了同级员工之间沟通和协调的难度。

（2）直线式结构。直线式结构的优势是：由于跨度小和层次多，分工精细，管理严密。直线式结构的缺陷是：由于管理层次多，管理人员增加，协调工作难度较大，并且管理费用增加；同时，由于管理层次多，企业高层与基层的层级过多，造成沟通阻隔，上层对下层的动态难以把握，下层对上层的政策、战略知之甚少，易于造成企业整体性的断裂；此外，由于管理跨度小，员工能动性差，影响员工的主动性和积极性。

6.2.2 组织设计的关键要素

斯蒂芬 P. 罗宾斯（Stephen P. Robbins）认为结构界定了对工作任务进行正式分解、组合与协调的方式。管理者在进行组织结构设计时，需要考虑六个关键要素：工作专门化、部门化、命令链、控制跨度、集权与分权、正规化，如表 6-3 所示。

表 6-3　在设计适当的组织结构时需要回答的六个关键问题

关键问题	答案提供
1. 把任务分解成各自独立的工作应细化到什么程度	工作专门化
2. 对工作进行分类的基础是什么	部门化
3. 员工个人和工作群体向谁汇报工作	命令链
4. 一位管理者可以有效地指导多少个员工	控制跨度
5. 决策权应该放在哪一级	集权与分权
6. 应该在多大程度上利用规章制度	正规化

1. 工作专门化

工作专门化这个概念是用来描述组织中把工作任务划分成若干步骤来完成的细分程度，其实质是每个人专门从事工作活动的一部分，而不是全部活动。

20 世纪 50 年代以前，管理人员把工作专门化看作提高生产率的不竭之源。但 60 年代以后，越来越多的证据表明，在某些领域，达到了这样一个顶点：由于工作专门化，人的非经济因素影响（表现为厌烦情绪、疲劳感、压力感、低生产率、低质量、缺勤率上升、流动率上升等）超过了其经济性影响的优势，如图 6-2 所示。在这种情况下，通过扩大而不是缩小工作活动的范围，可以提高生产率。另外，许多公司发现，通过丰富员工的工作内容，允许他们做完整的工作，让他们加入到需要相互交换工作技能的团队中，他们的产出会大大提高，工作满意度也会增强。

2. 部门化

一旦通过工作专门化完成任务细分，就需要按照类别对它们进行分组以使共同的工作可以进行协调。在组织中，工作分类的基础是部门化，即根据一定的标准，将组织中的岗位划分为若干个管理单元。

常见的部门化方法包括职能部门化、产品部门化、地区部门化和顾客部门化。

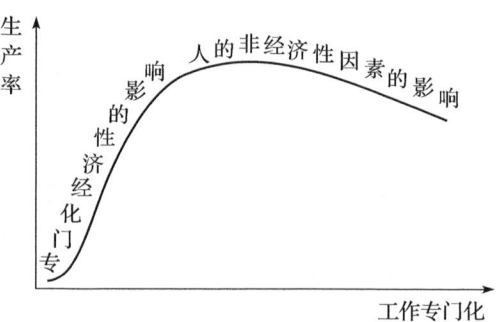

图 6-2　工作专门化的经济性和非经济性

职能部门化，即将相似的工作进行归类。根据职能进行部门的划分，适用于所有组织，它的主要优点在于：把同类人员集中在一起，能够提高工作效率。例如，一家企业把从事相同工作的人员进行归类，从而形成销售部门、财务部门、人事部门、生产部门等。其优点是有利于企业对专业人员进行归口管理，提高管理效率；其缺点是容易出现部门主义，整体管理较弱。

产品部门化，即根据组织生产的产品类型进行部门化。例如，在某石油产品公司中，三大主要领域（原油、润滑油和蜡制品、化工产品）各置于一位副总裁管辖之下，在公司中与同一特定产品有关的所有活动都由同一主管指挥。

地区部门化，即根据地区设置部门。如果一个公司的顾客分布地域较宽，这种部门化方法就有其独特的价值。

顾客部门化，即根据顾客的类型进行部门化。例如，一家销售办公设备的公司下设零售服务部、批发服务部、政府部门服务部三个部门；比较大的法律事务所可根据其服务对象是公司还是个人来分设部门。根据顾客类型来划分部门的理论假设是，每个部门的顾客存在共同的问题和要求，因此通过为他们分别配置有关工作人员，可以更好地满足他们的需要。

大型组织进行部门化时，可能综合利用上述各种方法，以取得较好的效果。例如，一家大型的日本电子分公司在进行部门化时，不仅根据职能类型来组织其各分部，还根据生产过程来组织其制造部门，并把销售部门分为七个地区的工作单位，又在每个地区根据其顾客类型划分了四个顾客小组。

近些年，企业的部门化出现了两个较为普遍的倾向。一是以顾客为基础进行部门化越来越受到青睐。为了更好地掌握顾客的需求，并有效地针对顾客需要的变化迅速做出反应，许多企业更多地强调以顾客为基础划分部门的方法。二是固定的职能性部门被跨越传统部门界限的工作团队所替代。随着工作内容日益复杂，所需要的技术日趋多样化，管理人员开始将注意力转向建设一支多功能、富有较强任务弹性的团队。

3. 命令链

命令链又被称为指挥链，是一种不间断的权力路线，从组织最高层扩展到最基层。它能够回答员工提出的这种问题："我有问题时，去找谁？""我对谁负责？"

在讨论命令链之前，应先讨论两个辅助性概念：职权和命令统一性。职权是指管理职位所固有的发布命令并期望命令被执行的权力。为了促进协作，每个管理职位在命令链中都有自己的位置。每位管理者为了完成自己的职责任务，都要被授予一定的职权。命令统一性原则有助于保持职权链条的连续性。它意味着，一个人应该对一个主管，且只对一个主管直接负责。如果命令链的统一性遭到破坏，一个下属可能不得不穷于应付多个主管的不同命令之间的冲突或优先次序的选择。

4. 控制跨度

"一个主管可以有效地指导多少个下属"这种有关控制跨度的问题非常重要，因为在很大程度上，它决定着组织要设置多少层次，配备多少管理人员。在其他条件相同时，控制跨度越宽，组织层次越少，所需配备的管理人员也相应减少，组织效率也就越高。但如果控制跨度过宽，由于主管人员没有足够的时间为下属提供必要的领导和支持，组织的绩效会受到不良影响。

近年来的趋势是加宽控制跨度，这与各个公司努力降低成本、加速决策过程、增加灵活性、缩短与顾客的距离、授权给下属等趋势是一致的。为了避免因控制跨度加宽而使员工绩效降低，各个公司都大大加强了员工培训的力度和投入。管理人员已认识到，当自己的下属充分了解工作之后，或者有问题能够从同事那里得到帮助时，他们就可以加宽控制跨度。

5. 集权与分权

集权化是指组织中的决策权集中于某一个中心点的程度。这个概念只包括正式职权，也就是说，某个中心职位所拥有的权力。一般来讲，如果组织的高层管理者在做决策时，可以不考虑或很少考虑基层人员的意见就决定组织的主要事宜，则这个组织的集权化程度较高。相反，基层人员的参与程度越高，或他们能够自主地做出决策，组织的分权化程度就越高。

集权式与分权式组织在本质上是不同的。在分权式组织中，采取行动、解决问题的速度较快，更多的人为决策提供建议。这与使组织更加灵活和主动地做出反应的管理思想是一致的。

6. 正规化

正规化是指组织的各项工作中推行标准化的程度。如果一项工作的正规化程度较高，就意味着做这项工作的人对工作内容、工作时间、工作手段没有多大自主权。人们总是期望员工以同样的方式投入工作，以保证稳定一致的产出结果。在高度正规化的组织中，有明确的工作说明书，规范的组织规章制度，对于工作过程有详尽的规定。而正规化程度较低的工作，相对来说，工作执行者和日程安排就不是那么僵硬，员工对自己工作的处理权限比较宽。由于个人权限与组织对员工行为的规定成反比，因此高正规化意味着，员工决定自己工作方式的权力小。工作标准化不仅减少了员工选择工作行为的可能性，而且使员工无须考虑其他行为选择。

6.3 组织结构的设计

组织结构反映了组织内各组成部分之间的相互联系和相互作用，它以明确组织内各单位的职责、职权和相互的工作关系为核心。如果将企业比作一个人，那么组织结构就是企业发挥员工能力，实现业务流程顺畅运行，完成各项具体业务工作的"骨骼"。组织结构设计的关键是设计一套适应组织发展环境的组织内制度安排，使组织内的各项资源能够被有效地利用，进而推动组织目标的实现。

作者视频讲解
请扫二维码

6.3.1 常见的组织结构

1. 直线制组织结构

直线制组织结构又称简单结构，是最早使用、最为简单的一种组织结构，它是一种集权式的组织结构形式。其基本特点是：组织的各级管理者都按垂直系统对下级进行管理，指挥和管理职能由各级主管领导直接行使，不设专门的职能管理部门，组织层次分明。

直线制组织结构的优点是：结构比较简单，权力相对集中，权责分明，信息沟通便捷，便于统一指挥和集中管理。

直线制组织结构的缺点是：缺乏横向协调的渠道，当组织规模扩大或主管人员的能力不足以有效控制时，则难以适应业务发展的要求；缺乏专业化管理分工，权力过分集中，易造成职权滥用，产生失误；对直接上级，尤其是最高领导者个人的依赖性太大，掌权者突然离去将会给组织造成重大打击。

直线制组织结构一般适用于人数少、规模小，无须按照职能实行专业化管理的小型组织。

2. 职能制组织结构

职能制组织结构又称"U型组织"，其特点是：在组织中设置若干职能专业化的机构，这些职能机构在自己的职责范围内，都有权向下发布命令。

职能制组织结构的优点是：职责明确，实行职能专业化分工；能集中利用有限的资源，具有较高的组织效率。

职能制组织结构的缺点是：由于强调专业化分工，不利于培养全面的管理人才；由于实行多头领导，易出现指挥和命令不统一的现象；部门之间难以站在对方角度来思考问题；组织适应性比较差。

职能制组织结构一般适用于小规模、产品单一、市场销售较稳定的企业。

3. 直线职能制组织结构

直线职能制组织结构由直线制和职能制两种组织结构形式结合而成，其特点是：以直线制为基础，在各管理层次上设置职能部门，从事专业管理，协助直线主管工作。直线职能制组织结构是一种实行主管统一指挥与职能部门参谋、指导相结合的组织结构形式。

直线职能制组织结构既保持直线制集中统一指挥的优点，又具备职能制发挥专业管理职能的优势。其优点是：指挥权集中统一，决策迅速，且能得到有效贯彻；因各职能部门仅对自己应做的工作负有责任，所以既可充分发挥专家的特长，又可减轻直线管理人员的负担；易维持组织纪律，确保组织秩序，在外部环境较为稳定的情况下，易于发挥组织的集团效率。其缺点是：不同的直线部门和职能部门之间的目标不易统一，易产生不协调和矛盾，从而增加高层管理人员的协调工作量；不利于从组织内部培养熟悉全面情况的管理人才；组织刚性大，适应环境的能力较差。直线职能制组织结构是典型的集权式管理。

直线职能制一般适用于中等规模，或者是规模较大但发展环境较为稳定、外部竞争不激烈的企业。

4. 事业部制组织结构

事业部制组织结构是对内部具有独立产品、市场、责任和利益的部门实行分权管理的一种组织形式，是现代大企业采用的典型组织形式。"集中政策指导下的分散经营"是事业部制组织结构的突出特点。各事业部在公司的统一领

作者视频讲解
请扫二维码

导下实行自主经营、独立核算、自负盈亏；每个事业部都是一个利润中心，都是实现总公司利益目标的责任单位。组织的最高管理层是企业的最高决策机构，其主要职责是研究和制定公司的战略目标、指导方针和各项政策。各事业部在不违背组织的总目标、总方针和政策的前提下，可自行处理其经营活动。事业部制组织结构有产品结构、地区结构和市场结构三种形式。

事业部制组织结构的优点是：提高了管理的灵活性和适应性，有利于调动各事业部的积极性和主动性，有利于培养综合型管理人才；有利于最高管理层摆脱日常具体事务而集中于公司的总体战略部署；有利于组织专业化生产，提高生产效率，降低生产成本。

事业部制组织结构的缺点是：机构臃肿，造成管理成本浪费；各事业部易重视本部门利益而忽视组织的整体利益。

事业部制适用于产品种类多、跨多个地区开展生产、经营活动的现代大型企业。

5. 矩阵制组织结构

矩阵制组织结构是为了适应在一个组织中同时有几个项目需要完成，每个项目又需要具有不同专长的人在一起工作才能完成这一特殊需求而形成的。其特点是：既有按管理职能设置的纵向组织系统，又有按产品、项目、任务等划分的横向组织系统。横向组织系统的项目组所需的人员从各职能部门抽调，他们既接受本职能部门的领导，又接受项目组的领导，一旦某一项目完成，该项目组即行撤销，人员回到原部门工作。矩阵制组织结构中的成员并不专门设置，而是从职能组织中抽调借用。这个组织中的许多人员都有双重职责：第一，他们仍需要对其原属的职能部门负责，职能部门的主管仍然是他们的上级；第二，他们又必须对项目经理负责，项目经理对他们拥有"项目职权"（见图6-3）。

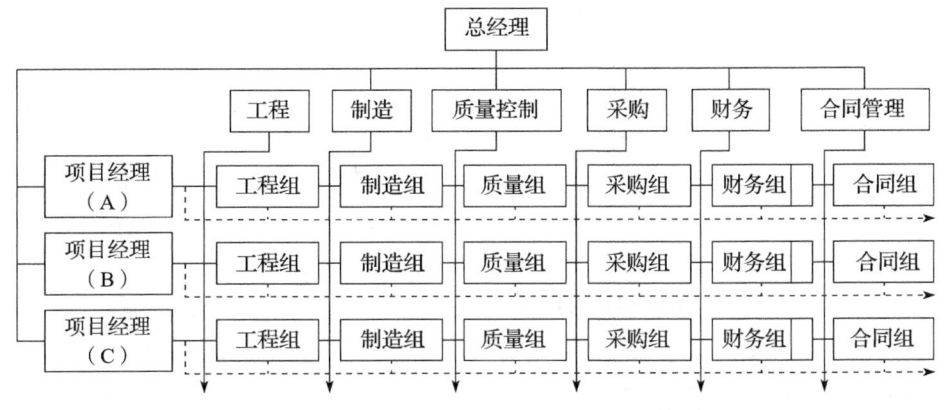

图6-3 一个典型的矩阵制组织结构

矩阵制组织结构的优点是：有利于加强各职能部门之间的沟通与协作；便于集中各种专门的知识和技能，集思广益，圆满完成特定任务；能适应特定需要和环境的变化，增加组织的机动性和灵活性。

矩阵制组织结构的缺点是：各成员仅仅是临时参加项目组，项目负责人对他们的工作好坏没有足够的奖励和惩罚措施，项目负责人的责任大于权利；实行纵向和横向双重领导，由于每个成员都拥有两个以上的上级领导，可能产生权责不清，造成管理秩序混乱。

6. 委员会

委员会由从事某些方面管理职能的一群人组成，其中各个委员的权力平等，并根据少数服从多数的原则处理问题。

委员会的形式和类型是多种多样的，按时间长短可以划分为常设委员会和临时委员会，前者旨在促进协调、沟通和合作，并行使制定和执行重大决策的职能，如董事会；后者多是为了某一特定目标而设，一旦目标实现，委员会就解散，如某些奖励委员会。

委员会还分为正式委员会和非正式委员会，但凡属于组织结构的一个组成部分并被授予特定权责结构的委员会皆是正式委员会；反之，则为非正式委员会。

此外，按职权还可以划分为直线式和参谋式两种委员会。

委员会的优点是：集思广益，避免个别领导者的决策失误；避免权力过于集中；激发主管人员的积极性；加强沟通联络。

委员会的缺点是：成本较高，这里所说的成本不仅包括资金，也包括时间；集体负责往往导致个人责任不清；具有妥协折中危险；一个人或少数人占支配地位。

在现代大型公司制企业中往往都设有多个委员会，我国证监会对上市公司设立委员会也有较为明确的指导性意见，见专栏6-2。

专栏 6-2
《上市公司治理准则》对委员会的要求

为推动上市公司建设和完善现代企业制度，规范上市公司运作，促进我国证券市场健康发展，我国证监会在2002年发布了《上市公司治理准则》。其中第三节规定了董事会的构成和职责。"董事会向股东大会负责""上市公司治理结构应确保董事会能够按照法律、法规和公司章程的规定行使职权""董事会应认真履行有关法律、法规和公司章程规定的职责，确保公司遵守法律、法规和公司章程的规定，公平对待所有股东，并关注其他利益相关者的利益"。

除董事会外，《上司公司治理准则》还要求上市公司设立专门委员会："上市公司董事会可以按照股东大会的有关决议，设立战略、审计、提名、薪酬与考核等专门委员会。专门委员会成员全部由董事组成，其中审计委员会、提名委员会、薪酬与考核委员会中独立董事应占多数并担任召集人，审计委员会中至少应有一名独立董事是会计专业人士。"

资料来源：证监会，《上司公司治理准则》，2002年1月7日。

6.3.2 现代组织设计的方法

组织设计由于环境、技术因素多样而不同和变化。一般而言，随着组织从职能设计向网络设计移动，设计也变得越来越复杂。随着组织设计越来越复杂，组织设计也需要人们及其行动有越来越多的协调。

作者视频讲解
请扫二维码

1. 职能设计

职能设计涉及基于特定活动来设计职位和部门。对员工按照职能进行划分是应用最广也是最为接受的部门化形式（见图6-4）。

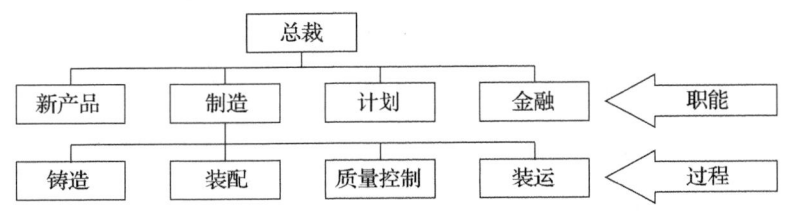

图 6-4 职能设计的范例

（1）重要特征。拥有一条生产线的典型制造公司的部门经营是按照职能来划分的——工程、人力资源、制造、装运、购买、销售以及财务。任务经常也被使用过程按照职能来划分——收受、印花、电镀、装配、油漆以及检查。这个方法有助于减少错误和降低成本。管理者可以将注意力集中在非例行事情上，以消除缺漏或重叠。

（2）实践上的重要性。职能设计既有优点，又有缺点。从正面来说，它允许对责任进行清晰的确定和分配，从而员工能容易地理解。人们一起工作，做相似的事情，面临相似的问题，这样也增加了交流和相互支持的机会。职能设计的一个缺点就是助长只关注部分任务的狭隘视角，员工也许不能从整体上来看组织。随着公司服务的地理区域越来越宽，提供的产品和服务范围越来越广，跨职能部门的水平整合也变得困难。除了营销部门，以职能来设计的组织中大多数员工与顾客没有直接的联系，于是会与达成或超过顾客的需求离得越来越远。

2. 产品项目组织设计

项目组织的应用近年大为增加。这种组织是在一定时间内，集中人力和资源完成某一特定项目的复杂任务，当任务完成后，组织即行撤销。这种组织的主要优点在于项目管理人员及在其领导下的团体可以专心致力于他们特定的任务，不因组织中各种业务的调整而受到影响。不过，这种组织形式的适用性也有局限。

进行项目组织设计，要制定该项目的目标，征集所需的人员，选定组织结构，并设计一项控制制度，以期取得所需的反馈资料。项目组织虽然比较通常的直线－参谋组织灵活，但仍需要一一确定职权与责任。

图 6-5 为联合技术公司以产品设计为主题的组织设计。比起纯粹的职能组织设计，它可以减少管理者超载的信息。在一个纯粹的职能设计中，联合技术公司专管营销的副总裁要有能力营销多种产品，掌握许多行当的竞争力量，以及在每个行当都要精心制定竞争策略。当公司生产的产品或提供的服务多样化到一定程度时，就不得不多设几名营销副总裁，这样才能有效地应付业务的复杂性。每个分公司自己评价自己的绩效。而且，当每个产品线的环境和技术因素都不同时，采用产品设计的组织通常开始时是采用职能设计，然后当它们开始在新的地域市场提供产品或服务时，就在组织设计中加入一些地域设计的特征。最终，顾客的多样化导致仅凭职能设计及地域设计解决不了的管理问题。投入新产品线、多样的顾客以及技术进步都会增加组织商业环境的复杂性和不确定性。然而，当组织向产品设计转变时，它们也常常并不完全抛弃职能设计或地域设计。相反，产品设计会融入职能设计以及地域设计的特征到组织的每个产品分部。例如，奥的斯电梯公司在俄罗斯、日本、韩国等国的国际工厂都有广告、金融、制造以及分配等职能部门。

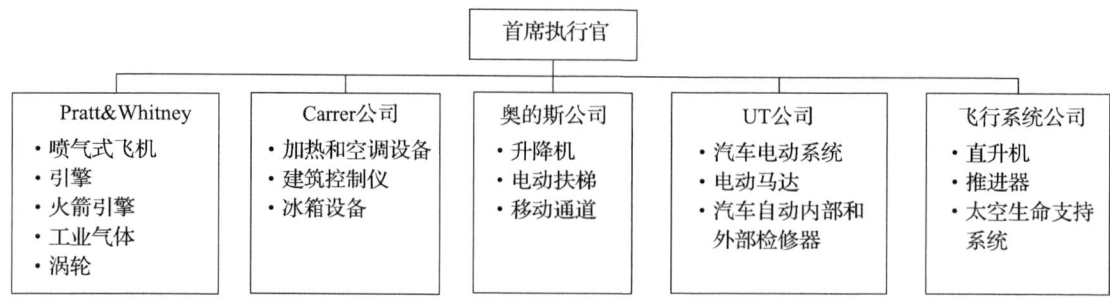

图 6-5 联合技术公司以产品设计为主题的组织设计

3. 地域设计

地域设计是指按照地域来建立组织的主要单位，同时也保留了职能设计的重要方面。一个地区的所有职能部门都在一个地方。宝洁公司在采用新的产品线结构前，就是按照地域来设计组织的，主要关注全球的四个区域，因为公司的高层认为每个区域面临着独特挑战。那些密集营销，需要对本地市场环境或顾客需要做出反应的公司一般都采用地域设计。

（1）重要特征。许多在一个地域里进行的任务都应该由一名经理来掌管，而不是拥有不同经理的职能部门，也不是把所有任务都交给一个重要的办公室。诸如美国航空公司、联邦快递公司、好事达保险公司之类的大公司在设置区域办公室时都是采用地域设计。相似地，诸如美国联邦储备委员会、美国联邦法院以及美国邮政等许多政府部门也都应用地域设计来提供服务。

（2）实践上的重要性。地域设计有一些潜在的优点。每个部门在分公司直接和本地的顾客联系，从而更能适应他们的需要。成立于 2013 年 5 月的菜鸟网络，已在国内的北京、天津、广州、武汉、金华、海宁等多个物流节点城市建立大型仓储中心，逐渐建立起一张覆盖全国的智能物流骨干网，其目的在于实现信息的高速流转，而生产资料、货物则尽量减少流动，以提升效率。对组织而言，应用地域设计的一个重要优点就是提升企业对市场的快速反应能力，意味着把工厂建立在离原材料和供应商比较近的地方。这样做的潜在收益也许包括降低原料、装运以及（也许是）劳工的成本。对于销售而言，离顾客越近意味着更低的成本以及（或）更好的服务。销售员能有更多的时间销售，花在路上的时间更短，离顾客更近可以帮助他们更精确地制定营销策略，从而在该地区更可能成功。

4. 跨国设计

大型跨国企业需要尽力去维持产品、职能以及地域间的协调，而要同时满足这三个方面的需要是比较困难的，因为各分公司被地域和时间分割开了。更深层次的含意就是管理者经常被文化和语言隔离开来。如果这是可能的话，一个"完美的"平衡需要一个非常复杂的矩阵设计。因此，大多数跨国设计都特别强调独特的地域和产品设计。

图 6-6 是在达成一个跨国设计时可以选择的各种组合形式。它也表明了主要基于地域或产品设计可能会带来的效果。如一家总部位于美国的食品企业对各个国家或地区的经理充分授权，让其有对当地食品偏好做出反应和适应的权力。生产线上的经理拥有的权力则集中于在生产方面实现综合效能（整合）以及一致（标准的）产品。

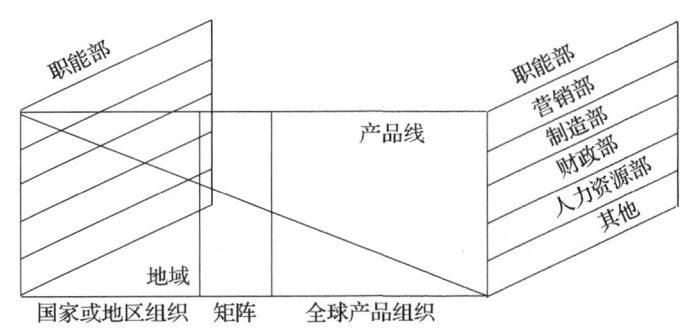

图 6-6　一个跨国设计的基本框架

实践上的重要性。引发许多大公司进行程度较大的全球整合的因素包括：①全球竞争者和顾客越来越多，也越来越重要；②全球对产品的需求越来越多；③新信息技术；④一些有能力的工厂能为全球的顾客制造产品。公司的全球产品分公司在应付这些因素时，很可能是主角，同时无法抗拒基于分公司的地域利益。来自国家政府和当地市场的压力可能很强大，经常需要跨国组织在它服务的主要国家销售所有产品线。如果它们不与当地政府达成一致协定的话，市场机会可能不再对这些公司敞开。因此，一个全球范围的产品线分公司在开辟新市场时可能按地域来设计分公司更有效，因为地区经理能对当地政府所关心的问题做出更有效的反应。按照地域设计运作的分公司经常能和当地政府建立良好的关系，能对分发渠道进行投资，能形成品牌认知，以及能构建每一个产品线分公司能提供的能力。对于国家和地区（欧洲、北美、拉美、太平洋环岸以及中东）组织而言，仍然存在这些有效原因。

5. 网络设计

网络设计是为了使牵涉多部门和多员工的高度多样而复杂的组织管理变得容易。所有别的组织设计主要关心的是如何在职位、团队、部门以及分公司中分配权威和资源，网络设计则主要关心在员工和部门中共享权力、责任以及资源，这些员工和部门为了实现共同的目标经常需要合作和沟通。当要完成的任务和要实现的目标发生变化时，网络组织也必须应用各种设计（职能、产品或地域）。

（1）主要特征。

1）出众的能力。组织以新异的方式对主要来自组织不同部分的资源进行整合，实现创新和适应，从而保持优势。

2）责任。在完成任务中要合作的员工分享责任。组织设计包括广泛建立跨功能团队、特殊目的团队，以及自我管理团队。

3）目标设定。制定能满足一个或更多外部利益人（例如顾客或客户、供应商、股东、借贷者）需要的目标。绩效较少是内部驱动的，更多的是满足顾客的需要加速产品的发展。

4）沟通。主要的焦点是横向沟通而不是垂直沟通。对做出决策有用的信息被广泛分享和分配，并且沟通标准就是开放。

5）信息技术。许多信息技术（包括组件）都帮助网络内部的员工（例如组织中可能被远距离等地域因素分隔开来的员工）或者外部的人员（例如顾客、供应商以及其他人员）。一般的信息技术与相关的组件包括电子邮件、特殊的有助于决策的 PC 软件、有声邮件、移动电话、传真、远程交换、远程会议、当地的以及广泛地域的计算机网络,以及其他类似的技术等。

6)组织文化。文化中有一个偏见,以为组织层级越少越好。这是对团队中个人创造力和合作的有力支持。

7)均衡的观点。个人、团队以及分公司并不将自己视为孤岛,他们视自己与他人是有共同目标和奖赏的。在整个过程中,基于过去绩效的历史,协作和信任的形式不断演化。对信任的一个基本假定是:每个人或部门都依靠他人控制的资源,通过共享资源和寻求双赢的解决方案可以获得共同的收益。

(2)实践上的重要性。网络设计在创造弹性的合伙联盟方面特别有效。一个联盟中的合伙者可能是顾客、供应商,以及在不同环境中可能被定义为竞争者的公司。美国 Corning 公司与西门子(德国)、三星(韩国)、朝日化学(日本)等外国公司建立了几十家合资企业,以在越来越多的与高技术有关的市场中竞争。Corning 公司以灵活的方式来接近其合作者——让合作的形式由目标来决定,也让合资企业逐步演化,这就是其成功的原因之一。但是更为重要的原因是 Corning 公司的执行官们为长久的、共同受益的关系创造条件时所花费的时间和努力。

网络设计的目的就是通过适当使用"六个 I"来创造成功的外部联系。这六个 I 是:重要性(importance)、投资(investment)、相互依赖(interdependence)、整合(integration)、信息(information)以及制度化(institution)。因为这些联系很重要,所以它们得到了足够的资源、管理层的关注,以及赞助者地位等。对长期投资达成一致协议有助于任何时候都平衡收益与成本。参与者是相互依赖的,这有助于维持权力的平衡。为了维护必要的联系和沟通,参与者要进行整合。每个合伙人被告知另一方的计划和说明。最后,当网络设计制度化时,它被由支持机制组成的框架支撑着,这些支持机制包括法律规定、社会联系、共享的价值观。这些机制加强了彼此间的信任。

6. 虚拟组织

近年来,信息技术的快速发展也促进组织的变革,使组织有可能向一个虚拟组织转变。虚拟组织可以不顾时间、距离,以及组织边界,利用计算机网络一起工作,迅速而容易地共享知识。在一个虚拟组织中,复杂的个人计算机使用者能轻松地进入公司的数据库,并可以像在一间屋里一样工作。这些计算机具备电视会议的功能,也有电子公告牌、扫描仪、传真机以及组件。这些个人计算机与公司的局域网相连,而公司的局域网包含了许多职能部门和信息资源的主页。

(1)四个进步。信息技术的四个进步使组织能采用虚拟设计形式,并促进内部和外部网络的发展。这四个进步是开放的系统、分散的计算机体系、实时性以及全球网络。

1)开放的系统。现在有了便携的软件和共享的技术,并且已经被广泛使用。这些能力扩展到供应商、顾客、管制机构,甚至竞争者等的外部网络中。这些能力从拥有独特计算能力的部门或分公司向与业务过程有关的网络转移。而且,组织能与其顾客、供应商以及其他人保持更紧密的联系。这也使人们不仅根据其自我利益采取行动,而且有一个共同的愿景和承诺。开放的系统也意味着团队能与其他追求共同任务的团队一起自由工作,这些其他的团队经常代表的是供应商和顾客。

2)分散的计算机体系。信息通道及其使用已经从仅局限于一些人或一些部门的集中化的计算机系统转变为主要的信息使用者都可以从中获得信息的计算机网络系统。集中化的、通道有限的计算机系统是一种典型的机械体系。对照的是，有机体系通过授权给个人和团队来处理和传播计划、信息加工，以及将知识应用到业务问题中去。

3）实时性。新信息技术现在能捕捉在线信息，更新实时数据。这些能力为许多过程（例如销售、生产以及现金流）提供了一个迅速、准确的图景。制造工厂能持续地根据不断变化的市场条件来进行调节，从供应商那里及时收到原材料，以及及时把产品发送给顾客，这些都能使库存变得最小，并且也使企业从批量生产向自定义在线生产转变成为可能。

4）全球网络。信息网络是虚拟组织的支柱。全球网络使实时沟通和在全球任何地方随意获得电子方式储存的信息成为可能。例如，福特公司将网页作为一种途径，使供应商与实验室或测试站点的设计师更紧密地一起工作。在虚拟组织设计中，任何个人、团队或部门都能迅速与其他个体、团队或部门进行沟通和分享信息。随着办公室越来越成为网络的一部分，而不再是一个地点，工作能在很多地方完成，包括员工的家里。

（2）特征。除了持续地革新组织结构外，虚拟组织还有以下一些特征：①员工持续掌握新的制造和信息技术，这加速了生产过程和组织中的信息流动。②员工在任何地点和时间都可获得个性化产品，对持续变化的顾客需要做出迅速的反应。③员工间是一种互惠的相互依赖关系。所有员工都必须掌握能给顾客提供有效服务所需要的所有能力。④管理者在向员工描述组织目标和目的等清晰愿景时，向员工下放权力和责任。

（3）实践上的重要性。虚拟组织设计是管理者用来满足顾客需要的最近的一种发展形式，虚拟组织允许管理者迅速改变组织架构以适应不断变化的条件和情境。组织内部和部门、工作责任以及权威链都按照需要进行转变，组织与顾客以及供应商之间的界限模糊。事实上，一些顾客和供应商开始花更多的时间在该组织上而不是其自己的顾客。

7. 阿米巴组织

阿米巴经营模式是日本京瓷公司的创立者——稻盛和夫提出的经营模式。阿米巴经营将公司分成若干个小阿米巴（小的集团），以领导为核心，全体成员共同参与经营，通过会议通报等形式向全体员工公开有关阿米巴以及公司的经营情况等重要信息。通过尽可能地公开企业信息，营造全体员工主动积极参与经营的氛围，体现"人人都是经营者"这一经营原则，最终使全体员工共同参与经营成为可能。

以京瓷的陶瓷生产过程为例，某陶瓷产品有混合、成型、烧结、精加工四道工序，就将这四道工序分成四个阿米巴，每个阿米巴都像一个小企业，都有经营者，都有交易额、成本和利润。阿米巴经营不仅考核每个阿米巴的领导人，还考核每个阿米巴中的人员每小时产生的附加价值。这样就可以真正落实"全员经营"方针，就是发挥企业每一位员工的积极性和潜在的创造力，把企业经营得有声有色。另外，阿米巴可以随环境变化而"变形"，即具有适应环境的灵活性。

通过阿米巴经营，企业可以实现：①全员参与的经营；②以核算作为衡量员工贡献的重要指标；③实行高度透明的经营；④自上而下和自下而上的整合；⑤培养领导人。

阿米巴经营模式成功的关键在于通过这种经营模式，将企业的发展目标有效地传递给每位员工，因此，必须让每位员工深刻理解阿米巴经营的具体模式，包括组织构造、运行方式及其背后的思维方式。如果员工对于阿米巴经营没有一个正确的理解，可能会出现以自我为中心,为了自己阿米巴的利益而损害其他部门利益的情况,也有可能会因为达成目标的压力过大,而导致员工心理疲劳。

6.4 组织设计中的权力配置

如果把组织看作一台具有特定功能的机器,各个部门就是组成机器的零部件,组织结构就是这台机器的构造。要使机器运转,只把各零部件组合在一起还不够,还必须供之以动力。一个组织也是如此,除了要对各部门进行安排之外,管理者必须拥有一定的职权才能发挥其职责,因此,组织需要将职权进行合理而有效的配置,从而使其能向着组织的目标高效运转。

6.4.1 职权的概念

职权是职务范围内的管理权限,是管理者开展各项工作、履行职责的必要条件。所有主管人员想要通过他所率领的隶属人员去完成某项工作,就必须拥有包括指挥、命令等在内的各种必须具备的权力。职权与组织内的一定职位有关,而与占据这个职位的个人的特质无关。

需要注意的是,职权和权力是两个不同的概念。权力是一个比职权广泛得多的概念,它是指个人或团体通过提供建议去影响别人,抑或其他团体的信念或行动的能力。权力可能源于一个人在组织中的职位,这就是之前所说的职权,有时也称为制度权。它是一种制度化了的权力,是建立在法律(国家立法、公司章程、制度及合同等)的基础上,是一种合理、合法的权利,并且具有一定的职责和义务。权力也有可能来自个人或团体的专门技能以及个人所具有的品质、经历、背景等,我们把它称为个人权力。由此可见,职权是权力的一部分,换句话说,与一个人在组织中所居职位相联系的正式权力只不过是影响决策的一种手段。要想成为有效的管理者,应该兼具职权和个人权力,仅有职权的管理者只会是指挥官,而不能成为令人信赖和敬佩的领袖。

6.4.2 职权的分类

组织内的职权有三种类型:直线职权、职能职权、参谋职权。

1. 直线职权

直线职权是直线人员所拥有的包括发布命令及执行决策等权力,也就是通常所指的指挥权。直线主管是指能领导、监督、指挥、管理下属的人员。每个管理层的主管人员都具有这种职权,但由于每个管理层次的功能不同,其职权的大小及范围各有不同,例如厂长对车间主任拥有直线职权,车间主任对班组长拥有直线职权。这样,从组织的上层到下层的主管人员之间,便形成一条权力线,这条权力线被称为命令链。指挥链既是权力线,又是信息通道。在这条权力线中,职权的指向由上而下,而信息传递既可以由上而下,也可以由下而上地进行。

在行使直线职权时,主管人员要注意:不能超越层次,越俎代庖,这样会使下级人员失去积极性、主动性;也不能惧怕担当风险,把一切问题上交,这样不仅使上级忙于应付具体事务,而且自己也失去指挥功能,徒占其位。

2. 职能职权

职能职权是指参谋人员或某部门的主管人员所拥有的原属于直线主管的那部分权力。在纯粹参谋的情形下，参谋人员所拥有的仅仅是辅助性职权，并无指挥权，但是，由于知识和能力等种种原因，上级管理者把一部分本属于自己的直线职权授予参谋人员或某个部门的主管人员，由参谋人员来直接领导和组织下级部门去完成某些工作和处理某些事情，这便产生了职能职权。我们把这些转移到参谋人员和部门的直线职权称为职能职权。

职能职权大部分是由业务或参谋部门的负责人来行使的，这些部门一般都是由一些职能管理专家所组成。例如，一个公司的总经理统揽管理公司全局的职权，他为了节约时间，加速信息的传递，就可能授权财务部门直接向生产经营部门的负责人传达关于财务方面的信息和建议，也可能授予人事、采购、公共关系等顾问一定的职权，让其直接向直线组织发布指示等。由此可看出，职能职权是组织职权的一个特例，可以认为它是介于直线职权和参谋职权之间的一种职权。

3. 参谋职权

参谋职权是参谋所拥有的辅助性职权，包括提供咨询、建议等。在"田忌赛马"的故事中，孙膑为田忌献策而胜齐威王，孙膑所行使的即为参谋职权。

由于组织很难找到精通各种业务的"全才"，直线主管也很难使自己拥有本部门活动所需的各种知识，因此他们常常利用配置一些助手来弥补自己知识的不足。这些具有不同专门知识的助手通常称为参谋人员。在组织权力关系中，直线职权是主导的，参谋职权是从属的，因为在组织职务结构中，直线人员是管理者，参谋人员是从属于管理者的，他们是管理者的助手和参谋。另外，上级管理者有指挥下一级管理者的权力，而上级参谋人员无权命令下级管理者。

参谋和直线之间的界限是模糊的。作为一个主管人员，他既可以是直线人员，也可以是参谋人员，这取决于他所起的作用及行使的职权。当他处在自己所领导的部门中，他行使直线职权，是直线人员；而当他同上级打交道或同其他部门发生联系时，他又成为参谋人员。例如公共关系部主任在本部门内对其下属具有直线职权，但当他为最高管理者提出建议时行使的就是参谋职权。

因此，我们应该主要从职权关系的角度来理解直线与参谋，也就是说，直线管理人员拥有指挥和命令的权力，而参谋则是作为直线的助手来进行工作。参谋职务是作为直线主管的助手而设置的，这不仅有利于适应复杂管理活动对多种专业知识的要求，同时也可以保证直线系统的统一指挥。然而在实践中，直线与参谋的矛盾时有发生，而且往往是组织缺乏效率的原因之一。这些低效率的组织活动主要有两种倾向：虽然保持了命令的统一性，但参谋作用不能充分发挥；参谋作用发挥失当，破坏了统一指挥的原则。

造成这种矛盾的原因既可能在于直线人员没有给予参谋人员充分的重视和尊重，也可能在于参谋人员对自己的职权认识不清，越权指挥，过高地估计了自己的作用。要解决直线和参谋的矛盾，就要在保证统一指挥与充分利用专业人员的知识这两者之间实现某种平衡。解决这对矛盾的关键是正确发挥参谋的作用。

要充分发挥参谋的作用，需要从以下几个方面着手。

（1）明确职权关系。只有明确了解各自工作的性质和职权关系的特点，直线与参谋才有可能防止相互之间产生矛盾或以积极的态度去解决已产生的矛盾。大多数管理者都具有直线与参谋两重身份，无论是上级还是下级都必须时刻明确自己是以直线人员的身份还是以参谋人员的身份进行活动。直线与参谋越是明确各自的工作性质，了解两者的职权关系，就越有可能重视对方的价值，从而自觉地尊重对方，处理好相互间的关系。

（2）授予参谋人员必要的职能权力。授予职能权力是指直线主管把原本属于自己的指挥和命令下属的某些权力授给有关的参谋部门或参谋人员行使，从而使这些参谋部门不仅具有研究、咨询和服务的责任，而且在某种职能范围内具有一定的决策、监督和控制权。

参谋部门职能权力的增加虽然可以保证参谋人员专业知识和作用的发挥，但也有带来多头领导、破坏命令统一性的危险。因此，组织中要谨慎地授予职能权力。首先，要在必要的领域中使用它，以免削弱直线经理的地位；其次，要明确职能权力主要用于指导较低层次的直线经理怎么干，而不是用于决定干什么。

（3）向参谋人员提供必要的条件。要取得参谋人员的帮助，必须先帮助参谋人员的工作，向参谋人员提供必要的工作条件，特别是有关的信息情报，使他们能及时地了解直线部门活动的进展情况，从而能够提出有用的建议。

6.4.3 集权和分权

1. 集权和分权的相对性

集权和分权是两个相对的概念。绝对的集权意味着没有下级组织结构，所有事物均由高层管理者来决定；绝对的分权则意味着没有高层管理者，全部权力分散在各个管理部门，甚至分散在各个执行者、操作者手中。事实上，在现实社会的组织中，绝对的集权和绝对的分权都是不存在的。不同组织的集分权程度是不同的，可能集权的成分多一点，也可能分权的成分多一点。本书需要研究的不是应该集权还是分权，而是哪些权力宜集中，哪些权力宜分散，在什么样的情况下集权的成分应多一点，何时又需要较多的分权。

2. 影响集权和分权的主要因素

在组织设计中，要确定组织集权与分权的程度和范围，就必须搞清楚影响集权与分权的因素。主要包括以下几个因素。

（1）组织规模。组织的规模越大，管理层次越多，信息的传递速度和准确性就越低。因此，为了加快决策速度，减少失误，使高层决策者能够集中精力处理重大问题，就需要向组织下层分散权力。反之，组织规模小，需要决策的问题少，则宜集权。

（2）决策的重要性。一般来说，从经济标准、组织信誉、员工士气及相对竞争地位等方面来衡量，代价很高的决策，如巨额的采购项目等，决策正确与否责任重大，那就不适合授权给下级决策者，以集权为好。

（3）政策的统一性。组织作为一个统一的社会单位，要求内部的各方面政策是统一的。然而，一个组织面临的环境是复杂多变的，为了灵活应对这种局面，组织往往会在不同阶段、不同场合采取不同的政策。高层主管若希望在整个组织中采用统一的政策，以便于比较各部门的绩效，则集权程度较高；否则就会允许各部门根据客观情况制定各自的政策，则分权程度较高。

（4）员工的数量和基本素质。如果员工的数量和基本素质能够保证组织任务的完成，组织可以更多地分权；组织如果缺乏受过良好训练的管理人员或其基本素质不能符合分权式管理的基本要求，分权将会受到很大的限制。

（5）组织的可控性。组织中各个部门的工作性质大多不同，有些关键的职能部门，如财务会计等部门往往需要相对地集权，而有些业务部门，如研发、市场营销等部门，或者是区域性部门却需要相对的分权。组织需要考虑的是围绕任务目标的实现，如何对分散的各类活动进行有效的控制。

（6）环境因素。影响分权程度的因素中，大部分属于组织内部因素，此外还有外部因素，如政治、经济等因素，这些因素常促使集权。

明茨伯格和蔡尔德（J. Child）汇总了影响组织集权和分权的因素，如表6-4所示。

表6-4 影响集权和分权程度的因素

更集权化	更分权化
• 环境稳定	• 环境复杂且不稳定
• 低层管理者不具有高层管理者那样做出决策的能力和经验	• 低层管理者具有做出决策的能力与经验
• 低层管理者不愿意介入决策	• 低层管理者参加决策
• 决策的影响大	• 决策的影响相对较小
• 组织正面临危机或失败的危险	• 组织文化容许低层管理者对所发生的事有发言权
• 企业规模大	• 企业各部在地域上相对分散
• 企业战略的有效执行依赖于高层管理者对所发生的事拥有发言权	• 企业战略的有效执行依赖于低层管理者的参与以及制定决策的灵活性

3. 集权和分权程度的衡量标志

判断一个组织集权或分权的程度，常常根据各管理层次拥有决策权的情况来确定。一般可以从以下几个方面衡量某个组织的集权与分权情况。

- 决策的数目。基层决策的数目越多，其分权程度越高；反之，上层做出的决策数目越多，其集权程度就越高。
- 决策的重要性及影响面。较低管理层次做出的决策事关重大，涉及面广，则分权程度较高；反之，较低管理层次做出的决策无关紧要，则集权程度较高。
- 决策审批手续的繁简。决策审批手续越简单，分权程度就越高；在做出决策后还必须呈报上级领导做出审批的情况下，分权的程度就低一些。

6.4.4 授权

1. 授权的概念

授权是指上级授予下属一定的权力，使下属在一定的监督之下，有相当的自主权和行动权。授权者对于被授权者有指挥和监督之权，被授权者对授权者负有报告及完成任务的责任。授权对于一个组织的发展至关重要。通过授权，可获得如下益处。

- 可充分发挥下属的专长，并弥补授权者自身专业技能方面的不足。
- 可提升下属的才干，有利于下属增强自信和能力，更好地培养后备管理人员。
- 可使高层管理者从日常事务中解脱出来，专心处理重大问题，更好地把控组织发展全局。
- 可增强下属工作的积极性和责任心，提高其工作效率，使其更有效地完成具体工作。

授权有一定的条件，应注意区别以下问题。

（1）授权不同于代理职务。代理职务是在某一时期，依法或受命代替某人执行其任务，代理期间相当于该职，是平级关系，而不是上级授权给他。

（2）授权不同于助理或秘书职务。助理或秘书只帮助主管工作，而不承担责任，授权的主管依然应负全责。在授权中，被授权者应当承担相应的责任。

（3）授权不同于分工。分工是在一个集体内，由各个成员按其分工各负其责，彼此之间无隶属关系；而授权则是授权者和被授权者有上下级之间的监督和报告关系。

（4）授权不同于分权。授权主要是指权力的授予和责任的建立，它仅指上下级之间短期的权责授予关系；而分权则是授权的延伸，是在组织中系统地授权，这种权力根据组织的规定可以较长时期地留在上下级管理者中。

2. 授权的原则

在实际工作中，要实现有效授权，就必须遵循授权的原则。

（1）重要性原则。组织授权必须建立在相互信任的基础上，所授权限不能只是一些无关紧要的部分，要敢于把一些重要的权力或职权放下去，使下级充分认识到上级的信任，把具体任务落到实处。

（2）适度原则。授权的程度要根据实际情况、工作任务来决定，既要防止授权不足，又要防止授权过度，授权过度等于放弃权力。对涉及组织全局的问题，例如决定组织的目标、发展方向、人员的任命和升迁、财政预算以及重大政策等问题，不可轻易授权，更不可将不属于自己权力范围内的事授予下属。

（3）权责一致原则。组织在授权的同时，必须向被授权者明确所授任务的目标、责任及权力范围，权责必须一致，否则，被授权者要么可能会滥用职权并导致形式主义，要么会对任务无所适从，造成工作失误。

（4）级差授权原则。只能对直接下属授权，不可越级授权。越级授权可能会造成中间层次在工作上的混乱和被动，并导致管理机构的失衡，进而破坏管理的秩序，造成中层管理者的被动以及部门间的矛盾。

（5）有效监控原则。授权者要对被授权者的行为负责，那么授权者就必须加强对被授权者的监督控制，确保组织目标的实现。管理者在实施授权之前，应先建立一套健全的控制制度，制定可行的工作标准和报告制度，以及能在不同情况下迅速采取补救的措施。

专栏 6-3

六条有效发挥参谋作用的准则

美国学者路易斯·艾伦（Louis Alan）提出了六条有效发挥参谋作用的准则。

（1）直线人员可做最后的决定，对基本目标负责，故有最后决定权。

（2）参谋人员提供建议与服务。

（3）参谋人员可主动提供协助，不必等待邀请，时刻注意业务方面的情况，予以迅速协助。

（4）直线人员应考虑参谋人员的建议，当最后决定时，应与参谋人员磋商。参谋人员应配合直线人员朝着目标行进。

（5）直线人员对于参谋人员的建议，如有适当的理由可以拒绝。此时，上级主管不能干预，因直线人员有选择权。

（6）直线人员与参谋人员均有向上申诉之权，当彼此不能自行解决问题时，可请求上级解决。

资料来源：杨文士，焦叔斌，张雁，李晓光. 管理学［M］. 3版. 北京：中国人民大学出版社，2009.

本章小结

1. 组织设计的任务包括：设计组织结构图、撰写部门职能说明书、设计岗位结构图和撰写岗位职责说明书。组织结构是对组织各部门进行整合，实现组织成员责、权、利相互关系协调的一种制度安排。影响组织设计的因素包括企业战略、外部环境、科技条件、组织规模和企业文化等。

2. 组织设计的基本原则有：遵循环境要求原则、顾客满意原则、资源约束原则、权力分配原则和管理跨度原则。组织设计需要考虑的六个关键要素是：工作专门化、部门化、命令链、控制跨度、集权与分权和正规化。

3. 常见的组织结构形式有：直线制组织结构、职能制组织结构、直线职能制组织结构、事业部制组织结构、矩阵制组织结构、委员会。一般的组织设计方案包括职能设计、产品项目组织设计、地域设计、跨国设计、矩阵设计、网络设计、虚拟组织等。

4. 职权是职务范围内的管理权限，组织内的职权有三种类型：直线职权、参谋职权、职能职权。直线职权是直线人员所拥有的包括发布命令及执行决策等的权力，也就是通常所指的指挥权；参谋职权是参谋所拥有的辅助性职权，包括提供咨询、建议等；职能职权是指参谋人员或某部门的主管人员所拥有的原属于直线主管的那部分权力。正确发挥参谋的作用就要：明确职权关系；授予参谋人员必要的职能权力；向参谋人员提供必要的条件。

5. 集权和分权是组织层级化设计中的两种相反的职权分配方式。集权和分权是两个相对的概念，没有绝对的集权也没有绝对的分权。影响集权和分权的主要因素有组织规模、决策的重要性、政策的统一性、员工的数量和基本素质、组织的可控性、环境因素等。一般可以从决策的数目、决策的重要性及影响面、决策审批手续的繁简三个方面来衡量某个组织的集权与分权情况。集权和分权各有优劣，要正确把握两者之间的平衡。授权是指上级授予下属一定的权力，使下属在一定的监督之下，有相当的自主权和行动权。在实际工作中，要实现有效授权，就必须遵循重要性、适度、权责一致、级差授权、有效监控等授权原则。

练习与思考题

选择题和判断题，请扫二维码做题；名词解释、简答题和论述题/计算题的参考答案，具体请扫二维码。

一、选择题（题干略，请扫二维码）

二、判断题（题干略，请扫二维码）

三、名词解释

1. 组织结构
2. 组织设计
3. 地域设计
4. 委员会
5. 直线职权

四、简答题

1. 简述事业部制组织结构的优缺点和适用范围。
2. 矩阵制组织结构的含义与优缺点是什么？

3. 组织设计的基本原则是什么？
4. 如何正确发挥参谋人员的作用？
5. 影响集权和分权的主要因素有哪些？

五、论述题
1. 部门化的含义、类型和趋势。
2. 授权的好处和需要注意的地方。
3. 组织中三种类型的职权。

案例讨论

永辉超市的"全员合伙"制

1. 永辉超市简介

永辉超市是国内首批引进生鲜农产品的现代超市之一，实现了"农改超"的运作方式，被国家七部委誉为中国"农改超"推广的典范，被百姓看作"民生超市、百姓永辉"。历经15年发展，永辉超市用持之以恒的努力将生鲜做成了自己的特色和王牌。

永辉超市的创始人张轩宁是一位低调内敛、不善言辞，且非常虚心好学的企业家。在一次采访中，他透露对他的企业经营管理影响最大的两本书是《萨姆·沃尔顿自传》和《稻盛和夫：阿米巴经营》。永辉的合伙人制度也正是受这些书的启发而产生的。具体来说，在《稻盛和夫：阿米巴经营》的影响下，永辉结合自身以生鲜为主的业务特点，创立了具有特色的生鲜超市阿米巴模式——"全员合伙"制，但这种全员合伙制又与经典的阿米巴经营不完全一样，甚至可以说有所改进与创新，其基本思路是将永辉转变成一个支持小团队创业的平台，鼓励员工为自己工作，为自己创业。

2. 运行机制

永辉的全员合伙制采用"小店—大店—区域"的构架，每个区域含有12个大店，区域管理组由三个人组成：一名区域经理和两名区域助手。

总部职能也成为阿米巴，门店和总部职能部门是市场化交易关系。大店有红标店、绿标店，绿标店和红标店的合伙人机制不同。红标店的合伙人机制设立在科组里，以科、组为单位执行；而绿标店则是从后台体系、行政体系、供货体系到前面的运营体系都存在全员合伙制度。店面面积有2 000、5 000、10 000平方米三种模式。大店一般有一名正店长和1名副店长。他们负责整个大店的管理。根据面积和品类，一个大店分为6~12个小店，如猪肉小店、鱼肉小店、干货小店、食品用品小店、收银小店等。每个小店有6个合伙人，6个合伙人自主推选出一名小队长，小队长比普通合伙人每月多拿50%的基本工资，但是小队长和普通合伙人没有上下级分工。每年小店自主复盘一次，重新推选小队长。所有合伙人的收入一部分是工资，另一部分是利润与赛马绩效两者中较高的一方。在利益分配方面采取的主要方式是公司投资，合伙人分红。当门店销售达成率≥100%，门店利润达成率≥100%，门店就达到了分红条件。

在全员合伙制运营过程中，区域经理和店长会帮助合伙人成为生意人。以一体化报表为依据，以"赛马"为工具，让合伙人更快速地成长。

一体化报表包含门店面积、固定资产折旧、分摊管理费用、毛利、销售目标、毛利目标等财务指标，帮助每个合伙人分析一体化报表如何使用，让他们清晰地知道自己的小店如何更好地盈利。这其中涉及一个重要的培训机构"永辉微学院"，它的使命是培养合伙人，对标麦当劳的汉堡大学。培训内容包括70%在岗培训、20%主管反馈与辅导、10%课堂培训。这是一个纯互联网化的机构，原来叫"传帮带"，现在被永辉改名为"教交教"，学院教员工做，交给员工做，员工再教给其他员工，形成联动互助的学习和培训机制。这个机构不是求着员工来参加培训，而是激发他们内在的进取精神，自己交学费的员工才能参加培训，再将知识传播给更多人。这正是永辉分享文化的体现。

合伙人模式中的重要绩效评比方式被称作"赛马"，具体规则是：小店合伙人每个月横向赛马，大店合伙人每半年横向赛马，区域合伙人每一年横向赛马，每次末位淘汰最后20%。被淘汰的团队可以自行去其他团队应聘工作（每次被淘汰的20%中，只有15%真正离开公司）。赛马过程中，公司会列出12个指标，比如离职率、人效、时效、损耗率、离职率等，一个赛马群中的同级别合伙人开会讨论设定他们本次赛马的指标，指标参考全国平均值，根据平均值排序出A、B、C马，排在第一的A马会有奖金。

永辉的全员合伙制非常注重人才的培养。它会安排优秀的合伙人去轮岗，快速培养梯队管理干部，让人才裂变起来。以前，永辉培养一个大店长需要4年，现在只需要2年，培养一个小店合伙人也由以前的2年压缩到现在的半年。优秀的制度激发了人的巨大潜力。永辉的全员合伙制为员工提供了平台，帮助普通员工实现创业梦想，同时也为员工提供了多种职业发展通道。

永辉的一线员工中还有一些特别的组成部分，他们就是永辉在供应链低端的代理人——买手。买手对于当地的菜品及其价格非常熟悉，能够帮助永辉采购到质优价廉的生鲜，是永辉保持核心竞争力的关键。因此，对于永辉来说，如何维持买手团队的稳定性尤其重要，永辉对于他们的合伙人制度，比普通一线员工更高一级，不仅是分红，还有股权激励。

除了与公司内部的员工建立合伙制外，永辉还与当地的农户开展了类似的"合伙制"的合作。历经摸索，永辉发现和农户相处最重要的是信任。合作多年后，永辉收获了一批忠实的"合伙人"，他们是永辉供应链上的关键一环，为永辉生鲜的持续竞争力做出了贡献。

3. "全员合伙"制运行的效果

全员合伙制模式的实行给永辉带来了很多变化，最显著的是员工因此有了主人翁意识，提高了工作积极性。一名在永辉工作了12年的区域经理曾说，他最大的感受是心态上的变化，从被动到主动，从打工者到创业者，以前工作主要是为了完成任务，现在感觉是为了自己，所以会特别拼。

刘凯，永辉后沙峪店蔬果小队长，入职永辉3年了，在还没有成为合伙人之前，他每天按照主管的要求去干活，主管说什么干什么，当时不仅觉得很迷茫，还觉得涨工资很困难，更别提升职，所以每天下了班就去玩游戏，从来没有想过能有什么发展机会。2014年太阳宫店进行红转绿调整，成为北京第一家绿标店，教练在门店做了合伙人文化介绍以及组织架构的调整说明。成为合伙人之后，大家自觉完成自己的工作，每天都讨论当天的销售数据以及降低损耗。经过大家的共同努力，蔬果小店日均销售12万元，在北京大区的蔬果小店里属于A类店，赛马排名优秀，全国第四名，刘凯所在小店的合伙人每个月都能拿到赛马奖金。这是刘凯在没有合伙人之前不敢想象的。大家非常有干劲，都力争拿到利润分红。

郑德溪是福建三明区沙县鸿图店鱼肉小店长，从"红标"到"绿标"的转型和合伙人制度的实施，让小店出现了显著变化。除了业绩的提升，郑老板觉得最大的收获是这些业绩背后的主人翁意识。

这半年来，员工把小店的生意当作自家的生意，员工的主人翁意识使他和他的伙伴一起实现了从员工到老板的转变，从而取得了优秀的业绩。

合伙制度让全员的积极性被调动起来，从此永辉人不再只是一个打工者的角色，而是企业的主人翁。作为永辉人，身上的责任自然而然更加重大，但他们愿意承担这份重担，并且从中收获精神上和物质上的双重回报。

全员合伙制带来的直观变化还体现在门店业绩上。比如永辉的第一家老店，2016年的客流较去年同期增长15%，客单从38元增长到45元，人员从110个全职减少到80个全职，毛利率从14.8%增加到17.7%。在运行此制度的Bravo绿标精品超市中，一般单店月销售480万元即可盈亏平衡，开业第三个月即可实现盈利，现在可达到月收入600万元，拥有92个全职员工。行业中类似的高端超市达到盈亏平衡至少要一年时间，相比它们，永辉的高端店铺实现盈利所需时间较短。

相应地，员工的人均工资水平也提高了。小店合伙人的工资在试行全员合伙制后较之前提升了1倍。相比2013年，2014年永辉员工的人均月工资从2 309元增加到2 623元，增加了14%；日均人效从1 610元提高到1 918元，升高了19%。

全员合伙制还解决了一系列经营管理方面的瓶颈。在执行全员合伙制后，相较于2013年，永辉超市的离职率从6.83%降低到4.37%，商品损耗率约从6%降至4%，上货率、更新率大幅提高，商品质量、服务质量均有所提升。

4. "全员合伙"制的未来

时至2016年，永辉的全员合伙制已运行了三年，已经得到永辉内部员工自发的认同和拥护，门店和员工都从中获益良多。但这种组织制度创新带来的效果是否可以一直持续下去？

值得注意的是，全员合伙制中也有一些需要改善的地方。这首先体现在门店的公平性上，现实场景中有些门店可能位置不是很好，或者业绩本来就比较稳定，创增量比较难，无法超过经营目标很多，会影响合伙人的分红。未来，全员合伙制可以在这一方面进一步完善，让创业团队在不同店面间流动，保证分红的相对公平与合理。

有人认为这种与一线员工进行利润分享的全员合伙制是很有创意的，但有可能会导致员工的短期行为，只追求短期绩效水平的提升而忽视长远发展。也有一种声音认为，这种全员合伙制似乎治标不治本，随着门店运营日益成熟，越来越多店面的业绩增长空间日趋稳定，到那时，全员合伙制又该何去何从？

永辉超市CEO张轩宁曾说："永辉超市成立时只是一家小公司，但在短短十年间，就发展成销售额上百亿的大企业。我们现在的目标是在第二个十年结束前实现销售额过千亿的目标。要想成为千亿级企业，只能通过不断创新。"

资料来源：邬爱其、陈箫、郭艳婷、郑刚，浙江大学管理学院，人人都是老板：永辉超市的"全员合伙"制，中国管理案例共享中心。

讨论题：

1. 稻盛和夫的阿米巴组织有何特点，在哪些行业可以推广借鉴？
2. 永辉超市"全员合伙"制的优缺点，以及适用条件是什么？
3. 永辉超市"全员合伙"制实施和成功的关键要素是什么？

管理评论

万科股权之争：谁该控制上市公司

我们曾在管理学的课堂上讨论过一个故事——谁骑驴，说的是一个人和他父亲骑驴进城办事，儿子骑驴、父亲骑驴、两人都骑驴、两个人都不骑驴，无论怎么做，都有人在指责他们，所以很懊恼，到底该谁骑驴？我们的提示是：首先应该考虑为什么要骑驴？然后思考进城办事就一定要骑驴吗？环境许可他们骑驴吗？搞清楚这些就容易做出选择了。这就是我们推崇的管理思维——目的导向的理性行为。

最近网上最热门的事件莫过于万科股权之争的白热化。从王石抗拒"野蛮人""恶意收购"的宝万之争，到万科意欲引进深圳地铁激化的宝万华股权之争，再到宝能系发飙要清洗万科董事会和监事会，以及万科股东大会未通过董事会报告和监事会报告，剧情跌宕起伏，角色五花八门，结局雾里看花。

各个方面，各色人等，各种说法，众说纷纭，莫衷一是，万科股权之争已成为近年来中国上市公司治理最引人关注，也是最复杂、最精彩、最经典的一个案例。不管该事件未来将怎样演化，怎样收场，都值得我们仔细品味，认真研究，举一反三。

当然，正如盲人摸象，每个人都可以自觉或是下意识地选择一个角度，借助某种理念或逻辑，代表某种利益或集团，发表自己的议论和感慨。笔者关注的则是宝能系提议召开临时股东大会，罢免现任的全体董事和监事时所特别提到的万科已经变成内部人实际控制的现状，以及改变这种现状的必要性。令笔者疑惑的是，上市公司为什么就不能允许内部人实际控制？进而，谁该控制上市公司？

套用"谁骑驴"的故事，我们自然应该首先考虑为什么那么多方面都想要控制上市公司？无非是因为上市公司就像一个聚宝盆，可以给实际控制人带来巨大的控制权私利，包括有形的和无形的、货币的和非货币的私利。进一步，为了获取那些控制权私利，或者相当于控制权私利的同等价值的利益，就必须控制上市公司吗？各方的可供选择空间可能是不一样的。再进一步，想要争取上市公司的控制权就能做得到吗？各方的可供选择空间可能更不一样。所以，每个方面都可以寻求自己的控制权路径，但控制权之争一定有其内在的逻辑，不是谁想怎样就能怎样。

显然，最值得同情的就是公司的创始人。尽管王石一再说万科不是自己的孩子，但从王石面对宝能系收购时的"失态"以及此后的一系列反应，我们还是不难看出创始人的"护子"情结，一如2010年秋天的黄光裕。但是，即便是在现实生活中，父母想要正常履行对子女的监护人职责也需要一定的物质基础。资本市场上的"公司"控制权之争就更加依赖彼此手中的筹码，远非一个"生养权"就可以拒敌于千里之外。

"一哭二闹三上吊"的感情牌还需辅之以游戏规则来强化，就像是西方资本市场中所倚重的创始人权益保护制度，以及阿里巴巴那样的对于游戏规则事先的交通处置，恰当地实现了创始人"情"与"法"的权利协同。否则，创始人的感情牌就可能成为别样的琼瑶剧——不可以啊，不可以。

最霸道的自然就是公司的大股东，特别是控股大股东。公司法对于公司所有权的解读明确了股东所有权的法律基础。尽管股东所有权有其特殊性——间接行使、集体行使，但大股东所拥有的投票权无疑是其话语权的强力基础，甚至可能成为排他性的"一言堂"。当年的奥凯、国美等公司不断地再现大资本的强权，以及经理人的无奈，今天的华宝又给王石上了一课。大股东虽然可能"无情"，却"唯法"，法律的逻辑构成了大股东争夺上市公司控制权的强力基础。

最无奈的则是公司的高管团队。无论是在媒体上，还是在公司里，甚至在某些学术大咖心目中，高管团队都只是股东的代理人，是"管家"。大股东发飙，他们要忍着；小股东抱怨，他们要听着；监管层问责，他们要说明；媒体曝光，他们要解释；业绩不好，他们要引咎辞职；业绩卓著，站错了队也要走人。最可悲的是那些董事们（特别是独立董事们），他们既是直接的"代理人"和执行者，又是重要的决策人和监督者，一言不慎、一事不慎、一时不慎,就可能惹来败身之祸,纵有千般能耐,也将百口莫辩。上市公司治理指引要求他们向公司以及全体股东负责,你做得到吗?股东和公司利益可能不一致,大股东和中小股东利益经常不一致,你听谁的,维护谁的?

当我们听到王石在近日的万科股东大会上反复强调要代表中小股东利益的时候,你可曾感到耳熟?当年的陈晓不也是这样做的吗?当我们看到华生辩解自己在董事会里对拟引进深圳地铁的重组议案投赞成票的初衷是不想持股百分之十几的大股东的代表左右了全体股东的合法选择权的时候,你又做何感想?董事背后都有推荐人,都有利益关系,怎么保持公正和独立?因此,当我们看到张利平辩称自己是利益关联方因而必须回避投票的时候,能一味指责他不负责任吗?如果是你们处在他们那样的场合又该如何独善其身?

所以,所谓的内部人,或者高管团队,争夺上市公司的控制权,既缺乏感情牌,也没有资本强权牌,于"情"于"法"都很难走得通。现实中的内部人控制往往出现在股权结构分散,没有了大股东控制权人的场合,或者虽有大股东,但他们不屑于表现其控制权,或者放手给了高管团队自主权的场合,因而只能是与特定的博弈情境关联的特殊性质的控制权,也可能是暂时性的形式上的控制权。因此,在中国的资本市场上,上市公司很难存在实质性的长期的内部人控制现象。

最可怜的肯定是公司的小股东。何曾听到过他们的声音?何曾看见过他们争取公司控制权?尽管公司治理制度和相关机制不断演化,但是不变的主旋律之一依然是抑制大股东掠夺,保护中小股东权益。

最无辜的一定是上市公司!就像小孩终究会长大成人,会争取他的独立和自主权。公司也会成长和演化,特别是上市公司,更应该是一种相对成熟的制度架构,公司的法人性质和独立地位更应该得到尊重和体现。那么多方面各执一词,都在争夺对于上市公司的控制权,把它当什么了?替它着想过吗?按照公司法的解释,上市公司是相对独立于其出资人的法人组织,依法行使对于其法人财产的所有权。

为什么公司就不能自己做主,对自己负责,或者自己去做实际控制权人呢?显然,问题的症结之一在于法人不是自然人,还需要一个人格化的代表。所以,从这个意义上讲,如果我们把上市公司理解为成年人那样的独立自主的权利主体,所谓的控制权之争实际上就是公司代表人之争,即谁才是公司的代表?或者,谁最能够代表公司的利益?谁拥有控制权更有利于公司的成长?

毫无疑问,许多人都会说,肯定是股东最适合代表公司了。因为股东是公司所有权人,权益应该能够保持一致。但是,众多的大股东掏空事件已经警示我们,股东,即便是大股东,也不一定与公司利益相一致。为什么不能是公司创始人控制上市公司?为什么不能是相对更熟悉公司经营和运作的高管团队控制上市公司?

实际上,当我们这样考虑问题的时候就可能已经转换了逻辑,不仅仅,或者不再是在"法"或者"情"的角度关注公司到底是"谁"的,而(且)是从结果的角度看,谁拥有"监护权"或者控制权,或者谁代表公司更有利于公司的健康成长?这是一个谁更有"理"的视角。遗憾的是,我们不是先知,无法事先判断谁占据那个控制权人的位置会带来更积极的效果,或者谁控制上市公司更有"理"。因此,当有人质疑王石及其高管团队在新时期的经营能力,指出宝能系掌控的万科,或者"华宝"掌控的万科,未必就不会带来更好的业绩时,我们凭什么去反驳?

事件到此告一段落,我们基本上清楚了,谁该拥有上市公司的控制权,不能基于成王败寇的事后逻辑,也不能基于谁可能会给公司带来更积极的效果的预测逻辑，一句话，不能看谁做更有"理"。当然，基于"生养"关系的创始人感情逻辑也是靠不住的。最有效的还是基于法律法规关系的资本逻辑。

所以，创始人想要维持其对于公司的控制权，要么公司不改制、不上市，要么上市时就把自己软绵绵的感情牌替换成强有力的资本牌，借助资本逻辑来维护自己的创始人地位。公司的高管团队如果不甘于做代理人，也想谋取相对的控制权，那就只有借助高管持股变身成为相对的大股东来实现，仅仅依靠影响股权结构的分散化或制衡结构来实现对上市公司的实际控制，在中国的资本市场上，无异于火中取栗，与虎谋皮。公司的小股东们就死了这条心吧，因为上市公司通行的是股权平等的原则，而不是股东平等的原则，控制权对于小股东来说只能是天方夜谭。

说到底，中国上市公司的控制权只属于大股东，这里仍然是一个资本强权的所在。什么人力资本、技术资本、智力资本等，不过是幻想而已。西方主流经济学早就告诉我们，公司的剩余索取权和剩余控制权天然地归属于非人力资本的物质资本所有者，尽管我一直质疑它的合理性，却不得不接受它的现实性。

将要结束的时候，笔者"才"发现尽管用的是谁该控制上市公司的题目，实际上却是要说明公司治理的逻辑做不到"法""理""情"的协同，现实中流行的只能是基于合规性的治理逻辑，所以资本强权才会在上市公司以及资本市场大行其道。不一定是因为其合理有效，更不一定是因为其情有可原，只是因为近代资产阶级革命所争取的主要的和首要的就是私人所有权，而且这种私人所有权在资本那里找到了价值表现和一般形式，其他的所有权对象都只有与资本相联系、能置换，才具有权力争夺的意义。

王石，注定是又一个悲剧式的英雄。万科，路向何方？我们拭目以待。

资料来源：浙商大智库微信公众号。

延伸阅读

［1］ 斯蒂芬P罗宾斯，玛丽·库尔特. 管理学（原书第11版）［M］. 李原，等译. 北京：中国人民大学出版社，2013.
［2］ 周三多，等. 管理学：原理与方法［M］. 上海：复旦大学出版社，2005.
［3］ 喻旦辉，等. 管理学［M］. 广州：中山大学出版社，2006.
［4］ 李世宗. 管理学原理［M］. 武汉：华中科技大学出版社，2008.
［5］ 吴照云. 管理学原理［M］. 北京：经济管理出版社，2004.
［6］ 臧有良，等. 管理学原理［M］. 北京：清华大学出版社，2007.
［7］ 邢以群. 管理学［M］. 北京：高等教育出版社，2017.

第7章

CHAPTER7

人员配备

管理箴言

"致天下之治者在人才,成天下之才者在教化。"

——《松滋县学记》

本章要点

- 企业人员招聘途径与甄选方法。
- 培训的目的、分类及评估。
- 绩效管理的基本流程与常用方法。
- 个人与组织职业生涯管理。

引例

22万"白菜价",150万元招不到人

"22万白菜价、30万青菜价、70万从罕见变得多了起来。"这些人力资源报价,是猎头咨询服务公司OfferCome针对2016年互联网校招技术岗位得出的调研结果。

目前,"互联网公司对优秀技术人才的抢夺已经进入白热化阶段,京东春招预计招收300~500名实习生,实习结束后,相当一部分人会转为秋季的校招生。"京东校园招聘及雇主品牌负责人彭嘉琪提到。也就是说,互联网公司为了抢到最好的生源,有的在前一年的12月就开始为来年的春招预热,3月宣讲,4月春招面试,5月发实习offer,8月学生还在放暑假就启动秋招宣传,9月组织面试,争取10月初把所有重要的offer全部发出去。

互联网公司为什么这么热衷于校招行动呢?一位曾任职于某家大型互联网企业的资深HR就表示:"校招生年轻有活力,对企业的文化、价值观更有认同感,更重要的是,培养一个学生的成本要比花大价钱的社招低很多。"

然而,尽管互联网公司频繁地开展校招行动,技术岗的薪资也水涨船高,但各家公司依然苦于招不到"称心的人"。OfferCome曾承接三家公司的高端校招工作,目标是给客户招到年薪 100 万～150 万元的应届生，符合标准的学生要么拿到卡内基-梅隆大学的 offer，要么想去美国待几年提升自己，要么手里攥着几家公司发来的百万年薪邀请，迟迟不下决定。

除此之外，企业在职人员的流失率也在逐年变高，曾任职于某家大型互联网企业的资深 HR 认为，这一现象产生的原因主要在于：一是大型企业的培养体系成熟，上升空间有限，表现好的 3～5 年能出头，否则多是庸庸碌碌；二是行业有泡沫，付出与回报不对等；三是家庭条件好的人，会选择转行。

资料来源：吴雨欣. 22 万"白菜价"，150 万招不到人［N］. IT 时报，2017-03-24.

上述案例告诉我们，企业要想吸引和留住"称心"的员工，除了开展有效的招聘工作之外，适当的培训和合理的考评也是非常重要的。也就是说，在知识经济时代，对于人员配备，企业应当引起足够的重视。

所谓人员配备，是指对企业员工进行恰当而有效的选拔、培训和考评，其目的是为了配备合适的人员去充实组织机构中所规定的各项职务，以保证组织活动的正常进行，进而实现组织的既定目标。其中，人员配备对组织的重要性主要体现在以下两个方面。

（1）人员配备是组织开展有效活动的保证。组织结构的建立为组织提供了实现目标的条件。但是，要真正实现组织目标，还要靠组织中最主要的因素——人，没有人的组织是没有任何活力、任何功能的静态结构，也就无从谈起计划、组织、领导与控制。

（2）人员配备是促进组织发展的基础。人员配备的另一个重要性，是在复杂多变的环境中为从事组织活动所需要的人员做好准备。同其他管理职能一样，人员配备应有一个开放的系统方法，要着眼于未来，对人员进行恰当而有效的选拔、培训和考评，以满足组织未来对人才的需要。其中，对员工进行恰当而有效的选拔是整个人员配备的第一环节。

7.1 招聘与甄选

7.1.1 招聘的途径

企业招聘的途径主要有两个：外部招聘和内部招聘。

1. 外部招聘

所谓外部招聘，是指根据一定的标准化程序，从组织外部的众多候选人中选拔符合空缺职位工作要求的人员。

外部招聘主要有以下三个优点。

第一，被聘人员有外来优势。外来优势是指被聘人员没有历史包袱，组织内部成员只能知道他目前的工作能力和实绩，而对其历史，特别是其职业生涯中的记录知道较少，这样他可以有较强的自信心，容易打开工作局面。

第二，有利于缓和内部竞争者之间的紧张关系。组织中空缺的管理职位可能使内部人员产生竞争，失败者可能会产生不满情绪、消极怠工、不听指挥，甚至拆台等负面行为。外部招聘可以使这些竞争者得到某种心理平衡，从而缓和他们之间的紧张关系，有利于工作的开展。

第三，给组织带来更多的创新机会。外聘人员不仅可以为组织带来新的管理方法与经验，而且他们往往不受组织原来固有工作模式的束缚，也不会参与到组织先前人员的复杂人际关系中，可以放开手脚，给组织带来较多的创新机会。

外部招聘主要有以下三个缺点。

第一，外聘人员不熟悉组织内部情况，又没有一定的人事基础，所以他往往需要一段时间才能进行有效的工作。

第二，组织对外聘人员的情况不能深入了解。由于被聘者的实际工作能力与选聘时的评估可能存在较大的差距，组织可能会聘用到一些不符合该职位真正要求的人员，这种错误的选聘可能会给组织带来较大损害。

第三，打击内部人员的工作积极性。如果组织经常从外部聘任管理人员，并且形成习惯和制度，就会堵死内部人员的升迁道路，挫伤他们工作的积极性，从而容易导致内部人员集体抵制外聘管理者。

2. 内部招聘

所谓内部招聘，是指依据一定的标准化程序，从组织内部原有成员中选拔符合空缺职位工作要求的人员。

内部招聘主要有以下三个优点。

第一，可以调动组织成员的工作积极性。内部招聘给组织内部成员带来了希望，可以激励他们在工作中不断提高能力、丰富知识，以便在有机会的情况下得到提升。

第二，有利于保证选聘工作的正确性。候选人在组织中工作的时间越长，组织越有可能对其进行全面深入的考察和评估，从而提高选聘工作的正确性。

第三，有利于被聘者迅速开展工作。由于内部人员了解组织文化、组织结构及其运行特点等，并且熟知组织中错综复杂的人事关系，所以能够迅速适应新的工作职位，进而更好地开展工作。

内部招聘主要有以下两个缺点。

第一，容易引起同事的不满。如果在若干内部候选人中提升一个管理人员，可能会引起落选者的不满情绪，从而不利于被提升者工作的开展。

第二，可能造成"近亲繁殖"现象。内部招聘的管理人员可能在管理方法、管理模式等方面与原来的管理者较为相似，从而使组织管理缺乏创新，不利于管理水平的提高。

因此，一个企业在进行人员招聘时，到底是选择内部招聘还是外部招聘，应具体问题具体分析。

专栏 7-1

任 人 固 佚

宓子治理单父这个地方，每天很闲，弹琴奏乐，连自己的厅堂都不用下，就把单父治理好了。

巫马期治理单父，披星戴月，日夜奔忙，事必躬亲，也把单父治理好了。

巫马期问宓子治理的方法，宓子说："我主要是重用人才，你主要是靠自己出力。自己出力当然辛苦，任用他人自然安逸。"

资料来源：迟铎，彭达池. 中国古典寓言菁华［M］. 北京：商务印书馆国际有限公司，2017.

7.1.2 甄选的基本方法

1. 心理测试

心理测试是判定个别差异的工具，主要包括能力测试、人格测试、兴趣测试等。

（1）能力测试。能力测试的目的，是通过人的非生活经验积累而形成的能力来预测被测试者在某一职业领域的发展潜能，相当于能力结构的"二因素论"。能力测试也可以划分为一般能力（智力）测试和特殊能力（能力倾向）测试。

智力测试的目的在于提供对个体一般能力水平的鉴定结果，为更好地预测个体在各职业领域的成就高低提供依据。目前，韦克斯勒（Wechsler）成人智力量表和瑞文（Raven）推理测试在人事选拔和配置中应用较多。

特殊能力测试的目的在于评价个体在某方面的发展潜能，用以预测个体在接受适当的训练后，从事某种工作可能获得的成就大小。目前，在人事选拔和配置中应用较多的能力倾向测试有：一般能力倾向成套测试、鉴别能力倾向成套测试、机械倾向测试和文书倾向测试等。

（2）人格测试。人格测试主要用于测量性格、气质等方面的个性心理特征。常用的人格测试方法有两种：自陈量表和投射技术。

自陈量表又称自陈问卷，是测量人格最常用的方法。所谓"自陈"，就是让受测者个人提供关于自己人格特征的报告。自陈法多采用客观测试的形式，表中包括一系列陈述句或问题，每个句子或问题描述一种行为特征，要求受测者做出是否符合自己情况的回答。

在人事选拔和配置中最常用的自陈量表有：卡特尔（Cattell）16种人格因素问卷、迈尔斯－布里格斯（Myers-Briggers）类型指示量表等。

投射技术又称投射测验。所谓"投射"，是指个人把自己的动机、情绪、焦虑、价值观念或愿望等个性特征下意识地反映于外界事物或他人的一种心理过程。投射测验通常以非结构性的测试题引起受测者的反应，借以考察其所投射的个性特征。在人事选拔和配置中最常用的投射测验有完成式和表达式。

（3）兴趣测试。兴趣测试主要测查人在职业选择时的价值取向，大量应用于职业咨询、职业指导中。应用最广泛的兴趣测试是斯特朗－坎贝尔（Strong-Campbell）兴趣调查表、加利福尼亚（California）职业爱好系统问卷和库德（Kuder）职业兴趣调查表。

2. 笔试

笔试是一种与面试对应的测试，是考核应聘者学识水平的重要工具。这种方法可以有效测量应聘者的基本知识、专业知识、综合分析和文字表达等能力及素质。笔试形式主要有七种：选择题、是非题、匹配题、填空题、简答题、问答题、小论文，每一种笔试形式都有其优缺点。

3. 面试

面试是测查和评价应聘者能力素质的一种考试活动，通常由面试小组对应聘者进行面试，主要分为结构化面试与非结构化面试两大类。结构化面试首先根据对职位的分析，确定面试的测评要素，然后针对每一个测评要素预先编制好面试题目并制定相应的评分标准，最后在此基础上，对应聘者的表现进行量化分析。对于应聘同一岗位的不同应聘者，使用相同的题目、提问方式、计分和评价标准，以保证评价的公平合理性。非结构化面试则没有固定的面谈程序，面试人员提问的内容和顺序都取决于面试人员的兴趣和现场应聘者的回答，不同的应聘者所回答的问题可能不同。

4. 背景调查

背景调查是指通过从应聘者提供的证明人或其之前工作单位那里搜集资料，来核实应聘者个人资料的行为，是一种能直接证明应聘者情况的有效方法。背景调查既可在深入面试之前进行，也可在面试后进行。这将花费一定的时间和财力，但一般仍值得去做。

背景调查中应聘者的相关资料是对其进行正确评价的关键依据，一般来说背景资料有以下来源：校方的推荐材料；有关原来工作情况的介绍材料；关于申请人财务状况的证明信；关于申请人所受法律强制方面的记录；推荐人的推荐材料。

5. 评价中心技术

评价中心技术在第二次世界大战后迅速发展起来，它是现代人事测评的一种主要形式，被认为是一种针对高级管理人员最有效的测评方法。严格来讲，评价中心技术是一种程序而不是一种具体的方法。它最主要的特点之一就是它的情景模拟性，所以又被称为情景模拟测评。

（1）评价中心技术的特点主要包括针对性、全面性、可靠性、动态性和预测性。

1）针对性。评价中心技术模拟特定的工作条件和环境，并在这种条件和环境下实施测评。根据不同层次人员的岗位要求和必备能力，设计不同的模拟情景，具有很强的针对性，避免"高分低能"倾向。

2）全面性。评价中心技术综合运用多种测评技术与手段，不仅能很好地反映应聘者的实际工作能力，还可以测评其他方面的各种能力和素质。

3）可靠性。评价中心技术由多个主试小组成员分别对被试者给予评价，减少了因被试者水平发挥不正常或个别主试人员因评价偏差而导致的测评结果失真。每项测验后，请被试者说明测验时的想法以及处理问题的理由。在此基础上，主试人员进一步评定被试者处理实际问题的能力和技巧，使评价结果的可靠性大大增加。

4）动态性。评价中心技术将被试者置于动态的模拟工作情景中，模拟实际管理工作中瞬息万变的情况，不断对被试者发出各种随机变化的信息，要求被试者在一定时间和一定情景压力下做出决策，使其在动态环境中充分展示自己的能力和素质。

5）预测性。评价中心技术集测评与培训功能于一体，具有识才于未显之时的功能，模拟的工作环境为尚未进入这一层次的人员提供了一个发挥其才能与潜力的机会，对于被试者的素质和能力具有一定的预测作用。同时，评价中心技术为对被试者有重点地进行培训提供了较为有效的手段和途径。

（2）常用的评价中心技术测评方法。通常情况下，评价中心技术要使用4～6种测评方法来进行测评。下面介绍几个比较典型的评价中心技术测评方法。

1）管理游戏，又称管理竞赛。几组被试者利用计算机来模拟真实的公司经营，并做出各自的决策来互相竞争的一种方法。

2）角色扮演。根据被试者可能担任的职务，编制一套与该职务实际工作相似的测试项目，将被试者安排在模拟的、逼真的工作环境中，要求被试者处理可能出现的各种问题，并用多种方法来测评其心理素质和潜在能力。

3）公文处理。要求被试者模拟某公司的一个部门经理，处理各种信函、报告、备忘录、申请书、电话记录等公文。被试者要浏览所有文件，分清各种工作的重要性和紧迫程度，依次处理，并按照自己的权限情况分别对待，使各种文件得到相应的处理。主试人员在观察被试者进行公文处理的过程和审阅被试者的处理办法及处理意见后，与被试者进行1小时的面谈，详细了解其在处理每一份公文时的想法和理由，以获得更多信息。

4）无领导小组讨论。由一组被试者组成一个临时工作小组，讨论给定的问题，并做出决策。由于这个小组是临时拼凑的，并不指定谁是负责人，目的就在于考察被试者的表现，尤其是看谁会从中脱颖而出，成为自发的领导者。评价者通过观察每个被试者的表现，对其各个要素进行评分，从而对被试者的能力、素质水平做出判断。

（3）评价中心技术的优点与缺点。

评价中心技术的优点在于：

- 评价中心技术综合了管理学、心理学、社会学、行为科学和人类学等学科的最新研究成果，突破了传统测评方法的局限，开创了人才测评技术的新局面，是对传统测评思想的重大改进。
- 测评的效度以及测评带来的效益较高。评价中心技术的每一个情景测试都是从许多实际工作样板中挑选出来的，并经过技术处理，使许多与测评内容无关的因素得到有效控制。
- 集测评与培训于一体，扩大了测评的功能和用途。评价中心技术的测评过程既是一个素质测评过程，又是一个被试者在模拟工作中自我学习、自我提高的锻炼过程。

评价中心技术的缺点在于：

- 与其他素质测评方法比较，评价中心技术的测评费用较高。
- 操作难度大。一方面，对主试人员的要求很高，主试人员必须有相当的管理经验并受过专门训练。另一方面，测评需要的案例和材料要花费大量时间和精力。
- 当模拟工作的内容与实际工作有误差时，测评中的能力表现与实际工作能力存在差距。
- 测评的内容主要是管理技能和某些方面的心理素质，难以全面真实地反映被试者的思想品德等内容。

7.2 培训

培训是组织开发现有人力资源和提高员工素质以适应组织发展要求的基本途径。组织发展中所产生的人力资源需求，除以招聘方式从外部吸引人员加以补充外，更主要的是通过开发组织现有的人力资源来加以满足；基本符合岗位要求的员工能否创造出优秀的业绩，也与组织的培训密切相关。因此，培训是企业人力资源管理中的一项重要工作。

7.2.1 培训的目的

（1）适应企业外部环境的发展变化。企业的发展是内外因共同作用的结果。一方面，企业要充分利用外部环境所给予的各种机会和条件；另一方面，企业也要通过自身的变革去适应外部环境的变化。

（2）满足员工自我成长的需要。员工希望学习新的知识和技能，希望接受具有挑战性的任务，希望晋升，这些都离不开培训。因此，培训可增强员工的满足感。

（3）提升绩效。员工通过培训，可在工作中减少失误，降低因失误造成的损失。同时，随着员工技能的提高，可减少废品、次品，减少消耗和浪费，提高工作质量和工作效率，提升企业效益。

（4）提高企业素质。通过培训，具有不同价值观、信念、不同工作作风及习惯的员工，能按照时代及企业经营要求，进行文化养成教育，从而形成统一、和谐的工作集体，使劳动生产率得到提高。

7.2.2 培训的分类

培训一般分为职前培训与在职培训两大类。职前培训是对新进人员在任职之前给予培训。在职培训是指对现职人员予以补充培训，如主管人员培训、各类专业人员培训等。其中，在职培训可进一步划分为脱产培训和在岗培训两类。前者是指受训者脱离工作岗位，在工作场所以外的环境中接受培训。后者是指受训者通过实际参与某项工作，操作某种设备，并接受相应现场指导来学会有关技能。

除上述分类外，培训的分类方式还有很多，如按照培训方式来分类，有雇工培训、学徒培训、实习培训、委托外部单位培训、轮换培训、会议式的案例研究培训等；又如，按照培训的对象来分类，可以分为管理人员培训和员工培训。

1. 管理人员培训

企业的未来主要掌握在管理者手中，企业的生存和发展取决于管理职能完成的水平。然而，有统计资料表明，每10个美国经理中有六七个在管理能力方面存在问题。因此，管理者若要跟上各自领域的最新发展，同时实现在动态环境中的管理，进行培训是必不可少的。管理人员的培训方法除了前面我们讲过的评价中心技术的一些方法，如案例分析、角色扮演法等之外，还有以下三种培训方法。

（1）辅导。受训者以一对一的方式向经验丰富的组织员工进行学习的一种人才开发方法。辅导者通常是年长及有经验的经理，他以主人、朋友和顾问的身份对受训者进行辅导。

（2）会议与研讨。将兴趣相同的人聚集在一起讨论并解决问题的一种广泛使用的培训方法。讨论小组负责人的作用是使讨论正常进行，并避免某些人的观点偏离主题。

（3）行为模仿。在使用行为模仿进行培训时，首先应向受训者展示良好的管理技术，然后要求他们在模仿环境中扮演角色，最后由主管就其模仿的行为提供反馈。这种方法被用于培训基层主管人员和中层管理人员，使他们能更有效地处理工作关系和所在环境中的人际关系。

2. 员工培训

员工培训包括主管以下人员的所有培训，其目的在于提高员工的工作技能，使其在未来能够适应不同岗位的工作要求。

员工培训一般可分为两种：第一种为一般教育课程培训，它的目的是使员工发展成一个善于处理组织内人际关系和其他一般工作技能的人，如健康、生活、仪容培训等；第二种为工作培训，是指与工作执行直接有关的能力培训或技术培训，其目的是推动工作绩效的实际改善。

工作培训按内容可分为以下四种。

- 机器操作技能培训：如机器的操作、打字等。

- 智力开发培训：如统计学、簿记、速记、档案处理、绘图等。
- 专业知识教育培训：这种培训与一般教育课程培训有一定重叠，其差异在于这种培训以应用在具体工作上为目的。
- 态度转变培训：所谓态度，就是知识、技能或意愿的实际表达。员工的工作态度、忠诚度、工作意愿、成就感等都可以通过培训来加以改善。

专栏 7-2
跨文化管理中的员工培训

中国企业在贯彻"一带一路"倡议下的国家战略"走出去"时，企业经营者不可避免地会进行跨文化的管理，这就要求企业经营者必须能够识别不同文化间存在的差异。跨文化培训是跨文化管理最基础也是最行之有效的手段，其根本目的就是促使员工充分了解并尊重不同的文化，理解文化差异的必然性和合理性，打破源于他们心中的文化障碍和角色束缚，充分体验对方的真实情感。

资料来源：杨柏，等．"一带一路"倡议下中国企业跨国经营的文化冲突策略分析［J］．管理世界，2016（9）．

7.2.3 培训的评估

评估是员工培训的最后一个重要步骤，它实际上可以分为两个层次：首先，评价各种培训计划本身是否有效；其次，在总体上评价员工培训的实际效果。

当前，对培训评估进行系统总结并占主导地位的是柯氏（Kirkpatrick）四级评估模型。这一模型非常实用，易于贯彻到企业实际的培训评估中，它不仅观察学员的反应和检查学习结果，还衡量学员在培训前后的表现和公司经营业绩的变化。该模型将培训评估分为四个级别，具体如表 7-1 所示。

表 7-1 柯氏四级评估模型

评估级别	主要内容	可询问的问题	衡量方法
一级评估：反应层评估	观察学员的反应	● 学员是否喜欢该培训课程 ● 课程对学员是否有用 ● 对培训师及培训设施等有何意见 ● 课堂反应是否积极主动	问卷、评估调查表填写，评估访谈
二级评估：学习层评估	检查学员的学习结果	● 学员在培训项目中学到了什么 ● 培训后，学员在知识及技能方面有多大程度的提高	评估调查表填写，笔试、绩效考试，案例研究
三级评估：行为层评估	衡量学员在培训前后的工作表现	● 学员在学习基础上有无行为改变 ● 学员在工作中是否用到培训所学的知识或技能	由上级、同事、客户、下属进行绩效考核、测试、观察和绩效记录
四级评估：结果层评估	衡量公司经营业绩的变化	● 学员的行为改变对组织的影响是否积极 ● 组织是否因培训而经营得更好	考察事故率、生产率、流动率、士气

（1）一级评估。一级评估需要注意学员的反应。反应层评估的主要方法是问卷调查——在培训结束时，收集学员对于培训效果的反应。

（2）二级评估。二级评估主要指对学识和行为的评估。学习层评估是目前最常见，也是最常用的一种评估方式。培训组织者可以通过笔试、绩效考核等方法来了解学员的知识或技能在培训后有多大程度的提高。

（3）三级评估。三级评估主要指在行为层面对学员进行评估，往往发生在培训结束后的一段时间，由上级、同事、客户或下属观察学员的行为在培训前后是否有差别，是否在工作中运用了培训所学的知识或技能。

（4）四级评估。四级评估是指对组织效益的评估，主要是对组织目标的一系列衡量，包括出错率和返工率。质量测量包括抱怨率、破损设备率、缺席率、准时率、安排水平等；生产率测量包括完成率、生产水平、利润和节约的费用等。

7.3 绩效管理

7.3.1 绩效管理的定义

绩效管理是指各级管理者为了达到组织目标对各级部门和员工进行绩效计划制订、绩效辅导实施、绩效考核评价、绩效反馈面谈、绩效目标提升的持续循环过程。绩效管理的目的是持续提升组织和个人的绩效。

7.3.2 绩效管理的基本流程

绩效管理是一系列以员工为中心的干预活动过程。它包括四个环节，分别是目标设计、过程指导、考评反馈和激励发展。

（1）目标设计。目标设计既包括反映结果的目标设计，比如数量、质量、成本、时间，也包括反映员工行为的目标设计，主要指员工在工作中表现出的态度、努力程度和能力等胜任特征。目标设计主要针对具体的工作岗位职责而设计，但也要考虑企业的组织发展目标及部门目标，使它们之间建立紧密的联系。

（2）过程指导。过程指导强调的是在考评之前管理者对于员工的激励、反馈和辅导，这充分体现了绩效管理以人为本、关注员工的思想。其中，激励阶段主要强调非正式激励的途径和方法；反馈阶段强调不仅要考虑正面反馈的方法，也要考虑负面反馈的方法；辅导阶段强调管理者，特别是基层管理者要针对员工的行为表现进行及时的纠正、示范和培训，对于出现的问题给予咨询。

（3）考评反馈。考评反馈是指将涉及结果和行为两个方面的考核结果反馈给被考评者，一般来说，关于行为的考评反馈操作较难。

（4）激励发展。激励发展是将绩效考评的结果应用于实际的关键环节，包括绩效工资的设计方法、分配方式以及培训发展计划的制订等。

以上四个环节将根据绩效管理的实施不断循环反复，在达到个人和企业的目标之后，重新设计目标，再进入新的绩效管理阶段，以不断调动员工积极性、增强组织竞争力为目的。

7.3.3 绩效管理实施前的准备工作

1. 实施前提

实施企业绩效管理必须具备如下四个前提条件。

（1）具备可操作的企业发展战略目标。企业高层管理者必须依靠有关专家，制定出企业的中长期发展战略目标，这是实施绩效管理的重要前提。

（2）组织结构图对各层次岗位的相互关系有准确的界定。面对企业改革的客观要求，应当从战略性人力资源管理角度出发，拟定组织结构关系图。这是确定上下级授权和沟通方式的基础。

（3）内部客户和外部客户对所分析的岗位有清楚的要求。这实际上是对于组织结构图在某个局部组织关系的细化。除了外部客户之外，还要明确内部客户的要求。

（4）岗位责任说明书对于各岗位职责有明确的描述。岗位责任说明书中涉及的岗位职责是设计考评指标的关键。

2. 工作程序的确定

上级主管与下属之间所形成的考评与被考评的关系，是企业绩效管理活动的基本单元。从企业的全局来看，绩效管理需要按一定的时间顺序按部就班地一步一步推进。

（1）考评时间的确定。考评时间的确定主要包括考评时间和考评期限设计两个方面。考评时间除取决于绩效评估的目的，还应服从于企业人力资源与其他相关的管理制度。

（2）考评者的选择。考评者是保证绩效管理有效运行和工作质量的主体，一般情况下，参加考评的所有考评者都应具备以下条件：作风正派，办事公道；有事业心和责任感；有主见，善于独立思考；坚持原则，大公无私；具有实际工作经验，熟悉被考评对象的情况；等等。

（3）考评者和被考评者的培训。在绩效管理实施前的准备阶段，除了需要明确被考评者和考评者之外，一项重要的任务就是培训考评者和被考评者。在组织培训时，一般以短期的业余培训班为主。培训的主要内容有：企业绩效管理制度的内容和要求，绩效管理的目的、意义，考评人员的职责和任务；绩效管理的基本理论和基本方法；绩效评估指标和标准的设计原理，具体应用中应注意的问题和要点；绩效管理的程序、步骤，以及贯彻实施的要点；绩效管理的各种误差与偏误的杜绝和防止；如何建立有效的绩效管理运行体系；如何解决绩效管理中出现的矛盾和冲突；如何组织有效的绩效面谈；等等。

（4）评估方法的确立。如何对员工的工作绩效进行评估呢？以下概述了绩效评估的几种主要方法。

1）书面描述法。书面描述法就是写一份记叙性材料，描述一个员工的所长、所短、过去的绩效和潜能等，然后提出予以改进和提高的建议。

2）关键事件法。考评者将注意力集中在区分有效和无效工作绩效的关键行为方面。考评者记下一些细小但能说明员工所做的工作特别有效果或无效果的事件，其中的关键是记录具体的行为，而不是笼统地评价一个人的个性特质。

3）评分表法。评分表法是一种最古老也是最常用的绩效评估方法。它列出一系列的绩效因素，如工作的数量与质量、职务知识、协作与出勤，以及忠诚、诚实与首创精神等，考评者逐一对表中的每一项给出评分。

4）行为定位评分法。这种方法综合了关键事件法和评分表法的主要要素：考评者按某一序数值尺度对各项指标打分，不过，评分项目是某人从事某项职务的具体行为事例，而不是一般的个人特质描述。行为定位评分法侧重于具体且可衡量的工作行为。

5）多人比较法。多人比较法是指将一个员工的工作绩效与另一个或多个其他人做比较。这是一种相对的而不是绝对的衡量方法。

6）目标管理法。目标管理法是指在一个目标管理系统中，企业的最高管理层首先要为公司确定来年的战略目标,在此基础上,目标被分解到各个管理者和员工手中,明确各级各部门在来年应当达到的目标,然后以此目标作为绩效考评的依据。

7.3.4 绩效管理中的冲突管理

由于管理者与被管理者、考评者与被考评者所处的地位不同,观察问题的角度不同,权责与利害关系不同,所以他们在绩效管理的活动中,不可避免地经常出现一些矛盾和冲突,主要有以下几种。

1. 员工自我矛盾

员工一方面希望得到客观的考评信息,以便弄清自己在组织中的地位和作用,以及今后需要努力的方向;另一方面又希望上级主管能够给予自己特别的关照,以树立自己的良好形象,使自己得到一定的认同和价值回报。这种个人需求目标的双重性是绩效管理中常见的一种冲突。

2. 主管自我矛盾

上级主管在对下属进行考评时,如果根据绩效计划的目标进行严格的考评,会直接影响到下属的既得利益,如薪酬、奖金和升迁等,而且容易导致关系紧张;当主管考评宽松时,下属可能会拍手称快,但是,如果主管不能持续地完成绩效目标的考评,帮助下属改进绩效,开发员工潜能的目标也就更加难以完成。

3. 组织目标矛盾

上述两种矛盾的交互作用,必然带来组织绩效目标与个人既得利益目标的冲突,组织开发目标与个人自我保护目标的冲突。

然而,以上三种矛盾冲突在所难免。因此,企业人力资源部门需要认真地研究对待,制定出行之有效的政策,采取有针对性的策略,要求各级主管掌握并运用人事管理的艺术,通过积极有效的面谈,抓住主要矛盾和关键性问题,尽最大可能及时地化解冲突。为了化解矛盾冲突,建议采用以下一些措施和方法。

(1) 在绩效面谈中,应当做到以行为为导向,以事实为依据,以制度为准绳,以诱导为手段,本着实事求是、以理服人的态度,克服轻视下属等错误观念,与下属理性地进行沟通和交流。

(2) 在绩效评估中,一定要将过去的、当前的以及今后可能的目标进行适当区分,特别是要将近期绩效评估的目标与远期开发目标严格区分开来。

(3) 适当下放权限,鼓励下属参与。在绩效管理的各个阶段,上级主管一定要简化程序,适当下放权限。

7.3.5 改进工作绩效的策略

在查明绩效所存在的差距以及产生的原因之后,在新一轮绩效管理期内,可从组织的实际情况出发,制定并采取以下策略,以促进工作绩效的改进与提高。

1. 预防性策略与制止性策略

预防性策略是在员工进行作业之前,由上级制定出详细的绩效评估标准,明确什么是正确的、有效的行为,什么是错误的、无效的行为,并通过专门、系统性的培训和训练,使员工掌握具体的作业步骤和操作方法,从而可以有效地防止和减少员工在工作中出现重复性差错和失误。

制止性策略是对员工的工作劳动过程进行全面的跟踪检查和监测,及时发现问题,及时予以纠正,并通过各个管理层次的管理人员实施全面、全员、全过程的监督和引导,使员工克服自己的缺点,发挥自己的优势,不断提高自己的工作业绩。

2. 正向激励策略与负向激励策略

正向激励策略是通过制定一系列行为标准以及与之配套的人事激励政策,如奖励、晋级、升职、提拔等,鼓励员工更加积极主动工作的策略。

负向激励策略也可以称为反向激励策略,它与正向激励策略完全相反,采取的是惩罚手段,以防止和克服员工绩效低下的行为。

无论采用何种激励策略,人力资源部门及各级主管都需要认真对待,并健全和完善企业的各项规章制度,特别是与绩效管理有关的培训、奖惩、升降等人力资源管理制度。

为了保障激励策略的有效性,应当遵循以下几个原则。

(1)及时性原则。无论是正向激励还是负向激励,都要尽早尽快执行。如果事过境迁,时间拖得过长,再大强度的奖励或处罚也将失去意义。

(2)同一性原则。根据员工实际成败的程度,在任何时间对任何人采用同一尺度进行衡量,其所得到的奖惩不能有宽有松、前后不一,应当始终保持一致,确保奖惩的同一性和公平性。

(3)预告性原则。对于员工的奖惩,应当贯彻"预先告知、清楚明确、详细具体"的原则,使他们无论对成绩还是对失误都有所警觉,有所感悟。

(4)开发性原则。对于贯彻各种激励策略的执行者来说,为了提高激励策略的有效性,必须重视对他们的培训和管理技能开发,使他们能够熟练地掌握具体的方针政策与激励的技术技巧,并不断地总结成功经验和失败教训,从"自在"的考评者变为"自为"的考评者。

7.3.6 常用的绩效管理方法

1. 关键绩效指标

关键绩效指标又称 KPI(Key Performance Indicator,KPI),是通过对组织内部流程的输入端、输出端的关键参数进行设置、取样、计算、分析,衡量流程绩效的一种目标式量化管理指标,是用于评估和管理被评估者绩效的定量化或者行为化的标准体系。

(1)关键绩效指标的作用主要体现在以下三个方面。

1)关键绩效指标是用于衡量工作人员工作绩效表现的量化指标,是绩效计划的重要组成部分。建立明确的、切实可行的关键绩效指标体系,是做好绩效管理的关键。

2)关键绩效指标是体现对组织目标有增值作用的绩效指标。

3)通过在关键绩效指标上达成的承诺,员工与管理人员就可以进行工作期望、工作表现和未来发展等方面的沟通。

(2)确定关键绩效指标的原则。确定关键绩效指标有一个重要的 SMART 原则。其中,SMART 分别是五个英文单词首字母的缩写,如下所示。

- S(specific)代表具体,指的是绩效考核要切中特定的工作指标,不能笼统。
- M(measurable)代表可度量,指的是绩效指标是数量化或者行为化的,这些绩效指标的数据或者信息是可以获得的。
- A（attainable）代表可实现，指的是绩效指标在付出努力的情况下可以实现，避免设立过高或过低的目标。
- R（relevant）代表相关性，指的是绩效指标与工作的其他目标是相关联的，与本职工作是相关联的。
- T（time bound）代表有时限，指的是注重完成绩效指标的特定期限。

（3）确定关键绩效指标的一般步骤主要包括建立评价指标体系、设定评价标准和审核关键绩效指标，如下所示。

1）建立评价指标体系。可以按照从宏观到微观的顺序，依次建立各级的指标体系。首先，明确企业的战略目标，找出企业的业务重点，并确定这些关键业务领域的关键绩效指标，从而建立企业级关键绩效指标。其次，各部门的主管需要依据企业级关键绩效指标建立部门级关键绩效指标。最后，各部门的主管和部门关键绩效指标人员一起再将部门级关键绩效指标进一步分解为更细的关键绩效指标。

2）设定评价标准。一般来说，指标是指从哪些方面对工作进行衡量或评价；而标准是指在各个指标上分别应该达到什么样的水平。也就是说，指标解决的是我们需要评价"什么"的问题，标准解决的是要求被评价者做得"怎样"、完成"多少"的问题。

3）审核关键绩效指标。对关键绩效指标进行审核主要是为了确认这些关键绩效指标是否能够全面、客观地反映被评价者的工作绩效，以及是否适用于评价操作。

（4）关键绩效指标体系的建立流程。企业的总体战略目标在通常情况下可以分解为几项主要的支持性子目标，而这些更为具体的支持性子目标本身需要企业的某些主要业务流程的支持才能在一定程度上达成。一般来说，企业关键绩效指标体系的建立流程分为以下几个步骤。

1）确定各支持性业务流程目标。在确认各战略子目标的支持性业务流程后，需要进一步确认这些支持性业务流程在支持战略子目标达成的前提下流程本身的总目标，并运用九宫图的方式进一步确认流程总目标在不同维度上的详细分解内容。

2）确认各业务流程与各职能部门的联系。

3）部门级关键绩效指标的提取。在本环节中，要从通过上述环节建立起来的流程重点、部门职责之间的联系中提取部门级的关键绩效指标。

4）根据部门级关键绩效指标、业务流程以及确定的各职位职责，建立企业目标、流程、职能与职位的统一。

2. 平衡计分卡

1992年，美国哈佛商学院的罗伯特·卡普兰教授等人提出了一种全新的企业综合测评体系，称作平衡计分卡（BSC）。

（1）平衡计分卡的特点与意义。平衡计分卡的一个最为突出的特点就是：集测评、管理与交流功能于一体。

综合测评：平衡计分卡通过使用大量的超前和滞后指标来评价企业是否向着其战略目标的方向前进。特别是超前指标的运用，对可能引起财务状况下降的当前活动做出提示。

管理控制：平衡计分卡把企业综合测评与企业战略联系起来，清楚地将企业目标展示给管理者，使管理者注意对未来产生影响的活动，增强有利于企业成功的因素对财务结果的推动作用。

交流：平衡计分卡使员工明白他们的表现会如何影响企业的成功，也可使管理者了解影响企业进步的日常因素，从而帮助企业作为一个整体，从管理集团到一线员工对外界变化做出更快的响应。

（2）平衡计分卡的内容体系。围绕企业的战略目标，平衡计分卡从财务、顾客、流程、学习与成长四个层面对企业进行全面的测评。在使用时，在每一个层面建立相应的目标以及衡量该目标是否实现的指标。

财务层面：目标是解决"股东如何看待我们"这类问题。该层面的指标包括传统的财务指标，如销售额、利润额、资产利用率等。

顾客层面：目标是解决"顾客如何看待我们"这类问题。该层面的指标可以是送货准时率、顾客满意度、产品退货率、合同取消数等。

流程层面：目标是解决"我们擅长什么"这类问题。该层面的指标可以是生产率、生产周期、成本、合格品率、新产品开发速度、出勤率等。

学习与成长层面：目标是解决"我们是在进步吗"这类问题。该层面的指标可以是雇员问题、知识资产、市场创新和技能发展等。

平衡计分卡就是要对上述四个层面进行平衡，平衡计分卡中的各项测量指标并不是孤立地存在，它们与一组目标相联系，而这些目标自身又相互关联并最终都以直接或间接的形式与财务结果相关联。

平衡计分卡的新发展如图7-1所示。

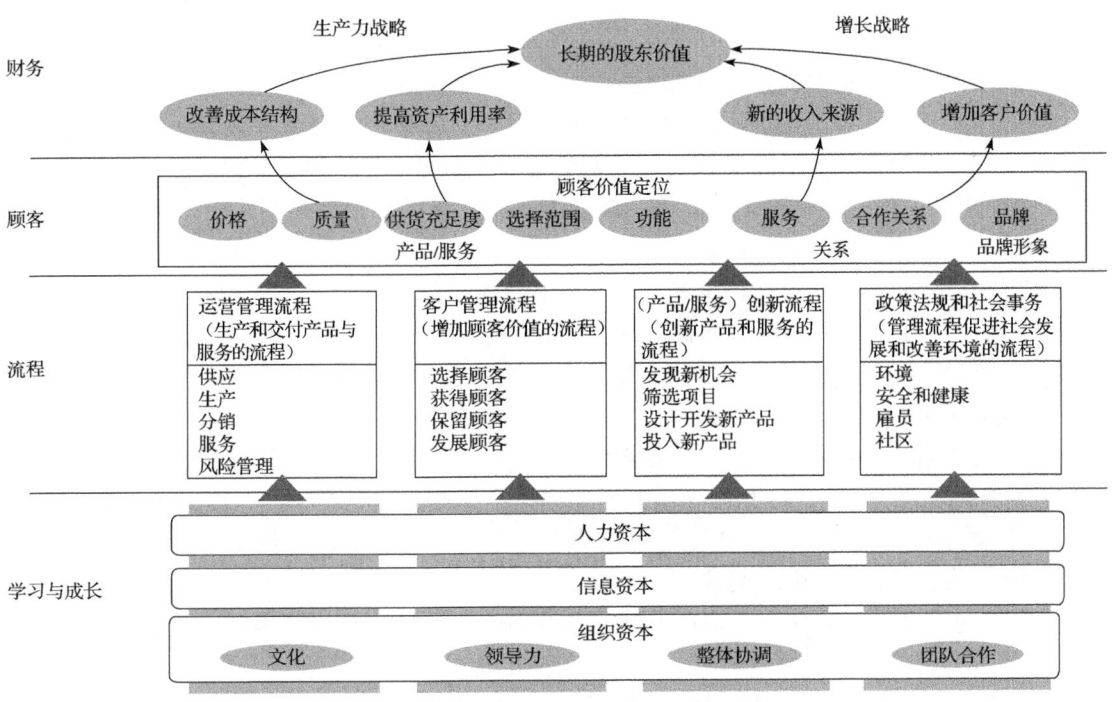

图7-1 战略地图：平衡计分卡的新发展

（3）构建平衡计分卡时应注意以下几个问题。

- 因果关系。每一个指标都必须是企业战略因果关系链中的一部分。

- 与财务关联。每一个选定的指标最终都会对企业财务状况产生影响。
- 绩效推动。在对企业运行结果的测量和绩效的推动方面取得平衡。
- 对可能引起变化的因素进行测量。有些指标的引入会引起企业行为和过程的变化。

（4）实施平衡计分卡的基本步骤。每个企业都可以根据自身的情况来设计各自的平衡计分卡，但大体上可以遵循以下几个步骤。

1）定义企业战略。由于平衡计分卡的四个层面与企业战略密切相关，因此这一步骤是设计一个好的平衡计分卡的基础。

2）就战略目标取得一致意见。由于各种原因，管理集团的成员可能会对目标有不同的意见，但无论如何必须在企业的长远目标上达成一致。另外，应将平衡计分卡每一层面的目标数量控制在合理的范围内，仅对那些影响企业成功的关键因素进行测评。

3）选择和设计测评指标。一旦目标确定，下一个任务就是选择和设计判断这些目标是否达到的指标。指标必须能准确反映每个特定的目标，以使通过平衡计分卡所收集到的反馈信息具有可靠性。一般在平衡计分卡的每个层面中使用三四个指标就足够了。

4）制订实施计划。要求各层次的管理人员参与测评。这一步骤也包括将平衡计分卡的指标与企业的数据库和管理信息系统联系起来，在全企业范围内运用。

5）监测和反馈。每隔一定时间就要向最高主管人员报告平衡计分卡的测评情况。在对设定的指标进行了一段时间的测评，并且认为已经达到目标时，就要设定新的目标或对原有目标设定新的指标。平衡计分卡应该被用作战略规划、目标制定以及资源配置过程的依据之一。

3. 360度绩效考评

360度绩效考评又称全方位绩效考评，是由被考评人的上级、同级、下级、本人或考评专家担任考评者，从各个角度对被考评人进行全方位评价的一种绩效考核方法。考评的内容涉及被考评人的管理绩效、专业绩效、业务绩效、工作态度和能力等方面，考评结束后，人力资源部门通过预先制定的反馈程序，将整理出的考评结果反馈给本人，从而达到改变行为、提高被考评人工作绩效的目的。

（1）360度绩效考评的基本步骤。以下每个步骤都会影响考评结果的成败。

1）界定目标。每个考评首先要知道考评的目的是什么，例如，是为了了解整个公司大体训练发展需求，还是中高层领导的领导力表现等，不同的目的会产生不同的问卷，所考评的内容及对象也会不同。

2）确定职能标准及主要行为。根据考评的目的来决定考评的职能标准及主要行为。

3）根据职能标准设计问卷。一旦职能标准及主要行为确定后，即可着手进行问卷设计，问卷的题目可从职能的主要行为中挑选，由于该行为正是公司期望被评估人展现的行为，用此作为评价的标准深具意义。

4）选定被评估人及评估人。在设计问卷的同时，可选定此次被评估的主角，以及给每位主角评分的评估人。

5）宣导及教育。此步骤可以说是整个360度绩效考评流程的核心步骤，宣导及教育会影响评分的心态及正确性。宣导的主要原则是必须清楚告诉参与者考评的目的及考评对公司和个人利益的影响，让参与者知道新的考核方法对他们的好处是什么，以及让其了解运作的细节及作答的标准，让他们对考评的公平、公正、保密深具信心。

6）测试。问卷设计完成后，可先请一些人员进行测试，测试的重点在于确认问题是否存在语意不清，问题中所描述的行为是否无法观察等问题，然后根据测试人员的反应来做最后调整。

7）执行考评。问卷的形式多种多样，有纸张问卷、网络直接作答等方式，对于选择何种问卷形式，可以通过考虑公司的设备、预算及人力等来决定。在这一阶段，必须给被评估人充足的时间来完成所有问卷，并将问卷传送及回收的时间都算进去。

8）资料计算及报告撰写。当所有问卷都回收后，就可进行资料输入及分析，此时的保密性非常重要，因为执行此步骤的人会看到问卷的内容，这也是很多公司要借助第三方公司来执行的原因，除了专业因素外，很大的考虑是希望能做到完全保密。

9）提供回馈。提供回馈是一门很重要的技术与艺术，例如，该让什么人知道考评的结果，与当事人讨论结果时如何处理其情绪，如何达成共识，拟订行动计划等。

（2）360度绩效考评反馈评价的实施步骤。相比其他绩效考核方法，360度绩效考评对绩效反馈特别重视，从某种程度上说，绩效的反馈决定了360度绩效考评的成败。以下是360度绩效考评反馈评价的一般实施步骤。

1）组建360度绩效考评反馈评价队伍。对于评估人的选择，无论是由被评估人自己选择还是由上级指定，都应该得到被评估人的同意，这样才能保证被评估人对结果的认同和接受。

2）对评估人进行训练和指导。对于被选拔的评估人，应进行360度绩效考评反馈和评估方法的训练和指导。

3）实施360度绩效考评反馈评价。在这个阶段，需要对具体实测过程加强监控和质量管理。比如，从问卷的开封、发放、宣读指导语到疑问解答、收卷和加封保密的过程，实施标准化管理。

4）统计评分数据并报告结果。目前，已有专门的360度绩效考评反馈评价软件可用于对统计评分和报告结果的支持，包括多种统计图表的绘制和及时呈现，使用起来相当方便。

5）让被评估人认识到360度绩效考评反馈评价的目的。关键在于建立对于评价目的和方法的可靠性的认同。要让被评估人体会到，360度绩效考评反馈评价结果与奖励、薪酬挂钩只是一个方面，更主要是用于为管理者、员工改进工作和未来发展提供咨询建议。

6）针对反馈问题制订计划。企业管理部门应针对反馈的问题制订行动计划。

专栏 7-3

反馈分析法

在实施了反馈分析法后，可以总结出以下五个结论。

第一，集中精力发挥你的优势。

第二，努力增强你的优势。

第三，发现人们在哪些方面存在井底之蛙的傲慢倾向。

第四，告诉我们什么是不要做的事情。

第五，在改进弱点上，我们要尽可能少浪费精力。

资料来源：彼得·德鲁克.21世纪的管理挑战［M］.朱雁斌，译.北京：机械工业出版社，2016.

（3）360度绩效考评的优点与缺点分别体现在以下几个方面。

360度绩效考评的优点在于：①打破了由上级考核下属的传统考核制度，可以避免传统考核中考核者极易发生的"光环效应""居中趋势""偏紧或偏松""个人偏见"和"考核盲点"等现象;②可以反映出不同考核者对于同一被考核者不同的看法;③防止被考核者急功近利的行为(如仅仅致力于与薪金密切相关的业绩指标);④较为全面地反馈信息有助于被考核者多方面能力的提升。⑤360度绩效考评实际上是员工参与管理的一种方式,在一定程度上增加了他们的自主性和对工作的控制,因此,员工的积极性会更高,对组织会更忠诚,工作满意度也能得到提高。

360度绩效考评的缺点在于:①考核成本高。当一个人要对多个同伴进行考核时,时间耗费比较多,而由多人来共同考核所导致的成本上升可能会超过考核所带来的价值。②成为某些员工发泄私愤的途径。某些员工不正视上司及同事的批评与建议,将工作上的问题上升为个人情绪,利用考核机会"公报私仇"。③考核培训工作难度大。组织要对所有员工进行考核制度的培训,因为所有员工既是考核者又是被考核者。

7.4 个人与组织职业生涯管理

7.4.1 个人职业生涯管理

所谓个人职业生涯管理,是员工为了满足自己发展的需求,根据个人特征和需要,寻求职业自我完善的过程。

目前,有关个人职业生涯管理的理论主要包括职业生涯发展理论和职业选择理论,这两个理论不仅是员工个人职业生涯管理的基础,也是组织职业生涯管理的基础。

专栏 7-4

职 业 目 标

职业目标实际上揭示了人在职场为什么而工作的本质问题,可以从以下九个方面进行描述。

(1)对我来说,在我的职业中获得经济回报至关重要。
(2)对我来说,在我的职业中成为他人眼中的成功人士至关重要。
(3)我想在公司里被大家看成一个能干的人。
(4)我想要一份社会地位高的职业。
(5)对我来说,在我的职业生涯中不断学习和成长是至关重要的。
(6)对我来说,我的职业能给我提供从事有意思的工作的机会,这至关重要。
(7)我想通过参与广泛而多样的工作任务获得经验。
(8)对我来说,在我的职业生涯中发展我的技能是至关重要的。
(9)我想通过我的工作对他人或社会问题产生积极的影响。

资料来源:苗青,等.人力资源管理研究与实践前沿量表手册[M].杭州:浙江大学出版社,2015.

1. 职业生涯发展理论

(1)唐纳德·萨柏(Donald E. Super)的职业生涯发展阶段理论。这是一种纵向职业指导理论,重在对个人的职业倾向和职业选择过程本身进行研究。该理论把人的职业生涯划分为五个主要阶段：成长阶段、探索阶段、建立阶段、维持阶段和衰退阶段。

1）成长阶段（0～14岁）：这一阶段的主要任务是认同并建立起自我概念，对职业好奇占主导地位，并逐步有意识地培养职业能力。该阶段具体可分为三个成长期：幻想期（10岁之前），儿童从外界感知到许多职业，对于自己觉得好玩和喜爱的职业充满幻想并进行模仿；兴趣期（11～12岁），以兴趣为中心，理解、评价职业，开始做职业选择；能力期（13～14岁），开始考虑自身条件与喜爱的职业是否相符，有意识地进行能力培养。

2）探索阶段（15～24岁）：这一阶段的主要任务是个体通过学校学习进行自我考察、角色鉴定和职业探索，完成择业及初步就业。该阶段也可以分为三个时期：试验期（15～17岁），综合认识和考虑自己的兴趣、能力与职业社会价值、就业机会，开始进行择业尝试；过渡期（18～21岁），正式进入职业，或者进行专门的职业培训，明确某种职业倾向；尝试期（22～24岁），选定工作领域，开始从事某种职业，对职业发展目标的可行性进行实验。

3）建立阶段（25～44岁）：这一阶段的主要任务是个体获取一个合适的工作领域，并谋求发展。这一阶段是大多数人职业生涯周期中的核心部分，可以分为两个时期：尝试期（25～30岁），个体在所选的职业中安顿下来，重点是寻求职业及生活上的稳定；稳定期（31～44岁），致力于实现职业目标，是一个富有创造性的时期。

4）维持阶段（45～64岁）：这一阶段的主要任务是个体在这一时期内开发新的技能，维护已获得的成就和社会地位，维持家庭和工作两者之间的和谐关系，寻找接替人选。

5）衰退阶段（65岁以上）：这一阶段的主要任务是个体逐步退出职业和结束职业，开发社会角色，减少权力和责任，适应退休后的生活。

（2）埃德加·施恩（Edgar H. Schein）的职业生涯发展理论。该理论立足于人生不同年龄段面临的问题和职业工作主要任务，将人的职业生涯划分为九个阶段。

1）成长、幻想、探索阶段。一般0～21岁处于这一职业发展阶段，主要任务包括：一是发展和发现自己的需要与兴趣，发展和发现自己的能力与才干，为进行实际的职业选择打好基础；二是学习职业方面的知识，寻找现实的角色模式，获取丰富信息，发展和发现自己的价值观、动机与抱负，做出合理的受教育决策，将幼年的职业幻想变为可操作的现实；三是接受教育和培训，开发工作世界中所需要的基本习惯和技能。在这一阶段，个体所充当的角色是学生、职业工作的候选人、申请者。

2）进入工作世界。16～25岁的人步入该阶段。首先，进入劳动力市场，谋取可能成为一种职业基础的第一项工作；其次，个人和雇主之间达成正式可行的契约，个人成为一个组织或一种职业的成员，充当的角色是应聘者、新学员。

3）基础培训。处于该阶段的年龄段是16～25岁。与正在进入职业工作或组织阶段不同，这一阶段要担当实习生、新手的角色。也就是说，已经迈进职业或组织的大门。这一阶段的主要任务包括：一是了解、熟悉组织，接受组织文化，融入工作群体，尽快取得组织成员资格，成为一名有效的成员；二是适应日常的操作程序，应付工作。

4）早期职业的正式成员资格。此阶段的年龄段为17～30岁，面临的主要任务包括：一是取得组织新的正式成员资格；二是承担责任，成功地履行与第一次工作分配有关的任务；三是发展和展示自己的技能和专长，为提升或进入其他领域的横向职业成长打基础；四是根据自身才干和价值观，根据组织中的机会和约束，重估当初追求的职业，决定是否要留在这个组织或职业中，或者在自己的需要、组织约束和机会之间寻找一种更好的配合。

5）职业中期。处于职业中期的正式成员，年龄一般在25岁以上，面临的主要任务包括：一是选定一项专业或进入管理部门；二是保持技术竞争力，在自己选择的专业或管理领域内继续学习，力争成为一名专家或职业能手；三是承担较大责任，确立自己的地位；四是开发个人的长期职业计划。

6）职业中期危险阶段。处于这一阶段的年龄段是35～45岁，面临的主要任务包括：一是现实地估价自己的进步、职业抱负及个人前途；二是就接受现状或者争取看得见的前途做出具体选择；三是建立与他人的良好关系。

7）职业后期。从40岁开始直到退休，可以说是职业后期阶段，面临的主要任务包括：一是成为一名良师，学会发挥影响，指导、指挥别人，对他人承担责任；二是扩大、发展、深化技能，或者提高才干，以担负更大范围、更重大的责任；三是如果求安稳，就此停滞，接受和正视自己影响力和挑战能力的下降。

8）衰退和离职阶段。一般从40岁到退休期间，不同的人在不同的年龄会衰退或离职。这一阶段面临的主要任务包括：一是学会接受权力、责任、地位的下降；二是基于竞争力和进取心的下降，学会接受和发展新的角色；三是评估自己的职业生涯，着手退休。

9）离开组织或职业——退休。在失去工作或组织角色之后，面临两大问题或任务：一是保持一种认同感，适应角色、生活方式和生活标准的急剧变化；二是保持一种自我价值观，运用自己积累的经验和智慧，以各种资源角色，对他人进行传帮带。

2. 职业选择理论

（1）约翰·霍兰德（John L. Holland）的人业互择理论。该理论认为人的人格类型、兴趣与职业密切相关，兴趣是人们活动的巨大动力，凡是具有职业兴趣的职业，都可以提高人们的积极性，促使人们积极地、愉快地从事该职业，且职业兴趣与人格之间存在很高的相关性。该理论将人格分为六种类型：社会型（S）、企业型（E）、传统型（C）、现实型（R）、研究型（I）和艺术型（A）（见图7-2）。

社会型（S），共同特点：喜欢与人交往、不断结交新的朋友、善言谈、愿意教导别人；关心社会问题、渴望发挥自己的社会作用；寻求广泛的人际关系，比较看重社会义务和社会道德。典型职业如：教育工作者、社会工作者等。

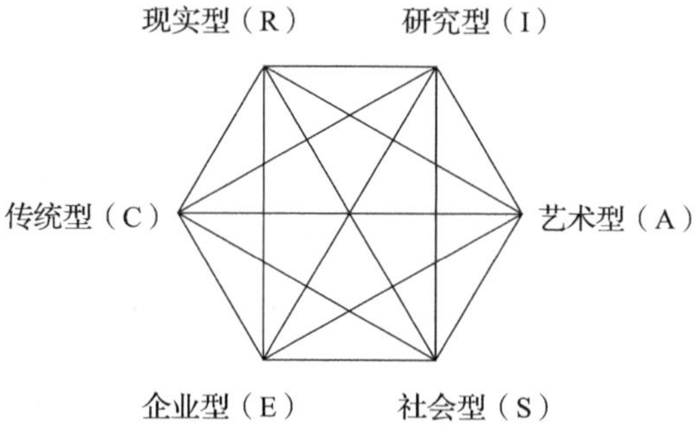

企业型（E），共同特点：追求权力、权威和物质财富，具有领导才能；喜欢竞争、敢冒风险、有野心和抱负；为人务实，习惯以利益得失、权力、地位、金钱等来衡量做事的价值，做事有较强的目的性。典型职业如：项目经理、销售人员等。

图7-2 六种类型的关系

传统型（C），共同特点：尊重权威和规章制度，喜欢按计划办事，细心、有条理；习惯接受他人的指挥和领导，自己不谋求领导职务。典型职业如：秘书、办公室人员等。

现实型（R），共同特点：愿意使用工具从事操作性工作，动手能力强，做事手脚灵活，动作协调；偏好于具体任务，不善言辞，做事保守，较为谦虚；缺乏社交能力，通常喜欢独立做事。典型职业如：技术性职业（计算机硬件人员）、技能性职业（木匠）等。

研究型（I），共同特点：思想家而非实干家，抽象思维能力强，求知欲强，肯动脑，善思考，不愿动手；喜欢独立的和富有创造性的工作；考虑问题理性，做事喜欢精确，喜欢逻辑分析和推理，不断探讨未知的领域。典型职业有：科学研究人员、教师等。

艺术型（A），共同特点：有创造力，乐于创造新颖、与众不同的成果，渴望表现自己的个性，实现自身的价值；做事理想化，追求完美，不重实际；具有一定的艺术才能和个性；善于表达、怀旧、心态较为复杂。典型职业有：演员、作曲家、小说家等。

（2）埃德加·沙因的职业锚理论。所谓职业锚，实际就是人们选择和发展自己的职业时所围绕的中心，是指当一个人不得不做出选择的时候，他无论如何都不会放弃的职业中的那种至关重要的东西或价值观。职业锚强调个人能力、动机和价值观三方面的相互作用与整合。职业锚是个人同工作环境互动作用的产物，在实际工作中是不断调整的。该理论认为，职业锚包括八种类型：技术/职能型职业锚、管理型职业锚、自主/独立型职业锚、安全/稳定型职业锚、创造型职业锚、服务型职业锚、挑战型职业锚和生活型职业锚。

1）技术/职能型职业锚。技术/职能型的人，追求在技术/职能领域的成长和技能的不断提高，以及应用这种技术/职能的机会。他们对自己的认可来自他们的专业水平，他们喜欢面对来自专业领域的挑战。他们一般不喜欢从事一般的管理工作，因为这将意味着放弃他们在技术/职能领域的成就。

2）管理型职业锚。管理型的人追求并致力于工作晋升，倾心于全面管理，独自负责一个部分，可以跨部门整合其他人的努力成果，他们想去承担整个部分的责任，并将公司的成功与否看成自己的工作。具体的技术/功能工作仅仅被他们看作通向更高、更全面管理层的必经之路。

3）自主/独立型职业锚。自主/独立型的人希望随心所欲地安排自己的工作方式、工作习惯和生活方式。追求能施展个人能力的工作环境，最大限度地摆脱组织的限制和制约。他们宁愿放弃提升或工作扩展的机会，也不愿意放弃自由与独立。

4）安全/稳定型职业锚。安全/稳定型的人追求工作中的安全与稳定感。他们通过预测将来的成功从而感到放松。他们关心财务安全，如退休金和退休计划。稳定感包括诚实、忠诚以及完成老板交代的工作。尽管有时他们可以达到一个较高的职位，但他们并不关心具体的职位和具体的工作内容。

5）创造型职业锚。创造型的人希望使用自己的能力去创建属于自己的公司或创建完全属于自己的产品（或服务），而且愿意冒风险，并克服面临的障碍。他们想向世界证明公司是他们靠自己的努力创建的。他们可能正在别人的公司工作，但同时他们在学习并评估将来的机会，一旦感觉时机到了，他们便会走出去创建自己的事业。

6）服务型职业锚。服务型的人一直追求他们认可的核心价值，例如，帮助他人，改善人们的安全，通过新的产品消除疾病。他们一直追寻这种机会，这意味着即使变换公司，他们也不会接受不允许他们实现这种价值的工作变换或工作提升。

7）挑战型职业锚。挑战型的人喜欢解决看上去无法解决的问题，战胜强硬的对手，克服无法克服的困难障碍等。对他们而言，参加工作或职业的原因是工作允许他们去战胜各种不可能。新奇、变化和困难是他们的终极目标。如果事情非常容易，它马上变得非常令人厌烦。

8）生活型职业锚。生活型的人喜欢允许他们平衡并结合个人需要、家庭需要和职业需要的工作环境。他们希望将生活的各个主要方面整合为一个整体。正因为如此，他们需要一个能够提供足够的弹性让他们实现这一目标的职业环境。

7.4.2 组织职业生涯管理

1. 组织职业生涯管理的主要活动

（1）生涯目标。企业要提供工作分析的资料，并向员工宣导企业的经营理念和人力资源的策略等，使员工规划自我的发展目标，并使其与组织的目标相结合。

（2）配合与选用。配合组织发展目标与可能的发展方向，晋升优秀成员，提供升迁渠道，及早确认有潜力者，确认甄选标准，使职工能以其优良的绩效表现来争取晋升。

（3）绩效规划与评估。对员工工作表现进行评估，对工作士气进行调查，并为组织或组织成员提供相关的反馈信息与其他资源，以促进组织绩效的提升和员工的进一步发展。

（4）生涯发展评估。组织应协助员工制定其职业生涯发展目标，并进行适当的评估。发现组织与个人的优缺点，评估其发展的可行性。

（5）工作与生涯的调适。通过绩效评估与生涯发展评估，获得充实的资料，并为员工提供充分的发展机会，以便做必要的工作或生涯目标调整，使员工的工作、生活与生涯目标能密切融合。

（6）生涯发展的支持。包括各种教育与训练的充实，工作的扩大与丰富化，责任的加重，激励措施，信息的反馈等。

2. 组织职业生涯管理的实施

（1）员工自我评估。员工个人对自己的能力、兴趣、气质、性格以及自己对职业发展的要求等进行分析和评价，以确定适合自己的职业生涯目标和职业生涯发展路线。

（2）组织评估。组织评估是利用相应的信息对员工的能力和潜力做出客观公正的评估。这些信息主要来自对员工的绩效评估，也包括反映该员工受教育状况和以前工作经历等信息的人员记录。

（3）职业信息的传递。员工要确立现实的职业发展目标，就必须知道可以获得的职业选择和职业发展机会，并获得组织内有关职业选择、职业变动和空缺的工作岗位等方面的信息。因此，组织要及时为员工提供有关组织发展和员工个人的信息，增进员工对组织的了解，包括职位升迁机会与条件限制、工作绩效评估结果、训练机会等信息，帮助员工了解自己的职业发展通道。

（4）职业咨询。职业咨询是指整合职业规划过程中不同步骤的活动。它是伴随着整个职业生涯发展过程的多次或连续性咨询活动，可以为员工解决职业发展中的困惑，为员工做出明智选择提供参考意见和决策支持。

（5）职业道路引导。职业道路引导可定义为一系列正式与非正式教育、培训及工作体验的开发活动，这些开发活动有助于员工从事更高一级的职位。职业道路引导指明了组织内员工可能的发展方向及发展机会，组织内的每一个员工可沿着本组织的职业道路变换工作岗位。

3. 组织职业生涯管理的意义

（1）加强组织职业生涯管理，使人尽其才、才尽其用，是企业资源合理配置的首要问题。如果离开人的合理配置，企业资源的合理配置就是一句空话。

（2）组织职业生涯管理能充分调动人的内在积极性，更好地实现组织目标。

（3）组织职业生涯管理是企业长盛不衰的重要保证。任何成功的企业，其成功的根本原因是拥有高质量的企业家和高质量的员工。

7.4.3 个人与组织职业生涯管理的关系

个人的职业生涯管理与组织的职业生涯管理密不可分，两者相互呼应、相互作用，如果两方面的计划相吻合，对于个人和组织来讲都有可能是卓有成效的。因此，在人力资源管理中，关键是指导员工个人抓住机会，在组织中适时发展和表现自己。同时，组织也要对员工个人的职业计划采取积极帮助和支持的态度。在此基础上，实现双方利益需求，这是职业生涯管理的基本出发点。个人与组织职业生涯管理的关系如图 7-3 所示。

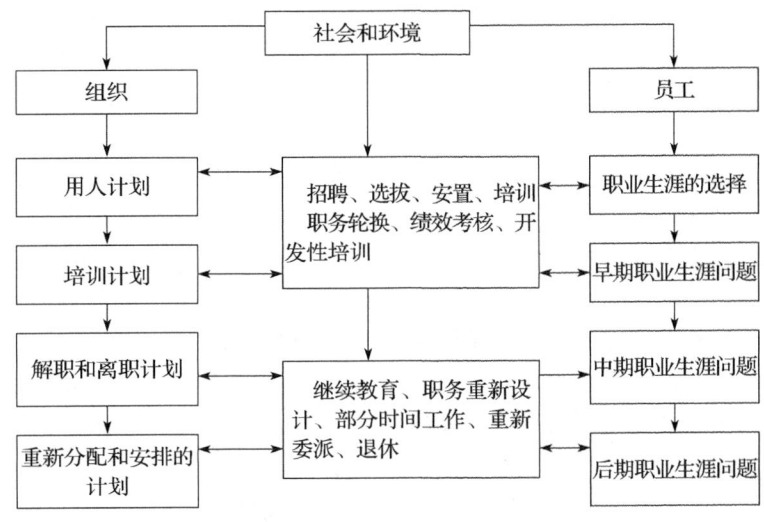

图 7-3　个人与组织职业生涯管理关系图

从图 7-3 中可以看出，职业生涯首先源于社会和环境的要求。从组织的设计和开发而言，在考察职业生涯的来源之后，就要制订用人计划；而个人的设计和开发，首先是职业生涯的挑选者和承担者的双向选择，即职业生涯的选择过程。这时，个人和组织将在招聘、选拔、安置、培训活动中联系起来。组织的成长发展培训计划和个人的早期职业生涯问题，将在管理过程中的职务轮换、绩效考核、开发性培训中紧密相连。组织的解职和离职计划、重新分配和安排的计划与个人的中期职业生涯问题、后期职业生涯问题均会通过继续教育、职务重新设计、部分时间工作、重新委派、退休活动联系起来。因此，通过企业与员工的配合，可以充分地满足企业内员工的职业生涯发展需求，调配企业内可以利用的资源，协助员工进行个人的职业生涯规划发展。一个完整的职业生涯管理活动，需要融合个人的职业生涯目标于企业长期的发展需求中，企业有责任去推动这种有益于企业与员工个人互利互惠的职业生涯管理活动。

本章小结

1. 人员配备是指对企业员工进行恰当而有效地选拔、培训和考评，其目的是为了配备合适的人员去充实组织机构中所规定的各项职务，以保证组织活动的正常进行，进而实现组织的既定目标。

2. 企业招聘的途径主要有两个：外部招聘和

内部招聘。外部招聘是指根据一定的标准化程序，从组织外部的众多候选人中选拔符合空缺职位工作要求的人员；内部招聘是指依据一定的标准化程序，从组织内部原有成员中选拔符合空缺职位工作要求的人员。这两种招聘途径各有优缺点。

3. 企业甄选人员的基本方法主要包括心理测试、笔试、面试、背景调查和评价中心技术等。

4. 培训是组织开发现有人力资源和提高员工素质以适应组织发展要求的基本途径。按照培训的对象来分类，可以分为管理人员培训和员工培训。

5. 当前，对培训评估进行系统总结并占主导地位的是柯氏（Kirkpatrick）四级评估模型。这一模型非常实用，易于贯彻到企业实际的培训评估中，它不仅观察学员的反应和检查学习结果，还衡量学员在培训前后的表现和公司经营业绩的变化。

6. 绩效管理是指各级管理者为了达到组织目标对各级部门和员工进行绩效计划制订、绩效辅导实施、绩效考核评价、绩效反馈面谈、绩效目标提升的持续循环过程。绩效管理的目的是持续提升组织和个人的绩效。

7. 绩效管理是一系列以员工为中心的干预活动过程。它包括四个环节，分别是目标设计、过程指导、考评反馈和激励发展。

8. 关键绩效指标又称 KPI（key performance indicator，KPI），是通过对组织内部流程的输入端、输出端的关键参数进行设置、取样、计算、分析，衡量流程绩效的一种目标式量化管理指标，是用于评估和管理被评估者绩效的定量化或者行为化的标准体系。

9. 围绕企业的战略目标，平衡计分卡从财务、顾客、流程、学习与成长四个层面对企业进行全面测评。在使用时，在每一个层面建立相应的目标以及衡量该目标是否实现的指标。

10. 360度绩效考评又称全方位绩效考评，是由被考评人的上级、同级、下级、本人或考评专家担任考评者，从各个角度对被考评人进行全方位评价的一种绩效考核方法。

11. 有关个人职业生涯管理的理论主要包括职业生涯发展理论和职业选择理论，这两个理论不仅是员工个人职业生涯管理的基础，也是组织职业生涯管理的基础。

12. 个人的职业生涯管理与组织的职业生涯管理密不可分，两者相互呼应、相互作用，如果两方面的计划相吻合，对于个人和组织来讲都有可能是卓有成效的。

练习与思考题

选择题和判断题，请扫二维码做题；名词解释、简答题和论述题/计算题的参考答案，具体请扫二维码。

一、选择题（题干略，请扫二维码）

二、判断题（题干略，请扫二维码）

三、名词解释

1. 人员配备
2. 绩效管理
3. 培训
4. 关键绩效指标
5. 360度绩效考评

四、简答题

1. 简述企业人员甄选的基本方法。
2. 简述培训的目的。
3. 简述绩效管理的基本流程。
4. 简述确定关键绩效指标的原则。
5. 简述平衡计分卡的内容体系。

五、论述题

1. 试述外部招聘和内部招聘的优缺点。
2. 试述柯氏四级评估模型。
3. 试述个人与组织职业生涯管理的关系。

案例讨论

航空英才的摇篮，人才成长的沃土
——中航工业沈阳所创建 55 周年

2015 年 12 月，一个令航空人振奋的消息传到沈阳所，中航工业副总工程师、沈阳所首席专家孙聪光荣当选为中国工程院院士，成为沈阳所培养出来的第 6 名院士。55 年来，作为航空武器研制的主力军的沈阳所，硕果累累、人才辈出，从共和国飞机设计事业的开拓者到两院院士，从突出贡献专家到专业领军人物，从科技专家到领导干部，薪火相传。沈阳所被誉为我国"航空英才的摇篮"。

1. 航空英才的摇篮

作为新中国第一个飞机总体设计研究所，沈阳所从成立之日起，就责无旁贷地承担起中国战斗机设计事业开路先锋和航空武器研发人才体系构建及人才培养的历史重任。建所之初，沈阳所的技术人员大多没有经过自行设计和生产歼击机的实践锻炼。为了使科技人员尽快掌握设计技术，提高业务能力，徐舜寿、黄志千、叶正大这三位共和国飞机设计事业的开拓者，组织科技人员大练基本功，提出把 5/6 的时间用于科研和钻研业务。他们组织编写飞机设计《基本功大纲》，并亲自授课辅导，翻译大量国外文献资料，传授国外的飞机设计与管理经验。他们提倡技术人员"坐下来、钻进去、冒出来"，大力培养技术尖子，在青年中选拔苗子，鼓励技术人员争当技术尖子，绝不做"技术官僚"，并把尖子、苗子和技术骨干放在关键岗位锻炼，加以重点培养。他们确定的七名技术尖子，后来有三名成为中国工程院院士，树立的样板——顾诵芬，成为我国航空界唯一的两院院士；34 名苗子和 44 名技术骨干大都成为航空科研的骨干力量。

55 年的艰苦历练，从中国第一代飞机设计师，到两院院士顾诵芬、工程院院士管德再到工程院院士李明、杨凤田、孙聪及科学院院士李天等一批知名专家，都是在这块沃土上伴随着中国战斗机事业成长起来的，正是这些中国飞机设计界熠熠生辉的名字奠定了沈阳所最为深厚的人才底蕴。与此同时，沈阳所向上级机关和兄弟单位输送各类人才近千人，担任厂所级以上领导职务的有近百人，他们在中国航空战线的各个领域为振兴中华民族航空事业做出了卓越贡献。"航空英才的摇篮"，沈阳所当之无愧。

2. 人才成长的沃土

沈阳所 55 年薪火相传的发展传承，对人才培养的高度重视、不断创新的培养机制，为人才辈出创造了有利条件，也为创新发展提供了雄厚智力基础和卓越人才保障。

建所之初，领导班子大胆创新，坚持"优选培养法"和"自然淘汰法"，推崇"小狗游泳论"，让科技人员到科技海洋里去搏击，能胜利到达彼岸的就能成才，否则自然就会被淘汰，"优胜劣汰，适者生存"。

20 世纪八九十年代，针对人才断档等突出问题，沈阳所领导班子又提出"小狗游泳论、塔论、台阶论、猫论"四论人才培养理念，采取"事业、荣誉、福利"三位一体的培养措施，加速年轻人才培养。以李玉海、罗阳、孙聪为代表的一大批 1982 年后毕业的青年人快速成长，成为研究所创新发展的中坚力量。

进入 21 世纪，针对新世纪年轻员工的心理需求和职业特点，沈阳所提出培养职业化人才理念，建立了"职位评价、绩效考核、薪酬激励"人才成长激励机制；推进"长家分设"，建立飞机设计师体系，形成规模适中、搭配合理的技术人员梯队；通过实施职位评价，逐步建立了技术人才能力和业绩评价标准体系，引导技术人员在型号研制和课题研究工作中不断创新、提升专业能力，促进专业建设和科研工作。

"十二五"期间，沈阳所确立了"专业评价、梯队建设、政策支持"三位一体的人力资源发展战略，以专业建设为基础，建立人才和专家树，以服务中心发展为主线，建立健全了涵盖职业岗位、职业发展、培育、绩效管理、薪酬激励、保障六大系统的人力资源开发管理体系；以提升管理效能、促进人才成长为重点，完善了人才考核评价、教育培训、薪酬激励管理机制。多措并举，沈阳所为人才成长搭建了更加广阔的平台，新一代领军人物和骨干力量，也得以在型号研制等科研生产实践中茁壮成长。在这期间，沈阳所培养工程院院士1人，享受国务院政府特殊津贴5人，中航工业首席专家10人、特级专家18人、一级专家28人，2人荣获全国劳动模范称号，5人荣获全国五一劳动奖章。

进入"十三五"，着眼于满足新型武器装备研制、引领技术前沿发展和技术进步，沈阳所坚持党管人才，提出了"抓党建、把方向、带队伍、扬正气"的工作思路，制定了"十三五"人力资源规划，确立了"坚持军品为纲、协同发展，坚持品牌至上、人才为本"的发展原则，提出了崇尚技术、突出研究的技术人才体系建设策略。沈阳所以专业发展和技术创新为核心，完成专业技术体系梳理，形成了包括15个专业领域、90余个专业方向的技术体系架构；构建由总设计师、型号/项目总设计师、专业副总设计师、业务副总设计师、型号副总设计师组成的技术带头人队伍，进一步理顺技术管理运行模式，明确责权利，增强技术带头人抓专业、抓技术、抓型号和项目的积极性、主动性；以强化能力评价和技术责任落实为重点，推进实施员工岗位体系建设，辅以人才引进、培养培育、绩效考核、薪酬激励管理制度和流程不断完善，进一步拓展各类人才的成长发展通道，优化人才发展环境。

面向未来发展，面对肩负使命，沈阳所将不断创新人才发展工作思路，完善人才管理模式，持续提升人才队伍建设水平，为实现转型跨越，建设"创新型、智慧化、国际化"的飞机设计研究所提供智力和人才支撑。

资料来源：傅荣.航空英才的摇篮，人才成长的沃土——中航工业沈阳所创建55周年［N］.中国航空报，2016-06-23.

讨论题：

1. 结合所学知识，试述中航工业沈阳所为什么能够成为"航空英才的摇篮，人才成长的沃土"。

2. 结合所学知识，请总结评价中航工业沈阳所人才培养机制的特点及规律。

3. 结合所学知识，谈谈中航工业沈阳所未来在人才培养方面所面临的机遇与挑战，并给出相关建议。

管理评论

脸，您怎么看

这是一个看脸的时代。

最近的朋友圈不断被"颜值"刷屏，小鲜肉、老干部、网红、欧巴……眼睛看着，心里塞着。

"颜值"真的那么重要吗？研究的真相确实很赤裸裸。

Gonzalez 和 Loureiro（2014）的美丽加分理论（Beauty Premium Theory）指出，有吸引力、美丽的人更健康、智力更高，有更强的竞争力。而且，各行业职员的收入水平调查结果也验证了魅力高者更有竞争力的说法。"颜值"高的人平均收入比"颜值"低的人高10%左右，在会计师事务所、银行、咨询公司和律师行等服务型企业，年轻且有

"颜值"更是如此。尤其在女性中,"颜值"的直接作用是对经济效益的影响,因为女性的体重每增加1千克,工资收入下降0.4%;身高每增加1厘米,工资提高2.2%(江求川和张克中,2013)。Ravina(2014)在对美国最大的P2P在线借贷平台网站Prosper进行研究时也发现,借款者展示自己的方式影响别人对他们的感知和回应,个人特征显著影响借款者的借款行为,借款者"颜值"越高,越有魅力,成交时的利率越低,成功获得贷款的可能性也越高,美女得到贷款的概率是普通人的1.41倍。

早在2005年,Gladwell就发现:权力属于"颜值"更高的领导人,不管在大猩猩社群还是今天的西方发达国家,领导人要达到职业生涯的最高点,长相(包括身高、肌肉、语音、语调等)和成就一样重要。这一现象甚至延伸到了美国总统大选。美国得克萨斯理工学院的一份研究显示,身高越高的候选人,越有机会最终当选美国总统。美国金融新闻网站市场观察网站报道,研究人员分析1789~2008年的美国总统选举发现,"高人一等"的候选人当选的概率接近60%。同时,迄今为止,仅有不到1/3的美国总统达不到男性平均身高标准,这一标准如今大约为175厘米。多数美国总统至少身高180厘米(环球网)。所以当年,克林顿的竞选团队巧妙地安排了几次克林顿与多尔同时出镜的镜头,让选民们看到他们10cm的身高差。

完了!我的"颜值"不高,难道只能动刀?

其实,"颜值"不高,也是有机会的!

Small和Verrochi(2009)的文章指出,脸,带着无尽的有趣的能力去交流,被认为是首要的情绪交流途径。他们验证了情绪感染(emotional contagion)现象,面部表情所传达的情绪会感染别人,人们看到快乐的脸会变得快乐一点,反之,看到悲伤的脸会变得悲伤一点,而且这种感染是自动的。

笑容,作为全世界交流最没有障碍的语言,其作用更是不容忽视!研究表明,微笑会影响别人的感知和评价。在服务行业,一个员工的重要劳动就是"微笑服务"(service with a smile),Rafacli和Sutton(2009)的研究进一步表明"微笑服务"不仅能够让顾客满意,而且能够为企业带来长远的财务利益。Garcia(2011)在实验中发现,被试对一组照片进行评价时,会认为那些把笑容挂在脸上的人比那些没有这个表情的人看起来更积极和主观。此外,杜沂倩(2014)证实,在广告设计当中,微笑是一种最具形象吸引力的传播符号,对消费者极具感染力。

所以,请露出您的8颗牙齿,利用"蜜汁"微笑实力来感染其他人吧!

然而,前方高能预警,即便迷人的笑,也要注意安全距离。社交距离并不是越近越好,"距离产生美"这句话也不是说说而已。奚恺元等人(2014)也强调了空间距离的接近厌恶反应(approach aversion effect),相对于远距离刺激物,人们对近距离刺激物的感知会更加消极,更加想要逃避,且这种现象在消极刺激和非消极刺激接近时均存在,甚至有些刺激接近时,人们会有点失去控制,提不起力气。

所以,请不要忘记,即使可以靠脸吃饭,也需要有社交技巧。高"颜值"的你,动用五官、扬起微笑来迷倒众生吧!

资料来源:侯旻,张瑶,顾春梅.脸,您怎么看[J].浙商大智库,2016(5).

延伸阅读

[1] 格伦·福克斯,迪安·泰勒.招聘与甄选完全工具箱[M].李海龙,金凤斐,译.

上海：上海远东出版社，2011．

［2］雷蒙德·诺伊．雇员培训与开发［M］．徐芳，邵晨，译．北京：中国人民大学出版社，2015．

［3］王小刚．战略绩效管理最佳实践：实战案例解析［M］．北京：中国经济出版社，2013．

［4］陈惠雄，胡孝德，旷开源．人力资源管理案例集［M］．杭州：浙江大学出版社，2014．

［5］苗青，陈思静，宫准，洪雁．人力资源管理研究与实践前沿量表手册［M］．杭州：浙江大学出版社，2015．

第8章 组织变革

管理箴言

世异则事异,事异则备变。

——《韩非子·五蠹》

本章要点

- 组织发展与组织变革。
- 组织变革的内容。
- 组织变革的动因。
- 组织变革的阻力。
- 组织变革的理论。
- 组织变革的工具。

引例

杭州银行20年转型发展之路

2016年,杭州银行迎来20周岁的生日。20年来,杭州银行积极顺应历史潮流,坚持改革创新不动摇,走出了一条适合地方商业银行发展的战略转型之路。

杭州银行成立之初,肩负着重振地方经济、重构地方金融秩序的历史使命,面对的是不良资产高悬、信誉低下的困境。2001年杭州银行创造性地提出"资产置换"的方式来处置历史遗留问题,以时间换取空间,抢抓市场机遇,一举解决了自身的发展困境。

随着中国加入WTO,金融业改革开放提速,杭州银行在金融改革开放政策的指引下,于2002年大胆提出了形成多元股权结构、引入境外战略投资者、启动跨区域经营的"三步走"发展战略,使杭州银行发展驶入"快车道"。

"十二五"以后,面对经济增长速度换挡、利率市场化、金融脱媒化等多因素叠加影响,银行同质化竞争弊端凸显。杭州银行深耕科技文创金融、小微和零售金融等细分市场,坚持走差异化、特色化发展之路。为更好地实施这一战略，杭州银行充分利用"本乡本土"和"地缘人缘"优势，建设成熟高效的小微金融专业团队，优化客户服务体验，与小微企业共成长。在企业组织结构上，杭州银行先后专门设立服务于科技型中小企业的科技支行，全国首家文创金融专营机构——杭州银行文创支行，并成立科技文创金融事业部，在管理模式、客户培育、产品及渠道搭建等方面积极创新。2016 年，杭州银行以上市为契机，又启动实施新一轮的发展战略。

从杭州银行 20 年的发展和转型之路可以看出，在经济全球化不断加深的背景下，企业面临的竞争更加激烈，外部环境更加变幻莫测，企业要想长期生存和发展，就需要不断进行组织变革以适应这种变化，变革和创新成为一种"新常态"。作为企业的管理者，不仅要敏锐地抓住变革的时机，而且要有能力带动员工实施新的发展战略，构建新的组织结构和企业文化，从而使企业能够再次"勇立潮头"。然而变革并不容易，很多企业走出了第一步，但最终没有走完全程。

因此，我们有必要对组织变革的概念和规律做一些基本了解。本章将围绕组织变革的内容、动因展开，通过梳理组织变革所遇到的障碍，并介绍相关理论和分析工具，来帮助大家更加深入地认识组织转型和变革。

资料来源：祝裕. 改革创新逐前浪，战略转型谋发展：杭州银行二十年转型发展纪实［N］. 每日经济新闻，2016-09-26.

8.1 基本概念

8.1.1 组织发展的 S 形曲线

从物质形态来看，世间没有永恒不变的事物。自然界如此，人类社会也如此。人的生命经历诞生、成长、成熟和死亡，由人所创造和组成的组织，也是如此。人们经常把组织看作一个社会有机体，它有生命，也必然会经历生命的诞生、成长、成熟和死亡。如同医学专家努力研究和探讨如何提高人类寿命一样，管理学家和企业家、经理人对于如何能够让一家企业持续发展、基业长青，也是费尽心力。

作者视频讲解
请扫二维码

孔子曾说："不知生，焉知死。"对于企业的兴衰，我们也可以说："不知死，焉知生。"根据《商业周刊》的一份统计，日本和欧洲公司的平均寿命是 12.5 年，40% 的公司不到 10 年便夭折了，即便是大型公司，也很难维持 40 年。而在美国，平均有 62% 的公司存活不到 5 年，寿命超过 20 年的公司只占公司总数的 10%，只有 2% 的公司能存活 50 年以上。从理论上说，公司可以通过成员更新来延长生命，所以它的寿命应该比人长，可统计数据显示它的寿命比一般人还要短。

让人欣慰的是，世界上有一些组织打破了生命局限，数量虽少却创造了长寿"神话"。2006 年，《胡润百富》发布了"全球最古老的家族企业榜"，全球 100 家家族企业上榜，其中最长寿的是日本的建筑企业金刚组，它成立于公元 578 年，现在传到第 40 代，已有 1 400 多年的历史。排名第二的是日本粟津温泉酒店，已有 1 288 年的历史。欧洲强国，如德国、法国和英国，以及现在最大的经济体美国都有一些成立于 19 世纪之前的家族企业，如美国历史最悠久的家族企业 Zildijian 公司就成立于 1623 年；即使排名 100 的美国酿酒企业 Laird & Co. 寿命也超过了 225 年。这些长寿企业的存在告诉我们：组织通过努力可以摆脱寿命限制而永存。

这些组织长寿的原因是什么？阿里·德赫斯（Arie de Geus）在《长寿公司》这本书中对这一问题进行了系统的研究和论述。他总结长寿公司具有四个特征：对环境变化非常敏锐，有高度的凝聚力和认同感，保守的财务策略，高度包容与分权倾向。这些特征概括起来，实际上反映了这样的公司具有很强的适应性，包括对环境的敏感性以及适应的心理、结构和财务基础。只有那些已经养成习惯去做新陈代谢的公司，才能长期生存和发展。

我们可以引入一条曲线来描述组织的发展规律，并据此来界定组织发展和组织变革。这条曲线就是S形曲线。英国著名管理哲学家查尔斯·汉迪（Charles Handy）认为，任何事物的发展轨迹都会表现为S形曲线。S形曲线是一条自远古就深深吸引人类的曲线，就是我们常说的波浪式前进，S形曲线简要说明了生命的历程：最初缓慢尝试、蹒跚学步，其后迈向巅峰，最后盛极而衰。S形曲线是一个包含了很多意义的图形，它预示了许多事物的发展趋势，可以代表一个人的生命周期、组织的发展周期、产品的生存周期。随着社会的发展，这个发展趋势在逐步加快。曾经几十年才会完成的周期，现在几年甚至几个月就会完成。

S形曲线告诉我们，无论企业以前经历多快的发展速度，最终都会进入下滑轨道。出路就是尽早地启动第二条S曲线，在恰当的时候进行恰当的改变。这也就是"二次创业""三次创业"，这样才能使企业实现持续增长。根据汉迪的观点，开始第二条曲线的最好机会就是在A点，如图8-1所示。A点之后，曲线会逐渐走下坡路，更为重要的是，在A点上，时间、资源、实力都可以使第二条曲线很好地度过开始时艰难的探索期。在第一条曲线还没开始走下坡路时就开始第二条曲线的探索，这就是让组织持续发展的秘密。

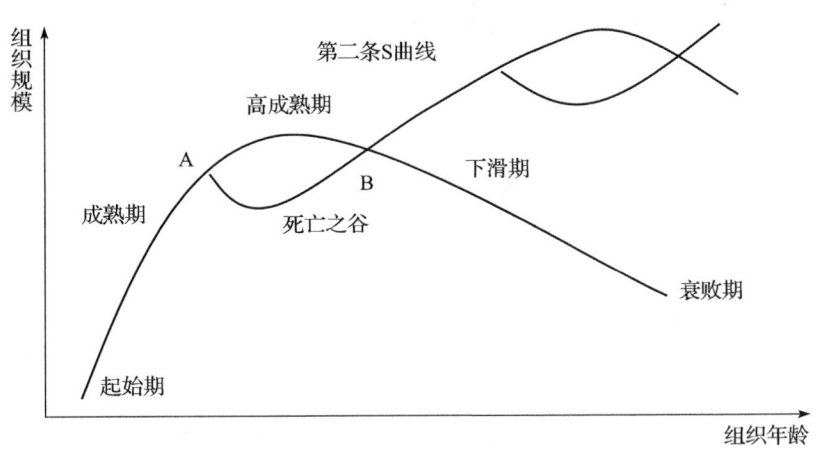

图 8-1 组织的生命周期

开创第二条曲线，说起来容易，实施起来比较困难，时机显得尤为重要。遗憾的是，现实中的组织，绝大多数都不是在A点，而是往往等到发展到B点时，才会考虑采取变革措施，因为此时组织的状况不尽如人意，现实迫使人们要有所行动来寻求组织的出路。而在A点时，一切表现都很好，只有很少人愿意冒险抛弃这一切去尝试新的方法。

开创第二条曲线会面临很多障碍，首先，它要和已经取得了辉煌业绩的第一条曲线相比较，从前成功的经验和经营方式，同新的战略和另一种经营方式会产生剧烈冲突。其次，新事物会有很多不确定性，正所谓"万事开头难"，可能出现意想不到的挫折。这些往往会成功地阻断第二条曲线的设想。无论怎样困难，想要让组织具有持续的竞争力，或者有持续良好的发展势头，重要的就是在发展到 A 点之前就开始培育第二条曲线。

问题在于，人们往往难于恰当地判断出 A 点的位置。对此，汉迪提供的规则是，作为领导者，应当随时挑战第一条曲线。当你还没有发展到 A 点之时，你对第一条曲线的挑战只是设想，不会造成损失。而一旦到达 A 点，这种未雨绸缪就会形成两条线的较量，等到第一条曲线开始下滑时，第二条曲线自然就会发展起来。

即使拥有远见，困难仍不容易解决。汉迪曾目睹某大企业的董事长向董事会说："今天要向各位报告两则消息。首先，我要提醒各位，本公司目前运营状况良好，或许可说是空前成功；其次，我必须告诉各位，假如公司要保持成功，就得根本改变目前的做法。"他接着继续解释为何必须采取全然不同的做法，以回应他所预见到的全新未来，但会场上人人充耳不闻，第一则信息淹没了第二则。他们觉得，假如公司真的那么成功，任何改变皆属不智。但这位董事长是对的，他站在 A 点观远景，可惜无法实施变革。三年后，公司走到 B 点，了解到变革的必要，但首先要撤换的竟是这位董事长。他因公司在他手上走下坡路而声誉受损，如今他虽确信自己当初是对的，但也无助于挽回自己在同仁心中的地位。

专栏 8-1

认识变革的重要性

变革是企业发展中的一个重要部分，人们越来越多地把"变革"与"发展"这两个词连在一起，因为在当今复杂多变的环境中，发展就意味着要变革，没有持续的变革，企业就必然走向衰败。一些大企业组织结构臃肿、效率低下，面对市场反应迟缓，缺乏良好的学习能力、适应能力，使得它们没有能力去推动自身的变革，从而导致企业的衰败。曾经的行业巨头通用汽车、柯达公司的破产就是典型的案例。那些以坚定的决心和巨大的热情不断推动变革的企业则获得了持续的成功，比如杰克·韦尔奇领导的通用电气公司等。

企业变革可分为两种情况：一种是被动变革，一种是主动变革。

被动变革就是不得不进行变革。一般是企业遭遇外部环境的重大变化，或者企业的经营管理出现明显的问题，比如国家政策的重大调整，强大的新竞争者进入行业，一种新产品的出现从根本上威胁企业的市场地位，竞争对手大幅度降价，企业的收入持续减少，成本居高不下等。面对这些情况，企业必须进行快速、深度的变革。

主动变革是指企业在没有遇到重大问题甚至发展良好时未雨绸缪、高瞻远瞩地进行变革，以适应未来的环境和趋势，引导企业更好地发展。很多成功的企业都是审时度势，预见了行业和市场的发展变化，并积极实施变革，为企业下一步乃至长远的发展奠定了坚实的基础。山东六合集团在饲料行业利润良好的 20 世纪 90 年代就提出"微利经营"，向格兰仕学习成本管理，实施组织流程变革。当饲料行业利润下降，真正进入微利时代时，六合集团已经具备了极强的成本控制能力，成为市场上的"低价杀手"。很多其他饲料企业不得不面对这种变化，开始着手自身的变革。

资料来源：成蔚帆.组织变革的四个原则［N］.国家电网报，2012-11-20.

8.1.2 组织发展与组织变革

哈佛大学教授拉里·格雷纳（Larry Greiner）指出，组织变革伴随着企业成长的各个时期，组织变革与组织演变相互交替，进而促使组织发展。组织变革是任何组织不可回避的问题，能否顺利地引导组织变革是衡量管理工作有效性的重要标志。格雷纳的论述可以帮助我们理解组织发展、组织变革、组织演化的关系。

组织发展（organizational development）的概念在最初一般意义上指对组织的某些部分和某些方面进行变革和修正，后来发展到对全部组织进行有计划的、系统的、长远的变革和开发，并形成了一整套开发和变革的战略、措施与方法。发动者常常是上层领导，其动机是对变化的反应，通过调整组织的信念、态度、价值观和结构，以使组织能够更好地适应新技术、市场和挑战，以及它本身飞快地发展变化。

组织发展是通过对组织的驾驭而使其适应内部和外部变化的有意识行为。当变化比较小的时候，组织只需要微调就可以应对，这就是组织演化（organizational evolution），是渐进性的组织发展。美国研究学者钱德勒在《看得见的手》中，探讨了美国企业制度的演化过程，结果发现，大多数美国现代企业都是从家族企业演变而来的，虽然市场的不断拓展、技术的提高以及运输条件的改善，为大多数家族企业的发展提供了有力的支持，然而，家族企业的控制权转移是成就家族企业扩展的决定性因素，也就是说，经理阶层不断地介入家族企业，参与企业的经营管理，并成为主宰企业的专业人士，是导致家族企业不断发展壮大并演化成具有现代企业制度的企业的重要因素。

当一家企业的发展达到一个瓶颈时，想要开发一项相关新产品时，企业可能就需要设立一个新的部门来承担这样的工作，这也是组织演化。丹麦有一家著名的高级音响公司——Bang & Olufsen（简称为 B&O），它是在 1925 年由两个丹麦的年轻人共同创立的，生产和出售的音响产品极具独特的设计风格，质量好且售价昂贵，被称为音响界的劳斯莱斯和丹麦质量的标志。令人惊讶的是，它几乎没有内部设计师，而是由外部设计师主导产品设计。即使是这样一家老牌而且目前还非常成功的公司，在苹果 iPod 大获成功之后，也不得不考虑应对之策。因为 B&O 的 CEO 苏腾邦认为音响行业的环境已经发生了很大的变化，人们更多地依赖从网络获得音乐。苏腾邦确立的原则是"既要改变，又不能改变太多"，于是他在保留原来的设计师队伍和工作流程的基础上，设立了一个由新设计师领导的概念实验室，通过促进双方的沟通、对话与合作来引入新的设计元素。

当组织内外部的变化非常大，以至于仅仅微调原来的战略、组织结构和文化已经不足以应对时，这就意味着必须要进行组织变革（organizational change），它是激进型的组织发展。近 20 年来，伴随着全球的一体化、新一代技术的发展（IT 技术、网络技术、生物技术、新能源技术等），企业面临的环境越来越复杂，不确定性越来越高，组织变革几乎成了组织每隔一段时间就要进行的"规定动作"，驾驭和领导变革的能力成为今天人们对企业 CEO 非常重要的一个能力要求。

表 8-1 对组织演化和组织变革进行了比较。总的来说，组织演化是为了应对组织内部、外部发生的变化而对组织自身进行的程度较小的、局部的调整，成功的关键在于如何让新的部分与旧的部分结合，发挥两者的优势。组织演化一般不会触及企业关于基本目标、业务界定、战略定位、商业模式等最基本的假定。组织变革的变动幅度比较大，它发生在企业认定内部或外部的某种变化是一种结构性变化之时，企业必须进行结构性的变革才能应对。此

时，组织变革的内容广泛，经常涉及战略、结构、文化、人力资源等部分，通过对它们各自与相互的调整，共同达成新的结合状态。变革的过程会造成很多不确定性，需要克服的障碍很多，所以成功的关键在于企业的领导是否掌握了变革管理过程的管理技巧和能力。

表 8-1 组织演化与组织变革的比较

比较主题	组织演化	组织变革
面对的变化程度	变化程度比较小	变化程度比较大
采用措施	局部调整	系统变革
管理重点	新旧结合	变革过程管理

8.1.3 组织变革的主要内容

1. 战略变革

通常，企业战略的核心是它的战略定位，即它服务于哪些客户，为其提供的客户价值以及以什么样的方式来提供。战略变革往往意味着它的战略定位的改变，涉及目标客户、客户价值主张以及商业模式的变革。

如何实施新的战略定位是战略变革的重要内容，根据迈克尔·波特的观点，帮助企业获得竞争优势而进行的战略定位，实际上就是在价值链配置系统中从产品范围、市场范围和企业价值系统范围三方面进行定位的选择过程。

波士顿矩阵认为，一般决定产品结构的基本因素有两个：市场引力与企业实力。市场引力包括企业销售量（额）增长率、目标市场容量、竞争对手强弱及利润高低等。其中最主要的是反映市场引力的综合指标——销售增长率，这是决定企业产品结构是否合理的外在因素。企业实力包括市场占有率，技术、设备、资金利用能力等，其中市场占有率是决定企业产品结构的内在要素，它直接显示出企业的竞争实力。销售增长率与市场占有率既相互影响，又互为条件：市场引力大，市场占有高，可以显示产品发展的良好前景，企业也具备相应的适应能力，实力较强；如果仅市场引力大，而没有相应的高市场占有率，说明企业尚无足够实力，则该种产品也无法顺利发展。相反，企业实力强，而市场引力小的产品也预示了该产品的市场前景不佳。通过以上两个因素相互作用，会出现四种不同性质的产品类型，形成不同的产品发展前景：①销售增长率和市场占有率"双高"的产品群（明星类产品）；②销售增长率和市场占有率"双低"的产品群（瘦狗类产品）；③销售增长率高、市场占有率低的产品群（问号类产品）；④销售增长率低、市场占有率高的产品群（现金牛类产品）。

产品的重新定位，对于明星类产品，由于企业竞争力和市场吸引力强，也是高速成长的市场领先者，对其要多投资，促进发展，扩大市场份额；对于现金牛类产品，由于具有规模经济和高利润优势，但有风险，对其维持市场份额，尽可能多地榨取市场利润；对于问号类产品，虽然产品市场吸引力强，但由于要加大投资，因此主要考虑在尽可能短的时间内收回成本；对于瘦狗类产品，企业的对策就是尽快地售出剩余产品然后转产。对于市场和企业价值系统的重新定位，由于企业作为一个独立的组织，其竞争优势源于研发、生产、营销和服务等过程，源于企业的价值链配置系统，就是这个系统在市场与企业之间不断地传递有关价格、质量、创新和价值的信息，从而为企业营造和保持新的竞争优势。

2. 组织结构变革

钱德勒在对美国几个著名大企业的发展历史进行研究后，提出了"结构跟随战略"的观点。它揭示了战略与组织结构之间的关系。战略是一种思路，它的实现依赖于组织各个部门和员工的行动，而组织结构则决定了组织运作的方式。当组织传统的方式不能为新的战略提供支撑时，就需要进行组织结构变革。组织结构变革包括采用新的组织结构形式、调整各个部门的责权利等。

3. 文化变革

组织文化是除了正式制度之外另一个对员工的行为产生影响的因素。与正式制度不同的是，它在很多时候是通过观念、态度和其他人的评价来影响人们的行为的。在很大程度上，文化变革就是对组织成员集体所拥有的价值观进行变革。众所周知，价值观是很稳定的，文化变革也必然是比较艰难和缓慢的。文化变革需要依靠正式制度的调整作为催化剂，并通过领导班子的身先士卒、身体力行而实现。即使在最有利的条件下，文化变革也不会在短期见效，常常需要经历数年的时间。

4. 业务流程再造

业务流程再造（business process reengineering，BPR）以业务流程为改造对象和中心，以关心客户的需求和满意度为目标，来对现行的业务流程进行根本的再思考和彻底的再设计，并且利用先进的信息技术，将新的流程固化、IT化，从而实现企业经营在成本、质量、服务和速度等方面的巨大改善。企业可以通过流程再造等方式来改变其进化规律，比如，许多企业（GE、海尔等）在较短的时间内实现了从原始企业到现代企业的转变。

5. 人力资源变革

人力资源变革主要是通过人力资源制度的调整，优化人力资源的结构和人岗的匹配程度。它经常是组织变革的难点，因为涉及人们的切身利益，但也是组织变革要产生效果的重要切入点。变革者的一个诀窍是将人力资源制度的调整方向（如考核制度、薪酬制度）与新战略匹配起来。这是战略能否实现的关键支撑条件。

专栏 8-2

绿 城 转 型

绿城集团作为总部设在杭州的国内知名房地产企业，从2011年起经历了命悬一线的资金危局和数次股权变更，企业发展面临危机。自2014年12月中完成对绿城的收购后，绿城全面开启了战略转型之路。

对于此次转型，绿城中国总裁、执行董事曹舟南说："从原来土地红利时代给绿城提供了最好的机会，到现在土地红利失去之后要转化为开发增值，事实上给像绿城这样的企业带来了巨大的挑战。这种转变其实是被动的，市场盈利空间被大大压缩，绿城必须寻找到新的增值点。"

绿城新的战略致力于成为"城市生活综合服务商第一品牌"。为此，绿城制定了未来五年的三大改革原则，包括服务平台化、地产金融化和开发专业化，并形成服务、开发和代建三大体系。

服务体系将以绿城物业服务体系为核心升级，最终打造绿城物业服务集团。除规模扩张之外，绿城物业将通过收购、股权改造、签订同业协定等方式整合绿城旗下各服务平台，未来服务平台会包含物业公司、教育、医疗、酒店等各服务板块。开发业务上，绿城的首要任务是换仓，把投资目光从三四线城市聚焦回一二线城市。此外，对大型商业、酒店等资金沉淀量大的资产，投资总量将严格控制在年投资总额的20%以内。绿城代建的目标是形成轻资产业务的规模化。

绿城内部改变也在发生。绿城计划推行项目合伙人制，建立跟投机制，项目团队以资本金为基础，实施跟投，共担风险，收益共享。按照规划，绿城会成立资产管理部门，在债务和金融方面积极探索。绿城提出了"大运营"的概念，此前成立了总经理办公会，主要经营班子都会参与，每周一开会，管理层分管不同的部门。区域管控已经有所改变。此前，绿城的布局涉及63个城市，旗下有128个项目，为了更好地管控，内部成立了19个项目统筹小组。据了解，这只是过渡性的方式，绿城的方向是加强区域集中度，同时也会放宽城市公司、区域公司的管理权限。

绿城的一系列转型初期成效明显。据统计，2016年前11个月绿城集团累计取得总合同销售金额约1 028亿元，提前实现2017年年末的销售1 000亿元的前期目标。

资料来源：谢敏敏. 未来五年规划曝光绿城要翻过三座大山［N］. 经济观察报，2015-08-24.

8.2 组织变革的影响因素

8.2.1 组织变革的诱因

1. 企业经营环境的变化

近几十年来，企业经营环境有个很大的变化趋势，就是越来越复杂，动态性越来越高。从影响范围区分，企业经营环境的变化分为宏观和中观环境，前者主要是在全球、国家的层次上，主要包括政治、经济、社会、技术（PEST）等方面的变化；后者则主要是在行业的层次上，一般包括同行竞争、原材料变化、新技术出现、需求变化等因素。

一个值得研究的问题是，即使面对同样的环境，不同的企业也会做出不同的决策。这跟企业家的个性、观念、企业的经营传统有着直接的关系。举例来说，在面对电视机的主流技术从传统的阴极射线管（CRT）转变为平板电视的趋势时，TCL和海信两家公司在战略上做出了不同的选择。TCL大概认为这一趋势不会很快实现，因此依然将战略重心放在拓展传统的CRT电视市场上，一个大动作是在2003年收购了汤姆逊公司，两者的CRT电视机生产规模相加是世界第一。海信则提前进行战略布局，自主研发和投资建设液晶模组生产线，大大提升了它在新一轮电视机行业洗牌中的市场地位。

20世纪初，美国经济环境产生重要变化：一方面，消费市场逐渐发达，制造业企业面临的市场更加广泛，产品结构也更为丰富，这时企业的集权化管理已经很难满足企业运营的需要；另一方面，随着社会的发展，并不断受到移民国家特有文化的影响，其特有的个人主义精神，使美国社会的经济权力被广泛地分散，金融中介机构被拆散成规模小且分散的单元，企业发展中的融资需求要借助于证券市场。在这样的背景下，许多企业进行了分权改革，企业的日常经营管理事物被分配给了众多的经理人员。企业的所有权逐渐变得极度分散，企业开始聘用家族外的职业经理人，并且将企业的权力配置给职业经理人，在家族成员和职业经理人之间形成良好的分工和合作关系。随着企业的发展和不断成熟，创始人或创业家族会逐渐淡出企业，直至退休，而家族的继任者仅维持最低限度的所有权，而控制权则交给家族外部成员。

企业经营环境对组织变革的影响，也可以很好地解释为何同样是长三角地区，浙江与江苏的企业模式存在着巨大的差异。作为长三角地区经济最发达的两个省份，浙江与江苏常常被拿来做比较，在产业结构的差异之外，两个地区的企业所有制结构也是造成其不同发展速度的重要原因。其中，浙江企业的典型代表模式是"温州模式"，这些企业本质上都是家族制管理，是以个体私人经济为主的模式；江苏企业的典型代表模式则是"苏南模式"，企业的经营者队伍经历了几次大规模的整合，由最初的村镇经济、集体所有制，发展为本质上是私人承包公共财产的模式，一直逐渐演化成了当下的企业家模式。从两个极有代表性地区的企业制度变化过程就可以看出，企业的成长在很大程度上受制于其所处的外部环境。这一过程可以描述如下：首先，企业的所处制度环境差异，即不同地区在法律执行力度、产业环境、经理人市场、金融市场等制度因素方面存在较大的差异，导致了两个地区企业治理结构基本模式的差异；其次，由于中国企业的外部环境经常处于变化中，有时甚至是剧烈的变动，为了更好地应对这些变化，一些领头的企业通过适应性的选择，取得了成功，进而导致了同地区其他企业的竞相效仿，最终导致这些治理结构不断地得到传播、加深与巩固；再次，由于这种企业治理结构已经获得当地商业人士的认可，那么新创业者就不可避免地会模仿这种被证明有效的模式；最后，这就形成了当地企业最为基本的企业治理模式，并被现有企业和新企业不断地加以巩固。

专栏 8-3

宗庆后谈改革与企业转型

党的十八大以来，推动政府行政体制改革和促进企业转型升级成了最热门的话题。杭州娃哈哈集团董事长宗庆后在 2014 年"两会"采访中谈到，随着改革进入攻坚期和深水区，民营企业也到了转型、转折的关键时刻。党的十八大提出经济体制改革的核心问题是处理好政府和市场的关系，实现各种经济平等发展，健全现代市场体系，这对民营企业来说是一个很大的利好。对民营企业来讲，不仅仅是"弹簧门""玻璃门"的问题，也不仅仅是垄断行业进不去的问题，而是各行各业的审批事项太多了，限制了企业的发展。政府可以把行政审批制度改革与财税制度改革作为突破口，一旦这两个改革成功，其他问题将会迎刃而解。对于娃哈哈集团来说，就是要坚持饮料主业，从解渴向保健功能转型升级，朝着健康产业努力；还要延伸上下游产业链，发展原料基地、加工基地和零售业，通过全产业链的控制来保障食品安全。

资料来源：吴佳佳，陈莹莹.宗庆后：改革是企业转型最大利好［N］.经济日报，2014-03-07.

2. 企业内部条件的变化

企业内部条件的变化通常是指企业经营规模的增长、业务结构的多元化、主业的战略转移或战略的重大转型。这些内部条件变化可能最初产生于组织内部运营，也可能源于外部经营环境的影响。企业经营规模从几千万到几个亿，从几个亿到十几个亿、几十个亿，中间一定需要组织进行变革才可能释放出增长的潜力，也需要组织变革来适应增长后的规模。例如，当某个企业的产品单一且规模较小时，它往往实行的是集权型的直线职能制组织结构；当产品品种增多，市场变化加快，且生产批量急剧扩大时，直线职能制就显然不适应了，这时必须建立分权型的事业部制，这是结构上的一种质的改变。业务日益多元化往往要求企业引入事业部的组织形式,如果进一步在地域上扩张,一般就要建立由产品事业部和区域(或客户)事业部交叉构成的矩阵制。这是跨国公司通常采用的组织形式。如果企业进行主业转型或战略转型,组织变革更是极为必要的。

关于如何应对环境的变化,在第 2 章中已经做了介绍。下文主要介绍因企业内部条件的变化而进行的组织变革。在企业的发展过程中,是否存在组织的变革规律?一些学者努力从生命周期的角度来研究和探索组织的发展规律,提出了各种企业生命周期模型。企业生命周期理论首先把企业看成一个系统,认为企业的兴衰不是单一因素造成的,而是系统内外各种因素共同作用的结果,同时,企业系统在不同时期有不同的特征和问题,需要权变地选择解决问题的方法与战略。许多人是从组织如何随着时间而不断演进的角度来研究企业的成长和发展问题的,或者称作"组织生命周期"。其中影响最大、最有代表性的两个是:伊查克·爱迪思(Ichak Adize)的企业生命周期模型和格雷纳的企业成长阶段模型。这两个模型从企业生命周期的角度将各种变化统合起来,从而系统地理解和把握组织的变革。

8.2.2 爱迪思的企业生命周期理论

在中国,全国每年新生 15 万家民营企业,同时每年又死亡 10 万余家,企业平均寿命只有 2.9 年,这也就是说,大多数中国的家族企业在企业生命周期的前端就遭遇了失败,而对于企业发展的过程和时期的划分,则是企业生命周期理论的主要内容。美国管理学家爱迪思用了 20 多年的时间研究企业如何发展、老化和衰亡,于 1988 年提出了企业生命周期理论。该理论认为:组织就像所有生物体一样,具有生命周期——出生、成长、老化、死亡。企业随着生命周期不断演变,将展现出可以预测的行为模式。企业将经历创业期、成长期、成熟期和衰退期四个大的阶段,其中又包含了更小的阶段,有孕育期、婴儿期、学步期、青春期、盛年期、稳定期、贵族期、官僚化早期、官僚期和死亡期等阶段。在每一个阶段里面,组织都将面临该阶段特有的问题,如果将其克服,就将进入下一个阶段,并面临下一阶段特有的问题(见图 8-2)。

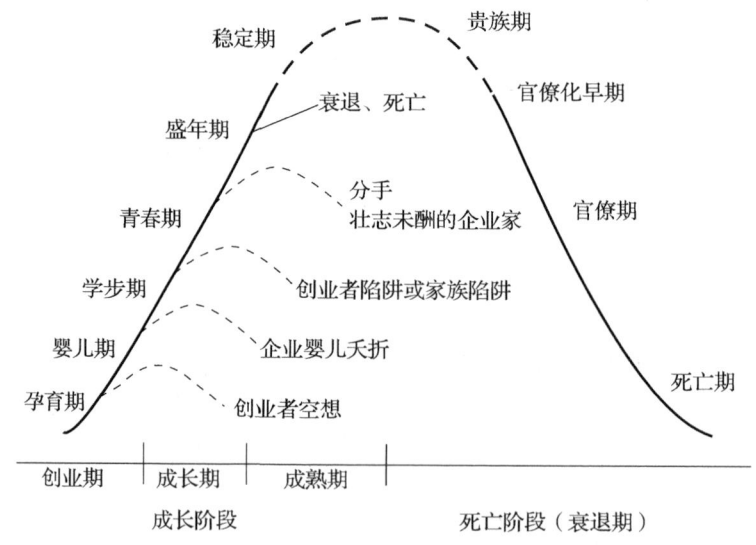

图 8-2 爱迪思的企业生命周期模型

资料来源:爱迪思.企业生命周期理论[M].赵睿,译.北京:华夏出版社,2004.

（1）**孕育期**。在孕育期，整个企业只作为概念或构想存在。孕育期所要强调的是创业的意图和未来能够提供的可能性。孕育期的一项重要工作就是创业者确定要承担起责任。只有创业者愿意承担责任，企业才会有生命，否则就会胎死腹中。如果刚一碰到困难，责任心就烟消云散，企业的生命也不会长久。

（2）**婴儿期**。企业一旦诞生，就进入了婴儿期。婴儿期的企业多以产品为导向，但其实更重要的问题是如何把产品销售出去。创业者不再是梦想家，而必须以结果为导向。在生命周期的这一早期阶段，企业跟新生的婴儿一样，要经常给它们喂奶，对企业来说，资金就是"奶水"。企业必须能够从某些地方得到融资来支付经营开支。健康的婴儿期企业在成长和资金获得方面是均衡的，即一方面获得融资支持，另一方面能够在市场中站稳脚跟，逐步扩大销售量。当现金和经营活动达到了稳定水平时，企业就会脱离婴儿期进入生命周期的下一个阶段。

（3）**学步期**。当企业不仅生存下来了，而且还呈现出兴旺发达的景象，这样的成功足以让创业者和企业自大起来。我们称此时企业步入了学步期。在这个时期，创业者会觉得自己是无所不能的，于是轻易地涉足新的业务，学步期的企业就会陷入麻烦。以往的历史越是成功，他越会信任自己，独断专行，不倾听别人的意见。

学步期企业的危机主要是由管理造成的，确切地说，是由曾经为企业带来成功的创业者带来的。在这个阶段，组织结构不明确，激励制度很宽泛，制度化、规范化的程度比较低，创业者重视机会，不重视管理，实际上这成了企业进一步发展的阻碍。这说明企业陷入了创业者陷阱。这意味着创业者一旦死亡，企业也就有可能死亡。如果在创业者周围或之后，由家庭成员掌握了主要的管理职位，那么创业者陷阱就发展成了创业者家族陷阱。企业要想保住自己辛苦打下来的江山，就必须完成由直觉型管理和职位型管理（学步期的管理）向更为职业化的管理转变，这应该在青春期完成。

（4）**青春期**。青春期是再生和成熟的生命周期阶段。从孕育期到婴儿期的转化，是企业实体的诞生，而青春期则是情感意义上的再生：企业摆脱了创业者或任何像创业者那样行事的管理者，而在精神意义上独立了。与婴儿期实体意义上的诞生相比，再生充满了痛苦，而且时间也拖长了。

为什么从学步期到青春期的这个转变如此困难重重？这主要是因为要面临三方面的挑战：首先是职权的授予。这需要创业者付出极大的耐心，并创造出有利于授权的环境。其次是领导机制的改变。为了安全度过青春期，创业者需要在适当的时机准确无误地把接力棒交到具有行政管理才能的管理者手中。最后是企业目标的替换。企业需要从"更多即更好"以量取胜的目标转换到"更好即更好"以质取胜的目标，完成从苦干到巧干的转变。在青春期的企业里，这三个方面的冲突都是正常的，如果企业创造出了有效的行政管理制度，并把自己的领导机制制度化，那么它就会走向下一个发展阶段，即盛年期。

（5）**盛年期**。爱迪思指出，盛年期是企业生命发展周期的理想点，这个阶段是企业的自控力和灵活性达到平衡的阶段。要想进入盛年期，企业必须改变决策制定由某个人或有权势的主管组成的小团体把持的局面，它必须形成一个治理企业的制度化的过程：大家必须清楚和理解决策权在什么地方以及决策是如何制定的。由于处在盛年期阶段的企业，其价值观、组织结构、办事程序、规章制度和领导机制已经准备齐全，这样的组织有什么理由不享受预料之中的卓越结果呢？经过青春期的企业培养了效率导向和成本控制的能力，到了盛年期，它们才能做到既有效率又有效果。这时候它们才能将边际收入和边际利润提高到最佳水平。

盛年期有两个组成部分：一个是还在成长的阶段，称为盛年期的前期。此时企业的活力很强，它们会创造出新的公司：那种拥有自己产品的新经营单位，这些单位具有自己的生产能力，同时也有自己的销售能力。这些新的单位是独立自主的完整实体。第二个是盛年期后期，有时候将其归为过渡区域。在这个阶段，企业开始有了较强的满足感，并开始丧失其驱动和创造的力量——那种变革、创造出某种新事物的欲望。企业开始有这样的心态："只要没有坏，就别去修它了。"企业正在失去创造、革新的，以及带其进入盛年期的那种改变现状的渴望。盛年期后期的企业在冒险方面表现得迟疑不决。销售还在上升，但新产品产生的收入已经不存在了。新产品常常不是真正的突破，仅是对现有产品的充实。企业家的创新精神在萎缩。

企业要永保盛年期，关键是要不断地注入新的活力，否则企业就不可避免地走向官僚期和死亡期。这就意味着，盛年期的企业需要纳入新的组织成员从事经营管理，对企业实施有效的管理与控制，企业的管理层结构或所有制结构会随之发生变化，充分抓住盛年期的发展机遇。

（6）**稳定期**。稳定期的企业通常有较为稳定的市场份额，组织良好。企业依靠成熟的产品和既有的市场维持生命，热衷于回顾过往而不是构筑愿景，通常容易忽视开发新市场与推出新产品。

（7）**贵族期**。企业在稳定期后期很容易进入到不断老化的轨道，除非有大的变革，重新启动一条新的发展曲线。贵族期是企业老化的第一个阶段。当企业接近贵族期阶段时，组成企业的人员之间的交互关系就变得越来越重要。大家都不想发生冲突，也不希望有什么变化。处在贵族期中的企业关注的是过去的成就而不是未来的梦想，对于占领新的市场、新技术和新领域也没有兴趣。企业变得日益平庸。

（8）**官僚期**。在市场份额、收入和利润持续下降的绝望中，贵族期的企业进入了官僚化早期。在撒冷城中的企业，大家关心的是谁造成了问题，而不是该采取些什么补救措施。管理人员彼此之间斗争，时间都用在了拉帮结派上，他们把创造力都放在了保全个人所进行的争斗上。企业的业绩仍然在无情地下滑，有才干的人则成了被人提防和怀疑的对象，不是被解雇就是自己主动离开。如此恶性循环会一直持续到企业最终破产，或是收归政府所有乃至成为完全的官僚化企业。

补贴和国有化可以延续企业的生命，尽管它本来该死亡了，却靠人为的手段活了下来，所以，在企业的生命周期曲线上出现了第三段Z形曲线。第一段Z形曲线是在学步期之后形成的，这时企业因为有人对风险进行承担得以诞生；第二段Z形曲线是在学步期之后形成的，这时企业从将其建立起来的"父母"身边解放出来，进入青春期，这对企业来说是一次再生；第三段Z形曲线也是一次新的生命，即企业本来应该撒手人寰了，但因为有了人工的生命支持系统，又得以继续自己的生命。

在这样一个保护性的环境中，企业家类型的人来了又走了，行政管理人员越积越多，企业变成了一个完完全全的官僚机构。它根本无法自力更生。尽管从表面上看它们像个可怕的怪兽，实际上却很脆弱。这个时期的企业领导花在政府机关和政客身上的时间远比客户身上多，他们要保住自己的地位和控制的资源。

（9）**死亡期**。最后，当企业从任何地方都不能再获取资源，人们也不愿意再为它承担风险的时候，企业就进入了死亡期。

8.2.3 格雷纳的企业成长阶段模型

格雷纳是南加利福尼亚大学马歇尔商学院研究管理和组织的教授。他在1972年7日至8月的《哈佛商业评论》上发表文章提出了企业成长阶段模型，影响非常深远。在他的模型中，企业的发展将经历五个阶段（见图8-3）。每一个阶段都将从一些演变开始，伴随着持续、稳定的发展成长，最终会以一场彻底的革命性组织混乱和变革结束，即组织变革。每一段变革的结果都决定了公司是否能顺利过渡到下一个发展阶段。简言之，每个阶段都包括组织演变和组织变革两个组成部分。

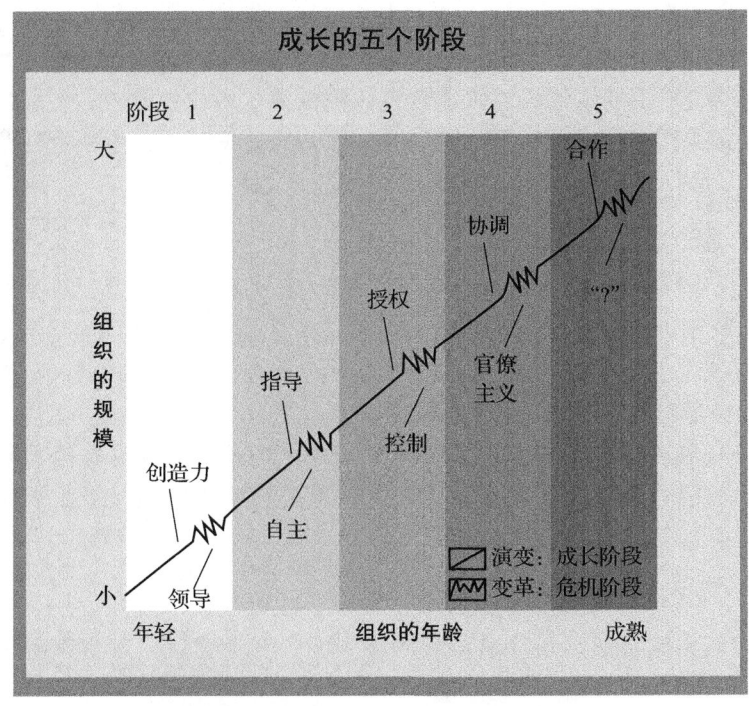

图8-3　格雷纳的企业成长阶段模型

资料来源：格雷纳.组织成长过程中的演进与革命[J].哈佛商业评论（中文版），2005（4）.

一个企业所处的发展阶段，是由它的组织年龄、规模、行业发展速度以及它如何处理组织演变和组织变革决定的。组织年龄、规模、行业发展速度是比较客观的因素，通常来说，年龄越大、规模越大，行业发展速度越快，企业越有可能经过更多的发展阶段而进入高级的发展阶段。中间的变数是企业是否能够很好地通过组织演变和组织变革来应对各个阶段面临的问题，并解决它们。很多企业这方面的能力比较差，未能渡过变革阶段，在比较早的阶段就结束了生命。

第一阶段：通过创新来成长

在一个组织的产生阶段，着重点是既要创造产品，又要创造市场。公司的创始人通常具有新技术或企业家精神，他们常常轻视管理活动。他们的体力和脑力完全用在制造和销售新产品上。雇员之间的交流频繁并且是非正式的。长时间工作的报酬是中等的工资加上约定的业主利益分成。所做的决策及所持的动机对市场反馈较为敏感，管理部门随着顾客的反应行动。

这种企业家的精神和非正式管理的特征适合初创阶段。然而，随着企业规模的扩大，新员工的加入，管理上的缺失造成的不利影响越来越大，最终通过各种形式爆发出来。这就是领导力危机。它是第一阶段结束的标志。此时，企业需要一位强有力的管理者，能够为企业带来管理上的秩序。

第二阶段：通过指导来成长

在第一阶段中生存下来的那些公司，通过委任一位出色的业务经理，在有力的、指导式的领导下，通常可以进入一个持久的成长时期。这一演变时期的特点是建立了职能组织，工作变得日益专门化，引进了库存和采购的会计系统，激励、预算和工作标准制度化了，组织内的信息交流变得更加正式，比如书面汇报、召开例会等。

新的管理体制给组织带来了秩序，引导企业实现成长。然而，当企业日益多元化（产品多元化甚至业务多元化）的时候，原来的管理体制束缚了增长的潜力，下层的经理和员工觉得自己的积极性被束缚住了。这就是自主危机。多数企业所采取的解决办法是转向更多的授权，在组织结构上引入分权组织，比如事业部或子公司制。

第三阶段：通过授权来成长

分权组织的特点是权力和责任向下分解，并利用利润中心和奖金制度来激励员工，高层经理的责任只限于进行例外管理，或者通过购并来对业务组合进行优化重组。这种管理体制充分调动了下层管理者的能动性，各业务的负责经理有了较大的权威和动机，他们能渗入较大的市场，较快地对顾客做出反应并发展新产品。

然而，在分权制度下最终会出现一个严重问题，当各个业务越做越大的时候，负责的经理自己做主，与公司其他部分逐渐脱离开来，当公司的高层经理想要推动跨部门的协作时，遇到的困难很大。这就是控制危机。

第四阶段：通过协调来成长

在这一阶段的演变时期，其特点是采用正规的制度来取得更大程度的协调，由高层经理负责建立和实行这些新制度。通常的做法包括：使分散的单位联姻合并成产品组；建立并集中审查正式的计划程序；增加许多总部级别的雇员，创建公司范围内的全面控制程序，并考察一线管理人员；小心谨慎地权衡资本运作费用，分割打包给组织各部分；将每个产品组视为一个投资中心，投资回收率是分配资金时的重要标准；当营运工作决策仍采用分权方法时，某些技术职能，例如数据处理，其权力仍然集中在总部。在企业中使用股份选择权和分享利润等办法，以鼓励个人与企业的一体化。

这些工作有利于在整个组织的范围内运用资源、统一步调、增强整体性。下级公司在做出一个决策时要向总部证明它的合理性、正当性。然而，当在这条轨道上走得过远的话，会日益地显示出它的负面性，即官僚主义危机，引发在生产线和职员之间，总部和下属分支之间的不信任。在这种情况下，制定新的制度和计划并不能解决问题，反而效果越来越差。

第五阶段：通过合作来成长

这一阶段强调管理行动的自发性，试图再度依靠员工的自发性和团队建设来解决正式制度所带来的负面后果。通常的做法是：通过团队行动快速解决问题。团队成员实现了各职能部门的人员交叉，以完成任务，否则将出现成长危机。

8.3 组织变革的策略与方法

8.3.1 组织变革的阻力

组织变革是一个动态的过程，既有推动的力量，又有抵制的力量。两方力量较量的结果会影响到组织变革的进程和结果。推动变革的人一般来自内部,是企业的高层管理者或部门经理,这取决于变革发生的范围。如果涉及整个企业,除非企业的最高领导努力推动,否则无人能够承担起这个责任。当然,很多时候,外部的咨询专家也会发挥重要作用。另外,变革会遭到来自个体和组织层面的阻力。

1. 来自个体的变革阻力

对变革不确定后果的担心。变革必定会带来很多不确定性。即使变革最终被证明是多赢的局面,但在结果出现之前,一定有很多不确定性。在不确定性的状态下,人们会感到焦躁、压抑等不愉快的情绪。基于过去的经验,人们会本能地反对变革。

害怕失去个人既得利益。变革中经常会涉及利益和权力格局的再分配。那些认为自己是"受害者"的人肯定会抗拒和阻挠变革。此外,变革还经常要求人们改变自己习惯的工作方法,原来的技术与经验贬值,人们被迫要学习新的技术和工作方法。这也是一种利益损失。

怀疑变革的效益。人们对变革有不同看法是很正常的。当执行者认为决策者犯了错误的时候,他们就很可能反对和抵制变革。举例来说,当郭士纳改变IBM原来的组织架构,以行业客户为中心重构组织结构时,IBM在欧洲、中东和非洲的地区负责人就反对这一策略,并采用各种方式来阻挠这一方案。结果是,新的组织结构在1995年开始推行,但要等到三年之后才完全到位。

2. 来自组织的变革阻力

组织在其发展过程中慢慢形成了独特的历史、文化、思维和运作模式。它根植于企业的历史,嵌入到组织的各个层面,非常稳定。这是一种自然的趋势,如果没有特意寻求开放的努力和策略,组织就会变得僵化。组织僵化的水平可以从两个方面进行度量:一是变革的意愿,二是变革的能力。有时候,组织有变革的意愿,但没有变革的能力,缺乏变革的经验和人才。有时候,组织有变革的能力,但没有变革的意愿,此时组织沉迷于过去成功的策略和模式,而看不到要改变它们的必要。还有一种情况是,组织既无变革的意愿,也没有变革的能力,这发生在组织上下非常保守的情况下。最后,也是最好的情况是,组织愿意而且有能力推动组织的变革。这种情形比较少,大概只发生在具有很强变革传统的企业中。

8.3.2 组织变革的理论

1. 勒温变革模型

组织变革模型中最具影响的也许是勒温变革模型。勒温(1951)提出一个包含解冻、变革、再冻结三个步骤的有计划组织变革模型,用以解释和指导如何发动、管理和稳定变革过程。

第一步:解冻(unfreezing)。这一步的焦点在于塑造变革的动机,鼓励员工改变原有的行为模式和工作态度,采取新的适应组织战略发展的行为与态度。为了做到这一点,一方面,需要对旧的行为与态度加以否定;另一方面,要使干部员工认识到变革的紧迫性。可以采用比较评估的办法,把本单位的总体情况、经营指标和业绩水平与其他优秀单位或竞争对手加以一一比较,找出差距和解冻的依据,帮助干部员工"解冻"现有态度和行为,迫切要求变革,愿意接受新的工作模式。此外,应注意创造一种开放的氛围和心理上的安全感,减少变革的心理障碍，提高变革成功的信心。

第二步：变革（changing）。变革是一个学习过程，需要给干部员工提供新信息、新行为模式和新视角，指明变革方向，实施变革，进而形成新的行为和态度。在这一步骤中，应该注意为新的工作态度和行为树立榜样，采用角色模范、导师指导、专家演讲、群体培训等多种途径。勒温认为，变革是个认知的过程，它由获得新的概念和信息得以完成。

第三步：再冻结（refreezing）。在再冻结阶段，利用必要的强化手段使新的态度与行为固定下来，使组织变革处于稳定状态。为了确保组织变革的稳定性，需要注意使干部员工有机会尝试和检验新的态度与行为，并及时给予正面的强化；同时，加强群体变革行为的稳定性，促使形成稳定持久的群体行为规范。

我们不妨用一个案例来展示勒温的理论⊖。安全元件公司原先为银行提供产品，公司想发展成一个更为专业的电子元件制造商，把目标用户扩展到电信工业。尽管目前业务已取得显著进展，但内部业绩不佳：生产线上存在很高的废品率；承诺的发货日期得不到执行。公司的 CEO 考虑实施变革，成立了变革小组，并从外部引进了一个有变革管理经验的职业经理尼尔，由尼尔担任组长，负责管理变革。尼尔根据安全元件公司的特点，决定采用勒温模型，具体变革过程如下。

第一步，尼尔带领变革小组的成员深入公司生产现场调查，对员工的行为、态度进行引导和纠正；另外，加大对员工的培训力度，使员工认识到变革的紧迫性。同时，尼尔要求财务部门把安全元件公司的经营指标、业绩水平与竞争对手加以比较，找出差距，帮助员工改变现有态度和行为，使员工主动要求变革，愿意接受新的工作模式。此外，尼尔定期找各部门的负责人谈话，减少其对变革的心理障碍，提高变革成功的信心。在"解冻"了员工旧的观念之后，尼尔开始开展第二步工作。

第二步，尼尔明确告诉员工公司未来变革的主要方向，并开始实施变革。为了提高大家对变革的积极性，变革小组的成员以身作则，带头打破旧的思想，为员工树立了很好的榜样。同时，尼尔还不定期地把员工送到培训机构进行短期培训，以使员工适应新的组织环境。通过上述途径，安全元件公司的员工慢慢开始接受并投入到变革过程，尼尔领导的组织变革取得了初步的胜利。

第三步，虽然取得了初步的变革胜利，但是尼尔并没有急于把变革往前推进。他利用各种激励手段来鼓励员工新的态度和行为，这样大约维持了两年，使员工新的行为固定下来。安全元件公司变革取得的初步成果得到了稳定。

专栏 8-4

CEO 在领导公司变革中的作用

变革人人有责，CEO 角色的特殊之处在于，其位于公司金字塔的顶端，公司内的其他员工都唯其马首是瞻。如果不从思想和行为上发挥表率作用，或是选择不采取关键的变革举措，CEO 将目睹变革工作失去重心。

不管领导者是否意识到了，他们的言行总是在众目睽睽之下。易安信（EMC）公司是美国一家信息储存设备企业，其 CEO 乔·图斯（Joe Tucci）建议说："你的一言一行，大家都

⊖ 马作宽. 组织变革 [M]. 北京：中国经济出版社，2009.

在观察。所以，最好的做法就是以身作则。"从根本上说，员工将通过衡量CEO的举动来决定他们自身是否相信变革。

员工都期望CEO能够恪守圣雄甘地的名言："如欲改变他物，必先改变自我。"CEO是公司首要的模范。通常来说，个人自身所进行的变革包括如下工作：对为达到变革项目目标所做出的领导行为进行360度的反馈分析，对花在重点变革工作上的时间进行日记形式的分析以明确重点，对为数不多的个人变革目标做出承诺，并为做好上述工作安排专业性辅导。

CEO的管理团队可以是，也应该是领导所有变革工作中极具价值的资产。正如德国邮政（Deutsche Post）的崇文礼所说的："你需要作为个体非常优秀的管理者，但你也需要那些致力于以团队形式开展管理工作的管理者。"分享一个有意义的故事、针对变革的要求以身作则当然能够更好地吸引管理团队参与进来。但同样重要的是，CEO要投入时间来组建这一管理团队。

先评估，再行动

成功的CEO会花些时间来评估管理团队每个成员的能力，并根据评估结果快速采取行动。在有些情况下，CEO可能会参考第三方（如高层管理人员猎头公司）的意见，以创建一个更为客观准确的资料库。很多CEO发现，一个很有用的做法是，将管理团队成员放在一个矩阵内，一个坐标代表"业务表现"，另一个坐标代表"在期待的行为方式上以身作则"。处于矩阵右上角（行为合格、业绩优秀）的是公司的明星管理者，处于左下角（行为不合格、业绩不佳）的管理人员则需要进行激励、培训或干脆解雇。发出变革信息时潜力最大的是那些处于"行为不合格、业绩优秀"矩阵位置的管理人员，当公司采取明确的行动来改进这些管理人员的工作或是解聘他们时，整个管理团队的成员就会知道以身作则及团队协作的重要性了。

投入团队时间

即使组建了合适的团队，也需要一段时间让这些精明、独立、锐意进取的人员朝着一个明确的方向调整自己。通常来说，团队成员的第一项工作就是在以下方面取得共识：大家作为一个团队（而非个人）能够取得什么成绩，团队应该多久会面一次，应该讨论什么变革问题，什么行为是团队所期望的（或不能容忍的）等。将以上所达成的共识总结在"团队守则"中，用以指导变革工作，CEO可以定期参考这一守则来保证团队的工作不会偏离方向。

卷起袖子实干

带有巨大财务或象征性价值的项目应该得到CEO本人的参与，以确保取得最大成效。领导者必须要乐于走出自己的办公室来帮助解决运营上的困难问题。山特维克材料科技公司总裁彼得·戈萨斯（Peter Gossas）一辈子从事钢铁行业，他说："当出现问题时，如果我能来到车间现场，站在板条箱上，让不愿接受变革的班组能够看到我，大家共同讨论问题，这将对解决问题非常有帮助。"他还说："一旦我走进熔炼车间，就很难不开始讨论解决运营问题的各种措施。"

建立管理人员问责制

成功的CEO永远不会忽视其主持工作审核会议的管理职责，通过审核，CEO将变革项目的成效同原有项目进行比较，找出所有偏差产生的根本原因、表扬取得的成功、帮助解决出现的问题，并让管理人员对变革工作的正常进行负责，包括行为（员工是否正在做他们承诺将做的工作）与结果（变革项目是否会创造所预期的价值）两方面。在这些工作审核会议上，CEO 的中心角色就是，保证所有决定都是基于事实。对此，纳拉亚纳·穆尔蒂（Narayana Murthy）幽默地说："我们接受了这样一条格言，'我们相信上帝，但除了上帝之外，其他人必须要在会上拿出数据来'。"

资料来源：Carolyn B Aiken, Scott P Keler，麦肯锡季刊，网址：http://china.mckinseyquarterly.com。

2. 科特组织变革模型

科特是哈佛大学研究领导学的权威。他认为，组织变革失败往往是由于高层管理部门犯了以下错误：没有建立变革需求的急迫感；没有创设负责变革过程管理的有力指导小组；没有确立指导变革过程的愿景，并开展有效的沟通；没有系统计划获取短期利益；没有对组织文化变革加以明确定位等。为此，科特提出了指导组织变革规范发展的八个步骤。

步骤1：增强紧迫感。通过审视市场和竞争现状，来讨论和确定当前的危机、潜在的危机或主要机会。

步骤2：组建领导团队。建立一个具备足够权力的小组来领导变革，此外要使这个小组按照团队的方式工作。

步骤3：设计愿景和战略。设计愿景来指导战略，规划战略来实现愿景。

步骤4：传播变革愿景。利用各种可能的方式来不断地传播新愿景和战略。领导团队要以自身的行为来为员工做出表率

步骤5：授权行动。消除变革的障碍，改革那些阻碍变革愿景的制度和结构，鼓励采取冒险性的非传统的概念、活动和行为。

步骤6：创造短期成效。对可预见的绩效改进或胜利加以计划；创造计划中的胜利；对胜利的取得做出贡献的人，要给予明显的肯定和嘉奖。

步骤7：巩固成果并进一步推进变革。利用人们对变革增加的信任感来变革所有相互不协调或与变革不符合的制度、结构和政策。对于可以实施变革愿景的人要加以雇用、升职，给予其发展机会。用新的计划、主题和变革工具来使变革处于活跃状态。

步骤8：将新方法带入企业文化。通过以顾客为导向的行为，更多、更好的领导才能，更有效的管理来创造更好的绩效；清楚地陈述新行为与组织成功之间的关系；开发新方式来保证领导层的进步与成功。

前四个步骤的作用在于缓解当前艰难的现状。如果很容易进行，你可能不需要这些努力。步骤5～步骤7提出许多新的策略。最后一步将变革融入企业文化，长期持续下去。科特的研究表明，成功的组织变革有70%～90%是由于变革领导成效，还有10%～30%是由于管理部门的努力。

3. 卡斯特的组织变革过程模型

美国华盛顿大学的教授卡斯特（Kast），在其与罗森茨韦克（Rosenzweig）合著的《组织与管理：系统方法与权变方法》一书中，提出了组织变革过程的六个步骤。

步骤1：审视状态：对组织内外环境现状进行回顾、反省、评价、研究。

步骤2：觉察问题：识别组织中存在的问题，确定组织变革需要。

步骤3：辨明差距：找出现状与所希望状态之间的差距，分析所存在的问题。

步骤 4：设计方法：提出和评定多种备择方法，经过讨论和绩效测量，做出选择。
步骤 5：实行变革：根据所选方法及行动方案，实施变革行动。
步骤 6：反馈效果：评价效果，实行反馈。若有问题，再次循环此过程。

8.3.3 组织变革的工具

变革总是要付出代价，没有人为变革做出牺牲，没有思想观念的变革，变革几乎是不可能实现的。不能将阻力看成完全是消极的，它促使人们对变革方案考虑得更加周全，因此赢得更多人对变革的支持。变革成功的"五大工具"内容如下。

1. 沟通和教育

在 2011 年出现的真功夫企业的家族内部斗争，让这家中餐连锁店成了媒体焦点。在企业的发展过程中，两位创始人对组织演化方向产生了分歧，创始人之一蔡达标以职业经理人替代原来的部分家族管理人员，主张推行内部管理"精益工程"改革，导致先后有大批老员工离去，也在很大程度上损害了创业家族的利益，由此引发了对企业控制权争夺的不断升级，严重阻碍了企业的发展。

当参与变革的相关人员缺乏变革的相关信息或是预期有人抵制变革时，就可以使用沟通和教育的方式来解决抵制问题，特别是当变革涉及新技术知识或者使用者不熟悉你的想法时，教育就显得尤其重要。通过沟通和教育，可以使更多的人正确了解变革的动因和目的及其可能产生的绩效和好处，使人们对变革的意图有正确的了解。

2. 参与

当变革的问题重要、重复、涉及面广，单独依靠变革推动者没有把握和能力制订出变革方案时，一定要吸收相关部门和人员参与变革计划的设计，以便集思广益，使变革切实可行、有效。同时，通过参与变革方案的设计，可以使参与者对变革方案有更好的理解，有利于变革的实施。

3. 谈判

谈判是实现合作的更正式的战术。谈判通过签署正式协定来赢得对方对预期变革的接受。当变革的方案可能影响到某些部门和群体的利益时，应事先找有关方面进行磋商与协调，尽可能使变革方案兼顾各方面的利益。不要追求理想的改革方案，现实的变革方案是多数人可以接受的方案。

4. 强迫

强迫意味着经理运用正式权力迫使员工接受变革。抵制者被告知要么接受变革，要么损失报酬甚至失去工作。大多数情况下不应该使用这一战术，因为这会使员工感觉自己是受害者，从而迁怒于执行变革的经理，甚至会蓄意破坏变革。但在需要快速反应的紧急关头，强迫可能是必要的。

5. 高层经理的支持

高层经理的明确支持也有助于克服对变革的抵制。高层经理的支持会向所有员工表明，变革对公司来说是重要的。当变革涉及多个部门或者需要资源在部门之间进行重新分配时，高层经理的支持显得尤为重要。

为保证变革成功，在变革过程中还需要对变革的有利因素和不利因素进行认真的分析，权衡利弊，对变革可能出现的新问题，事先做妥善的处理，争取绝大多数人对变革的同情和支持。一般情况下只有得到多数人同情和支持的变革才能取得成功。同时，正确地选择变革的方式和策略，避免操之过急，妥善处理变革与稳定的关系，不做不停顿的变革，巩固一项变革成果后再展开另一项变革。

实施变革时要及时收集可以衡量变革效果的指标信息。衡量变革的效果有些可用既定的信息指标系统，有些则需要另行设计特定的指标信息。根据收集到的信息评估和确定整个变革期间变革效果的发展趋势，因为衡量一项变革的效果不能仅从某个时点来考虑。有的变革，开始效果甚为明显，但迅速恢复常态；有的开始无效果，甚至会出现负效果，但稍后则会逐步上升。要对实际成果与计划成果进行比较，及时对变差采取纠正行动。

本章小结

1. 任何事物的发展轨迹都会表现为 S 形曲线。所谓 S 形曲线，就是我们常说的波浪式前进。S 形曲线告诉我们，无论企业曾经经历多快的发展速度，最终都会进入下滑轨道，而出路就是尽早地启动第二条 S 曲线。
2. 组织发展是通过对组织的驾驭而使其适应内部和外部变化的有意识行为。当变化比较小的时候，组织只需要微调就可以应对，这就是组织演化，是渐进性的组织发展；当变化非常大，需要进行结构性、系统性的变化时，这就是组织变革，是激进型的组织发展。
3. 组织变革的主要内容包括战略变革、组织结构变革、文化变革、人力资源变革、业务流程再造等。
4. 组织变革的诱因来自两个方面：企业经营环境的变化和企业内部条件的变化。
5. 爱迪思的企业生命周期模型包括四个大的阶段：创业期、成长期、成熟期和衰退期。企业的发展是在活力和稳定性两者之间摇摆。
6. 格雷纳的企业成长阶段模型包括五个阶段，每个阶段的成长动力不同，分别来自创新、指导、授权、协调与合作，与此同时，每个阶段的成长动力又会带来特有的问题，它们分别是领导力危机、自主危机、控制危机、官僚主义危机和成长危机。
7. 组织变革的阻力在个体层次上主要来自对变革不确定后果的担心、害怕失去个人既得利益和怀疑变革的效益；组织层次上的阻力主要是由组织的僵化造成的。
8. 勒温的变革过程分为三个步骤：解冻、变革和再冻结。
9. 科特的变革管理模型分为八个步骤，他特别强调领导的作用。
10. 卡斯特的变革过程是一个比较理性的、解决问题的、消除差距的过程。
11. 变革的五大工具是沟通和教育、参与、谈判、强迫、高层经理的支持。

练习与思考题

选择题和判断题，请扫二维码做题；名词解释、简答题和论述题/计算题的参考答案，具体请扫二维码。

一、选择题（题干略，请扫二维码）

二、判断题（题干略，请扫二维码）

三、名词解释

1. 组织变革与组织演化
2. S 形曲线
3. 领导力危机
4. 业务流程再造

5. 人力资源变革

四、简答题
1. 爱迪思的企业生命周期模型的核心内容是什么？
2. 格雷纳的企业成长阶段模型的主要逻辑是什么？
3. 组织变革成功需要从哪些方面入手？
4. 组织发展和组织变革有什么样的关系？
5. S形曲线主要描述的内容是什么？

五、论述题
科特的组织变革模型的核心观点是什么？指导组织变革规范发展的步骤有哪些？

案例讨论

由"麦当劳"到"金拱门"，快餐行业在变革压力下的应对之举

2017年10月，根据国家企业信用信息公示系统，"麦当劳（中国）有限公司"已正式更名为"金拱门（中国）有限公司"。新企业名称"金拱门"被不少网友认为有些"滑稽"而不愿接受，更多人则好奇——为什么？

麦当劳中国"改姓"

2016年3月31日，麦当劳宣布，将在其亚洲主要市场引进战略投资者，以充分释放市场的发展潜能，进一步提升竞争优势及增加资源，实现更本地化的发展策略。经过了将近一年的寻找和谈判，最终麦当劳与中国中信集团旗下的中国中信股份有限公司、中信资本控股有限公司、凯雷投资集团达成战略合作并成立新公司，新公司将以最高20.8亿美元（约合138亿元人民币）的总对价，收购麦当劳在中国内地和香港的业务。由于新公司不再是麦当劳控股子公司，而是中国内地及香港区域麦当劳门店的特许运营商，因此已无必要继续冠以"麦当劳"之名，更名顺理成章。

麦当劳"谋变"背后

考虑到麦当劳中国虽已不再是麦当劳的控股子公司，但又与麦当劳有所关联，新公司的命名并非易事，"金拱门"三个字在至少推迟了两三个月后才最终出炉。更为不易的是，面对中国餐饮市场的不断变革，独立运营的麦当劳能否给出应对良策？

近年来，随着90后年轻群体的崛起，洋快餐面向的主要消费群体的消费习惯已经发生了巨大的变化，它们都面临较大的本土餐饮企业竞争压力，变革势在必行。食品行业研究专家李志起表示："麦当劳、肯德基等洋快餐巨头在中国发展多年已经赚得盆满钵满，同时也到了转型的关键时期，过去简单地将海外的模式搬到中国来的做法，已经无法满足中国年轻一代消费者的需求。在他们心中，麦当劳和肯德基的品牌形象已经不及老一辈心目中那样'高大上'，他们对餐饮有更高的诉求，甚至很大一部分在远离肯德基、麦当劳这类洋快餐，认为这些属于'垃圾食品'。"中国餐饮市场的快速变革，迫使洋快餐必须及时应对。两大洋快餐巨头麦当劳和肯德基均在同一时间段不约而同发起引入战略投资者计划，肯德基中国在引入中国战略投资者后独立上市，但仍由肯德基控股，因此并无改名必要。

更名之外的变革

消费者饮食习惯的变化客观存在，需要洋快餐巨头适当改变菜品来迎合消费者需求。例如，肯德基推出全新子品牌门店KPRO，菜品以沙拉、三明治为主，为了迎合年轻消费者生活节奏快、追求新时尚的需求，还推出了人脸支付功能。麦当劳考虑到年轻一代消费群体更注重个性化以及信息化，在门店上也将突出个性化、数字化的餐厅"未来2.0"大面积铺开。香港和上海成为新麦当劳的创新重镇，通过提升顾客体

验、进行菜单创新以及推动数字化餐饮服务，探索未来餐饮发展趋势。

这一切的变革都需要麦当劳或肯德基更了解中国，对瞬息万变的餐饮市场有着更快决策，将中国区业务独立运营以及引入本土战略投资者是很好的办法。事实上，相比肯德基早就超过5 000的门店数，麦当劳中国的门店数近年来一直在2 000多徘徊。虽然在一二线城市麦当劳已经广泛布点，但对于广大的三四线城市而言，原来的麦当劳门店数的不足，更需要仰仗中国的战略投资者。新公司成立时，中信资本董事长兼CEO、新麦当劳中国董事会主席张懿宸对外表示："中信集团是全国最大的综合业务公司，在全国各地都有网点，尤其是中信银行有1 400家网点，随着整体金融业务下沉趋势推进，中信银行在三四线城市选址方面，对当地市场了解比较深入，这些信息和资源都可以与新麦当劳中国共享。"万科、恒大、富力等地产公司都是中信集团的重要合作伙伴，目前中信方面已经着手把这些公司介绍给麦当劳，几家已经与麦当劳有了实质性的战略合作，新麦当劳中国先后与恒大、碧桂园、中海地产等多家国内地产巨头进行前述战略合作。例如，中海地产称将在已布局的60多个核心主流城市的商业综合体、社区商业、写字楼等板块与麦当劳开展合作。在中信集团的助力下，新麦当劳中国对门店扩张也有了更大的自信。新麦当劳中国发布的中国内地"愿景2022"加速发展计划提出，未来五年销售额年均增长率保持在两位数，开设新餐厅的速度将从2017年每年约250家逐步提升至2022年每年约500家。届时，约45%的麦当劳餐厅将位于三四线城市。

面对瞬息万变的市场，以及不断涌现的中式快餐，新麦当劳中国的扩张压力依旧不小。虽然麦当劳内部认为西式快餐仍有优势：第一，中式快餐的进入门槛相对比较低，而西式快餐背后具有庞大的工业化基础以及多年积累的技术经验，不是一般的企业可以进入的；第二，中式快餐做成规模比较难，因为中餐整体的标准化程度较低，也是比较难做的，相反西式快餐已经构建了完善的标准化基础，更容易规模化扩张。但仍有不少分析师表示了担忧，中国食品产业分析师朱丹蓬认为，麦当劳在一二线城市的密度已经较高了，下一步继续往三四线城市开店固然是一个不错的决策，但也要意识到，很多中西部三四线城市大量有消费力的年轻人都转移到了东部沿海发达城市，这就必然带来三四线城市门店的客单价不高、单店投入产出比较低的问题。因此，其能够给麦当劳带来的业绩提升可能并不如预期那么高。对此，麦当劳表示也考虑到了这样的问题：麦当劳将重点发力三四线城市，并非简单地将一线城市的门店复制到三四线城市，门店定位会形成一定差异。例如，麦当劳一二线城市门店重点发力上班族的早、午餐；而在三四线城市，更多是面向周末假日的休闲人群的下午茶、零食等。

资料来源：何天骄."金拱门"一夜成名，麦当劳还有什么"中国豪华餐"[N].第一财经日报，2017-10-26.

讨论题：

1. 请运用本章理论分析麦当劳中国更名为金拱门的动因主要有哪些。

2. 试分析在麦当劳中国更名后可能产生的其他组织变革内容及障碍。

管理评论

技术创业者的社会合法性窘境及其破解：爱迪生的启示

《天龙八部》中无名老僧对萧远山和慕容博说，武功的提高必然要伴随佛法觉悟的提高，否则必然会走火入魔。只有佛法境界提高，才能处理好与外部社会的关系，才不会遗世独立,更不会贻害无穷。

作为管理学大师、霍桑实验的阐释者,梅奥指出随着工业化的发展,组织的技术技能有了长足的进步,但是组织的社会技能没有相应地发展起来,这限制了组织运营效率的进一步提升。这一论断引发了之后轰轰烈烈的人际关系运动。

对于创业者来说,技术能力诚然重要,特别是在小米提出"极致产品"之后,工科男成了创业圈的宠儿。在浙江,技术背景强大的浙大系开始成为浙江创业新四军的重要力量。但是工科男如果想要获得更大的创业成就,就不得不具备社会技能,以此获得社会合法性。爱迪生就给了我们一个很好的启发。

1. 爱迪生的社会技能和社会合法性构建

Hargadon 和 Douglas(2001)在 ASQ 上发表的关于爱迪生发明推广现代照明系统一文在创业学界颇为知名,引用率很高。这篇文章指出,企业家在推出新产品、新服务或新的商业模式时应该在创新和现有制度环境下找到一种新的平衡,即突破企业创业过程中的外部制度性约束,使自己的创新合法化。爱迪生案例的特色不仅是因为爱迪生电力系统在技术功能方面的显著优势,更是因为爱迪生凭借其精湛的社会技能,有效应对外部制度约束,用当时煤气系统的语言来传达自己的创新以唤起人们的认知,进而取得组织的合法性。

当时,爱迪生在技术层面的竞争对手不足为惧,但他面临的制度对手力量强大(最大的对手是煤气公司的制度合法性),足以把他的天才设想扼杀于襁褓当中。爱迪生第一次申请营业执照时,纽约市市长拒绝了他。当他要在街道地下埋设电线时,市政府又加以阻挠。媒体上充斥着关于"电线杀人""电力谋杀"之类的报道。英国议会一个特别听证会综合了英国当时一流物理学家们的意见后得到的结论是:商用的白炽灯照明是完全不可能的,爱迪生体现了"对电力与动力学原理最狂妄的无知"。为了阻止电力业的发展,在爱迪生拉亮德瑞赛尔·摩根公司办公室的电灯1个月之后,6大煤气公司开始大幅降低煤气的价格,随后组织煤气联合体,来进一步对付新兴的照明工业。

为了化解社会这一无形的恶意之手,获得社会合法性,爱迪生设计了有效的创业合法化战略。首先,他努力争取当时华尔街大财团的支持,包括照明系统试点所在的德瑞赛尔·摩根公司,还有富可敌国的威廉·范德比尔特——当时美国最大的煤气类股票的所有者。其次,爱迪生匠心独运的"坚实设计"(robust design)。在设计电力照明系统时,他尽量采用既有的煤气系统的设计元素,使他的电力系统易于被大众理解与接受,同时也保持了新的电力系统在技术上的优越性与发展潜力。他非常谨慎地隐藏这些先进的技术元素,努力地把电力系统展示成一种与当时的煤气系统相似的照明系统。第一,他采用中央集中供电设计。虽然铺设地下电缆使得集中供电远比独立的供电系统更昂贵且技术上更不成熟,但集中供电照明向大众展示了一种他们所熟悉的照明系统。第二,虽然电灯的安全性、耐久性,灯光的清晰度、稳定性都比旧的煤气灯好,但他决定使用与昏黄煤气灯差不多一样亮度的灯泡。第三,虽然面临大量电力损耗,但是爱迪生坚持把电线埋在地下,而不是像电话线或电弧灯线一样架在空中。第四,坚持像煤气公司一样,通过按时读表收费,而不是按灯泡个数收费。以上策略有效瓦解了来自政府、公众和竞争者所构成的"恶意"力量,确保了自身的创业成功。

2. 技术创业者所面临的社会合法性力量

从爱迪生的案例,我们可以得到的启示是:企业家在开展技术创新(主要是突破性技术创新)和先动性创业活动时,不仅要追求技术的先进性,还要充分考虑规制性制度阻力、规范性制度阻力和认知性制度阻力,甚至还需要考虑企业内部制度阻力,设计相应的合法化战略,在产品设计、营销推广、社会网络构建等方面做好有效应对,为获取新产品的合法性提供强有力的保障。

社会合法性是指人们在社会结构体系内的规范、价值观、信仰和定义的框架下,对实体活动的适当性、恰当性和合意性的一般性感知或假设,具体包括规制合法性、规范合法性和认知合法性(Suchman,1955)。规制合法性源于政府部门、认证机构、专业组织甚至权力机构制定的具有强制性特征的规章机制、标准。规范合法性源于社会价值观和道德规范,其反映的是社会公众对组织及其行为的一种道德评价。细化地说,就是社会公众对组织的产品、技术流程、组织结构和组织中关键个人的行为是否符合公众的共同价值观和道德规范的评价。认知合法性源于对有关事物或者活动的知识传播。组织行为"可被理解和接受"的程度往往取决于其所处的文化模式,如果组织的行为符合现有的文化模式,则组织的行为将是具有可预见行动的,有意义的和诱人的;但如果缺少这种文化模式,组织的行为可能会因为公众的误解和忽视,而一无是处(Suchman,1995)。

对于社会合法性,组织管理者可以设计相应的组织合法性获取战略,来主动地适应环境、选择环境和操纵环境。Suchman(1995)指出组织获取合法性有两种基础方式:第一,改变自己,如创立一个新企业、新的管理团队或新的商业模式;第二,改变环境及环境中的其他组织,如利用广告、社会公关等改变政府的规制条文。并进一步提出了三种具体的合法性获取战略:适应性战略、选择性战略及操纵性战略。

这对"浙商"创业有丰富的启发价值。"浙商"是富有创业精神和创业能力的群体。他们通过先动性创业和跟随性创业使政府、行业组织和社会公众逐渐理解、接受企业所研发的新产品、新服务和新的商业模式。

在创业过程中,尤其是先动性创业过程中,"浙商"为了获取合法性,会面临外部制度性约束和/或内部制度性约束。因此,"浙商"为了打破这些制度性创业约束,获得组织合法性,就必须基于企业家的社会技能,设计并贯彻合理的合法化战略。

3. "浙商"成功案例:倪捷和绿源电动车

中国电动车行业的迅速发展给城市交通带来了极大的压力,这种压力引出了限制电动车发展的两方面制度约束:一方面来自部分城市的政府管理部门,对电动车生产、销售、行驶的管理制度的不健全使很多城市的政府管理部门采取禁售、禁行的方式来严格控制电动车发展;另一方面来自行业协会通过限制性标准对产业发展起到的制度性约束。这两种制度约束可以归结为行业的制度环境尚不完善和制度制定者采取的限制性政策导致对行业发展的阻碍作用,这也是合法性理论中的产业"新生缺陷"的主要来源。为应对政府部门的限制性政策和行业协会即将出台的限制性行业标准,争取电动车行业生存和发展的合法性,绿源集团开展了如下合法性活动。

第一,游说沟通——对于各大城市对电动车的禁售、禁行政策,倪捷采取多种不同的方式据理力争。针对北京的情况,倪捷写了一篇"电动自行车可封杀不可骂杀"的万言文章,还向当时的北京市主要领导写长信陈情。福州禁售事件发生后,倪捷联合业内126家企业声援,奔赴福州,与当地工商局对簿公堂。2005年12月初,海南省举行《海南省电动自行车登记管理规定》立法听证会,倪捷以一名业内人士的身份批驳当地政府限制电动车的理由。

第二,行业活动——对于即将颁布的对电动车规格严格限制的行业标准,倪捷组织了110多家电动自行车企业,联名向国家标准化管理委员会提出书面申请,质疑由中自协提出的这一强制性标准,要求暂缓公布。

领衔撰写"两轮电动车交通安全研究报告",用数据说话,从理论上为电动车的发展提供了科学解释。

第三,舆论造势——倪捷不失时机地提出了对电动车标准的看法,并通过新闻媒体引发社会讨论,影响政府决策,为电动车发展创造良好的制度环境。倪捷的防御型合法化战略,一方面防止了政府管理部门的限制政策的蔓延,另一方面推迟了不利行业标准的出台,促使剥夺电动车发展合法性的制度框架难以形成,为电动车行业赢得了宝贵的发展时间。需要指出的是,倪捷之所以会扮演中国电动车行业的制度创业者角色,一个重要原因是企业家价值观这个影响企业家制度能力强度的内部因素。笔者在实地调研绿源集团后发现,倪捷董事长之所以被电动自行车界誉为"维权斗士",和他"穷则独善其身,达则兼济天下"的价值观有密切联系。他的下属评价他"爱管闲事,好为人师"。当然,这里的"闲事"是指不关绿源自身利益但和电动车行业发展有关的事。

4. 小结

对于正处在制度变迁和转型升级情境中的中国企业家来说,技术能力已经成为创业的必备条件,但是其技术能力的价值发挥必须由企业家的社会技能来保驾护航,才能有效克服先动创业者所面临的社会合法性窘境。创业企业家必须充分考虑规制性制度阻力、规范性制度阻力和认知性制度阻力,甚至还需要考虑企业内部制度阻力,设计相应的合法化战略,在产品设计、营销推广、社会网络构建等方面做好有效应对,为获取新产品的合法性提供强有力的保障。

资料来源:浙商管理评论。

延伸阅读

[1] 伊查克·爱迪思. 企业生命周期理论[M]. 赵睿,译. 北京:华夏出版社,2004.
[2] 格雷纳. 组织成长过程中的演进与革命[J]. 哈佛商业评论(中文版),2005(4).
[3] 查尔斯·汉迪. 觉醒的年代[M]. 周旭华,译. 北京:中国人民大学出版社,2007.
[4] 阿里·德赫斯. 长寿公司[M]. 王晓霞,刘昊,译. 北京:经济日报出版社,1998.

第9章 CHAPTER9

领　　导

管理箴言

我们不能管理变革，只能领导变革；在 21 世纪，管理最大的挑战是使组织成为变革的领导者。

——彼得·德鲁克

本章要点

- 领导与领导者的定义。
- 管理与领导的关系。
- 领导的素质。
- 领导的影响力。
- 领导行为。
- 领导艺术。

引例

华为任正非

华为于 1987 年成立于深圳，经过 30 年的发展，从一个默默无闻的小公司发展成一家业务遍及全球 170 多个国家和地区的全球化公司。它的缔造者就是任正非。

业内公认，任正非对企业管理的创新，对市场战略的把握，对智力价值的承认都堪称开创了中国民营企业的先河。任正非在起步之初依靠"农村包围城市"的策略，从一些偏远的城镇电信局突破，迅速抢去了一块大公司还没有来得及顾及的"蛋糕"。此外，还有他的狼狈策略以及摸索出的一套适合自身发展的企业经营机制，包括利益驱动机制、权力驱动机制、成就驱动机制、理想追求与价值驱动机制，使得华为逐渐做大。

这一切，对于企业管理来说均具有极强的可参考性。"华为基本法"被认为是改革开放以来，中国企业制定的第一部企业管理大纲。"华为基本法"确定了两条十分惊世骇俗的原则：一是实行员工持股制度，作为企业的创始人，任正非大量稀释自己所拥有的股份。据他自己透露，"我在公司中占的股份微乎其微，只有1%左右"。二是在技术开发上近乎偏执地持续投入，任正非坚持将每年销售收入的10%用于科研开发，这在中国著名企业中是一个无人可及、无人敢及的高比例。

正是这些原则使默默无闻的华为蜕变成一家前程远大的中国公司。思科CEO钱伯斯在中国直言不讳地表示，华为将是思科全球性的噩梦。从2004年与思科的庭外和解到发展成全球第二大电信设备商，华为早已成为中国高科技企业的代表，任正非也登上了美国《时代》杂志。

毫无疑问，领导对组织具有极大的实际意义。是什么造就了一个杰出的领导？有效的领导特征是什么？不同行业的各个层次的经理人对这个话题都感兴趣。对这个问题的回答将有助于改进组织绩效和获得个人的事业成功。本章将先从领导的定义和特征出发，探讨领导是什么，领导是如何影响下属的；然后，通过对当代一些重要的领导理论的介绍，探讨影响领导行为有效性的因素及其相应的影响。

9.1 领导与领导者

9.1.1 领导与领导者的定义

关于领导的定义，不同学者从不同的角度给出了不同的看法。

- 孔茨认为，"领导是一门促使其部属充满信心、满怀热情来完成他们的任务的艺术"。
- 泰瑞（G. R. Terry）认为，"领导是影响人们自动为达成群体目标而努力的一种行为"。
- 肯尼斯·布兰佳（Kenneth Blanchard）则认为，"领导是一种过程，使人得以在选择目标及达成目标上接受指挥、引导和影响"。
- 戈特利布·冈特恩（Gottlieb Guntern）认为，"领导是人际关系的一种特殊过程，其参与者扮演着基本上是等价的，互补的角色，他们为了非凡的表现而获得灵感和动机"。

综合上述学者的定义，我们认为：领导是引导和影响个人或组织在一定的条件下，去跟随实现组织目标的行动过程。它包含以下几层意思。

（1）领导是一个动态过程。领导的有效性（E）取决于领导者个人（L）素质、能力与被领导者（F）、环境（S）三者的相互作用的函数关系，即 $E = f(L, F, S)$。

（2）领导是在"指引"和"影响"的概念上衍生出来的。"影响"代替"指挥""控制"，则表明领导的艺术性。

（3）"跟随"是指被领导者与领导者相互理解两者合为一体、发自内心主动为领导者着想的行为。

（4）领导是与实现某种目标相联系的。因此，领导的目的是实现组织的目标。

领导者则指担任领导责任、负责实施这种过程的个人或群体。

（1）权力是领导者的基本特征。一个领导者如果没有相应的权力，就无法去影响、号召别人，因此，领导者是一个权力者。

（2）领导者是责任的承担者。对领导者来说责任和权力两者互成正比，权力越大，其责任也越大；反之，权力越小，甚至无权力，他对工作的责任也越小或者随之消失。因此可以认为责任是领导者的真正象征。

（3）领导者是一个创新者。我们正处于一个千变万化的竞争时代，任何一个企业或组织若要适应时代的发展，永远立于不败之地，就必须走创新之路。因此，创新应该是领导干部一个永恒的主题。

9.1.2 领导与管理的差别

领导与管理密切相关，许多时候人们把二者混在一起，认为管理者就是领导者，领导过程就是管理过程。其实，他们之间的功能和作用还是有明显区别的。

第一，管理的职能比领导广泛。领导是管理的一个方面，属于管理活动的范畴，但是除了领导，管理还有其他内容，如计划、组织和控制。

第二，管理的对象是人、财、物、信息等，而领导的对象是人，主要是通过对他人施加影响，使之致力于实现预期目标的活动的过程。

第三，领导是一种变革的力量，而管理则是一种程序化的工作。

第四，管理的权力建立在合法性权力和强制性权力的基础上，而领导的权力既可以建立在合法的、强制性的权力基础上，也可以建立在个人的影响力和参照权力等基础上。

管理和领导虽定义不同，但显然有诸多相似之处。两者都涉及对事情做出决定，建立一个能完成某项计划的人际关系网络，并尽力保证任务得以完成。但两者有着不同的作用。科特从管理和领导五个方面的差别，完成了对于领导与管理概念的再认识，如表9-1所示。

表 9-1 管理与领导的差别

阶段	管理	领导
制定议程	制订计划、编制预算，具体说就是编制为实现目标而采取的具体步骤和行动安排，并且对实行计划过程中所需要的物资进行安排	为确定组织未来发展的方向，考虑组织发展的长远目标，对未来进行规划，制定宏观的战略，并为将来可能出现的风险设计变革战略
发展完成计划所需的人力网络	为企业组织和配备人员，即根据具体计划的要求建立组织机构，配备人员时要注意专业分工，给予他们完成任务所需的相应权力，并承担与此相符的责任，通过一定的规则制定和政策引导来保证计划的实施，建立一定的监督系统来监督计划的执行	联合群众，具体来说就是将已经确定的组织发展方向传达给广大员工，争取有关人员的支持与合作，并以此来形成影响力，使达成共同愿景、接受组织目标和战略的人们形成联盟
执行计划	侧重于控制、解决问题，一旦发现偏差，立刻组织人员予以纠正，实行严格的监督，保证计划的完成	领导在这一过程中侧重于激励和鼓舞，具体而言就是对人们没有得到满足的基本需求予以满足，鼓舞和激励人们，尤其是在面临变革过程中的各种障碍时，能够保持士气，坚持不懈
实施结果	管理在一定程度上实现了预期计划，实现计划的过程中组织秩序得以维持，并且能够持续发展	通常引起变革，常常还是剧烈变革，在变革中形成巨大的发展潜力，能够很快地适应新变化、新要求，随时形成新的竞争力

领导者不一定是管理者，管理者也不一定是领导者。两者可以合二为一，也可以相互分离。领导从根本上讲是一种影响力，一种追随关系。人们往往追随那些他们认为可以提供满足自身需要的人，正是人们愿意追随他，才使他成为领导者。因此，领导者既存在于正式

组织中，也存在于非正式组织中。管理者是组织中有一定职位并负有责任的人，他存在于正式组织中。有的管理者可以运用职权迫使人们去从事某项工作，但不能影响他们去工作，那么这个管理者并不是领导者；有的人并没有正式职权，却能以个人的影响力去影响他人，那么他是一位领导者。为了是组织更加有效，应该选取领导者来从事管理工作，也应该把每个管理者培养成好的领导者。

9.1.3 领导的影响力

领导是领导者影响人们的行为去实现目标的过程，所谓领导者的影响力是指领导者影响下属的知觉、信念、态度和行为的能力。除非具备影响力，否则谈不上真正的领导。

专栏 9-1
2009 年《福布斯》发布的最受国际尊敬的中国企业家

（1）华为技术有限公司总裁任正非。
（2）腾讯公司总裁兼首席执行官马化腾与李宁体育用品有限公司董事长李宁（并列第二）。
（3）网易创始人兼首席架构师丁磊。
（4）比亚迪股份有限公司董事局主席兼总裁、比亚迪电子（国际）有限公司主席王传福。
（5）百度公司创始人、董事长兼首席执行官李彦宏。
（6）联想控股有限公司董事长、联想集团有限公司董事局主席柳传志。
（7）无锡尚德电力控股有限公司董事长兼首席执行官施正荣。
（8）海尔集团董事局主席兼首席执行官张瑞敏。

1. 领导影响力的来源

影响力有两个基本来源：职位权力和个人的威信。职位权力是伴随工作岗位的正常权力，是领导者在组织中实施领导行为的基础，没有这种权力，管理者就难以有效地影响所有下属，从而实施真正的领导。威信是指领导者的能力、知识、品德和作风等个人因素所产生的影响力，这种影响力是与特定的个人相联系的，与在组织中的职位没有必然的联系，往往建立在下属信服的基础上，因此，有时也能发挥比正式职权更大的作用。

（1）领导者的职位权力。它主要有合法性权力、奖励性权力、强制性权力。

合法性权力是来自组织层级的权力，由组织根据具体的职位定义，管理者有权安排下级工作，拒绝安排的下属可能受到惩罚，甚至被解雇。这样的后果就是源于组织向管理者授予的合法性权力。所有管理者对自己的下属都拥有合法性权力。不过，仅仅拥有合法性权力并不意味着就是领导者。有的下属只遵从严格符合组织规定和政策的命令，如果要求他们做工作之外的事情，他们会拒绝或不好好做。这类员工的管理者就是运用合法性权力。

奖励性权力是给予和撤销奖励的权力。管理者控制的奖励包括加薪、推荐升职、表扬认可和灵活的工作安排。一般说来，管理者控制的奖励数额越大、越重要，其奖励性权力就越大。

强制性权力是最为普遍存在的权力形式，它是指甲要求乙做某事，乙因受到甲的威胁，虽然不愿做但不得不去做。在强制性权力中，"可信性"是至关重要的。强制性的威胁一旦发出，一定要让受威胁方感到这种威胁是可行的，是实际存在的。威胁只是使强制力成为一种有效的目标或对行动的遏制，是权力得以生效的保障，这种保障机制只是不得已的最后手段。

（2）个人的威信。它包括两方面的内容，即专家性权力和参照性权力。

专家性权力是以信息与专长为基础的权力。一个有才干的领导者会给事业带来成功，从而使他人对他产生敬佩感，自觉地接受他的影响。知道如何同一位偏执而重要的顾客打交道的经理，能够做出别的公司想象不到的重大突破的研发人员，这些都是拥有专家性权力的例子。信息越重要，掌握的人越少，专家性权力就越大。

参照性权力是以身份、模仿、忠诚或魅力为基础的，一个拥有优良的领导作风、思想水平、品德修养、资历和群体成员良好关系的领导者往往会得到下属的认同，从而往往对下属产生较大的影响力。具有优秀品格的领导者，下属往往会对其产生敬爱感，而且往往会促使人去模仿。反之，倘若品格上出了问题，那他的影响力就会大打折扣，甚至荡然无存。因此，参照性权力是指拥有理想的资源或个人特质的领导者得到了下属的认同而形成的影响力。参照性权力是由于对他人的崇拜以及希望自己成为那样的人而产生的。从某种意义上来说，这也是一种超凡的魅力。如果景仰一个人到了要模仿他的行为和态度的地步，那么这个人对你就拥有了参照性权力。

专栏 9-2

权力基础的测定

一个人具备一种还是多种权力的基础？对下列问题的确定性反应就可以回答这个问题。

- 这个人可以为难他人，你总是避免惹他生气。（强制性权力）
- 这个人能给他人以特殊的利益或奖赏，你知道与他关系密切是大有益处的。（奖赏性权力）
- 这个人掌握支配你的职位和责任的权力，期望你服从法规的要求。（法定性权力）
- 这个人的知识和经验能使你尊重他，在一些问题上你会服从于他的判断。（专家性权力）
- 你喜欢这个人，并乐意为他做事。（参照性权力）

2. 组织中权力的运用

加里·尤克尔（Gary Yukl）认为，任何一种权力基础的领导者都可能会遇到三种反应：承诺、服从和抵抗。承诺行为往往发生在下属接受和认同领导者的时候。承诺的员工就会像领导者一样努力完成工作项目，即使加班也不在乎。服从是指下属为了避免惩罚或得到相应的奖励而愿意接受领导者的意愿。抵抗是指下属拒绝或对抗领导者的意愿。例如，员工因为讨厌一位领导者，拒绝参加这位领导者要求其参加的活动。表 9-2 说明了领导者试图运用权力时出现的结果。

表 9-2　权力的运用与结果

领导者影响力的来源	结果的类型		
	承诺	服从	抵抗
参照性权力	很可能。如果下属认为这一要求对领导者很重要	可能。如果下属认为这一要求对领导者不重要	可能。如果下属认为这一要求可能伤害领导者
专家性权力	很可能。如果要求很强烈并且下属认同领导者的目标	可能。如果要求很强烈但下属对领导者的目标缺乏兴趣	可能。如果领导者的行为令人不快，或下属反对领导者的目标
合法性权力	可能。如果要求合理并且态度宜人	很可能。如果要求或命令是合法的	可能。如果要求令人不快或不适当
奖励性权力	可能。如果运用方式隐晦并且个人化	很可能。如果运用方式机械和非个人化	可能。如果表现出操纵或令人不快的特点
强制性权力	可能很少	可能。如果表现为帮助性和非惩罚性	很可能。如果表现出敌意或操纵

资料来源：里基 W 格里芬，等. 组织行为学［M］. 刘伟，译. 北京：中国市场出版社，2010.

上述这些结果取决于形成权力的基础、权力基础的运作和下属的个人特性。

在管理中，有效地运用各种权力，尽可能争取下属的承诺，或至少争取到下属的服从，减少抵抗显得极为重要。管理者或领导者如何运用权力？一种方法是合法要求，这是以合法性权力为基础的。管理者要求下属服从，因为下属认识到组织授予管理者提出要求的权力。管理者和下属日常的大多数接触属于这一类型。另一种运用权力的方式是工具性的服从，它以激励的强化理论为基础。还有一种运用权力的方式是个人的认同。管理者认识到他对下属拥有参考权力，他通过自己的示范来影响下属。也就是说，管理者有意识地成为下属的模范，利用个人认同的力量。例如，为了强化参照性权力，领导者可以挑选背景与自己相似的员工，或者通过榜样行为的方法，即领导者表现出他希望下属表现的行为，这样，由于下属看到和认同领导者的参考权力，他们就会仿效领导者的行为。最后一种是鼓舞性的要求，管理者要求员工实现一组高的目标或价值。参考权力在很大程度上决定了鼓舞性的要求能否成功，因为它的效果至少部分取决于领导者的说服能力。

9.1.4　领导的素质

专栏 9-3

泰德·特纳

泰德·特纳（Ted Turner）桌上有一句座右铭："要么服从，要么领导，别无他途。"特纳选择了领导，他把一生的精力投入一次又一次的冒险中，在所有的权威都认为他必败无疑的时候，他却取得了一个又一个的成功。

1963 年，特纳 24 岁的时候，开始经营一家濒临倒闭的广告牌企业，短短几年，他就使企业有了转机。随后，他购买了亚特兰大的一家独立的小型电视台，取名为超级电视台，他把最新的卫星转播技术与尚未开发的有线电视市场相结合，从而使超级电视台获得了极大的成功。1981年，特纳认定 24 小时的新闻直播必有市场，创立了有线电视新闻网，取得了难以置信的效益。

作为企业的领导人，特纳无疑是成功的，他具有一般常人所不具有的冒险和果断个性，以及能发现别人看不到的机遇和大胆追求成功的能力，这是他取得成功的原因之所在。

1. 领导特质理论

一个有效的领导人应具备哪些条件或素质？古今中外的许多学者对此进行了大量的研究，他们认为，只要找出成功领导人应具备的特征，再考察某个组织中的领导者是否具备这些特征，就能断定他是不是一个优秀的领导人。管理学上把有关这方面的研究成果称为领导特质理论。

作者视频讲解
请扫二维码

领导特质理论认为，个人品质或特征是决定领导效果的关键因素。根据对这些品质和特征的来源所做的不同解释，可分为传统特质理论和现代特质理论。

传统特质理论认为领导者所具有的特质是天生的，由遗传因素所决定。有代表性的主要观点有斯托格迪尔（R. M. Stogdill）的观点和吉伯（C. A. Gibb）的七项天生品质论。斯托格迪尔将领导者应具备的素质归为六大类：①身体特征，包括身高、体重、外貌等；②智力特征，包括判断力、果断性、口才流利、知识广博等。③社会背景特征，包括社会经济地位、学历等。④个性特征，如自信、机灵、正直、情绪均衡稳定、独立性、进取性、民主作风等。⑤与工作有关的特性，如高成就需要、愿承担责任、工作主动、创新能力等。⑥社交方面的特征，如合作精神、正直、诚实、善交际等。

美国心理学家吉伯的研究报告指出，天才的领导者应具备以下七项天生的品质特征：①善言辞；②外表英俊潇洒；③智力过人；④具有自信心；⑤心理健康；⑥有支配他人的倾向；⑦外向而敏锐。

然而，随着研究的深入和实践的反馈，传统特质理论受到了各方面的异议，归纳起来，主要反映在三个方面：① 1940 ~ 1947 年进行的 124 项研究所得出的天才领导者的个人特质众说纷纭，各特质之间的相关性不大，有的甚至相互矛盾。②进一步的研究发现，领导者与被领导者、卓有成效的领导者与平庸的领导者有量的差别，但并不存在质的差异。③许多被认为具有天才领导者特质的人并没有成为领导者。

区别于传统的领导特质理论，现代特质理论认为：作为领导人，应具备相应的特质，但这些特质可以通过后天的训练加以形成。在这方面，具有代表性的观点有以下几种。

日本企业对领导者的要求。日本企业要求领导者应该具有如下十项品德和十项能力。十项品德为：使命感、责任感、信赖感、诚实、忍耐、积极性、进取心、公平、热情和勇气。十项能力为：思维决策能力、规划能力、判断能力、创造能力、洞察能力、劝说能力、理解人的能力、解决问题的能力、培养下级的能力、调动积极性的能力。

美国企业界则认为，一个合格的企业家应该具备合作精神、决策能力、组织能力、精于授权、善于应变、勇于负责、敢于创新、敢担风险、尊重他人和品德高尚十项条件。

20 世纪 70 年代美国哈佛大学约翰·科特教授进行了领导者素质的研究，他在对多家企业的经理进行调查之后认为，一个领导者应该具备以下六个方面的素质。

（1）行业知识和企业知识。行业知识主要包括：市场情况、竞争情况、产品情况和技术状况。企业知识主要包括领导者是谁，他们成功的主要原因是什么，公司的文化渊源，公司的历史和现在的制度。

（2）在公司和行业中拥有人际关系。这个人际关系首先要广泛，在企业活动涉及的各个领域拥有广泛的人际关系，越广越好。同时，必须是稳定的，不是短期的而是长期的，不是一次性的而是可以反复合作的。

（3）信誉和工作记录。一个好的领导者必须有良好的职业信誉，有良好的工作记录。所以在探讨职业经理人的从业风险时，投资家会说，我把资金交给职业经理人，那么他干得不好我的投资就没有了，所以我担的风险很大。但是理论家说，职业经理人所担的风险其实更大，因为作为投资家，这笔投资失败了他还可以去进行其他投资，在这里损失了，在别处可以找回来。但作为职业经理人，如果他把这个公司做垮了，这项事业做失败了，那么他的信誉就会受影响，这个很差的工作记录永远无法抹去，这对他以后的整个事业道路和人生发展都会产生不良影响，所以投资家是拿着自己财产中的一部分来冒可逆的风险，而职业经理人是拿着自己的整个职业生涯和自己的人生发展来做赌注。

（4）基本技能。基本技能包括社会技能、概念技能和专业技能。概念技能主要指分析判断全局的能力和进行战略规划的能力，要求有敏捷的思路、强大的抽象思维做支撑。

（5）要拥有个人价值观。这个价值观最基本的两条是：要有积极的行为准则；要保持客观公正的评价态度。

（6）要拥有进取精神。具体来讲就是建立在自信基础上的成就和权力动机，并且保持充沛的精力，能够全身心地投入工作。

另外的管理学家和领导学家仍然认为，一系列素质特征事实上的确使我们能区分领导者与被领导者、有效的领导者与无效或低效的领导者。领导者应具有以下素质特征：进取心、领导意愿、正直与诚实、自信、智慧及与工作相关的知识。另外，还有研究表明，个体是否是高自我监控者，也是一项重要素质特征。高自我监控者比低自我监控者更易于成为组织中的领导者。

2. 领导者素质的评价

选择领导者要有一定的标准，培养领导者要有明确的目标，考核领导者要有科学的指标。有关领导者素质方面的研究为此提供了相应的依据。

领导者素质是一种非常复杂和涉及面很广的综合能力，它包括一个人的个性、动机和能力，也包括一个人的品格、价值观和许多微妙的、难以言表的特质。首先，它是在先天禀赋的生理和心理基础上，经过后天的学习和实践锻炼而形成的。领导者通过自身努力可以提高自身素质，进而提高领导绩效。其次，不同的国情特点和背景条件决定了对合格领导者的要求和标准也不一样。如对处于不同层级、肩负不同责任的领导者，素质要求也是不同的。如美国学者罗伯特·卡茨（Robert Katz）认为领导者必备三种技能：技术技能（专业业务能力）、人际技能（处理人际关系能力）、概念技能（分析和决策能力）。如果把领导者分为低、中、高三个层次，那么三种技能的结构比例依次为：低阶层——47∶35∶18，中阶层——27∶42∶31，高阶层——18∶35∶47。公共行政领导者一步步向上升迁时，他对技术技能的需求将会逐渐降低，而对概念技能的需求程度将会急剧上升。一位高阶层的公共行政领导者若想发挥最高的效能，就必须具备良好的概念技能。此外，有一个方法论问题值得注意，即不能局限于领导者本身来研究领导者素质，必须把领导者与被领导者联系在一起，领导者的素质才能被理解，也才有意义。

9.2　领导行为

20世纪40年代末至60年代，研究者开始把眼光转向具体的领导者表现出的行为上，他们想了解有效的领导者在行为上的独特之处。在大量研究的基础上形成理论，这个理论认为，任何采取了恰当行为的个人都可以成为好领导，有代表性的有勒温的领导行为理论、四分图理论和管理方格图理论等。

作者视频讲解
请扫二维码

9.2.1 勒温领导行为理论

关于领导行为的研究最早是由心理学家勒温进行的,他以权力定位为基本变量,通过试验研究不同的工作作风对下属群体行为的影响,认为存在三种极端的领导行为:专制行为、民主行为、放任行为。

(1)专制行为。专制行为指领导者以力服人,主要依职位权力和强制命令让人服从,权力定位于领导者个人。其特点如下。

- 独断专行:从不考虑别人的意见,所有决策都由领导者自己决定。
- 从不把任何消息告诉下级,下级没有任何参与决策的机会,只能察言观色,奉命行事。
- 主要依靠命令、纪律约束、训斥、惩罚手段,只有偶尔的奖励。
- 领导者预先安排一切工作的程序和方法,下级只能服从。
- 领导者很少参加群体的社会活动,与下级保持相当的心理距离。

(2)民主行为。领导者以理服人,以身作则,使每个人做出自觉的、有计划的努力,各施其长,各尽所能,分工合作。权力定位于群体。其主要行为特点如下。

- 所有政策都是在领导者的鼓励和协作下由群体讨论而决定,而不是由领导者单独决定的,政策是领导者和其下级共同智慧的结晶。
- 分配工作时尽量考虑到个人的能力、兴趣和爱好。
- 对下属的工作,不安排得很具体。个人有相当大的工作自由,较多的选择性和灵活性。
- 主要依靠个人权力和威信,而不是靠职位权力和命令使人服从。谈话时多使用商量、建议和请求的口气,下命令仅占5%左右。
- 领导者积极参加团体活动,与下级心理距离近。

(3)放任行为。领导者对下级的做法不干涉,完全放任。权力定位于群体中的每一个人。

勒温在试验中发现,在专制型的组织中,成员的攻击性言论很多,而在民主型的组织中彼此比较友好;在专制型的组织中,成员对领导者服从,但表现自我、引人注目的行为多,民主型组织中以工作为中心的接触多;专制型组织中成员多以自我为中心,民主型组织中"我"字使用较少且具有"我们"的感觉;当遇到挫折时,专制型组织的成员彼此推卸责任或进行人身攻击,民主型组织的成员则团结一致,试图决问题;在领导者不在场时,专制型组织的工作动机大为降低,也无人出来组织工作,民主型组织则如领导者在场时一样继续工作;专制型组织的成员对组织活动没有满意感,民主型组织的成员则对组织活动有较高的满意感。

勒温根据试验认为放任行为效率最低,只达到社交目标,而完不成工作目标;放任行为的领导由于强调活动自由,很少约束。专制行为的领导虽然通过严格管理达到了工作目标,但群体成员没有责任感、情绪消极、士气低落、争吵较多;专制行为的领导由于压制工作人员的积极性,群体内部没有活力,组织目标往往难以实现。民主行为的领导工作效率最高,不但完成工作目标,而且群体成员关系融洽,工作主动积极,有创造性。

领导方式的这三种基本类型各具特色,也适用于不同的环境。领导者要根据所处的管理层次，所担负的工作性质和下属的特点，在不同时空下处理不同的问题，选择合适的领导方式。

9.2.2 领导行为四分图理论

对领导行为研究最多的是从 20 世纪 40 年代末期开始的，在俄亥俄州立大学进行的领导研究。他们收集了大量对领导行为的描述，列出了 1 000 多个因素，最后归纳出两种基本的领导行为或风格：结构维度和关怀维度（见图 9-1）。

结构维度：指的是领导者更愿意界定和建构自己和下属的角色，以达成组织的目标。它包括设立工作、工作关系和目标行为。高结构特点的领导者向小组成员分派具体工作，要求成员保持一定的绩效标准，并强调工作的最后期限。

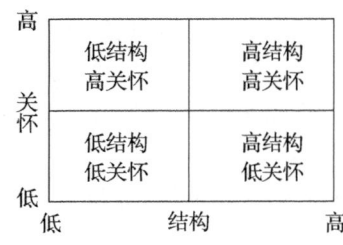

图 9-1 领导行为四分图

关怀维度：指注重建立领导者与被领导者之间的友谊、尊重与信任的关系，包括尊重下属的意见，给下属更多的自主权，体察他们的思想感情，帮助下属解决个人问题，友善、平易近人，公平对待下属等。

研究表明，结构维度和关怀维度均高的领导者常常比其他三种类型的领导者（低结构、低关怀和两者均低）更能使下属取得高的工作绩效和高的满意度。但是，双高风格的领导者并非总能产生积极的效果，如当工人从事常规任务时，高结构的领导行为会导致投诉率高、缺勤率高和流动率高，员工的满意度也很低，此外还会发现，领导者的直接主管对其进行绩效评估的时候，常常与高关怀度呈负相关。总之，俄亥俄州立大学的研究表明，一般来说，高结构、高关怀的领导风格能产生积极效果，但同时也有足够的特例表明这一理论还需要考虑情境因素。

9.2.3 管理方格图理论

得克萨斯州的罗伯特·布莱克和简·莫顿在俄亥俄州立大学和密歇根大学研究的基础上提出了管理方格理论。他们设计了一个巧妙的方格图，清楚地表达了主管人员对人和生产的关心程度（见图 9-2）。图中的横坐标表示领导者对生产的关心，纵坐标表示领导者对人的关心。每个坐标分为从 1 到 9 的 9 个小方格。他们采用二维构面的方式来说明领导行为，并以坐标方式表述。上述二维构面共有 81 种组合方式。

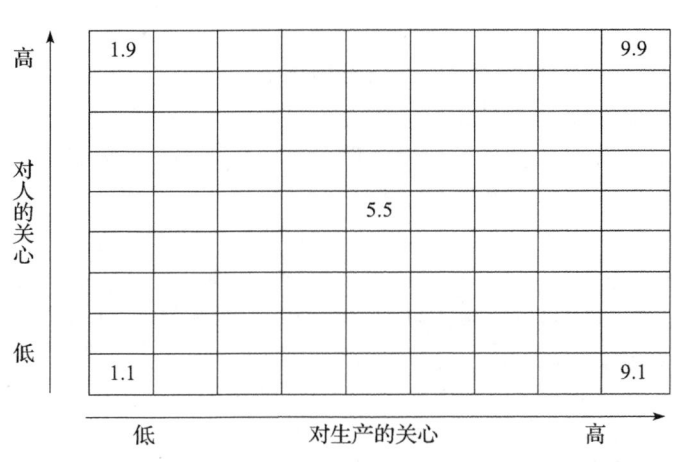

图 9-2 管理方格图

在管理方格图中，五种典型的领导方式如下。

1.1 型，贫乏型管理。对必需的工作付出最少的努力，对员工的关心也在最低的程度上。

1.9 型，乡村俱乐部型管理。对员工的需要关怀备至，创造了一种舒适、友好的氛围和工作环境，对指挥、监督、规章制度等重视不够。

9.1 型，任务型管理。重点放在对工作和作业的要求上，不太注意人的因素，管理人员的权力很大，负责计划、指挥、控制下属的活动，以便实现企业的生产目标。

5.5 型，中间型管理。既不过于偏重人的因素，又不过于偏重生产的因素，在二者之间保持平衡，这种管理方式缺乏创新精神，员工的创造性得不到充分发挥。

9.9 型，团队型管理。这种管理方式将组织的目标和个人的需要最有效地结合起来，它创造出工作环境使员工了解问题，关心工作成果。当员工了解了组织的目的，并认真关心成果时，他们会自我选择，自我控制，而无须用命令式对他们进行指挥和控制。一般情况下，这种管理是效率最高的。领导者可以根据管理方格理论确定自己的领导风格并根据组织的内外部情况把自己改造成 9.9 型的。

管理方格提供了评估领导风格以及培训领导者转向理想行为风格的方法。布莱克和莫顿认为，作为领导者，应该客观地分析组织内外的各种情况，把自己的领导方式改造成 9.9 型的，以求得最高效率。

专栏 9-4

五个阶段的培训

根据自己从事组织开发的经验，布莱克和莫顿总结出向 9.9 型管理方式发展的五个阶段的培训。

阶段 1：组织的每个人都卷入方格学习，并用它来评价自己的管理风格。

阶段 2：进行班组建设，以健全的协作文化取代陈旧的传统、先例和过去的实践，建立优秀的目标，增强个人在职位行为中的客观性等。

阶段 3：群体间关系的开发，利用一种系统性的构架来分析群体间的协调问题，恰当地利用好群体间的对抗，以从中发现组织中存在的管理问题，利用这种有控制的对抗和识别为建立一体化所必须解决的症结问题，为使各单元之间的合作关系不断改善做下一次实施计划。

阶段 4：设计理想的战略组织模型，要明确确定最低限度的和最优化的公司财务目标，在公司未来要进行的经营活动、要打入的市场范围和特征、要怎样创造一个具有协力效果的组织结构、决策基本政策和开发的目标等方面有明确的描述，以此作为公司的基本纲领，作为日常运作的基础。

阶段 5：贯彻开发。研究现有组织，找出目前营运方法与按理想战略模型的差距，明确企业应该在哪些方面进行改进，设计出如何改进的目标模式，在向理想模型转变的同时使企业正常运转。布莱克和莫顿认为，通过这样的努力，就可以使企业逐步改进现有管理模式中的缺点，逐步进步到 9.9 型的管理定向模式上。

如果领导的行为观点获得成功，它所带来的实际意义与特质论截然不同。特质论研究为组织和群体的领导岗位选拔提供了一个"正确"的人员基础；行为研究找到了领导方面的关键决定因素，存在可以识别领导者的具体行为。行为与特质相比更容易学习，我们就可以教他人如何成为一名领导者——我们可以设计一些方案，为那些渴望成为成功领导者的个体灌输这些行为模式。显然，这种思路更令人兴奋，它意味着领导者的队伍可以不断壮大。只要经过恰当培训，我们就可以拥有众多有效的领导者。

9.3 领导艺术

不管是特质理论还是行为理论，都忽视了对在领导活动中，影响领导活动所处情境因素的考虑。不同的领导情境对领导特质和行为是有不同要求的。在实际工作中，常常可以见到，同样是成功的领导者却性格迥异，同一个领导风格在甲组织中行之有效，到了乙组织却无能为力。因此，对领导者素质和领导行为的研究有时都无法说明其与领导有效性之间的关系。

作者视频讲解
请扫二维码

领导科学中的思想、原则和方法、方式都是一般原理，各单位的具体环境和条件却是千差万别的，领导者只有因时因地和因人而异，灵活地开展领导工作，才能取得良好的效果。所谓的领导艺术是指领导者在领导活动过程中，创造性地把领导思想、原则和领导方式、方法用于领导工作实践的表现形态。适当的领导行为随情境的不同而不同，即为领导权变理论的主要观点。权变理论的目标是找到关键的情境因素，研究它们如何相互作用决定着适当的领导行为。主要的代表性理论有：菲德勒的权变模型（Fiedler contingency model）、保罗·赫塞和肯尼斯·布兰佳的情境领导理论（situational leadership theory）、罗伯特·豪斯的路径－目标理论（path-goal theory）等。

专栏 9-5

致加西亚的信

美西战争发生后，美国必须立即跟古巴的起义军首领加西亚将军取得联系。加西亚将军在古巴丛林里，没有人知道他确切的地点，所以无法写信或打电话给他，但美国总统必须尽快获得他的合作，怎么办呢？有人对美国总统说："有一个名叫罗文的人，有办法找到加西亚，也只有他才能找到。"

他们把罗文找来，交给他一封写给加西亚的信。罗文拿了信，把它装在一个油布制的口袋里，封好，吊在胸口，划着一艘小船，四天之后的一个夜里在古巴上岸，消失于丛林中，接着在随后的三个星期里他徒步走过一个危机四伏的国家，把那封信交给了加西亚。

他送的不仅仅是一封信，而是美利坚的命运，整个民族的希望。

9.3.1 领导行为连续体理论

罗伯特·坦南鲍姆（Robert Tannenbaum）和沃伦·施密特（Warren Schmidt）于1958年提出了领导行为连续体理论（leadership continuum）。他们认为，经理在决定何种行为（领导作风）最适合处理某一问题时常常遇到困难。他们不知道是应该自己做出决定还是授权给下属做决策。为了使人们从决策的角度深刻认识领导作风的意义，他们提出了连续体模型（见图 9-3）。

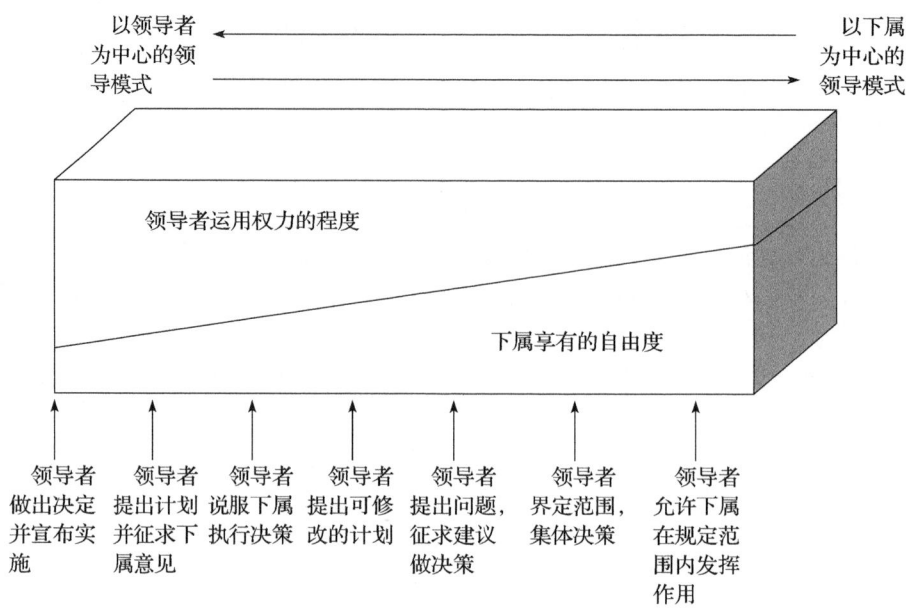

图 9-3　坦南鲍姆和沃伦·施密特的领导行为连续体

连续体的最左端表示的领导行为是专制的领导；连续体的最右端表示的是将决策权授予下属的民主型领导。在管理工作中，领导者使用的权威和下属拥有的自由度之间是一方扩大另一方缩小的关系。一位专制的领导掌握完全的权威，自己决定一切，他不会授权下属；而一位民主的领导在指定决策过程中，会给予下属很大的权力。民主与专制仅是两个极端的情况，这两者中间还存在着许多种领导行为。

在高度专制和高度民主的领导风格之间，坦南鲍姆和施密特划分出七种主要的领导模式。

（1）**领导者做出决定并宣布实施**。在这种模式中，领导者确定一个问题，并考虑各种可供选择的方案，从中选择一种，然后向下属宣布执行，不给下属直接参与决策的机会。

（2）**领导者提出计划并征求下属的意见**。领导者提出了一个决策，并希望下属接受这个决策，他向下属提出一个有关自己的计划的详细说明，并允许下属提出问题。这样，下属就能更好地理解领导者的计划和意图，领导者和下属能够共同讨论决策的意义和作用。

（3）**领导者说服下属执行决策**。在这种模式中，领导者承担确认问题和做出决策的责任。但他不是简单地宣布实施这个决策，而是认识到下属中可能会存在反对意见，于是试图通过阐明这个决策可能给下属带来的利益来说服下属接受这个决策，消除下属的反对意见。

（4）**领导者提出可修改的计划**。在这种模式中，下属可以对决策发挥某些影响作用，但确认和分析问题的主动权仍在领导者手中。领导者先对问题进行思考，提出一个暂定的可修改计划，并把这个暂定的计划交给有关人员征求意见。

（5）**领导者提出问题，征求意见做决策**。在以上几种模式中，领导者在征求下属意见之前就提出了自己的解决方案，而在这个模式中，下属有机会在决策做出以前就提出自己的建议。领导者的主动作用体现在确定问题上，下属的作用在于提出各种解决方案，最后，领导者从他们自己和下属所提出的解决方案中选择一种他认为最好的解决方案。

（6）**领导者界定范围，集体决策**。在这种模式中，领导者已经将决策权交给了下属的群体。领导者的工作是弄清所要解决的问题，并为下属提出做决策的条件和要求，下属按照领导者界定的问题范围进行决策。

（7）**领导者允许下属在规定的范围内发挥作用**。这种模式表示了极度的团体自由。如果领导者参加了决策的过程，他应力图使自己与团队中的其他成员处于平等的地位，并事先声明遵守团体所做出的任何决策。

通常，管理者在决定采用哪种领导模式时要考虑以下几方面因素：①**管理者的特征**，包括管理者的背景、教育、知识、经验、价值观、目标和期望等；②**员工的特征**，包括员工的背景、教育、知识、经验、价值观、目标和期望等；③**环境的要求**，如环境的大小、复杂程度、目标、结构和组织氛围、技术、时间压力和工作的本质等。如果下属有独立做出决定并承担责任的愿望和要求，并且他们已经做好了这样的准备，能理解所规定的目标和任务，并有能力承担这些任务，领导者就应给下属较大的自主权力。如果这些条件不具备，领导者就不会把权力授予下属。

领导行为连续体理论对管理工作的启示为：①一个成功的管理者必须能够敏锐地认识到在某个特定时刻影响他们行动的种种因素，准确地理解他自己，理解他所领导的群体中的成员，理解他所处的组织环境和社会环境。②一个成功的领导者必须能够认识和确定自己的行为方式，即如果需要发号施令，他便能发号施令；如果需要员工参与和行使自主权，他就能为员工提供这样的机会。

这一理论的贡献在于，不是将成功的领导者简单地归结为专制型、民主型或放任型的领导者，而是指出成功的领导者应该是在多数情况下能够评估各种影响环境的因素和条件，并根据这些条件和因素来确定自己的领导方式和采取相应的行动。不足之处在于，他们将影响领导方式的因素即管理者、员工和环境看成是既定的和不变的，实际上这些因素是相互影响、相互作用的，他们对影响因素的动力特征没有给予足够的重视，同时在考虑环境因素时主要考虑的是组织内部的环境，而对组织外部的环境以及组织与社会环境的关系缺乏重视。

9.3.2 菲德勒的领导权变模型

菲德勒的领导权变模型认为，不存在一种适用于一切情境的唯一的、最佳的领导风格，各种领导风格只有对应于不同的情境才最有效。为此，菲德勒用一种有争议的量表——"最难与之共事者"（Least Preferred Co-worker，LPC）问卷来测量领导风格（见表9-3）。这一方法要求经理或领导根据18项指标（两端分别为一对积极和消极的形容词）描述他最不愿意与之共事的人。所谓最不喜欢的共事者，在你的一生中你曾与各种人共事过，与大多数人都很容易相处，但与某些人可能共事有困难。你先回想所有与你曾共过事的人，然后你在心中确定一个你感到在你一生中与之共事最困难的人，这个人可以是也可以不是你最不喜欢的人，但这个人必须是你最不愿意与之共事的人——可能是一个上司、一个部属或是一个同僚。他把领导方式假设为两大类：以人为主和以工作为主。一个领导人如果对其最难共事的同事都能给予好的评价，就被认为对人宽容、体谅，注重人际关系和个人的威望，是以人为主的领导者；如果把其最难共事的同事批评得体无完肤，则被认为是惯于命令和控制，只关心工作的领导者。

表 9-3 LPC 问卷

题目										得分

说明：想想那些你最不愿意与之共事的同事。他（她）或许现在仍和你一起工作，或者曾经和你共事过。他（她）不一定是你最讨厌的人，但是应该是你觉得和他（她）合作时最难完成一项工作的人。描述一下在你看来他（她）是怎样的一个人。

										得分
1. 快乐	8	7	6	5	4	3	2	1	不快乐	
2. 友好	8	7	6	5	4	3	2	1	不友好	
3. 拒绝	1	2	3	4	5	6	7	8	接受	
4. 紧张	1	2	3	4	5	6	7	8	轻松	
5. 疏远	1	2	3	4	5	6	7	8	亲密	
6. 冷淡	1	2	3	4	5	6	7	8	热情	
7. 支持	8	7	6	5	4	3	2	1	敌意	
8. 烦人	1	2	3	4	5	6	7	8	有趣	
9. 易争吵	1	2	3	4	5	6	7	8	和谐	
10. 悲伤	1	2	3	4	5	6	7	8	欢快	
11. 外向	8	7	6	5	4	3	2	1	自闭	
12. 背后毁谤	1	2	3	4	5	6	7	8	忠诚	
13. 不可信赖	1	2	3	4	5	6	7	8	可信赖	
14. 考虑周全	8	7	6	5	4	3	2	1	轻率	
15. 凶恶	1	2	3	4	5	6	7	8	和蔼	
16. 令人愉快	8	7	6	5	4	3	2	1	令人厌恶	
17. 虚伪	1	2	3	4	5	6	7	8	真诚	
18. 厚道	1	2	3	4	5	6	7	8	刻薄	

总分：

评分说明：
你最后的得分是将你对 18 个描述的得分相加所得的分数。如果你得了 57 分或者更低，那你就是 LPC 测试低分者，意味着你是一个任务驱动型的人；如果你的分数为 58～63 分，你就是 LPC 测试中等得分者，说明你是比较独立的；得分在 64 分以上，你就是 LPC 测试高分者，意味着你是一个人际关系驱动型的人。

由于"最难与之共事者"（LPC）问卷是一项个性测试，你在 LPC 测试中所得的分数在多年后仍然不会发生大的改变。本章前面已经指出，研究表明 LPC 测试是很可靠的。

管理者行为的两个维度即关心人和组织不是绝对对立的，这两种方式的管理行为是否有绩效视具体情境而定。菲德勒认为，一个管理者采取某种领导方式的效果如何，更重要的应取决于他所处的情境顺利与不顺利的程度。他认为影响管理效果的情境因素主要有三个方面。

第一，领导者与被领导者的关系，即管理者与组织成员的相互关系，也就是领导者受其团体成员喜爱、信任和乐意服从的程度。研究表明，这是情境因素中最重要的因素。一般来说，一个组织的成员对其管理者信任、喜爱或愿意追随的程度越高，则管理者的权力与影响力就越大。

第二，工作任务结构，这一因素可用明确（+）和不明确（-）为指标。测量方法为等级评定法，内容包括：①工作目标的明确度，即团体的每一个人是否了解工作所需的条件是什么；②通往目标的途径的多样性，即是否有实现目标的多种途径；③解决方案的正确性，即是否有独特的、正确的解决问题方案；④结果的可验证性，即决策结果的效度。在工作结构因素中，还包括训练与经验的作用。

第三，职位权力，即管理者所处的职位赋予他权力大小，或者说他拥有的实权有多大，包括有无雇用、辞聘、奖惩被领导者的权力，所担任的职位是长期的还是短期的，任期有多长，上级与组织是否支持他的威望等。测量方法是采用标准问卷，实行等级评定法。

菲德勒认为，在这三种情境因素中，领导者与被领导者的关系最为重要，它重于工作任务结构与职位权力。因此，在这三种情境因素组合时，首先应看领导者与被领导者的关系是好还是差，再看其他两个因素。此外，菲德勒根据这三种因素的不同组合，把领导者所处的情境分为八种类型（见图9-4）。

领导者与被领导者的关系	好				差			
工作任务结构	明确		不明确		明确		不明确	
职位权力	强	弱	强	弱	强	弱	强	弱
情境类型	1	2	3	4	5	6	7	8
情境特征	有利				适中		不利	
有效的领导方式	任务型				关系型		任务型	

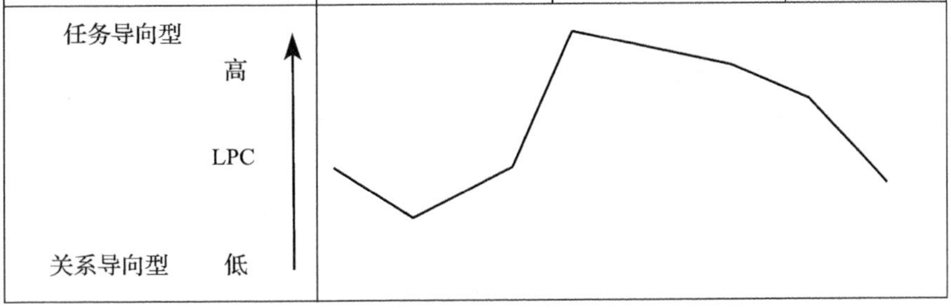

图9-4　菲德勒情境领导模型

菲德勒认为领导风格是与生俱来的——你不可能改变你的风格去适应变化的情境。因此提高领导者的有效性实际上只有两条途径。

（1）替换领导者以适应环境。比如，如果群体所处的情境被评估为十分不利，而目前又是一个关系取向的管理者进行领导，那么替换一个任务取向的管理者则能提高群体绩效。

（2）改变情境以适应领导者。菲德勒提出了一些改善领导者和被领导者的关系、职位权力以及工作任务结构的建议。领导者与下属之间的关系可以通过改组下属组成加以改善，使下属的经历、技术专长和文化水平更为合适；工作任务结构可以通过详细布置工作内容而使其更加定型化，也可以对工作只做一般性指示而使其非程序化；职位权力可以通过变更职位充分授权，或明确宣布职权而增加其权威性。

菲德勒模型强调为了领导有效需要采取什么样的领导行为，而不是从领导者的素质出发强调应当具有什么样的行为，这为领导理论的研究开辟了新方向。菲德勒模型表明，并不存在一种绝对的最好的领导形态，企业领导者必须具有适应力，自行适应变化的情境。同时也提示管理层必须根据实际情况选用合适的领导者。菲德勒模型的效用已经得到大量研究的验证，虽然在模型的应用方面仍存在一些问题，比如LPC问卷的分数不稳定，权变变量的确定比较困难等，但是菲德勒模型在实践中还是具有重要的指导意义。

9.3.3　路径-目标理论

路径-目标理论是罗伯特·豪斯开发的一种领导权变模型。该理论认为，领导者的工作就是帮助下属达成他们的目标，并提供必要的指导与支持以确保下属各自的目标与群体或组织的总体目标相一致。路径-目标理论基于这样一种信念：明确指明下属的工作目标，指明实现工作目标的路径，为下属清理各种障碍和危险，并通过奖酬提高下属完成任务的内在激励，可以有效地实现组织目标，从而提高领导的效能。

如图9-5所示，领导者可以通过以下方式来激励员工：①明确下属实现工作目标和得到有可能得到的奖酬的路径；②提高下属认为有价值并渴望得到的奖酬的价值。

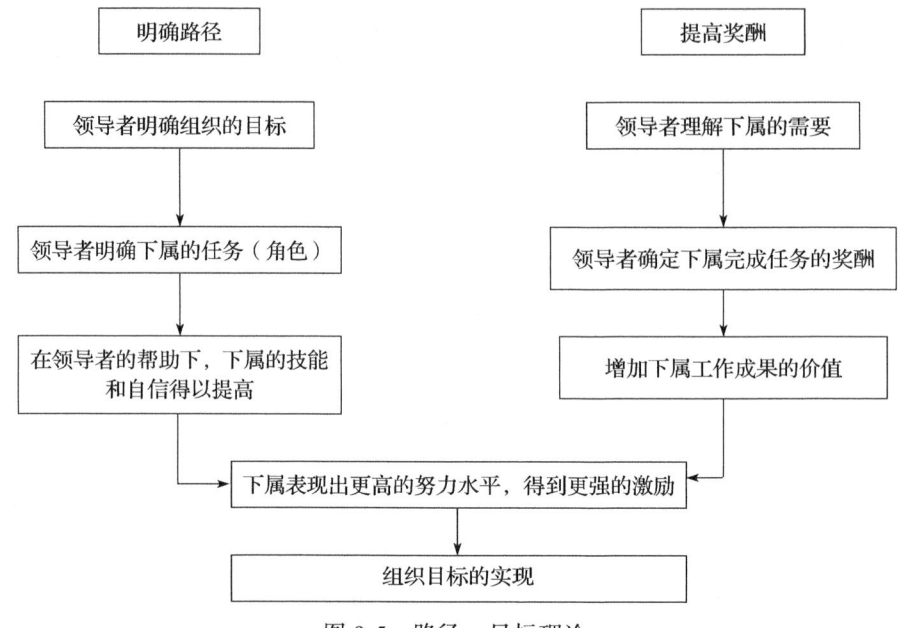

图9-5　路径-目标理论

根据路径-目标理论，领导者的行为被下属接受的程度取决于下属将这种行为视为获得满足的直接源泉还是手段。领导者行为的激励作用在于：第一，它将下属的需要满足与有效的工作绩效结合在一起；第二，它提供了有效的工作绩效所必需的辅助、指导、支持和奖励。为了考察这些观点，豪斯提出了四种领导行为。

（1）指令型领导。领导者对下属需要完成的任务进行说明，包括对他们有什么希望，如何完成任务，完成任务的时间限制等。指令型领导者能为下属制定出明确的工作标准，并将规章制度向下属讲得清清楚楚。指导不厌其详，规定不厌其细。

（2）支持型领导。领导者对下属的态度是友好的、可接近的，他们关注下属的福利和需要，平等地对待下属，尊重下属的地位，能够对下属表现出充分的关心和理解，在下属有需要时能够真诚帮助。

（3）参与型领导。领导者邀请下属一起参与决策。参与型领导者能同下属一道进行工作探讨，征求他们的想法和意见，将他们的建议融入团体或组织将要执行的决策中。

（4）成就导向型领导。领导者鼓励下属将工作做到尽量高的水平。这种领导者为下属制定的工作标准很高，寻求工作的不断改进。除了对下属期望很高外，成就导向型领导者还非常信任下属有能力制定并完成具有挑战性的目标。

在现实中，究竟采用哪种领导行为，要根据部下特性、环境变量、领导活动结果的不同因素，以权变观念求得同领导行为的恰当配合。

路径－目标理论强调领导的有效性取决于领导行为、下属与任务之间的协调配合。

如果群体的任务是非程序化的，员工期望得到指点时，作为领导者，应该确定群体的任务目标，明确各自的职责，严格管理员工，用正式的权力管理，此时，指令型领导是合适的。

当任务缺乏刺激性，员工希望得到领导者的鼓励和支持时，领导者应表现出友好、平易近人，明白下属的兴趣，用奖励支持下属的工作。

当任务复杂，需要团体协调，员工希望得到某种指点，且员工有工作所需技能，参与型领导效果最佳，因为参与活动可以澄清达到目标的路径，帮助下属懂得通过什么和实现什么。另外，如果下属具有独立性，具有强烈的控制欲，参与型领导也具有积极影响，因为这种下属喜欢参与决策和工作建构。

如果员工希望自我控制，能自我激励，并且有所需工作技能，成就导向型领导效果最好。在这种情境中，激发挑战性和设置高标准的领导者，能够提高下属对自己有能力达到目标的自信心。事实上，成就导向型领导可以帮助下属感到他们的努力将会导致有效的成果。

和菲德勒不同，豪斯主张领导方式的可变性，领导者可以根据不同的情境表现出任何一种领导风格。如果强行用某一种领导方式在所有环境条件下实施领导行为，必然会导致领导活动的失败。

随着时代的发展，豪斯也没有固守着路径－目标理论而止步不前。20世纪90年代中期，豪斯和他的同事根据多年的实证研究，在路径－目标理论的基础上，综合了领导者特质理论、领导行为理论以及权变理论的特点，以组织愿景替换并充实原来的"路径－目标"，围绕着价值这个核心概念，阐述了什么样的行为能有效地帮助领导者形成组织的共同价值，以及这些行为的实施条件，提出了以价值为基础的领导理论。

9.3.4 不成熟－成熟理论

克里斯·阿吉里斯（Chris Argyris）是美国行为学家，拥有哈佛大学和耶鲁大学的名誉博士学位，并在哈佛大学担任教育学和组织行为学的教学工作。阿吉里斯的"不成熟－成熟"理论认为：组织行为是由个人和正式组织融合而成的，组织中的个人作为一个健康的有机体，无可避免地要经历从不成熟到成熟的成长过程。在这个成长过程中主要有以下七方面的变化。

- 从被动状态发展为主动状态。
- 从依赖他人发展为成人的相对独立。
- 从有限的行为方式发展为多种多样的行为方式。
- 从经常变化、肤浅和短暂的兴趣发展为成人相对持久、专一的兴趣。
- 从只顾及当前发展为有长远的打算。
- 从在家庭或社会上属于从属地位发展为成年人与周围人处于基本平等的地位，甚至支配他人的地位。
- 从婴儿时期的缺乏自觉发展为成人的自觉自制。

阿吉里斯认为，每个人随着年龄的增长，会逐步从不成熟走向成熟，但成熟的进程不尽相同。领导方式是否得当对人的成熟度有很大影响。如果把成年人当小孩来对待，总是指定下属从事具体的、过分简单的或重复性的劳动，使其无法发挥也不必发挥创造性、主动性，就会束缚他们对环境的控制力，从而阻碍下属的成熟进程；反之，给予下属更多的机会，增强其责任感，则能激励其更快地成熟。

9.3.5 情境领导理论

情境领导理论又名领导生命周期理论，由保罗·赫塞和肯尼斯·布兰佳提出。保罗·赫塞在 20 世纪 60 年代率先提出了情境领导理论。1969 年，他编著了《情境领导者》一书，该书被翻译成 14 种语言，销量达百万册。之后，赫塞博士又组建了"领导力研究中心"，不断深入研究并完善该理论。情境领导理论认为，在领导和管理公司或团队时，不能用一成不变的方法，成功的领导者要根据下属的成熟度选择合适的领导方式。员工成熟度的高低取决于两个方面：任务成熟度和心理成熟度。任务成熟度是相对于一个人的知识和技能而言的，若一个人无须别人的指点就能完成其工作，那么，他的任务成熟度就是高的，反之则低；心理成熟度是指做事的愿望或动机，如果一个人自觉地去做，无须外部的刺激，其心理成熟度就高，反之则低。此外，情境领导理论将领导行为划分为工作行为和关系行为两个维度。

工作行为、关系行为与成熟度之间并非是一种直线关系，而是一种曲线关系，如图 9-6 所示。

情境领导模式将员工的成熟度分成四个等级，即不成熟、初步成熟、比较成熟、成熟，分别用 R1、R2、R3 和 R4 表示。R1 表示下属缺乏接受和承担任务的能力与愿望，他们既不能胜任又缺乏自觉；R2 表示下属愿意承担任务但缺乏足够的能力，他们有积极性但没有完成任务所需的技能；R3 表示员工有能力，但没有足够的积极性；R4 表示下属有能力，并且意愿去做领导要求他们做的事。

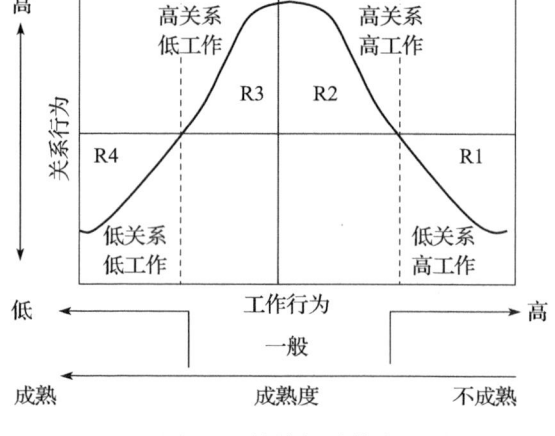

图 9-6　情境领导模式

与员工的发展阶段相对应的是四种不同的领导类型：第一种为高工作、低关系（指令型领导），对员工的角色和目标给予详尽的指导，并密切监督员工的工作成效，以便对工作成果给予经常的反馈；第二种为高工作、高关系（说服型领导），向员工解释工作内容以及工作方法，同时继续指导员工去完成任务；第三种为低工作、高关系（参与型领导），领导者和员工共同面对问题，制订解决方案，并给予鼓励和支持；第四种为低工作、低关系（授权型领导），提供适当的资源，完全相信员工的能力，将工作任务交由员工全权负责，独立作业。

将员工的工作状态和领导类型两相对照，就是一个完整的情境领导模式了。四种领导形态没有优劣之分，一切依情境而定，唯有领导者的领导形态能与员工的发展阶段相配合时，他的领导才能够有效。

使用情境领导模式可以帮助管理者理解领导与管理的差异；根据四种领导类型进行自

我诊断，改变一刀切的传统管理模式，实现员工差异化管理意识的形成。

根据领导的权变理论，不存在适用于所有情境的领导风格，个体也会因其个性特点等各方面因素的影响习惯于某一种领导风格，从而形成相应的领导定式。为了能够有效地发挥领导作用，个体应该认真学习领导理论，掌握其基本观点，知道不同领导风格的各种适用场合，以在特定的环境中选用合适的领导行为。同时，要选择合适的追随者，创造良好的工作环境，以提高领导行为的有效性。

本章小结

1. 领导是引导和影响个人或组织在一定的条件下，去跟随实现组织目标的行动过程。领导者必须有追随者，必须拥有影响其追随者的能力与力量。拥有权力且适当地使用权力是领导者的基本素质。管理者的权力有五个可能的来源：合法性权力、奖赏性权力、强制性权力、参照性权力和专家性权力。

2. 管理和领导是两个既有区别又有联系的两个概念。管理的权力建立在合法性权力和强制性权力的基础上，而领导的权力既可以建立在合法的、强制性的权力基础上，也可以建立在个人的影响力和参照权力等基础上。领导者不一定是管理者，管理者也不一定是领导者。两者可以合二为一，也可以相互分离。

3. 影响领导有效性的因素以及如何提高领导有效性是领导理论研究的核心。早期的领导研究主要集中在具备怎样特有素质的人适合当领导或者领导有效。根据对这些品质和特征的来源所做的不同解释，领导特质理论可分为传统特质理论和现代特质理论。传统特质理论认为领导者所具有的特质是天生的，由遗传因素所决定；现代特质理论则认为领导者的特质和特性是在实践中形成的，是可以通过教育和训练培养的。

4. 对领导行为的研究主要集中于研究领导者具备什么样的领导行为、领导风格才能提高领导绩效。典型的有勒温的领导行为理论、四分图理论和管理方格理论等。这些理论主要从领导者对生产的关心和对人的关心两个维度，以及上级的控制与下属的参与的角度对领导行为进行分类研究，但是这些领导行为的类型与绩效之间的关系显然依赖于领导所处的情境因素。

5. 领导艺术是指领导者在领导活动过程中，创造性地把领导思想、原则和领导方式、方法用于领导工作实践的表现形态。适当的领导行为和领导方式随情境的不同而不同。情境理论的目标是找到关键的情境因素，研究它们如何相互作用决定着适当的领导行为。

6. 较新的情境领导理论试图发现适用于具体情境的领导风格。由坦南鲍姆和施密特提出的领导行为连续体理论是这些理论的催化剂。菲德勒的领导权变模型认为领导的有效性取决于领导风格和情境有利性的匹配。情境有利性则由工作任务结构、领导和被领导者的关系以及职位权力所决定。这一理论假定领导行为反应不变的人格特质，因而不会轻易改变。

7. 路径-目标理论认为，领导的方式有指令型、支持型、参与型和成就导向型四种，领导的有效性取决于领导行为、下属与任务之间的协调配合。与领导权变模型不同，这一观点假定领导者可以改变自己的行为以最好地适应情境。

8. 阿吉里斯的不成熟-成熟理论认为，领导方式对员工的成熟度会产生相应的影响。情境领导模式则认为有效的领导方式应随着员工成熟度的变化而变化。

练习与思考题

选择题和判断题,请扫二维码做题;名词解释、简答题和论述题/计算题的参考答案,具体请扫二维码。

一、选择题(题干略,请扫二维码)

二、判断题(题干略,请扫二维码)

三、名词解释
1. 领导
2. 职位权力
3. 管理方格图理论
4. 领导生命周期理论之授权型领导
5. 领导生命周期理论之支持型领导

四、简答题
1. 管理与领导有何联系和区别?
2. 什么叫领导权变理论?
3. 简述菲德勒的权变模型。
4. 简述领导行为四分图理论。
5. 简述领导生周期理论。

五、论述题
1. 如何提高领导影响力?
2. 结合相应的理论和实际,如何提高领导的效率?

案例讨论

创始人的退出艺术

创始人悖论

几乎没人会意识到,在企业与它的创始人之间,实际上存在着一个悖论,即"创始人悖论",这是存乎于二者之间的一种根本性矛盾。

一方面,企业只有通过创始人不断地投入时间、精力与资源才能持续成长,创始人投入的越多,企业成长也就会越茁壮;而企业在成长壮大之后,创始人也会得到更多的时间、资源与机会。这就形成了一种循环,企业不断被创始人塑造,最终从组织、战略到文化,企业都被打上了创始人独特的"烙印",形成了以创始人为核心的一整套系统。另一方面,企业对创始人的依赖程度会随着时间的推移而越来越高,所形成的系统也会越来越密闭,并且开始排斥所有不适应、不认可乃至挑战这一秩序的人。

但是,一旦企业所在的环境发生剧烈、不稳定的变化,再加上创始人本身可能发生性格、能力等方面的改变,比如变得自负、保守等,有可能由此让企业面临进退两难的危机。因此,从这个意义上说,一个成功的创始人,不仅应该"进"得漂亮,还要"退"得自如。对大多数人来说,"进"是容易理解的,他们总是乐于见到敢于前进的人与事,但对"退"并没清晰的认识。其实,与"进"比起来,"退"要更难,因为只有拥有足够的智慧和远见,并能洞悉和克服人性的弱点,才能"退"得自如。

"退"的前提与基础

许多成功的企业家,都会在"退"之前进行周密的谋划,他们的"退"往往还是公开预告的。

1999年,未入不惑之年的王石便主动交出了自己总经理的位置;2000年,柳传志殚精竭虑,将联想一分为二,并由杨元庆与郭为二人各自掌管一家企业;何享健也在很早之前就把美的交给职业经理人团队来经营。

对王石、柳传志、何享健们来说,"退"既不仓促,也不混乱,而是一个自然而然、水到渠成的过程。过分贪恋权力并不是一件好事,在合适的时候退出,将企业交到合适的人手中,既是对自己负责,更是对企业负责。

只有经过十足的准备,在真正"退"时,才能做到从容不迫,他们无一例外地在准备过程中,引入了不同的几股力量来减轻"退"所带来的强大冲击,以帮助企业实现平稳过渡。这几股力量分别来自制度、文化、团队与梯队,它们各自代表了普遍的力量、价值观的力量、集体的力量与时间的力量,这是对创始人个体局限的突破,也是防止企业断崖式下滑的可靠力量。

换句话说,这些创始人有一个很大的共同点,就是他们相信上述因素所产生的强大力量,远胜过他们个体的力量。王石自己也说:"我给万科选择了这个行业。我们建立了一个制度,这个制度简单来说就是我们的规范、透明、团队。万科没我在的话,会发展得更好。我很欣慰,我看到了。"柳传志一心想让联想成为一家"没有家族的家族制企业"。因此,他非常重视管理三要素和企业文化,致力于打造"斯巴达克方阵"。

国王、父亲和仆人

一家企业的创始人想要安稳退出,不仅需要培养合适的接班人,还需要有序管理传承过程,确保交接顺利。然而,在退出过程中,创始人必须考虑清楚自身跟企业之间的关系,相比于上述困难,这才是最难逾越的障碍。到底是将自己视为企业的仆人,还是企业的主人、国王,抑或是父亲?这些角色的意义是不同的。

许多创始人视自己为企业的"国王",认为自己应该为企业的发展果断抉择、承担风险和责任。这种认知在企业发展初期是需要的。但是,如果不能及时意识到界限的来临,这种惯性会让创始人陷入一种高高在上、无人敢反驳的优越心理中无法自拔。创始人在这种病态中"享受"得越久,对企业造成的危害也就越大。

如果创始人把企业当成自己的"儿子"来看待的话,情况或许就不会这么糟糕。因为一位伟大的"父亲"会注重对"儿子"独立性的培养,他知道总有一天"儿子"会脱离他的庇佑,去开创属于自己的天地。

如果创始人把自己的位置放得更低,将自己视为企业的"仆人"呢?他们就会把企业作为需要不断为之付出的伟大事业,而非仅仅是盈利的工具。一家企业绝对不是个人所有的,而是员工、客户、合作伙伴等利益相关者的,企业取得的任何成就都是各方力量协同合作的结果,而创始人只是恰好将它们整合起来而产生了作用。

我国大多数企业难以企及类似万科、联想等大型企业的规模和高度。但是,这些企业创始人的"退出之道"却可以被大多数小企业所借鉴、学习。要想成为一位伟大的企业家,就需要克服重重困难,其中最难的莫过于清楚自己该如何逐渐放下,做到从"国王"到"父亲",再到"仆人",即从"大我"到"小我",再到"无我"的过程。

管理评论

女性领导者的特殊价值:中西合璧的观点

作为杭州乃至中国的一大盛事,G20会议已经圆满闭幕,身为一名杭州市民,看到全球最具影响力的政要、首脑陶醉于杭州的美景、美食与文化,心中颇感自豪。本次会议取得丰硕成果,不是我能够评点的,但是笔者在其中看到了很多可以用管理学理论解释的有趣现象,不妨拿出来与大家分享,本期话题是由一张合影引发的。

这是一张参会人员的合影,抛开政治地位以及G20的历史渊源,最吸引眼球的应该是在众多男性深色西服点缀下,四位女性的醒目服装:德国总理默克尔、韩国总统朴槿惠、英国首相特蕾莎·梅、国际货币基金组织总裁拉加德。加之在美国国内呼声极高的总统候选人希拉里等,越来越多的女性领导人在政坛和商界叱咤风云,有学者甚至预言"一个新的女权社会即将来临",连《权力的游戏》的导演都在第六季的剧集中将所有王朝的大权交给了女性去主导，让很多粉丝颇感意外。

那么在 G20 这个特殊的组织中，越来越多的女性加入是否会对这个组织的发展起到特殊的作用？这恰恰就是一个管理学近期非常关注的话题：女性领导者在团队中的价值和作用。笔者围绕这个问题做了一些小功课，无意间发现东西方管理哲学对这个问题的差异，颇为有趣。

1. "知"与"觉"的交替：东方管理哲学的解释

以中国为代表的东方管理哲学在对待女性价值的问题上可以追溯到 4 000 多年前的母系氏族社会，而二者的代表人物就是伏羲与女娲。伏羲和女娲所处的是母系社会，女性处于绝对的领导地位，不同于血脉学说，道家认为，女性之所以能够领导男性主要是因为女性自身的直觉比男性灵敏得多，在决策过程中处于绝对优势。支持这个学说的有两个依据：一是成熟女性自身拥有独特的生理周期，结合星相学能够制定人类最初的历法，指导人类遵从自然规律，更好地采摘、狩猎甚至后期的农耕发展。传说中国最早的历法之一就是 4 000 多年前女娲发明的"女娲历"（从伏羲和女娲的图片中可以看到，伏羲手中拿着丈量土地的尺子，女娲手里拿着观测天象的圆规），该历法每月 28 天，一年 12 个平月加上一个闰月，共计 13 个月，算起来一年 364 天，比起今天的 365.25 天已经精准得令人咋舌。另一个依据是，女性在母系社会一个重要的工作是"巫"，这在很大程度上就是中医的鼻祖，女性能够感知人体经脉运行、五脏运转，可以消除疾病，也就是可以主导男性的生死，因此女性在生理条件不如男性的前提下，靠敏锐的"觉"，也就是直觉领导男性。

男性不甘于被女性所领导，但是自身又不具备女性特有的"觉"，那么怎么办呢？男性就发挥出了另外一个非常强大的能力：学习。将女性的"觉"总结成规律，转化为"知"，也就是知识，记忆、理解并运用。当女性大部分的能力被男性学习和运用后，在决策过程中不再拥有信息优势，男性自然凭借生理上的优势凌驾于女性之上，成为新的领导团体。

当然这仅仅是一家之言，缺乏足够的考证，但是笔者认为这颇具有管理上的启发意义。用今天的管理学语言描述，男性凭借强大的学习能力，将女性的直觉转换为可以继承的知识，在决策中获得优势，因而将人类社会从母系社会转化为父系社会。简言之，谁在决策中拥有信息优势，谁就更具有领导力，今天的社会依旧如此。

2. "特质"与"行为"：西方管理哲学的思路

与东方古老悠久的管理哲学不同，西方管理哲学对于领导者问题的思考则更为"务实"，尽管自 20 世纪 40 年代以来，西方的组织行为学家、心理学家从不同角度，对领导问题进行了大量研究，但都是围绕一个问题产生的——"如何成为一个优秀的领导"，由此派生了领导特质理论、领导行为理论和领导权变理论，这三个理论发展的线索也非常清晰。

西方管理学家首先提出"领导是否是天生造就的"，例如他们是否具有一些常人不具备的特性，中国古代的英雄人物往往出生的时候天降祥瑞，或者拥有"大耳垂肩、双臂过膝"的天赋异禀，但是研究的结果比较让人失望，成功的领导者拥有的特质基本上都是优秀人才的基本素质和美德，女性和男性没有显著的差异。因此西方管理学者又在思考，如果领导者不是天生的，那么是否有些特殊的领导风格更容易产生好的绩效。于是就诞生了勒温的三种领导方式理论、伦西斯·利克特的四种管理方式理论、领导四分图理论、管理方格理论、领导连续统一体理论等一系列大家耳熟能详的知名学说，这些理论主要是从对人的关心和对工作的关心两个维度，以及上级的控制和下属参与的角度对领导行为进行分类，这些理论在确定领导行为类型与群体工作绩效之间的一致性关系上取得了有限的成功，主要原因是缺乏对影响成功与失败的情境因素的考虑。于是后期的领导权变理论就将情境因素纳入到领导行为中，形成了更符合管理实践的理论框架。

在领导行为理论和领导权变理论中女性的作用被凸显出来，例如女性更善于沟通与倾听，因此容易形成非权力性的权威影响；女性更为宽容，能够允许下属创新和犯错，能够让下属更快地成长；女性比男性更容易让下属自然地接纳工作之余的关怀，容易形成凝聚力等。此时女性将个人特性与领导行为有机结合在一起，形成了更有魅力的领导模式，近期的美国大选就是两个完全不同领导风格的候选人之间的角逐。

3. "理论"与"现实"：中西合璧的女性领导启示

究竟女性领导者在现实生活中有没有发挥相应的作用呢？管理学用实证研究得出了肯定的结果，最近公司治理领域的研究表明了女性在企业董事会中的特殊作用：任颋、王峥（2010）针对女性参与高管团队与企业绩效的关系研究表明，女性在高管团队中的参与能够提升企业绩效，这种对绩效的提升随着女性高管的人力资本和社会资本的提高而增强，女性高管团队比例和企业成长性之间存在显著正相关关系；张琨等人（2013）在研究董事会性别结构、市场环境与企业绩效时发现，女性董事成员对公司绩效增长有积极作用，且所处市场竞争程度加剧能够增强这种积极作用；徐子尧等人（2016）针对我国上市公司董事会性别差异化程度与公司绩效的关系研究表明，女性担任CEO的公司较男性有较好的业绩表现，适当增加女性高管有助于改善公司绩效。

我们不去过多堆砌文献研究的成果，立足当今复杂的环境，如何充分发挥女性独特的领导魅力，才是今天这篇小文的意义所在，笔者认为可以围绕三个角度思考。

（1）重"平台"轻"权力"，发挥女性领导价值的独特魅力。女性领导者应充分发挥自身敏锐的直觉与独有的亲和力，协调各个利益相关者之间的关系，构建多边协商的平台组织，维系平台各个结点之间的关系，不要刻意追求象征"权力"的话语权，通过"不争"的领导风格，形成最终"争"的领导绩效。例如阿里巴巴刚刚起步的时候，就是通过打造平台的方式，用免费服务的"不争"风格，最后形成了行业的垄断地位，女性往往更擅长通过沟通的方式建立多元、深厚的社会网络结构，这样才能真正发挥女性领导者独有的领导魅力。

（2）重"风险"轻"收益"，倡导女性领导价值的决策准则。当今社会无论政治、经济还是文化，都步入一个瞬息万变、异常复杂的系统结构，机遇与挑战并重。女性在领导决策中通常会规避风险，思维上往往采取"不可行性"论证的方式，更多地关注风险，而非短期的收益，让组织运行的节奏始终在可控的范围内。在《达·芬奇密码》的作者丹·布朗另外一本很有名的小说《天使与魔鬼》中，有关于宗教与科学关系的对话，很发人深省，大意就是科学让这个世界发展得太快，以至于人类难以驾驭这种过快的发展，最终会走向战争与毁灭，而宗教的作用就是让这个机器慢下来，尽管这可能是愚昧和落后的表现。同样，在很多决策过程中，理性的判断会让组织步入一个高速发展的状况，甚至处于失控的状态，那么借鉴女性这种利用独有的直觉和沟通方式，让组织的决策"慢下来"的思路，就会让我们减少很多不必要的损失。

（3）重"包容"轻"决断"，弘扬女性领导价值的内涵底蕴。东方和西方管理哲学都对女性的包容进行了充分肯定，中国人用"厚德载物"来形容"坤"卦，也就是女性，其含义就在于女性像大地一样能够承载万物，无论是鲜花还是粪土，都可以在她的包容下孕育转化，西方也用同样的方式盛赞母性光辉的伟大。事实上，当今社会包容最为宝贵。G20杭州峰会重要的成果之一就是倡导并形成了"打造更加充满活力、包容并进、互利共赢的全球经济治理新秩序"的各国共识。立足全球视野，包容是一种价值观，强调发展的成果要惠及全球，促进公平公正。立足组织视角，包容是注重各个利益相关者的激励相容机制；就个体而言，包容就是女性特有领导价值的内涵所在。可以说，有包容才有创新，才有发展，才有未来。

G20已经胜利闭幕，让我们再一次为杭州喝彩、为中国喝彩、为女性喝彩！

资料来源：浙商大智库微信公众号。

延伸阅读

[1] 托马斯J彼得斯，罗伯特H沃特曼. 追求卓越[M]. 北京天下风经济研究所，译. 北京：中央编译出版社，2004.

[2] 汉斯·芬泽尔. 领导者的十大缺陷[M]. 栗原，译. 北京：中国青年出版社，1999.

[3] 吴培良. 企业领导方法与艺术[M]. 北京：中国经济出版社，1997.

[4] JK斯玛特. 指导下属：有效帮助下属，激发员工出色表现[M]. 丁涛，译. 北京：中信出版社，2004.

[5] 加里·尤克尔. 组织领导学[M]. 陶文昭，译. 北京：中国人民大学出版社，2004.

第10章

激 励

管理箴言

用人不在于如何减少人的短处，而在于如何发挥人的长处。

——彼得·德鲁克

本章要点

- 需要、动机与行为的内涵和联系。
- 五种内容型激励理论的主要观点及其对管理实践的启示。
- 三种过程型激励理论的主要观点及其对管理实践的启示。
- 激励理论的综合框架。
- 激励的指导原则。
- 常见的激励手段及具体使用方法。

引例

星巴克的员工激励

许多大都市都有星巴克（Starbucks）咖啡店，作为最大的咖啡连锁店，星巴克在全球范围内已经有近 12 000 家分店，俨然引领了一股咖啡潮流。星巴克的发展与其卓越的管理之道密不可分，其员工激励机制就是最好的例证。星巴克为员工提供优厚的薪酬和独特的福利，比如那些每周工作超过 20 小时的员工可以享受公司提供的卫生、员工扶助方案及伤残保险等额外福利措施，这在同行业中极为罕见。星巴克还有著名的"合伙人"方案，这个方案使每个员工都可以成为公司的合伙人，这样就把每个员工与公司的总体业绩联系起来。如果说优厚的薪酬是星巴克吸引人才成为员工的原因，那"合伙人"股票期权激励是它留住人才的关键。同时，星巴克还不断创新员工激励手段，此前网上疯传内容为"世界那么大，我想去看看"的辞职信，星巴克针对其有自己的创意：既然大家想出去看看，那么星巴克就创造这样的机会。2015 年是星巴克在中国推出"伙伴识天下"的第一年。为了提高员工的积极性,星巴克开放了 20 个门店伙伴名额让员工前往新加坡交流工作一年,另外也提供国内各城市轮岗的机会。对于现在追求潮流、讨厌一成不变的员工来说,这无疑是巨大的福利和诱惑。

令人拍案叫绝的员工激励机制不仅让星巴克成了"最佳雇主",成了世界 500 强企业,也让一杯小小的咖啡成了影响世界的流行文化。

资料来源:倍智人才(ID:talebase),http://www.360doc.com/content/16/0408/16/30454798_548890276.shtml。

管理是管理者与其他组织成员共同努力,实现组织目标的过程。如何调动他人的积极性就成为问题的关键。激励是领导职能的基本内容之一。它既是激发他人积极性的艺术,也是有规律可循的科学。

10.1 需要、动机与行为

为了实现组织目标,管理者必须协调组织中其他人的行动。这一工作的前提是管理者要对人的行为规律有比较深刻的理解和把握。

行为科学研究发现,人的行为是由动机直接决定的,而动机是由人的内在需要决定的。需要、动机与行为的关系构成了管理激励的基础。其中,需要是人们行为的出发点。

10.1.1 需要

需要(need)是一种内部心理状态,它使某种结果具有吸引力。这种心理状态的诱因往往是客观的刺激。这种刺激可能来自身体外部,也可能来自身体内部。例如人饿了想吃东西,这是由于人饥饿时体内血糖成分降低,血液成分失衡产生了刺激。这种刺激通过神经系统反映到人脑的下丘部分传到大脑皮层,产生了饥饿的感觉和进食的需要。这种刺激可以是物质的,也可以是精神的。例如,著名企业家的人格魅力会对效仿者产生影响。

10.1.2 动机

动机(motive)是驱使人产生某种行为的内在力量,它是由人的内在需要引起的。动机的产生必然是由于某种需要未被满足,但这并不意味着只要存在未被满足的需要就会产生动机。需要转变为动机需要满足几个条件:一是需要必须达到一定强度,这样才能产生满足需要的愿望;二是满足需要的具体对象或具体手段(特定目标)要明确,且这些具体手段发挥作用的外部条件已经具备。需要的强度在某种水平以上,才可能成为动机并引发行为。当人产生的需要处于萌芽状态时,它以不明显的模糊形式反映在人的意识之中,产生不安之感。需要增强到一定程度,而又未能满足时,心理上就产生一种紧张状态。当人们弄清这种模糊形式的需要究竟是什么的时候,需要就转化为愿望(want)。愿望只反映了内心需要,是人活动的内在驱动力(drive),但这种驱动力还没有方向。只有找到满足需要、解除心理紧张的具体对象或具体手段,并且外部环境中展现出它们发挥作用的可能性时,这种驱动力就有了方向,以愿望形式出现的需要就变为动机,推动人去进行某项活动,向着目标前进。也就是说,有一定强度的需要,还要有诱因条件,才能成为推动实际活动的动机。一个人往往同时存在着各种各样的动机,各个动机的强度不同,在同一个人身上所占的地位和所起的作用也不同。有的动机强烈而稳定，叫作优势动机；而另一些动机微弱而不稳定，叫作辅助动机。一般来说，只有优势动机才可以引发行为。动机是内在愿望和外部诱因建立心理联系时产生的。图 10-1 显示了动机的形成过程。

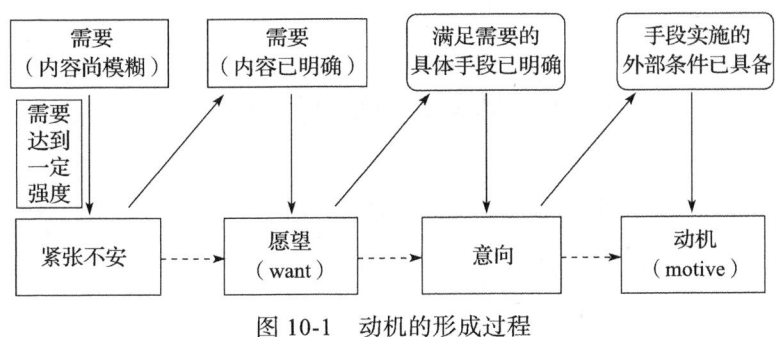

图 10-1 动机的形成过程

10.1.3 行为

行为科学认为，人的行为可分为以下三类。

（1）目标导向行为。它是指为了达到目标所表现出来的行为。有了动机就要选择和寻找目标，目标导向行为代表寻求、到达目标的过程。

（2）目标行为。它是指直接满足需要的行为，也即完成目标达到满足的过程。

（3）间接行为。它是指与当前目标暂无关系，为将来满足需要做准备的行为。

一般情况下，由优势动机引发的行为由目标导向行为与目标行为两部分构成。也就是说，从确立目标到实现（完成）目标的过程，可分为目标导向行为阶段和目标行为阶段。如演讲，从搜集资料，进行构思到准备完毕，属于第一阶段；从上台演讲到演讲完毕，则为第二阶段。

根据心理学的研究，在目标导向行为和目标行为阶段，动机强度的变化是不同的：对目标导向行为来说，动机强度会随着这种行动的进行而增强。越接近目标，动机强度越强，直到达成目标或者遭到挫折停止。目标行为则不一样，当目标行动开始后，需要强度就有降低的趋势。

人的行为总是由一定的动机引起的。除此之外，人们还常将引起个人行为、维持该行为并将此行为导向某一目标（个人需要的满足）的过程也称为动机（motivation）。为了便于区别，在本书中我们一般将"motivation"表述为"激励"。

10.1.4 动机与行为关系的复杂性

一般来说，动机是行为产生的直接动力，行为是动机的外在表现。那么动机和行为之间的关系是不是完全确定的对应关系呢？不是的。德国心理学家勒温认为，人的行为是环境与个体相互作用的结果。他于 1951 年提出了著名的人类行为公式：

$$B = f(P \cdot E)$$

式中，B 代表行为；P 代表个人；E 代表环境；f 是函数关系。

由勒温的人类行为公式可知：任何一个行为都是个人因素与环境因素相互作用的结果，因此同一个人、相同的动机，不同的环境会导致不同的行为；在个人因素中，外在表现和内在动机有时一致，有时不一致，关系复杂；内在动机又有积极、消极之分，各种成分混杂。

因此，人的行为是这些因素的"综合效应"，这使动机和行为有着复杂的关系，比如，同一动机可以引起多种不同的行为；同一行为可出自不同的动机；合理的动机可能引起不合理的甚至错误的行为；错误的动机有时被外表积极的行为所掩盖。

> **专栏 10-1**
> **灵活有效的激励手段**
>
> 　　有效的激励会点燃员工的激情，促使他们的工作动机更加强烈，让他们产生超越自我和他人的欲望，并将潜在的巨大内驱力释放出来，为企业的远景目标奉献自己的热情。
> 　　（1）鲶鱼效应：激活员工队伍。
> 　　（2）马蝇效应：激起员工的竞争意识。
> 　　（3）罗森塔尔效应：满怀期望的激励。
> 　　（4）保龄球效应：赞赏与批评的差异。
> 　　（5）末位淘汰法则：通过竞争淘汰来发挥人的极限能力。
> 　　（6）比马龙效应：如何在"加压"中实现激励。
> 　　（7）横山法则：激励员工自发地工作。
> 　　（8）肥皂水效应：将批评夹在赞美中。
> 　　（9）麦克利兰定律：让员工有参加决策的权力。
> 　　（10）倒金字塔管理法则：赋予员工权利。
> 　　资料来源：影响世界的 100 个经典管理定律，http://wiki.mbalib.com。

10.1.5　人的行为一般规律

综上所述，无论动机与行为的关系如何复杂，但需要、动机与行为的关系已经较清楚地揭示人的行为一般规律，如图 10-2 所示。

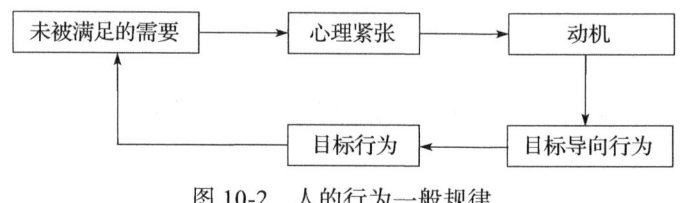

图 10-2　人的行为一般规律

目标行为可能导致两种结果：一是原有需要得到满足，二是原有需要未得到满足。如果原有需要得到满足，那么心理紧张就会得到减压或释放，这时新的未被满足的需要开始引发新一轮的行为过程。如果原有需要没有得到满足，那么原有需要导致的心理紧张会继续存在，引发新一轮行为过程，但这一轮行为过程的目标导向行为可能会发生变化。

10.1.6　挫折行为⊖

我们把满足需要的动机受到阻碍的现象称为挫折。当一个人动机受挫时，他可能产生两种类型的行为。一种是采取积极的理智办法，分析原因，总结教训，想方设法通过多种途

⊖　清华大学刘广灵《管理学》讲义。

径克服阻碍达成目标。他也可能在尝试失败之后，改变目标，以满足新的需要。例如，一位高中毕业生有强烈的考上大学的欲望，但经过多次落榜后，他实事求是地分析了自己的实力，决定改考技校来满足自己的需要。我们将以上积极理智的行为称为解决问题行为。另外一种是在受到挫折后采取不理智的消极行为，我们称这种行为为挫折行为。挫折行为有下列几种表现。

（1）攻击。攻击可分为直接攻击和间接攻击两种。直接攻击把矛头直接指向阻碍物或人。这多半发生在自己认为可以压倒对方或者势均力敌的情况下。具体表现可能为发脾气、辱骂、动手侵犯对方，也可能暗地发泄私愤、败坏别人名誉、说领导坏话等。间接攻击是将矛头转移到其他物或人上。在一般情况下，如果认为对方力量较强，不便于直接攻击时，才出现间接攻击现象。具体表现为找替罪羊撒气，甚至产生破坏性的行为。

（2）合理化。合理化是指强调客观原因，埋怨别人，开脱自己或自我安慰。尽管这些理由不存在或站不住脚，可他仍然提出来，例如阿Q精神。

（3）退化。这是指受到挫折的人不能正视阻碍，在问题面前放弃了积极尝试，倒退到孩童时代，出现较为原始的幼稚行为，如哭哭啼啼、嘟嘟囔囔、耍小孩脾气等。

（4）固执。这是指一个人碰到障碍后拒绝别人的劝告，拒绝接受任何新的事实，顽固不化并继续从事某一活动而不问其是否有价值。具有这种表现的人甚至敌视任何人，增加处罚将使情况更加恶化。

（5）屈服。这是指一个人屡次遭受失败后，对目标的达成失去了信心和希望，心灰意懒，自暴自弃，一切听命于别人和环境的摆布。通常还表现为对别人冷漠，对周围环境麻木不仁。

挫折行为是人们行为中不正常的现象，是消极的、有害的。管理者应及时发现并慎重处理挫折行为，注意引导，避免对抗。具体可以考虑以下几种应对方法。

（1）允许抱怨，予以谅解、宽容和劝慰，缓和矛盾，让遭遇挫折者的激动情绪逐渐平稳。但允许抱怨是有限度的，不能妨碍生产和秩序，违法乱纪。

（2）分析其产生挫折的主观和客观原因，区别情况，予以处理。凡属客观不合理的应改善环境，去除不合理的阻碍，例如工作条件、管理制度以及人际关系中的弊病等。凡属主观不合理的应引导其走向解决问题行为，如要求过高或不尽合理、自己存在缺点、努力不够等都需要正确引导。

（3）根据情节给予适当教育、批评和惩处。允许抱怨或发泄，不等于抱怨或发泄就正确。当时宽容不等于事后不进行批评教育和处理。

10.2 激励理论

10.2.1 内容型激励理论

内容型激励理论要解决的主要问题是：究竟是什么在激励人们。这类理论主要突出人们的心理需要，并认为正是这些需要在激励人们采取行动。

作者视频讲解
请扫二维码

1. 马斯洛的需要层次理论

需要层次理论（hierarchy of needs theory）大概是流传最为广泛的激励理论。它由美国心理学家亚伯拉罕·马斯洛（Abraham H. Maslow）于1943年提出。其基本要点如下。

（1）每个人都有五种需要，即生理需要、安全需要、社交需要、尊重需要和自我实现需要。

1）生理需要（physiological needs）是指人们维持生命的基本需要，包括对食物、水、住所、性的需要以及其他方面的生理需要。

2）安全需要（safety needs）是指保护自己免受身体、情感等方面伤害的需要。这里的"安全"是一种广义的安全，包括人身安全、情感安全、财产安全、就业安全、环境安全等。

3）社交需要（social needs）是指对友谊、爱情、归属与接纳等方面的需要。这主要产生于人的社会性，人是一种社会动物，其生活和工作都不是孤立地进行的。

4）尊重需要（esteem needs）分为内部尊重和外部尊重。内部尊重因素包括自尊、自主、自信和成就感等；外部尊重因素包括地位、认可和关注（受人尊重）。

5）自我实现需要（self-actualization needs）是指成长与发展、发挥自身潜能、实现理想的需要。这是一种追求个人能力极限的内驱力。这种需要一般表现在两个方面：一是胜任感方面，有这种需要的人力图控制环境，而不是等待事物被动地发生与发展；二是成就感方面，对有这种需要的人来说，工作的乐趣在于成果和成功，他们需要知道自己工作的结果，成功后的喜悦远比其他任何报酬重要。

这五种需要是与生俱来同时并存的，只是强度、显露程度不同，其中最为迫切的需要为主导需要。人的行为是由主导需要决定的。

（2）人的五种需要是分层次的。从低到高依次为生理需要、安全需要、社交需要、尊重需要和自我实现需要（见图 10-3）。只有当较低层次的需要得到满足后，更高层次的需要才会逐步显露和增强，成为主导需要。

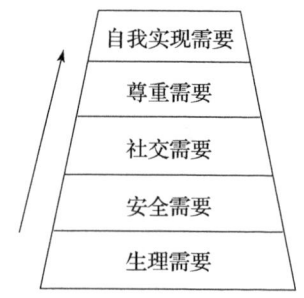

图 10-3　需要层次的排序

在五种需要中，生理需要处于最低层次，是人最基本的需要。按照马斯洛的观点，只有在生理需要得到满足后，人才会进一步追求较高层次的需要。低层次的需要满足的程度越高，对高层次需要的追求就越强烈。人在不同的发展阶段，各种需要的强度是不同的。如图 10-4 所示：在 A 点，生理需要为主导需要，安全需要次之；到了 B 点，社交需要成为主导需要，安全与尊重需要次之；到了 C 点，自我实现需要成为主导需要，尊重需要次之。

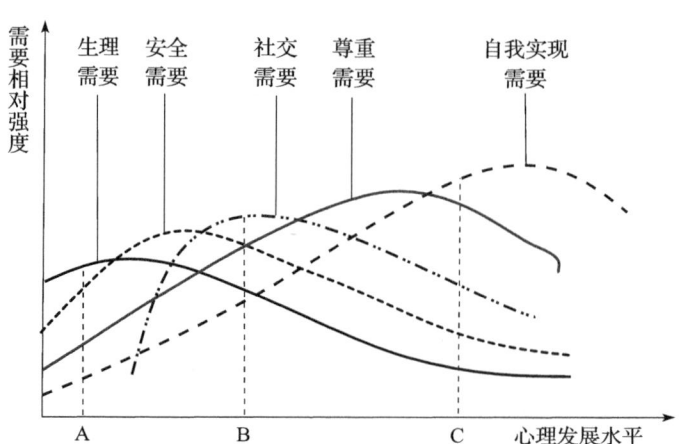

图 10-4　马斯洛的需要层次发展过程

资料来源：邢以群. 管理学［M］. 北京：高等教育出版社，2007.

马斯洛进一步把这五个层次的需要划分为高和低两个等级。生理需要与安全需要被称作较低级的需要，社交需要、尊重需要和自我实现需要被称作较高级的需要。两个等级划分的依据是：高级需要主要从内部使人得到满足，低级需要则主要从外部使人得到满足。

（3）当某种需要被满足之后，就不再具有激励作用。当某种需要被满足之后，下一层次的需要开始上升为主导地位，原来的需要退至次要地位。由于决定人的行为的根本因素是主导需要，因而已经被满足的需要对人的行为不再具有决定作用。如果仍旧以这一需要来调动人的积极性，则难以获得所期望的激励效果。

马斯洛的理论提出以后很快引起了广泛关注，在20世纪六七十年代，更是得到了实际管理者的普遍认可。这可能主要归功于该理论内容浅显易懂、逻辑符合人的直觉、形式简约美观等特点。

美中不足的是，该理论的实证研究基础比较薄弱，众多的学术性研究并未对该理论提供验证性支持。劳勒（E. Lawler）和萨特尔（J. Suttle）花了将近一年的时间，对两个不同组织中的187名主管人员收集了有关数据。他们找不出任何证据来支持马斯洛的关于人的需要分为五个层次的理论，但他们发现人的需要有两个层次：生物学上的需要和其他需要。只有当生物学上的需要得到适当满足的时候，其他需要才会显露出来。

尽管如此，马斯洛的理论仍然产生了巨大影响。许多实际管理者主动地运用其理论指导管理实践，更为重要的是，马斯洛的研究开拓了广阔的理论空间，后续的很多激励理论都是以马斯洛的理论为基础的。表10-1是国外行为科学家根据马斯洛的需要层次理论提出的一些激励措施。

表 10-1　根据马斯洛的需要层次理论提出的一些激励措施

需要层次	追求的目标	管理策略
生理需要	待遇；健康的工作环境；各种福利	工资、奖金；医疗保健制度；工作时间长短；住房等福利设施
安全需要	职业保障；意外事故的防止	雇用保证；劳保制度；退休金制度
社交需要	友谊（良好的人际关系）；团体的接纳；组织的认同	团体活动计划；互助金制度；群众组织；教育培训制度
尊重需要	地位、排名；荣誉；权力与责任；与他人收入的比较	人事考核制度；晋升制度；表彰制度；奖励制度
自我实现需要	能发挥个体特长的环境；挑战性工作	决策参与制度；提案制度；革新小组

2. 奥尔德弗的ERG理论

ERG理论即"生存－关系－成长"（existence-relatedness-growth，ERG）理论。它由美国心理学家克雷顿·奥尔德弗（Clayton P. Alderfer）于1969年提出。其基本要点如下。

（1）人的需要可以归纳为三种：生存需要、相互关系需要和成长发展需要。生存需要大体类似于马斯洛的生理需要和安全需要，它是人最基本的需要；相互关系需要相当于马斯洛理论中的社交和尊重需要，当一个人的生存需要得到满足后，就希望能与他人相处得更好；成长发展需要是指个人在事业、前途方面发展的需要，类似于马斯洛提出的自我实现需要。这三种需要不是天生就有的，而是后天培养产生的。

（2）三种需要之间存在着多样化的关系。需要的满足并不一定遵循严格的次序，某一需要得到满足之后，可能会出现需要升级，也可能会停留在原来的需要上，还可能会出现需要越级，甚至可能出现需要降级。例如，有的学者尽管生活比较清贫，却孜孜不倦地从事学术研究，这就属于越级满足较高层次的需要。与此形成鲜明对比的是"受挫－回归"现象：当上一层次的需要难以得到满足，追求遇到挫折时，人们会转而对下一层次的需要提出更多要求，以此作为追求高层次需要受到挫折的补偿。例如，当一个人感到自己很难建立起所需要的紧密合作的人际关系时，就不再去争取这些因素，转而更加关心工资、工作条件、休假以及其他福利等生存需要。

奥尔德弗的 ERG 理论和马斯洛的需要层次理论有一定的相通之处。他们都研究人的需要，都认为人的需要具有层次性特征。但总体来看，两种理论还是有着重要区别。马斯洛的需要层次理论是一个单向、递增的层级结构，较低层次的需要必须在较高层次的需要满足之前得到充分的满足，二者具有不可逆性。与之不同，奥尔德弗的 ERG 理论是一个多向、递增的层级结构，即使前一层级的需要未被满足，后一层级的需要仍然会出现，而且三种需要可以同时起作用。

3. 麦克利兰的三种需要理论

三种需要理论（three needs theory）又称后天需要理论（acquired needs theory），它是由美国心理学家戴维·麦克利兰（David McClelland）于 20 世纪 60 年代提出的。该理论主要研究个体在工作情境中的需要。其基本观点如下。

（1）在工作情境中，人有三种主要需要，即成就需要、权力需要和归属需要。成就需要（need for achievement）是指达到标准、追求卓越、争取成功的需要；权力需要（need for power）是指影响或控制他人且不受他人控制的需要；归属需要（need for affiliation）是指建立亲密友好的人际关系的需要。这些需要都是后天获得的，是通过生活经验可以学习的，而不像生理需要那样是先天就有的。

（2）高成就需要者在能够独立负责、能及时得到信息反馈和中等程度风险的工作环境中可以被高度激励。高成就需要的人渴望把事情做得更完美，使工作更有效率，以获得更大的成功。但他们追求的是成就感本身，而不是成就所带来的奖励。这类人有三个特点：第一，他们寻求能够独立处理问题的工作环境；第二，他们希望得到有关工作绩效的及时明确的反馈信息，从而了解自己是否有所进步；第三，他们喜欢设立具有适度挑战性的目标。高成就需要者在自己感到成败机会各半的工作中表现最为出色。他们喜欢设定成败机会均等、通过自身努力才能达到的奋斗目标，因为他们认为这才是体验成功喜悦与满足的最佳机会。

（3）高权力需要的人希望"承担责任"，喜欢竞争和地位取向的工作。具有强烈的权力需要的人，经常有较多的机会晋升到组织的高级管理层。相比之下，有强烈的成就需要但没有强烈的权力需要的人，虽然容易在业务领域内登上他们职业生涯的顶峰，但在组织中的职务不一定很高。因为成就的需要可以通过任务本身得到满足，而权力的需要只能通过上升到某种高于他人的权力层次才能得到满足。也正是因为这一点，高成就需要者不一定是一名优秀的管理者，尤其是对规模较大的组织而言；同理，大型组织中的优秀管理者，也未必是成就需要很高者。

（4）高归属需要者渴望友谊，喜欢合作而不是竞争的环境，希望彼此间沟通和理解。高归属需要者是成功的"整合者"。他们的工作往往是协调组织中几个部门的工作，必须具有过人的人际关系技能，能够与他人建立积极的工作关系。尽管归属需要对某些类别的管理者非常重要，但它并不是最优秀管理人员的特征。最优秀的管理者通常是权力需要很高而归属需要很低的人。

麦克利兰的三种需要理论对管理实践的启示是：高成就需要的人对组织绩效具有重要

的促进作用，要注意识别这些人才，让他们承担独当一面、能够显示其工作业绩的工作，为他们提供成功机会，及时肯定和宣传他们的业绩，并给予较高荣誉。还可以考虑通过系统培训激发员工的成就需要，提高他们的工作绩效，进而提升整个组织的绩效。要培养优秀的管理者，应主要培养和满足其权力需要。对协调和整合能力要求较高的一般管理工作，可以考虑从高归属需要者中寻找和培养负责人。

4. 赫茨伯格的双因素理论

双因素理论（two factor theory）又称"激励－保健理论"（motivation-hygiene theory），它是由美国心理学家弗雷德里克·赫茨伯格（Frederick Herzberg）于20世纪50年代后期提出的。该理论研究的重点是人与工作的关系问题。其主要观点如下。

（1）激励因素往往与工作本身有关，保健因素通常与工作条件和环境有关。赫茨伯格认为，人与工作的关系问题是一个根本问题，个人对工作的态度在很大程度上决定了任务的成败。为了对这一观点进行检验，他在50年代后期对匹兹堡地区11个工商业机构的2 000名白领工作者进行了调查。调查的问题是"人们希望从工作中得到什么"，要求人们在具体的情境下详细描述他们所认为的工作中特别好或特别差的方面。赫茨伯格对调查结果进行了分类归纳，如图10-5所示。

激励因素	保健因素
成就	监督
认可	公司政策
工作本身	与监督者的关系
责任	工作条件
晋升	工资
成长	同事关系
	个人生活
	与下属的关系
	地位
	保障

极满意 ←——— 中性 ———→ 极不满意

图10-5　赫茨伯格的激励－保健理论

赫茨伯格发现，对工作感到满意的员工和对工作感到不满意的员工的回答差别很大。图10-5左侧列出的是一些导致工作满意的因素，包括成就、认可、责任等，这些因素与工作本身有关，称为激励因素（motivators）。右侧列出的是导致工作不满意的一些因素，如监督、工作条件、同事关系等，这些因素都是外部因素，称为保健因素（hygiene factors）。

（2）满意的对立面不是不满意，而是没有满意；不满意的对立面也不是满意，而是没有不满意。基于调查结果，赫茨伯格进一步指出满意的对立面并不是不满意，消除工作中的不满意因素并不一定能使工作结果令人满意。如图10-6所示，赫茨伯格提出这之间存在着双重的连续体：满意的对立面是没有满意，而不是不满意；同样，不满意的对立面是没有不满意，而不是满意。我们可以用数值来近似描述赫茨伯格提出的这种"连续体"："满意"到"没有满意"之间的状态相当于"满意度"为正值，"没有满意"这一点的"满意度"为零；同样，"不满意"到"没有不满意"之间的状态相当于"满意度"为负值，"没有不满意"这一点的"满意度"为零。"满意度"为零的两点"没有满意"和"没有不满意"恰好重合。

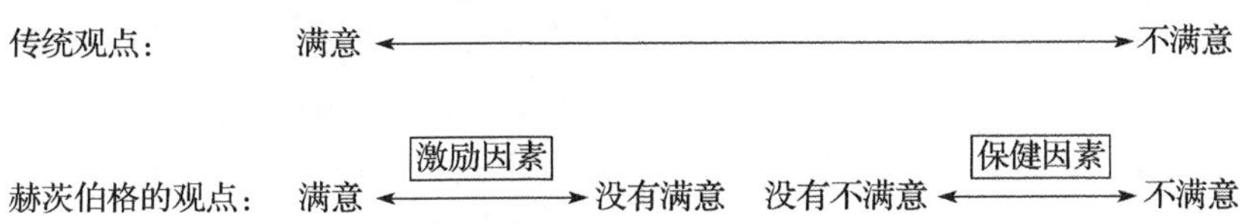

传统观点：　　　满意 ←————————————→ 不满意

　　　　　　　　　　　　激励因素　　　　　　　　　保健因素
赫茨伯格的观点：满意 ←———→ 没有满意　没有不满意 ←———→ 不满意

图10-6　满意－不满意观点的比较

（3）激励因素和保健因素发挥着不同的作用。保健因素与人们的不满情绪有关。如果保健因素处理不好,会引发人们对工作的不满情绪;处理得好,可以预防或消除这种不满。但这类因素并不能对员工起激励作用,只能起到安抚员工、维持工作现状的作用。所以保健因素又称作"维持因素"。激励因素与人们的满意情绪有关。与激励有关的工作处理得好,能够使人们产生满意情绪;如果处理不当,其不利效果顶多只是没有满意情绪,而不会导致不满。由此可知,激励因素和保健因素发挥着不同的作用,二者不可替代。如果要想使人们在工作中感到满意,首先应考虑改善保健因素,消除人们的不满意感;在此基础上,才能通过激励因素的改善增强人们的满意感。

双因素理论对管理实践的启示是:在采取措施激励员工之前,首先应弄清员工的情绪处在什么状态。如果员工有不满情绪,应先通过改善保健因素消除员工的不满情绪,然后改善激励因素;如果员工没有不满情绪,则可以直接实施激励因素。如果不弄清员工的情绪,不了解两种因素的功能差异,贸然采取措施,结果很可能是事倍功半或劳而无功。

马斯洛的需要层次理论、奥尔德弗的 ERG 理论、麦克利兰的三种需要理论和赫茨伯格的双因素理论这四种内容型激励理论,都是围绕"需要"来回答"究竟是什么在激励人们"这一核心问题的。它们之间具有一定的相通性,如表 10-2 所示。

表 10-2 四种激励理论之间的关系比较

马斯洛的需要层次理论	奥尔德弗的 ERG 理论	麦克利兰的三种需要理论	赫茨伯格的双因素理论
生理需要	生存需要		保健因素
安全需要			
社交需要	相互关系需要	归属需要	
尊重需要		权力需要	激励因素
自我实现需要	成长发展需要	成就需要	

5. 目标设定理论

对于具有一定难度且具体的目标,一旦被接受,将会比容易的目标更能激发高水平的工作绩效。这种主张被称为目标设定理论(goal-setting theory),如图 10-7 所示,其主要观点如下。

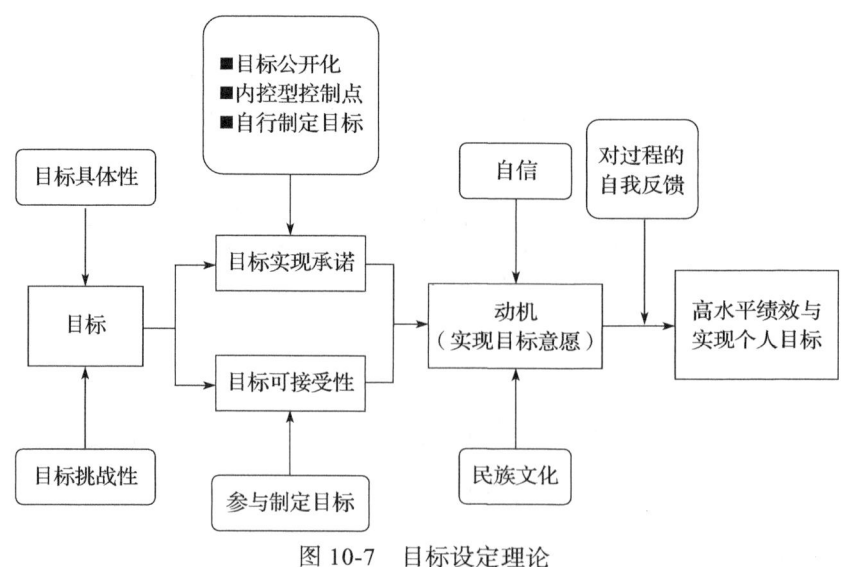

图 10-7 目标设定理论

（1）具体而富有挑战性的目标能够产生强烈的激励作用。具体化的目标本身就是一种内部激励要素。这一观点与麦克利兰的三种需要理论的观点之间似乎存在矛盾。麦克利兰认为，高成就需要的人挑选中等难度的目标时，表现最为出色。但目标设定理论则认为设定具有一定难度的目标将产生更大的激励作用。事实上二者并不矛盾：第一，目标设定理论是针对普通人的，而麦克利兰的理论是针对高成就需要者而言的；第二，目标设定理论适用于那些承诺并接受工作目标的人。具有一定难度的目标只有被接受和采纳后，才会导致更高的工作绩效。

（2）员工参与制定目标不一定能导致更高绩效，但可以提高目标的可接受性，尤其是任务比较艰巨时。

（3）当员工获得有关目标进度的反馈时，工作绩效会更好。自我反馈比外部反馈的激励作用更强。

（4）目标-绩效关系会受到目标承诺、充分自信和民族文化等权变因素的影响。目标承诺（goal commitment）是指一个人决定不放弃或不降低目标。如果目标是公开化的，目标接受者的控制点属于内控型，目标是自己制定而不是分派下来的，那么目标承诺水平就高。自信是指一个人确信其能够完成某项任务。在困难情境下，低度自信的人会降低努力水平甚至放弃任务；但高度自信的人会更加努力，应对挑战。面对反馈回来的负面信息，高度自信的人会加倍努力，强化动机；而低度自信的人会降低努力水平。

目标设定理论对管理实践具有重要意义。目标一旦设定，利用目标进行激励的成本将非常低廉。此外，目标激励是内部激励，效果更持久。该理论对新创企业和处于困境中的企业具有很高的应用价值。

10.2.2 过程型激励理论

过程型激励理论要回答的核心问题是：激励究竟是如何发生的。这类激励理论着重研究行为的产生、发展、改变和结束过程。代表性的理论有期望理论、公平理论和强化理论。

作者视频讲解
请扫二维码

1. 期望理论

期望理论（expectancy theory）是迄今为止对激励问题解释比较全面，并被广泛接受的一种激励理论。该理论主要由美国心理学家维克托·弗鲁姆（Victor Vroom）在20世纪60年代中期提出。

（1）期望理论的主要观点。期望理论认为，当人们预期某一行为能给个人带来既定结果，且这种结果对个体具有吸引力时，个体才会采取这一特定行动。用公式表示为：

$$激励力量（M）= 效价（V）\times 期望值（E）$$

式中，激励力量（motivation）即动机强度，它表明一个人愿意为达到目标而努力的程度。效价（valence）是指一个人对目标价值的估计，反映了他对某一结果的偏爱程度。期望值（expectancy）是指人们对实现某一目标可能性的主观估计。如果他认为某一目标是完全可以实现的，那么期望值为1；反之，若认为此目标根本不可能实现，则期望值为0。一般情况下，期望值介于0～1。

（2）期望理论的三种联系。以上面的公式为基础，可以把期望理论进一步细化。这涉及三个主要变量或三种联系。

第一，期望（expectancy）或努力－绩效的联系（effort-performance linkage）。员工感觉到通过一定程度的努力而达到工作绩效的可能性。如要付出多大努力才能达到某一绩效水平？自己是否真能达到这一绩效水平？概率有多大？

第二，媒介系数（instrumentality）或绩效－奖励的联系（performance-reward linkage）。员工对于达到一定的工作绩效后即可获得理想奖励结果的信任程度。例如达到既定的工作绩效后是否会得到奖励？奖励是否能够按时、足额兑现？

第三，效价（valence）或奖励－目标的联系（reward-goal linkage）。有时这一联系也称作奖励的吸引力（attractive of reward），是指如果工作完成，员工所获得奖励或潜在结果对个体的重要性程度。如这一奖励能否满足员工的个人需要？吸引力有多大？

以上述三个联系为基础，期望理论的公式可以写成：

激励力量（M）＝期望值（E）× 媒介系数（I）× 效价（V）

该公式可以进一步直观地表示成图10-8所示的简化模型，它表明了期望理论的主要内容。一个人工作的动机强度取决于：他认为自己达到理想工作绩效的可能性有多大（E）；如果达到了理想的绩效水平，它是否会获得组织的充分奖励（I）；如果组织给予了奖励，这种奖励能否满足他的个人目标（V）。只有这三个方面的取值都很高时，从事某项工作的积极性才会高。其中任何一个方面得分低，都会导致激励力量的减弱。下面具体讨论一下期望理论包含的四个步骤。

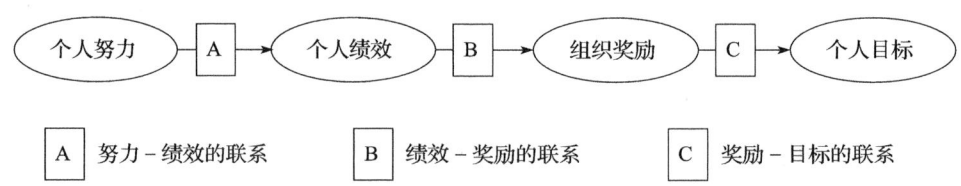

图10-8 期望理论的简化模型

资料来源：斯蒂芬·罗宾斯.管理学（原书第4版）[M].黄卫伟，等译.北京：中国人民大学出版社，1997.

第一，员工感到这份工作能提供什么样的结果（组织奖励）？这些结果可以是积极的（正面奖励），如工资、人身安全、同事友谊、信任、额外福利、发挥自己的潜能或才干的机会等；也可以是消极的（负面"奖励"），如疲劳、厌倦、挫折、焦虑、严格的监督与约束、失业威胁等。这里需要强调的是："结果"是指员工知觉到的结果，它有可能与实际情况不一致。

第二，这些结果对员工的吸引力有多大（奖励－目标的联系C）？他们的评价是积极的、消极的还是中性的？这显然是一个内部问题，与员工的态度、个性、需要等有关。如果员工发现某一结果对他有特别的吸引力，那么他将努力实现它；如果对结果的评价是消极的，则可能放弃；如果评价是中性的，那么实现这一结果的努力不会太强，但也不会放弃这一结果。

第三，为了得到这一结果，员工需要做到哪些（绩效－奖励的联系B）？只有这样，才会对员工在工作中的绩效产生影响。例如，员工需要明确了解在绩效评估中"优秀"究竟是什么意思？评价其工作绩效的标准是什么？

第四，员工是怎么看待这次工作机会的（努力－绩效的联系A）？在他综合评估自己的能力、工作难度等因素后，认为工作成功的可能性有多大？

专栏 10-2
克雷纳谈价值观与激励

组织面临的挑战在于，价值观比金钱复杂得多。价值观不能简单地浓缩成一段企业使命宣言，或是整整齐齐地印在精美的卡片上。过去，人们信奉单一的价值观。现在，更为成熟的企业认识到，企业的独特性就来自多元价值观和文化。以前，企业认为员工的需求是一样的。现在，企业的福利和工作安排都更为灵活，管理者意识到人们受不同的事情所激励。组织必须了解不同的员工适用什么样的激励因素，不是每个人都渴望金钱和权力。如果一家公司能够赋予员工真正的工作意义，赋予他们追求理想的自由与资源，这就是个好地方。价值观是培养员工忠诚度的新途径。

资料来源：斯图尔特·克雷纳.管理百年［M］.闾佳，译.北京：中国人民大学出版社，2015：296-297.

2. 公平理论

公平理论（equity theory）是由美国心理学家斯塔西·亚当斯（J. Stacey Adams）于 1965 年首先提出来的，也称为社会比较理论。

该理论的主要观点是：员工不是在真空中工作的，他们总在进行比较，比较的结果对他们工作的努力程度有很大影响。员工经常把自己的所得（outcomes，也称作报酬）与付出（inputs）的比率与别人的同一比率进行比较，如图 10-9 所示。如果员工感到自己的比率与他人相同，就会觉得是公平的，他可能会因此而保持工作的积极性和努力程度；如果感到低于他人，员工会感到不公平，此时他会采用各种办法消除这种不公平感。常见的方法有以下几种。

- 曲解自己或别人的付出与所得，进行自我安慰。例如提醒自己所得少有所得少的好处，自己轻松还少遭人妒忌。
- 设法改变他人的所得与付出。比如通过闹事，造成"自己拿不到，干脆谁也甭拿"的结果；或在工作中以"谁拿得多，谁去干"为由增加他人付出。
- 设法改变自己的所得与付出。例如以减少业绩、罢工、旷工等相威胁要求增加报酬，或者以怠工、推诿工作等来减少自己的付出。
- 改变参照对象。例如尽管与张三相比是吃亏了，但与王五相比还可以，"比上不足，比下有余"。
- 离职。这是一种比较极端的反应。

如果员工感到自己的比率高于他人，实际上也是一种不公平。但在这种情况下，员工通常不会要求减少报酬，而有可能会自觉地增加付出。但过一段时间后他可能会因重新过高估计自己的付出而对过高的报酬心安理得，于是其付出又会恢复到原先的水平。

需要说明的是，这里的所得和付出都是广义的概念。前者包括工资、奖金、表彰、信念、升职等；后者包括工作数量与质量、

	觉察到的比率比较	员工的评价
（1）	$\dfrac{\text{所得A}}{\text{付出A}} < \dfrac{\text{所得B}}{\text{付出B}}$	不公平（报酬过低）
（2）	$\dfrac{\text{所得A}}{\text{付出A}} = \dfrac{\text{所得B}}{\text{付出B}}$	公平
（3）	$\dfrac{\text{所得A}}{\text{付出A}} > \dfrac{\text{所得B}}{\text{付出B}}$	不公平（报酬过高）

图 10-9 亚当斯的公平理论
注：A 代表某员工，B 代表参照对象。

技术水平、能力、努力程度等。而且，所得与付出都是指一种主观感受，而不是客观事实。

在公平理论中，"参照对象"是一个极为关键的变量。因为参照对象不同，员工的公平感可能完全不同。参照对象可以分为三类："他人""制度"和"自我"。"他人"包括同一组织中从事相似工作的其他员工，还包括朋友、邻居及同行。"他人"是员工进行横向比较的参照对象。"制度"指组织中的薪酬政策及其实施程序，既包括明文规定，也包括一些不成文的惯例。这些薪酬分配的"惯例"往往是最主要的参照对象。"自我"是指员工自己在以往工作中所得与付出的比率，受到员工过去的工作标准及家庭负担程度的影响。"自我"是员工进行纵向比较的参照对象。

公平理论对管理实践的启示是：第一，员工的积极性不仅受绝对报酬的影响，而且受相对报酬的影响。因此，企业在设计薪酬政策时，不仅要考虑决定薪酬竞争力的绝对薪酬水平，还要考虑对员工公平感有重要影响的薪酬结构。第二，员工的不公平感是一种主观感受，在员工做出行为反应之前不易觉察。因此，管理者应经常性地调查员工的公平感，在出现过激行为之前就采取措施，防患于未然。第三，在员工的感知过程中，信息的缺乏容易导致员工低估他人的付出，高估他人的所得。企业在绩效评价和决定奖惩的过程中，应提高信息的充分性与透明度，减少信息不对称造成的不公平感。

3. 强化理论

强化理论（reinforcement theory）是由美国心理学家斯金纳（B. F. Skinner）首先提出的。其主要观点是：人的行为是其结果的函数。如果某种行为结果对人有利，那么这种行为就会重复出现；如果行为结果对人不利，那么行为重复的可能性则很小。

根据该理论，可以通过一系列连续的强化步骤，使人的行为越来越接近所期望的行为。这个过程称为行为塑造。行为塑造的方式或手段有四种：正强化、负强化、惩罚和忽视。

正强化（positive reinforcement）是指对希望出现的行为及时加以肯定或奖励。这种奖励必须是行为主体所喜欢的。例如某员工工作完成得很出色，便立即予以表扬。

负强化（negative reinforcement）是指通过收回让行为主体感到不快的事物，鼓励其表现出所期望的行为。例如厂里规定，如果不能按时完成任务就扣工资，为了避免被扣工资，工人便按时完成任务。这个过程也可以看作用"不扣工资"来奖励工人按时完成任务的行为，也可以看作通过收回"扣工资"这件令人不快的事情来鼓励工人"按时完成任务"。这是一项典型的负强化措施。但如果真的有工人没有按时完成任务而被扣了工资，就不是负强化了，而是惩罚。

惩罚（punishment）是指对不期望出现的行为进行处罚，以期消除这种行为。可见，负强化往往有威胁和警告的意思，通常是在事前发挥作用；而惩罚一般是在事后发挥作用。

忽视（extinction）也称作消退，它是指通过消除行为得以维持的因素而使不期望的行为逐渐消失。例如在开会时，如果管理者不希望下属一再干扰会议进程，可以在员工举手要求发言时，无视其存在。这样"举手"行为便因得不到强化而逐渐消失。

强化理论对管理实践的启示是：第一，可以根据员工工作的实际表现来塑造员工的行为，使其符合组织目标的要求；第二，根据员工的工作行为采用强化手段时，应站在员工的立场来看强化手段是有利还是不利；第三，强化手段应以正强化为主，慎用惩罚。尽管惩罚措施消除不良行为的速度快于忽视手段，但它的效果往往是暂时性的，而且可能会产生较大的消极影响，如冲突、缺勤，甚至辞职；第四，强化措施应紧跟在行为之后，否则效果会大受影响。

10.2.3 激励理论的综合

前面我们列出了若干激励理论，每一种激励理论都有一定的价值，同时每一种理论对管理实践的解释力都是不充分的，不能孤立地看待各种理论。事实上，许多理论的观点都是互补的。只有将各种理论融会贯通，才能加深对激励问题的理解，才能更有效地用理论成果指导激励实践。图 10-10 是将各种激励理论进行综合的示意图。

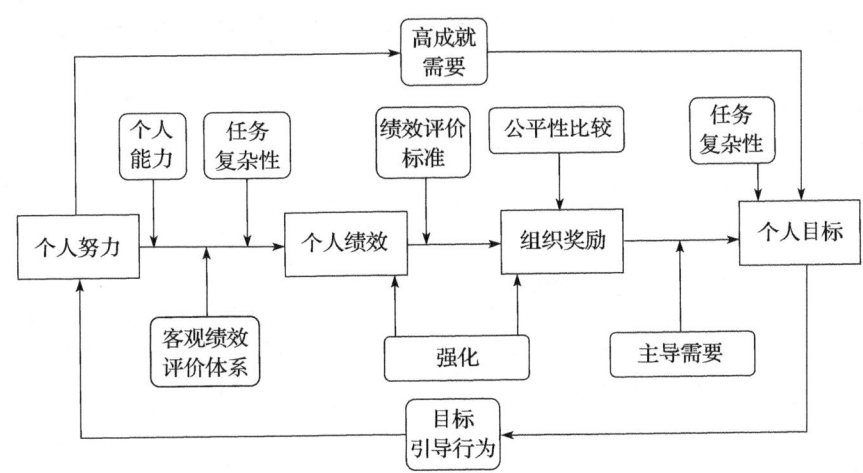

图 10-10 激励理论的综合

资料来源：Stephen P Robbins，Mary Coulter. *Management*［M］. 7e, Englewood Cliffs：Prentice-Hall, 2002.

图 10-10 总结了本章提到的关于激励问题的大部分内容。"个人努力"处有一个从"个人目标"引出的箭头，这与目标设定理论一致。目标－努力这一环路表明应当关注目标对行为的引导和激励作用。

期望理论认为，如果个人感到努力与个人绩效之间、个人绩效与组织奖励之间、组织奖励与个人目标的满足之间都存在密切联系，那么他就会付出高度的努力。同时，每一种联系又受到一定因素的影响。对于个人努力与个人绩效之间的联系来说，个人还必须具备必要的能力，对个体进行评价的绩效评价系统也必须公正、客观。对于绩效与奖励之间的联系来说，如果个人感知到自己是因绩效因素而不是其他因素（如资历、个人爱好等）而受到奖励时，这种关系最为紧密。对于组织奖励和个人目标之间的联系来说，需要理论起着重要作用。当个人由于他的绩效而获得的奖赏满足了与其目标一致的主导需要时，他的工作积极性会非常高。

模型也包含了成就需要理论、强化理论和公平理论。高成就需要者主要不是因为组织对他的绩效评价以及组织奖励而受到激励，对他们来说，个人努力与个人目标之间是一种直接关系。对高成就需要者而言，只要他们所从事的工作能使他们产生责任感、有信息反馈并具备中等程度的风险，那么他们就会产生内部的驱动力。他们也并不关心努力－绩效、绩效－奖励、奖励－目标这三种联系。

强化理论主要体现在组织的奖励强化了个人的绩效。如果组织设计的奖励系统在员工看来是用于奖励卓越的工作绩效的，那么奖励将进一步强化和激励这种良好的绩效。

最后，组织奖励也体现了公平理论的重要作用。个人经常会将自己的付出与所得比率与参照对象的同一比率进行对比，若感到二者不公平，将会影响其的努力程度。

10.3 激励实务

10.3.1 激励的指导原则

上一节介绍的各种激励理论展现了关于激励问题的富有洞察力的观点。这些理论和观点虽然没有提供一个现成的、放之四海而皆准的行动方案，但的确能够为有效激励员工提供一些重要的指导原则和实质性帮助。

（1）认清个体差异。几乎所有的当代激励理论都认为每个员工都是一个独特的不同于他人的个体，他们的需要、态度、个性及其他重要的个体变量各不相同。比如，期望理论对内控型人比外控型人预测得更准确。为什么？因为前者认为自己的生活在很大程度上由自己掌握，这与期望理论中的自我利益假设是一致的。因此，应根据员工的具体特点实施激励，不能指望某一激励方案对所有人都适合。

（2）奖励应能满足员工的个性化需要。个体差异本身就意味着每个员工的需要不同。组织奖励的对象主要是个体，奖励的内容应当能够满足其个人需要，尤其是其主导需要。如果组织提供奖励时只考虑组织的方便，或者根据已有方案简单复制，那么激励的有效性则很难保证。

（3）奖励与绩效挂钩。管理者必须使奖励与绩效相统一，只有奖励因素而不是绩效才能对其他因素起到强化作用。主要的奖励如加薪、晋升应授予那些达到了特定目标的员工。管理者应当想办法增加奖励的透明度，如消除发薪的保密性，代之以公开员工的工资、奖金及加薪数额，这些措施将使奖励更加透明，更能激励员工。

（4）合理运用目标。清晰合理的目标有利于员工清楚地界定自己的任务和行进方向，减少盲目性，为员工更主动地完成自己的任务提供可能。

（5）使人与工作相匹配。大量研究证据表明将个体与工作进行合理匹配能够起到激励员工的作用。比如，高成就需要者应该从事小企业的独立经营工作，或在规模较大的组织中从事相对独立的部门动作。但是，如果是在大型官僚组织中从事管理工作，候选人必须是高权力需要和低归属需要的员工。

（6）检查公平性系统。员工应当感到自己的付出与所得是对等的。具体而言，员工的经验、能力、努力等明显的付出项目应当在员工的收入、职责和其他所得方面体现出不同。但是，在公平性问题上，存在着众多的付出与所得项目，而且员工对其重要性的认识也存在差异，因而这一问题十分复杂。对某人具有公平感不一定对其他人也有公平感，所以理想的奖励系统应当能够分别评估每一项工作的投入，并相应给予合适的奖励。

（7）不要忽视金钱因素。金钱是大多数人从事工作的主要原因。因此，以绩效为基础的加薪、奖励及其他物质刺激在决定员工工作积极性上起着重要的作用。有一篇综述报告概括了80项评价激励方式及其对员工生产率影响的研究，其结论证实了这一观点：当仅仅根据生产情况来设定目标时，生产率平均提高了16%；重新设计激励机制以使工作更为丰富化，生产率水平提高了8%～16%；让员工参与决策的做法，使生产率水平提高了不到1%；然而，以金钱作为刺激物使生产率水平提高了30%。

专栏 10-3　　个人化的奖励

长期以来，组织在分配奖励时都想当然地认为"一种奖励方法适合所有员工"。管理者通常认为每个人都想获得更多薪酬和更多假期。但是随着组织的科层制色彩越来越淡，其区分奖励方案的能力不断提高，这些因素都鼓励管理者采取因人因时而异的方法来激励员工。其实，组织中存在大量对员工有吸引力的潜在奖励，其中包括更高的基本工资、奖金、压缩工作周、延长假期时间、带薪休假、弹性工作时间、兼职就业、有保证的工作安全、更高的养老金交费、大学学费报销、个人休假、购房补贴、杰出贡献奖、公司付费的俱乐部会员资格以及在家办公。未来，大多数组织将建立个人化奖励体系，以最大限度地激励员工。

资料来源：斯蒂芬 P 罗宾斯，玛丽·库尔特.管理学[M].李原，等译.北京：中国人民大学出版社，2015：442.

10.3.2　常见激励手段

激励理论为管理实践提供了丰富的激励方法和激励手段。这些不同的激励方法和激励手段在实践中是综合发挥作用的。如果我们把一个独立的工作循环划分为目标设定、目标执行和目标完成三个连续环节，那么我们可以把常见的激励手段划分为工作目标、工作本身和工作成果三类。它们分别在员工执行工作目标之前、员工执行工作目标过程中以及员工实现工作目标之后发挥主要作用。运用这些手段进行的激励我们可以分别称作目标激励、工作激励和成果激励。

1. 目标激励

目标设定理论和期望理论都告诉我们，合理设定的目标可以有效激发员工工作的积极性。这里需要注意两点：第一，这里的"目标"强调的是组织目标分解到个人身上的具体工作，而不是指员工的个人需要。这一点与期望理论略有不同。在期望理论中，个人目标更多是指员工的个人需要。第二，目标激励中发挥作用的是目标本身，而不是目标执行之后产生的结果，也不是目标的执行过程。只要员工接受了目标，就会焕发出积极性。因此，目标激励是一种先导性的激励方式。由于实行目标激励不需要其他附加条件，所以也是一种比较经济的激励方式。

为了提高目标的可接受性，管理者有时会让员工参与目标的设定。这种做法一般需要满足两个条件：一是与组织文化相容；二是管理者预计目标会受到抵制。如果组织缺乏员工参与管理的文化传统，员工很可能会把参与做法看作被组织所操纵。在这种情况下，由管理者单独设定目标可能更合适。另外，管理者认为目标受到抵制的可能性很大时，才有必要使用参与做法。这样可以把引起抵制的原因在设定目标的过程中予以充分考虑，有效化解目标阻力。

影响目标可接受性的重要因素之一是目标的难度。在管理实践中，有的管理者认为目标应当具有一定的挑战性，设定的目标难度较大；也有的管理者强调目标的可实现性，设定的目标相对较低。这两种做法都有一定道理，只是适用条件不同。前者适用于高成就需要的员工，后者适用于普通员工。根据麦克利兰的成就需要理论，高成就需要者的目标需要有一定的挑战性，否则无法实现他们的成就感。但挑战性过高的目标对普通员工则不太适合。因为根据期望理论，目标难度过大，员工会认为目标很难达到，期望概率的值降低，他们的努力程度就会降低。此时，管理者应适当降低目标难度，这样员工才会相信自己的目标经过努力是可以实现的，而不是可望而不可即的，从而激发他们充满希望地为实现目标而积极努力。

尽管目标激励成本低，不需要其他附加条件，但它独自产生的激励效果往往比较短暂，一般不会超过一个工作循环。如果超过了一个工作循环，必须采用一些与工作成果相联系的激励手段与目标激励相互配合，效果才会更加持久。

2. 工作激励

工作激励是把工作本身作为激励的手段。如果员工在工作时能够从工作中得到乐趣或便利，工作的积极性自然会提高。需要注意的是，工作激励强调的是工作过程本身，而不是工作完成之后产生的附加结果。因此，工作激励也是一种内部激励。工作过程中的成就感、责任感、关注、赏识、信任等是员工积极性的源泉。

在管理实践中，运用工作进行激励的一般原则是使工作与员工更加匹配，从而使员工焕发出更大的积极性。由此出发，运用工作进行激励的思路有两条：一是为既定工作安排合适的员工；二是为员工设计合适的工作。第一条思路是人力资源管理的基本内容，我们这里主要从第二条思路入手。根据这一思路，通过工作设计进行激励的常用方法有建立自我管理团队、工作扩大化、工作丰富化等。

（1）建立自我管理团队。自我管理团队（self-managed team）是工作团队（work team）的一种。工作团队是指若干相互依赖的个人为实现特定目标而组成的正式群体。自我管理团队是指为完成一个完整的工作流程或其中一部分而自行运作的没有管理者的工作团队，它具有显著激励功能。自我管理团队既要完成工作目标，又要进行自我管理。给自我管理团队确定要完成的工作目标以后，它就有权自主地确定工作计划和日程安排，把工作分派到每一个成员，对工作节奏进行集体控制，做出各类作业决策，采取措施解决问题等。这些团队甚至可以挑选自己的成员，并让成员相互评价工作成绩。其结果是团队主管的职位就变得不太重要，有时可能被取消。

实践表明，自我管理团队卓有成效。很多运用自我管理团队的组织都表示愿意进一步推广这种团队的应用。

（2）工作扩大化。工作扩大化（job enlargement）是针对过度专业化提出来的。长期以来，工作设计主要集中在工作分解和专业化上。当这种专业化达到一定程度以后，工作范围就变得过于狭窄，工作内容过于简单、重复性越来越高。这时，对员工的激励就变得非常困难。工作扩大化是指通过扩大工作范围来对工作进行横向拓展。这里的"工作范围"（job scope）是指一项工作所包含的任务数目以及这些任务重复的频率。增加一个人所执行的任务数目，可以提高其工作的多样性。以邮件分类工作为例，该工作原来的任务只限于按单位分发收到的邮件，现在可以通过工作扩大化把加盖邮戳、向各单位运送邮件等任务包括进来。

工作扩大化的效果并不尽如人意。正如一位经历过工作扩大化的员工所说的那样：以前只有一份烦人的工作，由于工作扩大化，现在有了多份烦人的工作。但有研究表明，知识扩大化活动（扩大一项工作所用知识的范围）能够提高员工满意度，改善顾客服务，减少工作失误[⊖]。尽管如此，工作扩大化只注重通过增加任务数目来提高工作多样性，并

⊖ M A Campion, C L McClelland. Follow-up and Extension of Interdisciplinary Cost and Benefits of Enlarged Jobs [J]. *Journal of Applied Psychology*. 1993 (6): 339-351.

没有给员工的活动提供多少挑战性和内在价值。工作丰富化在一定程度上弥补了这一不足。

（3）工作丰富化。工作丰富化（job enrichment）是指增加工作深度（job depth），允许员工对他们的工作施加更多的控制。他们被授权完成一些原来由他们上司完成的任务。工作丰富化以后，员工可以有更大的自主权、独立性和责任感去从事一项完整的活动。这种任务还应当能够提供反馈，使员工可以评估和改进自己的工作绩效。以花旗银行为例，花旗银行曾经把工作分割得很细，结果导致工作延误频繁，差错不断。银行管理层在深入剖析原因的基础上，按照客户类型对这些工作进行了工作丰富化再设计。在新设计的工作中，任务被重新组合，员工直接与顾客接触，从头到尾负责一项完整的交易。一旦出现问题，工作人员就可以直接从顾客那里了解抱怨内容，并负责采取措施予以解决。

尽管工作丰富化有助于改善工作质量，提高员工的积极性和满意度，但相关研究表明，实施工作丰富化并不是总能带来上述效果，总有一些不一致的情况存在。㊀通过工作丰富化来激励员工的工作需要进一步完善。

建立自我管理团队、工作扩大化、工作丰富化都是通过工作设计来激励员工的一些具体方法，不具有一般性。那么有没有一种一般性的系统框架能够指导管理者设计具有激励作用的工作呢？答案是肯定的，岗位特征模型就是这样一种分析框架。

（4）岗位特征模型。岗位特征模型（job characteristics model，JCM）是哈克曼（J. R. Hackman）于 1980 年提出的。该模型确定了五种主要的岗位特征，分析了它们之间的关系以及对员工及其工作绩效的影响。我们从核心维度、激励含义、对管理者的启示三方面对该模型进行介绍。

1）**核心维度**。根据岗位特征模型，任何岗位都可以从五个核心维度进行描述。

- 技能多样性（skill variety）：指一个岗位要求员工使用各种技术和才能从事多种不同活动的程度。
- 任务同一性（task identity）：指一个岗位要求完成一项完整的和具有同一性的任务的程度。
- 任务重要性（task significance）：指一个岗位对其他人的工作和生活具有实质性影响的程度。
- 自主性（autonomy）：指一个岗位给予任职者在安排工作进度和决定工作方法方面的实质性自由、独立和自主的程度。
- 反馈（feedback）：指任职者从事该岗位工作需要获得的有关其绩效信息的直接和清晰程度。

图 10-11 给出了这一模型。五个核心维度中，前三个（技能多样性、任务同一性、任务重要性）共同创造出有意义的工作。这就是说，一个岗位如果具有这三项特征，那么我们可以预期任职者会将他的岗位视为重要、有价值和值得做的。工作的自主性维度给任职者带来一种对工作结果的个人责任感。如果岗位能够提供反馈，则员工就会知道他工作的效果如何。

㊀ J R Hackman, G R Oldham. *Work Redesign* (Reading, MA: Addison-Wesley, 1980); Miner, *Theories of Organizational Behavior*, 231-266.

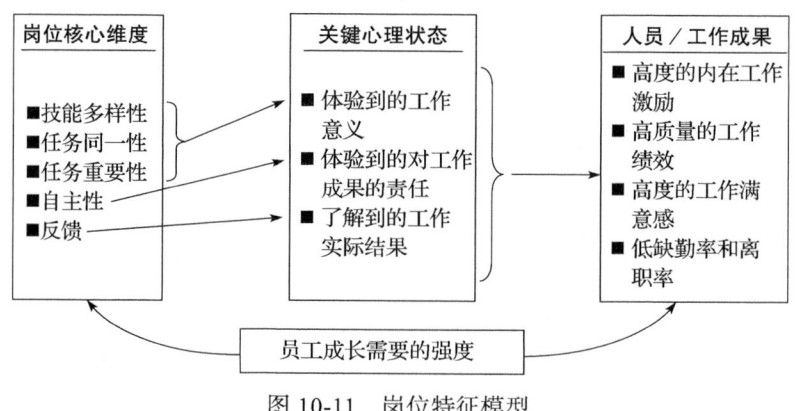

图 10-11 岗位特征模型

2）**模型的激励含义**。从激励的角度，岗位特征模型指出，要是一个人知道（通过反馈了解结果）他个人（能体验到责任感）在其关注（能体验到工作的意义）的任务上完成得很好，那么，他会获得一种内在的激励。一个岗位越是具备这三个条件，员工的动机就会越强，绩效和满意度就会越高，旷工和离职的可能性就越低。此外，岗位核心维度和结果之间的关系受到个人成长需要强度（员工对自尊和自我实现的需要强度）的调节。具有高度成长需要的员工，面对核心维度得分高的岗位，在心理状态上要比那些只有低度成长需要的员工有更高程度的体验。当这种心理状态存在时，高成长需要的员工也能比低成长需要的员工做出更为积极的反应。

3）**对管理者的启示**。岗位特征模型为管理者从激励角度考虑岗位设计提供了具体指导，如图 10-12 所示。管理者可以采取一些具体措施，使岗位特征模型中的五个核心维度得到改善，从而提高岗位的激励作用。

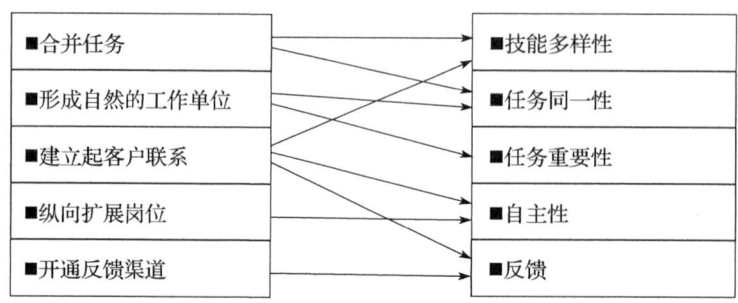

图 10-12 岗位特征模型对管理者的指导意义

3. 成果激励

成果激励是指利用员工完成工作任务后所得到的组织奖励来激励员工。组织奖励是应用最广泛的激励手段。组织的奖励也称作报酬，分为经济性报酬和非经济性报酬，如图 10-13 所示。

运用成果激励员工应注意以下几点：第一，把奖励的内容与员工的需要相结合。如果可能，最好能让员工对报酬的形式具有一定的选择权；第二，员工报酬的数量应与员工的工作业绩挂钩。这就要求企业的员工绩效评价体系尽可能客观、有效；第三，非经济性报酬的作用越来越受到重视。

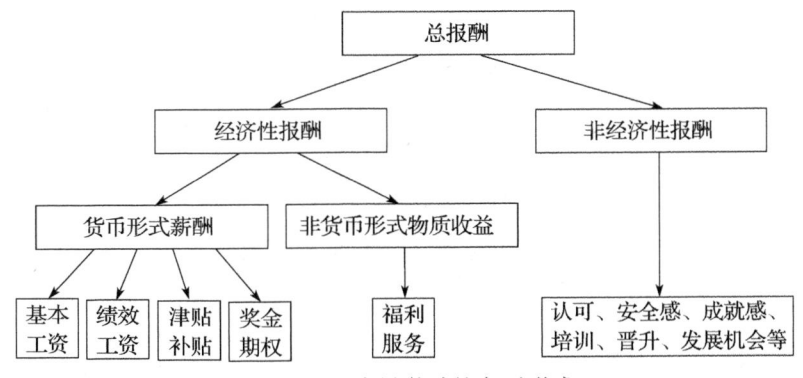

图 10-13　成果激励的主要形式

除了上述三类最常规的激励手段以外，还有一些其他激励手段，如榜样、竞争、责任、授权等。

本章小结

1. 人们未被满足的需要形成动机，动机引发行为。
2. 需要层次理论认为，人有五种需要：从低到高依次为生理需要、安全需要、社交需要、尊重需要和自我实现需要。个体试图不断努力来逐层满足这些需要。当某种需要被满足之后，就不再具有激励作用。
3. 奥尔德弗的 ERG 理论认为，人的需要可以归纳为三种：生存需要、相互关系需要和成长发展需要，三种需要之间是一个多向、递增的层级结构。需要的满足并不一定遵循严格的次序，某一需要得到满足之后，可能会出现需要升级，也可能会停留在原来的需要上，还可能会出现需要越级，甚至可能出现需要降级。
4. 在工作情境中，人有三种主要需要，即成就需要、权力需要和归属需要。高成就需要的人喜欢能够独立负责、可以获取信息反馈和中等风险水平的工作。
5. 双因素理论认为，不是所有的工作要素都对员工产生激励作用。保健因素只能安抚员工，而没有激励作用，但如果处理不好，会使人们产生不满。而激励因素（如成就、认可、责任等）能使人们感受到内部回报，对员工具有激励作用，使员工产生工作满意感。
6. 通过提供具体的、富有挑战性的目标，可以激励员工，促进其工作绩效。
7. 期望理论指出，只有当人们预期某一行为能给个人带来既定结果，且这种结果对其具有吸引力时，个人才会采取这一特定行为。它主要包括三种联系：努力－绩效的联系、绩效－奖励的联系、奖励－目标的联系。
8. 公平理论认为，个人总是将自己的所得－付出比率与相关的他人进行比较。如果这一比率低于别人，则他们工作的积极性会降低。
9. 强化理论认为，人的行为是其结果的函数。如果某种行为结果对人有利，那么这种行为就会重复出现；如果行为结果对其不利，那么行为重复的可能性则很小。可以利用正强化、负强化、惩罚和忽视等手段来塑造人的行为。
10. 不能孤立地看待各种理论，许多理论的观点都是互补的。只有将各种理论融会贯通，才能加深对激励问题的理解，才能更有效地用理论成果指导激励实践。
11. 各种激励理论为管理者有效激励员工提供了一些基本原则：认清个体差异，奖励应能满足员工的个性化需要，奖励与绩效挂钩，合理运用目标，使人与工作相匹配，检查公平性系统及不要忽视金钱因素。

12. 管理实践中常见的激励手段主要有目标激励、工作激励及成果激励。

练习与思考题

选择题和判断题，请扫二维码做题；名词解释、简答题和论述题/计算题的参考答案，具体请扫二维码。

一、选择题（题干略，请扫二维码）

二、判断题（题干略，请扫二维码）

三、名词解释
1. 需要
2. 动机
3. 工作丰富化
4. 岗位特征模型
5. 负强化
6. 媒介系数
7. 激励因素
8. 保健因素

四、简答题
1. 公平理论对管理实践有何启示？
2. 强化理论对管理实践有何启示？
3. 简述动机的形成过程。
4. 双因素理论对管理实践有何启示？
5. 管理者应对挫折行为的方法有哪些？

五、论述题
1. 试论述马斯洛的需要层次理论与奥尔德弗的ERG理论的区别与联系。
2. 请举例说明期望理论的具体过程。
3. 试举例说明双因素理论中"双因素"各自在管理中发挥什么作用。

案例讨论

国航客舱服务部90后员工管理的困惑

国航客舱服务部

中国国际航空公司（简称国航）成立于1988年，是中国唯一挂载国旗的航空公司。客舱服务部是国航重要的一级事业管理部，主要以国际航班任务为主，承担着50%国航空中服务工作。目前客舱服务部共有员工7 110人，空中乘务员占绝大多数，已达到6 700余人。空中乘务员按技术序列主要分为四个等级：主任乘务长、乘务长、两舱（头等舱和公务舱）乘务员、普通舱乘务员。乘务员这一群体年龄结构较为年轻，总体平均年龄为27.4岁，90后员工占员工总数的67%。

随着越来越多的90后、95后员工加入国航，公司中很多像孔丹晨（客舱服务部乘务员管理二部督导经理）这样的70后、80后或者更资深的管理者都不断感受到管理中存在着明显的"代沟"，如何带好这些年轻员工也着实让他们费了不少心，但他们仍然有很多困惑。随着航线和航班的不断增加，以及旅客对服务品质的要求不断提升，客舱服务部面临的工作压力也越来越大，这些年轻的乘务员能够担当重任，保证并不断提高公司的服务品质吗？

那些令人操碎了心的90后

孔丹晨认识的这些90后大多数不需要父母陪伴是不太会照顾自己生活的，而且经常花钱没有规划，乘务员的收入不算低，但也基本是月光族。而且伴随着互联网长大的90后和计算机、手机更有亲近感，宅在家里上网、打游戏是生活常态。另外就是他们动不动就辞职。孔丹晨最近几个月就处理了几起员工离职事件。一个90后乘务员被旅客投诉了，孔丹晨本想向这个90后乘务员了解情况，没想到这个员工聊着聊着就把所有原因归咎于派遣制的用工制度上，还说大不了辞职，反正不是正式员工。另一个是被乘务长打了个比较低的绩效成绩，她不找自己身上的原因，而是说乘务长黑她，还在管理部大吵大闹，就直接劝退了。还有一个，也是让孔丹晨没想到的，这个员工绩效成绩非常好，管理部党总支书记对她也非常看好，她没有什么特别的理由，就是觉得工作不开心，看不清职业发展方向就想要离职。到底是什么造成90后"换工作像换衣服"，为什么他们动不动就要离职呢？

沟通中的"代沟"

一个95后实习乘务员在长航线的航行中不主动去客舱进行巡视，教员就和她说哪怕去收一收旅客不要的杯子、为阅读的旅客打开阅读灯都好啊。没想到那姑娘却对教员说："我们也是人，长航线飞行也会累啊。"当时教员特别生气，就告诉她乘务员在航班中是来工作的不是享受的，没想到她不仅不去巡视客舱，还在后厨房哭了一场，直到落地都没去客舱。

类似的例子还有很多，教员们纷纷感到90后乃至95后这些实习乘务员越来越难带，犯了错误都不敢批评，生怕话说重了就闹情绪，甚至干脆甩手不干。

冯蕊是乘务员管理二部的一名主任乘务长，她却没有这样的烦恼。在平时的工作生活中，冯蕊会积极地利用微信群、学习聚会的机会不断和90后乘务员互动，赢得了90后成员的爱戴。郭天娇和姚薇薇都是冯蕊班组的成员，提起她们的"冯妈"都会赞不绝口。郭天娇各方面业务能力都比较好，就是英语水平较差，以前上学时对学英语也没什么兴趣，但是最近学英语的兴致特别高。原来，最近冯蕊让组里的乘务员用一个叫"百词斩"的App学英语，还在微信群里进行竞赛。郭天娇最近英语长进很快，与外籍乘客沟通也越来越顺畅，找到了学英语的成就感，并且已经主动准备英语考级了。

大家都说，"冯妈"的业务能力那是没的说，跟她一起真能学到很多，而且她愿意给小同事机会去尝试，不怕犯错误。比如上次薇薇跟"冯妈"飞一班，还让她体验了一下区域乘务长。

其他有些组的小伙伴也经常羡慕冯蕊这组。跟天娇合租公寓的小伙伴晓雯碰巧也加了冯蕊的微信，有时跟天娇说："你们'冯妈'可真好，还给你点赞，评论也总是那么逗。我们的主任乘务长总是一本正经的，太严肃，我都不敢开放朋友圈给她看。要是我能分到你们组就好了。"

个性太强、自我中心：这是90后的标签吗

提到90后，很多人都会觉得他们个性太强。比如前面提到的郭天娇，气质形象、业务能力都较强，工作才四年，已经成为管理部培养的骨干，开始乘务长级别业务培训班的学习了。孔丹晨也想给她更多的锻炼机会。

前段时间，孔丹晨想让郭天娇帮助设计一个新入职乘务员的考评维度和考评办法，郭天娇设计的初稿得到了领导的认可，认为还是非常切实可行的，但是里面的一些内容领导依旧觉得有提升的空间，希望能够进行适当的修改，就请督导经理孔丹晨征求天娇的意见。孔丹晨很直接地让郭天娇按管理部领导的意见进行修改，没想到郭天娇却毫不客气地给怼了回来："孔经理，这个考评办法是我驻外回来熬了两天才写出来的。对不起，这活儿我干不了了。明天我有航班，一会儿得去准备了。您还是别让我弄这个了。"郭天娇一转身风一样的就走远了，孔丹晨经理生气得半天说不出话来。

天娇拒绝修改考评内容这件事让孔丹晨很意外，如果换作是她一定不会拒绝领导，而且很多70后、80后即使认为规则不合理也会遵照执行。这是因为90后的个性太强了吗？

还有就是员工培训的事情，孔丹晨每月

要为自己部门的乘务员讲4～6次的培训课程，每次两个多小时。很多像她这样的70后，觉得为了工作牺牲自己的休息时间是再正常不过的事了，然而，90后的乘务员却不买账，依然会有乘务员不来参加培训。他们觉得：休息时间就是应该是我自己支配的，不应该强制我来公司参加活动。最让孔丹晨头疼的还是有些90后乘务员在培训中的表现，有的来了就蒙头大睡，或是一直玩手机。业务考试的时候，甚至很多人在网上搜答案。每当看到这一幕，孔丹晨的心里就无比委屈：我放弃了自己的很多休息时间来做培训，你们却这样。总之，在90后的心目中，工作与生活的边界会分得更加清楚。

为90后点赞

90后的孩子们经常让人操心、惹人生气，但孔丹晨也经常能发现他们的闪光点。

例如，有一次一位旅客写来感谢信，讲述的是当天航班起飞后这位写感谢信的老人感到胸闷，向一名实习乘务员要了一杯温水。实习乘务员不放心这位老人，几分钟后来到了老人的座位旁，旁边座位的旅客说老人睡着了，但她发现老人脸色苍白，嘴唇无色，凭借学到的急救知识，她觉得老人情况不是很好。于是立刻向航班中的飞行教员汇报。于是乘务组通过广播在机上寻找医务人员，在没有找到医务人员的情况下，乘务组果断行动起来，这名实习乘务员协助教员对老人进行了吸氧敷冰、分阶段持续测量并记录生命体征等工作。经过40分钟的坚持，老人苏醒过来。飞机降落后，地面医务人员在对老人进行检查和查看相关急救记录后，由衷地感慨道：幸亏有乘务员正确、及时的判断和不间断的急救，否则这位老人很可能会错失最佳急救时间，危及生命。

事后了解到，这件事不仅当班的实习乘务员值得点赞，还有另外一位90后乘务员做了幕后英雄。有位90后乘务员是医学院毕业的，她在业余时间利用自己的专业知识做了一本急救知识的小册子，推广到各个班组。那个实习乘务员正是因为看了这个小册子才对急救知识有了清晰的掌握，关键时候发挥了作用。在此事之后，有些擅长美术的90后打算把急救知识小册子设计成更方便使用的卡通连环画。慢慢地，孔丹晨发现90后是特别有才也特别有爱的一群孩子，比如看他们编辑的微信公众号就可以感受到他们的才华和暖暖的心。

资料来源：本案例整理自中国管理案例共享中心案例库，国航客舱服务部90后员工管理的困惑，北京航空航天大学，武欣等撰写。

讨论题：

1. 从案例中所反映的对90后员工的管理，特别是孔丹晨和冯蕊的领导风格，可以看出90后员工偏好什么样的领导风格和管理方式？

2. 结合案例，谈谈对国航客舱服务部90后员工的激励建议。

管理评论

霸道总裁系列一：想说爱你并不容易

梅丽尔·斯特里普在《穿普拉达的女魔头》中塑造了一个来自"地狱"的老板形象，是一个集合了所有上司恶劣之处的标志人物。在面试安妮·海瑟薇所扮演的助理时，她提的第一个问题是"你是谁"，对于安妮递过来的简历不屑一顾，抛出的第二个问题是"你到这里来做什么"，直接评价安妮"没有时尚感"，当安妮想要辩解时立即打断："我不是在问你"（潜台词："不要反驳我，我是权威"）。她说完自己想说的话后，一句"就这样吧"（潜台词："我说完了，请滚吧"），立马关上谈话的大门——电影开头这一场景，预示了安妮"生无可恋"、屈辱的职场生涯的开始。

在学界，管理者的这类恶劣行为被统称为辱虐管理（abusive supervision），它是指在上下级接触中下属感受到来自上级主管的持续性敌意对待。常见的辱虐行为包括公开批评下属、冲下属吼叫、漠视下属、欺负下属、嘲笑下属，也包括用失去工作、考核晋升、薪酬待遇等来威胁、侮辱下属，给下属"穿小鞋"等。事实上，企业中的辱虐管理现象极为普遍。一项有 3 100 名中国员工参与的调查显示，35% 的受访者表示在职场中曾经遭受过恶意攻击，50% 的受访者指出在职场中受到的敌意行为主要来自自己的上级主管。美国的一项调查研究也显示 10%～16% 的美国员工曾经受到上级主管的辱骂攻击。

然而，与电影中表现不同的是遭受辱虐管理的下属并不会"含泪微笑，越挫越勇"，有研究表明他们会通过酗酒发泄被辱虐后的挫折感与愤怒。更为糟糕的是，辱虐行为在人际间具有传递性。辱虐管理会引发下属的愤怒情绪，指向主管的敌意导致下属产生报复冲动，进而转化为对主管甚至对其他同事的攻击行为。对中国五家大型酒店的研究分析表明，辱虐管理和一线员工的绩效负相关——面对主管的辱骂攻击，"上帝"也无法让人微笑相迎。

辱虐管理为什么发生

最初，主管人员的个性缺陷被认为是辱虐管理发生的主要原因：主管的独裁式领导风格、马基雅维利主义人格、高权力需求、自恋、低情商等均对辱虐管理具有显著预测性。此外，研究还发现，当主管觉得组织没有给予自己相应的奖励，受到了组织背叛，或者下属工作绩效差，出现迟到早退等工作偏差行为，主管觉得自己失去权威时，倾向于采取辱虐管理。因此，早期研究大多将辱虐管理视作上级谋划计算后，有意展现出的对组织和下属的报复性行为。

然而，最新研究指出辱虐管理可能只是主管自我控制失效（failures of self-control），无意识展现出的一种不公正行为。自我控制观点认为，个体需要运用自我控制资源来控制自己的各种不合理冲动。为了实现有效的自我调节，个体需要具备足够的自我控制资源，倘若自我控制资源损耗过度，个体就容易出现一些冲动性、非理性行为反应。自我控制观点受到了来自脑神经科学的研究支持。

Mawritz 及其同事（2016）的一项研究为此提供了证据。他们的研究发现下属的工作偏差行为（如迟到早退、工作懈怠等）能够导致辱虐管理的发生。从自我控制角度，当下属表现出工作偏差行为时，主管往往需要对这种行为表现进行认知加工，如了解和分析行为发生的原因和过程等。而这种认知加工过程需要主管付出较多的时间和认知能力，以至于消耗掉主管的自我控制资源，加大自我调节控制障碍出现的可能性，诱发主管对下属产生一系列失调性的人际行为，如欺骗和辱骂。

此外，一项针对服务行业人员的研究发现，主管的表层扮演（surface acting，即压抑和掩饰自己的真实情绪）与其辱虐管理行为之间存在正向关系。在服务型组织中，主管人员不仅要协调下属之间的冲突，还常常面临着最为困难和复杂的顾客关系问题处理。当主管人员采用表层扮演策略进行应对时，会加剧个体的自我控制资源损耗，进而以辱骂或者攻击下属的方式来宣泄自己的真实情绪。另一个更为直接的证据来自 Barnes 等人（2015）的研究。研究者对 99 名上级主管进行连续 10 个工作日的调查，要求其提供前一晚的睡眠时间和睡眠质量信息。研究结果显示，糟糕的睡眠质量和较短的睡眠时间导致主管自我控制能力下降及控制资源耗竭，诱发其在白天的工作中表现出更多的辱虐管理行为。

所以，下次冲动过后，主管们可以无奈地说一句：对不起，我只是不能控制自己。

如何避免辱虐管理的发生

自我控制视角研究有助于我们了解辱虐管理的发生机制,不对相关主管人员进行"人品"判断,提供了有效的管理实践启示。以下是我们给出的几条建议。

(1)正确的情绪宣泄。大部分服务型企业都要求自己的员工对顾客保持微笑,这间接鼓励和要求员工采用表层扮演来应对日常的服务性工作。虽然"微笑"政策能够帮助企业树立良好的企业服务形象,然而从长期来看,这将可能导致辱虐管理的发生,破坏上下级之间的关系,为企业内部管控带来隐患。针对于此,我们建议组织应主动关注主管人员的情绪状态,进行及时的沟通和疏导;为主管建立合适的情绪发泄通道,如娱乐活动室等,避免负面情绪压抑现象的发生。

(2)自我控制能力的提升。鉴于自我控制资源的匮乏是影响辱虐管理发生的重要因素,我们建议企业提供必要的培训或支持来提高主管的自我控制资源和自我控制能力。例如,企业可以鼓励主管人员在工作中进行适当、合理的休整;或者提供相应的主管培训,如自我肯定训练(self-affirmation training),协助其提升自我控制能力。

(3)降低下属的工作偏差行为。我们必须意识到,大部分主管人员并不是毫无理由、毫无对象地肆意辱骂下属,下属自身的工作偏差行为是辱虐管理发生的重要诱因。在谴责或者惩戒主管的辱虐管理行为之前,企业应该正确认识事件背后的因果关系;通过设立相应的管理规范和制度,在减少下属工作偏差行为的同时也降低了辱虐管理发生的概率。

资料来源:浙商管理评论。

延伸阅读

[1] 亚伯拉罕·马斯洛,等. 马斯洛论管理[M]. 邵冲,苏曼,译. 北京:机械工业出版社,2007.

[2] Stephen P Robbins, Mary Coulter. *Management* [M]. 7e. Englewood Cliffs: Prentice-Hall, 2002.

[3] 海因茨·韦里克,马克·坎尼斯,哈罗德·孔茨. 管理学:全球化与创业视角(原书第12版)[M]. 马春光,译. 北京:经济科学出版社,2008.

[4] 斯图尔特·克雷纳. 管理百年[M]. 闾佳,译. 北京:中国人民大学出版社,2015.

[5] M A Campion, C L McClelland. Follow-up and Extension of Interdisciplinary Cost and Benefits of Enlarged Jobs [J]. *Journal of Applied Psychology*, 1993 (6): 339-351.

[6] J R Hackman, G R Oldham. *Work Redesign* (Reading, MA: Addison-Wesley, 1980); Miner, *Theories of Organizational Behavior*, 231-266.

第11章 CHAPTER 11

沟 通

管理箴言

互联网时代，沟通连未来。

——马化腾

本章要点

- 沟通的概念、重要性、方式和原则。
- 沟通的一般模式。
- 人际沟通的障碍及克服方式。
- 组织沟通的网络。
- 组织沟通的障碍及冲突的管理。

引例

郭台铭与90后员工互呛

鸿海创始人郭台铭一次在富士康深圳龙华厂时，发现两名员工未依规定，在厂内餐厅门口抽烟，郭台铭立即叫员工把烟灭了，没想到员工说："你谁啊！关你什么事。"郭台铭只好直接打电话把创新数位系统（iDSBG）事业群总经理陈振国叫了过来，即网络上走红的长为7秒的视频中穿浅绿色T恤、戴眼镜的男子，继而出现了上述视频中"你不修理他，我修理你，我们富士康不要这种员工"的对白。

此视频一出，迅速引爆了舆论："记住大BOSS长相很重要""员工培训第一条应改为认得老板"。众多网友为被开除的员工打抱不平，像富士康这种专制型公司"不干也罢"。富士康这种典型的专制管理模式很难得到90后的认同，也很难规范和约束个性张扬的90后。

资料来源：根据新浪财经·意见领袖专栏文章整理得到，原文标题为"郭台铭与90后员工互呛说明了啥"。

如今，思想尖锐的90后已成为职场的主力军，他们各有主见，大部分是独生子女，对公司上级也没有所谓的敬畏感。如何和90后下属进行有效沟通？越来越多的上级管理者必须面临管理90后的挑战，其中沟通变得尤为重要。现代企业要想谋求发展，必须针对90后员工的特点选择不同的沟通风格和沟通方法。

11.1 沟通基础

管理工作的顺利进行是建立在有效沟通的基础之上。松下幸之助曾说过："企业管理的过去是沟通，现在是沟通，未来还是沟通。"管理者所有的工作都包含着沟通，因为，计划、组织、领导、控制的展开都需要信息的沟通，没有信息就无法决策，没有信息的交流，也就无所谓领导行为的存在，相应地，组织也无法正常运作。

11.1.1 沟通的概念及模式

沟通（communication）指意义的传递和理解，是一个信息从发送者到接收者的传递过程。首先，它强调了意义的传递，如果发送者的意图没有到达接收者，那么沟通就没有发生。就好比一个人对着空气讲话，没有人成为他的受众，沟通就不成立。其次，沟通包含意义的理解，要使沟通成功，意义不仅要被传递，还要被理解。如果一个聋哑人用手语和你交流，但你不会半点手语，那么这次沟通就不算成功。完美的沟通，如果存在的话，应是经过传递之后被接收者感知到的信息与发送者发出的信息完全一致。

作者视频讲解
请扫二维码

也许你没有注意，当你完成一次面试或是将一份促销方案递给你的经理并得到他的肯定的时候，你已经经历了一个完整的沟通流程。一般来说，沟通的流程如图11-1所示，它由7个要素组成：发送者、信息、编码（encoding）、渠道（channel）、解码（decoding）、接收者、以及反馈（feedback）。其中，编码、解码和渠道是沟通过程取得成效的关键环节。此外，整个过程还受到噪声（noise）的影响。现在我们将详细研究信息沟通的几个步骤。

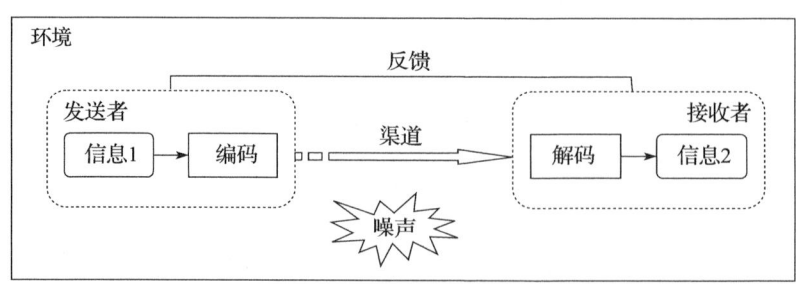

图11-1 沟通的一般模式

资料来源：张昊民. 管理沟通［M］. 上海：上海人民出版社，2008.

（1）信息。信息产生于信息的发送者，它由信息发送者经过思考或事先酝酿策划后才进入沟通过程。

（2）编码。用一种沟通双方都理解的符号来转化这一信息，比如语言、文字、图像等。

（3）渠道。渠道就是信息传播媒介，信息发送者通过面谈、电话、电子邮件等方式将信息符号传递给接收者。每种渠道各有利弊，选择恰当的渠道对于进行有效的沟通而言非常重要。

（4）解码。信息接收者对所获信息的理解过程称为解码。信息接收者是信息发送的对象，其根据所接收的信息的方式，选择相应的方式来接收。

（5）反馈。接收者把所收到的或所理解的信息反馈到发送者那里，供发送者核查。信息沟通过程中经常会受到"噪声"的干扰，而反馈可以折射出沟通的效果，使信息发送者了解信息是否被接收和理解。所以，有效的沟通是一个双向互动的反馈过程。

（6）再传递。倘若信息接收者做出反馈或者由信息发送者主动获取反馈，如通过察言观色来捕捉接收者对所获信息的反应，信息发送者可以根据反馈回来的信息而再发出信息，对原来的信息传递进行肯定或纠偏。

（7）反应。信息接收者依据所接收到的信息采取行动，或做出自己的反应。

11.1.2 沟通的重要性

有两个 70% 可以很直观地反映沟通在企业里的重要性[⊖]。管理者有 70% 的时间用在沟通上，常见的沟通形式有开会、谈判、谈话、做报告等；企业中 70% 的问题是由沟通障碍引起的。具体而言，沟通的重要性可以分为以下 5 个方面。

1. 信息交流

沟通的一个重要职能就是交流信息。各部门、人员之间必须进行有效的沟通，以获得其所需要的信息。企业出台任何决策都需要凭借书面或口头、正式或非正式的沟通方式和渠道传达给适宜的对象。

2. 与外部环境建立联系

企业主管可通过信息沟通了解客户的需要、供应商的供应能力、股东的要求及其他外部环境信息。任何一个组织只有通过信息沟通，才能成为一个与外部环境发生相互作用的开放系统。

3. 改善企业内的人际关系

我们时常能看到技术开发人员（或部门）与生产人员（或部门）之间关系紧张、矛盾激烈以及内部人际关系失调等局面。相互沟通可以促进彼此的了解，改善相互之间的关系，使员工获得融洽、真诚的朋友关系和同事关系，满足员工的心理需要，并有利于营造企业内部的和谐环境。

4. 激励员工提高绩效

良好的组织沟通，尤其是畅通无阻的上行、下行沟通，可以振奋员工士气、提高工作效率。良好的沟通使员工能自由地和其他人，尤其是管理人员交流自己的看法、主张，使他们的参与感得到了满足，从而激发其工作的积极性和创造性。

5. 创新

在工作过程的有效沟通中，沟通者互相讨论、启发，共同思考、探索，往往能迸发出创意的火花。专家座谈法（脑力激荡法）就是最明显的例子。有效的沟通机制使企业各阶层能分享他们的想法，这便是企业创新的重要来源之一。著名的美国迪士尼公司每年举办三次"员工献宝"大赛，允许不同级别的职工向总裁推销创意，从而获得员工的创新成果。

⊖ 康伟. 有效沟通重在技巧 [J]. 人力资源, 2010 (11): 90-91.

11.1.3 沟通的方式

按照方法，沟通可分为口头沟通、书面沟通、非语言沟通、电子媒介沟通等。各种方式的比较如表11-1所示。

表 11-1 各种沟通方式比较

沟通方式	优点	缺点	举例
口头沟通	用途广泛；交流迅速；反馈及时	信息传递的层次越多越容易失真；核实困难	开会、面谈、电话、讨论
书面沟通	有文字为据长久保存；便于核实；表达准确；传递范围广	效率低；缺乏反馈	报告、备忘录、信件、文件、内部期刊
非语言沟通	信息意义十分明确；内涵丰富；含义隐含灵活	传递距离有限；界限模糊；只能意会不能言传	声、光信号、体态、语调
电子媒介沟通	迅速；准确；容量大	成本较高；有技能要求	电子邮件、计算机网络、闭路电视、传真、企业社交平台

资料来源：根据刑以群的《管理学》及周三多的《管理学——原理与方法》综合整理。

随着社交网络技术的日趋成熟和基于社交网络沟通习惯的逐渐普及，以企业社交网络应用普及为重要特征的企业3.0时代已渐行渐近。企业社交网络市场已出现一些先行者的身影，例如美国的Yammer、Salesforces，欧洲的Zyncro，以及国内的微洽、明道、钉钉等。企业社交网络从根本上改变了组织成员的沟通方式，在企业信息传播与共享、知识管理、协作与创新、培训与学习、企业内部沟通、管理活动与内部解决六大方面发挥着巨大的作用[1]；它史无前例地畅通了沟通渠道，使员工可获得做出快速决策所需要的更完整的信息；再者，使全球化组织的建立成为可能，企业也能对全球化变革做出更快的反应。

尽管社交网络的商业活动可能是企业下一个大的生产力助推器，但仍存在不少质疑。例如，若员工在社交化的工作平台上太过活跃，会被怀疑工作量不饱和；若员工太不活跃则使得这个社交工作平台形同虚设。此外，企业员工在利用社交网络进行工作时，要注意信息的安全，存在企业内部信息泄露的风险。

专栏 11-1
企业社交协作平台的陷阱

（1）冲动性。易于上级领导沟通，消息易回复，对冲动者来说，它留有很少的思考时间。它不像写信或者打电话可以衡量对方对你所说的话的反应。一个错误、粗鲁的回复（或表情包）需要很多次沟通才能消除误会。

（2）语气。文字消息常常很难传递对方的语气。如果情况或关系敏感，那么你最好打电话交流。

（3）信息过载。企业社交协作平台使企业内部信息快速流动的同时，也让员工处于一种信息重复、信息过载的处境。这使员工需要花更多的时间去筛选对自己工作有效的信息，也可能导致心理烦躁等不满情绪。

（4）被动侵犯。企业社交协作平台使我们中大多数害羞的人可以隐藏在事件背后。他可以轻松地逃避责任，将球踢给别人而不需要直接处理。

---

[1] Efraim Turban, Narasimha Bolloju, Ting-Peng Liang. Enterprise Social Networking: Opportunities, Adoption, and Risk Mitigation [J]. *Journal of Organizational Computing & Electron*, 2011, 21(3):202-220.

按照是否进行反馈，沟通可分为单向沟通和双向沟通。单向沟通指没有反馈的信息传递。双向沟通指有反馈的信息传递，是发送者和接收者相互之间进行信息交流的沟通。两者优缺点的比较可通过表11-2来了解。

表 11-2　单向和双向沟通比较

因素	结果
时间	双向沟通比单向沟通需要更多的时间
信息理解的准确程度	在双向沟通中，接收者理解信息发送者意图的准确程度大大提高
接收者和发送者的自信程度	在双向沟通中，接收者和发送者都比较相信自己对信息的理解
满意	接收者比较满意双向沟通；发送者比较满意单向沟通
噪声	由于与问题无关的信息较易进入沟通过程，双向沟通的噪声比单向沟通要大得多

资料来源：周三多，等. 管理学——原理与方法[M]. 4版，上海：复旦大学出版社，2005.

按照信息传递方向，沟通可分为下行沟通、上行沟通、横向沟通和斜向沟通。按照沟通的渠道或途径，沟通可分为正式沟通、非正式沟通与其他沟通方法。这些我们将会在11.3节"组织沟通"中具体阐述。

11.1.4　有效沟通的原则

1. 准确性原则

当信息沟通所用的语言和传递方式能被接收者所理解时，这才是准确的信息，这个沟通才具有价值。看似简单，然而在实际工作生活中，接收者往往对发送者非常严谨的信息缺乏足够的理解。信息发送者的责任是将信息加以综合，用容易理解的方式表达，要求发送者有较高的语言或文字表达能力，并熟悉下级、同级和上级所用的语言。

作者视频讲解请扫二维码

当然，在注意了准确性原则之后，接收者必须集中精力，克服思想不集中、记忆力差等问题，才能够对信息有正确的理解。

2. 完整性原则

有效沟通的完整性原则强调的是沟通过程的完整无缺，也就是说，有效沟通必须由适当的主体发出，并通过适当的渠道，完整无缺地传送给适当的主体接收。

3. 及时性原则

在沟通的过程中，不论是主管人员向下沟通信息，还是下级主管人员或员工向上沟通信息以及横向沟通信息，应注意及时性原则。这样可以使组织新制定的政策、组织目标、人员配备等尽快得到下级主管人员或员工的理解和支持，同时使主管人员及时掌握其下属的思想、情感和态度，从而提高管理水平。当然，信息的发送者出于某种意图（例如物价上涨时，调整员工的心理承受力），而对信息交流进行控制也是可行的，但在达到控制的目的后应及时进行信息的传递。

4. 非正式组织策略性运用原则

这一原则的实质就是，只有当主管人员能策略性地使用非正式的组织来补充正式组织的信息沟通时，才会产生最佳的沟通效果。一些不适合由正式组织来传递的信息则需要通过非正式组织进行传递。所以，在正式组织之外，应该鼓励非正式组织传达并接收信息，以辅助正式组织做好组织的协调工作，共同为达到组织目标做出努力。

一般说来，小道消息盛行正反映了正式渠道的不畅通。因而加强和疏通正式渠道，在不违背组织原则的前提下，尽可能通过各种渠道把信息传递给员工，是防止那些不利于或有碍于组织目标实现的小道消息传播的有效措施。

11.2 人际沟通

人际沟通（interpersonal communication）是指存在于两个人或两个人以上之间的信息沟通。首先，人作为社会人存在，需要与外界交流，与亲人、朋友分享信息与情感。其次，在组织中，作为上级，需要指导下属如何开展工作、听取意见并激励员工；作为下级，需要根据上级指令执行任务并向上级汇报工作情况；作为同事，要妥善协调好与其他人的关系。要扮演好这些不同的角色，就需要掌握人际沟通的技能。哈佛大学的调查结果显示：在500名被解职的员工中，因人际沟通不良而导致工作不称职者占82%。由此可看出，沟通能力在某种程度上决定职业生涯。本节接下来要探讨的就是阻碍有效人际沟通的各种障碍，并探索克服各种障碍的方法，选择合适的沟通风格，以期达到提高人际沟通技能的目的。

11.2.1 人际间有效沟通的障碍

在人际沟通过程中，你是否会经常遇到这样的情况：对不能理解的语言、词汇手足无措，为别人的误解而懊恼不已，为信号的突然中断而烦心……这都是人际沟通中存在的障碍，从而导致信息失真或误解。现实中管理者面对着哪些阻碍有效沟通的障碍？接下来，我们逐一进行分析。

作者视频讲解
请扫二维码

1. 主观方面的障碍

（1）语言问题。语言不通是人们相互之间难以沟通的原因之一。有时即使语言一样，同样的词汇对不同的人来说含义也是不一样的。在一个组织中，员工常常来自不同背景。组织中的成员常常不知道他所接触的其他人与自己的语言风格不同，他们自认为自己的词汇或术语能够被其他人恰当地理解。但这往往是不正确的，因而导致了不少沟通问题。

（2）过滤（filtering）。过滤指故意操纵信息，使信息显得对接收者更为有利。你是否有这样的经历：有时与上司交流时，你会投其所好，讲一些他想听到的东西，而将另外一些甚至是重要的信息略去？其实，这就是在过滤信息。过滤的程度与组织结构的层级和组织文化两个因素有关。在组织等级中，纵向层次越多，过滤的机会也越多。

（3）信息含糊或混乱。信息含糊主要是指信息发送者没有准确地表达清楚所要传递的信息，以至于接收者难以正确理解。信息混乱则是指对同一事物有多种不同的信息，如上级一再更改指令使下级无所适从。

（4）选择性知觉。在沟通过程中，接收者会根据自己的需要、动机、经验、背景及其他个人特点有选择地去看或去听信息。解码的时候，接收者还会把自己的兴趣和期望带进信息之中。如果一名面试主考官认为女职员总是把家庭的位置放在事业之上，则会在女性求职者中看到这种情况，无论求职者是否真有这种想法。

（5）情绪。在接收信息时，接收者的感觉也会影响他对信息的解释。不同的情绪感受会使个体对同一信息的解释截然不同。极端的情绪体验,如狂喜或抑郁,都可能阻碍有效的沟通。这种状态常常使我们无法进行客观而理性的思维活动,代之以情绪性的判断。因此最好避免在很沮丧的时候做决策,此时我们无法清楚地思考问题。

(6)非语言提示。前面我们指出非语言沟通是信息传递的一种重要方法。非语言沟通几乎总是与口头沟通相伴,如果二者协调一致,则会彼此强化。比如,上司告诉你她真心想知道你的困难,而当你告诉她情况时,她却在浏览自己的信件,这便是一个相互冲突的信号。当非语言线索与口头信息不一致时,不但会使接收者感到迷茫,而且信息的清晰度也会受到影响。

2. 客观方面的障碍

(1)环境的干扰。嘈杂的环境会使信息接收者难以全面、准确地接受信息发送者所发出的信息。诸如交谈时相互之间的距离、所处的场合、当时的情绪、电话等传送媒介的质量等都会对信息的传递产生影响。环境的干扰往往造成信息在传递途中的损失或遗漏,甚至歪曲变形,从而造成错误的或不完整的信息传递。

(2)信息超载。也许你无法想象每日打开邮箱收到上百封需要处理的邮件是什么感觉,而且这还仅仅是你工作的一部分!伴随着接收电子邮件、电话、传真以及参加会议和阅读专业资料的需要,形成的巨大数据导致人们无力处理和传送这些信息。当一个人所得到的信息超过了他能整理和适用的容量时,他就会倾向于筛选、轻视、忽略或遗忘甚至放弃,直到超载问题得以解决。

(3)沟通双方的差异。在文化差异方面,不同文化背景的人,对同一件事、同一句话、同一个动作都有着不同甚至相反的理解,中国古代哲人的名言"性相近,习相远",也说明了这个道理。在跨国沟通中,使用低情景语言的人与使用高情景语言的人相互交流时需要特别注意这一点。若文化差异不被很好地辨识,就会成为人际沟通的绊脚石。

社会因素差异包括社会地位、社会角色、性别和年龄。这些因素都会影响沟通双方的心理因素而导致沟通障碍。以年龄为例,不同年代的人身上都有他那个年代独特的印记。"70后循规蹈矩,80后务实而又矛盾,90后追求自我。"如今90后已然成为劳动力市场的主力军,其作为职场新人,流失率在各个年龄段中一直高居榜首。90后员工在职场上表现出不同于前人的一些特点,如见多识广,拥有一技之长;抗挫折能力差;理性务实、自主选择却缺乏远大理想;自信张扬、善于表达却心理脆弱;善于创新但纪律性较差……正如引例中的那位90后员工的行为表现出其更加关注自己的个性发展,而70后、80后更加关注规则和纪律。这是导致二者沟通出现障碍的根本问题。如何更好地与"个性更加张扬,更有活力"的90后员工沟通,如何更好地管理和培养90后员工,是当下每个管理人员都必须思考的问题。

专栏 11-2
与 90 后人群沟通的策略

(1)加深对90后群体特征的了解,调整自身心态,从内心包容。曾有一位企业创始人在一次公开演讲中这样说:"很多人说80后不行了、90后不行了。我觉得他们没有问题,是我们出问题了。"下一代承担着我们的未来,我们就要无条件信任他们、支持他们。

（2）采用正确的沟通方法、教练技术。多听而非多讲，用提问替代指示，用承诺代替限制，用项目培养人才，多挖掘其可能性，注意培养双方密切的关系。

（3）针对不同对象进行细分管理。90后的分化现象较前几代人更加显著，在性格、能力、生活方式、价值观等各方面都更加多元化。这就要求管理者能区别不同的对象和情形进行细分管理。例如，对于自我、特立独行的员工，企业可以多组织一些团队活动，让其参与并融入团队。

（4）打破论资排辈的陈规旧俗。在激烈的市场竞争中，企业应当效率优先、兼顾公平。把能力出众，能为企业带来良好效益的人安排到重要的岗位上，而不是对年轻人这不放心、那不放心。领导岗位会使优秀的90后员工更加认真努力工作。

11.2.2　克服人际间有效沟通的障碍

针对以上人际沟通的障碍，我们可以寻找相应的解决途径，由于外部环境我们难以改变，而个体行为却是可以控制的，因此，就信息发送者和信息接收者而言，可以通过以下几点改进来促进沟通的有效性。

1. 简化语言表达准确

由于语言可能成为沟通障碍，因此管理者应该选择措辞并组织信息，以使信息清楚明确，易于接收者理解。管理者不仅需要简化语言，还要考虑信息所指向的听众，以使所用的语言适合于接收者。简化语言并注意使用与听众一致的言语方式可以提高理解效果。比如，医院的管理者在沟通时应尽量使用清晰易懂的词汇，并且向医务人员传递信息时所用的语言应和办公室工作人员不同。

管理者还可以从人的生理角度考虑，听众记忆曲线显示（见图11-2），在过程的初始阶段及终止阶段，听众的记忆最深刻，因此，应将信息的重点安排在开头和结尾。

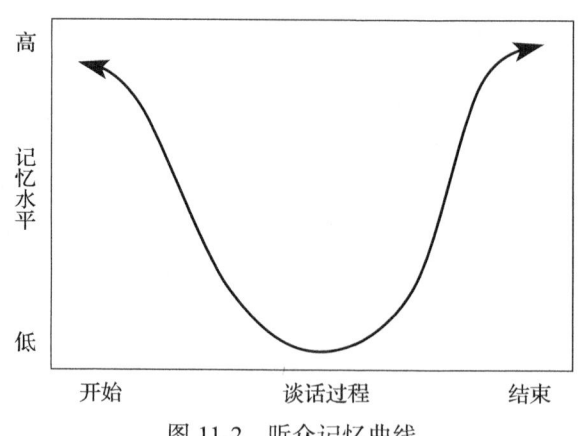

图11-2　听众记忆曲线

资料来源：康青.管理沟通[M].北京：中国人民大学出版社，2004.

2. 注意非语言提示

我们说行动比言语更明确，因此很重要的一点是注意你的行动，确保它们和语言相匹配并起到强化语言的作用。非语言信息在沟通中占据很大比重，因此，有效的沟通者十分注意自己的非语言提示，保证它们也同样传达了所期望的信息。

3. 运用反馈进行双向沟通

很多沟通问题是直接由于误解或不准确造成的。如果管理者在沟通过程中使用反馈回路，则会减少这些问题的发生。这里的反馈可以是语言的，也可以是非语言的。

4. 积极倾听

当别人说话时，我们在听，但很多情况下我们并不是在倾听。倾听是对信息进行积极主动的搜寻，而单纯的听则是被动的。在倾听时，接收者和发送者双方都在思考。事实上，积极倾听（active listening）常常比说话更容易引起疲劳，因为它要求脑力的投入，要求集中全部注意力。我们说话的速度是平均每分钟150个词汇，而倾听的能力则是每分钟可接受将近1 000个词汇。二者之间的差值显然留给了大脑充足的时间，使其有机会神游四方。

作者视频讲解
请扫二维码

通过发展与发送者的移情，也就是让自己处于发送者的位置，可以提高积极倾听的效果。不同的发送者在态度、兴趣、需求和期望方面各有不同，因此移情更易于理解信息的真正内涵。一个移情的听众并不急于对信息的内容进行判定，而是先认真聆听他人所说。这使得信息不会因为过早而不成熟的判断或解释而失真，从而提高了自己获得信息完整意义的能力。

积极倾听的关键因素如表11-3所示。

表11-3 积极倾听的关键因素

积极倾听的关键	无效的倾听者	优秀的倾听者
主动倾听	被动、懒散	提出问题，用自己的话表达对方的意思
找出兴趣点	感觉内容枯燥	寻找机会，学习新内容
防止发散精力	容易分心	防止或者避免分散注意力
注意思维快于表达的事实	当对方语速慢时易走神	倾听并领会字里行间的意思
反应	不用心	点头表示兴趣，给予积极反馈
判断内容而非表达方式	若表达不清楚则不予理睬	判断内容，跳过错误判断
控制情绪	先入为主，开始争论	当完全理解时才做判断
倾听别人的意见	表现出没有兴趣	倾听中心意思
专心倾听	假装注意	表现出积极的身体态势，注意视线交流
训练思维	抵制难懂的信息，喜欢轻松娱乐性的内容	运用有难度的材料来训练思维

资料来源：理查德·达夫特，多萝西·马西克.管理学原理［M］.高增安，马永红，李维余，译.北京：机械工业出版社，2009：325.

5. 抑制情绪

如果认为管理者总是以完全理性化的方式进行沟通，那太天真了。我们知道情绪能使信息的传递严重受阻或失真。当管理者对某件事十分失望时，很可能会对所接收的信息产生误解，并在表述自己的信息时不够清晰和准确。那么管理者应该如何行事呢？最简单的办法是暂停进一步的沟通直至恢复平静。

11.2.3 选择合适的沟通风格

当你向对方提出一个有力的观点时，你必须使自己的阐述符合你们之间的关系现状。玛丽·蒙特（Mary Munter）在她的《管理沟通指南》一书中，提出了一个确定与听众沟通方式的模型，如图11-3所示。

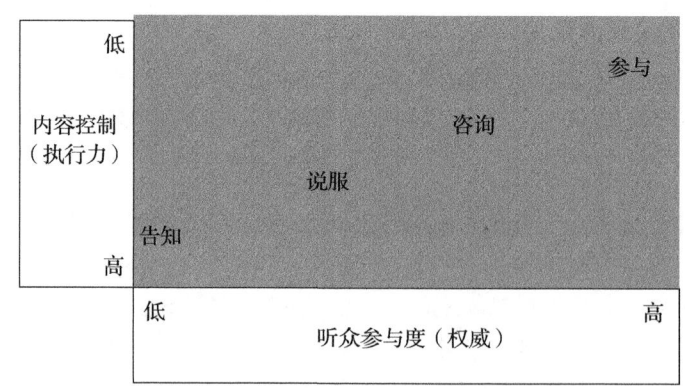

图 11-3　确定与听众沟通方式的模型

资料来源：迈克尔 E 哈特斯利，林达·麦克詹妮特.管理沟通：原理与实践［M］.葛志宏，等译.北京：机械工业出版社，2008.

正如蒙特所说："你控制的内容越多，你的听众参与就越少；你的听众参与越少，你控制的内容就越多。"蒙特在这里实际上谈到了两种控制：信息和行政权力的控制（见表 11-4）。这很重要：听众感到他们对下达的决策起的作用越大，他们在执行中采取合作态度的可能性就越大。这一模型也使你考虑你提建议的沟通方式是向上还是向下。告知有时是指上司在发布一项合法、无可争议的行政命令。不要浪费同事的时间去争论已经做出的决策，除非还有改变的可能性。

表 11-4 是一些实施沟通策略的经验之谈。

表 11-4　蒙特对不同听众采取的沟通方式的示例

沟通目标	沟通风格
• 通过阅读本备忘录，员工将了解公司现有的福利项目 • 通过这次演讲，老板将会获知部门本月所取得的成绩	告知：在这种情形下，你是在指导或解释。你想让你的听众了解或理解。你不需要听取他们的意见
• 读完这封信，我的客户将在所附的合同上签字 • 通过这次演讲，委员会将同意我的预算建议书	说服：在这种情形下，你是在劝说。你想让你的听众做点什么。你需要一些听众的参与
• 读完这份调查，员工将回答表上的问题 • 通过问答式会议，我的员工将发表意见并得到对这个新政策所关注问题的解答	咨询：在这种情形下，你是在协商。你需要交换思想。你既想向他们学习又要对互动有所控制
• 阅读这份会议日程备忘录之后，小组成员将有准备地参加会议，就这个问题提出看法 • 通过头脑风暴会议，小组成员将想出这个问题的解决办法	参与：在这种情形下，你是在合作。你和你的听众共同努力，集思广益

资料来源：康青.管理沟通［M］.北京：中国人民大学出版社，2004.

11.3　组织沟通

组织沟通（organizational communication）是指在组织内部进行的信息交流、联系和传递活动。作为管理者，除了注重搞好人际沟通外，还要关心部门与部门间的沟通问题。良好的组织沟通是疏通组织内外部渠道，协调组织内各部分之间关系的重要条件。

由于组织中的成员各自有不同的角色并且受到权力系统的制约，因而组织内部的沟通比单纯的人际沟通更为复杂。在本节中，我们将讨论组织内部的沟通类型、信息传递形式、信息网络、组织沟通存在的障碍以及克服的方式、冲突等组织沟通所特有的问题。

11.3.1 沟通类型

沟通按照渠道或途径的不同可分为正式沟通、非正式沟通与其他沟通方法。正式沟通是通过组织正式结构或层次系统进行的，近年来已发展成具体的信息系统。非正式沟通则是通过正式系统以外的途径来进行的。正式沟通与非正式沟通又包括许多具体的类型和方式。

1. 正式沟通

正式沟通（formal communication）是指通过正规的组织程序，按权力等级链进行的沟通，或完成某项任务所必需的信息交流。当你向下级传达某项指令，或向上级进行任务报告，或因为接到某个客户投诉而进行必要的联系时，你所进行的就是正式沟通。其优点是：沟通效果好，约束力强，易于保密，可以使信息沟通保持权威性。重要消息和文件的传达、组织的决策等，一般都采取这种方式。其缺点是：因为依靠组织系统层层传递，所以比较刻板，沟通速度慢，此外也存在着信息失真或扭曲的可能。

（1）正式沟通的形式。按照信息的流向，正式沟通可分为下行沟通、上行沟通、横向沟通和斜向沟通四种形式，如图 11-4 所示。

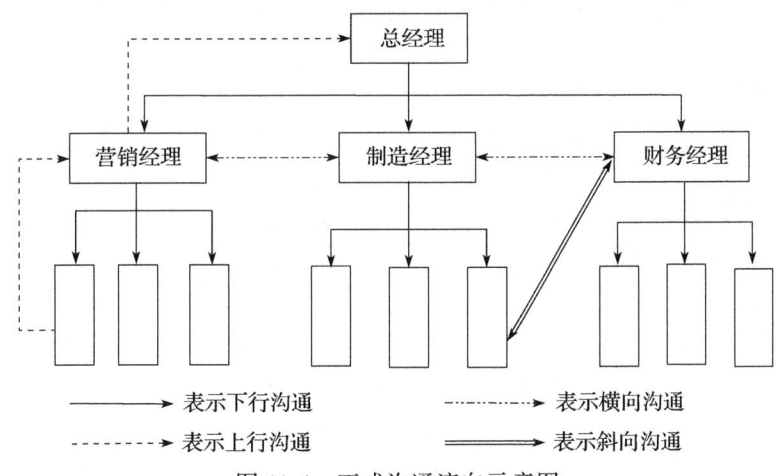

图 11-4　正式沟通流向示意图

1）下行沟通（downward communication）是指信息按照组织上下级的隶属关系，从较高的组织层次向较低的组织层次传递的形式。下行沟通是传统组织内最主要的沟通流向，企业管理中的各种职能活动如实施计划、领导激励、控制授权等都有赖于下行沟通去实现。

2）上行沟通（upward communication）是指信息按照上下级隶属关系，从较低的组织层次向较高的组织层次传递的沟通形式，如营销经理向总经理报告夏季营销成果。管理者倡导上行沟通主要是出于五个方面的考虑：减少工作压力；鼓励员工参与管理；提高组织的创新能力；营造民主化氛围；减少下行沟通障碍造成的失误。组织中上行沟通的主要形式是下属依照规定向上级所提出的正式书面或口头报告。许多机构还采取某些措施以鼓励上行沟通，如设置意见箱、建议制度，以及由组织举办的征求意见座谈会或态度调查等。上行沟通是管理者掌握基层动态和组织运转情况、发现存在的问题以改进工作的基本手段，但这种沟通有时会受到不同层次上的主管人员的阻碍。

3）横向沟通（lateral communication）是指发生在工作群体内部同级同层次成员之间的

信息沟通，多用于各部门的协调合作工作，如在一次经理会议上，营销经理、制造经理和财务经理一起讨论下个月的工作目标。横向沟通的目的是加强组织各部门之间的相互了解和信息共享，并通过工作上的协作配合实现组织的总体目标。

4）斜向沟通（diagonal communication）是指发生在组织中不属于同一部门和等级层次的人员之间的信息沟通，如制造部员工直接与财务经理联系。斜向沟通的目的是加快信息的传递。职能权力的实施采用的也大多是斜向沟通。为了克服其对等级链的冲击，斜向沟通往往伴随着上行沟通或下行沟通。

横向沟通和斜向沟通往往涉及跨职能、跨部门的沟通。现代企业中通常存在公司内部山头林立，部门冲突时有发生的现象。因此，有效的跨部门、跨职能沟通可以营造一个良好的工作氛围，提高工作效率，更有助于帮助企业建立更加优秀的团队。

那么，应该如何进行有效的跨职能、跨部门沟通呢？

首先，换位思考。当你的同事不满意你的做法，不配合你的工作时，你应该检讨，从这样的角度去思考问题——"如果不是我看错，也一定是因为我的错才造成他的错"。先检讨自己，站在对方的角度去看问题。对于一个部门经理来说，换位思考就是要多了解其他部门的业务运作情况，多从其他部门的角度考虑问题，要理解其他部门的难处。同时企业也应创造一些条件进行跨部门沟通，如实行岗位轮换或是互相兼职。

其次，打破部门墙是部门和各员工之间顺畅沟通的关键。大部分人具有沟通的意愿，但是没有沟通的技巧。其实就算是最基层的员工对整个组织的氛围是怎样的、人际关系的状况、有些什么问题都看得相当清楚。但如果不打开员工心里的锁，就会造成部门隔阂，影响组织效率。部门之间可以开展一些不具有竞争性的交流活动，例如聚餐、郊游、联谊等，促进部门往来，融洽组织气氛。

再次，思想观念也是影响部门间沟通的重要因素之一。企业中的高层，尤其是部门经理，要对沟通抱有正确的观念和心态。比如，部门主管要在平时稍稍花费一点时间和体力，串串门，多联络感情，到了有矛盾的时候就会有利于解决。

最后，注意会议沟通。部门间需要沟通的敏感问题，最好能在会议前私下解决，迫不得已需要在会议上讨论的，也应该与其他部门的人员先沟通一下。此外，"沉默未必是金"，会议沟通中讨论时尽量以解决问题为主。

（2）正式沟通网络。沟通网络（communication networks）是指组织中沟通渠道的结构和形式。一种网络不同于另一种网络的基本特征在于：沟通渠道的数量、分布。根据研究者的观察和试验，以五个组织成员参与的沟通来看，可能形成的沟通网络有60多种，但主要有五种典型的形式，即链式、环式、Y式、轮式和全通道式，如图11-5所示。作为一名管理者，你该选用哪种沟通网络？

1）链式沟通。在这个网络中，信息可自上而下或自下而上进行逐级传递，但经过层层筛选后，信息容易失真，各个信息传递者所接收的信息差异较大，组织成员的满意程度有较大差距。如果某一组织的系统过于庞大，需要实行分权管理，链式沟通网络是一种行之有效的方法。

2）环式沟通。此形态可以看成链式的一个封闭结构，每个成员之间可以依次联络和沟通。其中，每个人都可同时与两侧的人沟通信息。在这种网络中，组织的集中化程度较低，组织中的成员具有比较一致的满意度，组织士气高昂。如果组织中需要创造出一种高昂的士气来实现组织目标，环式沟通是一种合适的选择。

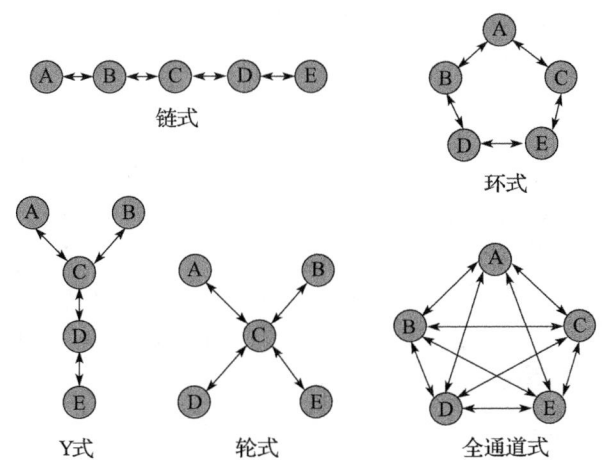

图 11-5 正式沟通网络类型

资料来源：杨文士，焦叔斌，等．管理学原理［M］．2版．北京：中国人民大学出版社，2004．

3）Y式沟通。Y式沟通也是一种纵向沟通网络，其中只有一个成员处于中心位置，成为沟通的中介人。这种网络集中化程度高，解决问题速度快，但容易导致信息曲解或失真。除中心人员（C）外，组织成员的平均满意程度较低。此网络适用于领导者的工作任务十分繁重，需要有人选择信息、提供决策依据而又要对组织实行有效控制的情况。

4）轮式沟通。轮式沟通属于控制型网络，其中只有一个成员是各种信息的汇集点与传递中心。此网络集中化程度高，解决问题的速度快。主管人（C）的预测程度很高，而沟通的渠道很少，组织成员的满意程度低，士气低落。轮式沟通网络是加强组织控制、争时间、抢速度的一个有效方法。

5）全通道式沟通。这是一个开放式的网络系统，其中每个成员之间都有一定的联系，彼此了解。此网络中组织的集中化程度及主管人的预测程度均很低。由于沟通渠道很多，组织成员的平均满意程度高且差异小，所以士气高昂、合作气氛浓厚。但是，由于这种网络沟通渠道太多，易造成混乱，且费时，影响工作效率。

上述五种沟通网络都有其优缺点，如表11-5所示。作为管理者，要在管理工作中进行有效沟通，就需要扬长避短，使组织的管理工作水平逐步提高。

表 11-5 五种正式沟通网络的比较

评价标准 沟通网络	集中性	速度	正确性	领导能力	全体成员满意度	示例
链式	适中	适中	高	适中	适中	命令链锁
轮式	高	1.快（简单任务） 2.慢（复杂任务）	1.高（简单任务） 2.低（复杂任务）	很高	低	主管对四个部署
Y式	较高	快	较高	高	较低	领导任务繁重
环式	低	慢	低	低	高	工作任务小组
全通道式	很低	快	适中	很低	很高	非正式沟通

资料来源：杨文士，焦叔斌，等．管理学原理［M］．2版．北京：中国人民大学出版社，2004．

从表11-5中可以看出，轮式和Y式的组织集中程度较高，管理者的领导作用较强，但也导致组织成员较低的满意度。链式沟通网络比较简单，信息的正确性也比其他集中方式更高。相对于其他三种沟通网络,在环式和全通道式中,成员的合作交流更为密切,自由度较高,因此成员的满意度也较高。

2. 非正式沟通

你是否参加过部门聚餐、公司举办的周年庆晚会,或者和同事闲聊公司里的八卦?如果是,那么你就是在进行着非正式沟通。非正式沟通(informal communication)是指没有列入管理范围,不按照正规的组织程序、隶属关系、等级系列进行的沟通。在一个组织中,除了正式设立的部门外,不同部门的人之间还存在着朋友关系、兴趣小组等各种社会关系,这种社会关系超越了部门、单位以及层次,在这些群体里进行的沟通就是非正式沟通。非正式沟通最明显的特点就是传播速度快,而且还具有一种可预知性。

其优点是:信息交流速度快,信息比较准确,效率较高,满足职工安全、社交、尊重的需要。非正式沟通是组织正式沟通的补充,尤其是当正式沟通渠道不畅通或出现问题时,非正式沟通会起十分关键的作用。

其缺点是:由于不负有正式沟通所具有的责任和不必遵循一定的程序,随意性较强,又难以控制,信息失真的可能性也较大,有可能导致小集团、小圈子,影响组织的凝聚力和人心稳定。研究证明,非正式沟通尤其是小道消息的主要问题在于信息源本身的准确性低,而非沟通方式的问题。

(1)非正式沟通网络。非正式的组织内沟通渠道主要有单线式传递、集束式传递、流言式传递和偶然式传递四种类型,如图11-6所示。

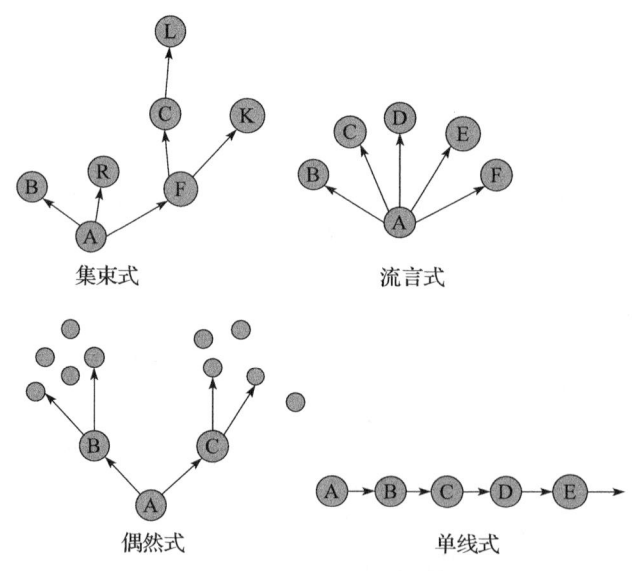

图11-6 非正式沟通网络类型

资料来源:杨文士,焦叔斌,等.管理学原理[M].2版.北京:中国人民大学出版社,2004.

1)单线式。这种沟通强调非正式沟通的保密性,信息按照最亲密的人际关系进行单线传递。

2)集束式。这种沟通是指在非正式沟通中信息的传递以几个人为传递中心,这些人有选择性地将信息传递给周围的人。

3)流言式。这种沟通是指沟通中有一个主要的信息源,他主动将信息进行广泛传播,来扩大信息的影响力。

4）偶然式。这种传播是以偶然的方式进行的，随机地寻找对象进行信息传递，没有一定的中心人物。道听途说就是其中的一种形式。

集束式是最普遍的非正式沟通方式，而且传播速度最快、面最广；单线式和偶然式的传递速度最慢，失真可能性也最大。

（2）非正式沟通的管理。非正式沟通几乎在所有组织中都非常活跃。一个组织越是依赖于有限的或正规的沟通渠道，小道消息就越可能盛行，尤其是当正式渠道被堵塞时，小道消息将可能成为组织沟通中的主导力量。作为一名管理者，该如何正确地对待非正式沟通呢？是打击、消灭它，还是引导、利用它？或许以下的建议会对你有所帮助。

1）管理人员必须认识到它是一种重要的沟通方式，否认、消灭、阻止、打击都是不可取的。有时，为非正式沟通创造一定的条件，鼓励它的发生，也是管理的一种方式。联想公司为促进有效沟通曾举办中秋乒乓球大赛。阿梅里奥领衔的外方团队在双打比赛中以微弱比分负于以董事长杨元庆为首的中方团队。通过乒乓球比赛这样的非正式沟通活动，中外管理人员展现了自己的所长和团队精神，加深了彼此的了解和信任。

2）管理人员可以充分地利用非正式沟通为自己服务，管理人员可以"听"到许多从正式渠道不可能获得的信息，还可以将自己所需要传递但又不便从正式渠道传递的信息，利用非正式沟通进行传递。比如，公司将实施重大计划，管理者可以试探性地放出风声，看看员工的反应再决定是否正式实行还是再做调整。

3）在认识到组织内的非正式沟通客观存在的情况下，管理者应该将小道消息的规模和影响控制在一定范围内，并对负面的小道消息保持警惕，采取积极的应对措施，使消极影响尽可能降到最低程度。为此，管理者可参考以下措施加以应对：公布进行重大决策的时间安排；公开解释那些看起来不一致或隐秘的决策和行为；对于目前的决策和未来的计划，强调其积极的一面，同时也要指出不利的一面；公开讨论事情最坏的可能结果，减少由于无端猜测而造成的焦虑情绪。

4）对于非正式沟通中的错误信息必须"以其人之道，还治其人之身"，通过非正式渠道进行更正。

3. 其他沟通方法

（1）发布指示。指示作为一个领导的方法，可理解为上级的指令，具有强制性。它要求在一定的环境下执行任务或停止工作，并使指示内容和实现组织目标密切关联，以及明确上下级之间的关系是直线指挥的关系。在指导下级工作时，指示是重要的。但是，如果下级拒绝执行或不恰当地执行了指示，而上级主管人员又不能对此使用制裁方法，那么这位主管人员今后的指示可能会失去作用，他的地位也将很难维持。那么，管理者该如何避免这种情况的发生呢？可以考虑在指示发布前听取各方面意见，对下级进行训导，或将下级尽可能安排到其他部门工作。对于指示的方法，管理者还应考虑以下一些问题。

1）该使用一般的还是具体的？这取决于主管人员对周围环境的预见能力以及下级的响应程度。如果你对授权持有严格观点，那么具体的指示也许会是你的选择；如果在对实施指示的所有周围环境不可能预见的情况下，一般的形式更可能被使用。

2）该使用书面的还是口头的？这时应考虑的问题是：上下级之间关系的持久性、信任程度，以及避免指示的重复等。如果为了防止命令的重复和司法上的争执，为了向所有有关人员宣布一项特定的任务，则书面指示大为必要。

3) 该使用正式的还是非正式的？对每一个下级准确地选择正式的和非正式的发布指示的方式是一种艺术。正确采用非正式的方式来启发下级，用正式的书面或口述的方式来命令下级。

(2) 会议沟通。会议沟通是群体和组织中相互交流意见的一种形式，是一种较为常见的群体沟通方式。指导与领导工作的实质是处理人际关系，而人与人之间的沟通是人们思想、情感的交流，采取开会的方法，就是提供交流的场所和机会。会议沟通不仅可以是一个交流信息、集思广益的过程，同时也可以用于解决问题、指导培训或是做出决策。

会议的种类主要有工作汇报会、专题讨论会、员工座谈会等。必须强调的是，虽然会议是主管人员进行沟通的重要方法，但决不能完全依赖这种方法。而且，会议要有充分准备，民主气氛浓厚，讲求实效，切忌"文山会海"的形式主义。

作为一种成本较高的沟通方式，会议沟通的时间一般比较长，常用于解决较重大、较复杂的问题。具体来说，适宜会议沟通的情形主要有以下几种。

- 需要统一思想或行动时（如项目建设思路的讨论、项目计划的讨论等）。
- 需要当事人清楚、认可和接受时（如项目考核制度发布前的讨论、项目考勤制度发布前的讨论等）。
- 传达重要信息时（如项目里程碑总结活动、项目总结活动等）。
- 澄清一些谣传信息，而这些谣传信息将对团队产生较大影响时。
- 讨论复杂问题的解决方案时（如针对复杂的技术问题，讨论已收集到的解决方案等）。

(3) 个别交谈。个别交谈就是指领导者用正式或非正式的形式，在组织内外，同下属或同级人员进行个别交谈。这种形式大部分都是建立在相互信任的基础上，对双方统一思想、认清目标、体会各自的责任和义务都有很大的好处。在这种情况下，人们往往愿意表露真实思想，提出不便在会议场所提出的问题，从而使领导者能够掌握下属人员的思想动态。

11.3.2 组织沟通中存在的障碍

在组织信息沟通过程中，除了有和人际沟通相类似的问题存在外，还会发生一些组织沟通所特有的情况。因此，影响组织有效沟通的因素除了人际沟通中的一些因素之外，还主要表现在以下几个方面。

(1) 地位差别。由于组织中建有等级分明的权力保障系统，不同地位的人拥有不同的权力，这就使组织中的部分人员过分关注信息的来源，即"是谁讲的"，其次才是信息内容。由于这些情况的存在，往往造成信息传递的失误。

(2) 信息传递链。一般来说，信息通过的等级越多，传递时间越长，信息失真率越大，通过图11-7的信息理解漏斗图，我们可以清晰地看到信息流失的过程。这种信息连续地从一个等级到另一个等级所发生的变化，称为信息传递链现象。

(3) 团体规模。当工作团体规模较大时，人与人之间的沟通也相应地变得较为困难。这一方面是由于可能的沟通渠道的增长大大超过人数的增长。如5个人的团体，有$n(n-1)/2$即10条渠道；10个人有45条渠道；20个人有190条渠道。另一方面是由于随着团体规模的扩大，沟通的形式将非常复杂。

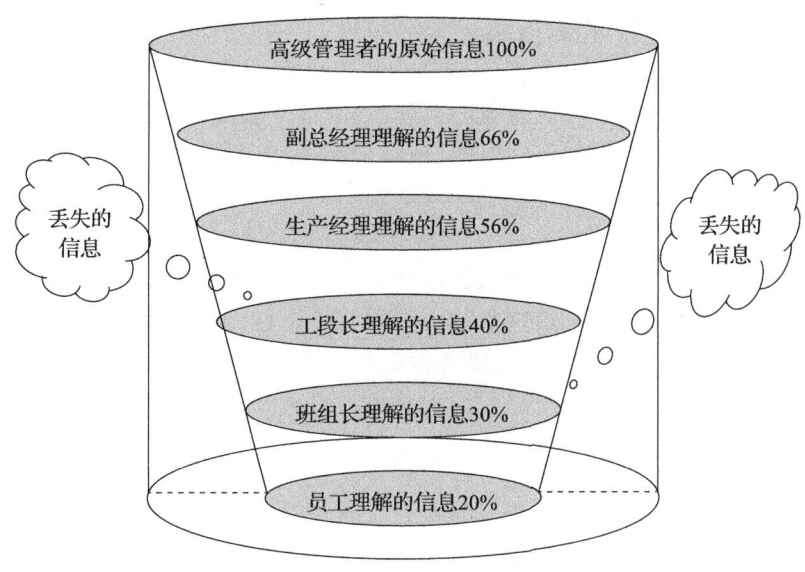

图 11-7　信息理解漏斗图

资料来源：康青.管理沟通［M］.北京：中国人民大学出版社，2004.

（4）空间约束。企业中的工作常常要求工人只能在某一特定的地点进行操作。空间约束不仅不利于工人间的交往，也限制了他们的沟通。一般来说，两人间的距离越短，交往的频率越高。也就是说，沟通双方的空间距离过大、组织部门过于分散都会造成沟通障碍。空间约束的形成往往是组织结构、业务流程或者管理流程设计得不合理所导致的。

（5）利益的影响。由于信息的特殊作用，人们在传递信息时常常会考虑所传递的信息是否会对自己的利益产生影响，包括个人利益和小集团利益。小集团是指由于组织内部分工协作而形成的各种各样的群体，群体内部有着共同的利益。当人们觉得信息对自身利益会产生不利影响时，就会自觉或不自觉地从心理上到行动上对此信息的传递采取对抗或抵制的态度，从而妨碍组织沟通。

11.3.3　选择正确的组织沟通方式

我们总希望沟通方便而且自己的信息能被接收者完整地理解，作为一名管理者，当面临某种沟通需要时，采用哪种沟通方法最为恰当？书面还是口头？正式还是非正式？还是几种沟通方式相结合？这是一个相当复杂的问题，简单地拿沟通途径和媒体的结合方式来说，就可以有 16 种之多，而且没有哪一种方法绝对有效，也没有哪一种方法可以应用于所有情况。以下所列举的四方面因素可供管理者参考。

1. 沟通的性质

所谓沟通的性质，是一种相当广泛的说法，因此我们可以按不同的标志对沟通的性质予以分类。

（1）按沟通任务的复杂性分类。按由简到繁的顺序可以分为：①传达命令；②给予或要求信息或资料；③达成一致意见或决定。当意见有分歧时，第③种沟通的任务尤其复杂。如果你遇见这种沟通任务，不要一开始便企图经由正式途径讨论，这样可能使分歧意见公开化，使双方的立场和态度僵化。应先行分析不同意见间有何共同点，通过非正式沟通先行协调，然后将私下商量的结果经由正式途径加以肯定。

（2）按沟通内容的合法性分类。①沟通内容是依照规章或惯例行事，大家视为当然；②沟通内容与法规或惯例颇有出入，例如对于公司政策采取变通或弹性的措施之类。在这种情况下，究竟应采取正式还是非正式沟通，或以书面还是口头沟通也是颇有讲究，但是并无一种标准的答案。

（3）按沟通动用资源的多少分类。如果一项要求、命令或决议涉及大量人力和财力的动用时，将来必须有人负责这种资源支出及其效果。因此，有关人员为求责任分明，就希望此种沟通能通过正式和书面的途径进行。当然，这种希望的程度又和上述沟通内容的合法性有密切关系，越是属于变通或弹性的处理性质时，可能越要求有正式和具体的根据。

2. 沟通人员的特点

所谓沟通人员，是指信息发出者、接收者、中间传达者（媒体），以及他们的上级主管人员。这些人的特点与沟通方法的选择有密切的关系。因为每个人的特点不同，就会倾向于选择不同的沟通方式。

（1）目标或手段导向。有人做事是以达成目标或任务为基本导向的。在这种导向下，可以变更或不顾规定及手续。但是，有人却坚持必须合乎规定或手续，甚至到后来，以规定及手续作为工作的目的。如果属于后类人员，则倾向于正式和书面的沟通；反之，对于目标导向的人，则比较愿意采取非正式和口头的沟通方式。

（2）能否信任的程度。这是指沟通的媒介者或接收者，对于所沟通的信息，能否正确解释并促成其有效沟通，甚至增添某些有用的信息。如果在沟通过程中能找到这种媒介，将可增进沟通效能；反之，如果媒介者不能正确了解和传送沟通信息，那么就要设法避开他，而要靠书面和口头并用加以补救。

（3）语文能力。沟通者的语文能力是选择沟通方法的重要因素。除此之外，语文能力也影响沟通的内容及其表现方式。

3. 人际关系的协调程度

这是指沟通过程所涉及的人群间存在怎样的关系。高度协调者，表示成员间接触频繁、关系密切、互助合作，在这种状况下，沟通常常采用口头而非正式的方法；反之，如果成员间极少往来、互不相干，则沟通只能依赖正式及书面的方法进行。

4. 沟通渠道的性质

每种沟通渠道都有自己的优缺点，选择哪一种才更为有效？这取决于你的沟通目标，通过以下对渠道的分析，结合你所考虑的目标，你也许会找到合适的沟通方法。

（1）速度。不同渠道的沟通速度相差颇大，例如，一般认为口头及非正式的沟通方法比正式与书面的沟通速度快。

（2）反馈。利用不同沟通方法，所得到的反馈速度和正确性也都不同。例如，面对面交谈可以获得立即的反应，而书面沟通有时却得不到反馈。

（3）选择性。这是指对于信息的沟通，能否加以控制和选择及其程度。例如，在公开场合宣布某一消息，对于其沟通范围及接收对象毫无控制；反之，选择少数可以信任的人，利用口头传达某种信息则富于选择性。

（4）接收性。同样的信息，却可能经由不同渠道，造成不同的被接收程度。例如，以正式书面通知，可能使接收者十分重视；反之，在社交场合所提出的意见，却被对方认为讲过就算了，并不加以重视。

（5）成本。选用不同渠道，也可能涉及不同的人力、物力费用。例如，在地区相隔遥远而分散的情况下，利用口头亲自传达就可能费用高昂，但利用信件则所费无几。

（6）责任建立。随着所使用渠道的不同，这种责任的建立或交代的严格程度也会不同。利用正式书面所传达的责任，严格与清晰程度最高，所以有时即使为了快速的需要，开始先利用非正式的口头沟通，接着仍需要利用正式书面的渠道再加以确定，这就是为了建立明确的责任。

11.3.4 信息技术与管理沟通

技术，尤其是信息技术从根本上改变了组织成员沟通的方式及工作方式。《中国青年报》社会调查中心曾对 2 086 人进行一项相关的调查[一]，28.5% 的受访者经常使用微信与同事谈工作。据企鹅智库调研，微信用户还在疯狂地把工作中认识的朋友添加到微信通讯录中，57.22% 的受访者表示新增的微信好友来自泛工作关系，而担任企业管理的人中，这个比例上升至 74.3%。八成以上的用户在微信上有工作相关的行为，如工作对接、安排、通知等。

虽然不断发展的信息技术使组织不得不面对环境的不确定性，但这些技术变革也使管理者能够更加高效便捷地获取信息、协调工作。信息技术如今已渗透到全球每家公司的每个员工身上，其对组织沟通的影响是十分复杂的。

1. IT 技术对组织沟通的具体影响

员工（无论是以个体还是团队形式工作）需要掌握一定的信息来制定决策和从事自己的工作。显而易见，信息技术能够显著影响组织成员沟通、共享信息和开展工作的方式。组织成员之间的沟通和信息交换不再受制于时间或者地理位置的约束。散布在全球各地的分公司、部门和员工个体之间可以利用信息技术随时随地进行工作交流、协作努力。整个组织范围内的信息共享以及资源的流动整合都能够保证组织的高效和成效。计算机硬件和软件的发展可以让人们在非常类似于面对面沟通的环境中召开会议，为虚拟组织的发展奠定了基础。与此同时，商务旅行的随之减少可以降低组织的运营成本。

不过，虽然信息技术给组织带来可观的经济效益，但管理者不能忽视它给组织和员工带来的心理问题。在前文提到的《中国青年报》社会调查中心开展的关于微信给工作带来的影响调查中[二]，53.3% 的人认为微信沟通便利，提高了工作效率，但 25.4% 的人感到微信让人精力分散，反而降低了工作效率。47.3% 的受访者认为微信模糊了工作和生活的界限，"变相增加了工作时长"，32% 的人觉得"失去了部分个人空间"，11.3% 受访者认为加大了工作压力。

2. 管理互联网世界中的沟通

信息技术（IT）是一把双刃剑。我们在前文已经讨论过，IT 在组织中的应用的确可以带来明显的经济效益，但同时也让员工的工作量加大，组织面临着许多特殊的沟通挑战。其中

[一] 199IT.8 成以上的用户使用微信工作，真是让人欲罢不能 [EB/OL]. http://www.199it.com/archives/585908.html, 2017-04-25.

[二] 199IT.8 成以上的用户使用微信工作，真是让人欲罢不能 [EB/OL]. http://www.199it.com/archives/585908.html, 2017-04-25.

两个最主要的挑战是：法律和安全问题；人际交往的缺乏。

（1）法律和安全问题。在各界都在努力加强网络安全防护之际，我们使用了40多年的电子邮件系统，却已经成为安全链最弱的一环。据美国联邦调查局（FBI）在2016年4月发布的数据，仅仅在2013年10月至2016年2月，全球商业电子邮件诈骗金额已达到23亿美元。普华永道发布报告称，商务邮件成为信息安全攻击途径的重灾区。2016年年初，被中航工业集团收购的专为波音公司生产零部件的航天零部件公司FACC遭到了黑客攻击，黑客的突破口恰恰也是公司内部的办公邮件系统。

从理论上来说，黑客能够把钱转走，意味着他们已经对公司的系统实现了全面的控制，他们同样可以看到机密的图纸和商业计划。这些隐性损失是没有办法计量的。相比之下，个人邮箱泄露导致的电信诈骗损失金额，都算是九牛一毛了。

另外在2015年2月施行的《最高人民法院关于适用〈中华人民共和国民事诉讼法〉的解释》第一百一十六条中，明确了电子邮件、聊天记录、手机短信等形成或存储在电子介质中的信息可以作为证据。虽然电子邮件、微博、微信和其他各种即时通信软件是快速便捷的沟通工具，但管理者需要注意到不恰当使用或这些工具本身存在的各种信息安全和法律问题。例如，中国领先的互联网安全公司360就曾给全体员工发送内部邮件，禁止员工之间通过微信讨论任何与工作相关的内容，在对外交流中，也不得通过微信讨论敏感业务，内部群组交流要使用蓝信或WhatsApp。

（2）人际交往的缺乏。员工在工作中长期使用社交软件进行工作交流，可能会对该类软件产生依赖，具体表现为每天花大量时间在此类软件上，即使没有消息也会不自觉地打开软件，在收不到消息或没有及时收到回复时感到焦虑。久而久之，这种依赖性会导致员工的心理问题，在现实生活中寡言少语，社交面狭窄，表现出逃避现实的心理现象。此外，即使两个人面对面交流，也并不总能做到相互理解。因而，当人们在这种虚拟环境中沟通时，相互理解并协作完成某项任务显得极具挑战性。为此，有些公司会在某几天时间内禁止使用电子邮件，鼓励员工更多地在现实世界中开展协作。

11.3.5　冲突

1. 冲突的起源

冲突（conflict）是指由于某种不一致或对立状况而使人们感知到彼此不相融合的差异。差异本身是否客观存在并不重要，只要群体成员感觉到差异的存在，就处于一种冲突状态。另外，冲突的定义是一个连续体，它包含两个端点——一端是微妙、间接、高度克制的抵触状态；另一端则是公开明显的活动，如罢工、骚乱和战争。

人们之间存在差异的原因是多种多样的，但大体上可归纳为三类。

（1）沟通差异。文化和历史背景的不同、语义模糊、误解以及沟通过程中噪声的干扰都可能造成人们之间意见的不一致。沟通不良是产生冲突的重要原因，但不是主要的。

（2）结构差异。管理中经常发生的冲突绝大多数是由组织结构的差异引起的。分工造成组织结构中垂直方向和水平方向各系统、各层次、各部门、各单位、各岗位的分化。组织越庞大、越复杂，组织分化越细密，组织整合越困难。由于信息不对称和利益不一致，人们之间在计划目标、实施方法、绩效评价、资源分配、劳动报酬、奖惩等许多问题上都会产生不同看法，这种差异是由组织结构本身造成的。为了本单位的利益和荣誉，许多人都会理直气壮地与其他单位甚至上级组织发生冲突。不少管理者甚至把挑起这种冲突看作自己的职责，或作为建立自己威望的手段。

（3）个体差异。每个人的社会背景、教育程度、阅历、修养塑造了其不同的性格、价值观和作风。人们之间这种个体差异往往造成了合作和沟通的困难从而成为某些冲突的根源。

2. 关于冲突的观点

多年来，冲突领域中逐渐发展出三种不同的观点。

（1）冲突的传统观点（traditional view of conflict），认为必须避免冲突，因为它意味着在群体内部出现了问题。

（2）冲突的人际关系观点（human relations view of conflict），认为冲突是一种自然而然出现的现象，任何群体都无法避免，但它未必一定是消极有害的，也可能成为一种潜在的有利于群体绩效的积极动力。

（3）冲突的交互作用观点（interactionist view of conflict），认为冲突不仅可以成为群体中的一种积极推动力，而且有些冲突对群体的有效运作是绝对必要的。

交互作用的观点并不是说所有冲突都是好的，有些冲突被认为可以支持工作群体的目标，提高群体的业绩水平，这些是具有建设性特点的积极冲突（或称功能正常的冲突，functional conflict）。另一些冲突则会妨碍工作群体实现目标，它们具有破坏性，被称为消极冲突（或称功能失调的冲突，dysfunctional conflict）。

3. 冲突处理

既然认识到冲突既有积极影响又有消极影响，那么也该认识到一味消除冲突并不是最好的管理冲突的手段。组织中没有冲突必然会显得好无生趣、缺乏创新，当组织缺乏冲突时，作为管理者的你要问问自己是否过于看重决策的"意见一致"，是否过分强调"团结、友谊和支持比什么都重要"，是否处理问题过于"中庸"，又或者是否过于专断，打击压制不同的声音。当然冲突过多也会使组织分崩离析处于无政府状态。所以审慎处理冲突是管理者的一项重要工作。

（1）谨慎地选择你想处理的冲突。管理者可能面临许多冲突，其中，有些冲突非常琐碎，不值得花很多时间去处理；有些冲突虽很重要但不是自己力所能及的，不宜插手；有些冲突难度很大，要花很多精力和时间，未必有好的回报，不要轻易介入。管理者应当选择处理那些群众关心，影响面大，对推进工作、打开局面、增强凝聚力、建设组织文化有意义、有价值的冲突。其他冲突均可尽量回避，事事时时都冲到第一线的人并不是真正的优秀管理者。

（2）仔细研究冲突双方的代表人物。是哪些人卷入了冲突？冲突双方的观点是什么？差异在哪里？双方真正感兴趣的是什么？代表人物的人格特点、价值观、经历和资源因素如何？

（3）深入了解冲突的根源。不仅要了解公开的、表层的冲突原因，还要深入了解深层的、没有说出来的原因。冲突可能是多种原因共同作用的结果，如果是这样，还要进一步分析各种原因作用的强度。

（4）妥善地选择处理办法。通常的处理办法有五种：回避、迁就、强制、妥协、合作，见图11-8所示。当冲突无关紧要时，或当冲突双方情绪极为激动，需要时间恢复平静时，可采用回避策略；当维持和谐关系十分重要时，可采用迁就策略；当必须对重大事件或紧急事件进行迅速处理时，可采用强制策略，用行政命令方式牺牲某一方利益处理后，再慢慢做安抚工作；当冲突双方势均力敌、争执不下需要采取权宜之计时，只好双方都做出一些让步,实现妥协;当事件重大,双方不可能妥协,经过开诚布公的谈判,走向对双方均有利的合作。

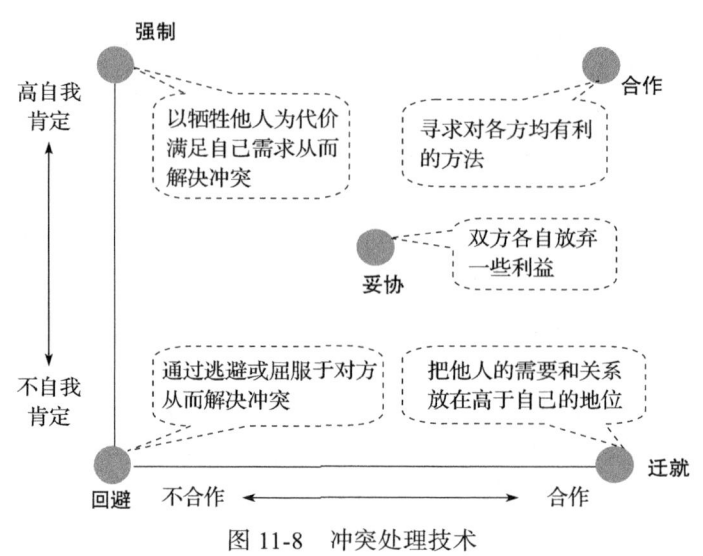

图 11-8 冲突处理技术

我们可以进一步通过案例来深入了解各种策略的运用。

A 是某百货公司西服专柜的售货员,某日顾客 B 登门来选购西服,A 很热心地拿出各种款式西服供其试穿。不料 B 一口气试穿了 25 套。面对将近三个小时的反复试穿,A 的耐性已经濒临耗尽。就在 A 的情绪即将失控的关头,B 指着其中一套藏青色西服,大声说:"我满意这套!"A 闻讯大喜过望,替 B 量腿长腰围,正准备开具售货单时,B 不慌不忙地来个回马枪:"可不可以再送我条领带!"很明显的冲突情境已经出现,A 该如何回答呢?

如果依据回避策略,A 可以委婉地对 B 说:"依公司规定我没有权力做决定,不过我可以替您请示一下上司,由他来做决定!"回避策略的特点是将烫手山芋丢给上司来处理,一来可以避免自己的难堪,二来可让上司了解自己遇到难缠的无理顾客,免得没做成这笔生意,受了一肚子窝囊气,还反被上司指责为偷懒。

迁就与强制策略分别是"送"与"不送"的问题。至于妥协策略则有相当程度的运用弹性。A 可以提出下列各种建议,如"依公司规定无法送您领带,但如果您真的喜欢,我可以给您打个折扣"或"我虽然无法送您领带,但公司还有其他精美的礼品,我拿给您参考一下"。

最好的回应之道是协作策略,A 可以兴奋地接口:"您真有眼光,看上了我们最好的领带。这样好了,您再买一件衬衫,搭配一整套,而且加上领带、衬衫,金额合计正好可以办一张贵宾卡,这样一来您可以享受打九折的优惠,我为您计算了一下,这样会比送您一条领带更划算!"

本章小结

1. 沟通是指意义的传递和理解,是一个信息从发送者到接收者的传递过程。管理沟通包括人际沟通和组织沟通两大方面。

2. 沟通的步骤有:沟通过程始于某一意图,

即要被传递的信息；发送者将信息转化为信号形式（即编码），力求不使信息失真；信息通过某种渠道传递；接收者将获得的信息解码，转化为其主观能理解的意思；接收者根据自己理解的意思加以判断，以采取不同的反应行为。倘若接收者做出反馈，信息发送者可以进行信息的再传递，肯定原有的信息传递或指出已发生的偏差并加以纠正。沟通的模型包括7个要素：发送者、信息、编码、渠道、解码、接收者以及反馈。此外，整个过程还受到噪声的影响。

3. 依据不同的分类标准可以将沟通分为不同的类型。按照方法划分，信息沟通可分为口头沟通、书面沟通、非语言沟通、电子媒体沟通；按照信息传递方向划分，可分为下行沟通、上行沟通、横向沟通和斜向沟通；按照沟通途径划分，可分为正式沟通、非正式沟通与其他沟通方式；按照是否进行反馈划分，可分为单向沟通和双向沟通。以上几种沟通方式各有其优缺点，适用于不同的场合和不同的沟通内容。

4. 有效沟通的原则包括准确性原则、完整性原则、及时性原则、非正式组织策略性运用原则。

5. 人际沟通是指存在于两个人或两个人以上之间的信息沟通。阻碍人际沟通的障碍包括主观和客观两方面，主观方面有语言问题、过滤、信息含糊或混乱、选择性知觉、情绪、非言语提示；客观方面包括环境的干扰、信息超载、沟通双方的差异。克服这些阻碍的方法有：简化语言表达准确、注意非言语提示、运用反馈进行双向沟通、积极倾听、抑制情绪等。

6. 沟通风格有告知、说服、咨询、参与四种类型，你可以根据不同的沟通目标，选择合适的风格。

7. 组织中存在着两大类沟通：正式沟通和非正式沟通。它们有各自的优缺点，在组织沟通中起着各自不同的作用。

8. 正式沟通有四种信息流动方式：下行沟通、上行沟通、横向沟通、斜向沟通。常见的组织正式沟通网络有链式、轮式、环式、Y式、全通道式五种。

9. 非正式组织内的沟通渠道主要有单线式传递、集束式传递、流言式传递和偶然式传递四种类型。它最明显的特点是传播速度快，而且还具有一种可预知性。管理者要正视非正式沟通并加强管理。

10. 组织沟通中的方法是多种多样的，除了正式沟通与非正式沟通外，还应包括发布指示、会议沟通、个别交谈等。沟通的方法运用要随机制宜，因人而定。

11. 组织沟通所遇到的障碍，除了人际沟通中的障碍外，还主要有地位差别、信息传递链、团体规模、空间约束、利益的影响。

12. 管理者在选择沟通方式时，主要可以考虑以下四个因素：沟通的性质、沟通人员的特点、人际关系的协调程度、沟通渠道的性质。

13. 冲突是指由于某种不一致或对立状况而使人们感知到彼此不相融合的差异。冲突起源于沟通差异、结构差异、个体差异。管理者要妥善处理冲突，使之有利于组织目标的实现。

练习与思考题

选择题和判断题，请扫二维码做题；名词解释、简答题和论述题/计算题的参考答案，具体请扫二维码。

一、**选择题**（题干略，请扫二维码）

二、**判断题**（题干略，请扫二维码）

三、名词解释

1. 人际沟通
2. 组织沟通
3. 正式沟通
4. 非正式沟通

5. 冲突

四、简答题

1. 试述沟通的定义和内涵。
2. 沟通过程有哪几个步骤？沟通模型包括哪些要素？
3. 为什么要进行沟通？沟通过程中要遵循哪些原则？
4. 沟通按照是否进行反馈划分有哪些类型？其优缺点各是什么？
5. 影响人际沟通的主要障碍有哪些？
6. 克服人际沟通障碍的方式有哪些？
7. 有效的组织沟通存在着哪些特有的障碍？
8. 造成组织冲突的原因有哪些？

五、论述题

1. 怎样有效地管理冲突？
2. 正式沟通与非正式沟通有何区别？如何正确对待非正式沟通？

案例讨论

支付宝圈子事件

2016年11月27日，支付宝低调推出"圈子功能"，包括"白领日记""校园日记""海外代购""生活在海外""北京女人"等圈子，并通过大数据精准推送，向用户发出了不同的圈子邀请。值得一提的是，圈子内的发帖功能只限于女性用户，男性用户只能点赞和打赏。在该规则的鼓励下，一些女性发送自己的性感照片及露骨语言，以此吸引男性用户的打赏。

因该功能涉嫌传播色情、低俗营销，在网上迅速引起口诛笔伐。

"校园日记"的规则发布于2016年11月24日，规则介绍显示只有女大学生才可发布动态，其他用户可点赞和打赏，而只有女大学生和芝麻信用分大于等于750分的用户才可评论。"白领日记"圈子的规则发布于2016年11月25日晚，同样显示为只有白领女士可以发布动态，称可聊职场经历及记录生活瞬间，而只有白领女士和芝麻信用分大于等于750分的用户才可评论。然而现实却违背了支付宝的初衷。

公众与业界都在猜测，阿里巴巴到底会如何收场，毕竟官方缺乏有力直接的回应，认错态度也十分隐晦，似乎有放任事件发展的嫌疑。事件持续发酵，包括央视在内的部分媒体，更倾向于认为这次事件是一场营销。11月29日下午，阿里巴巴终于直面事件做出回应，彭蕾发布内部信，就近期支付宝上线"校园日记""白领日记"等功能产生的相关争议做出道歉，坦白"错了就是错了"。彭蕾在内部信中感谢了社会各界对支付宝此次事件的关注与批评，并做出如下声明。

（1）所有打擦边球嫌疑的圈子立刻解散。

（2）恶意发布突破底线图片的用户将被永久封号并永久不能注册。

（3）团队内部讨论整顿。想清楚并写下来，我们要什么不要什么，严格执行。

（4）请大家继续鞭笞。

随后，阿里巴巴董事局也在内网中发声："阿里巴巴珍贵的是改正错误的勇气。支付宝，继续努力。阿里人，学习反思和自查。"这个事情引发了阿里反思。这是他们跟腾讯差得比较远的地方，做产品没有一个及时反应机制。时隔4个多月，2017年3月27日上午，湖畔大学第三届开学典礼在杭州举行，三届学员聚首杭州，校长做开学寄语，在给学员的校长第一课中再次提到支付宝"圈子"事件："公司高层没有人提前知道要做这个事情，但事情很快走向失控，当时各种大尺度图片铺天盖地出现。从事后的数据来看，发图片的人明显是有预谋的。"

资料来源：根据人民网、百度百科、凤凰网新闻整理得到。

讨论题：

1. 阿里巴巴内部的沟通机制存在哪些问题？
2. 你认为导致沟通失败的主要原因是什么？
3. 结合本案例，谈谈企业内部信在管理沟通中的优缺点。
4. 你会运用怎样的策略以达到跨职能、跨部门沟通的有效性？

 管理评论

霸道总裁系列二：BOSS 虐你千百遍，你待 BOSS 如初恋

"能不能给脑子点饭吃啊！"——这是格力电器的"铁娘子"董明珠在《鲁豫有约一日大咖行》中因员工会错意关掉了会议室的灯而发飙怒斥说的话。

"进了华为就是进了坟墓。"——这是华为的任正非对刚进公司的新员工说的；"你最近进步很大，从很差进步到了比较差。"——这是任总评价某财务总监的"进步"；"此人如果有精神病，建议送医院治疗，如果没病，建议辞退。"——这是任总对刚进华为就给自己写"万言书"的北大学生的建议。

"如果你想解雇某人，就应该马上解雇，否则只会浪费彼此的时间。"——这是 PayPal、Space X、Tesla 和 SolarCity 的马斯克常常挂在嘴边的一句话。

"没人会主动和乔布斯打招呼。基层员工都害怕他。我记得有一次乔布斯走入办公区，迎面走来的一组员工立刻向两边散开，乔布斯则从中间穿过。"——这是员工对已故苹果教父乔老爷子的描述。

"对不起，今天我吃脑残片了吗？""我是不是得下去拿个证明我才是这家公司 CEO 的证书，才能让你不要继续在这个问题上挑战我？"——这是亚马逊的贝佐斯最具杀伤力的一些言论。

"繁荣的企业孕育着毁灭的种子""公司越成功，对你垂涎的人越多""管理者最大的职责就是提防他人袭击"——这是"全美最暴躁 CEO"英特尔的格鲁夫在《只有偏执狂才能生存》一书中的犀利观点。

拜读了这么多"霸道总裁"的言论，你做何感想？如果给你一个机会，你愿意为这样的"霸道总裁"工作吗？你的选择是 YES 还是 NO？

一个优秀的领导者是企业发展的风向标、是扬帆远航的舵手，为企业良好运行与发展提供了重要保证。以往关于领导的研究着重于探讨正面领导风格，如授权型领导（Jung & Avolio, 2006）、变革型领导（Bass, 1985）、魅力型领导（Conger & Kanungo, 1988）、服务型领导（Russell, 2001）等，还是探讨了这些领导类型所产生的积极结果（譬如高绩效的工作、积极的工作态度与行为等）。近几年来，一直存在于黑暗中的负面领导风格（譬如辱虐式领导和暴君式领导）的研究也逐渐浮上水面，越来越引起学术界及业界的关注。

辱虐式领导是指员工感知到领导者持续有言语上或非言语上的敌对行为，但不包括肢体接触。

暴君式领导是指领导者为了自我利益而压迫性、报复性、任意地使用权力，对下属进行语言攻击，态度强硬，常是敌对、恐吓与操纵。这种领导主要关注工作而忽视员工成长，并由此产生了诸多消极效果，对下属成长不利。这样的领导者往往是傲慢、操纵、霸道和无情的"代言人"。这类管理者在企业中极为常见，他们身处高位，权力在握，喜欢发号施令，甚至颐指气使，降低了员工的工作满意度和积极性。然而，他们所领导的多数企业却往往在竞争中取得行业领

先地位。
- 暴君式行为常带来一些消极后果。
- 经常要求下属超负荷工作，对待下属缺少人性化关怀。
- 恐吓下属，轻视下属，并要求下属完全按照领导的意思行事。
- 常把责任归咎于下属。
- 下属对领导的抵触情绪强烈，引起下属对组织的不满意，对组织的忠诚感和归属感减弱。

人们不禁感叹，打死也不为"暴君"服务。

可事实上呢？我们来看下面这组数据。

华为是全球500强中唯一一家没有上市的企业，全球第六大手机厂商，近几年营收持续增长。2015年的销售收入为3.95亿元，净利润为3 619万元，2016上升到第50位，并以3 950.09亿元的年营业收入成为中国民营企业500强榜首。

格力，一家集研发、生产、销售、服务于一体的国有控股家电企业，于2015年进入世界500强，格力空调已连续11年产量、销量排名全国行业第一，旗下的"格力"品牌空调，是中国空调业唯一的"世界名牌"产品，业务遍及全球90多个国家和地区。

亚马逊，经过20多年的发展已成为全球电子商务巨头，市值超过了4 600亿美元，是全球市值第5大公司，仅次于苹果、谷歌母公司Alphabet、微软和Facebook。

自格鲁夫1987年升为英特尔首席执行官之后，他带领着公司连续11年实现年均利润34%的增长，干掉了无数竞争对手，成为全球半导体行业的老大，市值达到5 000亿美元。

如果这些公司向你抛出橄榄枝，你还会SAY NO吗？

对此，我们不禁反思，"霸道总裁"是否有其存在的合理性？暴君领导们脾气暴躁，不善于与人交际，却为何依然能团结一群最优秀的人为他卖命。

首先，这可能是因为"霸道总裁"身上具有的极其相似的"马基雅维利主义"人格特性（譬如，不达目的誓不罢休、敢于冒险、完美主义、结果导向、决断力和执行力、主动性）不断激励和鞭策着员工提高工作绩效。同时，"霸道总裁"敏锐独到的眼光既能够准确认清现在，又能清楚地看到未来。如果与他们共事，那么你的职业生涯高度将被拔高，他们会是你最好的职业引导师。

譬如，恒大的许家印制定了6 000多条规章制度和产业流程，甚至员工的伙食、接送、住宿等，恒大也会建立一个个硬性标准去衡量。但这恰恰是他的特点，追求完美和规模，又不放弃细节。用许家印自己的话说："有了这个管理模式，恒大用一年的时间能做完十年的工作量。"恒大的一位合作伙伴曾说："在中国的公司中，没有一家的执行能力能超过恒大。"

任正非打造华为的企业文化：持续的危机感、打死仗的劲头、对制度的始终如一。正是这样的企业文化，锻炼出了一支让业内羡慕的"狼性"队伍。

执掌世界500强企业的董明珠对自己有着近乎苛刻的要求："我肯定是不允许自己犯错的，对公司来讲，这么大的一个利益摆在你面前，是绝对不可以犯错的，这是不可以原谅的。"

乔布斯也是一个执着于每个步骤的细节都要精益求精的人。他系统地关注每一件事——归根到底，他是一个完美主义者。安迪·格鲁夫是那个喊着"只有偏执狂才能生存"的倔老头。

其次，"霸道总裁"的高压管理在某种程度上能激发员工的工作动力和创新行为。

"霸道总裁"虽然脾气暴躁，在公开场合责骂绩效表现确实比较差的员工，会使其丢面子，但如果这种辱虐多数时候关注员工的工作成效，那么在某种程度上反而会有效激发其工作动力和创新行为,所谓的"高压之下出成果",正是这个道理。当下属视辱虐为压力,并将该压力转化为工作动力时,其消极效果也就消失殆尽。比如,具有自我激励之心的员工,意图令上级或者他人刮目相看,则可能变压力为动力。这尤其适用于研发团队:适当的辱虐管理可以促进创造性想法的诞生和产品的问世,譬如,乔布斯管理苹果设计团队的方式。当然,辱虐管理也通过这种方式彰显了管理者的权力威信,有助于上级政令的下达,以及权力效用的发挥等。

再次,团队的"隐忍"氛围和"沉默"行为也助长了"霸道总裁"的"嚣张气焰"。

面对上级管理者的辱虐行为,如果员工周边的同事都可以承受的话,那么该员工也会由于社会群体的从众压力,而继续忍受这种辱虐行为。这表明,员工的"隐忍"和"沉默"特征并不是个性化的行为,多数情况下是一种普遍的群体行为。这种"忍受"的特征也可以在同事之间互相传染,为了寻求自身利益,员工也能够做到"小不忍则乱大谋"。不过,逆来顺受具有一定的限度,超出这个限度之后,下属员工可能会采取措施来报复管理者和企业组织。

最后,如果辱虐只是一种"态度",那么会有怎样的结果呢?

管理者与下属的互动中涉及绩效评价、技能培训等多个方面,而辱虐这一议题所关注的只是上级的态度而已。有些员工可能并不会非常看重上级态度的好坏,只要其上级可以带领其发展即可。比如,有员工认为"哪怕领导每天都骂我,最后我的工资收入节节攀升,我也很开心"。也就是说,辱虐只是上级管理者的一种态度表现,其并不一定会完全抵消员工的工作积极性。

现在你还会对"霸道总裁"SAY NO 吗?

资料来源:浙商管理评论微信公众号。

延伸阅读

[1] 邓丽芳,郑日昌. 组织沟通对成员工作压力的影响:质、量结合的实证分析[J]. 管理世界,2008(1):105-109.

[2] 王国锋,李懋,井润田. 高管团队冲突、凝聚力与决策质量的实证研究[J]. 南开管理评论,2007,10(5)89-93.

[3] 施杨,李南. 团队有效沟通与共享心智模式的构建[J]. 科学管理研究,2007(1).

[4] 尚恒志. 论影响经济型组织中组织沟通效果的主要因素[J]. 河南工业大学学报(社会科学版),2008(2).

[5] 李闯管. 开展五项修炼,改善企业沟通[J]. 企业经济,2005(8).

[6] 卡尔·罗杰斯,FJ罗斯里斯伯格. 沟通的天堑与通途[J]. 哈佛商业评论,2007(1).

[7] 余世维. 有效沟通:管理者的沟通艺术[M]. 北京:机械工业出版社,2006.

[8] 迈克尔E哈特斯利,林达·麦克詹妮特. 管理沟通:原理与实践(原书第3版)[M]. 葛志宏,等译. 北京:机械工业出版社,2008.

[9] 杰拉尔丁E海因斯. 管理沟通:策略与应用(原书第3版)[M]. 贾佳,等译. 北京:北京大学出版社,2005.

[10] 斯蒂芬P罗宾斯,玛丽·库尔特. 管理学(原书第11版)[M]. 李原,等译. 北京:中国人民大学出版社,2012.

第12章

CHAPTER12

控制基础

管理箴言

你不能衡量它,就不能管理它。

——彼得·德鲁克

本章要点

- 控制的含义。
- 控制的作用与目的。
- 控制的主要类型。
- 控制的基本过程。
- 有效控制的几大特征。

引例

千年舟:变"重"为"轻"的阵痛

千年舟集团是浙商正在积极转型的企业之一。该企业自1992年起开始销售木材,其后涉足木材生产,直到如今的家居创意,千年舟集团正经历着"正在路上"的阵痛。集团董事长陆铜华是浙江千岛湖人,最初他一直在杭州从事木材的批发生意,从1992年开始,他进驻杭州木材市场,做起零售。

第一次变革是在20世纪90年代初,夹板都是进口的,于是陆铜华开始调整产品结构,卖起了夹板。1999年,陆铜华创建了杭州华海木业有限公司,及时研发了杉木芯细木工板,向传统的杨木芯细木工板发起了强有力的挑战,并迅速获得了市场认可。

随着业绩的逐步提升,原厂的经营状态已经饱和,如何扩大事业版图,兴建厂房扩大规模无疑是最为直接的方法。而陆铜华的扩张方法很独到,专门寻找那些即将倒闭转让的工厂,这个被外人看来"收破烂"的行为却让陆铜华收获颇丰。其先后在广西、云南、山东等地通过兼并建立了自己的生产物流基地,完成了国内扩张的布局。

其后，千年舟涉足家居制造，但是好日子并没有过得太久。在过去的五年里，板材价格一泻千里，利润空间也从100%降到了10%～20%。2008年以来，家居行业大整合，重新寻找企业增长突破口成为千年舟第二次转型的背景。

阵痛难免，"现在的家居生产已经逐渐工厂化，如若还是按照原来作坊式的模式走，势必会遇到很多很难解决的问题"，面对这一趋势，陆铜华开始改变营销模式。

从2008年开始，千年舟集团适时调整自身结构，建立强势销售渠道，公司在全国开设了300多家专卖店，往生产两端延伸，"这是一种哑铃型的模式，最终淡化生产，以组装车间为主"。

这样的转型方式在家居业并不是很普遍，主要是因为大家在家居行业做的时间比较长，操作模式也已经比较成熟，换到另一个模式后则会有很大的挑战，所以每一次企业的变革都将伴随着阵痛。陆铜华认识到，"企业越大，调头越慢，下沉越快""木制品的生产特点也决定了现场管理控制难度很大，但是主观原因也有，比如物流通道和区域没有合理规划，现场物品摆放不规范等。由于没有完整的内控标准，没有建立产品BOM即控制流程，以及生产工艺的不完整，以华海木业为核心的千年舟生产车间内控管理显得紊乱"。

千年舟集团旗下的生产企业华海木业，其制造环节的现状和转型的制造要求呈现了鲜明的对比。"他们的生产方式是85%按照库存组织生产，15%的特制产品按订单组织生产。"但实际上，从制造到组装的转型，物流能力的提高是关键所在。

资料来源：金少策. 千年舟：变"重"为"轻"的阵痛［J］. 浙商，2010（9）.

控制是管理工作的第四大职能。在管理过程循环中，如果说制订计划是管理工作的第一步，然后是组织和领导计划的实施，那么，接下来就要考虑计划实施的结果如何，计划所确定的目标是否得到顺利实现，甚至计划目标本身制定得是否科学合理。要搞清楚这些问题并采取妥善的处理措施，就必须开展卓有成效的控制工作。

12.1 控制概述

没有规矩不成方圆，没有控制就没有管理。控制贯穿于整个企业管理的全过程。控制是要确保组织的所有活动朝着目标迈进，组织通过控制可以及时发现问题及时纠偏，使各项活动与组织的目标和计划相一致。控制是企业管理的重要职能之一，是使组织活动更加有效而进行的管理活动。控制职能的主要内容包括确立标准、衡量绩效、纠正偏差。有效的控制不仅要求选择关键的经营环节，确定恰当的控制标准和频度，及时收集信息和反馈信息，而且要求合理运用控制手段。

作者视频讲解
请扫二维码

12.1.1 控制的含义及作用

1. 控制的含义

管理学家关于控制的含义有不同的说法：法约尔认为，控制就是监督各人是否按照计划、命令、原则执行工作和任务；霍德盖茨认为，控制就是管理者将计划的完成情况和目标（标准）进行对照，然后采取措施纠正计划执行中的偏差，以确保计划目标的实现；孔茨则认为，控制就是按照计划标准衡量计划的完成情况和纠正计划执行中的偏差，以确保计划目标的实现。从以上几位管理学家关于控制的论述可知,要理解控制的含义,必须把它与计划工作联系在一起加以说明。实际上,控制是组织管理过程中不可缺少的一部分,是各级管理人员的主要职责和日常管理重要的工作内容之一。一般认为控制就是监督各项活动,确保组织的所有活动朝着目标迈进,与组织的目标和计划相一致,从而使组织活动更加有效的管理过程。控制的含义包括以下三点内容:第一,控制有很强的目的性,即控制是为了保证组织中的各项活动按计划进行;第二,控制是通过"监督"和"纠偏"来实现的;第三,控制是一个过程。在管理实践中,几乎所有的管理者都必须完成控制的职能,因为要保证组织活动按照计划进行,控制是必不可少的。

2. 控制的作用与目的

控制的作用与目的主要表现在以下几个方面。

(1)为了更好地适应环境的变化,实现组织的各项计划和目标。组织的内外环境是不确定的,组织面临的环境是经常变化的且处在一个动态的市场之中,计划在执行的过程中往往会发生偏差,所以就必须进行控制。如果组织面对的是一个静态的市场,如市场供求关系、竞争条件永不发生变化,那么管理人员就可以用相同方法管理企业经营,员工就可以用相同的技术和方法从事生产活动,这样组织就不需要控制工作。但是,这种理想的环境是不存在的,组织所面临的环境,不论是内部环境还是外部环境都是动态的、经常变化的,这些变化客观上要求组织必须对原有计划进行适当调整。对经营活动进行适当控制,从而使组织的经营活动与计划相适应。

(2)充分发挥控制系统作用的需要。当组织规模较小时,控制是简单的,甚至是不需要的,因为规模小管理权限高度集中,控制的必要性还不是很明显。但是当企业经营达到一定规模,组织活动变得复杂,企业高层主管就不可能面对面地组织和指挥全体成员的活动,就必须实施分权管理,而且随着市场经济的进一步发展,现代企业制度的建立,企业的管理权限都制度化或非制度化地分散在组织的各个管理部门和层次。组织分权程度越高,控制就越有必要。因为控制系统可以提供被授权者的工作绩效信息和反馈,以保证授予他的权力得到正确的运用。如果没有控制,没有为此建立起来的组织控制系统,管理人员就不能及时了解情况,就不能及时检查下级的工作情况,出现问题,管理人员无法发现,也就不能及时采取纠正措施。因此,组织规模越大,分权程度越明显,越需要加强控制。

(3)为了避免管理工作的失误。工作中每个员工的认识能力和工作能力是有差异的。每一个组织成员的文化素质不同,认识问题、解决问题的能力也不同,因此即使在非常理想的条件下,如组织面临的生产经营环境比较稳定,组织制订的计划也非常周密完善,控制仍是必需的。这主要是由于组织成员个体认识问题的能力和工作能力有一定差异,在管理活动中都不可避免地会犯一些错误,出现一些失误,虽然一些小错误不会对组织产生多大影响,但是随着时间的推移,一些小错误和小缺点如果没有得到及时纠正,就会逐步积累起来成为非常严重的问题。更何况完美计划的实现要求每个部门、每个员工的工作严格按照计划实施。但是在管理实践中,组织成员由于拥有的基本素质不同,每个员工认识问题的能力和解决问题的能力不同,对计划的理解不同,加上平时工作又在不同的时间和空间进行,这就可能造成实际执行情况与计划和目标不一致。即使没有认识上的差异,由于工作能力上的差异,有时也会使他们的实际工作结果与计划要求不符。为了减少差错,及时改正缺点和弥补失误,使组织活动能按照计划和目标来实施,管理者必须依靠控制系统加强对组织的控制工作，以避免小问题泛滥成灾，影响组织计划和目标的实现，给企业带来损失。

控制职能的价值体现在三个具体方面：计划、员工授权、保护组织及其资产。

罗宾斯认为目标是计划的基础，它为员工和管理者指明了具体的方向。不过，只是阐述目标或者让员工接受这些目标并不能保证有必要的行动来实现目标。"完美的计划往往会出错。"有效的管理者会采取后续措施，以保证员工应当去做的事情实际上已经完成以及目标正在逐步实现。作为管理过程的最后一个环节，控制提供了返回到计划的关键纽带（见图12-1）。如果管理者不实施控制，他们就无法得知自己的计划和目标是否实现，也不知道未来该采取什么行动。

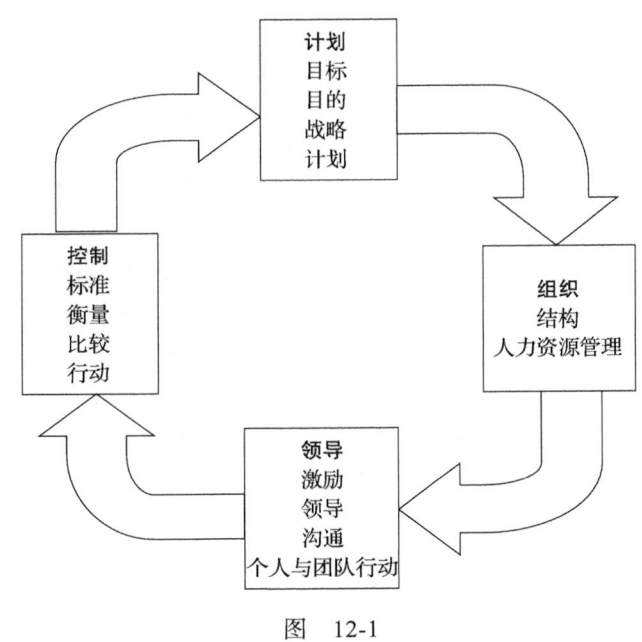

图 12-1

控制之所以重要，第二个原因是员工授权。许多管理者不愿意向自己的员工授权，因为他们害怕如果发生什么差错，将由他们来承担责任。但是，一种有效的控制系统能够对员工绩效提供相关信息和反馈，从而使发生潜在问题的概率降至最低。

管理者实施控制的最后一个原因是保护组织及其资产。在当今的环境中，自然灾害、财务丑闻、工作场所暴力、供应链中断、违反安全条例的行为，甚至是可能的恐怖袭击，都会给组织带来重大威胁。在这类事件发生之时，管理者必须保护组织的资产。全面的控制措施和应急计划有助于确保这类事件对组织的影响和破坏降至最低程度。

专栏 12-1

法约尔就曾明确指出"在一个企业中，控制就是核实所发生的每一件事是否符合所规定的计划、所发布的指示以及所确立的原则。其目的就是指出计划实施过程中的缺点和错误，以便加以纠正和防止重犯。控制在每件事、每个人、每个行动上都起作用"。

资料来源：亨利·法约尔. 工业管理和一般管理[M]. 迟力耕, 张璇, 译. 北京：机械工业出版社, 2007.

12.1.2 控制与计划的关系

控制与计划既互相区别，又紧密联系。控制与计划是一个问题的两个方面。企业主管人员首先制订计划，因为计划为落实和协调组织活动提供保证；计划可以明确组织成员行动的方向和方式；计划可以为组织资源的筹措和整合提供依据；计划也是检查与控制组织活动以及评定行动及其效果是否达到标准的需要。计划越明确、全面和完整，控制的效果也就越好。其关系主要表现在以下几个方面。

第一，一切有效的控制方法首先就是计划方法，例如预算、政策、程序和规则，这些控制方法同时也是计划方法或计划本身。

第二，如果不首先考虑计划以及计划的完善程度，就试图去设计控制系统的话，那样是不会有效果的。换句话说，之所以需要控制，是因为要实现目标和计划。控制到何种程度、如何控制都取决于计划的要求。

控制职能使管理工作成为一个闭路系统，成为一种连续的过程。在多数情况下，控制工作既是一个管理过程的终结，又是一个新的管理过程的开始。控制绝不是仅限于衡量计划执行中出现的偏差，控制的目的在于通过采取纠正措施，把那些不符合要求的管理活动引回到正常的轨道上来，使管理系统稳步地实现预定目标。纠正措施可能很简单，但更多的情况下，纠正措施可能涉及需要重新拟定目标、修订计划、改变组织结构、调整人员配备，并对指导或领导方式做出重大改变等。这实际上是一个新的管理过程。从这个意义上说，控制工作不仅是实现计划的保证，而且可以积极地影响计划工作。总之，计划为控制工作提供标准，没有计划，控制也就没有依据。如果只编制计划，而不对其执行情况进行控制，计划目标就很难得到实现，计划和控制的效果分别依赖于对方。计划越明确、详细和全面，控制工作就越容易进行，效果也就越好；而控制越准确、合理和有效，就越能保证计划的实现，并能提供更多的反馈信息从而提高计划的质量。管理中许多有效的控制方法首先就是计划方法，如预算、目标管理、网络分析技术等。计划工作本身必须要有一定的控制，这样才能保证计划工作的质量；控制工作本身也需要有一定的计划，离开了计划，控制工作将寸步难行，更谈不上控制的真正效果了。

案例

计划与控制

王雷任某公司总经理已经一年多了，他刚刚看到了公司今年实现目标情况的统计资料。公司各方面工作的进展出乎他的意料。他记得自己上任后的第一件事就是亲自制定了公司一系列工作的目标，例如为了减少浪费、降低成本，他规定在一年内要把原材料成本降低10%～15%，把运输费用降低3%。他把这些具体目标都告诉给了下属的有关方面的负责人。现在年终统计资料表明，原材料的浪费比去年更加严重，浪费竟占总额的16%；运输费用则根本没有降低。

他找来了有关方面的负责人询问原因。负责生产的副经理说："我曾对下面的人强调过要注意减少浪费，我原以为下面的人会按我的要求去做。"运输方面的负责人则说："运输费用降不下来很正常，我已经想了很多办法，但汽油费等还在涨，我想，明年的运输费可能要上升3%～4%。"

王雷了解原因并进行了进一步的分析之后，又把这两个负责人召集起来布置第二年的目标：生产部门一定要把原材料成本降低10%，运输部门即使是运输费用要提高，也绝不能超过今年的标准。

问：王雷的控制有什么问题？怎样才能实现他所提出的目标？

专栏 12-2

斯蒂芬·罗宾斯这样描述控制的作用："尽管计划可以制订出来，组织结构可以调整得非常有效，员工的积极性也可以调动起来，但是这仍然不能保证所有行动都按计划执行，不能保证管理者追求的目标一定能达到。"其根本原因在于管理职能中的最后一个环节，即控制。

资料来源：斯蒂芬P罗宾斯，蒂莫西A贾奇. 组织行为学（原书第12版）[M]. 孙健敏，李原，等译. 北京：中国人民大学出版社，2008.

12.1.3 控制类型的划分

管理控制按照分类标准的不同，可以有各种各样的分类法。以下介绍几种管理控制中常见的分类方法。

1. 前馈控制、现场控制与反馈控制

作者视频讲解
请扫二维码

根据控制信息获取的方式和时点不同而将管理控制划分为前馈控制、现场控制与反馈控制。

（1）前馈控制。它是在工作正式开始前对工作中可能产生的偏差进行预测和估计，并采取措施将可能的偏差消除于产生之前。例如，任何一个组织总是要制定一系列规章制度让员工遵守，以这种事前对基本行为的规范来保证工作的顺利进行。再比如，企业为了生产出高质量的产品而对进厂原材料进行严格检验，对员工进行上岗前培训等，这些都属于前馈控制。前馈控制是一种防患于未然的控制，所以通常亦称作预先控制。预先控制的内容是对活动最终产出的确定和资源投入的控制。预先控制的重点是防止资源在质与量上发生偏差。预先控制的目的是保证某项活动有明确的绩效目标，保证各种资源要素的合理投入。在现实生活和生产中，我们有许多前馈控制的经验，例如当骑车上坡时，我们会提前加速蹬车，因为我们知道在上坡时重力的作用会使车减速，到那时再用力蹬车更费力气。在生产中，如生产饮料的企业，在夏季高温来临之前，就应添置设备、组织人力、加大生产量，以防止产品供不应求。"防患于未然"是管理者追求的目标，但是要实施前馈控制，要求管理人员做到以下几点：①必须对计划和控制系统了解得非常清楚，确定重要的输入变量；②建立前馈控制系统的模型；③经常检查模型从而了解所确定的输入变量及其相互关系是否能反映实际情况；④定期收集信息，并把它们输入控制系统；⑤定期计算实际输入信息与计划输入信息之间的偏差，并评价对预期结果的影响；⑥有必要的措施保证。前馈控制的主要作用就是指出问题所在，并采取措施解决问题。

前馈控制的优点：①防患于未然。前馈控制是在工作开始之前进行的，可以防患于未然，以避免事后控制对已铸成的差错无能为力的弊端。②适用于一切领域的所有工作。③针对条件的控制，不针对人，易于被接受并实施，不易与员工发生冲突。前馈控制是在工作开始之前针对某项计划行动所依赖的条件进行控制，不针对具体人员，因而不易造成面对面的冲突，易于被员工接受并付诸实施。

预先控制需要及时和准确的信息，并要求管理人员充分了解前馈控制因素与计划工作的影响关系。其缺点：①需要大量准确信息；②需要对过程充分了解；③需要及时了解新情况及问题。从现实来看，要做到这些是十分困难的，因此，组织也必须依靠其他方式的控制。

（2）现场控制。在工作进行中所给予的控制叫作现场控制，也被称作同步控制或同期控制。管理者亲临现场就是一种最常见的现场控制活动。在活动进行中予以控制，管理人员可以在发生重大偏差之前及时发现问题并解决问题。这类控制方法主要被基层主管人员所采用。现场控制有两个主要职能：监督与指导。监督是按照预定的标准检查正在进行的工作，以保证目标的实现；指导是管理者针对工作中出现的问题，根据自己的经验指导下属改进工作，或与下属共同商讨矫正偏差的措施以便使工作人员能够正确地完成所规定的任务。在计划实施过程中，大量的管理控制工作，尤其是基层的管理控制工作都属于这种类型。因此，现场控制是控制工作的基础。主管人员的管理水平和领导能力往往会通过这种工作表现出来。在现场控制中，组织机构授予主管人员的权力使他们能够使用经济和非经济的手段来影响下属。现场控制的标准来自计划，控制工作的重点是正在实施的计划过程。控制的有效性取决于管理人员的个人素质、个人作风、指导的表达方式以及下属对指导的理解程度。因此，在现场控制时，管理人员应注重言传身教，要加强自身的学习和修养，避免凭主观意志进行工作，要亲临现场认真观察和监督，以标准为依据，服从组织原则，遵循正式组织指挥系统的统一指挥，逐级实施控制。

现场控制的优点：有助于提高员工的工作能力和自我控制能力。

现场控制的缺点：①受时间、精力和业务水平的限制。管理者不能时时事事都进行现场控制，只能偶尔或在关键项目上使用这种控制方式。②应用范围较窄。一般来说，对于便于计量的工作较易进行现场控制，而对于一些难以计量的工作，就很难进行现场控制。③易产生对立情绪，伤害被控制者的工作积极性。

（3）反馈控制。它是管理控制工作的传统也是最主要的方式。反馈控制是在工作结束或行为发生之后进行的控制，故常被称作事后控制。这种控制把注意力主要集中于工作或行为的结果上，反馈控制工作过程主要由几个环节构成：首先，对比预期工作标准与实际工作结果，找出偏差；其次，分析偏差产生的缘由；最后，制订纠正计划并实施，有时可能还会对原有的预期标准进行调整，为下个阶段的工作做好计划与准备。通过对已形成的结果进行测量、比较和分析，发现偏差情况，以此采取措施，对今后的活动进行纠正，其目的并非要即刻改变下次行动的依据，而是要力求吃一堑长一智。比如，企业发现不合格产品后追究当事人的责任且制定防范再次出现质量事故的新规章；发现产品销路不畅而相应做出减产、转产或加强促销的决定；以及学校对违纪学生进行处罚等，这些都属于反馈控制。

反馈控制的优点：总结规律，为进一步实施创造条件，实现良性循环，提高效率。反馈控制可在如下三个方面发挥作用：一是在周期性重复活动中，可以避免下一次活动发生类似的问题。二是可以消除偏差对后续活动过程的影响，如产品在出厂前进行最终的质量检验，剔除不合格品，可避免这些产品流入市场后对品牌信誉和顾客使用所造成的不利影响；人们可以总结经验教训，了解工作失误的原因，为下一轮工作的正确开展提供依据。三是反馈控制可以提供员工奖惩的依据。因此，在实际工作中，反馈控制得到了相当广泛的应用。

反馈控制的主要弊端：只能事后发挥作用，在矫正措施实施之前，偏差、损失已经产生，无法改变和挽回，只能亡羊补牢。

2. 直接控制和间接控制

按照采用的手段不同,可以把控制划分为直接控制和间接控制两种类型。

(1)直接控制。它是相对间接控制而言的,是通过提高管理者的素质来进行控制工作的。直接控制的指导思想是称职的管理者出的差错最小,他能察觉到正在形成的问题,并能及时采取纠正措施。直接控制认为,计划执行的结果取决于执行计划的人,管理者及其下属的素质越高,就越不需要间接控制,因此,直接控制是着眼于培养更好的管理人员,使他们能熟练应用管理的概念、技术和原理,能以系统的观点来进行和改善他们的管理工作,从而防止出现因管理不善造成的不良后果。直接控制的合理性是以四个假设为依据的:①称职的主管人员所犯的错误较少;②管理工作的成效是可以计量的;③在计量管理工作的成效时,管理的概念、原理、方法是一些有用的判断标准;④管理基本原理的应用情况是可以评价的。

进行直接控制的优点有:①在对个人委派任务时能有较大的准确性;②可以促使主管人员主动采取纠正措施并使其更加有效;③可以获得良好的心理效果;④可以提高主管人员的素质,减少偏差的发生,从而节约经费支出。但需要注意的是,直接控制的采用也需要一定的条件,并且要求管理人员一定要充分理解管理的原理、方法和职能等。

(2)间接控制。间接控制即影响控制,它是基于这样的事实:人们经常会犯错误,或者常常没有察觉到那些将要出现的问题,因而没能及时采取适当的纠正措施或预防措施。他们往往是根据计划和标准,对照和考核实际结果,追查出现偏差的原因和责任,然后才去纠正。显而易见,间接控制是在出现偏差,且造成损失之后才采取措施,例如由上级管理者对操作人员工作过程实施的控制就属于间接控制。间接控制是利用组织的规章制度来约束员工的行为,从而促使其行为合乎组织的需要。间接控制成本的增加是间接的,它主要增加组织规章制度的拟定成本、解释成本及执行成本。这些成本本身是微乎其微的,但其中的隐含成本不容忽视。过多过细的规章制度使组织内部工作日益程序化,导致组织的灵活性和创造性降低,对市场反应迟钝,造成效率下降。官僚化大概已经成为大公司的通病,其主要原因就在于为有效控制而制定了过多的规章制度。另外,间接控制的方法建立在以下几点假设的基础上:①工作成效是可以计量的;②人们对工作成效具有个人责任感;③追查偏差所需要的时间是有保证的;④出现偏差可以预料并能及时发现;⑤有关部门和人员将会采取措施纠正偏差。但上述这些假设有时不能成立,因为有些管理工作的成绩难以计量;责任感的高低难以衡量;调查产生偏差的原因耗费较长的时间;许多偏差不能预先估计或及早发现;有时虽然能够发现偏差并找到原因,却无人愿意采取措施纠正偏差。所以间接控制并不是普遍有效的控制方法,它还有许多不完善的地方。

3. 预防性控制和纠正性控制

预防性控制是指为防范风险、错误和非法行为的发生,或尽量减少其发生机会所进行的控制。例如,国家强调法制,制定较详细的法律条文并大力宣传,这就是预防性控制措施。一般来说,规章制度、工作程序、岗前培训等都可以起着预防性控制的作用。

在实际管理工作中,使用普遍的是纠正性控制。纠正性控制是对那些检查出来的问题所进行的控制,其目的是,当出现偏差时采取措施使行为或活动返回到事先确定或所希望的水平。

4. 集中控制、分散控制和分层控制

控制按所采用的方式,可以分为集中控制、分散控制和分层控制。

集中控制就是在组织中建立一个控制中心,由它来对所有信息进行集中统一的加工、

处理,并由这一控制中心发出指令,操纵所有的管理活动。如果组织的规模和信息量不大,且控制中心对信息的取得、存储、加工效率及可靠性都很高时,采用集中控制的方式有利于实现整体的优化控制。企业中的生产指挥部、中央调度室都是集中控制的例子。

当组织规模庞大、信息量极大时,就难以在一个控制中心内进行信息存储和处理。在这种情况下,集中控制会拉长信息传递时间,造成反馈滞后,使组织反应迟钝,延误决策时机,并且一旦中央控制发生故障或失误,整个组织就会陷于瘫痪,风险很大,此时就宜采用分散控制方式。

分散控制对信息存储和处理的要求相对较低,易于实现;由于反馈环境少,因此反应快、时滞短、控制效率高、应变能力强;由于采用分散决策方式,即使个别控制环境出现了失误或故障,也不会引起整个系统的瘫痪。但分散控制可能会带来一个严重后果,即难以取得各分散系统的相互协调,难以保证各分散系统的目标与总体目标的一致性,从而会危及整体的优化,严重的甚至会导致失控。

分层控制是一种把集中控制和分散控制结合起来的控制方式。它有两个特点:一是各子系统都具有各自独立的控制能力和控制条件,从而有可能对子系统的管理实施独立的处理;二是整个管理系统分为若干层次,上一层次的控制机构对下一层次各子系统的活动进行指导性、导向性的间接控制。在分层控制中,要特别注意防止缺乏间接控制,自觉或不自觉地滥用直接控制,并多层次地向下重叠实施直接控制的弊病。

总之,上述各种类型的控制手段各有利弊,管理活动中不可能只依赖于一种控制手段,企业管理人员应善于根据实际情况将它们有机结合,设计出有效的组织控制系统。

12.2　控制的基本过程

实施管理控制职能的基本过程是:制定控制标准;对照标准衡量绩效;分析偏差原因,采取纠偏行动(见图 12-2)。

作者视频讲解
请扫二维码

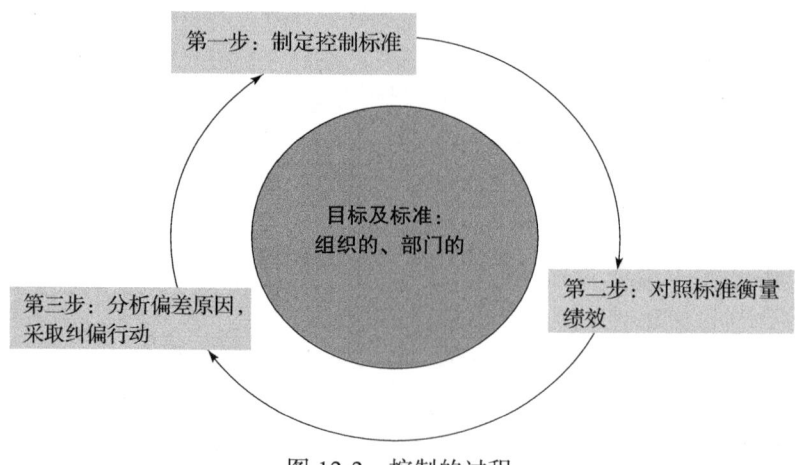

图 12-2　控制的过程

12.2.1　制定控制标准

1. 控制目标和控制标准

控制目标是指控制对象,就是体现目标特性、影响目标实现的要素。控制标准是指计量实际或预期工作成果的尺度。控制目标、控制标准是控制工作得以开展的前提，是检查和衡量实际工作的依据和尺度。如果没有控制目标，不清楚控制对象，控制就是盲目的，是不可能有成效的。没有控制标准，便无法衡量实际工作，控制工作也就失去了目的性。因此，控制职能在实施过程中，首先要确立科学的、明确的标准，这是将来衡量工作绩效的标准，如果没有一套完整的标准体系，那么控制工作的第二步衡量绩效及第三步纠正偏差就没有依据和实际意义。

2. 确立标准的方法

组织应根据内部系统特征和组织外部环境的具体情况的需要，选择合适的方法确立标准，常用的有以下几种。

（1）统计法。这种方法建立在对统计数据进行分析的基础上，主要根据组织历史上历年积累的统计数据进行分析测算，从而确定衡量预期绩效的统计数据或常规数据，根据此方法确定的标准可以比较好地反映组织过去的一般水平或平均水平，但是这种方法没考虑未来可能发生的新情况，当环境变化较大时，用这种方法得出的标准误差较大。

（2）估算法。这种方法主要根据有经验人员的分析和判断估计控制标准，主要用于在缺乏历史数据或环境因素变化较大时制定标准。通过有经验的管理人员主观分析判断，在对未来的变化趋势做出客观预测的基础上，制定出较为实际的控制标准。用这种方法制定的标准容易受到个人经验和价值观的影响。从精确度来讲，由于缺乏历史数据和资料，可能与实际运作有一定偏差。但这种方法更重视新问题的解决，更适用于在新的环境下或缺乏统计资料的情况下制定组织的标准。

（3）工程法。这种方法是根据具体工作情况做出客观的定量分析来确定标准。它既不像统计方法那样利用历史数据，也不是靠管理人员的经验来估计，而是对组织的经营活动进行测量，从而制定出符合实际的比较可靠的标准。这种方法适用于组织环境变化剧烈的时期，有时需要与经验估计法结合使用。

（4）技术分析法。这种方法也称技术计算法，是根据产品设计和工艺的需求，按照构成定额的组成部分和影响定额的各种因素，在充分考虑先进技术和先进经验的基础上，通过科学分析和技术计算制定出标准。用这种方法制定的标准较准确，但工作量较大，一般是在产品定型、技术资料较全的情况下采用。

3. 控制标准的类型

制定标准是进行控制的基础。标准的表现形式很多，大致分为定性标准和定量标准两大类。定性标准可分为无形标准和目标标准；定量标准可分为实物量标准和货币标准等。但是不论采取哪类标准，都需要根据控制对象来决定。各种标准在要求上要有较大的稳定性和适应性，文字说明要具体明确，便于考核。

（1）实物量标准。这是一种非货币标准，一般适用于原材料、产品和提供劳务的基层单位。这些标准反映了定量的工作成果。如单位产量工时、货运量的吨公里、产品的数量、废品的数量等。实物量标准是制订计划的基础，也是控制工作的基本标准。

（2）货币标准。用货币计量的标准，同实物量标准一样普遍适用于基层单位，具体包括：①费用标准。把货币价值加到各种经营费用之中，用来说明费用指标。如单位产品的直接费用和间接费用、人工费、材料费、单位产品成本等。②资金标准。用货币计量实物项目引起的，与组织投入的资金有关，如投资回报率等。③收入标准。把货币价值与销售额相联系产生的标准,如每销售一吨煤炭的货币收入(销售收入)、利润等。

(3)无形标准。这种标准既不能用实物来衡量也不能用货币来衡量。如判断一个广告是否符合组织的长、短期目标,或者管理人员对下属才能的评价、有关顾客满意度方面的评价、组织形象和服务质量等方面的评价。这些内容的判断很难有定性或定量的标准,因此对类似上述内容的管理控制仍需要以无形的标准、主观判断、反复实验,甚至是预感为依据。

(4)目标标准。把目标作为标准,这是一种较好的控制标准。在组织各级管理机构中建立一套完整的可以考核的目标体系,可考核的目标分成定性和定量目标,这样可减少无形标准的作用。定量目标可以较准确地考核;定性目标可以用比较详细地说明计划或其他具体目标的特征和完成期限的方法来提高考核的程度。

4. 制定控制标准的要求

(1)便于控制和衡量工作,因此量化的程度要高。

(2)应当有利于组织目标的实现。因为标准具有指导意义,会引导控制对象的行为,标准应当与组织目标一致。

(3)标准应当具有先进性和可行性。标准一方面要有先进性,鼓励员工努力实现,另一方面标准是员工经过努力可以实现的。

(4)标准应当具有一定的弹性,控制标准应当对环境变化有一定的适应性,特殊情况例外处理(见表12-1)。

表12-1 控制标准与容限示例

标准	容限
全勤	每月准许请假2天
上午8:00开始工作	迟到不得超过5分钟
等候时间1分钟	可再加15秒
工作场所表面擦拭清洁	显见微疵以2个为限

12.2.2 对照标准衡量绩效

根据事先制定的合理的标准及确切的评定下属人员实际工作情况的方法和手段,对实际执行情况的评价就非常容易。实际上如何衡量绩效,在拟定标准时就已经涉及,已经得到部分解决,即在制定可考核的标准时,就已经把计量的单位、计算方法、统计口径等确定下来,因此,绩效考评的主要问题是如何及时地、准确地收集信息。为了确定实际工作的绩效究竟如何,管理者首先需要收集必要的信息,然后开始对照标准检查实际效果。管理人员用来衡量实际工作绩效的信息主要有以下几种。

(1)个人观察。个人观察法提供了有关实际工作方面最直接和最深入的第一手资料。这种观察可以包含非常丰富的内容,因为任何实际工作的过程总是可以观察到的。通过观察得到的信息不同于阅读报告得到的信息。尤其是走动式管理、现场办公等,可以帮助管理者获得各方面的信息。

(2)口头与书面报告。信息也可通过口头汇报形式获得,如各种会议、一对一谈话或电话交谈。这种方式的优缺点同个人观察的方式类似,虽然这种信息是经过过滤的,但它是一种快捷的、有反馈的方式,同时可以通过语言语调和词语本身来传达信息。过去这种口头收集信息的一个主要缺点是不便于保存和重新使用,但现在随着科学技术的发展,口头汇报很容易被录制下来加以保存，并可在以后使用。实际工作情况也可通过书面报告来衡量，与口头汇报相比，书面报告除了更正式一些之外，还更精确和更全面，更易于保管和查找。

（3）统计报告。现代组织中广泛使用计算机管理，因此管理人员越来越多地依靠统计报告来衡量实际工作的绩效，这种统计报告不仅有计算机输出的文字，还有各种图像、图表，可以按照管理人员的要求列出各种统计数据，满足管理人员对信息的要求。

以上几种信息形式各有千秋，管理人员在控制活动中应综合运用这些信息。通过衡量实际工作与标准之间的偏差，可以获取偏差信息。一般来说，实际绩效与标准不可能完全一致，两者总会有些出入。在某些活动中，偏差是在所难免的，因此确定一个可以接受的偏差范围是十分必要的。只要实际结果在这个范围之内，就可认为是被控的，不存在偏差，如果偏差明显超出这个范围，管理人员就应高度重视。存在的偏差主要有两种情况：一种是结果比标准完成得好，称为正偏差；另一种与此相反，即实际结果没有达到标准的要求，称为负偏差。出现负偏差当然不是好事情，但是，出现正偏差也不一定没问题，也必须做必要的分析，因为有时目标定得太低或由于其他偶然因素的作用会出现正偏差，在管理控制要求比较严格的情况下，正偏差也不能放过。总之，在衡量绩效阶段，管理人员应特别注意偏差的大小和方向。

专栏 12-3
德鲁克谈管理者

不管一个管理者是在企业工作，还是在医院、大学工作，或者在军队工作，他必须首先要去"做正确的事"。做到卓有成效是知识工作者在一个组织中的一种特殊技能。管理者能否做到卓有成效不是天生的，卓有成效的管理者更不是什么天才。只要管理者遵循一定的实践，卓有成效是完全可以做到的。管理者不仅可以做到卓有成效，而且也必须做到卓有成效。在我们这个越来越多样化的社会里，不仅企业的管理者必须做到卓有成效，其他各种组织的管理者也必须要卓有成效。因为我们社会中的每一个组织，不论它在社会中的作用如何，它的成功都依赖于组织的管理者的卓有成效。

资料来源：彼得·德鲁克. 卓有成效的管理者[M]. 许是祥，译. 北京：机械工业出版社，2005.

12.2.3 采取纠偏行动

纠偏行动是整个管理控制中关键的一个环节。纠偏行动是指根据偏差分析结果进行决策，制定纠正偏差措施，并付诸实施，以便使实际操作系统重新进入计划轨道，保证目标实现的行为。

偏差信息是实际工作情况或结果与控制标准要求之间所发生偏离程度的信息。了解和掌握偏差信息是控制工作的重要环节。在此基础上，就可以实施控制的第三个也是最后一个步骤，即分析偏差原因，采取纠偏行动。纠正偏差是控制过程中关键的环节，它之所以重要就在于体现了执行控制职能的目的，同时，将控制职能与其他管理职能结合在一起。任何控制行动都是针对问题及其产生的原因而采取相应的解决对策。控制措施、对策、办法的提出必须建立在对偏差原因进行正确分析的基础上。不正确的归类会导致控制行动的低效、无效甚至负效果。

在纠正偏差过程中,管理人员一般有四种方案可选择:第一种方案是什么也不做;第二种方案是改进实际绩效;第三种方案是修订标准;第四种方案是既调整标准又调整工作。什么也不做,意味着既不调整标准,也不改进实际工作,顺其自然。改进实际绩效,如果偏差是由于绩效的不足产生的,管理人员就应该采取纠正措施,加以改进。这些纠正措施可以是管理策略的调整、组织结构的变革、培训教育计划上的调整、重新分配工作、人事调整和其他补救措施。修订标准,如果偏差的产生是由于标准制定得不够合理,即标准制定得太高或太低,而不是由于工作绩效的问题,则需要适当调整标准,在这种情况下管理人员就必须注意标准值是否合理。当然,如果管理人员认为标准是合理的、现实的,就应该坚持,向员工解释管理层的观点,并保证将来的工作会得到改进,然后采取措施使期望变成现实。既调整标准又调整工作,使二者重新取得一致。这四种方案,采取哪一种,要根据计划的可行性、执行者的客观条件等灵活确定。

总之,制定控制标准、对照标准衡量绩效、采取纠偏行动是控制工作的三个基本过程和步骤,它们相互关联、相互依存、缺一不可。无论在什么地方,也无论控制的对象是什么,着眼于纠正偏差的控制过程都包含这三个基本因素,都要求开展与这三个要素相对应的工作步骤。其中采取纠偏行动是关键的环节。

专栏 12-4
德鲁克谈自我控制

彼得·德鲁克是一位享有世界声誉的美国管理学家和高级管理咨询人员,是世界公认的"现代管理之父",被人尊称为"大师中的大师"。正如大师所言,"企业所需要的,是一种能够充分发挥个人的长处与责任心、能够统一各种见解和努力、能够组建团队和集体协作、能够协调个人目标和公共利益目标的管理原则。目标管理和自我控制使公共利益成为每一个管理人员的目标,它把外部控制代之以更严格的、要求更高的、更有效的内部控制。它能够激励管理人员采取行动,不过原因并非是别人让他做什么或者告诉他去做什么,而是由于客观的任务要求他必须采取行动。同时,他采取行动也并非由于别人要求他采取行动,而是他自己决定采取行动——换句话说,他是作为自由人而采取行动的"。

目标管理和自我控制"适用于各种层次和所有职能的管理人员,适用于大大小小的各种组织。把客观需要转化为个人目标,可以保证一定能够取得绩效,而这正是真正的自由"。

资料来源:彼得·德鲁克.管理:使命、责任、实务[M].王永贵,译.北京:机械工业出版社,2006.

12.3 有效控制

12.3.1 有效控制的几大特征

为了使控制工作做得更加切实有效,这里对管理控制中一般需要注意的几方面概括如下。

1. 控制应该与计划和组织相适应

管理的各项职能相互关联、相互制约。不同的计划具有不同的特点,因而控制所需的信息也各不相同。例如，对成本计划的控制所需要的信息主要是各部门、各单位甚至各产品在生产经营过程中发生的费用；对产品销售计划的控制，则要收集销售产品的品种、规格、数量和交货期的情况。同样，控制还应当反映组织结构的类型和特征。组织结构既然明确规定了企业内每个人所担任的职务和相应的职责权限，因而它也就可以成为确定计划执行的职权所在和产生偏差的职责所在的依据。由此也说明了，有效的管理控制必须要能够反映一个组织的结构状况并通过健全的组织结构予以保证，否则只能是纸上谈兵。健全的组织结构有两方面的含义：一方面，要能在组织中将反映实际情况和工作状态的信息迅速地上传下达，保证联络渠道的畅通；另一方面，要做到责权分明，使组织结构中的每个部门、每个人都能切实担负起自己的责任。否则，偏差一旦出现就难以纠正，控制也就不可能得以实现。

2. 突出重点，强调例外

组织在一个完整的计划执行过程中选出众多的关键点，把处于关键点的工作预期成果及其影响因素作为控制的重点。在这样的情况下，管理人员不必完全了解计划执行中的全部具体细节，就能达到对工作有效控制的目的。控制要突出重点。管理者不能也没有必要事无巨细地对组织活动的方方面面都进行控制，而是要针对重要的、关键的因素实施重点控制。控制也应强调例外，管理者将控制工作的重点放在计划实施中的例外情况上，可以使他们把有限的精力集中在真正需要引起注意和重视的问题上。

3. 具有灵活性、及时性和经济性

灵活的控制是指控制系统能适应主客观条件的变化，持续地发挥作用，控制工作本是变化的，允许有随机偏差，有效控制不是死板的，其依据的标准、衡量工作所用的方法等都可能会随着事情的变化而变化。一些管理者为了管理的方便，片面强调各种规章制度的遵守，可能弱化控制系统的灵活性。控制工作还必须注意及时性。信息是控制的基础，为提高控制的及时性，信息的收集和传递必须及时，而且有效的控制系统还应该及时纠正偏差。同时控制是一项需要投入人力、物力和财力的活动，因此是否需要控制、控制到什么程度都必须考虑控制的经济性，要把控制所需的各种费用与控制所产生的效果进行经济上的比较，只有有利可图时才可实施控制。

专栏 12-5

传化集团内部控制监督的方法

（1）绩效计量。既然设立内部控制的目的是为实现目标提供合理的保证，那么，可以利用绩效计量来确定实现其目标的程度，这是检验管理部门内部控制有效性的一种有用的方法。如果绩效计量结果不尽人意，管理层以及员工就做出相应改变以改善业绩计量结果。

（2）对企业运营进行测试。确定程序是否按最初的设计得以应用，应该是一个持续的过程，建立内部审计职能部门来帮助内部控制的运转及已设立目标的实现，是具有成本效益的。

（3）为控制环境、风险评估、控制活动、信息及沟通以及控制而制定的政策及程序。常常由硬性控制构成，而硬性控制是容易识别、评估和记录的。这些政策和程序的影响亦应

得以识别、评估和记录。

（4）记录。公司备有书面政策手册、正规的组织构图、书面职务说明、操作指示、信息系统流程图等，这些文件记录能使评价变得更为有效，还有助于雇员了解系统如何运作以及他们担当的角色，并使得在必要时修改系统变得更简单。

（5）报告。对于影响企业实现目标的内部控制缺陷，向能采取必要行动的人员汇报。有关缺陷的调查结果不仅向负责有关职能或者活动的个人汇报，还向比其至少高一级的管理层汇报。此程序可以使更高级别的人员监督及支援采取补救行动。例如，企业管理层发现公司会计账簿上的存货总额与盘点记录相差较大，于是成立小组进行调查，并把调查结果及加强内部控制的建议上报给最高领导。

资料来源：许永斌，等.中国民营企业内部控制案例研究［M］.杭州：浙江工商大学出版社，2012.

4. 有效控制的衡量标准是多重的，不应自相矛盾

组织在衡量组织绩效和员工行为时，应尽可能建立多重衡量标准，防止因单一标准给组织带来绩效衡量不准确和获得失真的评价信息等问题。同时，有效控制的衡量标准也不应该是自相矛盾的，而应该是相辅相成的。例如，对生产工人的工作绩效进行评价，如果既要求很高的产量，又要求很高的质量，那么在人员和资源有限的情况下，两个目标是相互冲突的，因此，工作评价标准应是在保证质量的前提下，完成一定的工作量。

5. 适度性原则

控制的目的是保证组织目标和计划的顺利实现，但是过度控制会给被控者带来某种不愉快。毕竟被人控制是不好受的，过多的控制会扼杀员工的主动性、积极性和创造性。当然过少的控制也不行，过少控制将不能使组织的活动有序进行，而且会造成资源浪费。

此外，培养组织成员的自我控制能力也非常重要：员工在生产和业务活动的第一线，是各种计划、决策的最终执行者，所以，员工进行自我控制是提高控制有效性的根本途径。自我控制具有很多优点。首先，自我控制有助于发挥员工的主动性、积极性和创造性。自我控制是员工主动控制自己的工作活动，是自愿的。这样，他们在工作中便能潜心钻研技术，对于工作中出现的问题会主动设法去解决。其次，自我控制可以减轻管理人员的负担，减少企业控制费用的支出。再次，自我控制有助于提高控制的及时性和准确性。实际工作人员可以及时准确地掌握工作情况的第一手材料，因而能及时准确地采取措施，矫正偏差。当然，鼓励和引导员工进行自我控制，并不意味着对员工放任自流。员工的工作目标必须服从于组织的整体目标，并有助于组织整体目标的实现。管理者要从整体目标的要求出发，经常检查各单位和员工的工作效果，并将其纳入企业全面控制系统之中。

6. 有效控制应该被员工所理解并接受

对于一个有效的控制系统，员工应该理解它并愿意在控制系统内从事工作，这样才能对组织产生积极作用。如果员工对控制系统产生抵触情绪或不理解控制系统对提高组织生产率的作用和意义，那么员工会采取一些对策和手段抵抗控制系统。

7. 管理者的重点控制对组织绩效有战略影响的因素

现代管理中，团队组织的建立需要高层管理者更多的授权，使下级组织享有更多的自主权。高层管理者不能对组织中的所有事项实施控制，必须选择对组织绩效有战略影响的关键因素进行控制，或者授权团队进行自我控制，或者放松控制来激发员工的自我管理和自我创新能力。

12.3.2 影响有效控制的权变因素

为了建立有效的控制系统，需要分析影响有效控制的权变因素。这些因素包括组织的规模、个人在组织中的位置和级别、组织的分权程度、组织文化、活动的重要性。

组织的规模与采取有效控制手段和方法有密切的关系。一般来说，大规模的组织通常采取前馈控制和反馈控制的方法对组织进行控制，采用正式的报告、严密而广泛的规章制度建立官僚式的控制系统。小规模组织更多采取同期控制，采用非正式的、简单的控制系统。

因员工在组织结构中的位置和级别不同，即职位和层次不同，对其采取的控制标准是多重的，而且标准也不同。例如，对总经理的控制标准与基层员工的控制标准就不同。应该对组织内不同层级的员工建立控制程度不同的评价标准，达到组织对不同层级员工有效控制的目的，也促进员工的不断进步。高级别员工的评价标准是多重的，低级别员工的评价标准少且易于衡量。

组织的分权程度同样也影响控制的有效性，分权程度高的组织，管理者将决策权下放给被授权者，管理者需要更多地获得被授权者的行为信息和工作效率，最终还要对被授权者的工作绩效负责，因此，分权程度高的组织需要增加控制的数量和宽度。

组织文化同样影响控制的有效性。组织越来越重视其文化建设，当控制系统与组织文化一致时，已建立的控制系统会发挥相应的作用。如果组织文化是开放的、积极的、民主的、信任的，那么员工会产生主动的、非正式的自我控制，积极完成组织目标。相反，如果组织文化是封闭的、消极的、独裁的、怀疑的，那么员工可能会增强自我保护，被动接受领导权威、领导决策来实现组织目标。组织采用开放而积极的组织文化，控制系统应该采用非正式的自我控制，反之则采用正式而广泛的控制。

活动的重要性对控制也产生影响。在重大活动中，即使是微小偏差也会产生重大影响，这就要采用复杂而广泛的控制，例如每年"两会"期间，北京市交通管理部门对于车辆的交通管理就采用复杂而广泛的控制，以便保证"两会"代表车辆的安全和正常运行。相反，对于一些重要性低的活动，只需要采用松散的、非正式的控制系统，以减少控制成本。

专栏 12-6

有效控制的技巧

（1）采用积极而有效的控制艺术。控制是上级主管部门对下级工作的控制。上级在下级心目中的形象、工作能力等直接影响到下级对控制的态度与看法，因而必须注意控制艺术。

（2）不带偏见的控制态度与做法。在控制过程中，一定要坚持客观公平而不能带有偏见。

（3）利用人际关系实施控制。在企业的诸多人际关系中，有一些由于感情、偏好等自发形成的良好关系。因此，要实施有效控制就要注意利用这种关系。

（4）鼓励成员参与制定目标。通过参与，一方面他了解到制定这一目标的必要性，因而在态度上容易产生认同感；另一方面作为自己制定的目标，他必然会努力去实现它并接受监督与控制。

（5）运用"事实控制"。在制定纠正措施时，必须根据偏差及其产生后果的实际情况进行分析，坚持从实际出发。

资料来源：《牛津管理评论》。

本章小结

1. 作为管理职能的控制，是指管理者为了确保组织目标得以实现，根据事先确定的标准对计划的进展情况进行测量和评价，并在出现偏差时及时进行纠正的过程。控制职能通过纠正偏差的行动与其他三个管理职能紧密结合在一起，使管理过程形成一个闭环系统。控制职能是每一个主管人员的主要职责，正确地、因地制宜地运用控制原理和方法，是控制工作更加有效的重要保障。

2. 控制是对组织运行进行监督和衡量，发现偏差，采取纠正措施，以确保组织目标实现的过程。

3. 控制与计划有着密切关系。计划是管理的首要职能，控制则保证组织目标能按计划如期完成。控制是重要的和必需的，因为它可以监视目标是否按照计划完成；可以监视授权是否被滥用。

4. 从不同角度控制可以分成各种类型：前馈控制、现场控制、反馈控制、直接控制、间接控制、预防性控制、纠正性控制、集中控制、分散控制、分层控制等。

5. 建立有效的控制系统应遵循以下几大特征：控制应该与计划和组织相适应；突出重点，强调例外；具有灵活性、及时性和经济性；有效控制的标准是多重的，不应自相矛盾；员工接受等。

6. 控制的基本过程包括三个步骤：制定控制标准；对照标准衡量绩效；分析偏差原因，采取纠偏行动。

练习与思考题

选择题和判断题，请扫二维码做题；名词解释、简答题和论述题/计算题的参考答案，具体请扫二维码。

一、选择题（题干略，请扫二维码）

二、判断题（题干略，请扫二维码）

三、名词解释

1. 控制
2. 前馈控制
3. 现场控制
4. 反馈控制
5. 直接控制
6. 间接控制

四、简答题

1. 控制的作用和目的是什么？
2. 控制过程包括哪几个步骤？
3. 有效控制的基本特征是什么？

五、论述题

1. 简述控制与计划的关系。
2. 什么是适度控制？如何做到适度控制？
3. 反馈控制的优缺点是什么？

案例讨论

神户制钢事件标志日本制造或将走下神坛

日本政坛正在进行一次大洗牌，与此同时，日本企业界也正在经历一次不小的"地震"。日前，日本第三大钢铁企业、大名鼎鼎的"百年老店"神户制钢被曝在铝、铜产品上篡改质量数据。这是继三菱篡改汽车燃效数据、高田篡改安全气囊测试数据后，第三家日本企业被爆出篡改数据的丑闻。

神户制钢为日本第三大钢铁企业，仅次于新日铁住金、JFE钢铁公司，其粗钢产量725.9万吨，在全球钢铁公司中排名第53。作为世界500强企业之一，神户制钢在日本享有盛誉，现任日本首相安倍晋三曾在1979年进入神户钢铁公司纽约分公司工作。神户制钢从2010年正式进入中国市场，总部设在上海。其在苏州、天津、鞍山等地都设有工厂。

2017年10月8日，始创于1905年的日本第三大钢铁企业神户制钢承认，在2016年9月至2017年8月，公司旗下多家工厂长期、大面积篡改部分铝、铜制品的强度、尺寸以及耐久性等重要出厂检验数据，以次充好。问题产品至少波及全球200家企业，包括日本新干线、日本国产客机，丰田、马自达等日系车企，还有日本自卫队的武器装备。

据相关人员透露，神户制钢的员工在制造过程中，长期使用"特别采用"一词代指向客户提供不能满足要求的问题产品。在生产过程中应客户要求生产低于规格的产品的行为，被员工称为"特别采用"。还出现了在客户不知情的情况下，工厂根据自行判断提供问题产品的案例。据悉，神户制钢的部分工厂从50年前就开始使用"特别采用"这个词。

报道还称，对神户制钢而言，似乎造假的方法在事实上已经成为惯例，每当更换负责人，造假行为均被延续下来。当时的厂长和负责质检的高管也可能是在明知造假的情况下仍在提供产品。此外，还存在篡改面向客户的检查合格证的案例。铝和铜等业务部门的高管后来都升任神户制钢总部的董事，过去的管理层在很大程度上了解事情真相。神户制钢承认，公司从10年前就已开始伪造数据，包括管理层在内的数十名雇员参与其中。

日本共同社报道，神户制钢在枥木、三重、山口三县的所有工厂均被发现篡改数据的行为，位于神奈川县的子公司也有篡改行为，以未达到要求的产品出售。《朝日新闻》报道称，涉及篡改数据的产品超过2万吨。除铝、铜外，该公司可能还伪造铁粉的数据。其做法与其"提供值得信赖的技术、产品及服务"的理念格格不入。

对于造假事件，神户制钢副社长梅原尚人在记者会上谢罪称："让大家担心了，很抱歉。"他坦承，造假行为是有组织的，包括神户制钢管理层在内有数十人参与了篡改一事。梅原尚人也承认，部分产品从10年前开始就一直沿用篡改后的数据，篡改数据也并非个别人所为，而是获得管理层默许，是公司整体性问题。梅原还表示工厂"有对于完成出货目标的压力"。

曾经，提起日本企业，外界都会竖起大拇指。尤其是那些知名大企业，已成为日本一张亮丽的名片。"一个螺丝撑起了日本整个国家的经济"，日剧《半泽直树》中的这句话见证了"日本制造"的一丝不苟和精益求精。而如今，以质量信誉著称的"日本制造"近来却被一连串丑闻冲击，连作为日本经济支柱的老牌企业神户制钢也跌入"黑洞"。从东芝财务造假到三菱汽车夸大燃油效率，再到现在的神户制钢伪造产品数据，与日本企业相伴出现的不再是精致的产品，而是惊人的丑闻。很多人说"日本制造"神对于普通民众而言，神户制钢的国际知名度远远不及东芝、三菱等日企，但是此次事件掀起了全球性舆论巨浪，因为它作为日本第三大钢铁企业，是全球汽车、航空、高铁制造领域的主力供应商，其旗下主力产品，用于汽车阀门的弹簧用线材就占据了全球市场一半份额。日产、本田、三菱、铃木、斯巴鲁等日系车集体"中枪"，它们纷纷表态，将评估采用神户制钢的产品是否会对车辆的安全性产生影响。除了日本本土企业之外，美国波音、福特、通用也因使用了神户制钢的原材料而正在进行审查评估。

资料来源：中国小康网。

讨论题：

1. 中国制造能从日本神户制钢数据造假案中得到什么启示？
2. "工匠精神"的真正含义是什么？
3. 如何通过加强企业内部管控，使企业的管理效率、产品质量、企业信誉得到进一步提升？

管理评论

让"意外"不再意外：读塔勒布的《黑天鹅》

终于把塔勒布的《黑天鹅》看完了，感觉不虚此读。诚然，这本书讲的是有关意外的话题。正如这本书的名字，在你没有看到黑天鹅的时候，你会一直认为天鹅都是白的，直到你看到一只黑天鹅。除了黑天鹅，塔勒布还提到一个经典的火鸡隐喻。对火鸡来说，农场是一个美好的有吃有住的地方，直到圣诞节到来。所以，对火鸡来说，圣诞节就是一个黑天鹅事件，因为农夫举起了屠刀。

那么不知道黑天鹅又能怎么样呢？更为重要的是：我们真的对黑天鹅那么无知吗？

如果没有黑天鹅，这个世界可能是美好的，但现实中黑天鹅事件一直存在，如"9·11"事件、日本核泄漏等。如果一直让意外处于意料之外，那么我们永远不能处理意外。这些黑天鹅事件影响巨大，以至于我们不能再做一只埋头沙堆的鸵鸟。要想处理意外，首先就需要搞清楚意外为什么会是意外。

塔勒布从三个方面解释了黑天鹅之所以让人意外的原因。

首先是思维方法上。塔勒布批判了柏拉图式的思维方法。就我的理解，柏拉图式方法是对客观世界的模型化方法。由于现实世界是丰富的、富含各种细节的，而模型化则通过对现实世界的简化，构建骨感的抽象模型。抽象之后的模型强调了一些变量及其关系，却忽略了现实中真实存在但又"被认为"无关紧要的细节。这就可能会产生对现实世界理解的谬误。特别是，模型化是不断推进的，一个基础模型衍生出各种相应的模型，这就构成了所谓的理论大厦。每个模型都可能是存在一定错误的，大量可能错误的模型集聚在一起，就会产生更大的错误。这样，模型化的世界与现实世界的差距越来越大，使得我们难以真正把握真实的世界。

为此，塔勒布提出了怀疑主义，否定模型化，强调经验主义，贴近实践，看清细节。只有经验丰富，才能看到现实世界中的黑天鹅，才能看到更为真实的世界。

但是对于塔勒布的否定模型化和理论的做法，我持保留态度。理论化是必需的，但是理论必须与实践相结合，才能不断推进理论的发展，才能构建出更为深刻的模型。这是指导我们适应环境，甚至改变环境的必要。因为，人都是有限理性的，难以处理众多的细节，难以处理复杂的模型。

其次，在思维方法的基础上，塔勒布

又进一步指出统计实证主义中所存在的样本偏差问题。他提到一个有趣的概念——沉默的证据。这是指很多证据没有被我们看到，所以我们就认为这些情形的概率很小，而这些沉默的证据也代表了我们的无知。事实上，我们都没有认识到自己的无知，即对无知的无知。

我们仅仅看到了白天鹅，即日常的现象，而对于偏离日常现象的意外，则认为无关紧要，因为它们发生的概率太小，以至于现实中根本不可能发生，而一旦发生，那么只能说"走了狗屎运"。在统计学上，我们通常称之为随机扰动项，甚至称之为"垃圾项"。

塔勒布认为，我们对这种随机扰动项的认知是谬误的。有些确实是随机扰动项，符合正态分布，即塔勒布在书中所称的钟形曲线。但是也存在很多非正态分布的变化，偏离均值的那些异常值并非如我们想象中的"小概率"，而是可能存在更大的概率，就是因为很多沉默的证据并没有被我们看到。除了概率更大之外，这些意外一旦发生，就会产生巨大影响。例如"9·11"事件。

之所以这些所谓的"小概率事件"会产生更大的作用，主要是因为我们假设个体都是进行布朗运动，其作用大小不一，作用方向随机。大量个体集中在一起，就会由于相互抵消而使总体表现出稳定性。例如，一个人不会忽然消失，因为组成人的各个粒子都进行布朗运动，相互抵消，而使整个人体表现出稳定性。例如，你的杯子不会忽然长高，因为所有粒子均朝一个方向运动的概率极小，几近于零，所以在整个人类历史中，这一概率都还是很小。

在现实中，确实存在反正态分布的情形。例如，不同收入水平的比率遵从纺锤形结构，所以中产阶级就是一个比例很高的群体。但是，也存在中产阶级比例较低的情形，即典型的哑铃型社会。考虑畅销书的情形，考虑经典的二八法则、马太效应，就可以发现存在典型的指数曲线，即塔勒布所强调的幂率。老子在道德经中提到"天之道，损有余而补不足"，而在人类社会中，则是损不足补有余（也正是因为这一点，老子强调人类社会要退化到小国寡民，老死不相往来）。杜甫也提到"朱门酒肉臭，路有冻死骨"。

这是因为组成财富的"粒子"并不是采取随机的布朗运动，而是具有自相似性，即具有叠加效果。形象地说，富人的钱会"生出"更多的钱，所以富人更加富有，穷人更加贫穷。这种粒子的自相似性，就是幂率的基础。例如，畅销书的销量服从二八法则，是因为个体读者之间的相似性、个体读者之间阅读兴趣的传染性，从而使个体读者之间具有了自相似性，从而产生了幂率。现在流行一种说法：每天进步百分之一，一年之后就可以获得极大的进步；每天退步百分之一，一年之后就会有极大的退步。这里有个基本的假设，每天的进步可以叠加，但是现实中基本上是难以实现的。例如，每天读一本书，一年后会读365本书，但是不能保证你成为专家，因为你没有叠加。

最后，在阐述了思维方法、统计实证技巧方面之后，塔勒布也进一步强调了个体认识世界的主观性。正如卡尼曼所提到的，人们只能看到他们希望看到的。因为理论化的模型指出了人类应该看到什么，而统计实证主义所存在的可能谬误强化了人们对理论的理解和接受，这就产生了人类的认知自负：人们只能看到理论想要我们看到的，而看不到我们不想看到的。这种认知上的自负模糊了人们的双眼，看不到了黑天鹅的存在，直到黑天鹅切实地给人类造成切肤之痛。

以上，塔勒布从人类的思维方法、统计实证策略以及主观观察三个层面剖析了人类忽视黑天鹅的内在机理。并且这三个层面紧密相关，越发强化了人们对黑天鹅的漠视。

知道了黑天鹅产生的机理，也就给了我们处理意外的基本方法。第一，实践是起点。这就回到了我们经常听到的一句话，实践是检验真理的唯一标准。经验有其局限性，但是理论也有其偏颇。通过观察实践、走进现场，我们才能获得第一手的资料，以此作为检验心中模型的标准。第二，反省是常态。理论化不能否定，因为有效的理论是我们与环境和谐发展的工具。有效的理论则需要不断反省，以此避免重大失误。我们无法改变世界，但是我们可以改变自己，改变就从改变假设做起。第三，正视冲突，拥抱变化。人类具有强大的学习能力，但是局限性也会更为明显，特别是认知上的路径依赖。因为，一个人之前的知识结构决定了他眼中的世界。为了避免自身的主观性，我们需要承认自己的局限，特别是要知不足，知不足才能看到黑天鹅。所以我们要正视冲突，拥抱变化。

《周易·系辞》中有句话，"君子知微知彰，知柔知刚，万夫之望"，很好，共勉。

资料来源：浙商大智库微信公众号。

延伸阅读

[1] 杰弗瑞·莱克. 丰田模式：精益制造的14项管理原则 [M]. 李芳龄, 译. 北京：机械工业出版社, 2012.

[2] 彼得·德鲁克. 管理思想精要 [M]. 李维安, 等译. 北京：机械工业出版社, 2007.

[3] 王妍, 张涛, 徐若鸿. 控制成本的100种方法 [M]. 北京：中国经济出版社, 2009.

[4] 龚礼财. 彼得·德鲁克教你最有效的企业管理之道 [M]. 北京：中国纺织出版社, 2013.

[5] 李卫平, 姚迪雷. 影响企业管理的125个精彩故事 [M]. 北京：人民邮政出版社, 2007.

[6] 斯蒂芬P罗宾斯, 玛丽·库尔特. 管理学（原书第11版）[M]. 李原, 等译. 北京：中国人民大学出版社, 2012.

[7] 杰弗瑞·莱克, 大卫·梅尔. 丰田人才精益模式 [M]. 钱峰, 译. 北京：机械工业出版社, 2012.

[8] 兰炜, 康银瑞, 程青玥. 管理学基础 [M]. 北京：清华大学出版社, 2015.

[9] 彼得·德鲁克. 管理：使命、责任、实务 [M]. 王永贵, 译. 北京：机械工业出版社, 2006.

[10] 里基W格里芬. 管理学 [M]. 刘伟, 译. 北京：中国市场出版社, 2008.

第13章 控制方法

管理箴言

将良品率预定为85%，那么便表示容许15%的错误存在。

——菲利浦·克劳士比（Philip B. Crosby）

本章要点

- 预算的性质及作用，预算的类别及实施步骤。
- 行政控制、比率分析及盈亏平衡分析等非预算控制方法。
- 质量控制与全面质量管理的内涵，质量控制图的绘制方法。
- 管理信息系统的内涵及典型应用。

引例

浙江晶科能源有限公司的质量控制

浙江晶科能源有限公司（以下简称"浙江晶科"）位于浙江海宁，成立于2009年6月。公司通过并购太阳谷能源应用科技有限公司，正式将自身产业链延伸至电池片与组件生产，产品直接打入终端市场，实现了产业链的垂直整合，并顺利通过Achilles质量认证，迅速发展为光伏产业比较领先的企业。随着光伏产业的发展，未来行业的规范程度肯定会越来越高，顾客对质量的要求也会越来越高。对此，浙江晶科秉持"阳光品质、服务全球"的理念，以全员参与为基础，启动全面质量管理，在车间实施电子管理信息系统收集关键工序记录，采用条形编码的形式对产品进行溯源控制，通过建立ULWTDP世界级检测中心等措施逐渐完善公司的质量管理体系，严格监管生产流程，减少不良品的产出，从而为客户提供满意的光伏产品。

另外，公司在生产产品的各个环节都进行质量监测和检验后的数据统计，采用数据记录、质量沟通会议、100%EL测试等方法完善产品的质量控制，并且建立一系列检验系统、作业标准和管理制度。例如，2014年1月建立成品检验控制系统，将产品检验状态、检验人、检验时间直接录入成品检验系统,有效地控制不良品流出,提升产品的可追溯性和客户满意度。2014年3月建立来料检验实验室并增加原材料性能检验设备,由外观检验提升到性能检验,从而有效地控制原材料质量。2014年4月导入OBA成品抽检,防止批量性不良品流入客户端,同时根据抽检情况对FQC进行考核,从而加强FQC检验员及生产部门的责任心,减少成品漏检。2014年5月对员工进行质量培训,推行全员自检规范,增强质量意识。通过这一系列措施,2014上半年公司的出货检验合格率达到了90%以上,但是在质量控制的过程中还是难免会出现很多问题。其中TPT、电池片损伤和异物的发生是比较频繁的,隐裂、边框不良、碎片和外观脏污的问题也是时有发生。

资料来源:王力锋,刘抗英.浙江晶科能源有限公司质量控制研究[J].赤峰学院学报,2016(12).

质量控制作为管理者对组织所提供的产品/服务进行有效控制的一种方法,其终极目标是确保组织使命的实现,为客户提供满意的产品/服务。随着人们日益增长的美好生活需要,客户对产品/服务的要求也有了质的提升,产品/服务的品质保证已成为组织赖以生存和取得竞争优势的重要因素。因此,管理者必须了解和掌握各种控制方法和手段,根据组织所面临的具体环境因素、控制内容和控制范围等采取合理的控制方式,以保证组织的各项活动朝着组织的目标前进。

13.1 预算控制

13.1.1 预算的性质和作用

预算是一种计划,是用数字编制的反映组织在未来某一时期的综合计划。预算通过财务数字(如投资预算)或非财务数字(如生产预算)把计划数字化,并把这些计划分解落实到组织的各个层次和部门中去,这样一来预算和计划相联系,且与组织系统相适应,能达到实施管理控制的目的。预算作为实现企业管理科学化的重要控制手段之一,在企业管理中的地位越来越重要。企业中的决策、计划以及为实现其战略目标所采取的一些措施,都与预算密切相关。预算作为实现组织目标管理的主要手段,其作用主要表现在以下四个方面。

(1)明确工作目标。预算作为一种计划,规定了组织一定时期的总体目标及各个部门的具体目标,这样一来每个部门对自己的工作职责和努力方向都非常清楚,对本部门的经济活动与组织整体经营目标的关系也有深刻的认识,有利于部门之间的相互配合,有利于各部门从各自角度去完成组织的目标和任务。

(2)协调部门关系。预算把组织各方面的工作纳入统一计划之中,促使组织的各部门相互协调、环环相扣,达到平衡。在保证组织总体目标最优的前提下,来组织各自的生产经营活动。

(3)控制日常工作。编制预算是组织管理的起点,也是控制日常工作的依据,在预算执行过程中,各部门应通过计量、对比,及时揭露实际脱离预算的差异并分析其原因,以便采取必要措施,消除薄弱环节,保证预算目标的顺利完成。

(4)考核绩效的标准。预算确定的各项指标,也是考核各部门工作成绩的基本尺度,在评比各部门的工作业绩时,要根据预算的完成情况,分析偏差的程度和原因,划清责任,奖罚分明。促使各部门为完成预算规定的目标努力工作。

专栏 13-1
彼得·德鲁克关于预算的认知

不仅仅是企业，大多数组织都只有一种预算，该预算还会根据商业周期进行调整。世道景气时，预算会全面增加；世道不景气时，预算会全面削减。然而，这样做，组织就会和未来的机遇擦肩而过。

变革领导者的第一种预算就是运营预算，该预算能够显示出维持组织运营和当前业务所需的开支。在拟定这一预算时，组织必须明确如下问题：维持组织运营最少需要多少成本？在世道不景气时，预算必须下调。

变革领导者的第二种预算，就是独立的"未来预算"。在拟定"未来预算"时，组织必须明确如下问题：为了达到最佳绩效，这些业务活动最大的可能预算是多少？除非企业面临严重的困难，导致维持未来预算将会威胁到企业的生存，否则不管世道好坏，企业都应该保持未来预算的稳定不变。

资料来源：彼得·德鲁克，约瑟夫·马恰列洛.德鲁克日志：366天的洞察力和灵感[M].蒋旭峰，译.上海：上海译文出版社，2014：324.

13.1.2 预算的划分及类别

预算的种类多种多样，常见的分类主要有以下几种。

1. 经营预算、资本预算和财务预算

按照预算所涉及的内容不同，企业的预算可以分为经营预算、资本预算和财务预算。

经营预算又称业务预算，是指与企业日常经营活动直接相关的经营业务的各种预算，主要包括销售预算、生产预算、直接材料采购预算、直接材料消耗预算、直接工资预算、制造费用预算、产品生产成本预算、经营及管理费用预算等。

资本预算又称投资预算，是指企业为了扩大生产或设备更新，计划增加固定资产，在可行性研究的基础上编制的预算。资本预算是一种不经常发生的、一次性的重要决策预算，实际是优选方案的进一步规划，例如企业为了今后更好的发展，获取更大的报酬而做出的资本支出预算，主要包括与投资相关的现金支付进度与数量计划，综合表现为各投资年度的现金收支预算表。另外企业的人力资源开发、重大的科研规划、广告等也需要较大的款项，对这些数额较大、回收期较长的资金项目应列出资本预算。

财务预算又称总预算，是指反映企业计划期有关经营预算与资本预算的整体计划。它主要包括现金预算、预计利润表和预计资产负债表。现金预算反映企业计划期间生产与销售活动中现金收支的详细情况，一般由现金收入、现金支出、现金多余或不足、资金的筹措与运用四个部分组成。通过现金预算，企业管理人员可以清楚地发现有多少现金闲置或是不足，从而指导企业及时利用暂时过剩的现金，或及早筹备所短缺的资金。预计利润表反映企业计划期间生产经营的财务情况，它与实际利润表的内容、格式相同，只不过数据是面向预算期的。通过编制预计利润表，企业管理人员可以了解预期盈利水平，从而指导企业及时调整经营策略。预计资产负债表主要反映企业计划期末预计的财务状况，与实际的资产负债表内容、格式相同，只不过数据是反映期末预期的财务状况。

2. 短期预算和长期预算

按照预算所涉及的时间范围不同，企业的预算可以分为短期预算和长期预算。

短期预算是指预算期间在一年以内的预算。短期预算的制定往往从上一年度开始，公司要对计划生产与销售的各种产品的产量、价格以及相应的成本和需要筹集的资金制订详细的计划，并将这些计划以预算的形式落实为各个责任中心的经营目标。在短期预算的制定过程中，管理人员需要对未来一年中的有关要素加以预期，并注意各要素之间的衔接。

长期预算是指预算期间超过一年的预算。长期预算是公司制订战略性计划过程中的一个关键内容。战略性计划主要解决的问题是选择企业的总体目标以及实现这一目标的具体方式，其中既涉及进入哪个市场、生产何种产品的问题，又涉及应采用怎样的价格、数量组合以及如何安排研究与开发、资本性支出及财务结构等支持公司目标实现的问题。一般来说，长期预算主要包括实施公司战略应进行的研发预算、筹资预算和经营扩张所需的资本投资预算等。

3. 部门预算和整体预算

按照预算所涉及的编制主体不同，企业的预算可以分为部门预算和整体预算。

部门预算是指以企业各分支机构、部门、单位等职能部门为主体，或按不同的业务类别等编制的预算，即企业整体预算中的各个组成部分。

整体预算是指将各个部门的预算进行汇总所形成的企业整体预算，这种预算通常由财务预算构成，具体包括现金预算、预计利润表、预计资产负债表等。

13.1.3 编制预算的基本方法

由于预算结果常常被用来作为控制的标准，因此，预算方法的选择非常重要。一般预算采用固定预算，而且多数情况下是根据基期数据进行调整，从而带来一定的危害性，下面重点介绍弹性预算和零基预算，这两种方法可以使预算在一定程度上得到改善。

1. 弹性预算

英国特许管理会计师协会对弹性预算（flexible budget）的定义是"通过确认不同的成本性态，使其随着产出量的变动而变动的一种预算"。弹性预算是为克服固定预算的缺点而设计的，又称变动预算或滑动预算，是指在成本习性分析的基础上，以业务量、成本和利润之间有规律的依存关系为依据，按照预算期可预见的各种业务量水平，编制能够适应多种情况的预算的方法。弹性预算在制定预算时就考虑到了未来事项的不可预知性，只确定了行为的基本原则或范围，实际执行时可以根据具体情况调整，灵活性强。缺点是灵活性掌握不好就成了失控，可控性差。

（1）弹性预算的适用范围。由于未来业务量的变动会影响成本（费用）、利润等各个方面，弹性预算从理论上讲适用于编制预算中所有与业务量有关的各种预算。但在实务中，由于收入、利润可按照概率的方法进行风险分析预算，直接材料、直接人工可按标准成本制度进行标准预算，只有制造费用、推销及行政管理费用等间接费用应用弹性预算的频率较高，导致有人将弹性预算误认为只是编制费用预算的一种方法。

（2）编制弹性预算的基本程序。编制弹性预算所依据的业务量可以是产量、销售量、直接人工工时、机器工时、材料消耗量和直接人工工资等。这里以成本预算为例，编制弹性预算的基本程序一般如下所示。

1）选择业务量的计量单位。一般来说，生产单一产品的部门可以选用产品实物量（生产量），生产多品种产品的部门可以选用人工工时、机器工时等。以手工操作为主的企业应选用人工工时，机械化程度高的企业更宜采用机器工时而非人工工时。

2）确定业务量的范围。预期业务量变动的相关范围，应根据企业的具体情况来定。一般来说，业务量变动范围可定在正常生产能力的 70%～110%，或以历史上的最高业务量或最低业务量为其上下限。

3）按成本形态将成本分为固定成本、变动成本、混合成本。

4）确定预算期内各业务活动水平。

5）编制弹性预算。

（3）弹性预算的优缺点。弹性预算的主要优点表现为：①适用范围广。弹性预算能够反映预算期内与一定相关范围内的可预见的多种业务量水平相对应的不同预算额，从而扩大预算的适用范围。②可比性强。弹性预算可以将实际指标与实际业务量相应的预算额进行对比，从而能够使预算执行情况的评价与考核建立在更加客观和可比的基础上。③灵活性强。弹性预算在制定时就考虑到了未来事项的不可预知性，只确定了行为的基本原则或范围，实际执行时可以在一定范围内灵活执行预算确定的各项目标和要求。缺点是灵活性掌握不好就成了失控，可控性差。

2. 零基预算

零基预算（zero-based budget）是美国德州仪器公司的彼德·菲尔于 1970 年提出的，1979 年时任美国总统的詹姆斯·卡特指示联邦政府全面实施零基预算。零基预算的全称为"以零为基础编制计划和预算的方法"，是指在进行成本费用预算编制时，从实际需要与可能出发，将所有预算支出为零作为工作的出发点，逐个项目审核预算的期间内每项费用的内容与支出标准是否合理的一种方法。

（1）编制零基预算的前提。在编制零基预算前需要明确：①组织的目标是什么，活动要达到的目标又是什么？②组织能从这项活动中获得什么收益，这项活动是不是必要的？③组织进行这项活动可选择的方案有哪些，有没有比目前方案更好的方案？④各项活动的重要次序是什么，从实现目标的角度看到底需要多少资金？为了解决这些问题，零基预算的主要做法如下。

- 把每一项支援性活动描述为一个决策的组件，每个组件都包含目标、行动及所需资源。
- 对每一个组件或活动，采用成本-效益分析的方法进行评价和安排顺序。
- 在上一步的基础上对拥有的资源按照每种职能对于实现组织目标所做的贡献大小来进行分配。

（2）编制零基预算的程序。编制零基预算的基本程序如下。

1）在审查预算前，主管人员应明确各项目标之间的关系和重要次序，建立起一种可考核的目标体系。

2）在开始审查预算时，将过去所有活动当作重新开始。对需要继续的项目提交计划完成情况报告，对新增的项目进行可行性分析报告。每个申报项目都必须证明自己存在的必要，并提交计划的目标、开支和收益。

3）在确定出真正必要的项目之后，根据已定出的目标体系排出各项活动的优先次序。

4）资源按重新排出的优先次序分配，尽可能地满足排在前面的活动的需要。

（3）零基预算的优缺点。零基预算的优点主要有：有利于对整个组织进行全面审核，克服机构臃肿，避免组织内部各种随意性的支出；有利于上层主管人员把精力与时间集中于战略性的重大计划项目，可以提高主管人员计划、预算、控制与决策水平；有利于把组织的长远目标和当前目标以及实现的效益三者有机地结合起来。

零基预算的缺点主要有：需要花费大量的人力、时间和物力；在安排项目的优先次序上难免存在着相当程度的主观性；仅适用于行政部门和辅助性部门，对于有着明显投入产出关系的组织，如制造部门则不太适合。

13.1.4　预算控制的实施步骤

预算控制是指根据预算规定的收入与支出标准，来检查和监督各部门的活动，以保证组织经营目标的实现，并使费用支出受到严格有效约束的过程。预算控制通过编制预算并以此为基础，执行和控制企业经营活动并在活动过程中找出预算和实际的差距及原因，然后对差异进行处理，是管理控制中运用最广泛的一种控制方法。实施预算控制的步骤如下。

（1）编制预算，即从确定预算编制方针开始，到编制部门预算和综合预算为止的阶段。

（2）执行预算，预算的执行过程，就是根据预算及时或定期检查预算的执行情况，观察其实际发生额是否在预算范围内，估计预算执行后可能达到的预算收入。在执行预算过程中，还要对预算目标和预算项目实行事前控制和支付前审计，促使预算执行部门和责任者有效地管理预算。

（3）预算差异分析，即针对预算项目的费用支出，将实际发生额与预算限制额进行对比分析，及时发现差异，并采取相应的措施。

（4）对预算控制的结果进行分析总结，评价和考查预算控制的绩效。

专栏 13-2
中美零基预算的主要不同

（1）推行方式不同。美国的零基预算改革由政府主导，制定了标准的零基预算指导。中国的零基预算改革由政府下达预算编制的指导文件，但是缺乏统一的政策规定，没有对零基预算做出详细定位和指导。

（2）起点标准不同。美国在施行零基预算前，定额、定编、定标准等基础工作已经完成，建立了现代政府预算体系。中国的零基预算开始于20世纪90年代，预算方式以粗放经营式、经验式为主，在制度上和技术上还存在诸多障碍。

（3）预算范围不同。美国实施零基预算时将所有政府支出划为零基预算的范围。中国的零基预算实际上主要用于政府支出中的专项经费，人员经费和公用经费主要采用固定预算。

资料来源：王辰，李彤. 中美零基预算的比较及启示［J］. 经济纵横，2011（08）：97-99.

13.2　非预算控制

非预算控制是指并不利用预算进行控制的手段。一般来说，许多传统的控制方法都与预算无关，但仍有一些还是运用了预算控制或者与预算控制有关的方法。非预算控制方法大致分为行政控制、比率分析及盈亏平衡分析等几类。

13.2.1 行政控制

行政控制泛指借用行政手段监测、控制受控系统的方法,主要包括以下六种类型:现场观察(又称"走动管理",最古老、最直接的控制方法,能得到丰富准确的第一手信息)、资料统计(利用统计学知识建立分析模型,对把握控制关键点有很大帮助)、报告(着眼于非常规的具体问题的控制)、会计检查与审计(审计是对反映企业资金运动过程及其结果的会计记录及财务报表进行审核、鉴定,以判断其真实性和可靠性,从而为管理控制和决策提供依据。根据审查主体和内容的不同,可将审计分为三种主要类型:由外部审计机构的审计人员进行的外部审计;由内部专职人员对企业财务控制系统进行全面评估的内部审计;由外部和内部的审计人员对管理政策及其绩效进行评估的管理审计)、企业诊断、制定规范与培训。

专栏 13-3

走动管理

卓越企业非常重视不拘于形式的自由沟通,让管理层走出办公室。联合航空公司的埃德·卡尔森将自由沟通称为"走动管理"(management by wandering around,MBWA)。走动管理是指高阶主管经常抽空前往各个办公室走动,以获得更丰富、更直接的员工工作问题,并及时了解所属员工工作困境的一种策略。卡尔森对此总是身体力行:"我一年出差的行程大约是 20 万英里,我以前回家度周末的时候经常跟太太说,我觉得自己好像在竞选公职。我成了空中飞人,只要看到联合航空公司的员工,就和他们握手。我希望这些人能看到我,觉得可以随便向我提出意见,甚至还可以和我争辩。美国企业面临的一个问题是,主管不愿意走出去倾听别人的批评,往往把自己孤立起来,周围的人自然不会和他争辩。他们在公司里只会听到自己想听的话。我把这种情况叫作'企业癌症'……如果你和基层人员维持良好的工作关系,就应该不会有太多麻烦。"

资料来源:汤姆·彼得斯.追求卓越[M].胡玮珊,译.北京:中信出版集团,2012:239-241.

13.2.2 比率分析

比率分析是一种必需的控制技术。一般来说,企业经营活动分析中常用的比率可以分为两大类:一类是财务比率,如资本金利润率、销售利润率、资产负债率、流动比率、速动比率、存货周转率等,通过财务结构分析,说明企业的财务状况;另一类是经营比率,直接控制企业的经营活动,说明企业经营活动状况,如市场占用率、相对市场占用率、投入-产出比率等。

13.2.3 盈亏平衡分析

盈亏平衡分析是进行经济分析的一种重要工具,也可以用来进行成本控制。所谓盈亏平衡分析,就是根据业务量(产量或销量)、成本和利润三者之间的相互制约关系,对企业的盈亏平衡点和盈利情况的变化进行综合分析的一种方法,又称量本利分析法。盈亏平衡分析将固定成本与变动成本分列，容易发现实际费用与预算的背离情况，可将注意力集中于可能采取纠正行动的那些领域。经营杠杆率是进行盈亏平衡分析的另一有用工具，它是指产品销售量变化 1% 而引起利润变化的百分数，其公式为：经营杠杆率 = 利润变动百分数 / 销售量变动百分数。经营杠杆率大的企业，表明其利润对销售量变化的反应敏感性强，即销售量的一个较小的变化，将导致利润较大幅度的变化。通过这样的分析，就可以测定利润随销售量变化而变化的情况，以便加强对销售量与利润的控制。

13.3 质量控制

质量控制是企业管理中的一个重要组成部分，它指导和控制组织内部与质量有关的相互协调的活动。质量的含义已从过去的实物产品质量发展到今天产品或服务满足规定和潜在需要的特征与特性的总和。

13.3.1 质量与质量控制

1. 质量

不同学者或学术机构给"质量"一词以不同的定义，下面两种质量的定义较为典型。一是美国著名质量管理专家约瑟夫·朱兰（Joseph Juran）在 1980 年提出"质量是一种合用性（fitness for use），是指使产品在使用期间能满足使用者的需求"。二是国际标准化组织（International Organization for Standardization，ISO）在 1986 年提出"质量是指产品、过程或服务所具备的满足明确或隐含需求能力的特征和特性的总和"。可见，质量不仅指产品质量，也包括过程质量、服务质量。

2. 质量控制

国际化标准组织对质量控制所下的定义是：为满足质量要求而使用的操作技术和活动。简单地说，质量控制就是指在生产过程中对确保和达到产品质量所必需的全部职能和活动的控制。质量是组织的生命，质量控制也历来是各个组织管理控制的重点。质量控制既包括产品（商品和服务）的质量控制，也包括工作的质量控制。实施有效质量控制的基础工作主要有：

（1）建立有效的控制系统。控制系统设计主要包括以下几个项目：首先要确定目标变量及其测定方法，然后确定事前标准、测定结果沟通方式及事后评价标准。一方面要明确控制的目标、重点和方法，另一方面要建立控制的标准和控制的程序，这是有效控制最基本的工作。

（2）实施目标管理。目标管理是一种综合的以工作为中心和以人为中心的系统管理方式。它的基本特点是以科学的目标体系为中心，实行自我控制，注重成果评价。这对质量控制能起到较好的作用。

（3）让员工参与控制。在传统的控制管理观念中，控制者处于绝对支配地位，一般员工处于被支配地位。两者之间只有命令和服从的关系。现代控制管理观念则认为，控制者与被控制者是平等的，在质量控制活动中，应调动员工积极性，发挥员工作用，让其参与进来，这样控制才能发挥作用。

（4）提升企业管理基础工作。建立精简高效的控制机构，配备合适的控制人员；建立明确的控制责任制；建立严密的组织；完善组织内部信息系统，保证信息的上下沟通顺畅和及时反馈；合理分权，搞好协调工作，形成有机的控制网络等，从而为保证质量提供必要条件。

3. 有效质量控制的特征

有效质量控制必须具备一定的条件并遵循科学的原则，必须在充分认识其前提条件的基础上掌握其特征。

（1）可理解性。所有的质量控制机制，对于产生和运用它们的管理者和员工而言，都必须是容易理解和掌握的。有关质量控制标准的描述，应该用简单的语言来表达，有时候，需要用数学公式、复杂的图表和大量的报告描述时，也必须能够被组织中的人员理解掌握，质量控制机制只有易于理解、掌握和运用，才能使控制得到好的效果。

（2）精确性与客观性。质量控制系统应力求精确，避免模棱两可。有效质量控制系统能够提供准确、及时的数据，使管理人员及时了解偏差情况，适时采取措施。任何滞后的行动都会导致组织目标的无法顺利实现。质量控制的客观性要求：首先，尽力采用客观的计量方法评定绩效，把定性的内容具体化；其次，管理者要从组织的目标角度来观察问题，尽量避免主观因素的影响。

（3）及时性。信息是质量控制的基础，如果信息的收集、传递不及时，信息处理时间过长，就会影响管理层的决策，会带来不可弥补的损失。所以组织要建立现代化的信息质量管理系统，及时收集和传递信息，确保随时掌握有关质量方面的信息，及时发现质量偏差，及时采取措施加以解决。尽量减少发现偏差与纠正偏差之间的时间。

（4）合适性与经济性。有效质量控制系统的标准必须是客观的、准确的、合适的，如果标准定得过高，会使员工丧失信心，降低积极性；如果标准定得过低，会使员工懒散。所以有效质量控制的标准既要富于挑战性，又必须是合适的、有利于激励员工主动性的标准。同时，有效质量控制还应考虑经济性，要衡量和对比控制活动所需费用与控制结果之间的价值大小，只有在控制结果大于所需控制费用时，才可实施控制，以便指导管理人员在控制活动中要选择重要的业务领域和关键因素加以控制。

（5）指示性。控制系统不仅应能发现问题和偏差，还应该指出偏差的确切原因以及发生的位置，从而便于纠正偏差。

（6）灵活性。有效质量控制系统在适应变化上具有灵活性，能持续发挥作用。由于组织面临的环境处于不断变化之中，当环境变化时，控制机制必须允许变化，否则控制就会失效。灵活性要求，即使组织计划发生变化，甚至出现未预见到的情况，质量控制系统仍能发挥作用。

13.3.2 全面质量管理

1. 质量管理及发展历程

质量管理（quality management）是指对确定和达到质量要求所必需的职能与活动的管理，主要包括五个方面的内容：质量方针和质量目标的确定、质量策划的制定、质量控制的实施、质量保证和质量改进的跟进。因此，质量管理是一个确定质量目标、方针和职责（包含质量策划、控制、保证和改进）的综合活动过程。企业运营的关键在于质量管理，为满足用户和市场竞争对质量提出的高要求，企业必须缜密思考，精心计划、指挥、协调、控制、监督，有序开展上述质量管理活动，以实现组织质量目标。

现代意义上的质量管理活动是从人类跨入工业化时代，即 20 世纪初开始的。一般可以将现代质量管理分为质量检验阶段、统计质量管理阶段、全面质量管理阶段和 ISO 9000 标准阶段，这四个阶段的特点如表 13-1 所示。

表 13-1　质量管理发展四阶段

阶段	时间范围	管理模式	主要特点
第一阶段	20 世纪初至 30 年代末	质量检验	事后把关，专注检验
第二阶段	20 世纪 40～50 年代	统计质量管理	防检结合，以预防为主
第三阶段	20 世纪 60～90 年代	全面质量管理	全员参与，全过程管理
第四阶段	20 世纪 80 年代至今	ISO 9000 标准	标准化控制，以顾客为中心

从表 13-1 中可以看出 20 世纪初至 30 年代末为第一阶段，通常称为质量检验阶段，这一阶段主要是通过检验的方式控制和保证产出或转入下道工序的产品质量，以事后检验为主。20 世纪 40～50 年代为第二阶段，通常称为统计质量管理阶段，这一阶段的主要特征是数理统计方法和质量管理相结合，从单纯依靠质量检验"事后把关"，发展到工序控制，形成了质量的预防性控制与事后检验相结合的管理方式。然而随着现代化大规模生产，影响产品质量的因素是多种多样的，单纯依靠统计方法不可能解决一切质量问题。于是从 20 世纪 60 年代开始的第三阶段全面质量管理模式开始受到人们的关注。1956 年，美国通用电气公司的阿曼德·费根鲍姆（Armand V. Feigenbaum）首先提出了全面质量管理（total quality management，TQM）的概念，从而开创了现代质量管理的一个新时代，质量管理手段不再局限于数理统计，而是全面地运用各种管理技术方法。质量控制过程也不再局限于生产过程，而是包括产品、生产过程、管理过程在内的全面质量控制。全面质量管理的目标是通过顾客满意让该组织的全体成员和社会受益，以达到长远成功。开展全面质量管理必须要建立一个健全的质量体系，这是产生第四阶段质量管理体系阶段（ISO 9000 标准阶段）的客观条件，必须以顾客为关注焦点，注重产品的质量标准控制。因此，为了适应国际贸易发展的需要，国际标准化组织于 1987 年 3 月发布了一套以 9 为主的质量管理和质量保证系列标准，即 ISO 9000 族标准，把企业一切应该做的事情制作成质量手册，通过程序文件以及一系列的质量表格文件来控制。

2. 全面质量管理的含义及特征

在国际标准（ISO 9000）术语中，全面质量管理是指一个企业或组织达到长期成功的一种管理途径，该管理途径的思想就是把质量作为工作中心和重点，以全部员工的参与为基础，满足客户的需要，使企业或组织的全部员工及社会受益。全面质量管理突出体现在"全"字上，具体表现在管理方法、范围、内容的全面性以及参与人员的全面性等，是一种全方位、全过程、全员参与、多样化的质量管理方法，即具有以下特征。

（1）全方位的质量管理。全面质量管理所管的对象是方位的，即广义的质量。质量不仅是产品质量，还包括工作质量和服务质量。工作质量是产品质量和服务质量的前提条件，工作质量的好坏直接影响着后期的产品质量和服务质量。

（2）全过程的质量管理。优质产品是设计、制造出来的，而不是检验出来的。产品质量有一个产生、形成和实现的过程。因此，质量管理的范围应是产品质量形成的整个过程的所有环节，包括市场调查、研究、开发、设计、制造、检验、运输、储存、销售、安装、使用和维护的全过程。

（3）全员参与的质量管理。产品质量是工作质量的反映，组织中每一个部门、每一位员工的工作质量都必然直接或间接地影响到产品的质量。因此全面质量管理要求组织内的所有部门、所有人员都要参与质量管理，学习并科学运用质量管理的理论和方法，提高自身的工作质量。

（4）全企业的质量管理。企业各管理层次都有明确的质量管理活动内容，产品质量职能分散在企业的各有关部门，形成一个有机体系。

（5）运用一切现代管理技术和管理方法。美国著名质量管理专家爱德华·戴明（Edwards Deming）曾提出：在生产过程中，造成质量问题的原因只有10%~15%来自工人，而85%~90%是企业内部在管理上有问题。由此可见，质量不仅仅取决于加工这一环节，也不只局限于加工产品的工人，而是涉及企业的各个部门、各类人员。所以说，质量的保证要通过全面质量管理来实现。

3. 全面质量管理的工作程序

美国著名质量管理专家爱德华·戴明是质量管理的先驱者，戴明学说是全面质量管理的一种实际运用。戴明提出用"计划（plan）–执行（do）–检查（check）–处理（action）"这样一个质量持续改进模型去实现全面质量管理。

专栏 13-4
爱德华·戴明的 PDCA 循环

PDCA 循环又称戴明循环（Deming wheel），关于戴明循环的研究起源于20世纪20年代，先是有着"统计质量控制之父"之称的著名统计学家沃特·休哈特（Walter A. Shewhart）在当时引入了"计划（plan）–执行（do）–检查（see）"的雏形，后来戴明将沃特·休哈特的 PDS 循环进一步完善，发展成"计划（plan）–执行（do）–检查（check）–处理（action）"这样一个质量持续改进模型。戴明循环是一个持续改进模型，它包括持续改进与不断学习的四个循环反复的步骤。

PDCA 循环是全面质量管理和组织质量体系运转的最基本工作程序。P 是计划，就是确定方针和目标以及制订活动计划；D 是执行，就是具体运作，实现计划中的内容；C 是检查，就是总结执行计划的结果，分清哪些对了，哪些错了，明确效果，找出问题；A 是行动，就是对总结检查的结果进行处理，总结成功/失败的经验/教训。对于没有解决的问题，应提供给下一个 PDCA 循环去解决。PDCA 循环可以具体化为八个工作步骤（见图 13-1）。

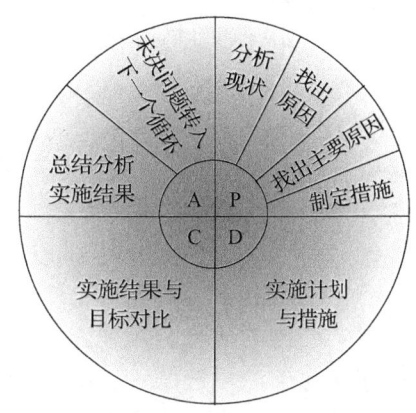

图 13-1　PDCA 循环图

4. 全面质量管理的内容

全面质量管理过程的全面性，决定了全面质量管理的内容应当包括设计过程、制造过程、辅助过程、使用过程这四个过程的质量。

（1）设计过程的质量管理。设计过程是指产品正式投产前的全部技术准备过程，包括市场调查、产品设计、工艺准备、试制和鉴定等过程。设计过程的质量管理是全面质量管理的首要环节，它主要包括制定产品质量目标、确定适合的设计方案、保证技术文件的质量、做好标准化的审查工作和督促遵守设计试制的工作程序。

（2）制造过程的质量管理。制造过程是指对产品直接进行加工的过程，是产品质量形成的基础，是企业质量管理的基本环节。制造过程质量管理的基本任务是保证产品的制造质量，建立一个能够稳定生产合格品和优质品的生产系统，它主要包括产品质量检验、文明生产、质量分析和工序质量控制。

（3）辅助过程的质量管理。辅助过程是指为保证制造过程正常进行而提供各种物资技术条件的过程。它包括物资采购供应、动力生产、设备维修、工具制造、仓库保管、运输服务等。辅助过程质量管理的基本任务是提供优质服务和良好的物资技术条件，以保证和提高产品质量，它主要包括物资采购供应、设备维修保养以及工具制造供应等的质量管理。

（4）使用过程的质量管理。使用过程是指考验产品实际质量的过程，它是企业内部质量管理的继续，也是全面质量管理的出发点和落脚点。使用过程质量管理的基本任务是提高服务质量（包括售前服务和售后服务），保证产品的实际使用效果，不断促使企业研究和改进产品质量。它主要包括开展技术服务、处理出厂产品的质量问题、调查产品使用效果和用户要求。

13.3.3　ISO 9000 族标准

1. ISO 9000 族标准的核心

ISO 9000 族标准是世界上第一套质量管理体系国际标准，自正式发布后又分别于 1994 年、2000 年、2008 年和 2015 年进行了四次修订。目前，ISO 9000：2015 族标准主要包括 ISO 9000：2015、ISO 9001：2015、ISO 9004：2009 和 ISO 19011：2011 四个核心标准。

ISO 9000：2015《质量管理体系：基础和术语》是整个 ISO 族标准的基础，它提出了七项质量管理基本原则，并对整个 ISO 9000 族标准中所涉及的术语做出了解释，以便能够有效和高效地实施质量管理体系。

ISO 9001：2015《质量管理体系：要求》是四个核心标准中唯一用于认证目的的标准，目的是评价组织满足顾客要求、适用于产品的法律法规要求以及组织自身要求的能力。获得 ISO 9001 证书是一种被认可的标志，有了这张证书，组织无须向特定的顾客证明自己的质量管理能力。而且，其规则是一种国际性的语言。ISO 9001 作为国际标准化组织制定的质量管理体系标准，已越来越被全世界各类组织所接受，取得 ISO 9001 认证证书已经成为企业进入市场和赢得客户信任的基本条件。

ISO 9004：2009《组织持续成功管理：一种质量管理方法》超出 ISO 9001 的要求，通过更广泛的质量管理观点，将关注的焦点聚集在以一个组织的所有者的角度看如何保持组织业务的可持续性。ISO 9004 的特点是应用质量管理的原则，为提升组织整体绩效及可持续性提供公认有效途径的信息，评价手段是成熟度量度，其典型作用是帮助已按 ISO 9001 或其他管理体系标准建立管理体系的组织，在推进组织整体持续发展方面发挥作用。

ISO 19011：2011《审核管理体系的指南》对审核管理体系提供了指南，包括审核的原则、审核方案的管理和实施管理体系审核，以及在审核过程中对相关人员（包括管理审核方案、审核员和审核组的人员）能力的评价。该标准适用于所有需要进行内部或外部管理体系审核或管理审核方案的组织，也可以被用于其他类型的管理体系审核，但必须要考虑到所需的特定能力。

这四个标准的总体关系是，引入 ISO 9000 族标准必须先学习 ISO 9000 基础和术语，在此基础上实施 ISO 9001，ISO 9001 运行成熟时可以根据企业需要实施 ISO 9004，ISO 19011 用于对企业质量管理体系运行的过程实施审核。

2. ISO 9000 的指导思想

ISO 9000：2015《质量管理体系：基础和术语》标准中给出了质量管理的七大原则，成为对组织进行质量管理和指导业绩改进的框架，它是组织的领导者有效实施质量管理工作必须遵循的原则。因此引入质量管理体系必须先学习有关术语，并以七项质量管理基本原则为指导思想。

（1）以顾客为关注焦点（customer focus）。组织依存于其顾客，组织只有赢得和保持顾客和其他相关方的信任才能获得持续成功。因此，质量管理的主要关注点就是满足顾客要求并且努力超越顾客期望。组织应当加强与顾客的互动，理解顾客当前和未来的需求，将组织目标与顾客需求和期望联系起来，对产品和服务进行策划、设计、开发、生产、交付和支持，以满足顾客需求和期望。

（2）领导作用（leadership）。组织宗旨、方向以及全员的积极参与能够使组织整合其战略、方针、过程和资源。因此，各级领导者应建立统一的组织宗旨和发展方向，并且创造全员积极参与的环境，以实现组织的质量目标。组织应该加强内部沟通，创建并保持共同的价值观与诚信文化，开发和提高组织及其人员的能力，以获得期望的结果。

（3）全员参与（engagement of people）。各级人员是组织之本，只有尊重并使他们积极参与，才能有效和高效地管理组织。因此，在整个组织内，各级人员能够得到认可、被授权以及有参与感是提高组织创造和提供价值能力的必要条件，可以促进员工参与组织质量目标的实现过程。组织应当加强与员工的沟通，进行合理授权，认可和奖赏员工的贡献以增强员工对质量目标的理解和参与的积极性。

（4）过程方法（process approach）。质量管理体系是由相互关联的过程所组成的，了解该体系的产生过程与结果能够使组织优化其体系和绩效。因此，只有将所有资源和活动作为相互关联的、系统的过程来理解和管理时，才能更加有效和高效地实现一致的和期望的结果。组织应当确定管理过程的职责、权限和义务，将管理过程及其相互关系作为体系进行管理，以实现组织质量目标。

（5）改进（improvement）。成功的组织需要持续专注于改进。因此，改进对于提高组织绩效、应对内外部条件变化做出适时的反应并创造新的机会都是极其重要的一种手段。组织应当在各层级建立改进目标，教育和培训各级员工掌握改进工具与方法，及时跟踪管理改进目标的实施与应用情况。

（6）循证决策（evidence-based decision making）。决策是一个复杂的过程，经常涉及决策类型、输入源以及决策主体等诸多不确定性。因此，对数据和信息的逻辑分析或直觉判断会导致决策时更加客观和有信心，更有可能产生期望的结果。组织应当建立组织绩效的关键指标及其相关信息，依据事实进行决策并采取措施。

（7）关系管理（relationship management）。与组织相关方（例如供应商、顾客、投资者、员工等）的关系会影响组织绩效的提升。因此，组织应当重视对相关方的关系管理，增强组织和相关方的价值创造能力，建立互利双赢的关系以获得持续成功。组织需要收集相关信息对相关方进行长短期评价，确定合适的开发合作活动，建立共同的价值观和资源共享以提高组织及其相关方的绩效。

3. ISO 9000 的基本内容

一个组织所建立和实施的质量体系，应能满足组织规定的质量目标，确保影响产品质量的技术、管理和人的因素处于受控状态。无论是硬件、软件、流程、材料还是服务，所有的控制应针对减少、消除不合格品，尤其是预防不合格品，具体体现在以下方面。

（1）控制所有过程的质量。"所有工作都是通过过程来完成的"，这是 ISO 9000 族标准关于质量管理的理论基础。当一个组织为了实施质量体系而进行质量体系策划时，首要的是结合本组织的具体情况确定应有哪些过程，然后分析每一个过程需要开展的质量活动，确定应采取的有效控制措施和方法。

（2）控制过程的出发点是预防不合格。在产品寿命周期的所有阶段，从最初的识别市场需求到最终满足要求的所有过程的控制都体现了预防为主的思想。例如在控制设计过程的质量时，需要通过开展设计评审、设计验证、设计确认等活动，确保设计输出满足输入要求，确保产品符合使用者的需求，防止因设计质量问题，造成产品质量先天性的不合格和缺陷，或者给以后的过程造成损失。

（3）中心任务是建立并实施文件化的质量体系。实施质量管理必须建立质量体系。典型质量体系文件的构成分为三个层次，即质量手册、质量体系程序和其他质量文件。

（4）持续的质量改进。质量改进通过改进过程来实现，以追求更高的过程效益和效率为目标。争取使顾客满意和实现持续的质量改进应是组织各级管理者追求的永恒目标。

（5）满足顾客和组织内部双方的需要与利益。对顾客而言，需要组织具备交付期望的质量，并能持续保持该质量的能力；对组织而言，需要在经营上以适宜的成本，达到并保持所期望的质量。因此，一个有效的质量体系应满足顾客和组织内部双方的需要与利益。

（6）定期评价质量体系。其目的是确保各项质量活动的实施及其结果符合计划安排，确保质量体系持续的适宜性和有效性。

（7）搞好质量管理关键在领导。领导要创造一个良好的质量管理体系运行环境，做好确定质量方针、确定各岗位的职责和权限、配备资源、指定一名管理者代表负责质量体系和负责管理评审五个方面的质量管理工作。

13.3.4 质量控制方法

质量控制主要是运用数学的方法进行过程控制，运用数学方法进行控制的前提是可以获得大量有关质量方面的信息，即有足够多的质量统计数据。

1. 控制图

控制图是质量控制的常见方法之一，它是一个简单的过程控制系统，其作用是利用控制图所提供的信息，观察生产过程是否处于受控状态。一旦发生异常波动，就分析对质量造成影响的原因，采取措施加以消除，使质量能够稳定，并不断提高产品质量，如图 13-2 所示。管理控制图分析是 SPSS Statistics 分析中的一个标准模块，该模块中包含 X 条形图、R 图和 S 图（平均值－极差控制图，平均值－标准偏差控制图）、移动全距控制图（单值－移动极差控制图、单值－移动标准偏差控制图）、计数控制图（不合格品数控制图、单位缺陷数控制图）以及帕累托控制图等分析工具。

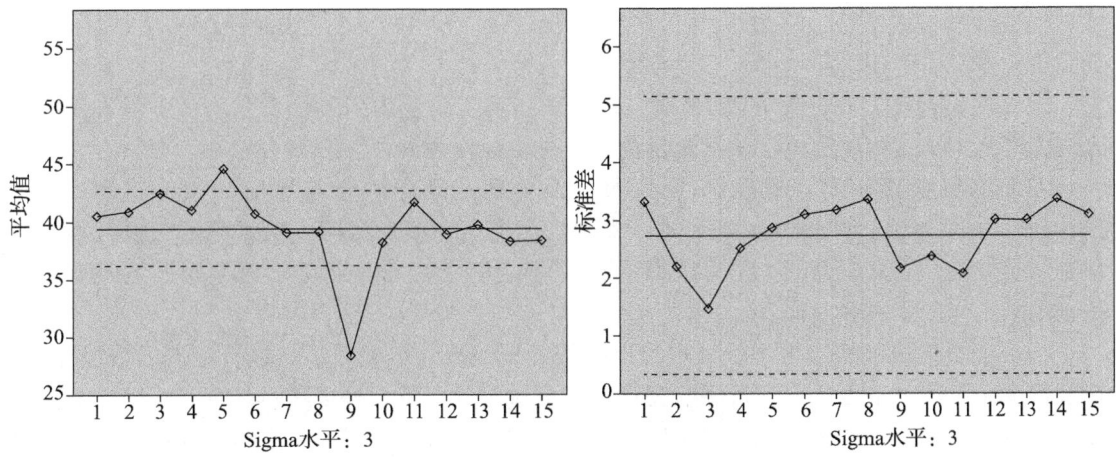

图 13-2 平均值-标准偏差控制图

2. 变化特性分析图

管理控制图虽然直观而且简单，但是它们对于变化不敏感，不能检验出变化的程度和持续时间，而且其显著性检验是相对于单个点的。正因为管理控制图存在这样的缺点，所以使其使用价值受到限制。这里给大家介绍一下质量信息管理系统中应用的质量变化特性分析：这是一种替代管理控制图的现代质量管理方法。变化特性分析图不需要控制限。如果工序处于受控状态，则控制图是一条直线。如果工序失控，则在分析图中将会看到多个不同高度的平台。由此可以确认问题从什么时候开始，到什么时候结束，一个新问题是否出现等。变化特性分析图能清晰地说明因素变化的水平和发生的起始时间和终止时间（见图 13-3）。

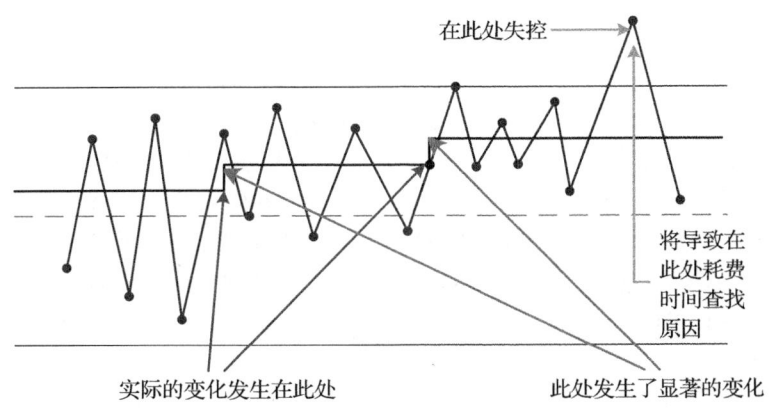

图 13-3 变化特性分析图

3. 六西格玛管理方法

六西格玛（6σ）的名字起源于统计学，σ 是对过程质量特性值变异的衡量。实际上，6σ 是以顾客满意为导向的一整套企业业务持续改进的管理模式和方法体系。实施 6σ 的步骤如下。

（1）实施前准备。企业在实施 6σ 之前，必须制定或重新评价企业的战略，并将企业战略具体展开和付诸实施。然后组织要确定 6σ 推广人，6σ 推广人应由企业的高层领导担任，全面负责 6σ 的推广工作。

（2）项目选择。在选择 6σ 项目时，重点从顾客、企业内部流程及竞争对手等方面考虑改进的机会。从这些改进机会中筛选出优先改进机会作为 6σ 项目。

（3）制订项目计划。根据 6σ 项目所涉及的职能部门确定跨职能的团队宪章（team charter），主要包括：拟改进业务个案、改进机会描述、项目目标、项目范围、项目具体计划和团队成员。除此以外，为了保证项目团队的工作效果，还必须制定团队的行为规范，以防止团队工作的矛盾和内讧。

（4）项目阶段评审。为了保证项目严格按计划执行，需要对项目进行定期的阶段评审。在项目定义阶段，重点评审项目团队宪章。在测量阶段，重点评审项目是否有意义，测量的数据是否真实可靠，测量系统是否可以接受等。在分析阶段，重点评审是否找到了问题的根本原因，分析工具和分析结果是否可靠等。在改进阶段，重点评审改进方案的可行性、效果和改进方案实施计划等。在控制阶段，重点评审过程控制系统和控制方法的有效性，保持改进的成效。

（5）项目效果评价和成果表彰。项目效果的评价分为经济效益评价和间接效益评价两个方面。效果评价和成果表彰可以起到明显的示范作用，对于进一步推广 6σ 工作至关重要。另外，根据项目成员在项目工作中的表现，授予 6σ 黑带或绿带资格。

（6）建立属于自己的 6σ 管理模式。这一过程也被称为 6σ 管理客户化过程或固化过程。这一阶段的主要任务是建立共享学习机制，定期开展 6σ 项目交流，构建学习的信息平台，编写内部培训教材，培养资深黑带，培养内训师，将 6σ 推广工作日常化，并鼓励企业的黑带、绿带等参与国内外 6σ 交流。

13.4 管理信息系统

信息是组织的重要战略资源，是组织的生命，谁占有信息，谁就占有了竞争优势，谁就占有了金钱与财富。在当今的信息时代，信息化程度无论是对宏观的国家竞争力还是对微观的企业竞争力都起着重要作用。信息化的发展对企业的生存和发展起到极大的支持作用，它可以帮助企业提高竞争力，促进企业不断向前发展。在组织管理过程中，信息搜集与处理非常重要，不掌握信息搜集与处理的方法和技术，管理者就无法有效执行控制职能。企业信息化建设不仅仅需要技术创新，与此同步必须进行管理控制创新。管理控制创新与企业信息化息息相关，两者紧密联系，缺一不可。

专栏 13-5
彼得·德鲁克谈信息与控制

每一位管理人员都应该得到衡量自己的绩效所必需的各种信息，而且应该及时得到这些信息，以便能够做出必要的修正，并取得预期的成果。同时，这些信息应该送交管理人员本人，而不是其上级。它应该是自我控制的工具，而不是上级进行控制的工具。

当前，因为信息搜集、分析和综合的技术有了很大进步，所以我们获得这类信息的能力也在日益提高……通过新科技手段，我们提高了可衡量信息的获取能力，从而能够进行有效的自我控制。这样，管理人员的工作绩效将大幅提升。但是，如果企业滥用这种新能力来加强对管理人员的控制，那么新科技反而会打击管理人员的士气，严重降低管理人员的效能，从而造成无法估计的损失。

资料来源：彼得·德鲁克. 德鲁克管理思想精要［M］. 李维安，等译. 北京：机械工业出版社，2011:99.

13.4.1 管理信息

信息（information）是客观世界所固有的，人类自古对其有一定的认识，但从来没有像现代社会这样引起如此广泛、深入、持久的影响，以至于它的传播范围可及星际空间，传播速度可及光速极限。一般认为，信息是关于客观事实的可通信的知识，或者说信息就是能带来新内容、新知识的消息。

管理信息是信息系统中的一个子系统，是指反映管理活动特征及其发展变化情况的信息。它是组织在管理活动过程中采集到的，经过加工处理后对管理决策有着重要影响的各种数据的总和。如管理的知识、管理的规范、管理的状况与效果及有关数据等。管理信息的表现形式有：报告、报表、单据、进度图，此外，还有计划书、协议、标准、定额等，类似于报告的形式。管理信息的作用主要体现在：①是组织进行管理工作的基础和核心；②是组织控制管理活动的重要手段，是联系各个管理环节的纽带；③是提高组织管理效益的关键。

13.4.2 管理信息系统

1. 信息系统

信息系统（information system，IS）是一个人造系统，由人、硬件、软件和数据资源组成，其目的是及时、正确地收集、加工、存储、传递和提供信息，实现组织中各项活动的管理、调节和控制。信息系统包括信息处理系统和信息传输系统两个方面。信息处理系统是对数据进行处理，使它获得新的结构与形态或者产生新的数据。比如计算机系统就是一种信息处理系统，可以通过它对数据进行处理，使数据获得新的结构与形态或者产生新的数据。信息传输系统不改变信息本身的内容，作用是把信息从一处传到另一处。信息的作用只有在广泛交流中才能充分发挥出来，因此，通信技术的进步极大地促进了信息系统的发展。

信息系统和信息处理从人类文明开始就已存在，直到电子计算机问世、信息技术的飞跃以及现代社会对信息需求的增长，才迅速发展起来。从第一台电子计算机于1946年问世，70多年来，信息系统经历了由单机到网络，由低级到高级，由电子数据处理到管理信息系统，再到决策支持系统，由数据处理到智能处理的过程。这个发展过程大致经历了以下几个阶段。

（1）电子数据处理系统（electronic data processing system，EDPS）。电子数据处理系统的特点是数据处理的计算机化，目的是提高数据处理的效率。从发展阶段来看，它可分为单项数据处理和综合数据处理两个阶段：①单项数据处理阶段（20世纪50年代中期到60年代中期）。这一时期主要是用计算机部分地代替手工劳动，进行一些简单的单项数据处理工作，如工资计算、统计产量等。②综合数据处理阶段（20世纪60年代中期到70年代初期）。这一时期的计算机技术有了很大发展，出现了大容量直接存取的外存储器。此外，一台计算机能够带动若干终端，可以对多个过程的有关业务数据进行综合处理。这时各类信息报告系统应运而生。

（2）管理信息系统（management information system，MIS）。20世纪70年代初，随着数据库技术、网络技术和科学管理方法的发展，计算机在管理上的应用日益广泛，管理信息系统逐渐成熟起来。MIS的处理方式是在数据库和网络基础上的分布式处理。随着计算机网络和通信技术的发展，企业不仅能把内部的各级管理联结起来，而且能够克服地理界限，把分散在不同地区的计算机网互联，形成跨地区的各种业务信息系统和管理信息系统。

（3）决策支持系统（decision support system，DSS）。1971年，美国麻省理工学院的斯柯特·莫顿（Scott Morton）在《管理决策系统》一书中首次提出了"决策支持系统"的概念。决策支持系统不同于传统的管理信息系统。早期的MIS主要为管理者提供预定的报告，而DSS则是在人和计算机交互的过程中帮助决策者探索可能的方案，为管理者提供决策所需的信息。由于支持决策是MIS的一项重要内容，DSS无疑是MIS的重要组成部分。同时，DSS以MIS管理的信息为基础，是MIS功能上的延伸。从这个意义上，可以认为DSS是MIS发展的新阶段，DSS是把数据库处理与经济管理数学模型的优化计算结合起来，具有管理、辅助决策和预测功能的管理信息系统。

2. 管理信息系统

管理信息系统是20世纪80年代才逐渐形成的一门新学科，其概念至今尚无统一的定义。其理论基础尚不完善，其概念方法尚未明确统一。但从国内外学者给MIS所下的定义来看，人们对MIS的认识在逐步加深，MIS的定义也在逐渐发展和成熟，MIS定义有很多种，研究者从各自的角度出发给出了不同的定义。

（1）就其功能来说，管理信息系统是组织理论、会计学、统计学、数学模型及经济学的混合物，这许多方面都同时展示在先进的计算机硬件和软件系统中。这个领域的中心问题是扩展视野，综合政府部门和民间组织的决策，这些组织必须控制其内部活动和由该组织的规模与复杂程度所引起的种种功能要求。

（2）一个管理信息系统是能够提供过去、现在和将来预期信息的一种有条理的方子，这些信息涉及内部业务和外部情报。它按适当的时间间隔供给格式相同的信息，支持一个组织的计划、控制和操作功能，以便辅助决策制定过程。

（3）MIS是一个具有高度复杂性、多元性和综合性的人机系统，它全面使用现代计算机技术、网络通信技术、数据库技术以及管理科学、运筹学、统计学、模型论和各种最优化技术，为经营管理和决策服务。

（4）管理信息系统是一个由人、计算机等组成的能进行管理信息收集、传递、存储、加工、维护和使用的系统。管理信息系统能实测企业的各种运行情况，利用过去的数据预测未来，从全局出发辅助企业进行决策，利用信息控制企业的行为，帮助企业实现其规划目标。

（5）MIS是为决策科学化提供应用技术和基本工具，为管理决策服务的信息系统。

（6）不仅仅把信息系统看作一个能为管理者提供帮助的基于计算机的人机系统，而且把它看作一个社会技术系统，将信息系统放在组织与社会这个大背景中去考察，并把考察的重点从科学理论转向社会实践，从技术方法转向使用这些技术的组织与人，从系统本身转向系统与组织、环境的交互作用。

总之，管理信息系统是信息系统在管理领域的具体应用，具有信息系统的一般属性。从管理信息系统的建立、功能等方面来分析，管理信息系统可以定义为：是用系统思想建立起来的，以电子计算机为基本信息处理手段，以现代通信设备为基本传输工具，且能为管理决策提供信息服务的人机系统。即管理信息系统是一个由人和计算机等组成的，能进行管理信息的收集、传输、存储、加工、维护和使用的系统。管理信息系统由 TPS、分析、决策和数据库四大基本部分组成。

3. 管理信息系统的特点

（1）人机结合的系统。管理信息系统的目的在于辅助决策，而决策只能由人来做，因而管理信息系统必然是一个人机结合的系统。在管理信息系统中，各级管理人员既是系统的使用者，又是系统的组成部分。在管理信息系统开发过程中，要根据这一特点，正确界定人和计算机在系统中的地位和作用，充分发挥人和计算机各自的长处，使系统整体性能达到最优。

（2）面向管理决策。管理信息系统是继管理学的思想方法、管理与决策的行为理论之后的一个重要发展，它是一个为管理决策服务的信息系统，它必须能够根据管理的需要，及时提供所需要的信息，帮助决策者做出决策。

（3）综合性。从广义上说，管理信息系统是一个对组织进行全面管理的综合系统。一个组织在建设管理信息系统时，可根据需要逐步应用个别领域的子系统，然后进行综合，最终达到应用管理信息系统进行综合管理的目标，管理信息系统综合的意义在于产生更高层次的管理信息，为管理决策服务。

（4）现代管理方法和手段相结合的系统。如果只简单地采用计算机技术提高处理速度，而不采用先进的管理方法，管理信息系统的应用仅仅是用计算机系统仿真原手工管理系统，充其量只是减轻了管理人员的劳动，其作用的发挥十分有限。管理信息系统要发挥其在管理中的作用，就必须与先进的管理手段和方法结合起来，在开发时，融入现代化的管理思想和方法。

（5）多学科交叉的边缘科学。管理信息系统作为一门新的学科，产生较晚，其理论体系尚处于发展和完善的过程中。研究者从计算机科学与技术、应用数学、管理理论、决策理论、运筹学等相关学科中抽取相应的理论，构成管理信息系统的理论基础，从而形成一个有着鲜明特色的边缘科学。

4. 管理信息系统的主要功能

（1）确定信息需要。在企业管理过程中，要根据各部门和各层次的需要，确定需要搜集何种信息，多少数量；信息的使用者是何人，在何时使用；需要什么样的信息形式等。要根据信息的输出确定信息的输入。

（2）信息的搜集与处理。搜集所需要的信息，并进行审核、加工、整理，改善信息的质量，具体包括五个要素：①检核，就是确定某一特定信息的置信度，同时包括信息来源的可靠性和数据的准确性、有效性等；②提炼，将输入的信息和数据加以编选与缩减，以便向管理人员提供与他们特定任务有关的信息；③编制索引，为信息的储存和检索提供分类基础；④传输，将正确的信息适时地提供给有关管理人员；⑤储存，将信息储存起来，以便必要时再次使用这些信息。

（3）信息的使用。管理信息系统的最终功能是让管理者更好地使用信息。信息使用的效果主要取决于所提供信息的质量、提供信息的方法或形式、提供信息的时效。信息使用的基本要求是：向有关管理者适时地提供正确的信息。

管理信息系统的功能如图 13-4 所示。

13.4.3 典型的企业管理信息系统

1. 物料需求计划与制造资源计划

物料需求计划（material requirement planning，MRP）与制造资源计划（manufacturing resources planning，MRP II）是现代生产条件下，信息化的生产计划与控制方式。它特别适应现代市场条件下多品种、中小批量的生产系统。MRP II 是 MRP 的发展与高级形式。MRP II 是指集成企业的物料、生产能力等一切制造资源，将企业的经营、财务与生产子系统结合起来，而建立的企业全面的生产管理系统。MRP II 作为一个全面生产管理系统，具有明显的优势：可以将生产作业与财务管理系统整合在一起，实现物流、信息流与资金流的统一；实现计划与控制的结合，并具有模拟功能；能自动生成物料与所有制造资源的需求计划，并能动态地应变；企业内部各部门可以使用统一的信息，实现数据共享。

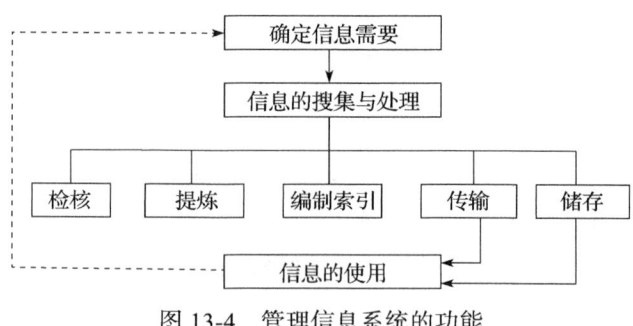

图 13-4　管理信息系统的功能

2. 企业资源计划

20 世纪 80 年代，随着国际化经营的发展，MRP II 融合其他现代管理思想与技术，不断拓展其适应范围，形成了更高层次的企业经营管理信息系统——企业资源计划（enterprise resource planning，ERP）。ERP 是指为适应更广泛市场的需要，集成整个企业的经营计划、生产计划、车间作业计划及销售、供应、库存、财务管理等功能，形成从原材料到最终用户的供应链的企业经营管理系统。ERP 是一个对企业资源进行有效共享与利用的系统，它通过信息系统对信息进行充分整理、有效传递，使企业的资源在购、存、产、销、人、财、物等各个方面都能够得到合理的配置与利用，从而实现企业经营效率的提高。从本质上讲，ERP 是一套信息系统，是一种工具。ERP 在系统设计中可集成某些管理思想与内容，可帮助企业提升管理水平。但是，ERP 本身不是管理，它不可以取代管理。ERP 本身不能解决企业的管理问题。企业的管理问题只能由管理者自己去解决。ERP 可以是管理者解决企业管理问题的一种工具。不少企业因为错误地将 ERP 当成了管理本身，在 ERP 实施前未能认真地分析企业的管理问题，寻找解决途径，而过分地依赖 ERP 来解决问题。最后，不但老的问题得不到有效解决，又产生了许多新的问题，最终导致了 ERP 实施的失败。企业也因此而伤了元气。正确地认识 ERP 是什么与不是什么，就会在 ERP 实施之前认真分析企业在管理上存在的问题，了解 ERP 对解决这些问题的作用，充分细致地计划与落实利用 ERP 解决这些问题的程序，为 ERP 充分发挥效率提供基础。ERP 的核心管理思想主要体现在以下几个方面：对整个供应链进行管理的思想；精益生产、同步工程和敏捷制造的思想；事先计划和事前控制的思想。

3. 供应链管理

供应链管理（supply chain management，SCM）是通过提供产品、服务和信息来为用户和股东增添价值的，是从原材料供应商一直到最终用户的关键业务过程的集成管理。SCM 是充分运用各种现代信息技术对整个供应链上的需求与供给进行计划、协调、执行、控制、优化和决策的各种活动和过程，其内容是通过提供产品、服务和信息来为用户和股东增添价值，是从原材料供应商到最终用户关键业务过程的管理，其目标是以正确的成本（right cost）将正确的产品（right product）在正确的时间（right time）按照正确的数量（right quantity）、正确的质量（right quality）和正确的状态（right status），以正确的价格（right price）在正确的地点（right place）交送到正确的顾客（right customer）手中。它既出色地管理了其全部的业务流程，又展示了一种高度利用信息技术的新型管理模式。SCM可以分为三个层次：①企业内部供应链管理。它将企业内部的各个业务环节连接在一起，使各种业务和信息能够实现集成与共享。②产业供应链和动态联盟供应链管理。它将企业内部的供应链管理延伸和发展为全行业的产业链管理。③全球网络供应链管理。这是基于互联网的开放式全球网络供应链。

4. 客户关系管理

客户关系管理（customer relationship management，CRM）是企业利用IT技术和互联网技术实现对客户的整合营销，是以客户为核心的企业营销的技术实现和管理实现。CRM的概念由美国Garner集团率先提出。一般认为，CRM是辨识、获取、保持和增加"可获利客户"的理论、实践和技术手段的总称。它既是一种国际领先的以"客户价值"为中心的企业管理理论、商业策略和企业运作实践，也是一种以信息技术为手段有效提高企业收益、客户满意度、雇员生产力的管理软件。CRM整合了客户、公司、员工等资源，对资源有效地、结构化地进行分配和重组，便于企业在整个客户关系生命周期内及时了解、使用有关资源和知识；简化、优化了各项业务流程，使公司和员工在销售、服务、市场营销活动中，能够把注意力集中到改善客户关系、提升绩效的重要方面与核心业务上，提高了员工对客户的快速反应和反馈能力；也为客户带来了便利，客户能够根据需求迅速获得个性化的产品、方案和服务。CRM是一种手段，它的根本目的是通过不断改善客户关系、互动方式、资源调配、业务流程和自动化程度等，达到降低运营成本，提高企业销售收入、客户满意度和员工生产力。

本章小结

1. 预算是用数字编制的，反映组织在未来某一时期的综合计划。按照预算所涉及的内容不同，企业的预算可以分为经营预算、资本预算和财务预算。编制预算的方法主要有固定预算、弹性预算与零基预算。

2. 预算控制是根据预算规定的收入与支出标准，来检查和监督各部门的活动，以保证组织经营目标的实现，并使费用支出受到严格有效约束的过程。预算控制通过编制预算并以此为基础，执行和控制企业经营活动并在活动过程中找出预算和实际的差距及原因，然后对差异进行处理，是管理控制中运用最广泛的一种控制方法。

3. 预算控制主要以事先编制的较为详细的数字计划为控制依据。预算控制的基本步骤：编制预算、执行预算、预算差异分析、分析总结及评价和考核预算控制的绩效。

4. 非预算控制更多依靠观察、报告、比率分析、盈亏平衡分析等传统手段进行。如现场观察、资料统计、会计检查与审计等。

5. 质量控制是企业管理中的一个重要组成部分。质量是指产品、过程或服务所具备的满足明确或隐含需求能力的特征和特性的总和，分为产品质量、过程质量、服务质量。质量管理的发展经历了质量检验、统计质量管理、全面质量管理三个阶段。爱德华·戴明的"PDCA循环"为质量管理打下了重要基础。

6. 全面质量管理是指一个企业或组织达到长期成功的一种管理途径，该管理途径的思想就是把质量作为工作中心和重点，以全部员工的参与为基础，满足客户的需要，使企业或组织全部员工及社会受益。全面质量管理突出体现在"全"字上，具体表现在管理方法、范围、内容的全面性以及参与人员的全面性等，是一种全方位、全过程、全员参与、多样化的质量管理方法。

7. ISO 9000 族标准是世界上第一套质量管理体系国际标准，它的核心标准包括 ISO 9000：2015《质量管理体系：基础和术语》、ISO 9001：2015《质量管理体系：要求》、ISO 9004：2009《组织持续成功管理：一种质量管理方法》、ISO 19011：2011《审核管理体系的指南》四个标准，引入 ISO 9000 族标准必须先学习 ISO 9000 基础和术语，在此基础上实施 ISO 9001，ISO 9001 运行成熟时可以根据企业需要实施 ISO 9004，ISO 19011 用于对企业质量管理体系运行的过程实施审核。

8. 质量控制方法比较常见的主要有：控制图、变化特性分析图以及六西格玛管理方法。

9. 管理信息系统是用系统思想建立起来的，以电子计算机为基本信息处理手段，以现代通信设备为基本传输工具，且能为管理决策提供信息服务的人机系统。即管理信息系统是一个由人和计算机等组成的，能进行管理信息的收集、传输、存储、加工、维护和使用的系统。

10. 典型的企业管理信息系统主要有：面向通信的生产信息与控制系统、物料需求计划与制造资源计划、企业资源计划、供应链管理、知识型企业人力资源管理系统以及客户关系管理等。

练习与思考题

选择题和判断题，请扫二维码做题；名词解释、简答题和论述题/计算题的参考答案，具体请扫二维码。

一、选择题（题干略，请扫二维码）

二、判断题（题干略，请扫二维码）

三、名词解释

1. 预算控制
2. 非预算控制
3. 弹性预算
4. 零基预算
5. 质量
6. 质量控制
7. 全面质量管理
8. 管理信息系统
9. MRP
10. ERP
11. CRM

四、简答题

1. 什么是预算，其作用主要表现在哪几个方面？
2. 简述实施预算控制的一般步骤。
3. 简述全面质量管理的特点。
4. 开发一个完整的信息管理系统需要哪些基本条件？
5. 进行客户关系管理应抓好哪些工作环节？

五、论述题

1. 试述 ISO 9000 质量管理体系的指导思想。
2. 试述 PDCA 循环的基本工作程序。

案例讨论

HIM 公司基于方针管理的预算管理模式

HIM 公司是一家电梯部件制造商，主要产品有货梯 ODM、电梯配件和扶梯桁架，从 2012 年开始实施基于方针管理的预算管理。方针管理能有效地将企业的战略目标转化为下一阶层的方法和目标，预算管理基于企业战略目标，能有效调节资源配置。

基于方针管理的预算管理既能将基层员工、各部门的目标和企业目标有效统一起来，协调企业各层级的经营战略目标，也能提供具体的实现方法，能有效确保企业经营目标的实现。

首先，确定总体年度预算目标。HIM一般会在上一年度的6月到9月，先由管理层分析公司下一年度的重点课题，并由总经理发布，然后分解各个职能部门的目标和方法，各职能部门开始编制年度预算目标，并分解部门目标到每个人，汇总预算数据后，再提报管理层审核。如有修改，通过沟通和协调，再次确定各职能部门的目标和个人的绩效目标，经管理层审议后正式发布总经理的年度方针，即总体年度预算目标。

其次，执行年度预算。总体年度预算目标方案正式发布后，各部门即着手按预算方案执行，按月汇总各部门的预算结果，并定期举行公司管理层的经营分析会议，由总经理牵头对营运结果和各部门的方针进行诊断，并根据最新的内外部经营环境的变化，做出滚动预算。

再次，预算管理决策。管理决策一般通过定期的会议沟通决定，比如年度计划评审会议、财务驱动的月度经营分析会议以及管理层周会，这些定期的会议会及时传递公司经营过程中遇到的各种问题，也会方便管理层及时做出经营决策。如遇突发事项，一般会及时通过电话、邮件传递给管理层，以便管理层协商并快速做出决策，但还会在例会上再次分析其影响性。

最后，预算管理控制。日常经营过程控制一般通过年初授权各职能部门执行，各职能部门相互配合，发挥组织的协同效率。授权之外的事项则通过邮件报送管理层做临时批准，并及时建立和更新相应的流程。业绩评价一般每个季度一次，以便根据实际经营情况做出调整，让员工个人的绩效与公司的总体业绩保持一致。激励分为两部分，都与公司总体目标挂钩，一部分是个人的绩效考核奖励，这个按年初发布的方针目标考核公式进行计量；另一部分是全员激励奖励，根据公司总体绩效的完成情况，管理层在年终绩效评价后做出决策。

资料来源：沙裕杰.基于方针管理的预算管理——HIM公司案例分析[J].现代营销（下旬刊），2017(08)：37-39.

讨论题：

1. 企业为什么要实施预算管理？
2. 该企业实施基于方针管理的预算管理是否存在问题，如何解决？

管理评论

良知的凝结：质量管理思考

一个大字不识几个的老妇，用良知铸造品质，用品质铸造品牌，使一个小小的辣椒酱形成了大的产业，带动了周围四方百姓脱贫致富，这就是"老干妈"。陶华碧一手创立的"老干妈"辣椒酱也是我日常生活的必需品，加些"老干妈"拌菜吃饭才感到人生有滋有味。

品牌是由品质支撑的

最近国外知名品牌出事比较多，六月的宜家抽屉柜，九月的韩国三星手机，近日的韩国爱茉莉牙膏。各式各样的问题对品牌产生大的不利影响，使品牌的美誉度下降，企业的盈利状况也不容乐观。国内的三聚氰胺事件对中国的乳制品产业造成巨大的冲击，驰名商标"三鹿"在市场上消失，不少知名的品牌也深陷其中，其负面影响延续至今。这些知名公司的品牌出问题，主要是品质出问题，因为品牌主要是由品质支撑的。21世纪以来，中外知名企业本想多赚取利润，但由于品质的这样或那样的问题，反而使耀眼的品牌黯然失色。百年品牌或者是近来蒸蒸日上的品牌，都是品质过硬的企业所创立的。

一个品牌的资产包括四个方面：品质认知度、品牌知名度、品牌美誉度、品牌忠诚度。品质认知度是核心，支撑品牌其他三个资产的扩展与繁荣。品质是产品或服务质量更有市场意味的表达，突出品质，说明质量要禁得住市场的品味。作为固有特性满足要求的程度的品质包含内在质量与外在质量。内在质量指产品的内在属性，包括性能、寿命、可靠性、安全性、经济性五个方面。外在质量指产品的外部属性，主要是美学性、感觉性与相关服务特性。内在质量是基础，外在质量是感受。品牌是产品质量的外延与形象。

卓越的品质能够增强品牌的公信力与顾客忠诚度。没有品质，品牌如同无源之水、无本之木，也如同没有筋骨的躯体，是活不长久的。瑞士钟表之所以百年长盛不衰，主要在于工匠精神，对产品质量的精益求精，而不是凑合。我国不少老字号产品能穿越几百年，也是由于品质的卓越。

优势的品质是品牌的生命，品质波动频繁的品牌会走向衰败。深受消费者赞誉并广为传播的品牌，一定是高质量的产品或服务。品质是支撑一座品牌大厦的真正根基。

品质是由良知凝聚的

品质是工作质量的反映，工作质量是品质的保证，做好产品质量工作是企业各项工作的基础，也是企业文化的出发点。质量是人生产出来的，消费者不会怪质量，而只会怪那些产品的生产者和管理者，通过产品的质量就能衡量一个企业的良知有多少。

2016年获得第二届中国质量奖的北京同仁堂凭借300多年的品牌优势，在传承"炮制虽繁必不敢省人工，品味虽贵必不敢减物力"等传统质量文化的同时，努力推进"修合无人见，存心有天知"的良知文化建设，确保行为诚信，秉持"以质为命、至优至精"的质量精神，建立"传统技艺＋现代技术"双重把关的全面质量管理模式。可见品质是由良知凝聚的。细节决定成败，好的品质都注重细节。做好细节需要细心与耐心，这也是良知贯穿于细节之中。所以说，做品质就是致良知。制度再完善，工艺再科学，都是一种保证产品质量的外在约束，而一个人的良知，却是内在的修养和社会基本的道德。

美国质量管理学家克劳士比写过《质量免费》和《质量无泪》两本书，实质就是品质管理需要良知。质量是免费的，意思是说如果一个质量管理体系设计正确，其创造的效益将大于成本，设计和生产的产品品质反映消费者的预期与要求，那么质量可能是免费的。但如果设计和生产体系不能完全符合消费者的需求和预期，那么低劣的质量将变得十分昂贵。质量是无泪的主要是说任何一个岗位的疏忽和轻视都会对企业的整体质量造成不同程度的影响。好的质量在给企业带来价值的同时，不会造成大的损失以及痛苦的泪水。低质量的成本其实比高质量的成本高得多。

第一次就把事情做对，不要指望修补。组织的高层，而不是基层员工决定了质量。企业有良知就不会让企业与员工痛苦甚至付出惨重的代价。不管哪种卓越绩效模式，都是说明品质离不开领导、全员、过程等。这里良知起决定作用。如果企业中有许多特殊过程，如建筑中的隐蔽工程，那么更要依靠良知。供应链是指由产品生产和流通中涉及的原材料供应商、生产商、批发商、零售商以及最终消费者组成的供需网络，良知凝聚在企业供应链中的方方面面。供应链中的成员只要有一个出现错误，就会对品质产生影响，三星因供应商的电池出现质量问题受到沉重打击，有的生鲜食品品质问题是由于运输不当导致的。良知凝聚在产品生产与服务的全过程。进货时的原料把关，操作时按照标准要求进行规范操作，发现问题及时纠正，不让不良品流至下道工序，其实良知展现在每一道工序中。

良知凝聚在影响品质的"人机料法环"全要素中。人员、机器、原料、方法与环境是影响产品质量的五大要素，其中人是决定要素，因为其他四个要素都是由人来执行与检查的，而人的良知又起统领作用。

良知是由体系保证的

《孟子·尽心上》："人之所不学而能者，其良能也；所不虑而知者，其良知也。"可见良知是人人都具有的天生本然，是一种不假外力的内在力量。但由于社会发展与人的欲望影响，人们做事时又可能会渐渐丢失良知。从品牌价值来分析也是如此。

一般来说品牌价值由三部分组成：一是主要体现产品的功能性利益或物理属性的功能性价值；二是表达品牌的情感内涵的情感性价值，如真情、关爱、友谊等；三是诠释品牌所蕴含的人生哲理、价值观、审美、身份地位等的象征性价值。品牌的三个价值其实都是良知的凝结。功能性价值是基础，情感性价值与象征性价值是外在表现。情感性价值和象征性价值只有在坚实可靠的功能性价值支撑下，才更有说服力和感染力。

在社会迅速发展过程中，人们更加注重象征性价值。人们通过品牌产品给自己带来好的联想，体验人生追求，张扬自我个性，寻找精神寄托。这些都离不开以过程为基础的良知体系的保证。员工的质量意识与工作态度构成企业的质量文化，它是企业文化的重要组成部分，这也是良知在运行。良知是由体系保证的。以过程为基础的良知由以下五部分构成。一是良将，起领导作用的带头人，对待品质的态度影响企业的战略与长远发展。二是良策，一个良好的品质计划可以使企业品质发展有目标与对策。三是良行，良好的行为与实际操作，再好的质量计划也需要科学地执行，对待质量的态度自始至终贯穿于工作的各个环节。四是良效，执行的效果如何，有一个科学并富有人情味的评价。五是良品，不断纠正与改进，生产符合要求的产品。这其中是以良将为中心，而良将的良知又有表率与统领作用。

老干妈公司信守质量，坚守良知，几乎不打广告，品牌价值急剧提升，产品畅销海内外。老干妈的董事长陶华碧几乎没有什么文化，公司里没有人叫她董事长，全都叫她老干妈。因为她有良知，所以得到大家的敬重。老干妈公司建立多个技术标准体系，并辅之管理标准和工作标准，使各项工作按科学的方式运作。同时，公司将生产车间向前延伸，建立农作物种植基地，制定基地种植标准。从原料进厂到产品进入市场的全过程都有严格、完善的质量检验。陶华碧认为做人要有良知，做产品要讲品质。老干妈公司注重品质对品牌的支撑和良知对品质的凝聚，而良知又有体系保证。事例太多，此处我就举一个例子。老干妈公司得知当邻苯二甲酸酯作软化剂的胶垫存在于水、土壤甚至空气中，过量时可能会对人体健康产生影响，于是决定放弃使用这种传统瓶盖胶垫，迅速组织专家研制出不含邻苯二甲酸酯的新型瓶盖胶垫。尽管此物质极少被列为相关部门的检测项目，但陶华碧说："哪怕就是花上一个亿，也要攻克这个难题，确保食品质量安全，对消费者负责。"

品牌是企业的颜值，品质是企业的素质，而良知是企业的精神。没有精神的企业是不会长久的。良知就是凝聚力，卓越公司之所以能够很快做好做大，就是凭着良知的凝聚力。有良知就有好的品质，有好的品质就能支撑好的品牌。

资料来源：浙商大智库微信公众号。

延伸阅读

[1] 彼得·德鲁克，约瑟夫 A 马恰列洛. 卓有成效管理者的实践[M]. 宋强，译. 北

京：机械工业出版社，2012.
[2] 科里·帕特森，等. 关键冲突：如何化人际关系危机为合作共赢 [M]. 毕崇毅，译. 北京：机械工业出版社，2017.
[3] 科里·帕特森，等. 关键对话：如何高效能沟通 [M]. 毕崇毅，译. 北京：机械工业出版社，2017.
[4] 汤姆·彼得斯，罗伯特·沃特曼. 追求卓越 [M]. 胡玮珊，译. 北京：中信出版社，2012.
[5] 张勇，柴邦衡. ISO 9000 质量管理体系 [M]. 北京：机械工业出版社，2016.
[6] 刘晓论，柴邦衡. ISO 9001：2015 质量管理体系文件 [M]. 北京：机械工业出版社，2017.

第14章

创新管理

管理箴言

创新就是把各种事物整合到一起。有创意的人只是看到了一些联系,然后总能看出各种事物之间的联系,再整合形成新的东西。这就是创新。

——史蒂夫·乔布斯

本章要点

- 创新的含义及特征。
- 创新的基本类型、创新的主体和创新的内容。
- 创新的动力、过程与管理。
- 企业技术创新和组织创新。

引例

浙江顶味食品有限公司以创新为动力促进企业转型升级

浙江顶味食品有限公司创建于2001年2月,是一家以农渔业产品为原料,利用生物工程技术,专业研发生产食品香精调味料的企业。2012年,该公司在多方面的压力下以创新促发展,突现了企业快速成长。

一、加强企业研发中心的建设

公司在温州、上海、成都有三个研发中心,拥有近4 000平方米的独立实验、办公场所和30人的研发团队。一是当年投入研发经费300多万元,占全年销售收入的6%。二是以"瑞安华海海洋科技联盟"和"省重点科技创新团队——核农学农业应用创新团队"为依托,深度开展产学研合作活动,对企业相关技术难题进行共同攻关。三是建立研发人员绩效考核制度,绩效考核分为目标管理、项目执行、个人行为与职能三部分,考核制度的实施有力地调动了新产品研发人员的工作积极性。

二、加大技改投入，不断开发新产品

第一是以满足客户为中心，把开发新产品的重心放在提高科技含量和客户价值、客户满意度上。2012年公司以鸡骨架为原料制备鸡肉香精产品的新产品，制作鸡精、鸡汁调味料直接面向家用和餐饮行业销售。此外利用鸡骨架酶解液制作鸡肉味汤块调味料和虾味香精调味料销往国外市场。第二是加大技改投入力度。2012年公司投入500多万元对生产车间进行工艺技术革新，改建外贸生产车间2 000多平方米，完成了新产品产业化生产技术路线设计，工艺设备选型，采购、安装及工程建设，为公司发展提供了新的增长点。

三、创新成果累累

公司成功研发试制多系列、多品种的新产品，并完成了多项科技攻关项目，硕果累累：①完成省级新产品的试制计划项目两项，通过了项目鉴定评审。②申报2013年度国家星火计划项目一项，火炬计划项目一项，省新产品试制计划项目一项。③产品获瑞安市科技进步奖二等奖一项。④获国家知识产权局授权发明专利一件，实用新型专利两件。⑤获得实用新型专利五件，外观型专利两件。目前，公司拥有30多项自主知识产权和国家、省、市级科研成果。

资料来源：浙江顶味食品有限公司四大创新举措促发展，浙江中小企业局网站，http://www.zjsme.gov.cn/newzjsme/list.asp？id=34429；浙江顶味食品有限公司官网，http://www.dingweichina.com/。

人类社会的发展史就是一部不断创新的历史，世界企业发展的历史已经充分表明，只有创新才是企业不断壮大的推动力。创新和变革是任何一个组织适应环境变化，谋求生存和发展所必需的能力。由于组织是一个不断与外界环境进行物质、能量、信息交换的动态开放系统，而作为管理主体和客体的人又具有独特的个性特征，这使得管理活动具有许多不确定性，这就要求组织的管理活动必须具有一定的创新性。正如著名经济学家约瑟夫·熊彼特（Joseph A. Schumpeter）指出的，企业家的主要职能就是创新。从当今管理的实践看，创新已成为一项重要的管理职能。

14.1 创新概述

14.1.1 创新的含义

在英文中，创新（innovation）一词源于拉丁语的"innovate"，意思是更新、制造新的东西或改变。一般说来，创新是淘汰旧的东西，创造新的东西，它是一切事物向前发展的根本动力，是事物内部新的进步因素通过斗争战胜旧的落后因素，最终发展成新事物的过程。创新是创造与革新的合称。创造是指新构想、新观念的产生；革新是指新观念、新构想的运用。从这个意义上讲，创造是革新的前导，革新是创造的后续。

第一个系统地从经济学角度提出创新理论的人是美籍奥地利人、哈佛大学教授约瑟夫·熊彼特（Joseph A. Schumpeter）。他在1912年出版的《经济发展理论》一书中系统地提出了创新理论。他认为，创新就是"建立一种新的生产函数"，即实现生产要素和生产条件的"一种新组合"。创新包括以下五种情况。

（1）创造一种新的产品，即消费者还不熟悉的产品，或是老产品但又有了新的特性。

（2）采用一种新的生产方法，也就是在有关的制造部门中尚未通过检验检定的方法，这种新的方法不一定非要建立在科学所发现的基础上，它可以是以新的商业方式来处理某种产品。

（3）开辟一个新的市场，也就是有关国家的某一制造部门以前不曾进入的市场。

（4）取得或控制原材料或半成品的一种新的供给来源，不论这种来源是已经存在的，还是第一次创造出来的。

（5）实现任何一种新的产业组织方式或企业重组，比如形成一种垄断地位，或打破一种垄断地位。[一]

由此可以看出，熊彼特所指的创新概念的五个方面，虽然本意是要说明它们在经济发展中的作用，但实质上已有了创造全新资源配置方式、方法的内在含义。熊彼特的创新概念涉及的创新领域包括产品、技术、市场、环境和组织等方面的创新。此外，熊彼特还认为企业家是创新活动的倡导者和实行者，并指出静态中的经济主体是经济人，静态中的创新主体是企业家。企业家不同于一般的企业经营管理者，后者只是按传统方式经营管理企业，而前者则在敢于冒险的同时敢于承担风险，富于进取精神，能够不断倡导和开展创新活动。

管理学家彼得·德鲁克进一步指出，"创新活动赋予资源一种新的能力，使它能创造财富"。德鲁克指出有两种不同的创新：一种是技术创新，它在自然界中为某种自然物找到新的应用并赋予经济价值；另一种是制度创新，它在经济与社会中创造出一种新的管理机构、管理方式或管理手段，从而在资源配置中取得很大的经济价值与社会价值。[二]

美国麻省理工学院教授詹姆斯·厄特巴克（James M. Utterback）指出，突破式技术创新有时会改变技术及经济方面的游戏规则，从而引起整个行业的消亡。他还得出两个警示性的结论：第一，许多改变市场游戏规则的重大创新，通常是由新进入市场者或外行带来的；第二，在市场剧变过程中，原有的市场主宰者通常无法适应这种变化。[三]

美国工业调查协会认为："创新是指实际应用新的材料、设备和工艺或某种存在的事物，以新的方式在实践中有效应用；创新是一个承认新的需要、确定新的解决方式、发展一个在经济上可行的工业产品和服务并最后在市场上获得成功的完整过程。"

另一些管理学家认为创新是创造出一种新产品、新服务、新流程的新思想的产生和实施过程；也有学者认为创新要为客户带来新增的价值。

由此可见，创新不仅是一个技术的概念，更是一个具有广泛意义的经济概念。创新就是以新的更好的产品、生产工艺、组织和管理方法，产生更大的经济效益。它涉及一系列多层次的活动，是从一个新概念开始直至形成生产力并成功地进入市场的过程。基于以上认识，我们认为：创新就是企业家把一种发明或新构想以商业化的方式引入经济之中，从而给经济带来较大影响或变革的行为及过程。

如果从企业管理的角度看，上述定义过于宽泛。从企业管理的角度看，我们把企业内管理方式的变革、组织机构的变动、现行技术与生产系统的改进、新产品的开发、现有产品的改进、产品质量的提高、企业文化的变革等也称为创新。

14.1.2 创新的特征

创新作为一种创造性的劳动，与一般劳动相比，具有以下几个特征。

（1）新颖性（首创性）。创新要解决前人所没有解决的问题，不是模仿、再造，而是继承中又有了新的突破，因而其成果必然是新颖的，其中必有过去所没有的新的因素或成分。

[一] 约瑟夫·熊彼特. 经济发展理论 [M]. 何畏，等译. 北京：商务印书馆，1990：73.
[二] 彼得·德鲁克. 创新与企业家精神 [M]. 蔡文燕，译. 北京：机械工业出版社，2007：27-28.
[三] 詹姆斯·厄特巴克. 把握创新 [M]. 高建，李明，译. 北京：清华大学出版社，1999：158-179.

（2）创造性。创造性是指创新所进行的活动与其他活动相比，具有突破性的质的提高。创新的创造性首先表现在新产品、新工艺上，或是体现在产品、工艺的显著变化上；其次表现在组织结构、制度安排、管理方式等方面的创新上。

（3）风险性。在创新过程中，由于所掌握的信息的制约和对有关客观规律的不完全了解，人们不可能完全准确地预测未来，这就使创新具有一定的风险性。据统计，在美国，企业产品开发的成功率只有20%～30%。所以，创新是一项高收益与高风险并存的活动。创新风险可分为技术风险和市场风险两大类。

（4）高收益性。创新一旦成功，能获得极高的甚至是意料不到的效益。创新的风险高，但效益更高，创新的效益性和风险性呈正相关关系。因而尽管创新的成功率较低，但成功之后可获得的利润很丰厚。例如，微软公司在创办初期，仅有1种产品、3个员工和1.6万美元的年收入，但它经过持续的创新活动获得了巨大的经济效益，从而一跃成为大型跨国高科技公司。

（5）系统性。创新是涉及战略、市场调查、预测、决策、研究开发、设计、安装、调试、生产、管理等一系列过程的系统活动。这一系列活动是一个完整的链条，其中任何一个环节出现失误都会影响整个企业创新的效果。同时，与经营过程息息相关的经营思想、管理体制、组织结构的状况也影响着整个企业的创新效果。

（6）时间性。创新具有强烈的时间性，因为消费者的偏好处于不断的变化之中，同时社会的整体技术水平也在不断提高，因而使创新在不同方向具有不同的时机，甚至在同一方向也随着阶段性的不同具有不同的时机。从而要求创新者在进行创新决策时，必须根据市场的发展趋势和社会的技术水平进行方向选择，并识别该方向的创新所处的阶段，选准切入点。

（7）相对性。创新的相对性主要表现在范围和程度两个方面。在范围方面有组织内的创新、地区性的创新、行业性的创新、全国性的创新、世界性的创新等。在程度方面有局部性的创新、整体性的创新；有渐进性的创新和根本性的创新；有模仿性创新和自主性创新等。对产品创新而言，有老产品调整改革的创新，也有创造新产品的创新。组织应根据自身的情况做出相应范围和程度的创新选择。

（8）动态性。组织内外各种因素是不断发展变化的，不仅组织的外部环境和内部条件在不断发生变化，而且组织的创新能力也要不断积累、不断提高，决定创新能力的创新要素也都要进行动态调整。因此，创新绝不是静止的，而是动态的。不同时期组织的创新内容、方式、水平是不同的。

（9）知识密集性。创新过程在物质形态上表现为产生新产品、新服务或新流程，从知识形态上看则是进行大量的知识收集、加工、分析、抽象思维，最终形成新知识的过程。只有经过充分的知识积累，具备了以密集的知识为基础的创新能力，才有可能获得具有创造性和实用性的创新成果。

14.1.3 创新的基本类型

由于创新主体所在的行业、规模、环境及创新能力不同，创新必然表现出不同的类型。

1. 渐进性创新和根本性创新

根据创新的广度和深度的不同，可以把创新分为渐进性创新和根本性创新。

（1）渐进性创新。渐进性创新是指渐进的、连续的小创新。这些小创新常出自直接从事生产的工程师、工人和用户之手。通常情况下，渐进性创新对产品成本、可靠性和其他性能都有显著的影响。虽然每个渐进的创新所带来的变化是小的，但它的重要性不可低估。这是因为：一是许多大创新需要有与它相应的若干小创新辅助才能发挥作用，如计算机是一项重大创新，但离开软件的不断升级换代这些小创新，计算机就不可能普及得那么快；二是一些创新虽然从规模、科学上突破较小，却可能拥有很大的商业价值；三是渐进性创新的累积效果常常促使创新发生连锁反应，如由火柴盒、包装箱发展起来的集装箱，由收音机发展起来的组合音响等，都是渐进性创新的结果。

（2）根本性创新。根本性创新是指在观念上和结果上有根本突破性的创新，通常是指首次向市场引入的、能对经济产生重大影响的创新产品或技术，它一般是研究开发部门精心研究的结果，常伴有产品创新、过程创新和组织创新的连锁反应。这类创新要求全新的技能、工艺以及贯穿整个企业的新组织方式。例如，互联网的出现就是一个根本性创新。1969年美国国防部高级研究计划署（Defence Advanced Research Projects Agency）将4台军事及研究用的计算机主机连接起来，并试验成功，这就是最早的ARPAnet。由此ARPAnet成为现代计算机网络诞生的标志。

2. 自主创新、模仿创新与合作创新

根据组织是否依靠自身力量和模仿进行创新，可以把创新分为：自主创新、模仿创新与合作创新。

（1）自主创新。自主创新是指企业通过自身的努力，依靠自身力量所进行的创新。在自主创新中，知识、技术或制度等方面的关键性突破是依靠自身力量实现的，这是自主创新的本质特点。一般来说，自主创新最具有主动性和专有性，但这种主动性和专有性是以企业自身的知识和能力为条件的，也是以独立承担创新风险为代价的。因此，自主创新也是难度最大、风险最高的创新。自主创新主要适用于风险型及高新技术企业。

（2）模仿创新。模仿创新是指企业在率先创新的示范影响和创新利益的诱导之下，通过合法方式学习、模仿别人的创新思路和创新成果，并在此基础上进行改进的一种创新形式。显然，模仿创新不是照抄照搬式的原样仿造，而是在保持原样的前提下有所发展、有所改善。一般来说，模仿创新是一种跟随性的被动创新，但模仿创新对模仿对象的选择，往往以率先创新的成功企业为基础，这样模仿创新就具有较低的风险。

（3）合作创新。合作创新是指企业与科研机构、高等院校及其他企业之间所进行的联合创新行为。它通常是以合作伙伴的共同利益为基础，以资源共享和优势互补为前提，有明确的合作目标、合作期限和合作规则，双方相互信任，在创新的全过程或某些环节共同投入、共同参与、共享成果、共担风险。因此，合作创新不但可以使创新资源组合趋于优化，缩短创新时间，减少创新的不确定性，扩大创新空间，而且能够分解创新成本，分散创新风险。合作创新往往还可以使具有激烈竞争关系和利益冲突的企业联合起来，使合作各方获得更大的利益。所以合作创新已成为非常重要并日渐趋于普遍的一种创新方式。

3. 局部创新和整体创新

从创新的规模和涉及的范围这一角度，创新可分为局部创新和整体创新。局部创新是指在系统性质和目标不变的前提下，系统活动的某些内容、某些要素的性质或其相互组合的方式，系统的社会贡献的形式或方式等发生变动；整体创新则往往改变系统的目标和使命，涉及系统的目标和运行方式，影响系统的社会贡献的性质。简单地说，局部创新是在组织的

个别部门、组织运行的个别环节进行的创新，而整体创新则是由全体组织成员共同参与、涉及整个组织各方面的创新。比如，我国在20世纪70年代末进行的农村经济体制改革就是局部创新，随后进行的建立社会主义市场经济体制的改革则属于整体创新。

4. 自发创新和有组织的创新

从创新的组织程度看，创新可分为自发创新和有组织的创新。自发创新是指由组织成员自发进行的创新活动，有组织的创新则是在组织的统一领导和规划下进行的创新。比如，小岗村农民所进行的"包产到组"试验就属于自发创新，后来推广到全国的"家庭联产承包责任制"则属于有组织的创新。创新往往在最初时是自发的。自发创新通常是局部的、小范围的，并且极有可能遭到保守势力的反对和扼杀而失败。所以，管理者的职责之一就是及时意识到变革的必要性，对出现的创新积极予以引导，变自发创新为有组织的创新。

5 主动创新与被动创新

根据创新的主体是否主动进行创新来进行分类，可以把创新分为主动创新和被动创新。

（1）主动创新。主动创新是指企业受到激励而产生的主动创新行为，表现为"我要创新"。主动创新在创新时间上领先、在创新成果上领先、在创新的持续性上领先。企业从事主动创新的前提是企业家看到或寻找到潜在的市场机会，发现科技成果的应用前景。从事主动创新的企业在创新方式上可以多样化，既可以自主创新，也可以模仿创新。

（2）被动创新。被动创新是指企业迫于外在压力，在生存和发展受到威胁时而从事的创新。被动创新不会成为率先创新者，其最好的发展趋势是成为创新追随者。采用守成战略或缺乏创新意识的企业从事的都是被动创新。被动创新对企业发展是谋利之举，它也许对企业业绩无大的改观，但能对业绩起到维持作用。

14.1.4　创新的主体

创新的主体是指创新的推动者、实施者。从宏观层面看，创新主体包括相互关联的企业、大学和研究机构、政府、市场中介机构等。我们这里仅从企业的角度谈创新，主要包括企业家、管理者、员工、外部管理专家和咨询机构等。企业家是创新的主要推动者，也是企业创新成败的关键人物。

14.1.5　创新的内容

从根本上讲，组织活动所涉及的方方面面都可能是创新的对象。因此，创新的内容十分广泛。为了便于研究，把组织创新的内容归纳为以下几个方面。

1. 观念创新

观念创新是指形成能够比以前更好地适应组织内外部环境的变化并更有效地利用资源的新看法或新构想的活动。观念创新是其他一切创新活动的先导或基础。观念创新要求人们根据实事求是、一切从实际出发的原则，果断地抛弃各种陈见，与时俱进，不断转变对新事物的认识，用体现事物发展客观规律的新思想、新观念去看待组织发展过程中出现的新情况、新问题，并指导组织的发展。

2. 战略创新

不断调整企业的战略目标，探寻新的企业成长战略路径是战略创新的主要内容。为实现企业战略创新，就要重新分析企业的内外部环境，分析出现的挑战和机遇，分析自身的优势和劣势，以此制定新的经营内容、新的经营手段、新的经营策略、新的重大措施等。新的战略制定好后，就要实施新的发展战略。企业发展战略创新不是一次性的行动，而是长期化的行动。

3. 产品创新

产品创新是指企业向市场推出新产品，以调整企业在市场当中的竞争地位。企业所生产的产品要能满足顾客的需要，不同时期顾客的需求可能不一样。因此，企业必须根据自己服务对象的需要不断进行产品创新。

4. 组织结构创新

组织结构是指组织内各构成要素、部门、单位及相互间发生作用的联系方式。由于组织结构受多种因素的影响，所以这些因素的变化必然要求组织结构不断调整和变革。组织结构创新的目的和要求是充分发挥职工的主动性和创造性，提高管理劳动的效率。组织结构创新的主要内容是：机构设置和人员配备的调整；机构、人员责权的重划；信息沟通渠道的重建；工作流程的重新安排等。

5. 制度创新

制度是组织运行方式的原则规定。就企业而言，它包括产权制度、经营制度和管理制度。产权制度是经济组织最根本的制度，它规定了各种资源所有者之间的权、责、利关系。经营制度是有关经营权的归属及其行使条件、范围、限制等方面的原则规定，它规定了组织的经营方式，谁是经营者，谁来组织资源的占有权、使用权和处置权，谁来确定组织的生产方向、生产内容、生产形式，谁来保证组织资源的保值增值，谁来向资源的所有者负责以及负何种责任等。管理制度是行使经营权、组织日常运作的各种具体规则的总称。制度创新就是组织根据内外环境要求的变化和自身发展壮大的需要，对组织自身运行方式原则规定的调整和变革。

6. 管理创新

管理创新是指一种更有效而尚未被企业采用的新的管理方式或方法的引入，是组织创新在企业经营层次上的辐射，也就是指企业把新的管理要素（如新的管理办法、新的管理手段、新的管理模式等）或要素组合引入企业管理系统的创新活动。它通过对企业的各种生产要素（人力、物力、技术）和各项职能（包括生产、市场等）在质和量上进行新的变化或组合，以创造出一种新的、更有效的资源整合模式。目的是实现组织所拥有或能支配的资源的优化组合，并充分调动各种资源，最大限度地发挥其潜力。

管理创新主要包括：

（1）管理方法的创新。它是指企业在生产经营过程中引入一种新的方法。如引入网络计划技术、零库存管理方法、全面质量管理、统计分析方法、预测决策技术、项目评价方法等。

（2）管理工具的创新。从电话、传真到个人计算机再到互联网，每一种管理工具的引入都大幅度地提高了生产效率。其中值得一提的是互联网的引入，它使高效互动的信息沟通成为可能，从而使企业在这个迅速变化的环境里形成了自己的快速反应能力。

（3）管理模式的创新。管理模式的创新是指企业针对管理的某一个或某几个职能方面的模式（如生产管理模式、财务管理模式、人力资源管理模式、营销管理模式等）所做的综合性创新。

7. 技术创新

技术创新就是组织在生产过程中采用的技术手段、方式和方法的新变革与新突破。组织要在激烈的竞争中胜出，就必须不断进行技术创新，以顺应甚至引导行业的技术进步。

由于一定的技术都是通过一定的物质载体和利用这些载体的方法来体现的，所以组织技术进步主要表现在要素创新、要素组合方法的创新两方面。

> **专栏 14-1**
> **技术创新过程模式**

早期的模型将创新过程看作一系列科研功能性活动的线性组合。从研发活动中找到机会，通过对技术的应用和改良从而发现产品的市场，这种是"技术推动"；从市场新需求出发，发现开发新产品的信号，从而产生了解决这个问题的方案，这种动力是"需求拉动"。

但在实践过程中，创新也是一个相互匹配的过程，相互作用是这个过程中的关键因素。有时候"推动力"占主导地位，有时候"拉动力"占主导地位，但是只有它们之间相互作用才能成功地创新。罗伊·罗思韦尔（Roy Rothwell）给出的五代创新模式充分揭示了技术创新过程模式的特点（见表14-1）。

表 14-1 罗伊·罗思韦尔的五代创新模式

代	关键特性
第一、二代	简单的线性模型——需求拉动、技术推动
第三代	耦合模型，识别不同因素间的相互作用和反馈环
第四代	并行模型，公司内部一体化，上游为关键供应商，下游为有需求的活跃顾客，强调关系和联盟
第五代	系统一体化和广泛的网络化，灵活性定制化，持续创新

资料来源：R Rothwell.Successful industrial innovation:critical factors for the 1990s[J].*R&D Management*，1992，22（3）：221-239.

8. 市场创新

市场创新主要是指企业通过自身活动的努力，去刺激需求，引导需求，促进消费者消费行为的实现，不断地拓展现有产品市场，开辟新的产品市场。市场需求是企业创新的起源和动力，也是企业能否持续和扩大创新的制约条件，因为企业创新的最终实现，都要以市场接受和回报为标志。企业市场创新的内容：一是在数量、质量、时间、空间方面继续拓展现有产品市场；二是开辟新的产品市场，创造新需求，刺激需求结构的改变。

9. 环境创新

环境是组织赖以生存的土壤，它影响和制约着组织的运行和发展。组织与环境的关系不是单纯地去适应，而是在适应的同时去改造、引导。环境创新不是指组织为适应外界变化而调整内部结构或活动，而是指通过积极的创新活动改造环境，引导环境朝有利于组织运行和发展的方向变化。对企业这一经济生活中最重要的组织而言，环境创新主要包括企业与供应商、销售商、顾客、政府以及其他公众的关系创新和市场需求创新。

14.2 创新的动力、过程与管理

14.2.1 创新的动力

企业是以盈利为目的的经济行为主体,也是创新成果的主要需求者。为提高自身的竞争能力和经济效益,企业要求必须进行创新,企业创新是在内外因相互作用的条件下产生的。企业创新的动力可以归结为六个因素:市场需求、市场竞争、技术推动、政府行为、企业家偏好和路径依赖(见图14-1)。

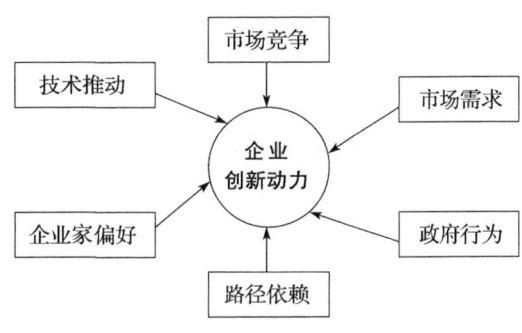

图 14-1　企业创新动力

1. 市场需求

市场对企业技术创新的动力激励,是通过市场需求表现出来的。企业经济利益的实现有赖于其产品和服务通过市场满足社会需求的程度,产品在市场上存在的社会需求就成为拉动企业创新的重要力量。市场需求拉动企业创新,主要有几种情形:①对新产品的需求,以市场需求拉动产品创新;②对现有产品质量的更高要求,以市场需求拉动改变产品质量的过程创新;③对现有规模扩大化的需求,以市场需求拉动提高生产效率的过程创新。

2. 市场竞争

在现代社会中,随着经济全球化进程的加快,越来越多的国家实行了对外开放的政策,完全垄断的市场形态已经非常少了,绝大部分企业都面临一定的竞争压力,企业不创新不仅仅是发展的问题,更是能否生存的问题,市场的竞争迫使企业不断完善自身的创新机制,不断推出新的产品或服务,以满足目标市场的需求,才能实现企业的持续经营。

3. 技术推动

技术创新是以新技术投入为特点的技术经济活动,新技术既是企业创新的前提,又是推动企业创新的重要力量。科学技术在其宏观动力和内在运动规律的共同作用之下,总在不断运动和发展,并且总要不断被应用于生产,成为推动生产技术基础变革的强大动力;科学技术上的重大突破往往会引起技术创新活动,并形成高潮。

4. 政府行为

政府行为可以为企业创造一个有利于创新的外部环境,对企业创新起到配置和激励作用。政府的宏观调控职能能够促进市场体系的发育,加强对企业创新政策方向上的导向和支持。政府对企业技术创新的推动具体表现在各项政策的实施上,包括财政刺激政策、公共采购政策、风险投资政策、中小企业政策、专利政策和放松政府管制政策等。此外,某些特殊的产品创新需要政府的直接参与。例如,在中国目前的发展阶段,芯片、军工产品、航天产品等关系国计民生的产品的研制与生产,都需要政府与企业的共同参与。

5. 企业家偏好

熊彼特曾经说过,"所谓创新,是指企业家对生产要素的新的组合",企业家的偏好是推动企业创新的重要因素。企业经营的实质就是通过企业家的创新，使企业内部生产要素的组合适应市场需求，在满足市场需求中谋求企业的发展。

6. 路径依赖

一般来说，企业创新在形成以后会具有相对稳定性和惯性，即存在所谓的路径依赖，企业一旦进行某种创新之后，惯性的力量会使这种创新在以后的发展中不断得到自我强化，而这种强化又形成了新一轮的企业创新。

14.2.2 创新的过程

就创新的总体，或"一般创新"来说，它们必然依循一定的步骤、程序和规律。就一般而言，创新工作大体上可分为以下六个步骤。

1. 准备阶段

创新不是纯粹的偶然的"突发奇想"，在"偶然"的背后有"必然"的因素在起作用。也就是说，创新需要具备一定的前提条件。

（1）要有广博的知识和经验的积累。创新不是无中生有，而是在已有知识和经验的基础上的升华。并且，这种知识和经验的积累既要有扎实的专业知识，又要有较广博的相关知识。因为创新从某种意义上来说是对知识、信息的重组，而仅在本专业知识领域重组是不够的，还要到相关领域甚至完全不同的领域中去重组才能获得创新所需要的灵感。比如，我国著名科学家李四光就是把地质学与物理学中的力学结合在一起，才开创了一个新的研究领域——地质力学。

（2）要有强烈的好奇心。真正的好奇心经常会带来一些意想不到的创新。当你已经在某一领域研究甚深，强烈的好奇心会驱使你去思考一些在别人看来司空见惯的现象或现有理论无法解释的现象。如果你能顺着这些现象深入地探究其背后的原因，往往会有令人惊奇的新发现。比如，苹果成熟了掉到地上在一般人看来是再平常不过的事，但苹果掉到牛顿的头上，却引起了具有强烈好奇心的牛顿的思考：苹果为什么掉到地上而不飞到天上去？通过对这件事的深入研究，牛顿发现了重力，后来又发现了万有引力定律……于是，物理学领域一项重大的创新出现了。

（3）敢于推陈出新的勇气。创新者在事实的基础上要敢于质疑旧有的"金科玉律"，要敢于突破甚至否定那些被一般人视作神圣不可侵犯的所谓"理论""原则"。要知道"真理永远只是相对的"，在创新者眼里没有不可突破的禁区。如果爱因斯坦不敢触动牛顿的质量守恒定律，就不可能有后来的质能方程。总之，敢于推陈出新的勇气是创新者必须具备的心理条件。

2. 寻找创新的机会和时机

创新是对原有秩序的破坏，创新活动正是从发现和利用旧秩序内部的不协调开始的。组织的创新，往往是从密切地注视、系统地分析社会经济组织在运行过程中出现的不协调开始的。管理者要以敏锐的眼光捕捉这些不协调，并引导组织成员分析导致不协调的原因；同时让他们认识到这可能给组织带来巨大的机会或严重的威胁，使他们意识到创新的必要性和紧迫性。如果所有组织成员或大多数组织成员达成了共识，则创新的时机就成熟了。

3. 提出构想

在觉察到不协调现象后,要透过现象研究其原因,并据此分析和预测这种不协调的未来变化趋势,估计它们可能给组织带来的积极或消极后果,然后设法利用机会或将威胁转化为机会。在这方面可采用头脑风暴法(也称畅谈会法)、德尔菲法等多种方法,提出消除不协调、解决问题的办法,使系统在更高层次上实现新的平衡。

4. 迅速行动

创新成功的关键主要在于迅速行动。由于外部环境的不确定性以及决策时掌握的信息有限,人们决策时提出的构想可能还不完善,甚至可能很不完善,但这种构想毕竟是在考虑到变化了的内外环境的基础上提出来的,有可能能够解决组织所面临的新情况、新问题,必须迅速把它付诸行动,如果迟迟不能对内外环境的变化做出反应,必将错失良机。20世纪70年代,施乐公司为了把产品搞得十全十美,在罗彻斯特建造了一座全由工商管理硕士(MBA)占用的29层高楼。这些硕士在大楼内对每件可能开发的产品都设计了拥有数百个变量的模型,编写了一份又一份的市场调查报告,然而当他们夜以继日地分析、计算,被越来越复杂的研制工作搞得焦头烂额时,竞争者已经靠在他们看来并不完美甚至还有不少缺陷的产品把市场份额抢占了一半以上。

专栏 14-2
波特竞争分析中技术变革带来的威胁和机会

潜在的进入者和替代品
- 随着规模经济的降低(如电信、出版)和替代品(如铝罐代替不锈钢罐)的出现,新进入者的威胁将增大。
- 随着技术标准的"锁定"(如微软)和专利及其他合法的保护(如最主要的处方药),新进入者的威胁将减小。

供应商对买方的权力
- 由于创新对公司的投入更为必要(如计算机中的微处理器),该权力将会增加。
- 由于创新降低了供应商的技术依赖(如工程材料),该权力将会减少。

现有公司间的竞争对手
- 竞争对手通过创新建立起垄断定位(如宝丽来在"一分钟成像"中的定位)或通过模仿打破垄断定位(如美国通用电气公司的"脑部扫描仪"市场)。

资料来源:乔·蒂德,约翰·贝赞特,凯思·帕维特.创新管理[M].陈劲,龚炎,金珺,译.北京:清华大学出版社,2002:47.

5. 不断完善构想

经过尝试才能成熟,而尝试是有风险的,是不可能"百发百中"的,是可能失败的。创新的过程是不断尝试、不断失败、不断完善、不断提高的过程。因此,创新者在开始行动以后,必须坚定不移地继续下去,决不能半途而废,不断地探索、不断地总结行动中的经验教训,对当初的构想不断进行修正和完善,否则便会前功尽弃。

6. 形成模式

模式也称范式，是在某种环境下组织在发展过程中形成的从工作程序到行为方式、管理方式、思维习惯和价值观念都成为某种内在一致的特定类型的状态。特定的创新模式要经过一定时间的积累才可能形成，它是组织内部各方面经过反复探索、学习、调整和适应才能形成的。对某种特定环境而言，组织的创新模式化是管理水平提高、效率提高、资源浪费和内耗减少的结果。

14.2.3 创新的管理

1. 寻找组织抵制创新的因素

组织创新是一项充满挑战和艰难险阻的工作。要想成功地进行创新，组织必须有效应对各种阻碍创新的因素。管理者从事创新时必须考虑下列问题：组织实施某项创新活动的原因；创新的成功实施可能给组织带来的变化；这种创新的实施可能给组织带来的额外损失。

组织中对于创新的阻力主要来自：组织的文化、既定的发展战略、组织的结构、技术水平、领导的风格、成员的因素等。其中，人的因素是创新阻力中最活跃的因素。

组织成员抵触创新的基本原因包括以下几个。

（1）个人利益可能受损。创新意味着原有的组织结构被打破，工作流程将被重新设计，利益分配格局将重新调整。人们害怕失去原有的利益，担心丢掉工作、薪水减少或者丧失现在的权力和地位。

（2）对创新活动缺乏了解。不少组织在选择进行创新的方式上存在问题，缺乏与组织成员进行事前的有效沟通。组织成员需要知道如何进行创新，如果出现信息真空，就难免谣言四起，让员工缺乏安全感。即使创新的方案能使每个员工都受益，人们也可能会因为缺乏了解而误解创新的方案，进而反对任何创新活动。

（3）对创新活动评价的差异。组织成员间私有信息的差异会导致不同的个体对创新活动有不同的评价和看法，信息的不对称使组织员工不能像管理者那样看待企业制定的创新战略。组织成员怀念"过去的好时光"也会导致创新目标认知的差异。这种不同的评价结果产生的对创新的抵制力不一定是消极的，因为持有不同意见的双方都可能是正确的。

（4）员工的惰性。一般情况下，多数员工习惯于原来的工作方式，并不希望打破现状，这使他们不自觉地产生对于创新的抵制情绪。

（5）群体心理压力。有些员工不能承受变革的心理压力而对创新进行抵触。如果一个团队凝聚力较强，来自同事的压力甚至可能让其成员反对合理的创新。

由此可见，创新推动者要深入了解组织成员对创新的认识，寻找某些成员抵制创新的原因，积极地在组织战略、文化、结构等方面采取措施克服这些因素给创新过程造成的障碍。如努力建立创新型的组织文化，使组织的全体成员能在一种开放、宽容的环境中充分沟通，实验所有可能的创新方向和创新领域。

2. 激发创新的过程

激发员工创新通常要经过三个阶段：创新动员、实施创新、创新的制度化。创新动员就是指在组织内部广泛宣传创新的必要性，让每个员工都能够真正地感受到创新的必要性，接受创新的挑战。在创新动员过程中，能否有效化解部分员工对创新的抵触情绪至关重要，化解的方法主要有教育和沟通、提供创新的便利、操纵和拉拢、鼓励参与创新、明示或暗示的强制等。

实施创新是指通过寻找机会、提出问题、迅速行动、坚持不懈等创新的环节，提出创新的观念和将其付之于行动的过程。在创新过程中，要使组织成员认同创新促进者的价值观、态度和行为，并将之转化为自我的价值观和行为。组织和领导创新是创新职能的重要组成部分。

创新的制度化是指通过制定完善的规章制度，使创新活动锁定成为组织的新范式和新规范。

3. 创新活动的领导

优秀的管理者要根据创新的规律和特点的要求对自己的工作进行创新，更要领导和组织下属进行创新。组织创新不是计划和安排某个成员在某个时间去从事某种创新活动，而是为下属的创新提供条件、创造宽松的环境。

（1）正确理解和扮演"管理者"的角色。管理人员往往是保守的，认为自己的职责首先是保证预先制定的制度的执行和计划的实现。因此，他们往往自觉或不自觉地扮演现有规章制度的守护神的角色。管理人员必须自觉地带头创新，并努力为组织成员创造一个有利于创新的环境，积极鼓励、支持、引导组织成员进行创新。

（2）创造促进创新的氛围。促进创新的最好方法是大力宣传创新，激发创新。使每一个组织成员都奋发向上，努力进取，大胆尝试。

（3）制订有弹性的创新计划。创新意味着打破旧的规则，意味着时间和资源的计划外占用，因此，创新要求组织的计划必须具有弹性。创新需要思考，思考需要时间，把每个人的每个工作日都安排得非常紧凑，对每个人在每时每刻都实行"满负荷工作制"，则创新的许多机遇便不可能被发现，创新的构想也无从产生。因此，为了使人们有时间去思考，有条件去尝试，组织制订的计划必须具有一定的弹性，给创新留出空间。

（4）正确地对待创新的失败。创新者应该认识到创新的过程是一个充满着失败的过程。只有认识到失败是正常的，甚至是无法避免的，管理人员才可能允许创新失败，支持失败，甚至鼓励失败。当然，支持创新的尝试，允许失败，并不意味着鼓励组织成员马马虎虎地对待创新，而是希望创新者在失败中吸取有用的教训，总结其中可取的地方，从而使下次创新成功的可能性增大。

（5）建立合理的创新评价和奖励制度。要激发每个员工的创新热情，还必须建立科学、合理的创新评价和奖励制度。如果创新的努力不能得到组织的认可，不能得到公正的评价和合理的奖励，则继续创新的动力会逐渐消失。促进创新的奖励制度至少要注意以下几点。

第一，注意物质奖励与精神奖励的结合。奖励不一定仅仅是经济上的，有时精神上的奖励也许比物质奖励更能满足员工创新的心理需要。

第二，奖励应是对创新成功者，甚至是对希望做出创新的努力者的报酬；奖励的对象不仅包括成功以后的创新者，而且应当包括那些创新成功以前甚至是没有获得创新成功的努力者。就组织的发展而言，也许重要的不是创新的结果，而是创新的过程。

第三，奖励制度要既能促进内部竞争，又能保证成员间的合作。要保证竞争与合作的协同，在奖励项目的设置上，可考虑多设团队奖，少设个人奖，多设单项奖，少设综合奖；在奖金的数额上，可考虑多设小奖，少设甚至不设大奖。

14.3 企业技术创新和组织创新

14.3.1 企业技术创新

企业技术创新就是企业在生产过程中采用的技术手段、方式和方法的新变革与新突破。纵观国内外成功企业走过的历程，企业发展的历史就是技术创新的历史，企业生存和发展的基础就在于技术创新，只有持续不断地推进技术创新，企业才能在市场竞争中取胜。

1. 技术创新的内容

（1）产品创新。它是指技术上出现变化的产品的商品化。产品创新主要包括新产品的开发和老产品的改造。这种开发和改造是指对产品结构、性能、材料、技术特征等方面进行改进、提高或独创。产品在企业经营中的作用决定了产品创新是技术创新的核心部分和主要内容，其他创新都是围绕产品创新进行的。

（2）材料创新。材料创新的内容主要包括开辟新的来源、开发和利用廉价的材料替代昂贵的稀缺材料、提高材料的质量和性能等。材料既是产品和物质生产手段的基础，也是生产工艺和加工方法作用的对象。

（3）工艺创新。工艺创新也被称为过程创新（process innovation），它包括生产工艺的改革和操作方法的改进。生产工艺是企业制造产品的总体流程和方法，包括工艺过程、工艺参数和工艺配方等。操作方法是劳动者利用生产设备在具体生产环节对原材料、零部件或半成品的加工方法。生产工艺和操作方法的创新既要求在设备创新的基础上，改变制造的工艺过程和具体方法，也要求在不改变现有物质生产条件的同时，不断研究和改进具体的操作技术，调整工艺顺序和工艺配方，使生产过程更加合理，现有设备得到充分的利用，现有材料得到充分的加工。

（4）生产手段创新。生产手段创新主要指生产的物质条件的改造和更新。生产手段的技术状况是企业生产力水平具有决定性意义的标志。生产手段的创新主要包括两个方面的内容：一是将先进的科学技术成果用于改造和革新原有的设备，以延长其技术寿命或提高其效能；二是用更先进、更经济的生产手段取代陈旧、落后、过时的机器设备，以使企业的生产建立在更加先进的物质基础之上。

2. 技术创新的作用

技术创新在相当程度上能促进产品竞争力乃至企业竞争力的提高。技术创新促进企业竞争力的提高便是通过影响产品的成本和特色而起作用的。另外，技术创新能迅速提升企业的核心能力。企业的核心能力是以知识和技术为基础的综合能力，是支持企业生存和稳定发展的根基，主要通过企业的产品和服务体现出来，而支撑产品的根本是核心技术能力。

3. 技术创新机遇的来源

创新源于企业内部和外部的一系列不同的机会。这些机会可能是企业刻意寻求的，也可能是企业无意中发现，但发现后立即有意识地加以利用的。美国学者彼得·德鲁克在其著作《创新与企业家精神》一书中，把诱发企业创新的不同因素归纳成七种不同的创新来源：意外的成功或失败、企业内外的不协调、过程改进的需要、行业和市场结构的变化、人口结构的调整、消费观念的改变以及新知识的产生。

（1）意外的成功或失败。企业经营中经常会出现一些出乎预料的结果：企业苦苦追求某种业务的发展,并为此投入了大量的人力、物力和财力,但结果是这种业务不断萎缩;相反,另一些业务企业虽未给予足够的关注,却悄然无声地迅速发展。例如,IBM 公司在 20 世纪 80 年代初为银行设计了会计人员使用的计算机,由于经济危机而卖不出去。意外的是,纽约公立图书馆购买了 1 台。由于图书馆财力有保证,其他图书馆也纷纷仿效,IBM 公司一下就卖出了 100 多台。后来一些科研、工商企业也纷纷开始购买它的计算机。

与成功不同的是,失败是难免的,但是人们往往不把失败看成机会的征兆。当然,有些失败可能仅仅是由于错误,比如贪婪、愚蠢、盲目跟风,或者是设计和执行不力的结果。但是,如果在精心设计、细心计划、严密执行的情况下仍然遭到失败的话,那么这个失败极有可能孕育着潜在的变化和随之而来的机会。比如,1957 年,福特汽车公司在推出其埃德赛(Edsel)汽车前,融入了市场调研所得到的最新信息,包括顾客对汽车外观和款式方面的偏好,以及最高标准的质量控制,但是埃德赛汽车一上市就遭到彻底失败。福特汽车公司对于失败没有怪罪"不理智的消费者",而是对市场进行进一步的深入调查,且发现美国汽车市场不再仅仅是按照收入水平来划分了,而是要按照生活方式来划分。随后,福特汽车公司推出雷鸟汽车并大获成功。

因此,无论是意外的成功还是意外的失败,都有可能向企业显示某种机会,企业必须对此加以仔细的分析和讨论,努力搞清并回答这样几个问题:①究竟发生了什么变化?②为什么会发生这样的变化?③这种变化会将企业引向何方?④企业应采取何种应对策略才能充分地利用这种变化,以使之成为企业发展的机会?

(2)企业内外的不协调。当企业对外部经营环境或内部经营条件的假设与现实相冲突,或当企业经营的实际状况与理想状况不一致时,便出现了不协调的状况。这种不协调会导致企业内部发生变化,这种变化状况,无论是已经发生的,还是将要发生的,都可能为企业的技术创新提供一种机会。例如,20 世纪 50 年代,海运的成本急剧上升,同时,由于许多港口变得拥挤不堪,货轮运送货物的时间也变得越来越长。轮船的运输成本占比最大的并不是航行,而是在港口的停靠等待。于是,企业家把装货和装船分开,在陆地上装货,为此研制出了滚装滚卸货轮和集装箱货轮。这项创新的结果是惊人的,在随后的 30 年中,轮换货运量上升了 5 倍,而总成本下降了 60%,轮船在港口停留的时间缩减了大约 3/4,从某种程度上说,正是这项创新挽救了海洋运输业。

因此,企业必须仔细观察不协调的存在,分析出现不协调的原因,并以此为契机进行技术创新。

(3)过程改进的需要。由于过程改进需要而引发的创新是对现已存在的过程进行改善,把原有的某个薄弱环节去掉,代之以利用新知识或新技术重新设计的新工艺或新方法,以提高效率、保证质量或降低成本。实际上,在过程改进所需要的知识尚未出现以前,任何改进都是不可能实现的。因此,在组织这种改进之前,企业可能要针对生产过程中的薄弱环节进行长期的研究,以产生克服这种薄弱环节所需的新知识。只有在新知识产生以后,人们才能实际地考虑如何将其应用于工业生产、改进生产过程中的某个环节。

(4)行业和市场结构的变化。企业是在一定的行业结构和市场结构条件下经营的。行业结构主要指行业中不同企业的相对地位和竞争力结构以及由此决定的行业集中度或分散度;市场结构主要与消费者的需求特点有关。行业结构和市场结构一旦出现了变化,企业必须迅速对之做出反应,在生产、营销以及管理等诸方面进行创新和调整,否则就有可能影响企业在行业中的相对地位,甚至引发企业的生产危机。相反,如果企业及时应变,则这种结构的变化给企业带来的将是众多的创新机会。所以，企业一旦意识到产业或市场结构发生了某种变化，就应迅速分析这种变化对企业经营可能产生的影响，确定企业经营应该朝什么方向调整。

（5）人口结构的调整。人口因素是企业经营中一种必不可少的资源。人口结构的变化直接影响劳动力市场的供给，从而影响企业的生产成本；作为企业产品的最终用户，人口的数量及其构成决定了市场的结构及其规模。因此人口结构的变化有可能为企业的技术创新提供契机。例如，日本人预测，20 世纪 70 年代发达国家婴儿的出生率将降低，于是着手开发机器人，到 20 世纪 80 年代末日本企业就开始大量出售它们生产的机器人了。由于计划生育政策的推行，加上人均寿命的增长，我国已经进入老龄化社会，因此，与老年人有关的产品的开发与生产将大有市场，企业可围绕老年人的有关产品进行创新，以获取较大的商业机会。

（6）消费观念的改变。消费者的消费观念决定着消费者的消费行为，消费行为决定一种具体产品在市场上的受欢迎程度。因此，消费者观念上的改变影响着不同产品的市场销路，为企业提供着不同的创新机会。以观念转变为基础的创新必须及时组织才可能给企业带来发展和增收的机会。例如，随着生活水平的提高和对健康认识的变化，使有益于健康的行业（如保健品行业）得到了快速发展的机会。

（7）新知识的产生。一种新知识的出现将为企业创新提供异常丰富的机会。在各种创新类型中，以新知识为基础的创新是最为企业重视和欢迎的，但同时，在创新时间、失败的概率或成功的可能性预期及对企业家的挑战程度上，这种创新也是最为变化莫测、难以驾驭的。这种创新不是以某个单一因素为基础，而是以好几种不同类型的知识的组合为条件。这种对知识集合性的要求也是这类创新前置期较长的一个重要原因。例如，电子计算机至少要用五门以上的主要知识，从 1906 年发明三极管开始，到程序与反馈概念的形成，到 1918 年具备了主要知识，于 1946 年才制造出第一台计算机。

上面介绍了彼得·德鲁克总结的创新的七种来源。显然，创新这个词本身的含义已经表明其机会和可能是难以穷尽的。同时还需要指出，在企业实践中，创新通常是几种不同来源的影响因素共同作用的结果。

专栏 14-3

主 导 设 计

主导设计由美国产业经济学家厄特巴克在《把握创新》（*Mastering the Dynamics of Innovation*）一书中首次提出。其基本含义是：某一产品种类的主导设计是赢得市场信赖的一种设计，是竞争者和创新者为支配重要的市场追随者而必须奉行的一种设计。主导设计通常融合了特定时期内的许多单个技术创新并以一个新产品的形式表现出来，是技术与市场相互作用的结果，一个公司和一个行业的创新特征会因之而改变，其有加强或鼓励标准化的作用。

一旦主导设计出现，虽然还会有一些替代技术能够在市场中生存，但大部分市场将由主导设计所控制。主导设计能够"赢者通吃"的原因在于它成了行业的标准。例如，1925～1935 年的飞机机身革命导致了全金属、低翼单翼、可控斜度的螺旋桨、可收回的起落装置和翼瓣等创新，当 1936 年道格拉斯公司把这些创新整合进它的 DC-3 飞机时，实现了飞机的经济性，由于其他企业努力模仿道格拉斯的设计模式，DC-3 产品架构很快成为飞机产业的主导设计，道格拉斯公司很快就成为当时世界上最大的商用飞机制造商。

资料来源：詹姆斯·厄特巴克.把握创新[M].高建，李明，译.北京：清华大学出版社，1999：30-77.

4. 技术创新战略的选择

技术创新战略是企业在市场竞争中利用技术创新获取竞争力的方式，是企业整个竞争战略的一部分，并且必须与其他战略协调起来。

技术创新战略的选择主要涉及创新的基础、创新的对象、创新的水平及创新的方式等几方面。

（1）创新基础的选择。创新基础的选择需要解决在什么层次进行创新的问题。基础性研究需要企业科研人员长期地、持久地默默工作，这种工作可能带来巨大的成功，也可能一无所获。这一特点决定了这种战略不仅有较大的风险，而且要求企业能够提供长期的和强有力的资金与人才支持。应用性研究只需要企业利用现有的知识和技术去开发一种新产品或者探寻一种新工艺，所需时间和资金较少，风险也较小，但对企业的贡献程度要小一些。

（2）创新对象的选择。技术创新主要涉及材料、产品、工艺和生产手段等不同方面。由于企业生产所需要的原材料主要从外部获取，因此材料创新主要是在外部进行的。企业创新可供选择的对象主要涉及产品、工艺以及生产手段等领域。

（3）创新水平的选择。创新水平的选择主要是在行业内相对于其他企业而言，它需要解决的主要是在组织企业内部的技术创新时，是采取领先于竞争对手的"先发制人"的战略，还是实行先追随其后，然后超过他人的"后发制人"的战略。

（4）创新方式的选择。企业在技术创新活动的组织中有以下几种方式。

1）自主创新：自主创新是企业依靠自己的力量独家完成创新工作。它不仅要求企业拥有数量众多、实力雄厚的技术人员，而且要求企业能够调动足够数量的资金。例如，我国的北大方正便是这方面的一个典型案例，他们在开发华光和方正激光照排系统时，一直坚持在新的技术发展轨道上创新，抢占制高点。

2）模仿创新：模仿创新包括仿制创新和模仿改进创新。前者是对市场上现有产品的仿制；后者是对率先进入市场的产品进行再创新，即在引进他人的技术后，经过消化、吸收，创造更先进的技术产品。日本被认为是在模仿基础上进行产品创新、工艺创新的典型，并由此成为世界强国。

3）协同创新：协同创新战略是指两个或两个以上企业或科研单位，为实现某一技术创新战略目标而组建技术联盟，进行企业技术创新。

4）引进创新：引进创新战略是指企业为追赶先进技术，利用各种手段购买其他企业的专利，通过消化、吸收后再创新的方式。这一战略的成功实施可以使相对落后的国家或企业，在较短时间内提高技术水平和自主创新能力，为进一步发展打下基础。

5）技术跨越：所谓技术跨越，就是跨越技术发展的某些阶段，直接开发、应用新技术与新产品，进而提高企业竞争力的过程。立足自身，有所为，有所不为，集中优势进行技术跨越。如开始于20世纪中期的我国的"两弹一星"工程，就是在我国的整体科技、经济实力不强的条件，实施技术跨越战略的结果。

14.3.2 企业组织创新

1. 企业组织创新的含义

企业组织创新是指组织根据内外环境的变化，调整组织内部的若干状态，以维持组织本身的生存与发展的过程。这种调整可以分为两种类型：一种是组织的增量式创新，即不改变原有组织结构的性质，而对组织结构、手段或程序等进行调整，如控制制度的精细化、组织机构的精简、人事上的变更或一项交易程序的调整等。另一种是组织的根本性创新，即组织结构的根本性变化，如组织结构基本形态的发展、部门机构职责和权限的发展、组织机构中信息网络的重构以及组织机构中职位关系的重新安排等。

2. 组织创新的时机

当企业组织出现以下先兆和信号时，表明组织创新的时机已来临。

（1）大规模危机开始出现，如令人吃惊的财务亏损，失去重要的客户，或被竞争对手重创等。

（2）领导职位易人。任命新的高层经理人员可能预示着一场重大的组织变革正在发生，新的领导人可能会把其新的角色模式、管理价值观、领导风格、管理思想注入组织中。毫无疑问，这将在相当大的程度上变革原有的管理组织。企业发展史上皮埃尔·杜邦（Pierre DuPont）创新的 M 型组织就发生于杜邦新任董事长之时。

（3）组织决策形成过于缓慢，以致无法把握良好的发展机会，或者时常造成重大的决策失误。

（4）组织中沟通不良，内部冲突严重，组织的机能不能得到正常发挥，造成许多严重后果。

3. 组织创新的障碍

组织创新导致组织发生变革，尽管它会提高组织的效率，但是创新活动并不是自然而然地发生的，组织创新面临众多障碍，归纳起来这些障碍包括以下几个方面。

（1）组织的惯性（organization inertia）。随着组织年龄的增长，企业往往有保持其稳定性的倾向，这促使其反对组织变革，于是组织就产生了惯性。企业组织结构是适应过去的要求而构建的。企业中绝大多数人包括高层管理人员，都是在昨天的企业中成长的，他们的态度、期望和价值观也都是在早期形成的。他们倾向于把昨天的经验强加于现在，把企业以前所发生的事看作常规，对任何一种不合"常规"的事都持强烈的拒绝态度。这种变革阻力严重制约着企业组织的创新活动。

（2）组织的保守倾向。安东尼·唐斯（Anthony Downs）在对组织的寿命周期（life cycle）进行研究后认为，所有组织除非它处于快速增长或内部动荡的时期，否则其年龄越长或越成熟，就变得越加保守。其原因是：①随着组织年龄的增长，它经历的环境越多，为了处理它所经历的环境，组织内部发展起来的制度化的规则就越多。虽然这些规则在许多条件下被证明是有效率的，但同时也约束了组织对环境的反应，自然也限制了创新。②组织建立之初通常控制在一些充满激情的狂热者手中，但狂热者（他们通常是创新者）不一定能成为好的管理者。随着组织年龄的增长，有效管理的要求也相应增加，充满创新精神的狂热者将被更具保守倾向的管理者所取代。③当组织的绝对规模变得巨大时，维持高速增长也变得困难。因而个人发展和晋升的机会在大组织中较少，成功的小型企业则为个人发展提供了无数机会，因此，大组织中具有企业家创新精神的从业人员将被外部吸引而另谋高就。

（3）既得利益者的恐惧。变革会威胁到人们为取得现状所做的投资。人们对现有体制所做的投资越多，他们反对变革的阻力就越大。这是因为他们担心失去现有的地位、收入、权势、个人便利或其他被看重的福利。这一点也说明了为什么老年员工比年轻员工更加反对变革，一般来说老年员工对现有体制的投资更多，因而调整到变革状态后失去的也更多。

（4）创新风险。组织创新将使已知的东西变得模糊不清并具有不确定性，由此导致创新风险。组织中的人都有理性避险的倾向，从而与组织创新活动发生抵触。比如，企业引入采用复杂的统计模型的质量控制方法，往往意味着许多质量控制检查员需要学习新方法。有些检查员可能会担心自己学不会，由此对新的质量控制方法产生敌意的态度，并在要求他们采用这一方法时表现出无效的行为。

（5）组织的"沉没成本"（sunk costs）。沉没成本是指企业已经投入而无法收回的投资，例如企业对一些专用性资产的投资、在技术上与其他一些相关企业的依存关系、企业组织的地域分布状况、良好的社区关系、顾客对现有企业组织的依赖、组织间的协约等，这些关系的维系都是依靠过去长期的有形或无形的投资。组织创新将可能使沉没成本不再发挥效用，这会导致企业组织追求稳当，缺乏变革的动力，甚至阻碍变革。

（6）管理者担心已建立的权力系统受到威胁。组织创新过程往往伴随着组织内部权力的重新分配以及职能的调整，在这个过程中，组织中的一些管理者往往担心自己失去原来的权力以及职位，于是对组织变革持消极态度，甚至反对变革。例如，在从集权组织向分权组织转化的过程中，集权管理者并不情愿将权力分解下放，担心自己的权力系统失控，因而拒绝改革。

（7）对组织创新缺乏有效的保护。组织创新本身就是一种社会发明，尤其是那些解决组织管理中一般性问题的组织创新（如设计出新型有效的组织结构）更是如此。但是组织创新从来没有像技术发明那样得到严格的保护，是一种没有专利权的社会发明。一项组织创新的成果诞生后，其他企业可以无偿使用，致使组织创新活动缺乏动力与激励。

4. 组织创新的过程

组织创新是一个系统的过程，实践表明，成功的组织创新需要遵循科学的创新程序。组织创新程序是指组织创新的行动和步骤，组织创新可按以下程序进行。

（1）认识变革的力量及需要。对组织所处的内外环境进行研究，形成组织变革的压力不外乎两类：一是源于组织的外部力量，如市场条件的变化、技术进步以及政府的政治经济政策的变动等；二是源于组织的内部力量，如组织的运作效率、运作程序以及人的因素。同时管理部门还要认识到进行组织变革时在组织内部宣传组织变革的必要性，以便为组织变革提前做好准备，以免等到组织问题严重到无法控制的地步才匆忙进行改革。

（2）明辨面临的问题。弄清问题的实质，找出组织现有状态同理想状态之间的差距，以确定进行什么改革。

（3）确定组织创新的内容。组织创新主要有三个方面：①以结构为中心进行变革，如采用新的组织结构、直线人员与参谋人员更好地配合等；②以人为中心进行变革，即从人的行为态度方面进行变革，改变人员的态度及人际间工作关系的性质来达到改进组织绩效的目的；③以过程为中心进行变革，即实现企业组织的构成单位从专业化的职能部门转变为以任务为导向、充分发挥个人能动性和多方面才能的过程小组。对企业组织的设计和再设计就主要不是组织结构的问题，而是确确实实将"过程"作为构件来构造组织，称之为"过程组织"，这也是迈克尔·哈默（Michael Hammer）和詹姆斯·钱皮（James Champy）于1993年提出的企业流程再造理论的核心思想。

（4）认识限制条件。影响组织创新成败的限制条件主要有三个方面：①领导气氛，即上级管理者的领导作风和行政惯例对工作的影响；②正式组织的内容，指正式的组织结构、控制系统、法定的惯例和原则、政策等；③企业的组织风尚，指非正式组织的规范、价值观等。

（5）确定解决问题的方法。根据所需要解决的问题及面临的限制条件，确定适当的解决问题的方法。是采用集权还是分权、是扩大还是缩小管理幅度等问题都要依据具体情况而定。

本章小结

1. 创新就是企业家把一种发明或新构想以商业化的方式引入经济之中，从而给经济带来较大影响或变革的行为及过程。从企业管理的角度看，我们把企业内管理方式的变革、组织机构的变动、现行技术与生产系统的改进、新产品的开发、现有产品的改进、产品质量的提高、企业文化的变革等也称为创新。
2. 创新的特征：新颖性、创造性、风险性、高收益性、系统性、时间性、相对性、动态性、知识密集性。
3. 创新的基本类型主要有：渐进性创新和根本性创新；自主创新、模仿创新与合作创新；局部创新和整体创新；自发创新和有组织的创新；主动创新与被动创新。
4. 创新的主体是指创新的推动者、实施者。从企业角度看，主要包括企业家、管理者、员工、外部管理专家和咨询机构等。企业家是创新的主要推动者，也是企业创新成败的关键人物。
5. 创新的内容包括：观念创新、战略创新、产品创新、组织结构创新、制度创新、管理创新、技术创新、市场创新、环境创新。
6. 企业创新的动力。企业创新的动力可以归结为六个因素：市场需求、市场竞争、技术推动、政府行为、企业家偏好和路径依赖。
7. 创新的过程。就一般而言，创新工作大体上可分为六个步骤：准备阶段；寻找创新的机会和时机；提出构想；迅速行动；不断完善构想；形成模式。
8. 创新的领导主要包括：正确理解和扮演"管理者"的角色；创造促进创新的氛围；制订有弹性的计划；正确地对待创新的失败；建立合理的创新评价和奖励制度。
9. 企业技术创新就是企业在生产过程中采用的技术手段、方式和方法的新变革与新突破。
10. 企业组织创新是指组织根据内外环境的变化，调整组织内部的若干状态，以维持组织本身的生存与发展的过程。

练习与思考题

选择题和判断题，请扫二维码做题；名词解释、简答题和论述题/计算题的参考答案，具体请扫二维码。

一、选择题（题干略，请扫二维码）

二、判断题（题干略，请扫二维码）

三、名词解释
1. 渐进性创新
2. 自主创新
3. 模仿创新
4. 沉没成本
5. 技术创新

四、简答题
1. 什么是创新？你是如何理解创新的？试举出两个自己所了解的属于创新的事例。
2. 创新的特点有哪些？
3. 创新的过程有哪些步骤？
4. 企业创新的动力有哪些？
5. 企业技术创新的方式有哪些？
6. 组织创新包含哪些方面的基本内容？

五、论述题

1. 组织成员抵触创新的基本原因有哪些?
2. 企业技术创新机遇来源有哪些?
3. 企业组织创新的障碍有哪些?

案例讨论

浙江东南网架股份有限公司的技术创新

1. 浙江东南网架股份有限公司概况

浙江东南网架股份有限公司成立于2001年12月,其前身是成立于1984年1月的杭州东南网架厂。目前该公司是一家集设计、制作、安装于一体的大型钢结构上市企业(股票代码:002135),为国家大跨度空间结构产业化基地实施单位、国家高新技术企业、中国钢结构协会副会长单位、全国优秀建筑企业,拥有钢结构行业唯一国家级企业技术中心。公司先后承接了国家游泳中心"水立方"、世博会"中国馆"和世博演艺中心、中国电影博物馆等大型工程项目。2016年公司接连承接了杭州奥体博览中心网球中心、委内瑞拉拉林科纳达棒球场钢结构工程、乌镇互联网会展中心等一大批规模大、科技含量高的精品工程。

2. 浙江东南网架股份有限公司的技术创新

(1) 坚持自主创新为主导的技术创新战略。

创新是企业可持续发展的不竭动力。东南网架公司一直坚持自主科技创新,加强各类科研平台建设。公司创建了行业第一个国家级企业技术中心、国家级博士后科研工作站、浙江省院士专家工作站、浙江省企业研究院、浙江省工程技术研究中心等高端技术开发与创新平台。公司是科技部认定的国家火炬计划重点高新技术企业,公司开发形成多面体空间刚架结构建造技术、张拉结构建造技术、折叠展开式整体提升技术等十大核心技术。

2015年东南网架公司又新突破了绿色低碳装配式钢结构建筑技术创新及产业化、大型体育场馆钢结构智能化建造关键技术研究及实践等几项关键工艺、技术。2016年东南网架公司还参与建设了世界首创的超高精度铝合金网架结构,并运用于500米口径的"超级天眼"国家天文台射电望远镜重大工程。截至2017年6月30日,公司拥有自主知识产权的产品达150多种,专利达180余项。

(2) 加强与国内科研机构、院校的研发合作。

公司积极开展产学研合作,与浙江大学、西安建筑科技大学、浙江工业大学、浙江省建筑设计研究院等多家高等院校、科研单位建立了技术合作关系。公司于2015年1月30日与中国电子科技集团公司第54研究所签署了《战略合作协议》,开展长期战略合作,正式宣告进入军工领域。中国电子科技集团公司第54所隶属于中国电子科技集团公司,相继参与完成了"嫦娥探月""北斗卫星导航系统""上海天文台65米射电望远镜天线项目"等数百项国家和国防重大工程建设,具有强大的军工科研生产能力。公司与其在大型望远镜产品研发制造、智慧城市、智慧家庭、防弹机库装甲等领域进行了合作,并且54所还优先把公司推荐给其他军工企业。

在与中国电子科技集团第54所签署战略合作协议后短短一周,东南网架便与其联合中标总金额为1.44亿元的国家天文台500米口径球面射电望远镜工程反射面单元设计与制造项目,该望远镜将是世界第一大单口径射电望远镜。时隔一个月,公司又与中国人民解放军某部队签订总金额为2.07亿元的一项合同。

(3) 加大智能化制造技术的投入力度,推进"智慧制造"。

公司进一步加大对生产过程改造和智

能化产品研发的投入力度，促进传统制造向智慧制造方向转型。2016年，公司网架生产线智能化技改全面推进，公司开发的BIM"互联网+"、物联网技术已成功投入使用，公司钢结构网架制造与安装的信息化水平获得质的提升。项目被列为杭州市萧山区"两化"深度融合国家示范项目。公司的全资子公司东南新材料公司被评为杭州市机器换人示范企业。未来，公司将坚定不移地推进智能化制造的转型升级，积极利用"互联网+"，促进工业化和信息化的深度融合，借助大数据、云计算、物联网等新一代信息技术，向"智慧制造"转型升级。

（4）技术创新成果丰硕。

通过消化吸收和自主创新，东南网架形成了十大核心技术，拥有自主知识产权的产品达150多种，获授权专利达180多项；公司至今累计完成各类工程8 000余项（含公司前身），先后荣获鲁班奖、詹天佑奖、国家优质工程奖、空间结构优秀工程奖、国家钢结构金奖等国家和省部级奖项200余项。其中2016年，公司共获得专利45项，其中发明专利16项；获得省级工法2项，中国产学研合作创新成果一等奖1项，中国钢结构行业科学技术奖二等奖1项，杭州市科技进步奖三等奖1项，中国钢结构工程大奖1项；主持/参编国家、行业标准规范8项，其中国标2项；成功申报国家级科技计划项目2项，验收国家级项目3项。

资料来源：

1. 浙江东南网架荣获2015年浙江省企业技术创新能力百强，http://dnwjb.hzywyw.com/html/dnwjb/20160101/dnwjb772.Html.

2. 浙江东南网架股份有限公司官网，http://www.dongnanwangjia.com.

3. 杜市伟. 接连斩获军工大单，东南网架涉军股价屡创新高 [N]. 证券导报，2015-03-19（5）.

4. 东南网架：2016年报净利润0.49亿，同比增长41.69%，同花顺财经，http://stock.10jqka.com.cn/20170221/c596530982.shtml.

5. 浙江东南网架股份有限公司2015年、2016年、2017年第3季度报告。

讨论题：

1. 浙江东南网架股份有限公司技术创新的形式有哪些？

2. 浙江东南网架股份有限公司技术创新的特点有哪些？

3. 从浙江东南网架股份有限公司的技术创新活动，我们可得到哪些启示？

管理评论

从技术引进到自主创新，中国高铁为什么可以

2016年7月20日，《财富》世界500强排行榜发布，"国家名片""高铁走出去代表"的中国中车股份有限公司首次上榜，排名第266位，位居中国企业第54位。中国中车于2015年9月28日由中国南车和中国北车合并组建而成，2016年即位列世界500强行列，虽谓"高速"，但在意料之中。中国高铁从2004年引进时速200公里高速动车组技术，到2010年自主开发时速380公里"和谐号"动车组，如此"高速"，却在意料之外。

中国高铁从技术引进到消化吸收再创新、系统集成创新再到原始创新，仅用短短6年左右时间就走完了先发国家40年的发展历程。从技术引进到自主创新，中国高铁为什么可以？

政府政策的保障

政府政策的保障是中国高铁成功走向自主创新的重要原因，这一点大家都知道。铁路行业是自然垄断行业，高铁被视为公共品。在这样的行业领域，结合我国的国情，政府的主导与干预显得既合理又必要。

政府在指导方针和技术体系方面的要

求,主导了中国高铁的发展方向。在2004年技术引进之时,国务院就制定了"引进先进技术,联合设计生产,打造中国品牌"的指导方针。2008年2月26日,科技部与铁道部共同签署的《中国高速列车自主创新联合行动计划》提出,建立并完善具有自主知识产权、时速350公里及以上、国际竞争力强的中国高速列车技术体系。CRH 380系列就是这一行动计划的代表性成果,也是中国高速动车组自主创新的标志。

政府在技术引进和市场竞争方面的干预,很好地处理了高铁创新各行动主体之间的竞争与合作关系。在引进技术时,为避免中国企业在争取与外国企业的合作机会时竞相压价,原铁道部明确指出只有南车和北车才有与外商合作的资格,与四国的企业谈判让这四国的企业为争取与中国两家企业的合作机会竞争,从而保证了中国企业在谈判中的有利地位。同时,积极鼓励创新过程中的寡占竞争,从一开始就确立南北车之间竞争的格局。

战略买家的主导

中国铁路独一无二的市场优势既是高铁成功的必要前提,也是战略买家的最大筹码。2008年获批的《中长期铁路网规划(2008年调整)》可是让国外高铁制造企业垂涎欲滴的庞大蛋糕。当年提出的"四纵四横"已于2016年7月20日全面升级为"八纵八横"。

如何利用好这超大规模的市场优势来获取技术,是个有挑战性的命题。如果将市场分割,则很容易被对手各个击破。为确保引进关键技术,避免企业间的恶性竞争,谈判的主体集中为唯一的战略买家——原铁道部,全国的铁路市场被集中起来统一对外,谈判砝码由单薄的"指头"变成了硕大的"拳头",这种谈判方式保证了技术引进的"质价双优"。原铁道部在2004年的动车组招标文件中提出"三个必须":一是外方关键技术必须转让;二是价格必须优惠;三是必须使用中国的品牌。

更令人拍手叫好的是,原铁道部设置了突破国外技术封锁的妙招。笔者在高铁见闻著的《高铁风云录》中读到:"铁道部设置了'技术转让实施评价',考察对象是中国投标企业,裁判是铁道部成立的动车组联合办公室,简称'动联办'。国外企业作为老师要向国内企业传授技艺,动联办考察国内企业学得怎么样,只要国内企业没学好,它就不付钱。因此,国外企业只好把压箱底的活儿拿了出来!"战略买家的优势使中国高铁制造企业拥有了快速成长的必要条件,几年以后便能与国外高铁企业在全球角逐订单,上演了学生与老师的PK战。

技术能力的积累

为达到理想的消化吸收效果,技术引进对国内企业的技术能力提出了高要求。北京大学的路风教授认为,最终使中国高铁技术位于全球前列的中国铁路装备工业的技术能力,并非因为技术引进才生成,而是在技术引进之前就已存在。

在技术引进之前,中国高铁曾经走过自主研发之路。"九五""十五"期间,国家启动国产高速列车研制计划,原铁道部组织科研、设计和机车车辆制造单位在1999～2003年研制出动力集中型"大白鲨""蓝箭""中华之星"和动力分散型"中原之星""先锋""长白山"动车组。2002年年底,具有完全自主知识产权的国产高速列车"中华之星"在秦沈客运专线进行试验,创造出当时每小时321.5公里的"中国铁路第一速度"。这些自主研发实践为中国高铁培养了大批人才,积累了技术能力。

技术引进之后,中国铁路装备企业在"干中学"中不断提升了技术能力。笔者在2016年5月聆听了中国中车株洲电力机车研究所有限公司(下文简称株洲所)副总工程师刘军的介绍。株洲所现已成为高铁核心技术的驱动力量,在其研发团队的豪华阵容背后,中国铁路装备业技术能力的人才基础可窥见一斑。目前，株洲所拥有一支近6 000人的研发团队，其中包括1名中国工程院院士，近100名教授级高级工程师，155名博士，1 468名硕士研究生，形成以院士、国家级"百千万"人才、国务院特殊津贴专家、中车科学家、首席专家等领域的人才梯队，其中本科以上学历占比达87%，35岁及以下占比达80.7%。

协同创新的支撑

中国高铁之所以能成功走向自主创新，高等院校和科研院所是一股重要的支撑力量。前面提到的《中国高速列车自主创新联合行动计划》更多地发挥了科技部对全国创新资源的有效组织作用，极大地调动了全国科研力量的参与积极性。

高等院校、科研院所和企业等协同创新各方均踊跃参与，共同承担了攻坚克难的创新研究任务，其中包括清华大学、北京大学、西南交通大学、中南大学、同济大学、浙江大学、北京交通大学等25所国内一流高校，中科院力学所、软件所、电工所、金属所、自动化所等11所国内一流科研机构，唐车公司、长客股份和四方股份3大主机厂，永济电机等7家核心配套企业，共涉及3个国家实验室、31个国家重点实验室、3个国家工程实验室、7个国家工程研究中心、2个工程技术研究中心，组织了68名院士、500多名教授、上万名工程技术人员。

《高铁风云录》中以CRH380A的头型研究为例，展示了官产学研用的协同创新所发挥的重要作用。CRH380A的头型研究属于高速列车空气动力学项目，牵头单位为中科院力学所。南车四方股份公司是使用单位，负责组织进行方案设计，联合西南交大进行初步方案设计及文化分析；中科院力学所负责气动性能的仿真分析；清华大学与北京大学负责侧风稳定性计算；中国空气动力研究与发展中心负责气动力学的风洞试验；同济大学负责气动噪声风洞试验；铁科院、西南交大、同济大学负责气动性能和噪声的实车测试。多方协同创新的最终成果是，从20个列车头型中选出来的CRH380A型动车组的优美头型。

中国高铁的自主创新之路可否复制

一些研究表明，由于国家电网与铁路都具有自然垄断特征，中国发展特高压技术之路与高铁发展之路具有很多相似之处，而大飞机产业的发展道路有别于两者。三者的共同之处在于，政府政策的保障与主导，以及举国体制下强大的产学研合作。

反思中国汽车产业的发展，其产品直接面向个体消费者，因此没有像高铁那样的政府管理体制进行主导和干预。但其短板显然在于，技术引进之后，在产销两旺的形势下忽视了在产学研合作的支撑下开展自主研发，忽视了在自主研发中提高技术能力。

《中国科技统计年鉴》的数据显示，近年来我国企业引进国外技术的经费支出仍维持较高水平。2014年，规模以上工业企业引进国外技术的经费支出达387.51亿元。中国企业的技术引进仍在继续，高铁的自主创新之路可否复制？显然，由于行业特性的差异，绝大多数企业不可依赖举国体制来实现自主创新。若技术引进企业着眼长远，在技术能力积累和协同创新支撑方面投入努力，则自主创新指日可待。

世上没有白走的路，每一步都算数。

资料来源：浙商大智库微信公众号。

延伸阅读

[1] 詹姆斯·厄特巴克. 把握创新[M]. 高建，李明，译. 北京：清华大学出版社，1999.
[2] 彼得·德鲁克. 创新与企业家精神[M]. 蔡文燕，译. 北京：机械工业出版社，2007.

[3] P N 康德瓦拉. 创新管理：保持并拓展你的优势 [M]. 张谊, 译. 北京：华夏出版社, 2005.

[4] 许庆瑞. 全面创新管理：理论与实践 [M]. 北京：科学出版社, 2007.

[5] 陈劲, 郑刚. 创新管理：赢得持续竞争优势 [M]. 北京：北京大学出版社, 2009.

[6] Rogers, *Everett M.Diffusion of Innovations* [M]. 5th ed. New York：The Free Press, 2003.

[7] Utterback, James M. The Process of Technological Innovation within the Firm [J]. *Academy of Management Journal*, 1971, 14（1）：75-88.

第15章

西方管理理论发展历程

管理箴言

在以往的实践中存在可以在明天使用的历史教训;川流不息的事件和思想将昨天、今天和明天连接在一条不间断的河流。

——丹尼尔 A. 雷恩(Daniel A.Wren)

本章要点

- 管理思想的萌芽。
- 古典管理理论的基石。
- 现代管理理论的丛林。
- 当代管理理论的新思潮。

引例

汽车行业的变革与管理思想的发展

管理学是一门实践科学,汽车工业在迅速崛起的同时,促生了许多新的管理理论与方法。汽车企业的不断尝试与不断改进提高了企业的生产能力,促进了社会生产力的发展,同时也为其他行业提供了可资借鉴的管理经验。

20世纪,汽车行业促生了三次革命性的管理技术变革,也推动了管理理论的发展和管理思想的持续闪耀。

第一次变革发生在1914年,美国福特汽车公司的流水线使装配汽车的效率提高,为组织结构重组、大生产,以及流程再造等管理思想的出现奠定了基础。彼得·德鲁克给予福特高度评价,他曾写道:"真正的革命是亨利·福特的大生产思想。这场革命本身对社会基础带来变革,它的发展速度、普遍性和影响都是人类历史上前所未有的。"

第二次变革发生在20世纪50年代,通用汽车公司的总裁斯隆进行的组织架构重组变革,是对集团管控的一个空前的实践,为集团公司及事业部等组织形式的建立提供了很好的实践基础。斯隆的成就不在于让濒临破产的通用汽车公司在短短三年内反败为胜，而在于他建立的企业原则，历经半个多世纪的经营环境变动，其管理创新仍被公认为企业思考的典范。目前，"业务重组""流程再造"已经被一些公司奉为摆脱困境的法宝和管理思想。

第三次变革发生于20世纪60年代末，日本汽车工业出现奇迹，生产出物美价廉的汽车，大大地提高了人们的生活水平，使人们真正步入现代化的生活，这一切得益于丰田汽车公司开创性提出的"精益生产"理论。"精益生产"理论的作用是深远的，它的理论基础即全面质量管理、准时生产和零库存，以及成组技术在现代企业中广为应用，为社会进步起到了重要的推动作用。

随着互联网时代的到来，"互联网汽车"和"智能汽车"等新的汽车概念和生产模式逐渐涌现。一方面，汽车的功能超越了"交通"的属性，被赋予更多附加价值，车联网大数据平台下的"智能化交通"正逐步改变人们的出行生活，逐步涉入其他生活领域；另一方面，众多国内外世界知名汽车企业联合互联网企业，进行跨界的合作和开发，进入到"智能化""车联网""新能源""自动驾驶"等多个领域，依托于互联物、物联网技术的发展，有未来4G甚至5G等高速通信新技术的支撑，发展"汽车互联网＋"。

读史使人明智。纵观汽车行业的变革，从福特的流水线、斯隆（通用汽车公司）的组织架构重组，到丰田的精益生产，再到互联网驱动的汽车智能化和汽车行业跨界合作，都极大地促进了管理技术的产生和应用，这种管理技术极大地促进了生产力的提高，对目前国内企业集团的整合发展，特别是中国汽车工业产生了重大影响。

资料来源：王吉鹏.汽车行业的变革与管理思想的发展［J］.信息网络，2008（3）：72-76.

"管理"作为人类的一种活动，因人类活动的需要而产生，也随着人类活动的需要而发展，其源头可以上溯到数千年前。但是，从管理实践到形成一套比较系统的理论，则经历了一段漫长的历史发展过程。回顾管理学的形成与发展历程，了解管理思想和理论的演变与历史，以及管理先驱对管理理论和实践所做的贡献，对每个学习管理学的人来说都是必要而有益的。

管理学界一般将管理学形成之前的历史分成两个阶段：早期管理实践与管理思想阶段（从有了人类集体劳动开始到18世纪）和管理理论产生的萌芽阶段（从18世纪到19世纪末），本书统一称为管理初级阶段。管理学形成之后的历史又可分为三个阶段：古典管理理论阶段（20世纪初到30年代行为科学学派出现前）、现代管理理论阶段（20世纪30年代到80年代，主要指行为科学学派及管理理论丛林阶段）和当代管理理论阶段（20世纪80年代至今）。

15.1 管理思想的萌芽

从人类社会产生到18世纪，人类为了谋求生存，一直广泛地进行着管理活动。但是这个时期的管理仍处于经验摸索阶段，尚未对经验进行科学的抽象和概括，更没有形成科学的管理理论。在埃及、中国、希腊、罗马和意大利等文明古国的史籍和宗教文献中，可以零星地发现一些早期的著名管理实践和管理思想。尽管时间久远，但必须指出的是，这些管理实践和管理思想闪烁着智慧的光芒，在今天仍然有很大的借鉴意义。

在18世纪到19世纪的工业革命时期，机器化大规模生产方式的普及和现代意义工厂的产生，造成对管理的需要越来越迫切，在此背景下，管理思想开始萌芽，管理学开始逐步形成。这个时期的代表人物是亚当·斯密（Adam Smith，1723—1790）。亚当·斯密是英国资产阶级古典政治经济学派的创始人之一，他的代表作《国富论》中有许多重要观点：提出了"经济人"观点，指出了管理控制和计算投资回收期的必要性；分工可以使劳动者从事某种专项操作，便于提高技术熟练程度，有利于推动生产工具的改革和技术进步，可以减少工种的变换和节约劳动时间，从而提出了分工理论。

其他有代表性的思想主要有：英国重商主义经济学家詹姆斯·斯图尔特（James Stewart）提出许多重要的管理思想，如实行刺激工资、工作方法研究、管理人员与工人之间的分工等。英国数学家和机械学家查尔斯·巴贝奇（Charles Babbage）在亚当·斯密劳动分工理论的基础上，对专业化等相关问题进行了系统的研究，提出以专业技能作为工资与奖金的基础，主张实行有益的建议制度，并对有益的建议给予不同的奖励。英国空想社会主义者罗伯特·欧文（Robert Owen）从克服早期资本主义对劳动力的过度剥削观点出发，最早提出了企业内部人力资源的重要性。

15.2　古典管理理论

1. 历史背景

由于工业革命的发展和国际市场的开拓（包括建立殖民地和战争掠夺），资本主义国家积累了雄厚的资本，资本主义各国相继走上工业化道路，国际分工体系也逐步建立起来，社会生产力得到了空前的发展。与生产力的巨大发展相伴的是，从19世纪70年代到第一次世界大战爆发的40多年里，每隔7年左右就会爆发世界性的经济危机。每次经济危机都使资本主义国家的生产急剧下降，企业大批地破产，资本贬值，失业人数增加，生产力遭到严重破坏，劳资矛盾激化，罢工持续不断，造成剧烈的社会动荡。

作者视频讲解
请扫二维码

2. 管理困境

进入20世纪后，美国的生产力得到了比较充分的发展，形成了国内统一市场，同时，生产的社会化程度、集中和垄断化程度都比较高，金融资本的发展更是首屈一指，其高级形式托拉斯尤为发达。跨国公司的出现，信用制度、股份公司的建立和发展，导致了所有权和经营权分离，现实中越来越需要管理职能的专门化。

与科技和生产能力高速膨胀形成鲜明对比的是，管理成为制约生产率提高最为严重的环节。此时的管理十分粗放，基本上仍然凭传统的经验经营企业。在车间管理方面，劳动的专业化、操作的标准化和程序化都没有建立，不仅造成了极大浪费，生产的潜力得不到发挥，更严重的是，许多工人在干活时工作效率低下。其原因在于：虽然工人努力工作增加产量，但个人的收入得不到增加，同时还可能影响与同伴的关系，自然影响工人的积极性。这种工人怠工现象在全国范围的企业内普遍存在，令当时的经营管理者头痛不已。

为解决上述问题，许多专家进行了深入探索，其中有代表性的主要是科学管理之父泰勒（1856—1915）、管理理论之父法约尔（1841—1925）、组织理论之父马克斯·韦伯（M. Weber，1864—1920）以及人际关系学说创始人乔治·埃尔顿·梅奥（George Elton Mayo，1880—1949）。

15.2.1 泰勒的科学管理理论

被称为"科学管理之父"的泰勒的主要著作有《科学管理原理》[一]等。科学管理以三个基本的科学假设作为前提：一是如果能通过科学管理将社会资源进行充分利用，而且劳资双方都能得到利益，劳资矛盾就可以解决；二是工人是"经济人"，他们最为关心的是如何提高自己的货币收入，愿意配合管理者挖掘出自身最大的潜能，以获得最大的经济利益；三是科学管理是使单个人提高效率的有效方法。

泰勒的科学管理实验贯穿着两个基本原理：一是作业研究原理，研究每项动作的必要性和合理性，以形成标准的作业方法；二是时间研究原理，在动作分解与作业分析的基础上，为标准作业方法制定标准的作业时间，以便确定工人的劳动定额，即一天合理的工作量。泰勒的主要观点包括以下几个。

（1）制定科学的工作方法。泰勒认为，应该把工人多年积累的经验知识和传统的技巧归纳、整理起来，利用上述原理将其标准化，形成科学的方法。因此，管理人员的第一责任就是把工人通过长期实践积累的大量传统知识、技能和诀窍集中起来，并主动记录、概括为规律和守则，甚至是数学公式，然后将这些规律、守则、公式在全厂推行。

（2）制定培训工人的科学方法。为了最大限度地提高生产率，必须找出最适宜于某项工作的人，同时，还要最大限度地挖掘这个"最适宜的人"的最大潜力，做到人尽其才，才有可能达到最高效率。

（3）实行激励性的报酬制度。泰勒对以前的工资方案不满，认为它不能满足效率最高的原则，在1895年提出了一种具有很大刺激性的报酬制度——差别工资制。

（4）组织管理的例外原则。企业的高级管理人员把一般日常事务授权给下属人员去处理，而自己保留对例外事项（一般也是重要事项）的决策权和控制权，如重大的企业战略和重要人员的更替等问题。至今，这仍然是管理中极为重要的原则之一。

科学管理理论的优点是：将科学的研究方法和管理方式引入了管理实践，改变了从前依靠经验管理的状态，提高了生产率。不足之处是，以物、事为本，只是将工人视为生产工具，忽视了工人的创造性等，因此被很多人称为"资本家压榨工人的帮凶"。

专栏 15-1
泰勒的人生经历

弗雷德里克·温斯洛·泰勒有着非常丰富的人生经历。

1874年，他考入哈佛大学法律系，后来因为眼疾辍学了；1875年，在费城恩特普里斯水压工厂当模具工和机工学徒；1878年，转入费城米德维尔钢铁公司，从机械工人做起，历任车间管理员、小组长、工长、技师等；1890年，在费城的一家造纸业投资公司任总经理；1893年，从造纸业投资公司辞职，专门从事工厂管理咨询工作。

他还是一个发明家，拥有50多项专利，包括金属切割技术改革、移植活树的设备、动力汽锤、磨滚珠设备等。

资料来源：本书自编。

15.2.2 法约尔的一般管理理论

亨利·法约尔对组织管理进行了系统的研究，提出了管理过程的职能划分理论，他在

[一] 本书中文版机械工业出版社已出版。

1916年出版的《工业管理与一般管理》是其最主要的代表作，标志着一般管理理论的形成。法约尔所提出的一般管理理论对西方管理理论的发展产生了重大影响，成为后来管理过程学派的理论基础，也是以后西方各种管理理论和管理实践发展的重要依据之一。

（1）法约尔开宗明义地将企业的共性摆出来，定义"管理"就是实行计划、组织、指挥、协调和控制。计划，就是探索未来，制订行动计划；组织，就是建立企业的物质和社会的双重结构；指挥，就是使其人员发挥作用；协调，就是连接、联合和调动所有的活动及力量；控制，就是注意是否一切都按已制定的规章和下达的命令进行。他还将领导和管理进行了区分，领导就是寻求从企业拥有的所有资源中获寻尽可能大的利益以引导企业达到目标，就是保证五项基本职能的顺利完成。

（2）14条管理原则，即工作分工、职权、纪律、统一指挥、统一领导、个人利益服从整体利益、报酬、权力集中、等级链、秩序、公平、人员稳定、首创精神和团结精神。

（3）强调了管理教育的必要性与可能性。在他看来，管理知识是可以通过教育来获得的。其理论根据是：管理是一种独立适用于所有类型事业的活动；随着管理层级的不断上升，管理能力越发重要；管理是能够传授的。因此，他认为在高等学校应该开设管理方面的课程。

一般管理理论的优点是：管理过程的职能划分理论和管理原则具有较好的适用性，因此对后来的管理理论产生了重大影响。不足之处是，忽视了不同类型企业和不同环境中管理的特殊性。

15.2.3 韦伯的官僚组织理论

马克斯·韦伯是德国的社会学家、经济学家和古典管理理论的代表人物。韦伯提出了理想行政组织体系理论，对管理理论中组织构成的研究做出了重要的贡献。马克斯·韦伯在管理思想方面的主要贡献在《社会组织和经济组织理论》一书中。他认为，理想的官僚组织体系应该以合理合法的权力作为基础，根据明确的分工、清晰的等级关系、周密详尽的规章制度、正规的相互联系，建立起一种高度结构化的、正式的、非人格化的官僚组织体系，这是提高劳动生产率的最有效形式。

官僚组织理论和企业生命周期休戚相关。在企业的早期，即企业家阶段，组织可以采用较为个人化的方式进行经营；当组织成长起来时，可能要实行一体化或多种经营，于是职权和责任分布的范围更广，这时，通过少数个人的手段就可以取得协调，而官员往往胜过个人；由市场驱动但又受政府管理的大规模资本主义组织，需要稳定、严格、集中和可靠的管理，此时，就需要将官僚体系作为一种大规模组织的核心要素，而给予其一种关键的社会地位。

官僚组织理论的优点是：为提高劳动生产率提供了官僚组织这样一种有效形式，有利于进行稳定、严格、集中和可靠的管理。不足之处是，忽视了员工个人的主动性和创造性，以及组织快速应对环境变化的能力。

与泰勒所关注的组织最低层次员工的科学管理方法不同，法约尔和韦伯关注的重点直接指向全体管理者的活动，强调管理者的权威性和技术能力，强调一种理想组织设计的公式化。

15.2.4 人际关系学说

20世纪20年代至30年代，美国的研究人员在美国西屋电气公司的霍桑工厂进行了有关工作条件、社会因素与生产效率之间关系的试验。在这项试验的基础上，美国哈佛大学教授乔治·埃尔顿·梅奥创立了早期的行为科学——人际关系学说。其主要观点如下。

作者视频讲解
请扫二维码

(1) 职工是社会人。科学管理把人当作经济人来看待，认为金钱是刺激员工积极性的唯一动力，霍桑实验证明：影响员工劳动积极性的因素，除了物质利益之外，还有社会心理因素。对个人而言，重要的是人与人之间的合作，而不是在无组织的人群中互相竞争；个人行动的目的，主要是为了保护自己在集团中的地位，而不是自我的利益；人的思想和行动更多的是由感情而不是由逻辑来引导的。

(2) 企业中存在非正式组织。工人在企业内部共同劳动的过程中，会基于工作以外的联系、共识和感情，逐渐产生一种相对稳定的非正式组织。它与正式组织相互依存，而且通过影响工人的工作态度来影响企业的生产效率和目标的达成。因此，管理人员应该正视这种非正式组织的存在，利用非正式组织为正式组织的活动和目标服务。

(3) 新型的领导能力在于提高职工的满足程度。生产效率的高低主要取决于工人的士气，而工人的士气则取决于他们感受到的各种需要的满足程度。在这些需要中，金钱与物质方面的需要只占很少一部分，更多的是获取友谊、得到尊重或保证安全等方面的社会需要。从激励的角度看，企业管理者必须了解人们需要的不同层次，然后采取相应的措施来满足员工的不同需要，从而最大限度地调动员工工作的积极性。

人际关系学说的优点是：尊重员工的心理和精神需要，通过调动员工工作的积极性来提高生产率。不足之处是，未能将员工视为生产力的根本要素，以及对需要的差异性关注不够等。

15.2.5 其他重要人物及观点

亨利·劳伦斯·甘特（1861—1919）出生于美国马里兰州的一个富有的农场家庭。他在童年时就懂得"一个人要想在社会上有所成就，就需要艰苦地工作、俭朴地生活和自我的约束"。甘特强调对工人教育的重要性。他认为，应该通过奖金制度把原来的工长的"监工"身份，变成一位工人的老师和工人工作的帮助者。通过教育工人，随后再通过提高生产，把关心生产转变为关心工人。这是一个早期关于人类行为认识上的里程碑。甘特指出，"我们做任何事情都必须符合人性，我们不能强迫人们干活。我们必须指导他们发展"。甘特是美国科学管理先驱中最早注意到人的因素的管理大师之一。

弗兰克·吉尔布雷斯（Frank Gilbreth，1868—1924）与妻子合作，不但进行了动作研究、疲劳研究、制度管理等方面的研究，而且很重视企业中人的因素。他们利用当时西方自然科学和社会科学的各种学科，包括生理学、心理学、教育学等学科的有关知识来改进和扩大工人的能力，以便为提高生产效率服务；这一系列的研究对以后行为科学的兴起有着一定的影响。其夫人莉莲·吉尔布雷斯（Lillian Gilbreth，1878—1972）在其著作《管理心理学》中，试图证明科学管理是要培养工人，而不是扼杀工人，从而有力地支持了科学管理运动。她对由于工人的心理变化而导致管理效率受到影响的现象进行了较为深入的探讨，对管理思想的发展有着重要的贡献。

专栏 15-2

甘 特 图

甘特图是一种以时间刻度表示项目或活动进程的图示，是一种重要的时间管理工具。甘特图由亨利·劳伦斯·甘特在20世纪初发明，它早期是一种生产计划进度图，在当时，是一种重要的管理思想革命；就算到了现在，也是一种重要的进度展示和控制方式，被广泛地运用于各个领域。

甘特图由横轴和纵轴组成，横轴表示时间，纵轴表示项目，其中的线条表示计划的时间安排和实际完成的情况。甘特图可以直观地展示计划何时开始、进度如何、是否有差距。甘特图以活动或项目进展为核心关注对象，能够很好地控制时间进度、节约时间资源。

资料来源：本书自编。

15.2.6 小结

古典管理理论是人类历史上首次用科学的方法来探讨管理问题，实质上反映了社会生产力发展到一定的阶段后，对"管理"提出的要求，即管理的产生是适应生产力发展的结果。从本质上讲，科学管理实际上是一种转变人性的管理，将人从传统的小农思想意识转变为现代的社会化大生产的思想意识。古典管理理论奠定了管理学发展的基础，当今管理领域中研究的问题，如组织形式方面的研究、工作和环境方面的研究等，都是对古典管理思想的继承和发展。古典管理理论在提高产量、提高生产和工作效率等方面提出了许多闪光见解，对今天的企业管理来说仍然具有重要的参考价值。

古典管理理论也存在一些问题，主要表现在三个方面。首先，古典管理理论基于当时的社会环境，对人性的研究没有深入进行，对人性的探索仅仅停留在"经济人"的范畴之内；其次，对组织的理解是静态的，没有认识到组织的本质，对企业的发展环境关注较少，尤其是企业如何不断地与环境变化交互作用以获得生存发展；最后，古典管理理论主要研究的范围侧重于生产作业管理，把如何提高生产率作为管理的目标，对市场和消费者考虑较少，对组织战略层面的问题也较少关注。

古典管理理论流派主要内容比较如表 15-1 所示。

表 15-1 古典管理理论流派主要内容比较

管理理论流派	主要观点	优点	不足
科学管理理论	提高劳动生产率；以科学方法挑选工人；工时研究与标准化；推行差别工资制；进行职能管理；管理上实行例外原则	将科学的研究方法和管理方式引入了管理实践，改变了从前依靠经验进行管理的状态，提高了生产率	只是将工人视为生产工具，忽视了工人的需要和创造性
一般管理理论	管理过程的五种职能划分；14条管理原则	超越具体"作业"层次，抽象到"职能"层次；第一次尝试构建管理框架	忽视了不同类型企业和环境中管理的特殊性
官僚组织理论	建立一种高度结构化的、正式的、非人格化的理想官僚组织体系，这是提高劳动生产率的最有效形式	为提高劳动生产率提供了官僚组织这样一种有效形式，有利于进行稳定、严格、集中和可靠的管理	忽视了员工个人的主动性和创造性，以及组织快速应对环境变化的能力
人际关系学说	职工是"社会人"；企业中存在着"非正式组织"；新的领导能力在于提高职工的满足度，以提高职工的士气，从而提高劳动生产率	尊重员工的心理和精神需要，通过调动员工工作的积极性来提高生产率	未将员工视为生产力的根本要素，以及对员工需要的差异性关注不够等

15.3 现代管理理论

1. 历史背景

第二次世界大战是人类历史上规模最大的战争,给人类社会带来了巨大的破坏并产生了极其深远的影响。美国成了战争的最大赢家,进入了黄金时代:20世纪五六十年代是美国经济空前发展的时期,50年代工业生产年平均增长率为4%,从1961年1月到1969年10月,美国经济持续出现了106个月的高速增长。然而,1979~1982年又发生了世界性的经济危机,这次危机不但持续的时间长,而且衰退幅度巨大;从1979年4月到1982年12月,美国工业断断续续下降了44个月,超过了30年代的大危机。与此相对的是,科学技术取得了巨大突破,主要包括原子能的应用,计算机的诞生、应用及发展,新材料的不断发现和应用,人类的空间技术以及生物工程的应用与发展。这些科技的突破极大地解放了社会生产力,促进了劳动生产率的提高。

作者视频讲解
请扫二维码

企业形态方面,企业在市场竞争中逐渐形成了垄断,社会大生产逐渐集中于少数的大企业,生产和资本日趋集中。企业国际化的进程明显加快,垄断资本国际化的主要形式是建立跨国公司,通过对外投资在国外设立分公司或子公司,从事跨国经营和销售。产业结构不断调整,混业经营日益普遍。大企业利用中小企业适应性强、灵活性大、劳动工资低的特点,加强协作,形成了大、中、小企业相互补充和相互利用的经营格局。此外,企业股份高度分散化。为了最大限度地吸收社会游资,进一步缓和劳资双方的矛盾,调动员工的积极性,大企业发行了大量股票,企业所有权结构发生了巨大变化,相应地,员工在企业中的地位与关系也发生转变。

2. 管理困境

战后国际形势的这些变化,无疑给企业的管理提出了各种各样的挑战。面对企业规模的不断扩大,巨型的企业需要采用什么管理模式?跨国公司中跨国界、跨地区、跨文化的管理问题不断涌现,那么,如何解决众多新型的冲突?由于生产要素的加速流动,人们的受教育水平和生活水平也在逐步提高,人的需求呈现出丰富多彩的多样化趋势,那么,如何管理新型员工?企业面临一个崭新的环境,应当用什么样的管理理论来指导?如何保证资源得到最佳配置,降低经济危机的风险?是否需要管理的变革?

除了深化原有的管理理论,学者们也尝试引进现代科学提供的方法来分析管理对象和管理行为,特别是系统论、信息论、控制论以及耗散结构理论、协同论、突变理论,我们通常把前三者称为"老三论",把后三者称为"新三论"。这些新理论提供了科学研究的全新方法论,为管理界提高管理效果提供了有效的思维方法,从而为管理思想的发展开辟了崭新的天地。

为解决这些问题,满足企业对管理理论的需求,许多管理学者和管理专家从各自不同的背景、不同的角度,用不同的方法对现代管理问题进行研究,相继提出了许多管理理论。新学派纷纷涌现,构成了现代管理理论发展过程中百家争鸣、百花齐放的态势,也在一定程度上造成了理论间的争论、交错和互动,这被美国著名管理学家哈罗德·孔茨称为"管理理论的丛林"。

15.3.1 行为科学学派

行为科学学派主要研究个体行为、团体行为与组织行为,重视研究人的心理、行为等对高效率实现组织目标产生影响的因素。行为科学学派的主要理论包括马斯洛的需要层次理论、赫茨伯格的双因素理论、戴维·麦克利兰的成就动机理论，以及麦格雷戈（D. M. McGregor）的"X理论-Y理论"等。因大多理论在"激励"一章中已有论述，在此只做简要评述。

行为科学对员工在生产中的行为及其产生的原因进行分析研究，以便调解企业中的人际关系，并最终提高生产率。行为科学学派强调人的行为，认为从人的行为本质中激发动力，才能提高效率。行为科学理论研究的内容包括人的本性和需要、行为动机、人际关系等，主要研究个体行为、团体行为与组织行为。

行为科学理论的不足在于：研究内容方面，过于强调人的作用，对经济、技术等要素的影响重视不够，对人与制度、人与组织的结合问题以及企业发展的环境探讨较少。研究方法方面，行为科学家在研究人类行为时，将人类行为原因的复杂系统看成结构间相互依赖且具有功能性关系的网络结构，通过分析这种结构来测量行为的原因，难以解释复杂的人类行为。

15.3.2 管理过程学派

管理过程学派对管理的定义是：通过计划、组织、指挥和控制诸因素来协调有关资源，以达到组织既定的目标。孔茨把管理定义为通过别人使事情做成的各项职能，他非常强调管理的概念、理论、原则和方法。他认为管理工作是一种艺术，其基本原理和方法可以应用于任何一种现实情况，至于管理的各项职能，应划分为计划、组织、人事、指挥和控制五项。他认为协调作为管理的本质，其本身不是一项单独的职能，而是有效应用这五项职能的结果。

管理过程学派的优点是：首先，相对于其他学派而言，它是最为系统的学派。该学派从确定管理人员的管理职能入手，并将此作为他们理论的核心结构，有利于进行逻辑分析，对后世影响很大。其次，管理过程学派确定的管理职能和管理原则，为训练管理人员提供了基础。把管理的任务和非管理的任务（如财务、生产以及市场交易）加以明显区分，能使管理者聚焦于经理人员的基本工作。但是，管理过程学派也存在一些不足，其所归纳出的管理职能无法适用于所有组织，通用性有限，特别是对动态多变的生产环境难以适用。另外，其所归纳的职能并不包括所有管理行为，也没有突出目标和组织特征在管理中的重要性。

15.3.3 管理科学学派

管理科学学派也称计量管理学派、数量学派。该学派始于1939年由英国曼彻斯特大学教授布莱克特领导的运筹学研究，随着战后运筹学广泛应用于企业管理而迅速发展。管理科学学派认为，管理就是利用数学模型和程序系统来表示管理的计划、组织、控制、决策等职能活动的合乎逻辑的过程，并对此做出最优的解答，以达到企业的目标。管理科学学派强调以系统的观点，运用数学、统计学的方法和电子计算机技术，为管理决策提供科学的支持，并通过计划和控制来解决企业的生产与经营问题。

管理科学学派的主要观点包括：①认为组织是由"经济人"组成的一个追求经济利益的系统，同时也是由物质技术和决策网络组成的系统；②力求减少决策的个人经验成分，依靠建立一套决策程序和数学模型以增加决策的科学性；③将众多方案中的各种变量或因素数量化，利用数学工具建立数量模型研究各变量和因素之间的相互关系，以寻求一个用数量表示的最优化答案。因此，决策的过程就是建立和运用数学模型的过程。

管理科学学派的优点在于：以科学的方法解决管理问题，提高了管理和决策的准确度，降低了管理和决策中的主观偏差，丰富了管理研究的方法论。不足之处在于：重点研究的是操作方法和作业方面的管理问题，试图把管理中与决策有关的各种复杂因素全部数量化，完全采用管理科学的定量方法来解决复杂环境下的组织问题，忽视了组织内外环境中很多不确定因素的存在，存在过度简化的弊端；忽视了管理中人的决定性作用，况且，管理对象中人的因素往往是无法进行定量计算的。

15.3.4 社会系统学派

社会系统学派的创始人是美国的切斯特·巴纳德（Chester Barnard，1886—1961），他的著作《经理的职能》是该学派的奠基之作，后人把由他开创的管理理论体系称作社会系统学派。

社会系统学派是当代西方社会中较早出现的一个管理理论学派，其他一些管理理论学派都和它有着深刻的联系。社会系统学派将组织视为一种社会系统，是一种人的相互关系的协作体系，属于社会大系统中的一部分，受到社会环境各方面因素的影响。这一学派认为，应从社会学的观点来分析和研究管理问题。在巴纳德看来，梅奥等人提出的人际关系学说研究的重点仅仅是组织中人与人之间的关系，强调的是行为个体之间的关系，并没有研究行为个体与组织之间的关系协调问题。而要使系统运转有效，必然涉及组织中个人与组织间的协调问题，这也符合系统论的基本观点，即系统之间的相互协调。因此，社会系统学派将组织中个人与组织之间的关系协调作为其研究的主导方向，这奠定了现代组织理论的基础，对管理思想的发展，特别是组织理论的发展产生了深远的影响。

社会系统学派的主要观点包括：①组织是两个或两个以上的人所组成的开放式协作系统，需要将这个系统作为整体来看待，因为其中的每个组成部分都以一定方式与其他部分相联系；②可以采用"维持"的方法对组织内部进行协调，具体包括"诱因"和"威慑"两种方案，前者是指采用各种报酬奖励的方式来鼓励组织成员为组织目标的实现做出他们的贡献，后者是指采用监督、控制、检验、教育和训练的方法来促使组织成员为组织目标的实现做出他们的贡献；③经理人员的作用就是在一个正式组织中充当系统运转的中心，并对组织成员的活动进行协调，指导组织的运转，实现组织的目标；④巴纳德还分析了效率和效力。

社会系统学派的优点在于：既吸收了古典组织理论的合理成分，又融合了人群关系理论关于非正式组织的观点，围绕"协作系统"和"决策"等新概念，建立了现代组织理论的基本框架，以组织理论为基础来展开管理职能的分析，把管理者的职能归结为提供信息交流的体系、促成个人付出必要的努力和规定组织的目标，从而把管理者的职能作用与组织的要素联系起来，也与组织的生存和发展联系起来，从组织的要素来分析管理的职能，这是其他学派所没有的。

社会系统学派的主要不足在于：社会系统学派认为组织的要素只包括人，不包括物和其他要素，所以对组织的研究就转变成对人的研究。这种划分并没有得到管理学家的承认。

15.3.5 决策理论学派

决策理论学派是为了解决对企业整体活动进行统一管理的问题，吸收了行为科学、系统理论、运筹学和计算机程序等学科的内容发展起来的。代表人物是曾获1978年度诺贝尔经济学奖的赫伯特·西蒙（Herbert A. Simon）。他继承和发展了巴纳德的社会系统学派，并提出了决策理论，建立了决策理论学派，形成了一个有关决策过程、准则、类型及方法的较完整的理论体系，主要著作有《管理行为》和《人类活动中的理性》等。

决策理论学派的主要观点如下。

（1）组织的本质。西蒙认为，组织就是作为决策者的个人所组成的系统。西蒙在《管理行为》中指出，所谓同组织一体化，就是指个人在做出决定时，采用组织决策的价值标准，即用组织目标（组织服务目的或组织存续目的）代替个人目的的过程。

（2）决策过程中的信息问题。西蒙等人认为，当代是信息爆炸时代，重要的不是获得信息，而是对信息的加工和分析，使之对决策有用。决策者的注意力是一种宝贵的资源，不能消耗在大量无关的信息上。所以信息系统应该包括一个筛选系统，以保证提供与决策相关的有用信息。

（3）决策的准则和标准。西蒙的名言是："最好是'好'的敌人。"西蒙用"管理人"来代替"经济人"，这要求用满意准则代替最优化准则；不考虑一切可能的复杂情况，只考虑与问题有关的特定情况。对企业来说，这种"令人满意的准则"就是适当的市场份额、适度利润、公平价格等，而一个组织存在的意义和目的正在于此。

决策理论提出，决策是管理的职能并贯穿于组织的全部过程，处于核心地位。这改变了传统观点仅仅把决策职能视为计划职能的一部分的观点，不仅适用于企业，而且适用于其他各种组织，具有普遍的适用性。进一步地，决策理论深入分析和说明了组织活动的机制，并为此提出了诸如决策前提、组织影响力、决策的程序化和非程序化、诱因与贡献等一系列与决策相关联的概念，同时，把管理行为分为"决策制定过程"和"决策执行过程"，并把对管理的研究聚焦于对"决策制定过程"的分析中，由此确立了自己的理论体系，为行为科学的决策理论奠定了理论基础。

当然，决策理论学派也存在一些不足。管理是一种复杂的社会现象，仅靠决策无法实现管理的职能，事实上，好的决策如果没有得到执行也无济于事，其实用性受到限制。另外，决策理论没有把管理决策和人们的其他决策行为区别开来，组织中非管理人员的活动也需要决策，但这些决策行为都不是管理行为。

专栏 15-3

科学的跨界者赫伯特·西蒙

赫伯特·西蒙是科学领域的跨界者，是当之无愧的大师中的大师。他获得了9个博士头衔，包括芝加哥大学政治学博士（1943）、耶鲁大学科学博士（1963）、瑞典隆德大学哲学博士（1968）、鹿特丹伊拉斯姆斯大学经济学博士（1973）、密歇根大学法学博士（1978）、匹茨堡大学法学博士（1979）等。

他获得了多个领域的最高奖项和荣誉，包括美国计算机学会图灵奖（1975）、诺贝尔经济学奖（1978）、国际人工智能协会杰出研究奖（1978）、美国管理科学院学术贡献奖（1983）、美国心理学会终身贡献奖（1993）、美国公共管理学会沃尔多奖（1995）。

正如1978年瑞典皇家科学院贺词所说，其科学成就远超过他所教的任何一门学科——政治学、管理学、心理学和信息科学。他的研究成果涉及科学理论、应用数学、统计学、运筹学、经济学和企业管理等方面，在所有这些领域中他都发挥了重要的作用，人们完全可以以他的思想为框架来对该领域的问题进行实证研究。

资料来源：本书自编。

15.3.6 系统管理学派

系统管理学派的理论基础是 1968 年路德维希·贝塔朗菲（Ludwing Bertalanffy）建立的一般系统论，应用于工商企业的管理。一般系统理论认为，系统是由相互联系、相互作用的若干要素结合而成的具有特定功能的有机整体。它不断地同外界进行物质和能量的交换，从而维持一种稳定的状态。因此，系统管理学派将一般系统理论的范畴和原理，应用于研究企业和其他组织的管理活动与管理过程，并建立起系统模型分析。

系统管理学派的重要代表人物是弗里蒙特·卡斯特（Fremont E. Kast），福莱斯特等人后来创立的系统动态学是系统管理学说的进一步发展，并且把系统管理的范围扩大到整个社会和整个世界。系统动态学强调政策，而且通过计算把政策和其他系统因素结合起来，构成实际模型，并分析系统的管理过程，进而说明管理对于系统动态特性的影响。但是，其与原来的系统管理学派已有所区别，其主要观点如下。

（1）组织是由多个子系统组成的，作为一个开放的社会技术系统，组织往往是由五个不同的分系统构成的整体，这五个分系统是目标与价值分系统、技术分系统、社会心理分系统、组织结构分系统和管理分系统。

（2）企业是由人、物资和其他资源在一定的目标下组成的一体化系统，其成长和发展同时受到这些组成要素的影响。在这些要素的相互关系中，人是主体，其他要素是被动的。

（3）企业还是社会这个大系统中的一个子系统，企业预定目标的实现，不仅取决于内部条件，还取决于外部条件，如资源、市场、社会技术水平、法律制度等，它只有在与外部条件的相互影响中才能达到动态平衡。

系统管理学派的优点在于：首先，系统理论体现了管理哲学的改变。运用系统观点来考察管理的基本职能，可以把企业看成一个投入－产出系统，投入的是物资、劳动力和各种信息，产出的是产品（或服务），能把企业中的各个子系统和有关部门的关系网络看得更清楚。其次，注意解决组织与外部环境的相互关系问题，为人们处理和解决各种复杂组织的管理问题提供了一种十分有用的思路和方法。最后，从系统的观点来考察和管理企业，有助于提高企业的整体效率。

系统管理学派的主要不足在于：由于现代组织和管理面临着十分复杂的条件，系统管理理论企图用系统的一般原理和模式来解决如此复杂的现实问题难以奏效。而且系统方法过于抽象，降低了系统理论的实用价值。系统理论对组织构成因素的分析相对笼统，未能提出具体的管理行为和管理职能，在解决具体的管理问题时显得力不从心。

15.3.7 经验主义学派

经验主义学派又称为经理主义学派，以向大企业的经理提供管理当代企业的经验和科学方法为目标。该学派重点分析成功管理者实际管理的经验教训，特别是探索、提取和概括大企业的管理经验，强调从企业管理的实际经验而不是一般原理出发进行研究，并加以概括和比较，总结出其中的共性，然后使之系统化、合理化为理论，并据此向管理人员提供实际建议。它的代表人物是彼得·德鲁克、欧内斯特·戴尔（Ernest Dale）等。通过分析经验（通常是一些案例）来研究管理问题，通过研究和总结管理的经验和教训，就能了解管理中存在的问题，就能自然而然地学会进行有效管理。经验主义学派的主要观点如下。

（1）管理应侧重于实际应用，而不是纯粹理论的研究。德鲁克认为："归根到底，管理是一种实践，其本质不在于'知'而在于'行'，其验证不在于逻辑，而在于成果；其唯一权威就是成就。"

（2）管理者的任务是了解本组织的特殊目的和使命，使工作富有活力并使职工有成就；处理本组织对社会的影响和对社会的责任。

（3）实行目标管理的管理方法。德鲁克认为传统管理学派偏于以工作为中心，忽视人的一面，而行为科学又偏于以人为中心，忽视了与工作相结合。目标管理则结合以工作为中心和以人为中心的管理方法，使职工发现工作的兴趣和价值。

（4）重视管理的社会责任。德鲁克认为，工商企业和公共服务机构都是社会的器官，它们并不是为了自身的目的，而是为了实现某种特定的社会目的并满足社会、社区或个人的某种特别需要而存在的。它们本身并不是目的，而是手段。

经验主义学派的优点在于：改变了传统管理理论的不足，即以管理技巧、原则或者以职能为中心的倾向，具有广泛的适用性。此外，很多研究反映了当代社会化大生产的客观要求，能够更好地适应现代知识社会对知识员工的管理需求，目标管理在当今仍是运用最多的管理方法。

经验主义学派的主要不足在于：经验主义学派过于强调经验而难以形成有效的原理和原则，其内容也比较庞杂，无法形成统一、完整的管理理论体系，也未必能够很好地适应环境的变化。管理者可以依靠自己的经验，而无经验的初学者则无所适从，而且，过去所依赖的经验未必能运用到将来的管理中。

专栏 15-4
管理学中的学院派和实践派

美国的管理学研究中存在明显的"双向不认可"：一方面，主流管理学界认为是高等级的学术论文，实务界并不认可；另一方面，在实务界广受欢迎的实践派管理理论或其研究者，主流管理学界并不认可。下面就是一些证据。

（1）Buckley 等人（1998）用 5 级量表（1 表示几乎没有作用，5 表示作用非常大）调查了管理实践者对管理学研究者及其研究成果的看法。结果显示，管理学研究者推动管理实践进步的评价得分为 1.15，管理学研究者理解组织具体管理情境的评价得分为 1.36，管理实践者应用学术成果的评价得分为 1.45。这表明，管理实践者既不使用学术界的成果，也不认可学术界的成果。

（2）德鲁克、圣吉、特劳特等学者的理论在实务界得到广泛应用，但是，美国主流管理学界对他们并不认可。波特是个例外，得到了实务界和学术界的双认可，但是，按照美国主流管理学界的评价标准，实务界普遍认可的波特的成名作"竞争三部曲"算不上学术成果，只是 3 本畅销书而已。

资料来源：孙继伟. 论实践派管理理论的评价［J］. 管理学报，2011，8（6）：805-810.

15.3.8 经理角色学派

经理角色学派是 20 世纪 70 年代才在西方出现的一个管理学派，它以对经理所担任角色的分析为中心来考虑经理的职务和工作，以求提高管理效率。他们所讲的"经理"是指一个正式组织或组织单位的主要负责人，拥有正式的权力和职位。该学派认为，传统的管理职能和人们所认识的管理工作大不一样，传统的管理职能研究不能全面地理论结合实际，其他一些管理学派未能对经理的工作进行深入的研究，不能反映出经理工作的真正内容和实质，因而对提高经理的工作效率帮助有限，应当明确经理工作的特点及其所担任的角色，有意识地采取各种措施提高经理的工作成效，实现管理的目标。因此他们采取双管齐下的方法：一方面采用日记的方法对经理的工作活动进行系统地观察记载；另一方面在观察过程之中及之后对经理的工作内容进行分类，从而可以更深入地了解经理工作的实质。以此为基础，找出这些经理职务之间的共同点就可以找到探讨提高经理工作效率的共同规律。

经理角色学派的优点在于：经理角色理论是在现代企业组织理论的基础上发展起来的，是在经营权与所有权分离以后经理成为一种职业的产物。该理论更加清晰地分析了经理人的角色、工作性质、职能和培养方法，尤其是对经营管理体制（如激励机制、监控机制、决策机制）设计具有重要的现实意义。如何建立既不影响经理发挥职能的积极性、创造性，同时又能约束其滥用职权的制度，始终是现代企业制度研究的重要课题。经理角色学派在相关领域进行了许多开创性的工作。

经理角色学派的主要不足在于：经理角色学派的管理十种角色靠归纳得出，由于对管理者的调查数量所限，其普遍性受到质疑；明茨伯格所得出的管理行为并未涵盖所有的管理行为，具有一定的局限性。

15.3.9　权变理论学派

权变理论学派是 20 世纪 60 年代末 70 年代初在美国经验主义学派的基础上进一步发展起来的管理理论。其代表人物卢桑斯（F. Luthans）在 1976 年出版的《管理导论：一种权变学说》是系统论述权变管理的代表著作。另一位代表人物是菲德勒（F. E. Fidler），他在《领导方式与有效的管理》中提出了"有效领导的权变模式"。他认为任何领导形态都可能是有效的，关键在于领导者必须与环境和情景相适应。

权变理论的主要观点是：在组织管理中要根据组织所处的环境和内部条件的发展变化随机应变，即要按照不同的情景、不同的企业类型、不同的企业目标和价值观采取不同的管理手段，没有什么一成不变、普遍适用、"最好的"管理理论和方法。权变管理理论的核心内容是权变关系，即环境变量与管理变量之间的函数关系，主张依托环境因素和管理思想及管理技术因素之间的函数关系进行最有效的管理。

权变理论学派的优点在于：为人们分析和处理各种管理问题提供了一种十分有效的方法。它要求管理者根据组织的具体情况和条件，在各方面采取相应的手段，灵活地处理各项具体管理业务。因此管理者不必墨守成规，而是把精力转移到对现实情况的研究上来，具体情况具体分析，随机应变，从而有可能使其管理活动的针对性和有效性得到提高。同时，权变理论学派首先提出管理的动态性，让人们认识到管理的职能并非一成不变。

权变理论学派的主要不足在于：即使采取案例研究的方法概括出若干基本类型，试图为各种类型确认一种理想的管理模式，但也未能提出统一的概念和标准，影响了其实用价值。同时，也使实际从事管理的人员感到缺乏解决管理问题的能力，初学者更是有无所适从之感。

15.3.10 小结

现代管理理论在管理理论发展历程中起到了承前启后的作用,各个理论流派分别从不同的角度阐释管理中的现象和问题,极大丰富了管理研究的领域,也提高了管理实践的水平。现代管理理论流派主要内容比较如表 15-2 所示。

表 15-2 现代管理理论流派主要内容比较

管理理论流派	主要观点	优点	不足
行为科学学派	关注员工的心理因素,区分激励手段的深度和效果,针对不同的需要采取不同方式	有利于建立更加有效的激励机制	有关工作环境的因素或工作内容的因素,都可能产生激励作用
管理过程学派	管理就是过程,管理人员所从事的管理职能却是相同的	最为系统,确定的管理职能和管理原则,为训练管理人员提供了基础	通用性有限,没有突出目标和组织特征在管理中的重要性
管理科学学派	依靠建立一套决策程序和数学模型以增加决策的科学性,决策的过程就是建立和运用数学模型的过程	以科学的方法解决管理问题,提高了管理和决策的准确度,丰富了管理研究的方法论	不够注意管理中人的作用,存在过度简单化的弊端
社会系统学派	组织是两个或两个以上的人所组成的协作系统,经理人员的作用就是在一个正式组织中充当系统运转的中心,并对组织成员的活动进行协调	以组织理论为基础展开管理职能的分析,把管理者的职能归结为提供信息交流的体系、促成个人付出必要的努力和规定组织的目标	组织的要素只包括人,不包括物和其他要素,适用范围受限
决策理论学派	强调决策职能在管理中的核心地位,认为人是有限理性的,决策标准用"满意准则"	决策是管理的职能并贯穿于组织的全部过程,具有普遍的适用意义;强调了管理行为执行前分析的必要性和重要性	实用性受到限制,没有把管理决策和人们的其他决策行为区别开来
系统管理学派	企业是由人、物资和其他资源在一定的目标下组成的一体化系统,管理者需要力求保持各部分之间的动态平衡、相对稳定、一定的连续性;企业目标的实现还取决于企业的外部条件	系统理论使人们从整体的观点出发,注重解决组织与外部环境的相互关系问题,有助于提高企业的整体效率	过于抽象、相对笼统,降低了实用价值
经验主义学派	管理者的任务在于社会责任,管理应侧重于实际应用,实行目标管理的管理方法	强调管理的社会目的,改变了传统管理理论的不足,具有广泛的适用性	难以形成有效的原理和原则,无法形成统一、完整的管理理论体系,也未必能够很好地适应环境的变化
经理角色学派	应当明确经理工作的特点及其所担任的十种角色,提高经理的工作成效	清晰地分析了经理人的角色、工作性质、职能和培养方法,有利于建立相应的机制提高经理的工作效率	管理十种角色靠归纳得出,普遍性受到质疑,具有一定的局限性
权变理论学派	企业管理要根据企业所处的内外条件随机应变,环境变量与管理变量之间的函数关系,确定一种最有效的管理方式	为人们分析和处理各种管理问题提供了一种十分有效的方法,管理活动的针对性和有效性得到提高	未能提出统一的概念和标准,影响了其实用价值

15.4 当代管理理论的新思潮

1. 历史背景

随着工业和科学技术的高速发展,各国普遍注重提高能源的利用率,努力提高资源的价值和附加值;产品的科技含量越来越高,产品生命周期越来越短,全球范围内的市场竞争更加激烈;科学技术在制造业中越来越成为决定性力量,制造业加速从发达国家向发展中国家转移;服务业得到巨大发展,在国民经济中的地位越来越重要;资本流动频繁,虚拟经济非常发达,日益成为主导世界经济的力量,而且正如德鲁克所说,在世界经济中,货物与劳务的"实际"经济及货币信贷与资本的"象征"经济已不再紧密地联系在一起。

2. 管理困境

进入 20 世纪 80 年代以后,美国失去了第二次世界大战后以来在国际市场上的绝对优势,尤其是 20 世纪 70 年代末的能源危机,使美国的企业面临严峻的挑战。美国管理界认为美国的经济正在衰落,进行了积极反思,在美国推动了一系列管理改革,理论和实践均取得了新的飞跃。

进入 20 世纪 90 年代,企业的经营环境发生以下变化:首先是竞争的全球化,信息网络的发达和全球一体化市场的出现使国家的边界变得模糊。其次是产品生命周期大大缩短,企业为了保持竞争优势必须持续创新。最后是顾客需求的个性化与差异化,多品种少批量成为重要生产战略,即时生产、敏捷制造成为企业新的生产方式;价值观中日益强调个性,大量高新科学技术应用于日常生活,市场需求多样化的趋势日益明显;不同的文化融合与冲突并存,深刻影响着人们的消费行为和社会行为,给管理企业带来了巨大的困难。企业在机遇和风险并存的条件下,面临提高效率、降低成本、增强市场竞争力的巨大挑战,面临着更加动荡不安和难以预料的政治、经济、文化和社会环境,生存发展的难度不断上升。各种新的管理理论也粉墨登场,本节将逐一简略介绍。

15.4.1 核心能力理论

1990 年,普拉哈拉德(C. K. Prahalad,1941—2010)和加里·哈默尔(Gary Hamel)在《哈佛商业评论》上发表了"企业核心能力"一文。所谓核心能力,就是所有能力中最核心、最根本的部分,它可以通过向外辐射,作用于其他各种能力,影响着其他能力的发挥和效果。一般来说,核心能力具有如下特征:可以使企业进入各种相关市场参与竞争,并使企业具有一定程度的竞争优势,而且应当不会轻易地被竞争对手所模仿。

核心能力理论认为,现代市场竞争与其说是基于产品的竞争,不如说是基于核心能力的竞争。企业的经营能否成功,已经不再取决于企业的产品、市场的结构,而是取决于其行为反应能力,即对市场趋势的预测和对变化中的顾客需求的快速反应,因此,企业战略的目标在于识别和开发竞争对手难以模仿的核心能力。另外,企业要获得和保持持续的竞争优势,就必须在核心能力、核心产品和最终产品三个层面上参与竞争。在核心能力层面上,企业的目标应是在产品性能的特殊设计与开发方面建立起领导地位,以保证企业在产品制造和销售方面的独特优势。

15.4.2 企业再造理论

20 世纪 80 年代,信息技术高速发展,经济全球化成为历史潮流,原有管理理论已经无法解释许多管理的现象和问题。管理学的一些基本对象和根本问题受到质疑和挑战,预示有关管理理论体系也要进行一场革命。在这样的背景下,"企业再造"理论大行其道,其创始人是原美国麻省理工学院教授迈克尔·哈默与詹姆斯·钱皮,他们认为企业应以工作流程为中心,重新设计企业的经营、管理及运作方式,进行"再造工程",以更好地满足社会和顾客需求。该理论风行一时,美国企业从80年代起开始了大规模的企业重组革命,日本企业也于90年代开始进行所谓的第二次管理革命,为企业管理带来了前所未有的变革。

企业再造是指"为了飞越性地改善成本、质量、服务、速度等重大的现代企业的运营基准,对工作流程(business process)进行根本性重新思考并彻底改革",也就是说,"从头改变,重新设计"。为此,企业需要对其业务流程、经营管理和运作模式进行根本的再思考和重新设计,如通过业务流程再造(BPR)、准时制生产(JIT)、扁平化组织(flatter organization)、柔性生产系统以及市场价值链等全新设计方案,使企业的生产效率、产品质量、服务水平和经营效益取得根本性的变化。

15.4.3 学习型组织

20世纪80年代末以来,信息化和全球化浪潮迅速席卷全球,顾客的个性化、消费的多元化决定了企业必须适应不断变化的消费者需要,在全球市场上赢得顾客的信任,才有生存和发展的可能。在新的经济背景下,企业要持续发展,必须增强企业的整体能力,提高整体素质。也就是说,企业的发展不能再仅仅依靠杰克·韦尔奇那样伟大的领导者,未来真正出色的企业将是能够设法使各阶层人员全心投入并有能力不断学习的组织——学习型组织。彼得·圣吉在其所著的《第五项修炼》中更是明确指出,企业唯一持久的竞争优势源于比竞争对手学得更快更好的能力。企业应建立学习型组织,力求精简、扁平化、弹性反应、终生学习、不断自我组织再造,以维持竞争力。学习型组织正是人们从工作中获得生命意义、实现共同愿景和获取竞争优势的组织蓝图。

学习型组织包括五项要素:建立共同愿景(building shared vision)、团队学习(team learning)、改变心智模式(improve mental models)、自我超越(personal mastery)和系统思考(system thinking)。在学习型组织中,每个人都要参与识别和解决问题,使组织能够进行不断的尝试,改善和提高它的能力。学习型组织的基本价值在于解决问题,而不是传统组织设计的以效率为中心。在学习型组织内,员工发挥更大作用,参与问题的识别和解决,力图以一种独特的方式将一切综合起来考虑。相应地,组织通过确定新的需要并满足这些需要来提高其价值。它常常是通过新的观念和信息而不是物质的产品来满足顾客的需要,从而实现价值的提高。

专栏 15-5

学习型组织和无边界理念

"群策群力"计划已经开始在公司里建立起学习型文化,无边界理念则为我们的这一文化增添了新的动力。到1990年,我们的各个下属公司之间已经开始分享一些成果。"无边界"给了我们一个恰当的词来表达我们的文化,并使它成为我们日常生活的一部分。我们在每一次会议上都大声疾呼着"无边界"。我们用它轻松地揶揄某个不肯与人分享自己想法的员工,或者是用它批评某个不愿意把自己手下表现优秀的人调到公司其他部门工作的经理。

有些员工开玩笑地对这些人说:"这可真正是无边界行为!"

资料来源:杰克·韦尔奇,约翰·拜恩.杰克·韦尔奇自传[M].曹彦博,等译.北京:中信出版社,2004.

15.4.4 知识管理

20 世纪 60 年代初,德鲁克首先提出了知识工作者和知识管理的概念,指出我们正在进入知识社会,在这个社会中最基本的经济资源不再是资本、自然资源和劳动力,而是知识,在这个社会中知识工作者将发挥主要作用。80 年代以后,他又提出"未来的典型企业以知识为基础,由各种各样的专家组成,这些专家根据来自同事、客户和上级的大量信息,自主决策和自我管理"等重要观点。

在 20 世纪 90 年代中后期,美国波士顿大学信息系统管理学教授托马斯 H.达文波特在知识管理的工程实践和知识管理系统方面做了开创性的工作,提出了知识管理的两阶段论和知识管理模型,它们是指导知识管理实践的主要理论。基于知识的企业理论和知识联盟也已成为近年来备受关注的热点领域。

15.4.5 创新管理

到了 20 世纪七八十年代,随着知识经济的到来,美国经济学家熊彼特(1883—1950)在其著作《经济发展理论》中提出的"创新"的概念备受欢迎。他认为创新是企业家主体实现利润的过程;创新可以分为技术推动型和需求拉动型;创新不仅仅指技术革新或单纯的生产方式革命,同时更具有体制变革的含义。熊彼特总结出了两个创新模型:模型之一是指将外生的科学发明转化成生产力,推动利润增长;模型之二是指在企业发展壮大到一定程度后自己投入资金进行研发,以使企业在不断创新中不断壮大,不断创造利润。创新是企业发展的保证,只有不断自主创新才能成为激烈竞争市场中的赢家。

15.4.6 企业文化理论

企业管理不仅仅是一门科学,更是一种文化。1981 年,美国加利福尼亚大学管理学教授威廉·大内(William Ouchi)在其著作《Z 理论》中提出了 Z 理论。这一理论融合了东西方的文化因素,对美国和日本的管理思想取长补短,汲取传统规则的精华,结合现代管理思想,提出了一套系统、明确的价值体系,形成了企业文化的研究和应用热潮。其主要思想是:企业应当建立符合时代发展需要的文化价值观,为企业和员工创造一种迸发创造力和凝聚力的环境来推动企业更快地向前发展,并长期保持竞争优势。

企业文化包括经营哲学、企业价值观、企业精神、企业形象以及企业制度等多方面内容,具有导向、约束、凝聚、激励和调适功能,对内形成对员工的向心力,对外形成对客户的吸引力。

15.4.7 领导理论

约翰·科特(1947—)用了 20 年的时间对在哈佛商学院学习过 MBA 的企业家进行跟踪调查,得出了许多令人耳目一新的发现,对进入 20 世纪 80 年代后的管理思想发展产生了启示和影响。

约翰·科特的主要观点是:企业应该紧紧盯住全球化及其相应的后果,企业的应变能力对是否成功变得越来越重要,这一切都需要强而有力的领导。要战胜障碍实现远大的远景目标，就需要不时激发出非凡的力量，不是通过控制机制推动人们选择正确的方向，而是通过满足人们的基本需要来达到目的，即满足人们的成就感、归属感、自尊感，让他们觉得自己得到认可，能掌握自己的命运，实现自己的理想。

本章小结

1. 18世纪到19世纪，管理学开始萌芽。亚当·斯密提出了"经济人"的观点，斯图尔特提出了刺激工资的思等，巴贝奇对专业化问题进行了系统的研究，欧文提出了企业内部人力资源管理的重要性。
2. 泰勒的科学管理理论、法约尔的一般管理理论、韦伯的官僚组织理论和人际关系学说构成了古典管理理论的四个基石。它们都关注生产效率的提升，不同之处在于，它们分别关注生产技术、管理职能、组织结构和人际关系。这四个理论奠定了管理学发展的基础。
3. 孔茨针对管理理论众多、莫衷一是的特点，于1961年提出了"管理理论的丛林"的隐喻。他指出，管理学的流派可以划分为如下几个：行为科学学派、管理过程学派、管理科学学派、社会系统学派、决策理论学派、系统管理学派、经验主义学派、经理角色学派和权变理论学派。这些学派各有所长，是管理学发展过程中的重要阶段。
4. 当代管理理论纷纷涌现，出现了很多新的思潮和思想，比如说核心能力理论、企业再造理论、学习型组织、知识管理、创新管理、企业文化理论和领导理论等，开拓了管理理论的新境界。

练习与思考题

选择题和判断题，请扫二维码做题；名词解释、简答题和论述题/计算题的参考答案，具体请扫二维码。

一、选择题（题干略，请扫二维码）

二、判断题（题干略，请扫二维码）

三、名词解释
1. 马斯洛需要层次理论
2. 霍桑实验
3. 行为科学
4. 官僚组织理论
5. 管理科学学派

四、简答题
1. 西方管理理论在发展过程中发生了哪三次重大变革，标志是什么？
2. 简述权变理论的含义。
3. 简述法约尔关于管理的定义。
4. 简述企业文化的作用。
5. 简述需要层次理论与双因素理论的主要区别。

五、论述题
1. 联系实际谈一谈需要层次理论的现实意义。
2. 当代管理理论发展的脉络和趋势是什么？

案例讨论

扒一扒顺丰的六大黑科技！怪不得那么"快"

说到物流，没有人会忘记顺丰，"贵""快"这两个字眼不由得进入脑海！这就是顺丰的黑科技起到了关键作用。

顺丰究竟有多快？其实无论空运还是陆运，速度都不会拉开距离，任何快件从进入机舱到从机舱出来的速度都是完全一致的！

为何顺丰总能提前一天到达？这离不开顺丰的科技能力！

第一，强大的数据科技。利用大量的数据进行整合，将运筹学运用到极致，顺丰每天的物流运送是两班飞机，而其他物流是一班，第一班飞机提前发送，保证到达机场后能够迅速满足省内运输的当天到达；第二班飞机满足机场周边城市的当天到达，省内达到次日上午到达。

第二，机器人分拣。顺丰很早以前就开始采用机器人分拣，然而初期的机器人分拣难免出现纰漏，随后的人工审核必然影响时效。2016年顺丰为了实现更快捷的目标，直接引入全自动机器人分拣，让速度更快一步，分拣错误率再一次降低。据说顺丰的全自动分拣系统不仅仅为自己服务，以后还要为其他物流公司提供分拣服务，一场伟大的物流产业改革已经开始。

第三，全能定位物流科技。顺丰采用的更具有科学管理的定位系统，将科学的管理机制融入每一个环节，保证每一个快件的快捷到达，能当天到的就必须当天到；完善的快递员绩效管理机制，将为客户提供更周到的服务。

第四，客服机器人。顺丰的客服机器人不仅仅可以为客户提供简单的查询服务，而且利用完整的数据库，给客户及时地提供物流信息、运费、时效、服务范围的查询，客户所看到的和快递员看到的是一致的。

第五，微型智能无人机的投送。日本一直认为山村的信息和物流投递是最大的难题，但是在顺丰看来一切都可以交由科技来解决，只有现在做不到，没有将来做不到。微型智能无人机便解决了这一难题，顺丰快递员可以操控一台无人机为客户服务，直接将所需的路程变成直线运输，迅速地将快件送到目标位置，一步解决山村物流输送的难题！

第六，将物流的时效融入生产领域。顺丰的生鲜配送无疑是这一人文科技的最伟大的实现，从初期包装到后续的运送，全程模块化运作，解决运输过程中出现的各种不利因素，一步到位，实现完美的时效结合。

社会的发展不再仅仅停留在传统的运输机制，物流的快捷代表了一个国家的科技发展进步水平，物流让商业变得更为快捷，让服务变成一种态度！

通过这些我们不难发现，顺丰的快并不是简单的运输问题，而是一种科技应用领域的变革，将全新的科技融入生活，才能实现更快捷的服务！

顺丰就是快了这么一点，但是众多的点融合在一起，便是一种黑科技，这种科技给我们带来了更多的便捷！

资料来源：搜狐网，http://www.sohu.com/a/118390938_478870。

讨论题：

1. 试结合顺丰的黑科技，谈谈互联网社会下，古典管理理论如何发展？
2. 从人际关系学派理论出发，分析新技术下员工关系的管理。
3. 结合本章介绍的多个理论流派，分析顺丰如何处理技术、员工和市场的关系。

管理评论

走近管理，形成主见：我推荐的 12 本管理书

初学管理学的人，大多会有这么一个感受：管理有点虚。既然有那么多的牛人都在做管理的理论与实践，那么管理肯定其可取之处，不应该是无用的学问和技巧。大家之所以感到管理很虚，我想主要是因为我们离管理有点远。看不到，自然有点空；看

不清，自然有点虚。

走近管理靠两条腿：一是专注实践；二是专心理论。锻炼好两条腿，协同并进，我们就可以形成对管理的理解，管理方可不虚。现实中，两条腿如果走得太近，或者走得太远，我们都会栽跟头。任何一条腿缺乏力量，都会偏腿，就会依赖对方，自然就会走得太近。理论不强，而寄托于实践去拯救，或者实践虚弱，而寄托于理论去拯救，都会让管理大厦越走越偏，直至倒地身亡。同样，如果每条腿都以自己为主，认为自己可以只手遮天，而不考虑对方的价值，漠视对方的存在，那么两条腿就会越走越远，最终分崩离析。所以，理论和实践要自立，但是依然需要含情脉脉，才能相得益彰。

不论是管理理论还是管理实践，远离空虚的第一步是形成自己的主见。儒学大师梁漱溟总结了学问之道的八个境界，第一个境界就是"形成主见"。"说是主见，称之为偏见亦可。我们的主见也许是很浅薄的，但即使浅薄，也终究是你自己的意见，"梁漱溟先生说，"用心想一个问题，便会对这个问题有主见，形成自己的判断。""有主见，才能有自己；有自己，才能有旁人。"有了主见，才会觉得管理不空不虚，才能与别人对话，不断完善自己，进而从形成主见直到最后的"通透"。所以，形成主见是走近管理的最重要一步。

如何形成主见？梁漱溟大师就说了四个字——"用心去想"。我想，这就是用最简单的逻辑，进行层层追问，就可以形成主见。说来简单，但是这种简单有力的追问和推理并不那么容易做到。例如，如何才能影响员工呢？这么一个简单的问题，如果完全靠自己去想，诚然会有一些想法，但是如果能够站在巨人的肩膀上，与大师对话，我想会更容易形成自己的主见。

因此，我想在这里推荐12本我觉得还不错的管理学著作。很多人会问，为什么读管理学著作，而不是教材？教材是为初学者准备的，可供了解大致的概念和理论，而每一个管理学经典理论的提出都离不开当时的社会文化背景，如果不结合当时的背景，就难以深入了解。例如，现在很多人都提倡德国和日本的工匠精神。德国的工匠精神是什么，我还不知道；我对日本的工匠精神大致有所了解，日本工匠精神的形成离不开当时特定的文化价值观背景和日本企业的制度背景，特别是日本企业中的三大神器：终身雇用制、年功序列制和企业工会。如果不系统阅读相关的专著，我想工匠精神的培育可能就是镜中花、水中月。所以，想要提升管理水平，就要阅读专著。

为什么是12本，这就没有什么特别的理由了，我最初想要列9本，但是发现还有一些书心中不舍，如果太多，又显得没有精选过，所以就列出12本。当然，由于本人阅读量有限，推荐难免有偏颇，请各位补充。

1. 彼得·德鲁克：《管理：使命、责任、实务》

德鲁克的称号很高，大师中的大师，为什么？一句话来说，德鲁克的一生是管理学的一生，他出生在1909年，这是管理学产生的前一年。老先生活了96岁，一辈子著作等身。这个著作不是没人看的著作，而是所有学管理的人都需要阅读的著作。如果只看一个人的书，那就看德鲁克的；如果数量不限，那就看德鲁克所有的书；如果只看德鲁克一本书的话，我想就看这本好了。说是一本，其实是三本。这本书是我们系统接触管理学的一个桥梁。德鲁克的思想在这本书中有系统的呈现。书的最后一章提出了管理者权力的合法性来源：用人所长、成就社会福利。这句话足以为管理学立心，为管理者立命。

当然，这本书也相对容易读，没有吓人的专业术语。因为他不需要，更不愿意用。但是，仅仅浏览一遍，相信你会怀疑为什么我要推荐这本书。但是当你看过两遍之后，我相信，你会难以抗拒地成为德鲁克的忠实读者。

2. 亨利·明茨伯格、布鲁斯·阿尔斯特兰德：《战略历程》

明茨伯格可以被称为唯一在世的管理学大师（因为其他人只能被称为某个领域的大师），当然，你也可以说还有很多大师。明茨伯格以其强烈的批判精神而著名。当别人都把管理者比喻为一个乐队指挥的时候，明茨伯格开始研究管理者的角色，提出了著名的管理角色理论（见《管理工作的本质》）。随后，他进入组织管理领域，开始批判传统的科层制组织，倡导非正式的团队型组织（见《五重组织》）。然后，他进入战略管理领域，开始批判战略设计理论，提出了战略的涌现观。之后，他又开始批判商学院的MBA教育，认为商学院"因为错误的原因，用错误的方式，教育错误的人"。现在他开始从社会角度来分析社会平衡，认为社会的稳健发展依赖于私人企业、公益组织和政府的再平衡（见《社会再平衡》）。

尽管明茨伯格以批判精神著名，但是我在这里推荐的是他的《战略历程》。这本书的副标题是"穿越战略管理旷野的指南"，对战略管理有兴趣的人可以从中了解到战略理论发展的基本脉络。从中，你可以了解到你到底属于哪一个派别，你也可以清晰地了解自己所在派别的优势和不足。当然，我也建议你看看明茨伯格的其他书，从中你可以看到老先生对管理学浓浓的情怀和强烈的责任感。

3. 乔治·埃尔顿·梅奥：《工业文明的社会问题》

梅奥又被翻译为梅岳，最早费孝通先生翻译为梅岳，之后更为流行的翻译是梅奥。梅奥是一位澳大利亚精神病理学家，后来到哈佛大学工作。他参与了著名的霍桑实验，基于自己的心理学背景和对霍桑实验的理解，写了两本书，引发了轰轰烈烈的人际关系运动。所以，现在如果老板学会了微笑管理的话，那么他一定或多或少、直接或间接地受到了梅奥的影响。

《工业文明的社会问题》出版于1945年，在序言中他这样写道：我们已经懂得怎样在一刹那毁灭千万生灵，却不懂得怎样系统地着手引导各种团体和国家在创造文明的事业上合作。这就是他所强调的技术技能的发展必须辅以社会技能的发展，以社会技能促进社会的团结，否则文明社会就能够毁灭自己。看到这个观点，我想到了金庸的《天龙八部》中扫地僧所说的，武功的提升必须辅以佛法的提升，否则就会走火入魔，步入万劫不复之地。除此之外，梅奥还有很多有意思的观点。附带一句，不要以为这本书会因为成书时间较早，从而阅读性不强，至少费孝通先生翻译的版本还是挺好的。

4. 维克多·弗兰克尔：《活出生命的意义》

你可能觉得这是一本励志的书，它确实很励志，但是这也是一本心理学专著。作者维克多·弗兰克尔是一位著名的心理学家，在第二次世界大战时被关押到奥斯维辛集中营，但奇迹般地活了下来，因为"知道为什么能活的人，便能生存"。他曾经开玩笑说，弗洛伊德和阿德勒的"深度心理学"强调切入患者的过去和潜意识的直觉与希望，他奉行的是"高度心理学"，注重的是个人的前途和有意识的决定与行动。他通过启发人们认识到自己的能力，让人们认识到应该运用自己选择的能力去实现个人的目标。是的，外在环境可能恶劣，但是你拥有自主选择的自由，你的选择就是你生命的意义。这就是"意义疗法"。

如果提到心理学，很多热爱心理学的人士可能会说出很多著名的心理学家，例如弗洛伊德。但是弗洛伊德的书对我来说太过艰深晦涩，所以我没有推荐。如果不喜欢晦涩的书，那么M.斯科特·派克的《少有人走的路》也是一本不错的书，也列在这里，当然也是希望你能够读一下。

5. 赫伯特 A. 西蒙：《管理行为》

赫伯特 A. 西蒙是一位跨边界的奇才。1978 年，他作为经济学家获得诺贝尔奖，颁奖词是这样的：就经济学最广泛的意义来说，西蒙首先是一名经济学家，他的名字主要与经济组织中的结构和决策这一相当新的经济研究领域联系在一起。事实上，西蒙获得的奖励太多了，不仅有经济、政治、管理方面的奖励，还有心理学方面的奖励，更有计算机方面的奖励。不得不说的是，所有奖励都是世界顶尖的奖励。

西蒙这样评价他的这本书：《管理行为》对于我来说，就像一个可靠的起航港口，让我可以远航去探索人类决策行为的真知，这是一个探索组织结构与决策行为之间关系的航程，是探索运筹学和管理科学的形式化决策行为的航程，是探索近年来人类思维和问题求解行为的航程。说得有点抽象，简单来说，就是组织如何决策。以前的经济学家和管理学家，包括泰勒和韦伯，都大大强化了理性。而现在西蒙说，决策者是有限理性的，所有管理理论的词汇必须从人类抉择的逻辑学和心理学中导出。那么，如果你把西蒙的有限理性和满意标准，与弗兰克尔的选择自由和生命意义的观点结合在一起，我想你会把自己对组织行为的理解提升到一个新的高度。

6. 史蒂芬·柯维：《高效能人士的七个习惯》

有关管理者素质提升的书很多，其中有两本比较著名：一本是柯维的《高效能人士的七个习惯》，另外一本是德鲁克的《卓有成效的管理者》。其实这两本书我都很喜欢，但是考虑到柯维的书出得稍微早一点，同时还要保证书目的多样性，所以选择了柯维的这本书。

七个习惯的提出使管理者有了修炼的基本路径，被称为管理者修炼的圣经。七个习惯分别是积极主动、以终为始、要事第一、双赢思维、知彼知己、统合综效、不断更新。当然，我同样希望各位能够对照着德鲁克的《卓有成效的管理者》来学习，可以看出这两本书的共通之处以及不同之处。虽然两位大师为管理者提供了清晰的路径，我相信看过这两本书的人也很多，但是成效或者效能不高的管理者还是大有人在。这说明什么问题？按照王阳明先生知行合一的观点，那就是因为还未真知。

7. 艾·里斯、杰克·特劳特：《定位》

《定位》是一部品牌营销的著作。两位作者认为营销的本质是深入到顾客的心智之中，以简练的形成嵌入到顾客的心智之中。特劳特在致中国读者的序言中说：继续"制造更廉价的产品"只有死路一条，因为其他国家会想办法把价格压得更低。这也意味着，中国制造企业转型升级的一个重要策略是提升企业的市场能力，而定位则提供了一个有效的升级工具。

在互联网时代，信息变得极为丰富，所以有效的产品定位就成为影响企业发展的关键要素。《定位》不仅指引你如何成为消费者心智中的第一品牌，同时对于排名靠后的品牌，也提供了有效的定位技巧。定位就是以简御繁。

8. W. 爱德华·戴明：《戴明的新经济观》

戴明的伟大之处在于他不远万里到日本去讲学，教会了日本的学生，打败了自家美国的企业。20 世纪 50 年代，戴明到日本讲学，讲得很开心，因为日本的学生不仅认真听，还以此为标准进行了实践。戴明的观点强调了三点：一是高质量是最经济的生产方式。也就是说，要消灭生产中的巨大浪费。二是工厂问题出现的主要原因是系统原因。戴明说，工厂问题出现的原因中，94%来自系统原因，这需要由管理者负责。这就是著名的系统观。这种系统观符合东方思维，所以日本人能够接受并执行。美国人更擅长的是分析思维，所以美国人对戴明系统观的理解就存在较大问题。三是解决问题需要 PDCA 循环。问题的解决不会一蹴而就，而需要持续不断地改进。

我并不认为戴明只是一个质量管理专家，事实上戴明所开启的是基于系统观的管理新思维。当然，戴明在美国人眼里是一个古怪而暴躁的老头，因为他动不动就批评实践中的管理者没有正确理解他的观点。

9. 詹姆斯P. 沃麦克、丹尼尔T. 琼斯、丹尼尔·鲁斯：改变世界的机器

介绍日本崛起的著作很多，包括威廉·大内的Z理论；介绍精益生产的著作也很多，包括莱克的《丰田模式》、大野耐一的《丰田生产模式》，大野耐一就是丰田模式的创立者。但是，我更喜欢《改变世界的机器》，主要是书名起得好。改变世界靠机器，但是人可以改变机器，而丰田的精益生产模式就是通过改变福特大规模生产模式的机器模式，建立了基于精益生产的机器模式，从而改变了世界。

精益生产是戴明思想的产物，是日本崛起的基础。现在很多人讲日本的工匠精神，而真正和日本工匠精神相得益彰的就是精益生产模式。甚至可以说，是精益生产方式让工匠精神适应了现代大机器生产，使工匠精神有了新的用武之地，因为精益生产方式的重大成就是通过"小批量、多品种"实现了高质量和低成本。这超越了福特的大规模生产方式，更能适应现代多元化产品需求特征。

10. 克莱顿·克里斯坦森：《创新者的窘境》

相信很多人都听过"创新是找死，不创新是等死"这句话，对此，很多人都很无奈，无奈的真正原因是虽有体会，却不理解其成因。真正理解这句话的人是克里斯坦森。他被称为"破坏性创新之父"。他研究了硬盘产业，发现每个时代的风云企业都具备传统管理理论所强调的精于管理，坚持客户至上，并围绕客户需求进行持续的产品开发，但是也正是因为这一点而使它们难以摆脱衰亡的困境，这就是所谓的创新者的窘境。

事实上，这不是唯一一本写创新的专著。德鲁克也较早地写了一本有关创新的书——《创新与企业家精神》，写得很精彩。在硅谷，也有好多畅销书写创新，例如刚刚去世的格鲁夫写的《只有偏执狂才能生存》，拯救IBM的郭士纳写的《谁说大象不能跳舞》，提倡黑帮文化的蒂尔写的《从0到1》，写谷歌的《重新定义公司》等，都很不错。我选择《创新者的窘境》是因为他比德鲁克的书的案例更新一点，同时比后面几本书在理论性上更系统一点。看了之后，你就可以知道，带来成就的要素反而会带来失败。

11. 丹尼尔·卡尼曼：《思考，快与慢》

卡尼曼的《思考，快与慢》告诉了我们人类的大脑是如何运行的。首先要说的是，卡尼曼这个人很牛，作者介绍中这样写道：卡尼曼是位格外令人兴致盎然的思想家，是现今在世的最有影响力的心理学家之一，他因对判断和决策制定的理性模式提出挑战而荣获2002年度的诺贝尔经济学奖。看到这里，你可能会想到西蒙。是的，两个人都挑战了理性决策模式。卡尼曼因"把心理学研究和经济学研究结合在一起，特别是与在不确定状况下的决策制定有关的研究"而得奖。这本书可以说是西蒙观点的推进，只不过更为有趣。

这本书很厚，但是读起来并不费力，因为里面有很多有趣的心理学实验。在读的过程中，你会忍不住找个人来做实验。卡尼曼认为我们的大脑有快与慢两种决策方式。前者是常用的无意识的"系统1"，它依赖于情感、记忆和经验，所以做决策很快。后者是有意识的"系统2"，它通过调动注意力来分析和解决问题，所以决策很慢，也很累，于是就会经常偷懒，能不出工就不出工，如果"系统1"能搞定的话。我这么写十分无趣，你还是自己看看里面有趣的实验结论吧。

12. 丹尼尔 A. 雷恩：《管理思想的演变》

终于到最后一本了！实话说，这本书并不容易看。即使在学管理学好多年之后，在第一次看这本书时，我还是感觉这本书太不容易理解了。当然，可能是因为翻译的问题。直到后来，我看了克雷纳的《管理百年》之后，才发现如果将二者对照着读的话，会更好。《管理百年》写得很清楚，以每个十年为阶段阐述了百年管理历史，语言读起来很对口，但是有些粗略，并且各章之间的逻辑联系也没有讲得十分清楚。这个时候再次阅读雷恩的《管理思想的演变》就会更好，可以更为清晰地了解不同学派之间的演化逻辑。特别是，雷恩有自己的分析管理思想演变的框架，这是极为重要的。

还是要说，这本书不是很好读，所以我把它放在最后。当然，我的建议是多读几遍。

资料来源：浙商管理评论微信公众号文章"走近管理，形成主见：我推荐的12本管理书"。

延伸阅读

[1] 丹尼尔 A 雷恩，阿瑟 G 贝德安. 管理思想史（原书第6版）[M]. 孙健敏，等译. 北京：中国人民大学出版社，2014.
[2] 郭咸纲. 西方管理思想史[M]. 3版. 北京：经济管理出版社，2004.
[3] 亨利·法约尔. 工业管理和一般管理[M]. 迟力耕，张璇，译. 北京：机械工业出版社，2007.
[4] 彼得·德鲁克. 管理的实践（珍藏版）[M]. 齐若兰，译. 北京：机械工业出版社，2009.
[5] 汤姆·彼得斯. 追求卓越[M]. 胡玮珊，译. 北京：中信出版社，2009.
[6] 罗伯特·西奥迪尼. 影响力[M]. 吕佳，译. 杭州：浙江人民出版社，2015.

参考文献

［1］ 袁安照，余光胜. 现代企业组织创新［M］. 太原：山西经济出版社，1998.
［2］ 兰国庆. 管理学［M］. 兰州：兰州大学出版社，2000.
［3］ 潘卫东，黄金国. 管理学［M］. 广州：华南理工大学出版社，2002.
［4］ 徐晓黎. 管理学原理［M］. 重庆：重庆大学出版社，2003.
［5］ 蔡万铭，何宏. 现代管理学概论［M］. 重庆：重庆出版社，2003.
［6］ 朱秀文. 管理学教程［M］. 天津：天津大学出版社，2004.
［7］ 周三多，陈传明，鲁明泓. 管理学原理与方法［M］. 上海：复旦大学出版社，2005.
［8］ 许庆瑞. 管理学［M］. 北京：高等教育出版社，2005.
［9］ 刘建民，刘颖民. 管理学［M］. 成都：西南交通大学出版社，2008.
［10］ 陈洪安. 管理学原理［M］. 上海：华东理工大学出版社，2006.
［11］ 曾旗，胡延松，王晓君. 管理学原理［M］. 武汉：武汉理工大学出版社，2006.
［12］ 陈传明，周小虎. 管理学原理［M］. 北京：机械工业出版社，2007.
［13］ 吴照云，等. 管理学原理［M］. 5 版. 北京：中国社会科学出版社，2008.
［14］ 曾旗，何继新. 管理学［M］. 北京：北京大学出版社，2008.
［15］ 彼得·德鲁克. 创新与企业家精神［M］. 蔡文燕，译. 北京：机械工业出版社，2007.
［16］ 陈劲，林东，郭羽. 正在爆炸中的 R&V：一个整合全球资源的中国自主创新案例［M］. 杭州：浙江大学出版社，2006.
［17］ 约瑟夫·熊彼特. 经济发展理论［M］. 孔伟艳，等译. 北京：北京出版社，2008.
［18］ 迈克尔·哈默，詹姆斯·钱皮. 企业再造［M］. 王珊珊，译. 上海：上海译文出版社，2007.

推荐阅读

中文书名	作者	书号	定价
创业管理（第5版）（"十二五"普通高等教育本科国家级规划教材）	张玉利 等	978-7-111-65769-9	49.00
创业八讲	朱恒源	978-7-111-53665-9	35.00
创业画布	刘志阳	978-7-111-58892-4	59.00
创新管理：获得竞争优势的三维空间	李宇	978-7-111-59742-1	50.00
商业计划书：原理、演示与案例（第2版）	邓立治	978-7-111-60456-3	39.00
生产运作管理（第6版）	陈荣秋 等	978-7-111-70357-0	59.00
生产与运作管理（第5版）	陈志祥	978-7-111-74293-7	59.00
运营管理（第6版）（"十二五"普通高等教育本科国家级规划教材）	马风才	978-7-111-68568-5	55.00
战略管理（第2版）	魏江 等	978-7-111-67011-7	59.00
战略管理：思维与要径（第4版）（"十二五"普通高等教育本科国家级规划教材）	黄旭	978-7-111-66628-8	49.00
管理学原理（第2版）	陈传明 等	978-7-111-37505-0	36.00
管理学（第2版）	郝云宏	978-7-111-60890-5	49.00
管理学高级教程	高良谋	978-7-111-49041-8	65.00
组织行为学（第4版）	陈春花 等	978-7-111-64169-8	49.00
组织理论与设计	武立东	978-7-111-48263-5	39.00
人力资源管理（第2版）	刘善仕 等	978-7-111-68654-5	55.00
战略人力资源管理	唐贵瑶 等	978-7-111-60595-9	39.00
市场营销管理：需求的创造与传递（第5版）（"十二五"普通高等教育本科国家级规划教材）	钱旭潮 等	978-7-111-67018-6	49.00
管理经济学：理论与案例（"十二五"普通高等教育本科国家级规划教材）	毛蕴诗 等	978-7-111-39608-6	45.00
基础会计学（第2版）	潘爱玲	978-7-111-57991-5	39.00
公司财务管理（第2版）	马忠	978-7-111-48670-1	65.00
财务管理	刘淑莲	978-7-111-50691-1	40.00
企业财务分析（第4版）	袁天荣 等	978-7-111-71604-4	59.00
数据、模型与决策：管理科学的数学基础（第2版）	梁樑 等	978-7-111-69462-5	55.00
管理伦理学	苏勇	978-7-111-56437-9	35.00
商业伦理学	刘爱军	978-7-111-53556-0	39.00
领导学	仵凤清 等	978-7-111-66480-2	49.00
管理沟通：成功管理的基石（第5版）	魏江 等	978-7-111-75491-6	59.00
管理沟通：理念、方法与技能	张振刚 等	978-7-111-48351-9	39.00
国际企业管理	乐国林	978-7-111-56562-8	45.00
国际商务（第4版）	王炜瀚 等	978-7-111-68794-8	69.00
项目管理（第2版）（"十二五"普通高等教育本科国家级规划教材）	孙新波	978-7-111-52554-7	45.00
供应链管理（第6版）	马士华 等	978-7-111-65749-1	45.00
企业文化（第4版）（"十二五"普通高等教育本科国家级规划教材）	陈春花 等	978-7-111-70548-2	55.00
管理哲学	孙新波	978-7-111-61009-0	59.00
论语的管理精义	张钢	978-7-111-48449-3	59.00
大学·中庸的管理释义	张钢	978-7-111-56248-1	40.00